A. H. Almaas
Forschungsreise ins innere Universum

A. H. Almaas

# Forschungsreise ins innere Universum

Aus dem Amerikanischen von
Peter Brandenburg
unter Mitarbeit von Wendy und Jörg Hecker

Arbor Verlag
Freiamt im Schwarzwald

Copyright © 2002 by A-Hameed Ali
Copyright © 2007 der deutschen Ausgabe: Arbor Verlag, Freiamt
by arrangement with Shambala Publications, Inc.,
P.O. Box 308, Boston, MA. 02117
Titel der amerikanischen Originalausgabe:
*Spacecruiser Inquiry*

Alle Rechte vorbehalten

2. Auflage 2015

Titelfoto: © 2007, Klaus Ender
Korrektorat: Dr. Richard Reschika
Satz: Anke Brodersen
Druck und Bindung: Kösel, Krugzell

Dieses Buch wurde auf 100% Altpapier gedruckt und ist alterungsbeständig.
Weitere Informationen über unser Umweltengagement
finden Sie unter www.arbor-verlag.de/umwelt.

**www.arbor-verlag.de**

ISBN 978-3-936855-29-6

*Für unsere Lehrer und Führer,
die uns in jeder Phase unseres Lebens anleiten.
Und auch für alle Entdecker und Forscher,
die das Abenteuer der Entdeckung lieben.*

Inhalt

Einführung in die Diamond-Body-Reihe 11
Vorwort des Herausgebers 17
Bemerkung an den Leser 23

## Teil 1  Mysterium und Inquiry

1 Warum erforschen? 28
2 Offenheit bei der Inquiry 38
3 Das Abenteuer des Seins 60
4 Spacecruiser Inquiry 81

## Teil 2  Die grundlegenden Elemente der Inquiry

5 Gewöhnliches Wissen 98
6 Grundwissen 113
7 Nichtwissen 131
8 Dynamisches Fragen 145
9 Die Wahrheit lieben 169
10 Der persönliche innere Faden 199
11 Reise ohne Ziel 226

## Teil 3  Diamantene Führung

12 Die Führung des Seins 254
13 Wahre Führung für die Inquiry 266
14 Führung als Geschenk an die Seele 281
15 Führung und Verstehen 298

| Teil 4 | Die essentiellen Aspekte in der Führung | |
|---|---|---|
| 16 | Inquiry und die essentiellen Aspekte | 312 |
| 17 | Gelb: Freude am Entdecken | 322 |
| 18 | Rot: Mut und Abenteuer | 335 |
| 19 | Weiß: Durchhalten | 354 |
| 20 | Grün: Eingestimmte Führung | 373 |
| 21 | Schwarz: Die Kraft zum Durchschneiden | 389 |
| 22 | Wissen im Verstehen | 410 |
| 23 | Wahrheit im Verstehen | 421 |
| 24 | Diamantene Klarheit | 439 |
| 25 | Fokussierte Inquiry | 460 |
| 26 | Persönliche Inquiry | 477 |
| 27 | Brillante Inquiry | 491 |

| | |
|---|---|
| Epilog | 525 |
| Danksagung | 529 |
| Anmerkungen | 531 |

# Einführung in die Diamond-Body-Reihe

Diese Buchreihe versucht, die Methodologie des Diamond Approach™ zu beschreiben, einer zeitgenössischen spirituellen Lehre mit eigenem direkten Verständnis und ihrer eigenen Sicht der Realität. Die Diamond-Body-Serie bezieht sich auf die Praxis und die Verkörperung des Diamond Approach, als Gegenstück zur Diamond-Heart-Serie, die sich auf die unmittelbare Erfahrung der wahren Natur auf diesem Weg bezieht, und zur Diamond-Mind- Serie, die sich dem objektiven Wissen und begrifflichen Verständnis dieser Lehre widmet.

Die Serie wird von direkter Diskussion der Methodologie bis zur Veranschaulichung verschiedener Anwendungen innerhalb unterschiedlicher Kontexte, bis hin zur Integration einiger klassischer Methoden der spirituellen Arbeit in diese Lehre reichen. Einige Bände dieser Serie veranschaulichen die Methodologie durch wirkliche Arbeit an Elementen im Wissensschatz, der der Lehre des Diamond Approach eigen und ihr origineller Beitrag ist, wie die Aspekte der spirituellen Essenz, die Dimensionen der Realität, und die Facetten des Geistes (mind).

Um die Rolle und die Funktion der Methodologie in einem Ansatz zu spiritueller Arbeit zu würdigen, müssen wir verstehen, wie die Methodologie sich zur Sicht der Realität, auf der er basiert, und zu der Lehre, die aus dieser Sicht hervorgeht, verhält. Dieses Verständnis wird helfen, die Rolle dieser Reihe von Büchern bei der Offenbarung, bei der Enthüllung des Diamond Approach zu erhellen.

Während der gesamten Geschichte haben Menschen das Bedürfnis nach intentionaler, fokussierter Arbeit und Führung empfunden, um über die durchschnittliche menschliche Entwicklung, wie sie in den meisten Gesellschaften bekannt ist, hinaus zu kommen. Viel von unserem menschlichen Potential liegt in Bereichen, die für das normale Bewußtsein nicht zugänglich oder auch nur sichtbar sind. Dies gilt besonders für das spirituelle Potential der Menschheit, das die Basis menschlichen Bewußtseins und die Quelle wahrer und dauerhafter Erfüllung, von Frieden und von Befreiung ist.

Diese Situation hat im Laufe der Jahrhunderte zur Entstehung und zur Entwicklung mehrerer Lehrschulen, Schulen innerer Arbeit, geführt, die sich auf die Entwicklung des ganzen Menschen spezialisieren – besonders die Aktualisierung der Tiefe des menschlichen Potentials. So eine spirituelle Schule baut gewöhnlich auf einer Lehre auf, die einem bestimmten Logos entstammt – einem unmittelbaren Verständnis von der Realität und der Situation von Menschen in dieser Realität. Durch die Lehre enthüllt der Logos einen Weg zur Aktualisierung unseres menschlichen Potentials. Die Methodologie des Weges spiegelt auch die Weisheit wider, die aus diesem direkten Verständnis hervorgeht. Sie ist nicht nur eine willkürliche Sammlung von Techniken, die darauf abzielen, Schülern zu helfen, zu bestimmten inneren Zuständen zu gelangen. Die Methodologie wird den Weg erfolgreich entfalten, wenn sie ein zuverlässiger Ausdruck des besonderen Logos dieser Lehre ist. Man könnte sagen, daß die Anwendung und die Praxis der Methodologie einer Lehre den spezifischen Schlüssel darstellt, den man braucht, um die Tür der Erfahrung und der Weisheit des Logos dieser Lehre zu öffnen.

Dieses Verständnis der Beziehung zwischen Logos, Lehre, Methode und Realität weist noch eine wichtige Implikation auf. Während eine Methodologie innerhalb des Logos einer bestimmten Lehre praktiziert wird, offenbart sich objektive Realität in Formen, die für die Reise der Selbstrealisierung, die mittels dieser Lehre unternommen wird, relevant sind. Anders gesagt, es kann sein, daß sich eine profunde und grundlegende Manifestation der Realität, die eine Lehre kennzeichnet, niemals den Anhängern einer anderen Lehre zeigen wird, weil jede Lehre sich durch einen anderen Logos zur Realität orientiert.

Eine Möglichkeit, wie man das verstehen kann, ist folgende: Weil jede Lehre in ihrer Reise der Entfaltung unterschiedliches Terrain durchquert, wird dieselbe zugrundeliegende Realität unterwegs in unterschiedlichen Formen offenbart. Bedenken Sie, daß zum Beispiel die Inuit des Polarkreises mehr als zwanzig Formen von Schnee und Eis erkennen. Dies sind wahre Formen der physischen Realität, die von jemandem, der in gemäßigten Breitengraden lebt, nie erkannt werden, weil das Klima und die Anforderungen der Umwelt unterschiedlich sind. Auf ähnliche Weise werden die Anhänger einer spirituellen Lehre bestimmten Erfahrungen objektiver Realität begegnen, die für die Reise der Seele angemessen sind, die von dieser Lehre angesprochen wird.

Sich dessen bewußt zu sein, ist besonders wichtig, um in den Büchern, die aus dem Diamond Approach hervorgehen, Beschreibungen von essentieller Realität zu verstehen. Die Methodologie des Diamond Approach bereitet die Seele darauf vor, zu erleben, wahrzunehmen und zu würdigen, daß Sein nicht nur erscheint, wie es zu jedem beliebigen Punkt ihrer Reise gebraucht wird, sondern auch in bestimmten Formen – die wir essentielle Aspekte nennen – , die sich als Antwort auf die sich ständig verändernden Bedürfnisse der individuellen Seele einstellen. Obwohl diese Zustände und Qualitäten als universell und für sämtliche menschlichen Seelen und für die Realität selbst grundlegend bezeichnet werden, bedeutet das nicht, daß Menschen, die tiefe spirituelle Arbeit auf der Basis eines anderen Logos machen, der Realität in Form von essentiellen Aspekten begegnen werden. Andere Lehren richten die Seele darauf aus, andere Wege der Realisierung zu beschreiben, also kann es sein, daß essentielle Realität auch anders erscheint.

Der zentrale Faden von Weisheit, der die Methodologie des Diamond Approach informiert und prägt, besteht darin, daß unser normales menschliches Bewußtsein nicht das Wissen und das Können besitzt, das dafür notwendig sind, um den inneren Weg der Realisierung zu beschreiben. Die Intelligenz unseres spirituellen Grundes, auf dem wir uns bewegen, neigt aber dazu, unser Bewußtsein und unsere Erfahrung spontan in Richtung Befreiung zu führen. Dieser spirituelle Grund, der das eigentliche Wesen der Realität ist, ist bedingungslos liebevoll und mitfühlend, indem er seine Weisheitsschätze jedem enthüllt, der bereit ist, sich für sie zu öffnen. Wir müssen einfach die Wahrheit über unsere gegenwärtige Erfahrung erkennen und die inneren Haltungen und Fertigkeiten erlernen, die die wahre Natur der Realität einladen, sich selbst zu offenbaren. Um das zu erreichen, bringt diese Methodologie klassische spirituelle Techniken und neue Übungen zusammen, die uns helfen können, für unsere wahre Natur offen und empfänglich zu sein.

Die Aufgabe, die Lehre und den Logos für diese Methode zu vermitteln, ist die zentrale Aufgabe der Ridhwan™-Schule, ihrer Lehrer und der ganzen Literatur des Diamond Approach. Wie bei jeder echten spirituellen Lehre hängt das Maß, in dem sich dieser Logos offenbart, davon ab, wie getreu die Methode angewandt wird. Und das Können bei der Anwendung der Methodologie entwickelt sich mit der Zeit, in dem Maß, in dem die Erfahrung und das Verständnis der Lehre reifen.

Da aber diese Methode einem wahren Logos der Realität entstammt und deshalb der objektiven Realität eigen ist und zu ihr gehört, ist sie für jeden zugänglich und erlernbar, ungeachtet der Tatsache, ob man mit der Ridhwan-Schule in Kontakt ist oder nicht – wenn man nur in der Lage ist, die Wahrheit dieser Sicht für sich allein zu erkennen. Das bedeutet, daß es möglich ist, sich mit diesem Logos zu verbinden und seine besondere Methode zu praktizieren, indem man die Lehre ernsthaft allein für sich studiert. Das zu tun, verlangt aber ein hohes Maß an Aufrichtigkeit, Hingabe und Intelligenz. Das ist die Einschränkung des gedruckten Wortes gegenüber der direkten Überlieferung, zu der es kommen kann, wenn man mit jemandem in Kontakt ist, der als Modell die Lehre verkörpert. Daher können wir nur auf einen begrenzten Nutzen hoffen, wenn die Methode ohne die aktive Führung durch die Lehre und den Lehrer praktiziert wird.

Dennoch glauben wir, daß es von Wert ist, eine Hinführung zu einem Verständnis der Methodologie des Diamond Approach anzubieten. Dies ist nicht nur zum Nutzen der Schüler, die sich unmittelbar dieser Arbeit widmen, sondern auch der Leser, die einige Elemente der Methode für sich allein erlernen und praktizieren möchten. Zudem hoffen wir, daß diese Serie dadurch nützlich sein wird, daß sie würdigt, was dieser Ansatz zu einem allgemeinen Verständnis der Realität, der menschlichen Natur und davon, was es bedeutet, das volle menschliche Potential zu aktualisieren, beiträgt.

Weil der Kern dieser Methodologie eine disziplinierte Einladung an die Realität ist, ihre Geheimnisse zu offenbaren, bietet die Diamond-Body-Serie die einzigartige Chance, sowohl die Verfolgung des inneren Weges der Realisierung als auch die Erforschung der tieferen Prinzipien von Untersuchung und Studium zu unterstützen, die in jeder Forschungsdisziplin relevant sind. Wenn man die Elemente der Methodologie des Diamond Approach benutzt, kann das nicht nur zu einem Erwachen und zu einer Offenheit für Aspekte unseres inneren Potentials führen, sondern auch zur Entwicklung von Fertigkeiten, die für das Studium auf anderen Gebieten der Natur- und Geisteswissenschaften von Nutzen sein können.

Dies ist die universelle Botschaft des Diamond Approach: Wenn wir lernen, wie wir unsere wahre Natur einladen können, sich zu offenbaren, wird sie uns in Richtung der Realisierung unseres spirituellen Grundes führen und zugleich unser Potential in allen Facetten des Lebens aktualisieren.

A. H. Almaas
Captain Cook, Hawaii 2000

# Vorwort des Herausgebers

*Forschungsreise ins innere Universum* nimmt einen einzigartigen Platz innerhalb der Literatur des Diamond Approach ein, weil dieses Buch die zentrale Praxis dieses Ansatzes detailliert artikuliert. Der Fokus liegt hier nicht auf dem spirituellen Wissen, das aus der Praxis hervorgeht, sondern eher darauf, was es bedeutet, Inquiry als Übung und Praxis der Selbstrealisierung im eigentlichen Sinne anzuwenden.

Inquiry, wie sie beim Diamond Approach angewendet wird, ist eine dynamische, aufregende Erforschung mit offenem Ende der Unmittelbarkeit unserer Erfahrung. Durch die Untersuchung der Prinzipien, der Herausforderungen und des Gewinnes von Inquiry stellt dieses Buch dar, was es bedeutet, diese Praxis als einen spirituellen Weg anzuwenden, der die Tür zum Mysterium dessen öffnet, wer und was wir wirklich sind.

Die Übung der Inquiry basiert auf einem einfachen, aber bedeutsamen Prinzip: daß sich das Sein jedem großzügig offenbart, der es liebt, die Wahrheit der Realität zu wissen, und der bereit ist, sich dem Nichtwissen von ganzem Herzen hinzugeben und dabei offen und neugierig darauf zu bleiben, was Wahrheit ist. Praxis, die auf diesem Prinzip beruht, kann einen von der einfachsten Entdeckung über die eigene Motivation in einer bestimmten Handlung bis hin zu der profundesten Bewußtheit des Wesens der Absoluten Realität bringen.

Mehr als jedes andere Buch von Almaas – außer *Facets of Unity: The Enneagram of Holy Ideas* – verkörpert dieses Buch die Kernmetapher des Diamond Approach: So wie ein Diamant viele Facetten hat – jede einzelne ist hell und klar und offenbart eine andere Perspektive des ganzen Kristalls –, so bietet jedes einzelne Kapitel dieses Buches eine etwas andere Sicht desselben Kernprinzips, um ein tieferes, auf Erfahrung beruhendes Verständnis davon zu vermitteln, was die Übung der Inquiry ist.

In Teil Eins gibt Almaas sowohl eine Orientierung als auch einen weiteren Kontext für die Inquiry als Weg spiritueller Entfaltung. In Teil Zwei betrachtet er die grundlegenden Elemente des Prozesses der Inquiry, darunter das Wesen von Wissen, die Erfahrung von Nichtwissen, die Liebe zur Wahrheit, den Prozeß des Fragenstellens und den persönlichen inneren Faden. Teil Drei fokussiert auf die Führung des Seins, die durch die Inquiryübung eingeladen wird. Dieser leuchtende Reichtum unserer wahren Natur, der die innere Reise der Seele führt, ist das, was Almaas die Diamantene Führung (Diamond Guidance) nennt. Teil Vier ist der Untersuchung dieses Reichtums gewidmet und wie er realisiert und angewendet werden kann.

In diesem letzten Teil des Buches betrachtet Almaas viele der essentiellen Formen, die die Diamantene Führung ausmachen, darunter Neugierde, mutige Direktheit, Mitgefühl, Wahrheit, Klarheit, die Qualität des Persönlichen sowie Intelligenz. Jedes dieser Kapitel über essentielle Aspekte fungiert als Tür zu ewigen, aber unmittelbaren Wahrheiten über das Sein und seine dynamische Manifestation in der Praxis der Inquiry.

Für diejenigen, die eine gewisse Erfahrung mit persönlicher Inquiry ihrer unmittelbaren Erfahrung haben, wird die Weisheit, die auf diesen Seiten präsentiert wird, die fortgesetzte Beschäftigung mit dieser Erforschung rechtfertigen und bestätigen, ermutigen und klären. Und sie kann bei denen, für die die Übung neu ist, den Wunsch nach der intimen und enthüllenden Reise der Selbstentdeckung wecken, die ihnen bevorsteht. Aber dieses Buch ist kein Handbuch, durch das man Schritt für Schritt lernt, wie man eine Inquiry macht. Es bietet vielmehr ein Fenster zur Art und Weise, wie diese Praxis als profunder Weg zu spiritueller Realisierung wirksam ist.

Wir können die Inquiry als eine spirituelle Technik betrachten, aber sie ist eigentlich die Entwicklung einer natürlichen Fähigkeit, die menschliches Bewußtsein an sich besitzt. *Spacecruiser Inquiry* erinnert uns also immer wieder daran, daß die Reise der Entfaltung der Seele nicht nur dann stattfindet, wenn wir uns hinsetzen um zu üben – unser ganzes Leben kann als eine sich entfaltende Inquiry gelebt werden. Dieses Material ist daher auch eine Anleitung zu einer Lebensführung, die sich ständig selbst offenbart, während sie in unserem Alltagsleben unsere tiefsten Wahrheiten aufdeckt.

Dieses Buch beruht auf Vorträgen, die Almaas vor den Schülern der Ridhwan-Schule (der Heimat des Diamond Approach) über einen Abschnitt der Lehre gehalten hat, der der Inquiry gewidmet war. Diese Vorträge wurden redigiert, damit sie unmittelbar zum Leser sprechen können.

## Vorwort

Almaas' Darstellung des Materials betont Verstehen und Praxis der Inquiry anstelle eines rein intellektuellen Verständnisses des Prozesses. Seine Präsenz, seine Worte und seine Vortragsweise laden sowohl die direkte Manifestation der besonderen essentiellen Qualität oder der Dimension des Seins, die gerade besprochen werden, ein als auch ihre dazu gehörenden Fähigkeiten. Oft nehmen die Vorträge die Form einer Inquiry von Bereichen vertrauter Erfahrung durch Befragung der häufig unbewußten Standpunkte und Überzeugungen an, die dieser Erfahrung zugrundeliegen. Wenn die Schüler mit den Worten und Konzepten interagieren, werden ihre inneren psychologischen Barrieren in Frage gestellt und neues Verständnis ihrer Erfahrungen entsteht. Das ermöglicht ihnen, für die wirkliche Energie und das wirkliche Bewußtsein, die sich manifestieren, empfänglicher zu sein.

Teil der Sitzungen waren Übungen, die dazu dienen sollten, die Erfahrungen der Schüler weiter zu vertiefen, indem sie eingeladen wurden, alles direkt und persönlich zu erforschen, was besprochen wurde. Diese Übungen hatten vor allem die Form einer strukturierten Inquiry, die die verschiedenen inneren Barrieren in Frage stellte und die Fähigkeiten und Fertigkeiten untersuchte, die für Inquiry nötig sind. Die Übungen durchdrangen häufig die verschiedenen subtilen Dimensionen, um dann die neu auftauchenden Wahrnehmungen der Schüler weiter zu erforschen und zu untersuchen.

Persönliche Untersuchungen des Themas, die diesen Übungen ähneln, sind in die meisten Kapitel dieses Buches aufgenommen, so daß Sie auch für die Praxis der Inquiry unmittelbar einen Geschmack bekommen können. An diesen Stellen sind Sie eingeladen, ein Element Ihrer eigenen Erfahrung in Verbindung zum jeweils besprochenen Material zu untersuchen. Diese Inquirys können als stille Kontemplation, als gesprochener Monolog (in oder ohne Anwesenheit von Mitforschern) oder schriftlich mit dem Tagebuch gemacht werden.

In mehreren Kapiteln wurden Fragen und Antworten des ursprünglichen Transkripts übernommen, um noch einen anderen Geschmack des Prozesses der Arbeit mit dem Thema des Buches vorzustellen. Diese Abschnitte des Dialoges mit dem Lehrer veranschaulichen die Themen, Reaktionen und Einsichten, die sich einstellen, wenn Schüler diesen Stoff selbständig untersuchen.

Die Vorträge wurden in der Schule zu einer Zeit gehalten, als alle Teilnehmer die Arbeit schon seit mindestens fünf Jahren gemacht und die von Almaas in Kapitel 3 genannte zweite Reise begonnen hatten. Viel Erfahrung mit Inquiry während der ersten Jahre der Arbeit wird auf der ersten Reise gewonnen. Dies ist eine Phase, in der Inquiry ein Mittel, ein Fahrzeug, dafür ist, detailliert etwas über den eigenen psychischen Stand im Leben zu erfahren, wenn man die tieferen, biographischen Motive für Verhaltensweisen, Reaktionen und Muster erkennen und würdigen und einzuschätzen lernt. Man lernt auch, wie diese Sichtweisen und inneren Haltungen das Bewußtsein der fundamentalen Erfahrung essentieller Präsenz blockieren.

Wenn man in erster Linie auf diese Art der psychologischen und emotionalen Selbstentdeckung konzentriert ist, fühlt sich der Prozeß reich, herausfordernd und enthüllend an, ist aber von der bekannten Realität umschrieben, daß man ein Individuum mit einer persönlichen Geschichte ist, das versucht, ein befriedigendes und erfolgreiches Leben zu führen. Es ist leicht, die immer gegenwärtige spirituelle Realität zu verpassen, die diese vertrauten Grenzen transzendiert, und aus den Augen zu verlieren, wie die Inquiry wirklich ein Fahrzeug dieses spirituellen Bereiches, nicht des Bereiches der konventionellen Realität ist. Das ist die Situation, die Almaas in diesem Buch direkt anspricht.

Die Lehrsitzungen sind sowohl eine Inspiration, die dazu bestimmt ist, Schüler auf eine tiefere Ebene von Praxis zu ziehen, als auch ein Korrektiv für die vielen abstumpfenden Fallen, denen man auf dem Weg begegnet. In diesem Prozeß baut Almaas auf die Vertrautheit, die jeder Schüler mit der Inquiry hat, und zugleich erweckt er den Anfängergeist neu, um die gewohnten Orientierungen zu beseitigen, die das Ergebnis wiederholten Selbststudiums sind.

Es gibt ein Paradox bei dem, was hier vorgestellt wird. Almaas spricht über einen Prozeß, der auf jede Erfahrung angewandt werden kann, unabhängig von ihrem Inhalt. Er präsentiert bestimmte Beispiele, um das Material klären zu helfen, doch das Verständnis, auf das er hinweist, hat mehr damit zu tun, wie wir uns auf unsere Erfahrung einstellen, als mit einem besonderen Inhalt von Erfahrung. Das macht es dem Verstand schwer, das Material auf eine vertraute Weise zu erfassen. Dieses Buch wendet sich an einen Teil von uns, der nicht die Worte in unserem Denken bewohnt, sondern verkleidet im vielfältigen Inhalt unseres Lebens lebt. Wir neigen dazu, diesen Teil zu ignorieren oder zu vergessen, daß er existiert, weil wir in den Inhalt versunken sind und glauben, dieser sei das, was real ist. Das Buch stellt diese Annahme unmittelbar in Frage, indem es den Teil unserer Seele, der sich im Inhalt verliert, einlädt hervorzukommen. Dieser vergessenen Teil ist bei den meisten von uns unser spiritueller Kern – was man die wahre Natur unserer Seele nennen könnte.

Sie werden ermutigt, jedes Kapitel zu lesen und zuzulassen, daß es sich setzt, bevor Sie zum nächsten weitergehen. Das wird es jeder Facette des Diamanten erlauben, seine eigene Wirkung zu entfalten. Auf ähnliche Weise erlebten die Schüler jede Facette der Lehre an getrennten Wochenenden, mit mehreren Wochen Zwischenraum, um die Erfahrung der Interaktion mit diesem Material zu verarbeiten.

Aber es ist nicht nötig, alles zu integrieren, was sie gelesen haben, bevor sie weiterlesen. Ideen oder Prinzipien, die vielleicht unverständlich oder für Ihre eigene Erfahrung fremd erscheinen, wenn Sie Ihnen zum ersten Mal beggnen, werden später gewöhnlich ausführlicher erklärt. Während das Buch voranschreitet, wird das Material jedes Kapitels auf seine eigene Weise und in seinem eigenen Tempo auf Sie seine Wirkung haben. Die Wiederholung bestimmter Prinzipien aus einer jeweils etwas anderen Perspektive dient dazu, ein Gefühl von der Erfahrung jenseits des einfachen Inhalts der Worte zu evozieren und zu vermitteln. Das vertraute Echo der Wahrheit hilft, wenn man es aus einem Winkel erkennt, an den man bisher nicht gedacht hat, das Verständnis der Ideen und Begriffe, die früher vorgestellt wurden, zu erden und zu vertiefen. Wenn man offen und neugierig bleibt, wird die Praxis der Inquiry selbst von Moment zu Moment die Wahrheit enthüllen, die man wissen muß.

Eine Bemerkung zum Schluß: Almaas hat die Metapher eines Raumschiffs, das in der großen Weite des Kosmos reist, gewählt, um einige Elemente des Prozesses der Inquiry zu veranschaulichen. Der Grund ist, daß die Natur der Erforschung des Weltraums erstaunliche Parallelen zur Reise in unser eigenes Sein hat. Weltraum vermittelt die Empfindung von Mysterium, von Weite und von der Vielfalt der Richtungen des Erfahrungsfeldes besser als jede andere Metapher. Und die absolute

Weite und Geräumigkeit des Kosmos, wo es keine Straßen und kein begrenzendes Gelände gibt, faßt lebendig die Offenheit, die sowohl das Potential als auch die Herausforderung in der Praxis der Inquiry ist.

Wer eine Affinität zur Raumfahrt hat, wird davon erfreut sein, was diese Metapher enthüllt. Sie ist aber für die Darstellung des Themas nicht zentral und tritt im Fluß der Lehre nur in Abständen in Erscheinung. Wenn also Ihre persönliche Neigung nicht in die Richtung futuristischer Reisen geht, sind Sie eingeladen, Ihren inneren Weg mithilfe des Fahrzeugs zurückzulegen, das am besten Ihre eigene dynamische Entfaltung ausdrückt.

Byron Brown

# Bemerkung an den Leser

Dieses Buch ist eine Untersuchung der Übung und Praxis der Inquiry. Es ist eher eine Hinführung zu den Prinzipien und dem Potential der Übung als ein Handbuch darüber, wie man sie macht. Sie werden aber vielleicht entdecken, wie es Ihre Wertschätzung und das Verständnis dessen, was besprochen wird, fördert, wenn Sie sich selbst auf die Übung einlassen. Diese Vorbemerkung soll Ihnen helfen, sich zu orientieren, sollten Sie Inquiry selbst erforschen wollen, während Sie lesen.

Die Art und Weise, wie Almaas das Material präsentiert, ist selbst eine Einladung, Inquiry zu machen. Fühlen Sie sich also frei, jederzeit aufzuhören und in Ihrer eigenen Erfahrung zu erforschen, was er beschreibt. Um Ihnen beim Fokussieren Ihrer Untersuchung zu helfen, sind genaue Vorschläge für Inquirys in den Text aufgenommen. Beginnend mit Teil 2 benennt jedes Kapitel einen bestimmten Bereich der Inquiry, der mit dem jeweiligen Thema in Beziehung steht, um Ihre Erforschung und die Entwicklung Ihrer Fähigkeiten für diese Übung zu leiten. Sie werden ermutigt, diese Inquiryübungen entweder verbal oder mittels eines Tagebuches zu machen, allein oder mit Mitforschern.

Wenn Sie sich zu Inquiry als einer Form spiritueller Entfaltung hingezogen fühlen, ist es anfangs hilfreich, die Praxis zu formalisieren, indem Sie bestimmte Zeiten bestimmen, um in fokussierter Weise in einer ungestörten Umgebung die Inquiry durchzuführen. Wir werden hier zwei Möglichkeiten besprechen, die oben erwähnt wurden, aber Sie können noch andere finden.

Der erste Ansatz besteht im Schreiben eines Tagebuches. Wenn es etwas in Ihrer Erfahrung gibt, das untersucht werden soll, können Sie sich hinsetzen und ihre Inquiry schriftlich machen. Viele Menschen benutzen Tagebücher nur, um die Ereignisse des Tages aufzuschreiben, und lassen es dabei bewenden. So nutzt man lediglich einen sehr geringen Teil des Potentials eines Tagebuches. Einen wesentlich umfassenderen Gebrauch des Tagebuches stellt die persönliche Inquiry dar.

Der Erfahrungsbericht kann Teil dessen sein, was Sie schreiben. Das kann sogar den Prozeß oftmals erst in Gang setzen. Aber in einer Tagebuch-Inquiry hält man nicht nur fest, was einem in der Erfahrung widerfahren ist – man analysiert es, erforscht es und stellt Fragen, alles beim Schreiben. In gewissem Sinn wird Ihr Tagebuch zu einem schweigenden Zeugen. Wenn Sie wollen, können Sie sich das, was Sie geschrieben haben, vornehmen, darüber nachdenken und das Schreiben fortsetzen, indem sie sich selbst ein Feedback zu Ihrem Prozeß geben, aber die Inquiry allein reicht aus.

Sie können schriftlich so oft Inquirys machen, wie Sie wollen, aber es ist gut, sie mehrmals in der Woche durchzuführen. Genauso, wie Sie eine Zeit zum Meditieren reservieren, können Sie eine Zeit bestimmen, in der Sie sich mit Ihrem Tagebuch hinsetzen und schreiben. Da Inquiry auf Selbstbeobachtung beruht, bedeutet es – so Sie mit der Praxis der Inquiry beginnen –, daß Sie größere Achtsamkeit bei Ihrer Erfahrung zu entwickeln beginnen: auf Ihre Gedanken, Sinneswahrnehmungen, Gefühle und Verhaltensweisen. Achtsam mit Ihren Erfahrungen umzugehen kann zu einem kontinuierlichem Prozeß werden, der Sie mit einem reichen Beobachtungsfeld versorgt. Wenn Ihre Bobachtung anfängt, Muster in Ihrer Erfahrung zu enthüllen, werden als Antwort auf diese Muster natürlicherweise Fragen auftauchen. Deshalb wird der Prozeß, wenn Sie zu Ihrer für die Inquiry festgesetzten Zeit kommen, häufig bereits begonnen haben. Dann setzen Sie sich einfach hin und folgen dem Faden der Inquiry.

Eine andere Weise, Inquiry zu praktizieren, besteht darin, diese mit anderen zusammen durchzuführen. Sie können einen oder zwei Freunde einladen, um sie mit Ihnen gemeinsam zu machen. Wenn drei sich zusammensetzen, um die Inquiry-Übung zu machen, kann man die einfache Form benutzen, so daß jeder fünfzehn bis zwanzig Minuten einen bestimmten Teil seiner Erfahrung erforscht. Während eine Person die Inquiry macht, sind die anderen zwei stille Zeugen, die die Präsenz bei ihrer eigenen Erfahrung üben, während sie offen und neugierig der Inquiry zuhören. Das ist ein besonderer Vorteil, wenn man mit anderen eine Inquiry macht: Der eigene Prozeß wird dadurch, daß man Zeuge der Inquiry anderer ist, vertieft. Man kann auf diese Weise so oft üben, wie man möchte. Sie finden vielleicht zwei andere Menschen, die ebenso neugierig wie Sie selbst sind, und Sie machen sie jeden Tag zusammen.

## Bemerkung an den Leser

Anfangs wird die Inquiry oft mit einer Reflexion über eine vergangene Erfahrung beginnen. Sie haben Reaktionen, Besorgnisse, alte Gefühle oder einfach eine Neugier in bezug auf das, was Sie erfahren haben. Es kann ein Gefühl im Moment sein, das die Inquiry auslöst, aber die Erforschung dieses Gefühls wird Sie oft zu der Situation zurückbringen, das das Gefühl hervorgerufen hat. Die Inquiry wird dann zu einem Prozeß des Schauens, um zu erkennen, was die Wahrheit dessen ist, was geschah. Viel kann verstanden werden, wenn man dafür offen und neugierig bleibt, selbst die Wahrheit zu entdecken.

Wenn Sie sich bei der Erforschung Ihrer Vergangenheit weiter Ihrer selbst gewahr bleiben, wird Ihr Fokus an einer bestimmten Stelle natürlich dazu tendieren, zu einem Interesse an der Wahrheit Ihrer gegenwärtigen Erfahrung überzugehen. Dann wird die Erfahrung unmittelbarer und lebendiger, weil Sie sich jetzt für das öffnen, was im Moment geschieht. Diese Bewegung – vorwärts und rückwärts, zwischen Vergangenheit und Gegenwart pendelnd – ist eine dauernde Dynamik, die in der Inquiry natürlich ist. Je mehr Sie aber auf Ihre unmittelbare Erfahrung eingestimmt sind – ganz gleich, ob Sie die Vergangenheit erforschen oder die Gegenwart –, um so offener werden Sie für die Möglichkeiten, Ihre eigene tiefere Wahrheit zu realisieren.

Inquiry ist eine spirituelle Übung und Praxis, und wie viele andere entwickelt sie sich mit der Zeit. Lesen und Wiederlesen dieses Buches, während Sie der schrittweisen Entfaltung Ihres inneren Lebens folgen, kann die Tiefe und die Subtilität Ihrer inneren Reise unterstützen und bereichern. Wenn Sie Ihren eigenen Rhythmus und Ihr eigenes Tempo des Öffnens finden, wird das der Inquiry ermöglichen, den verborgenen Reichtum Ihres Seins zu enthüllen.

Byron Brown

# Teil 1

# Mysterium und Inquiry

# I
# Warum erforschen?

Was spüren wir, wenn wir über uns nachdenken? Was sehen wir? Wie ist unser Leben? Die meisten von uns leben in einem ständigen Kampf, der darin besteht, Angenehmes zu bekommen und Leiden abzuwehren. Über lange Zeitabschnitte haben wir ständig das Gefühl, daß unser Leben nicht „genug" ist – nicht voll genug, nicht reich genug, nicht vollständig genug.

Ab und zu merken wir, daß wir Zufriedenheit empfinden. Dann kommt uns alles genau richtig vor. Aber gewöhnlich empfinden wir diese Zufriedenheit nur kurz. Wir versuchen dann, etwas zu „verbessern", oder machen uns Sorgen um die Zukunft oder schaffen es auf eine andere Weise nicht, einfach bei der Zufriedenheit zu bleiben.

Angenommen, es ist ein schöner Tag am Strand. Vielleicht sitzen Sie auf Ihrer Decke, nippen Eistee und liegen in der Sonne. Alles ist gut, aber nach einer Weile fangen Sie an, sich ein bißchen zu langweilen. Sie nehmen ein Buch aus Ihrer Strandtasche und fangen zu lesen an, aber Sie merken, daß Sie nervös sind. Dann wird Ihnen bewußt, daß die Hauptfigur in der Geschichte Sie an Ihren Vater erinnert, der Sie nie in Ruhe gelassen hat. Auch wenn Sie allein sind, bekommen Sie plötzlich das Gefühl, daß jemand hinter Ihnen steht, der Sie dafür verurteilt, daß Sie sich am Strand entspannen und sich bräunen lassen, statt zum Beispiel die Garage aufzuräumen. Sie kommen zu dem Schluß, daß es wahrscheinlich kein besonders gutes Buch ist, und legen es weg. Was Sie wirklich wollen, spüren Sie jetzt, ist etwas zu essen. Als Sie ihr Sandwich und Ihre Chips halb aufgegessen haben, merken Sie aber, daß Sie nicht wirklich Hunger hatten. Vielleicht würde Ihnen jetzt ein Schläfchen guttun. Sie schließen Ihre Augen, aber jetzt sind Sie ganz unruhig. Die Zufriedenheit von vor einer Stunde ist weg, und Sie wissen nicht, wie sie Ihnen abhanden gekommen ist.

## Warum erforschen

So leben wir – wir versuchen die Außenwelt so zu manipulieren, daß unsere innere Welt Ruhe haben kann. Aber dieser Kampf ist ein aussichtsloses Unterfangen; so verschaffen wir uns keine Zufriedenheit. Dieses Beispiel für unseren inneren Prozeß weist auf eine Grundtatsache unserer ständigen Erfahrung hin: Wir können uns selbst nicht in Ruhe lassen. Alles innere Handeln enthält eine gewisse Ablehnung unseres gegenwärtigen Zustandes, unserer eigentlichen Realität. Und diese Haltung der Ablehnung hat eine tiefere Konsequenz: Dadurch, daß wir ablehnen, was für uns im gegenwärtigen Augenblick da ist, lehnen wir uns selbst ab. Wir sind mit unserem Sein (Being) nicht in Kontakt. Dadurch, daß wir uns auf die Zukunft hin orientieren, opfern wir die Gegenwart. Wenn wir außerhalb von uns selbst nach dem suchen, was uns fehlt, setzen wir uns, unsere Seele(n), dem Schmerz der Verlassenheit aus.

Tatsache ist aber: Nichts fehlt. Unsere wahre Natur ist wirklich immer da. Unsere wahre Natur ist *Sein*. Und alles besteht aus dieser wahren Natur: Steine, Menschen, Wolken, Pfirsichbäume – alle Dinge in unserem Leben. Diese Dinge existieren aber nicht unabhängig von uns, so wie wir es von ihnen glauben. Was wir in Wirklichkeit sehen, sind die verschiedenen Formen von Sein. Um Sein selbst, also das Wesen dessen, was wir in Wahrheit sind, zu verstehen, müssen wir zur inneren fundamentalen Natur von Existenz vordringen. Um für diese fundamentale Natur offen zu sein, müssen wir in Frage stellen, was wir zu sein glauben: Bin ich wirklich ein männlicher Weißer mit einer bestimmten Körpergröße, einem bestimmten Körpergewicht, von soundsoviel Jahren und mit einer Adresse und der durch meine persönliche Geschichte definiert ist? Und wenn ich das nicht bin, was dann?

Wir sind wie der Fluß, der nicht weiß, daß er im Grunde aus Wasser besteht. Er hat Angst davor, sich auszudehnen, weil er glaubt, er wäre dann vielleicht kein Fluß mehr. Aber wenn man einmal weiß, daß man Wasser ist, was macht es dann für einen Unterschied, ob man ein Fluß oder ein See ist?

Ihr Sein ist das, was sich ständig als Sie selbst manifestiert. Es denkt, indem es Ihr Gehirn benutzt. Es geht, indem es Ihre Beine benutzt. Aber in Ihrer alltäglichen Erfahrung denken Sie, Sie wären ein Bündel von Armen und Beinen und Gedanken, und erleben nicht die Einheit, die Ihrer ganzen Erfahrung zugrundeliegt.

Wenn wir mit dem Sein nicht in Kontakt stehen, empfinden wir eine Art Hohlheit. Uns fehlt dann ein Gefühl von Ganzheit oder Wert oder Fähigkeit oder Sinn. Wir suchen vielleicht endlos nach angenehmen Empfindungen oder Zufriedenheit, aber ohne eine Wertschätzung für unsere wahre Natur entgeht uns der größte Teil der Lust, die wir in unserem Leben haben könnten.

Unsere Natur, unser Sein, ist das Wertvollste, was es gibt, doch verlieren die meisten von uns den Kontakt dazu, wenn wir davon träumen, darauf hoffen, dahin planen und darum kämpfen, das zu bekommen, was wir für ein gutes Leben halten. Wir wollen die richtige Ausbildung, den besten Job, den idealen Partner. Aber ohne eine gewisse Wertschätzung für unsere wahre Natur landen wir an den Randbereichen des Lebens und schmecken immer nur eine fade Imitation des Nektars der Existenz.

## Die Seele

Sein manifestiert sich gegenüber sich selbst durch uns, als Menschen. In uns schaut das Sein seine Schönheit und feiert seine Majestät. Unsere Erfahrung von uns selbst in unserer Totalität und unserer Berührbarkeit ist das, was wir beim Diamond Approach mit dem Begriff *Seele* meinen. Die Seele ist das, was erfährt, und sie ist die gelebte Erfahrung selbst. Sie ist der innere, psychische Organismus, das individuelle Bewußtsein, das der Ort aller Erfahrung ist. Die menschliche Seele ist reine Potentialität, die Potentialität von Sein. Sie ist auch die Weise, wie das Sein sich in seiner ganzen Großartigkeit öffnet und seinen Reichtum manifestiert.

Um den Reichtum unseres Seins, das Potential unserer Seele zu erfahren, müssen wir zulassen, daß unsere Erfahrung immer offener wird, und zunehmend in Frage stellen, wofür wir uns halten. Gewöhnlich identifizieren wir uns mit einem sehr begrenzten Teil unseres Potentials, mit dem, was wir das Ego oder die Persönlichkeit nennen. Manche nennen es das kleine Selbst. Aber diese Identität ist eigentlich eine Entstellung dessen, was wir in Wirklichkeit sind, nämlich ein vollkommen offenes Strömen aus dem Mysterium des Seins.

Ein Mensch ist ein Universum an Erfahrungen, mit vielen Facetten und Dimensionen. Jeder von uns ist eine Seele, ein dynamisches Bewußtsein, ein magisches Organ für Erfahrung und Handeln. Und jeder von uns ist in einem ständigen Zustand von Transformation – von einer Erfahrung, die sich für eine andere öffnet, von einer Handlung, die zu einer anderen führt, einer Wahrnehmung, die sich in viele andere vervielfältigt; von Wahrnehmung, die zu Wissen heranwächst, von Wissen, das zu Handeln führt, und Handeln, das mehr Erfahrung erzeugt. Dieser Entfaltungsprozeß ist permanent, dynamisch und voller Energie. Dies ist die eigentliche Natur dessen, was wir Leben nennen.

## Die duale Dynamik der Erfahrung

Die Schönheit des Lebens besteht darin, daß sie ein ständiges Öffnen für die ganze Weite der Erfahrung und für den Reichtum sein kann, die dem Menschen möglich ist – für die dynamische Entfaltung des menschlichen Potentials. Dieses Leben kann eine Feier des Geheimnisses unseres Seins sein. Wir können ein Leben der Liebe leben, indem wir Freude an uns selbst, an anderen Menschen und am Reichtum unseres Heimatplaneten haben. Unser Leben kann voller Wertschätzung, Sensibilität und Staunen für alles sein, was uns umgibt. So ein Leben kann ein spannendes und aufregendes Abenteuer von Lernen, Reifen und Expansion sein.

Aber es kann auch ein Leben in Unfrieden, in Kampf, Elend und Depression sein, das oft von Leiden, Frustration, Neid und Aggression erfüllt ist. Es kann uns leicht passieren, daß wir ein Leben in Selbstbezogenheit, Zwiespalt und Ausbeutung führen. Wenn das geschieht, wird das Leben bald stumpf, langweilig und oberflächlich – wobei sich der Unterton sadistisch und brutal anfühlen kann.

Auch in solchen Zeiten verliert das Leben niemals seinen dynamischen und transformativen Charakter, aber die Entfaltung des Seins enthüllt vor allem die dunklen und destruktiven Möglichkeiten unseres Potentials, die negative und depressive Seite menschlicher Erfahrung. Die Frische und Kreativität des menschlichen Geistes sind überschattet, der freudvolle Funke gedämpft und zum Erlöschen gebracht und die Schärfe unserer Klarheit abgestumpft. Wir neigen dazu, in Unwissenheit zu leben, von primitiven Bedürfnissen und Begierden getrieben zu sein. Das Gefühl für unser Menschsein verläßt uns: Auch wenn wir wissen, daß wir Menschen sind, vergessen wir den Wert und die Köstlichkeit unserer Sanftheit, Freundlichkeit und Verletzlichkeit.

Unser Leben ist selten die reine Manifestation nur einer Seite unseres Potentials – sei es die der Freiheit oder die der Dunkelheit. Die meisten von uns leben eine Mischung von beiden mit sich ständig verändernden Anteilen. Natürlich arbeiten wir alle sehr angestrengt daran, Freiheit und Freude zu maximieren, aber wir wissen aus bitterer Erfahrung, wie schwer das ist. Wir versuchen dieses und jenes, hören auf diesen Lehrer oder jene Autorität, verlieren den Mut und erneuern unsere Entschlossenheit, aber selten sind wir uns sicher, was uns zu den Zuständen bringen wird, die wir begehren. Selten erleben wir die positiven menschlichen Möglichkeiten, die wir sehnlichst verkörpern möchten. Doch auch wenn sie sich wirklich in unserer Erfahrung manifestieren, bekämpfen wir sie häufig oder bekommen Angst vor ihnen. Wir sehnen uns danach, zu expandieren und unser Menschsein zu vervollkommnen, und unternehmen große Anstrengungen, um das zu erreichen, aber scheitern oft und sind schließlich frustriert. Unsere Erfolge sind kümmerlich und anscheinend nie von Dauer.

Wenn der Dynamismus unseres Seins unsere Erfahrung in seine dunklen und negativen Möglichkeiten entfaltet, finden wir uns in sich wiederholenden Mustern und geschlossenen Schleifen gefangen. Obwohl diese geschlossenen Schleifen von Wahrnehmen und Handeln dynamisch sind, sind sie auch zwanghaft und monoton und nehmen unserer Erfahrung ihre Frische, unserer Dynamik ihre Kreativität und unserem Leben Expansion und Abenteuer. Das riesige Universum menschlicher Möglichkeiten wird auf einen sehr begrenzten Bereich gewohnter Erfahrung beschränkt. Frische, Neuheit, Entwicklung und Begeisterung des Entdeckens sind gedämpft.

Die Situation ist aber nicht hoffnungslos, und wir alle wissen das an einer Stelle in unserem Herzen. Wir wissen – vielleicht undeutlich, vielleicht unvollständig –, daß der menschliche Geist die Möglichkeit besitzt, seine Erfahrung auszuweiten und seinen Reichtum zu öffnen. Wir haben viele Stärken, die wir nutzen können: Sensibilität, Intelligenz, Unterscheidungsvermögen, das Potential für gründliches Erforschen und Einsicht. Vor allem haben wir die Fähigkeit, zu lernen.

## Ein Weg zur Freiheit

Jeder von uns besitzt die Fähigkeit, seine Erfahrung zu optimieren und sich auf die unbegrenzten Dimensionen seines Menschseins einzustellen. Wir alle können lernen, uns dem kreativen Dynamismus unseres Seins und der riesigen Weite des menschlichen Universums an Möglichkeiten stärker zu öffnen. Aber wie geschieht das? Wie können wir unser Leben zu einer aufregenden Reise von Abenteuer, Entdeckung und Staunen machen? Was kann uns helfen, die dunklen, destruktiven und einengenden Manifestationen des Seins in uns und den Menschen um uns herum zu erkennen und mit ihnen umzugehen? Wo ist der Weg, der uns zeigt, wie man entdeckt und lebt, was uns wirklich erfüllt und vollständig macht, und was der ganzen Menschheit dabei hilft zu reifen und allem Leben zu erblühen? Wie können wir unseren Geist (spirit) befreien, damit er den Reichtum seines Menschseins und die Göttlichkeit seines Seins manifestieren kann?

Viele Möglichkeiten und Wege gibt es, die Menschen zu Vollständigkeit und Freiheit führen können. In diesem Buch werden wir eine dieser Möglichkeiten betrachten. Wir werden untersuchen, wie Inquiry unsere Erfahrung für wahres Verstehen öffnen und wie dieses Verstehen so tief werden kann, daß es die Fülle unseres Potentials entfaltet.

Wie wir gesehen haben, enthüllt unsere Seele ihre Möglichkeiten durch ihren kreativen Dynamismus in zwei Grundformen. Die erste ist eine offene und freie Weise, die zweite ist in einem verzerrten und eingeengten Prozeß. Im ersten Fall manifestiert sich die Seele auf eine reale und authentische Weise, während sie im zweiten Fall reduziert, entstellt und von ihrer wahren Natur abgetrennt wird. Beide Erfahrungen (Authentizität und Verzerrung) gehören zum Potential unserer menschlichen Seele.

Es ist wichtig, den Unterschied zwischen diesen beiden Hauptmöglichkeiten, wie sich unsere Erfahrung enthüllt, genau und klar zu verstehen. Das auffallendste Merkmal dieses Unterschiedes ist für unsere Untersuchung in diesem Buch zentral: Wenn unsere Erfahrung frei und daher authentisch ist, entdecken wir, daß unsere Seele mit unserer wahren Natur in Kontakt– eigentlich untrennbar von ihr – ist. Die entstellte Erfahrung andererseits ist vor allem durch einen Mangel an Bewußtsein von dieser wahren Natur charakterisiert.

## Die wahre Natur der Seele

Das Bewußtsein von der Existenz der wahren Natur der Seele bildet das Kernverständnis in allen wichtigeren spirituellen Lehren. Das primäre Verständnis in jeder authentischen Erfahrung spiritueller Realisierung ist, daß unsere Seele (unser Selbst, unser Bewußtsein) eine wahre Natur besitzt – ihre Essenz. Sein ist die Essenz oder wahre Natur der Seele wie überhaupt aller Manifestation. Beim Diamond Approach benutzen wir das Wort *Essenz*, um die spezifische Erfahrung von Sein in seinen verschiedenen Aspekten zu bezeichnen, wenn es als die Natur der menschlichen Seele auftaucht.

Wir erfahren uns selbst als Essenz, wenn unsere Erfahrung frei, ungekünstelt und spontan entsteht. Wenn unsere Erfahrung von uns selbst nicht von außen – das heißt von keinem Einfluß, der außerhalb der Einfachheit, nur da zu sein, liegt – diktiert oder bestimmt ist, dann sind wir die Essenz dessen, der wir sind. Wahre oder essentielle Natur bezieht sich daher darauf, wie sich die Seele[1] selbst erfährt, wenn sie nicht von der Vergangenheit oder von mentalen Bildern oder Selbst-Konzepten konditioniert ist. Wir erfahren unsere Essenz, wenn wir einfach sind, statt zu reagieren oder unsere Erfahrung oder uns selbst zu konzeptualisieren.

Essenz ist nicht ein Objekt, das wir in uns finden; sie ist die wahre Natur dessen, der wir sind, wenn wir entspannt und authentisch sind, wenn wir nicht bewußt oder unbewußt so tun, so oder so zu sein. Essenz ist die Wahrheit unserer Präsenz, die Reinheit unseres Bewußtseins und unserer Bewußtheit. Sie ist das, was wir in unserer ursprünglichen und unverfälschten Seiendheit (beingness), als eigentliche Kernrealität unserer Seele sind. Essenz ist die authentische Präsenz unseres Seins. Sie ist im Grunde Sein in seiner Dasheit (thatness).

Verschiedene spirituelle Traditionen haben ihr verschiedene Namen gegeben: Christentum, Judentum und Islam nennen sie Geist (Spirit), der Buddhismus nennt sie Buddhanatur, der Taoismus nennt sie das Tao, der Hinduismus nennt sie Atman oder Brahman. Die verschiedenen Traditionen unterscheiden sich darin, wie sie Essenz begrifflich fassen und wie sehr sie sie in ihrer Lehre betonen, aber Essenz wird immer als die authentische, angeborene und fundamentale Natur dessen angesehen, wer wir sind. Und die Erfahrung und Realisierung von Essenz ist in allen Traditionen die zentrale Aufgabe spiritueller Arbeit und Entwicklung.[2]

Der Diamond Approach ist durch eine ihm eigene Einsicht in unsere essentielle Natur charakterisiert: Essenz manifestiert sich als eine intelligente Antwort auf die sich verändernden Zustände der menschlichen Seele in verschiedenen Formen. Diese Formen, die wir die Aspekte oder Qualitäten von Essenz nennen, umfassen die zeitlosen Aromen menschlicher Erfahrung wie Liebe, Frieden, Freude, Wahrheit, Klarheit, Mitgefühl und Wert. Jeder essentielle Aspekt hat eine charakteristische, erfahrbare Realität und Funktion, wobei alle den fundamentalen Boden von Essenz gemeinsam haben: Präsenz, selbst-bewußtes Leuchten und Offenheit.

## Die Reise der Inquiry

Die Entdeckungen, die die Basis unseres Weges, des Diamond Approach, bilden, bieten ein echtes Verständnis der Tatsache, warum die Präsenz von Sein mit ihren essentiellen Manifestationen bei den meisten Menschen nicht aktiv ist und gelebt wird. Man kann die fundamentale Einsicht so formulieren: Sein, wie es sich in essentieller Präsenz und in ihren Qualitäten manifestiert, ist ein natürlicher und zentraler Teil des Potentials des Menschen. Dieses Potential öffnet sich von sich aus und spontan und entwickelt sich als Teil der Reifung eines Menschen. Wenn es nicht zu dieser Entfaltung kommt, sind psychologische und epistemologische Barrieren der Grund. Diese Barrieren bestehen hauptsächlich in festen Überzeugungen von einem selbst und der Realität im allgemeinen, in tief verwurzelten inneren Haltungen und Einstellungen sowie in zwanghaften Mustern von Reaktivität und Verhalten.

Diese Elemente beruhen ihrerseits auf psychischem Anhaften an unbewußten und nicht in Frage gestellten Bildern und Konzepten von sich selbst und Erfahrung im allgemeinen (Identifikationen) und sind ein Ausdruck von ihnen. Diese inneren Haltungen, Einstellungen und Annahmen reduzieren die Bewußtheit von einem selbst, beschränken das Verständnis dessen, was möglich ist, und behindern die natürliche Entfaltung des eigenen Potentials.

## Mysterium und Inquiry

Der Diamond Approach ist eine offene und unbegrenzte Inquiry in die verschiedenen Elemente unserer Erfahrung und ihrer Muster. Wenn diese Inquiry aufrichtig und intelligent ist, dann muß sie auf die psychologischen und epistemologischen Barrieren gegen die freie Entfaltung der Seele stoßen. Die Konfrontation solcher Barrieren dadurch, daß man sie in Frage stellt, führt zu einem einsichtsvollen und unmittelbar gefühlten Begreifen dieser Barrieren. Auf diese Weise durchdringen Inquiry und Verstehen die Barrieren und öffnen unsere Seele für die immer noch unbekannten Möglichkeiten, die in ihren Tiefen schlummern.

Inquiry führt nicht nur zu größerer Bewußtheit und zum Verstehen unserer selbst, sondern sie lädt auch das Sein ein, seine verborgenen Möglichkeiten durch den Prozeß der Entfaltung von Erfahrung und Einsicht zu eröffnen. Dies aktiviert auf eine natürliche und geordnete Weise unsere essentielle Präsenz in ihren verschiedenen Erscheinungsformen. Ihrerseits fördern diese essentiellen Aspekte den Prozeß von Inquiry und Verstehen, indem sie beide zu subtileren und tieferen Dimensionen von Erfahrung und Wahrnehmung bringen.

Das bedeutet, daß die Aktivierung der subtilen Dimensionen von unserem Verstehen abhängt, und dieses Verstehen reflektiert unsere Fähigkeit, unsere Alltagserfahrung zu erforschen. Beim Diamond Approach machen wir nicht mechanisch Übungen, die tiefe Energien aktivieren, die wir vielleicht nicht verstehen oder mit denen wir dann vielleicht nicht umgehen können. Vielmehr geschieht die Aktivierung von selbst, als Antwort und Reaktion auf die eigene Fähigkeit zu Offenheit, Inquiry und Verstehen. Und die Tatsache, daß diese Fähigkeit in direktem Verhältnis zu unserem Grad an Reife zunimmt, ist die beste Sicherung dagegen, zu schnell zu tief zu gehen.

Wir müssen hier betonen, daß das Verstehen, das wir meinen, nicht mentales oder intellektuelles Begreifen ist, sondern direktes Gewahrsein und Erfahrung von einem selbst, die einsichtsvoll und klar sind. Es ist die klare Erkenntnis der Wahrheit von Erfahrung, und zwar als ein Aspekt, der von dieser Erfahrung untrennbar ist. Dieses Verstehen ist die unmittelbare Antwort von Sein auf aufrichtige Inquiry.

Wenn man sich auf die Reise begibt, die auf den folgenden Seiten beginnt, öffnet das die Tür zu einer tiefen und intimen Beziehung damit, was es bedeutet, ein Mensch zu sein. Die essentielle Welt, ein Mensch,

## Warum erforschen

eine bewußte Seele zu sein, öffnet sich, und in jedem Moment entdeckt man sie. Nicht nur das– sie erscheint genau hier, wo Sie jetzt sind. Sie existiert nicht irgendwo anders und wartet darauf, daß Sie sie finden. Die Reise der Inquiry ist sowohl die längste als auch die kürzeste Reise, die Sie je machen werden – Sie reisen einfach so weit, wie Sie müssen, um da zu sein, wo Sie schon sind.

Dieses Buch hat zum Ziel, Sie für das Wesen dieser äußerst geheimnisvollen und persönlichen Reise zu öffnen. Es ist kein Bericht von einer Reise zu magischen und exotischen Plätzen, sondern ein Erwecken zu den Fähigkeiten und Möglichkeiten Ihrer Seele, an der inneren Entfaltung Ihres Seins teilzunehmen. Das, was folgt, wird Ihrer Selbsterforschung eine Richtung geben, so daß Sie die implizite Führung, die sich einstellt, wenn Sie Ihren eigenen inneren Raum bereisen, erkennen und bestärken können. Und wenn die Reise weitergeht und sich Ihre Bewußtheit vertieft, werden Sie lernen, die Subtilitäten, den Reichtum und die Intimität wertzuschätzen, die die Ihren sind, wenn Sie dem Weg der Inquiry folgen.

# 2
# Offenheit bei der Inquiry

## Offenbarung des Mysteriums

Der Mensch ist eine Realität mit vielen Facetten und Dimensionen. Wenn man einen Teil dieser Realität oder eine bestimmte Weise, sie zu erfahren, nimmt und glaubt, dies sei das Eigentliche, es sei das, was wir erreichen sollten, dann ist das eingeschränkt, voreingenommen und letztlich statisch. Der Mensch ist ein dynamisches Bewußtsein mit Intelligenz und Potentialität, das wir mit unserem Verstand nicht erfassen können. Und soweit man sehen kann, gibt es keine Lehre, kein bestimmtes System, das alles umfaßt. Jede Lehre nimmt ein bestimmtes Segment, einen bestimmten Weg, und sagt: „Das ist es." Das ist eine gültige Weise, wie man an einige Möglichkeiten der Realisierung herangehen kann, aber sie kann nicht die Totalität des Menschen oder des menschlichen Potentials erfassen.

Das Abenteuer des Seins ist ohne Ende – Sein ist unendlich und seine Möglichkeiten sind unbegrenzt. Ein Grund, warum ich den Weg der Inquiry vorherbestimmten und zielgerichteten spirituellen Verfahren vorziehe, liegt in der Tatsache, daß sie ein bestimmtes Verständnis der Natur des Menschen widerspiegelt, das mit der Essenz des Seins zu tun hat. Je mehr ich die Essenz meines Seins kenne, um so mehr erkenne ich, daß sie unbestimmbar ist und daß man sie nicht auf eine endgültige und vollständige Weise kennen kann. Man kann nicht auf eine bestimmte Weise von ihr sagen, sie sei so oder so oder so. Es ist gerade das Wesen der Essenz unseres Seins, daß sie ein Mysterium ist. Es ist eine geheimnisvolle Essenz. Ihr Geheimnis liegt nicht an einer Beschränktheit unserer Fähigkeit, sie zu verstehen. Ihr Mysterium gehört zu ihrer Realität.

## Offenheit bei der Inquiry

Dieses Mysterium, diese Empfindung von Unbestimmtheit, ist von vielen Leuten erforscht worden, und es gibt viele Lehren und Formulierungen, die es zu beschreiben versuchen. Eine Weise, wie man es sehen kann, besteht darin, daß die eigentliche Natur der Dinge nicht beschrieben, nicht bestimmt werden kann. Man kann keine bestimmte Aussage über sie machen, man kann ihr gegenüber keinen Standpunkt einnehmen. Einige setzen die eigentliche Natur mit der Leere gleich, fügen dann aber schnell hinzu, es gäbe kein „Etwas", das Leere genannt werden könne. Leere ist einfach eine Weise, sich auf die Unbestimmtheit eigentlicher Natur zu beziehen. Das bedeutet, daß man nicht sagen kann, sie existiere, und daß man auch nicht sagen kann, sie existiere nicht. Und man kann nicht sagen, weder existiere sie noch existiere sie nicht. Dieser Ansatz nennt man den Weg der Negation, insofern man alles verneint, was man über die eigentliche, letzte Natur sagen oder ihr zuschreiben kann.

Ich denke, dies ist eine geschickte und subtile Weise, die Unbestimmtheit der Essenz unseres Seins zu verstehen. Jedoch beruht das Abenteuer der Inquiry auf einer etwas anderen Perspektive auf das Mysterium. Manche würden sagen, daß überhaupt nichts über das Mysterium ausgesagt werden kann, weil alles, was man sagt, ungenau wäre, und deshalb sei es besser, gar nichts auszusagen. Die Perspektive, die ich vorziehe, ist die, daß die Essenz des Seins für Beschreibungen offen oder Beschreibungen zugänglich ist. Man kann tatsächlich eine Menge über sie aussagen, so wie die Dichter der Mystik es seit Tausenden von Jahren getan haben. Man kann sagen, sie sei Leere, man kann sagen, sie sei ein Mysterium, man kann sagen, sie sei Stille, man kann sagen, sie sei Frieden, man kann sagen, sie sei weder Existenz noch Nichtexistenz, man kann sie den eigentlichen oder wahren Geliebten nennen, man kann sagen, sie sei die Auslöschung allen Egos, man kann sie die Quelle aller Bewußtheit nennen, man kann sagen, sie sei der Urgrund von allem, unsere wahre Identität, man kann sagen, sie sei dimensionslose Ortlosigkeit und so weiter. Jede dieser Zuschreibungen sagt etwas über sie aus.

Daher kann man sagen, daß das Mysterium des Seins zwei verschiedene Implikationen enthält. Ich glaube, die fruchtbarere ist nicht, daß man nichts über es aussagen kann, sondern daß man niemals ausschöpfen kann, was man über es sagen kann. Wir können es ohne Ende beschreiben und über es reden. Anstatt es also Unbestimmtheit zu nennen, halte ich *Unerschöpflichkeit* für ein besseres Wort: Das Mysterium ist durch die Tatsache charakterisiert, daß es unerschöpflich ist. Man kann es nie vollständig kennen oder wissen.

Wenn man zum Beispiel sagt, das Mysterium sei Leere, wird es damit also nicht vollständig erfaßt. Diese Aussage vermittelt einem nicht das ganze Bild. Man könnte sagen, es sei Stille. Gut, dann hat man eine weitere Eigenschaft entdeckt, die einem verstehen hilft, was es mit Begierden und Unrast macht. Wenn man diese Stille realisiert, spürt man, daß das ganze Universum Stille ist. Da wir aber einen angeborenen forschenden Geist besitzen und diese Stille erforschen, stellen wir am nächsten Tag fest, daß das Mysterium nicht allein Stille ist, sondern es ist auch Wissen. Was bedeutet das? Also, wir *wußten*, es ist Stille, und wir *wußten*, es ist Leere, also muß ihr Wissen eigen sein. Aber einen Tag später merkt man, daß man dem Mysterium auch nicht gerecht wird, wenn man es irgendwie als Wissen definiert. Man kann sagen, das Mysterium sei Stille, man kann sagen, es sei Wissen, und man kann sagen, es sei Leere, aber keine dieser Aussagen wird ihm gerecht – und auch nicht alle zusammen. Jeden Tag entdecken wir also etwas Neues über das Mysterium, als flögen wir durch die Schwärze des Weltraums und entdeckten plötzlich, daß wir auf einem ganz neuen Sternsystem gelandet sind, das wir mit Freude und Aufregung erkunden können.

Aber auch dann merken wir, daß wir das Ende noch nicht erreicht haben, denn jenseits dieses Sternsystems gibt es den Schein eines anderen. Und außerdem fangen wir an zu verstehen, daß das Verharren bei irgendeiner dieser Entdeckungen uns von der Unerschöpflichkeit des Seins – also gerade seiner Essenz – trennt. Sie stellen vielleicht auch fest, daß Sie an der Auffassung hängen, daß es einen Endpunkt Ihres Verstehens gibt.

Dies ist also ein etwas anderer Ansatz dazu, das Mysterium zu verstehen, als das Konzept der Unbestimmtheit. Das Mysterium *ist* unbestimmt, aber nicht in dem Sinn, daß es unmöglich wäre, bestimmte Aussagen über es zu machen. Es ist möglich, eine unendliche Anzahl von bestimmten Aussagen über es zu machen, aber diese Aussagen versagen, wenn man mit ihnen die Essenz des Mysteriums erfassen will. Ferner sind diese unendlich vielen Aussagen eigentlich der Inhalt unseres Bewußtseins. Was könnte man sonst erfahren? Wir könnten sagen, daß man das Mysterium nicht kennen oder wissen kann, und es dabei belassen. Aber wenn wir das tun, bleiben wir auf die Tatsache seiner Unerkennbarkeit beschränkt. Aber man kann das Mysterium eben auch kennen und wissen, viel mehr als irgendetwas anderes – im Grunde kann man es unendlich kennen und wissen. Aber man kann es nicht total und endgültig kennen und wissen, daher können wir niemals sagen, daß wir unsere Erforschung abgeschlossen haben.

Mein Verständnis des Mysteriums ist, daß es ein unerschöpflicher Reichtum ist, und dieser Reichtum ist von dem Mysterium untrennbar. Der Reichtum ist nichts anderes als die Offenbarung des Mysteriums, und diese Offenbarung ist vollkommen unerschöpflich. Diese Sichtweise gibt uns eine gewisse Basis für die Wertschätzung des Weges der Inquiry.

## Was ist Inquiry?

Was meinen wir, wenn wir den Begriff „Inquiry" benutzen? Inquiry bedeutet Untersuchung, Erforschung, aber vor allem bedeutet Inquiry, daß man etwas herausfinden möchte. Inquiry bedeutet, Fragen zu stellen und in Frage zu stellen: „Was ist das hier? Warum ist das so? Was passiert? Wo geht es hin?"

Was ist eine Frage? Wenn man wirklich in eine Frage eindringt, was findet man in ihrem Herz, in ihrem Kern? Das Herz einer Frage ist offensichtlich ein Nichtwissen. Wenn man eine Frage stellt, erkennt man an, daß es etwas gibt, was man nicht weiß. Eine Frage ist aber nicht nur ein Nichtwissen, denn Nichtwissen bedeutet an sich nicht unbedingt, daß es eine Frage gibt. Es ist möglich, nicht zu wissen und keine Frage zu stellen. Eine Frage hat ein Nichtwissen in sich, aber das Nichtwissen ist ein *wissendes* Nichtwissen. Man kann keine Frage stellen, wenn man nicht weiß, daß man nichts weiß. Aber es ist nicht nur so, daß man weiß, daß man nichts weiß; man weiß auch etwas über das, *was* man nicht weiß. Sonst kann man keine Frage danach stellen. In dem Moment, in dem man eine Frage über irgend etwas stellt, erkennt man an, daß man nicht weiß und daß man auch ein Gefühl davon hat, was man nicht weiß.

Also stellt sich die Frage von einer Stelle aus, an der es ein Wissen (knowing) von einem Nichtwissen (unknowing) gibt und dazu ein Wissen eines möglichen Wissens, und dieses mögliche Wissen durchdringt irgendwie das eigene Bewußtsein auf eine Weise, die als eine Frage in Erscheinung tritt.

Es ist so, als würde einen etwas von innen her kitzeln und sagen: „Schau her, hier ist etwas." Dieser Geschmack von Nichtwissen, von einem wissenden Nichtwissen, ist die Weise, wie die Entfaltung sich meldet. Etwas taucht auf. Sein (Being) bricht auf und bietet eine seiner Möglichkeiten an, und diese Möglichkeit nähert sich dem wissenden Bewußtsein. Aber es nähert sich ihm mit etwas, was man bisher noch nicht gekannt oder gewußt hat. Diese neue Möglichkeit berührt einen irgendwo im eigenen Herzen. Und Berührung bewegt einen dazu, eine Frage zu stellen. Wenn es einen nicht berührt hätte, würde man die Frage nicht stellen. Man würde einfach nicht wissen und nicht wissen, daß man nicht weiß. Inquiry bedeutet also wissendes Nichtwissen, und das ist der Ausdruck der Entfaltung, des kreativen Dynamismus des Seins. Und dieser Dynamismus des Seins ist eine kontinuierliche, spontane Entfaltung.

Wir sehen hier, wie Inquiry und Dynamismus wechselseitig eng miteinander in Beziehung stehen. In einem gewissen tiefen Sinne ist Inquiry der Ausdruck des Dynamismus, der Ausdruck von Entfaltung. In dem Moment, in dem die Erfahrung statisch ist, ist der Dynamismus nicht kreativ und es gibt kein Fragen. Häufig leben wir unser Leben im gleichen Trott, ohne es je in Frage zu stellen. Man ist uninteressiert, man ist nicht neugierig, man hat keinen Grund nachzufragen. Was bedeutet das? Es bedeutet, daß unser Erleben und unsere Erfahrung so statisch sind, daß sich nichts bewegt.

In dem Moment, in dem es eine Inquiry gibt, wissen wir, daß die Entfaltung wieder in Gang ist. Etwas Neues taucht auf, und man fragt sich plötzlich, was es ist. Oder man fängt an, das Alte und Vertraute auf eine neue Weise zu sehen. „Wie kommt es, daß ich in so einem Trott lebe?" Wie auch immer das Neue erscheint, der Dynamismus muß etwas anbieten, damit die Inquiry beginnen kann. Wie wir sehen, ist das Fragen, das das Wesen von Inquiry ist, also eigentlich ein Ausdruck oder eine Widerspiegelung des Dynamismus.

## Offenheit bei der Inquiry

Inquiry ist im Grunde eine Herausforderung für das, was wir zu wissen glauben, und stellt es in Frage. Gewöhnlich glauben wir zu wissen, wer wir sind, was wir sind, was wir tun werden, worum es im Leben geht und was geschehen sollte. Inquiry bedeutet, alles das in Frage zu stellen. Wissen wir das alles wirklich?

Durch Inquiry lernt man, durch sein Nichtwissen hindurch zu navigieren. Aufgrund der Entfaltung seines eigenen Dynamismus wird man herausfinden, wohin man geht: „Wohin bringt er mich? Werde ich Mönch? Werde ich Haushaltsvorstand? Werde ich Computerspezialist, Soldat, Lehrer, Geliebter, Ehemann oder Ehefrau?"

Je offener das Ende einer Inquiry ist, um so mehr wird ihre Kraft frei. Diese Kraft ist die Kraft des Dynamismus von Sein selbst. Das ist ganz anders, als wenn man Inquiry auf die eingeschränkte und begrenzte Weise verwendet, die auf ein bestimmtes Ergebnis hin orientiert ist und die von einer Idee, die man im Kopf hat, oder von etwas, was man selbst oder jemand anders schon weiß, bestimmt ist. Wenn ich sage, daß das Ende einer Inquiry offen sein muß, dann meine ich damit nicht, daß man niemals eine bestimmte Perspektive einnehmen sollte. Sondern unabhängig davon, welche Perspektive man einnimmt, kann sich Inquiry daran machen, sie zu öffnen und das, was man erforscht, zu enthüllen. Und wenn man eine bestimmte Betrachtungsweise der Dinge untersucht, merkt man vielleicht: „Diese Perspektive ist gut für dies hier, aber nicht gut für jenes."

Wir besprechen Inquiry auf eine sehr allgemeine Weise und legen damit die Grundlage dafür, diesen faszinierenden Teil unserer Arbeit ausführlicher anzuschauen. Aber in dem Augenblick, in dem man anfängt, Inquiry zu verstehen, vergißt man, daß sie Arbeit ist. Inquiry bringt eine Liebe und eine Freude mit sich, sie bringt gerade den Dynamismus des Seins dazu, der für die Transformation gebraucht wird.

Der Weg der Inquiry ist der Weg wahrer Freiheit. Wenn unsere Inquiry lebendig ist und sich entfaltet, sind wir frei – unser Denken ist frei, unsere Herzen sind frei. Unsere Seelen sind frei, sich zu entfalten, und unser Sein ist frei, um spontan zu manifestieren, was es von Natur aus manifestiert.

## Offene Inquiry

Inquiry beginnt damit, daß wir unsere gegenwärtige Erfahrung anschauen, aber es ist ein Schauen, das Offenheit verkörpern muß. Anstatt unsere wahrgenommene Unterscheidung als endgültig zu betrachten, sagt die Inquiry: „Ich weiß, was ich sehe, aber ich gebe zu, daß ich nicht weiß, ob das, was ich sehe, alles ist." Man kann nicht beginnen, eine Wahrnehmung zu untersuchen, wenn man denkt, man wüßte schon alles, was es darüber zu wissen gibt. In dem Moment, in dem man denkt, man wüßte das, verschließt sich die Tür zur Inquiry. Inquiry beginnt also von einem Nichtwissen (not-knowing) aus, sie beginnt dabei, daß man etwas in sich erkennt und beobachtet, was man nicht versteht. Dieser Mangel an Begreifen ist keine Resignation vor der Unwissenheit, sondern eine Anerkennung von Unwissenheit, die eine Offenheit dafür impliziert, zu wissen, zu verstehen und herauszufinden, was in unserer unmittelbaren Erfahrung vor sich geht.

Diese Offenheit in der Inquiry spiegelt die Offenheit wahrer Natur. Ohne diese Offenheit, die ein grundlegendes Merkmal wahrer Natur ist, funktioniert Inquiry nicht. Der Kern der Inquiry muß eine Offenheit für das sein, was in der Erfahrung da ist, für das, was man von dieser Erfahrung weiß und was man nicht weiß. Es ist Offenheit dafür, die Dinge so zu sehen, wie sie sind, Offenheit dafür, daß sie sich verändern, und dafür, daß die Veränderung mehr von dem zum Vorschein bringt, was da ist. Offenheit bedeutet, daß man nicht im: „Ich weiß es, und dabei bleibt es" steckenbleibt. Offenheit bedeutet, daß kein Wissen endgültiges Wissen ist. Inquiry ist für das Wissen dieses Augenblicks offen, aber sie ist auch dafür offen, daß der nächste Moment zu einem vollkommen neuen und anderen Wissen führt.

Offenheit bedeutet, daß es keine Fixierung, keine Verhärtung, kein Sichverschließen gibt. Sie ist der Ausdruck einer Weite im Denken, einer Weite und Bewußtheit in der Fähigkeit zu wissen.

Diese offene Haltung der Inquiry ist das Mittel dafür, nicht nur den Dynamismus des Seins anzusprechen, sondern auch die Weite, die die grenzenlose Potentialität unserer wahren Natur ist. Letztlich ist sie ein direkter Ausdruck der Wahrheit, daß wahre Natur letztlich ein Mysterium ist. Die absolute Offenheit wahrer Natur bedeutet, daß man sie nie vollständig kennen oder wissen kann, daß man die Inquiry, die sie zum Gegenstand hat, nie als erledigt ansehen kann. Man kann die Inquiry nie zum Abschluß bringen, weil sie abzuschließen bedeuten würde, die Entfaltung, den Dynamismus zu beenden – und der Dynamismus läßt sich nicht beenden. Warum? Weil wahre Natur in ihren Möglichkeiten unendlich ist, und sie ist deshalb in ihren Möglichkeiten unendlich, weil sie das absolute Mysterium ist.

Die Sufis zitieren oft das *Hadith*, das heißt die Offenbarung außerhalb des Korans, in dem Gott sagt: „Ich war ein verborgener Schatz, ich liebte es, gekannt zu sein, deshalb schuf ich alles." Gott will seine Natur, sein Wesen, seine Möglichkeiten, seine Manifestationen kennen und wissen. Diese Liebe, diese Sehnsucht danach, sich selbst zu wissen, erscheint in uns als die Liebe dazu, etwas zu erforschen. Sie erscheint in der Seele als die Liebe dazu, sich selbst zu wissen und zu kennen. Liebe motiviert die Inquiry, denn diese ist nicht nur Offenheit für das, was die Wahrnehmung anbietet, sondern auch eine Liebe dazu, herauszufinden, was wirklich da ist. Wenn man sagt: „Ich bin offen für das, was da ist", ist man noch nicht dynamisch. Es ist die Liebe, die den Dynamismus mit sich bringt: „Ja, ich bin nicht nur offen dafür, etwas einfach nur zu sehen, ich werde mich hierbei auch engagieren. Ich werde mit Händen und Füßen mitten in die Erfahrung hineinspringen und graben, weil ich es liebe, etwas herauszufinden."

Deshalb ist eine Möglichkeit, die Situation zu verstehen, die, daß Gottes Liebe dazu, die göttliche Manifestation zu enthüllen, in uns als Liebe zur Wahrheit erscheint. Diese zwei „Lieben" sind ein und dasselbe, denn letztlich gibt es nur eine einzige ungeteilte Realität. Wir brauchen die Sufis nicht wörtlich zu nehmen, das heißt, wir brauchen nicht an einen Gott zu glauben, der liebt und etwas will. Wenn wir die wahre Natur klar sehen, dann sehen wir ihre dynamische Kraft als eine Liebe, die manifestiert; alles entsteht aus Liebe und als Feier. Wenn wir diese Liebe in begrenzter Form als Liebe der Seele erfahren, erfahren wir sie als die Liebe dazu, tiefer einzudringen, um die Manifestation, die Erscheinung, vollständiger zu sehen.

Das macht uns klar, worin die eigentliche Aufgabe besteht. Man arbeitet nicht an sich, um erleuchtet zu werden. Man arbeitet an sich, damit Gott tun kann, was er tun will, tun möchte, nämlich sich offenbaren. Unsere Freude daran, Realität zu untersuchen, ist also ein Abenteuer des Bewußtseins, und das ist die menschliche Teilnahme an Gottes Freude an seiner Selbstoffenbarung. Viele mißverstehen oft, wie der Diamond Approach die Inquiry betrachtet, und halten sie für eine Weise, ihre Probleme zu lösen. Aber wir tun die innere Arbeit, weil sie eine Arbeit aus Liebe, eine Liebesmühe, eine Leidenschaft, eine Feier ist. Wir arbeiten an persönlichen Themen, weil wir an ihnen arbeiten müssen, um in der Lage zu sein, mit dieser Untersuchung fortzufahren, nicht weil wir unsere persönlichen Probleme loswerden wollen.

## Offenheit des Denkens

Die Methode der Inquiry ist eine Untersuchung und Erforschung der Realität in der persönlichen Erfahrung im Moment. Diese Erforschung benutzt das Denken (mind) – das nicht nur unsere intellektuelle Fähigkeit, sondern auch alles aus unserer Vergangenheit angesammelte Wissen umfaßt –, und doch sind wir zugleich vom Denken frei. Der Vorteil der Inquiry, verglichen mit vielen anderen Methoden – die auch ihre Vor- und Nachteile haben –, besteht darin, daß Inquiry das Wissen, das wir schon haben, nutzen kann. Wir müssen nicht jedes Mal das Rad neu erfinden, wenn wir eine Inquiry machen. Es muß da aber eine Freiheit von diesem gewöhnlichen Wissen geben, denn wenn wir nicht frei von ihm sind, werden wir keine Fragen stellen. Wir denken dann, daß wir schon wissen.

Das Fragen in der Inquiry muß also intelligent sein, es muß die Offenheit wahrer Natur verkörpern, die alles nutzen kann, was wir wissen. Sie wissen zum Beispiel, daß Sie ein Unbewußtes haben. Sie brauchen das nicht bei jeder Inquiry neu zu entdecken. Wenn Sie also eine Erfahrung machen und etwas darin sehen, kann die Tatsache, daß Sie wissen, daß Sie ein Unbewußtes haben, Sie also vermuten lassen, daß mehr an dem sein könnte, was Sie sehen. Wenn Sie sagen: „Wir wollen das Wissen des Denkens überhaupt nicht benutzen", und dann zu betrachten beginnen, was in der Erfahrung da ist, dann müssen Sie vielleicht einen langen Prozeß durchmachen, bevor Sie bemerken, daß es eine psychodynamische Ursache für das gibt, was in Ihrer Erfahrung auftaucht.

Aber die Tatsache, daß Sie wissen, daß es ein Unbewußtes und daß es Psychodynamik gibt, öffnet die Inquiry auf eine völlig neue Weise.

Zugleich müssen wir vom Denken frei sein, denn in dem Moment, da wir etwas sehen, denken wir, daß wir es kennen. Das ist die Tendenz des normalen Denkens. Die Inquiry benutzt das Denken auch zur Formulierung von Fragen, für Analyse und Synthese und beim Gebrauch seiner verschiedenen Fähigkeiten, wie des Gedächtnisses und der Fähigkeit, Dinge zueinander in Beziehung zu setzen. Das Ziel von Inquiry ist aber nicht, zu Schlußfolgerungen zu gelangen, sondern das Forschen und den Nervenkitzel des Entdeckens zu genießen. Dieses Entdecken ist die Entfaltung der Seele und drückt die Liebe der Seele zur Wahrheit und zur Realität aus, und diese ist wiederum der Ausdruck der Liebe des Seins dazu, sich selbst zu offenbaren oder zu enthüllen.

Zu Offenheit gehört Offenheit gegenüber dem Denken und seinem angesammelten Wissen, aber auch dafür, daß Denken unrecht haben oder unvollständig sein kann. Ferner gibt es Offenheit dafür, über das Denken und sein gewöhnliches Wissen hinauszugehen. Offenheit der Inquiry bedeutet auch, daß wir Wissen und Einsichten, zu denen wir gelangen, welche auch immer das sein mögen, nicht nur einpacken und ins Regal stellen. In dem Moment, in dem man das macht, verschließt man den Weg der Inquiry. Keine Einsicht ist eine endgültige Einsicht. In dem Augenblick, in dem man glaubt, man sei zu einer endgültigen Einsicht gelangt, weiß man, daß man feststeckt. Gurdjieff nannte jemanden, der diesen Standpunkt einnimmt, *Hasnamous*, das heißt ein kristallisiertes Ego. Man kann sein Ego um überaus göttliche Ideen herum kristallisieren. In dem Moment, in dem man die Realität kennt und dann glaubt, dieses Wissen sei endgültig, hört die Inquiry auf, der Dynamismus kommt zum Stillstand und das Alte wiederholt sich. Aber wenn unser Verstand immer offen bleibt, hat die Enthüllung nie ein Ende. Dann haben wir einfach Spaß. Wir haben einfach Freude an der Reise an sich als einem Abenteuer der Entdeckung.

Wie gesagt ist Offenheit eine der Hauptmöglichkeiten, wie wir das unserer Natur innewohnende Mysterium, die Essenz wahrer Natur erfahren. Die freie, weite, unbegrenzte, unbelastete Leichtigkeit unseres Wesens erscheint in der Erfahrung der Seele als eine Offenheit. Die Erfahrung ist buchstäblich eine Leichtigkeit, eine Weite, eine Freiheit, aber psychologisch ist sie Offenheit. Buchstäblich, phänomenologisch, ist die Erfahrung wie Raum, psychologisch ist sie Offenheit für Möglichkeiten. Offenheit bedeutet also eine Empfänglichkeit für Erfahrung – was immer sich anbietet, was immer in unser Bewußtsein aufsteigt. Wir sagen nicht, daß wir dies erfahren wollen und jenes nicht; was immer erscheint, ist willkommen und wird zugelassen.

Offenheit impliziert auch, daß dieses Willkommen so vollständig ist, daß wir bereit sind, exakt und präzise zu erfahren, was immer geschieht. Denn wenn wir nur daran interessiert sind, es undeutlich zu erfahren, dann sind wir nicht daran interessiert, es genau so zu sehen, wie es ist. Offenheit impliziert daher ein Interesse an Präzision, als einem Aspekt eines vollkommenen Willkommens, denn die Vollständigkeit impliziert Präzision, Exaktheit und Genauigkeit. Daher ist die Offenheit wirklich eine Einladung das, was auftaucht, in seiner Vollständigkeit, Präzision und Totalität zu erfahren.

Offenheit charakterisiert auch das Feld, das für das empfänglich ist, was auftaucht. Das bedeutet, daß das Erfahrungsfeld selbst, unser Bewußtsein, keinen festgelegten oder vorgefaßten Standpunkt hat. Es gibt keine Einstellung einer Vorliebe für etwas, keine Einstellung des Vergleichens, keine Einstellung des Beurteilens. Es sagt nicht, daß etwas gut oder schlecht ist, es sagt nicht, daß es so oder anders sein sollte. Offenheit impliziert, daß wir von einem Ort kommen, der interesselos ist, in dem Sinn, daß er kein selbstbezogenes Interesse hat und daß er nichts für sich selbst will. Er liebt es einfach, das zu betrachten, was auftaucht. Er ist sehr daran interessiert zu erkennen und darauf verpflichtet, auf intime Weise zu erfahren, was in unserem Bewußtsein auftaucht, aber er ist in dem Sinn interesselos, als er nicht zum Ziel hat, interessiert zu sein. Mit anderen Worten, die Offenheit unseres Bewußtseins hat keine Präferenz für das, was auftaucht, sondern ist einfach an der Wahrheit dessen interessiert, was auftaucht, was es auch sei.

Diese Interesselosigkeit, dieses Fehlen eines festgelegten Standpunktes, ist für die Inquiry notwendig, sonst haben wir eine voreingenommene Haltung, und diese Haltung schränkt unsere Offenheit ein. Die Einschränkung unserer Offenheit wird unsere Fähigkeit dämpfen und begrenzen, das, was auftaucht, in seiner Fülle und in seiner Genauigkeit zu sehen. Je mehr Offenheit da ist, um so kraftvoller und wirksamer die Inquiry.

## Inquiry mit offenem Ende

Offenheit bedeutet also augenscheinlich, daß wir mit der Inquiry keinen Zweck verfolgen; der Zweck ist die Inquiry selbst. Wir machen keine Inquiry, um irgendwohin zu gelangen, ein Problem zu lösen oder um eine Schwierigkeit zu beseitigen. Es ist wahr, daß unsere Neugier erregt wird, wenn wir auf eine Schwierigkeit, eine Unklarheit stoßen, aber das ist nicht deshalb so, weil wir sie beseitigen wollen. Wir sind einfach daran interessiert herauszufinden, was los ist. Das ist eine andere Haltung als: „Hier ist ein Hindernis, was kann ich tun?" Es ist eher so, als sähe man die Blockierung und hätte das Gefühl, daß jemand einem einen Schleier vor die Augen hält, und man wollte hinter den Schleier sehen. Es ist nicht so, daß man die Blockierung nicht wollen würde, weil sie sich schrecklich anfühlt. Nein, es ist nur so, daß unser inneres Wesen Offenheit, eine vollständige durchlässige Bewußtheit ist, und es fühlt sich nicht richtig an, sie zu behindern. Es entspricht unserem Wesen, daß man das Ganze sehen möchte.

Menschen kennen verschiedene Weisen, wie sie Dinge untersuchen, aber diese Methoden entsprechen nicht unbedingt der Inquiry des Diamond Approach. Meistens ist es eine Inquiry mit einem Plan, mit einem Ziel im Kopf. Man betreibt diese Art der Inquiry auf verschiedenen Gebieten, und das hat seinen Sinn, aber wenn es darum geht, Realität, unsere wahre Natur und das Wesen des Universums zu erkennen, funktioniert es nicht. Inquiry braucht ein Fahrzeug, das eine Manifestation wahrer Natur, nicht ein Ausdruck unseres Ego-Selbst ist. Jedes Interesse, jede innere Einstellung ist ein Ausdruck unseres Ego-Selbst. Wenn man da beginnt, endet man auch da.

Das ist nicht so einfach, denn man könnte denken: „Jetzt habe ich es verstanden. Um wirklich zu meiner wahren Natur zu gelangen, sollte ich eben nicht versuchen, dahin zu gelangen. Okay, von jetzt an werde ich nicht mehr versuchen, zu meiner wahren Natur zu gelangen." Das würde auch nicht funktionieren, denn der Versuch, nicht dahin zu gelangen, wird dann wieder zu einem Ziel. Aber wenn Ihre Liebe zur Wahrheit da ist, dann thematisieren Sie dieses Interesse daran zu versuchen, irgendwohin zu gelangen, und erkennen es einfach an. Es wird zu einem Tanz, zu einem Spiel. Sie sagen nicht: „Wie schrecklich, daß ich ein Ziel habe."

## Mysterium und Inquiry

In dem Moment, in dem Sie das sagen, beziehen Sie schon wieder Stellung. Damit würden Sie dann sagen: „Ich stecke hier schon wieder fest." Das bedeutet, daß Sie nicht feststecken wollen, Sie wollen irgendwohin gelangen – Sie haben wieder eine Position bezogen.

Offenheit kann immer weitergehen, bis sie absolut wird. Wenn sie einmal absolut geworden ist, hat sie keinen Standpunkt mehr. Je größer und je tiefer diese Offenheit ist, um so kraftvoller, effektiver, vitaler und dynamischer wird unsere Inquiry und um so mehr sprengt sie die Manifestationen des Ego-Selbst. Aber wir wollen sie nicht sprengen, um irgendwohin zu gelangen, wir sprengen sie, um herauszufinden, was in ihnen ist. Wir wollen die Verpackung des Geschenks öffnen, weil wir sehen wollen, was darin ist.

Wenn wir offen sind, ist Inquiry einfach die Freude am Erforschen: Freude daran, den Weg und das Terrain der Entfaltung zu erleben. Es ist eine Untersuchung und zugleich ein Engagement in dieser Untersuchung. Dann ist sie von einer Leichtigkeit begleitet statt von der trostlosen Schwere des Versuches, irgendwohin zu gelangen. Trostlose Schwere bedeutet, daß keine Offenheit da ist. Wenn Inquiry diese Offenheit verkörpert, wird sie zu einem aufregenden Abenteuer. Sie macht Spaß. Diese Freude impliziert Nichtwissen, aber dieses Nichtwissen ist keine schwere Art von Nichtwissen mit Angst und Selbstvorwürfen. Es ist das Nichtwissen, das das Öffnen hin zum Wissen ist, das Nichtwissen, das die Barriere beseitigt – die aus der Ansammlung dessen besteht, was man weiß. Es ist wahres Nichtwissen. Es ist Unschuld.

Sie wissen, daß Sie nicht wissen, und Sie sind darüber glücklich, daß Sie auf der Reise des Herausfindens sind. Bei der Inquiry wissen Sie nicht, und Sie wissen, daß Sie nicht wissen. Aber Sie haben ein gewisses Gefühl davon, *was* Sie nicht wissen, und das heißt, Sie haben eine allgemeine Richtung – und das ist es, was zur Formulierung einer Frage führt. Sie haben Glück, daß Sie wissen, daß Sie nicht wissen, weil das bedeutet, daß Sie dabei sind, näher dahin zu gelangen, die Wahrheit zu wissen; und die ist der Geliebte Ihres Herzens. Die Wahrheit ist letztlich wahre Natur, und Inquiry ist nichts anderes als der Versuch der Liebe zur Wahrheit, die Fülle wahrer Natur zu enthüllen.

Wenn man einen Plan hat, dann glaubt man, daß das Mindeste, was man weiß, das ist, was passieren sollte. In diesem Fall gibt es keine wahre Offenheit mehr. Aber wenn da ein Annehmen des Nichtwissens, eine Offenheit gegenüber der Situation und eine interesselose Neugier ihr gegenüber vorhanden ist, dann wird die Inquiry ziemlich kraftvoll. Sie ist nicht nur kraftvoll, sondern sie schneidet wirksam durch Unklarheiten hindurch – und das auf eine Weise, die leicht und köstlich ist und Spaß macht.

Offenheit ist die Basis, der Boden der Inquiry, weil Offenheit die Erscheinungsweise und der Ausdruck der Tiefe unserer wahren Natur, die Tatsache ihrer totalen Leere, ihrer Leichtigkeit und ihres Mysteriums ist. Diese ureigene Freiheit, dieses vollkommene Mysterium gerade in der Tiefe unserer Seele spricht ihren liebenden Dynamismus an, damit sie sich offenbart. Aber normalerweise erleben wir das als eine fragende, eine forschende innere Haltung. Diese Offenheit und dieses Mysterium ist die Essenz der Inquiry, aber normalerweise sehen wir das nicht, weil wir von außen schauen.

Aus dieser Perspektive sehen wir die Essenz der Inquiry als die Aktivität des Fragens, des Infragestellens. Aber je mehr wir in die Erfahrung hineingehen und je tiefer die Inquiry wird, dest deutlicher begegnet ihr fragender Kern der ursprünglichen Offenheit und Leichtigkeit und wir erkennen, daß sie eins sind und immer eins waren. Inquiry vereint schließlich die Seele mit ihrer essentiellen Heimat – mit ihrer absoluten Natur –, und zwar durch die Brücke der Offenheit.

Wie gesagt, wenn wir an wahrer Inquiry interessiert sind, wenn wir wirklich herausfinden wollen, was Realität ist, dann müssen wir beim Nichtwissen anfangen. Wir können nicht mit einem festen Standpunkt, einer festgelegten Vorliebe oder einer Annahme über das beginnen, was wir finden werden, was geschehen wird, was wir tun werden und wo wir schließlich landen werden.

Dies ist ein wichtiges und auffallendes Merkmal wahrer Inquiry. In dem Augenblick, in dem wir etwas Bestimmtes erreichen wollen, wie: „Was ich tun muß ist, mich endlich mit Gott zu vereinigen" oder „Ich will Erleuchtung erlangen, und das ist die Leere aller Dinge" oder „Ich werde daran arbeiten, mich von Leiden zu befreien", haben wir schon eine im vorhinein festgelegte Bestimmung, ein Ziel. Dieses Ziel – allein aufgrund der Natur der Tatsache, ein Ziel zu haben – wird unsere Inquiry einschränken. Es wird uns zwingen, in diese Richtung zu gehen und nicht in jene, denn wir haben schon entschieden, wohin wir gehen werden, und damit legen wir schon die Richtung unserer Inquiry fest.

Offenheit bedeutet also, daß wir beim Diamond Approach mit vielen traditionellen Lehren nicht einer Meinung sind, die einen bestimmten Endzustand zum Ziel setzen. Da es für die Perspektive von Inquiry und Untersuchung wesentlich ist, daß wir nicht mit der Annahme eines Ziels beginnen, wollen wir herausfinden, ob es so etwas wie ein letztes spirituelles Ziel überhaupt gibt. Wir wollen herausfinden, ob es möglich ist, aus der Perspektive eines bestimmten Zustandes oder einer bestimmten Realisierung als Ziel auch nur zu denken. Es gibt womöglich gar kein solches Ziel, und wenn es doch eines geben sollte, wollen wir das auf jeden Fall herausfinden. Aber wir beginnen nicht damit, daß wir sagen, es gäbe ein Ziel, und das sei das und das und wir würden dahin gehen und müßten das und das tun, um dahin zu gelangen. Wenn man einen Endzustand als Ziel ansetzt, dann ist das eindeutig eine gültige Weise, die innere Arbeit zu tun, aber das ist nicht der Weg der Inquiry.

Bei diesem Ansatz haben wir keine Landkarte, die uns sagt, wir sollten von hier nach da gehen; wir entscheiden uns also nicht für eine bestimmte Route, von der wir meinen, daß sie uns irgendwohin führen würde, wohin wir wollen. Vielmehr betrachten wir das Feld der Erfahrung, in dem wir uns in diesem Moment befinden, und erkennen die Richtung, die aus unserer Erfahrung auftaucht, und folgen dieser dann. Dann wird unsere Inquiry von dem geleitet, was in diesem Moment geschieht, und nicht von irgendeinem Ziel in der Zukunft, von dem wir glauben, daß wir zu ihm gelangen würden.

Das macht die Reise wirklich spannend. Man weiß nie, was der nächste Schritt sein wird. Man weiß nie, wo man landen wird – man kann in den Fluß plumpsen oder entdecken, daß man im Mittelpunkt der Erde gefangen ist. Man weiß es nicht. Es kann Angst machen, aber es kann auch ziemlich aufregend sein. Nicht jeder hat das Herz oder die Konstitution für diese Art Abenteuer.

## Inquiry und Problemlösen

Wir wir gesehen haben, darf die Inquiry, wenn ihr Ende offen sein soll, nicht auf ein letztes Ziel hin orientiert sein. Aber sie darf auch nicht auf irgendein Zwischenergebnis hin ausgerichtet sein. Inquiry muß jederzeit, in jedem Stadium der Reise, frei von jedem Ziel sein. Wie wir zuvor erwähnten, darf sie nicht auf die Lösung eines Problems ausgerichtet sein. Der Diamond Approach ist gerade seinem Wesen nach nicht so orientiert. Wenn man sagt: „Ich habe dieses Problem – ich bin deprimiert (oder irgendwie unfähig oder dumm) – und ich möchte das ändern. Wie ich höre, ist der Diamond Approach eine wunderbare Methode. Die könnte ich mal ausprobieren", dann wird man wahrscheinlich enttäuscht werden.

Das bedeutet nicht, daß Ihr Bedürfnis nicht ernstzunehmen oder nicht real ist. Wir alle haben Probleme, die wir zweifellos lösen müssen. Wir alle hatten Schwierigkeiten in unserer Kindheit, und wir haben Schwierigkeiten in unserem jetzigen Leben, um die man sich kümmern muß, und Probleme, die gelöst werden müssen. Doch ist die Inquiry des Diamond Approach nicht der richtige Ansatz für so etwas. Wir können ihn ganz bestimmt dafür benutzen, mit unseren Problemen und Schwierigkeiten zu arbeiten, aber das ist weder die wirksamste Herangehensweise noch die beste Anwendung von Inquiry. Das ist deshalb so, weil Inquiry ihrem Wesen nach am mächtigsten ist, wenn sie offen ist und einen offenen Ausgang hat. Wenn man ihr ein begrenztes Ziel setzt, schränkt das ihre Kraft ein und behindert ihre Möglichkeiten.

Letzten Endes und auf lange Sicht kann Inquiry alle Wahrheit ans Licht bringen, deshalb wird die Quelle von Problemen aufgedeckt, ganz gleich, welche man hat. Aber das kann lange dauern, und das bedeutet, daß Inquiry selten eine effektive Weise ist, Probleme zu lösen –, Wenn man ein Ziel hat – „Ich möchte dieses Problem lösen" – dann hat man ein bestimmtes Ziel vor Augen und möchte die Inquiry in diese Richtung weisen. Damit Inquiry aber funktionieren kann, muß sie sich genau hier auf diesen Moment konzentrieren. Sie untersucht, was jetzt geschieht. Wenn das Problem zufällig das ist, was im Moment in der Erfahrung auftaucht, kann es Teil dessen werden, was die Inquiry untersucht – sonst ignoriert sie es.

## Mysterium und Inquiry

Der Diamond Approach ist also nicht darauf ausgerichtet, Probleme zu lösen, Schmerz erträglich zu machen oder Ziele zu erreichen, die man sich gesetzt hat. Jeder muß solche Dinge machen, und man könnte Inquiry für diese Zwecke nutzen. Aber sie sind für sie nicht der angemessenste Kontext und auch nicht ihre beste Verwendung. Man könnte das übersehen, weil die Inquiry ans Licht bringt, was immer man an Schwierigkeiten hat, und wenn man viel leidet, könnte man meinen, daß Inquiry dieses Leiden lindern und die Probleme lösen kann. Aber wenn man sich darauf einläßt, ist es uferlos und die Inquiry wird schließlich in einer Sackgasse landen.

Wenn wir uns aber auf einer Reise befinden, kann es Probleme geben, die wir lösen müssen, wenn wir weiterkommen wollen. Wenn man beispielsweise mit dem Auto reist und an dem Motor etwas kaputtgeht, dann repariert man es nicht deshalb, weil man gerne Autos repariert oder weil man kaputte Dinge nicht leiden kann. Man repariert den Motor, weil man die Reise fortsetzen möchte. Dieser Unterschied in der Einstellung drückt das Wesen offener Inquiry aus. Ich bin also nicht dagegen, Probleme zu lösen, sondern es ist ein allgemeines Prinzip, daß der Ausgang der Inquiry offen sein muß.

Letztlich ist es die Liebe zur Wahrheit und die Freude am Entdecken, die die Reise voranbringen. Eine Inquiry entwickelt ihre größte Kraft, wenn kein Wunsch da ist, speziell irgendwohin zu gelangen oder irgend etwas zu erreichen. Dann kann die Inquiry wirklich die Fülle alles dessen enthüllen, was geschieht, von Moment zu Moment, so wie sich unsere Erfahrung entfaltet.

## Unbegrenzte Inquiry

Etwas Wunderbares an der Inquiry ist, daß man alles untersuchen kann, sogar die Inquiry selbst. Man kann an keiner Bindung festhalten, wenn man eine Inquiry macht, man kann in keine Klemme geraten, denn jede Klemme, in die man gerät, kann untersucht werden. Es gehört zum Wesen der Inquiry, daß ihr nichts entgehen kann. Man kann nicht sagen, daß die Inquiry einen an die Wand drückt und in eine ausweglose Situation bringt, weil man in dem Moment, in dem man sich ohne Ausweg fühlt, fragen kann: „Warum fühle ich mich ausweglos? Worin besteht diese Ausweglosigkeit?" Man kann immer eine Frage stellen. Es gibt eine unendliche Zahl von Fragen, denn das Mysterium ist unerschöpflich.

Wir haben gesehen, daß Inquiry ein dynamisches Engagement ist, das offen sein und einen offenen Ausgang haben muß, von Minute zu Minute, von Augenblick zu Augenblick. Das bedeutet, daß man in keinem Moment der Inquiry an die Erfahrung herangehen kann, indem man sie zu verändern versucht. Wenn man das tut, ist es keine Inquiry, dann ist es etwas anderes. Wenn man will, daß die Inquiry in die eigene Erfahrung wirksam ist, wird man sie so lassen müssen, wie sie ist – genau so, wie sie ist. Sonst ist das, was man erforscht, nicht die eigene Erfahrung, sondern etwas, das manipuliert wurde.

Eine Inquiry verlangt also diese Abwesenheit von Begrenzung, diese Offenheit, nicht nur im Hinblick auf ein Ziel, sondern auch hinsichtlich des Prozesses selbst. Angenommen, man empfindet ein bestimmtes Gefühl. Wenn man es wirklich untersuchen will, kann man das nicht tun, wenn man versucht, es zu verändern. Wenn man zum Beispiel ärgerlich ist, kann man diesen Ärger nicht erforschen, wenn man den Ärger weghaben oder weniger oder mehr ärgerlich sein möchte. Wenn man den Ärger wirklich erforschen will, dann muß man ihn so belassen, wie er ist, und dann kann man ihn untersuchen.

Ferner bedeutet die Unbegrenztheit der Inquiry, daß man zur Inquiry alles benutzen kann: den Verstand, das Herz, alle Fähigkeiten oder Mittel, die man hat, alle Techniken, die einem zur Verfügung stehen, welche auch immer. Es gibt keine Einschränkung. Wenn man sagt: „Ich kann nur etwas erforschen, wenn ich meinen Verstand benutze", dann versieht man den Prozeß mit einer Einschränkung. In dem Moment, in dem man das tut, ist diese Einschränkung nicht dafür offen, Gegenstand der Inquiry zu werden. Und wenn diese Einschränkung nicht offen für die Inquiry ist, ist die Inquiry selbst begrenzt. In dem Moment, in dem man irgendwo eine Grenze setzt, schränkt diese Grenze die Inquiry ein.

Man könnte denken: „Ich kann nur meine unmittelbare Erfahrung untersuchen." Auch damit setzt man eine Grenze, die man dann nicht forschen oder über die hinaus man dann nicht erforschen kann. Aber sie ist künstlich, weil wir alles erforschen können. Wir können unsere mentale Erfahrung erforschen. Wir können unsere emotionale Erfahrung, unsere körperliche, unsere spirituelle Erfahrung erforschen. Wir können unser Denken und unsere Denkprozesse erforschen. Wir können unseren Körper und unsere Physiologie erforschen. Wir können unser Handeln und unsere Interaktionen, unseren Lebensstil und unsere Überzeugungen und Annahmen, unsere Ängste und unsere Interessen erforschen. Wir können Energie und Materie, Kreativität und Stabilität erforschen. Es gibt keine Grenze für das, was wir erforschen können.

Wenn man zum Beispiel einer bestimmten Religion angehört, kann es sein, daß man davon abgehalten wird, bestimmte Dinge in Frage zu stellen – oder es wird einem sogar verboten, bestimmte Fragen zu stellen. Vielleicht kann man nicht danach fragen, was Gott ist, oder man kann keine Fragen über Christus stellen und ihnen nachgehen oder man kann nicht fragen, ob Buddhas Erleuchtung irgendwelche Grenzen hatte. Das bedeutet, daß es um das Stellen von Fragen eine Grenze gibt. Bestimmte Bereiche der Inquiry sind blockiert. Und diese Begrenztheit schränkt die Möglichkeiten von Kreativität und Entfaltung ein. Wahre Inquiry muß deshalb also absolut bilderstürmerisch sein. Sie muß in der Lage sein, jeden Glauben, jede Einstellung, jede Erfahrung, jede Annahme, alles Wissen, alles und jeden zu erforschen und in Frage zustellen.

Wir sehen, wie auch immer wir das Wesen der Inquiry betrachten, daß sie offen sein muß. Wenn man etwas erforscht, dann öffnet man es, man deckt es auf. Gewöhnliche Erfahrung steckt sozusagen in einer Verpackung. Um sie zu erforschen, öffnet man die Verpackung, man entfernt die Schleier, die verhindern, daß man sehen kann, was da ist. Das Wesen der Inquiry ist also ein Prozeß des Öffnens, und was man öffnet, sind Grenzen, Beschränkungen, Einstellungen, Glaubensinhalte – jeden Standpunkt, den man vielleicht dem gegenüber einnimmt, was man gerade erfährt.

Mit anderen Worten, wir können sagen, daß Inquiry ein Prozeß ist, in dem man immer und immer wieder öffnet, endlos und frei. Und sie öffnet von jedem Ort, aus jeder Richtung, von jeder Ebene, von jedem Standpunkt aus. Wenn man wirklich ohne Einschränkung dadurch, wie weit und wie schnell man gehen kann, in sein eigenes Abenteuer eintauchen will, dann muß die Offenheit total und absolut sein. In dem Moment, in dem man die Offenheit begrenzt, hat man die Menge der Energie begrenzt, die für die Reise zur Verfügung steht. Deshalb muß das Ende des Prozesses in jeder Hinsicht offen sein: im Hinblick darauf, wie man vorgeht, was man erforscht und wohin die Reise einen bringt. Jede Einschränkung muß in Frage gestellt werden, oder man muß wenigstens bereit sein, sie in Frage zu stellen.

Es ist offensichtlich, wie aufregend Inquiry sein kann, wenn man die Haltung hat, daß alles in Frage gestellt werden kann. Man kann die banalste Erfahrung nehmen und sie „öffnen". Damit man etwas erforscht, muß es nicht irgend etwas Besonderes für einen sein. Alles wird neu und zeigt sich in einem neuen Licht. Dieses Öffnen hat einen Aspekt des Neuen, etwas von Frische, von Offenbarung, wie ein Baby, das eben auf die Welt gekommen ist. Alles, worauf man stößt, sieht man wie zum ersten Mal.

Ich bin gefragt worden: „Was passiert, wenn ich zu vollständiger Stille gelange und mein Denken aufgehört hat und ich nichts erforschen möchte?" Wenn mir jemand so eine Frage stellt, sage ich: „Ist es nicht interessant, daß Du mir eine Frage stellst? Was tust Du, wenn Du mir eine Frage stellst? Du weist schon auf die Möglichkeit hin, etwas zu erforschen, während Du Dich in diesem Zustand befindest: „Was soll ich tun, es lassen oder nicht?" Wenn Du merkst, daß Du in irgendeiner Weise Deine Situation anschaust, beginnt dieses Anschauen schon die Inquiry.

Inquiry kann es auch im Zustand der Stille geben, wenn das Denken ganz aufgehört hat. Wir gehen davon aus, daß es in diesem Zustand keine Möglichkeit zur Inquiry gibt, aber das trifft nicht zu, weil Inquiry nicht verbal sein muß. Man denkt vielleicht, man müßte mit Worten Fragen stellen, aber wenn man das sagt, hat man im Hinblick darauf, wie eine Inquiry vonstatten gehen kann, schon eine Grenze gesetzt. Vielleicht kann Inquiry auf andere Weisen vor sich gehen. Vielleicht gibt es Neugier ohne Worte, ohne Denken. Sogar der Zustand der Stille, in dem es kein Denken gibt, kann dann also eine forschende Qualität haben. Es gibt keine Grenzen.

Die Tatsache, daß die Erfahrung weitergeht, zeigt, daß es unendliche Möglichkeiten für Inquiry gibt. Unabhängig davon, wie tief und erleuchtet die eigene Erfahrung ist, ist es möglich, weiterzugehen, ist es möglich, daß die Erfahrung sich weiter öffnet. Wenn wir diese Tatsache anerkennen, kann Inquiry uns eine innere Energie bringen, die ein Gefühl von tiefer und erregender Frische birgt, als wäre unser Blut nukleare Energie, die sich bewegt und vor Lebendigkeit strotzt, vor Tatkraft platzt. Diese Tatkraft hat hier nichts mit Anstrengung zu tun, sondern ist Bewegung – eine unerbittliche, kraftvolle Bewegung, ein Entfalten. Das Sein öffnet sich dann immer mit Kraft, mit Energie, mit Stärke, mit Intelligenz und mit Behutsamkeit. Manchmal ist dieses Öffnen zart, manchmal langsam, manchmal schnell, manchmal wie ein Ausbruch, manchmal still.

## Die Freude und das Abenteuer der Inquiry

Wie wir sahen, ist der Umgang mit Schmerz ein Teil unserer Arbeit und unvermeidlich. Wir gehen mit dem Schmerz um, weil wir nicht anders können, denn wir sind mitfühlende Menschen. Wir sind froh, daß wir mitfühlend sind. Wenn wir jemand in seinem Schmerz erleben, tun wir, was wir können, um zu helfen. Doch das ist nicht der Fokus des Diamond Approach, und auch nicht der Übung der Inquiry. Die tiefste Motivation in meiner eigenen Inquiry ist eine Art Liebe, die voller Leichtigkeit und Freude ist.

Diese Art Inquiry macht das Leben zu einer beglückenden Beschäftigung. Und mein Interesse am Lehren, am Teilnehmen an der Reise mit Ihnen, ist nicht so sehr darauf gerichtet, Ihre Probleme zu lösen, als mit Ihnen diese Freude und dieses Glück zu teilen. Ich finde das auf lange Sicht viel wichtiger. Ich denke, daß es sogar aus der Sicht des Mitgefühls viel besser ist, daß Sie Spaß haben, als nur zu lernen, Ihre Probleme zu lösen, auch wenn Sie vielleicht einige Ihrer Probleme lösen müssen, um in der Lage zu sein, sich freuen zu können. Wir dürfen nicht vergessen, daß die Liebe und die Freude die tieferen Determinanten dafür sind, wie sehr wir das Leben genießen können. Und Mitgefühl dient wahrlich dieser Liebe und diesem Glück.

Woher kommt diese Liebe? Diese Liebe entspringt der Tatsache, daß es gerade in der Natur unserer Liebe liegt, sich selbst zu kennen und sich selbst zu entdecken. Inquiry ist eigentlich das, was das Sein dazu einlädt, seinen Reichtum zu offenbaren. Aber es ist in Wirklichkeit das Sein, das sich selbst dazu aktiviert, seine Mysterien seiner eigenen Wahrnehmung zu entdecken.

Am Anfang erlebt man die Reise zwangsläufig aus der Perspektive des Seins, wenn es gefangen und festgefahren ist. Wenn das Sein feststeckt, wenn wir nur alte Muster, alte Ansichten, alte Meinungen und altes Wissen wiederholen, wird Ihre Erfahrung schal. Aber wenn Sie sich von diesen Dingen losmachen können und Ihre Seele sich frei bewegen kann, dann kann Ihr Sein anfangen, sich kreativ zu entfalten. Dann bewegt man sich von einem unerwarteten Ereignis zum nächsten, und das Leben wird zu einem Fluß von Frische. Erfahrung ist dann ein Strom von Offenbarung vielerlei Art, von vielen Farben, vielen Qualitäten und vielen Fähigkeiten. Inquiry wird zu einem Ausdruck und zu einem Abbild des kreativen Dynamismus des Seins, eines Dynamismus, der unerschöpflich ist, wenn er den unendlichen Reichtum aller Möglichkeiten enthüllt.

Dies ist das Abenteuer der Inquiry – ein erregendes, spannendes und unerwartetes Abenteuer, das zu Ihrem Leben werden kann.

# 3
# Das Abenteuer des Seins

Die Erforschung unseres Seins ist ein Abenteuer, das Abenteuer des Seins. Der Raum, durch den wir reisen, ist innerer Raum – unser Bewußtsein, unsere Erfahrung. Und das Fahrzeug für diese Reise ist Inquiry. Bisher haben wir die grundlegende Motivation und Orientierung dafür betrachtet, sich auf diese Reise zu begeben; jetzt werden wir den Kontext anschauen, der das Wesen dieser besonderen Reise bestimmt.

## Realität und wahre Natur

Alle Techniken und Methoden innerer Arbeit stammen aus Erfahrungen oder Wahrnehmungen wahrer Natur. Wahre Natur ist die Realität, der wir dadurch näher kommen und die wir dadurch zu verkörpern lernen, daß wir unsere Arbeit tun. Viele Techniken sind auf der Basis bestimmter Erfahrungen von wahrer Natur entwickelt worden, die sich im Verlauf der spirituellen Reise einstellen. Die meisten der Hauptlehren verwenden aber Methoden, die das Verständnis des eigentlichen Zustandes der Realisierung direkt widerspiegeln, in dem man die Charakteristika und Eigenschaften objektiver Realität selbst erfährt. Nur eine Methode, die auf einer solchen Realisierung basiert, kann diese Realisierung bei anderen Menschen herbeiführen, denn eine Methode ist durch ihre Sicht der Realität bestimmt – ja von ihr abhängig. Welches Raumschiff wäre besser geeignet, einen zu einem entfernten Sternsystem zu bringen, als eines, das eben von diesem Sternsystem stammt?

Wir beginnen, indem wir betrachten, was ich mit „objektiver Realität" meine, denn wir brauchen ein allgemeines Verständnis einiger Hauptcharakteristika der Wahrheit, wenn sie voll und ohne Schleier erfahren wird. Dann können wir besser verstehen, wie Inquiry funktioniert. Und da Inquiry auch mit der Funktion innerer Führung verbunden ist, werden wir auch sehen, in welcher Beziehung Führung zu Inquiry steht.

Zuerst machen wir eine Unterscheidung zwischen wahrer Natur und Realität. Wahre Natur ist die innere Natur von uns selbst und von allem. Sie ist formlos, und sie ist die Grundlage aller Formen. Als Analogie betrachte man Wasser: Die grundlegende, elementare, mit der Formel H2O bezeichnete Substanz kommt als Eis, Schnee, Regen, Dampf oder Nebel vor. Wenn man erkennt, daß die Essenz aller dieser Erscheinungsformen Wasser ist, bedeutet das, daß man über die verschiedenen Erscheinungsweisen oder Formen hinaussieht und ihre gemeinsame Natur, ihr gemeinsames Wesen erkennt.

Auf ähnliche Weise ist wahre Natur unsere angeborene Essenz, aber wir können sie nur wahrnehmen, wenn wir durch die jeweiligen bestimmten Formen hindurchsehen. Das ist nur dann möglich, wenn wir ohne Schleier oder Verzerrungen erfahren können. In unserer konventionellen Alltagsrealität verzerren und begrenzen unsere unbewußten Vorurteile und Konditionierungen unsere Wahrnehmungen so, daß wir nicht sehen können, was am Fundamentalsten ist. Gewöhnlich sehen wir die äußere Erscheinung der Dinge, nehmen diese für das Ganze der Realität und verpassen dabei die Essenz alles dessen, was wir sehen. Das ist der Grund, weshalb der konventionellen Realität ein spiritueller Boden fehlt. Wir sehen die äußere Erscheinung so, als wäre sie von ihrer wahren Natur getrennt oder ohne ihre wahre Natur. Es ist so, als hielte man die kleine kubische Form, die das Eis in der Schale des Kühlschranks annimmt, für seine wahre Natur. Wir glauben, daß die vielen Formen, die das Leben annimmt, an sich unterschiedlich und voneinander getrennt sind und daß ihr Wesen durch ihre physikalischen Eigenschaften definiert wird.

Wenn wir aber ohne Schleier sehen, dann machen wir die Erfahrung, daß die gesamte Existenz, daß alles, was existiert, eine einzige wahre Natur besitzt – ihren gemeinsamen, essentiellen Grund – und wir finden keinen Unterschied zwischen äußerer Erscheinung und wahrer Natur, denn nichts kann von seiner Natur getrennt sein. Das ist objektive Realität – alles Existierende in seinem wahren, unverschleierten Zustand wahrgenommen, in dem alles von seiner wahren Natur untrennbar ist. Wenn man das erfährt, ist das erleuchtete oder realisierte Erfahrung. Wir verstehen dann, daß alles in Wirklichkeit wahre Natur ist, daß die ganze Welt nichts als wahre Natur ist, die ihre ihr innewohnenden

Möglichkeiten darbietet und ausbreitet. Wir sehen weiter die vielen Formen, die die Realität annimmt, aber diese Formen sind für ihre wahre Natur, für den essentiellen Grund aller Realität transparent.

Auf der Reise der Selbstrealisierung ist es wichtig, wahre Natur von den vertrauten Formen alltäglicher Erfahrung unterscheiden zu lernen. Gerade unsere Unfähigkeit, das zu tun, ist der Grund für einen großen Teil der Kontrolle, die die konventionelle Realität über unser Bewußtsein hat. Solange wir diesen formlosen Grund nicht unterscheiden können, werden wir nie in der Lage sein, die Formen der Realität in ihrer wahren Fülle wahrzunehmen. Wahre Natur muß daher zuerst unterschieden und erkannt werden, damit sie uns als Orientierung für die innere Reise dienen kann. Im verwirklichten Zustand wird diese Unterscheidung transzendiert und wahre Natur endlich in ihrer Wahrheit erkannt – als untrennbar von Realität.

## Die fünf Charakteristika der Realität

Unsere wahre Natur ist ein Gefühl von Präsenz, die Qualität von Unmittelbarkeit, von Seiendheit (beingness). Das ist der Grund, weshalb ich wahre Natur oft „Sein" (Being) nenne – sie existiert nur in der unmittelbaren Erfahrung, in diesem Moment, hier und jetzt da zu sein. Ich verwende den Begriff „Sein" in einem allgemeinen Sinn, um die ganze Bandbreite der Subtilität zu bezeichnen, wie Präsenz sich manifestiert. Die reinste Erfahrung dieser Präsenz ist wahre Natur. Wahre Natur ist die absolute Reinheit von Sein.

Wenn wir erkennen, daß wahre Natur Präsenz ist, sehen wir auch, daß diese Präsenz viele Eigenschaften hat, die uns unserer Seiendheit auf vielfältige Weise annähern lassen. Man kann von jeder spirituellen Methode sagen, daß sie bestimmte dieser Eigenschaften widerspiegelt. Die Übung und Praxis, präsent zu sein, ist eine Methode, die der Erkenntnis entstammt, daß Präsenz die fundamentale Natur der Realität ist. Die Praxis der Inquiry, die die Übung der Präsenz in sich enthält, spiegelt außerdem auch noch andere Eigenschaften wahrer Natur.

Als Kontext dafür, diese eingehende Exploration der Methode der Inquiry zu beginnen, werde ich fünf Facetten oder Charakteristika wahrer Natur, des formlosen Grundes von allem, besprechen. Ich werde diese Charakteristika zunächst aus der Perspektive des realisierten Zustandes, des Zustandes, in dem Realität von wahrer Natur untrennbar ist, vorstellen. Danach werde ich besprechen, wie sie in normaler Wahrnehmung in Erscheinung treten – das heißt, wie ihre Widerspiegelungen in konventioneller Erfahrung erscheinen, wenn sie durch Schleier gesehen werden. Zu Beginn werde ich meine Besprechung der Realität mit der buddhistischen Vorstellung von den fünf Weisheiten oder Bewußtheiten (awarenesses) des Buddha, den fünf *Dhyani Buddhas*, in Beziehung setzen.

## 1. Bewußtheit (awareness)

Die erste Qualität wahrer Natur besteht darin, daß sie untrennbar von Bewußtheit ist. Unsere wahre Natur ist sich ihrer selbst gewahr. Dies ist die Tatsache ihres Leuchtens, das Faktum des Lichts, das Faktum des Bewußtseins. Wir wissen das, weil wir erkennen, wenn wir irgendeine der essentiellen Manifestation erfahren, daß Sein von einer Art von Bewußtheit, von Wahrnehmung, von Sensibilität, von Inkontaktsein oder von Bewußtsein untrennbar ist.

Bewußtheit ist nicht etwas, das zu wahrer Natur hinzukommt; sie ist ein der wahren Natur innewohnendes, von ihr untrennbares Charakteristikum, so wie Hitze zu Feuer gehört und von ihm nicht zu trennen ist. Diese Tatsache spiegelt sich in unserer normalen Erfahrung in der Erkenntnis, daß wir Bewußtheit besitzen; daß uns angeboren ist, daß wir in der Lage sind, bewußt und unserer selbst gewahr zu sein. Dieses Verständnis von Bewußtheit ähnelt der buddhistischen Vorstellung von der „einem Spiegel ähnlichen Weisheit" (mirror-like-wisdom).

Bewußtheit ist mit wahrer Natur deckungsgleich und koemergent und durchdringt sie vollständig. Bewußtheit in diesem Sinne ist sich der Präsenz nicht *bewußt*, sie *ist* die Präsenz. Präsenz ist ein Medium, das sich seiner selbst bewußt ist. Im Gegensatz dazu ist Bewußtheit in der normalen Erfahrung durch die Dichotomie von Subjekt und Objekt geprägt. Da ist immer eine Bewußtheit, die sich einer Sache bewußt ist, wo die Bewußtheit das Subjekt und die Sache das Objekt ist. Ferner wird Bewußtheit üblicherweise als Nebenprodukt unseres Gehirns und der physischen Sinne angesehen. Wir neigen dazu, sie für eine Fähigkeit zu halten, die bestimmten Lebensformen innewohnt und die von ihnen gelenkt und kontrolliert und auf unterschiedliche Weise von der physischen Realität begrenzt wird. Die Tatsache der Bewußtheit ist aber immer noch da. Die Tatsache des Bewußtseins ist erhalten, sie ist für Erfahrung grundlegend.

## 2. Einssein/Einheit

Das zweite Charakteristikum wahrer Realität ist, daß dieses Feld von Bewußtheit, dieses Feld von Präsenz, alles durchdringt und unendlich ist und alles darin umfaßt. Im Grunde ist sie ein Einssein, eine unteilbare Einheit. Diese Auffassung ähnelt der buddhistischen Vorstellung von der „Weisheit der Gleichheit oder Gleichmäßigkeit". Die Tatsache, daß es innerhalb des Feldes Muster gibt, bedeutet nicht, daß es eigenständige, für sich allein existierende Objekte gibt. In unserer Erfahrung bedeutet also die Tatsache, daß es Traurigkeit und Druck und Temperatur und Weichheit und Härte gibt, nicht, daß es verschiedene Objekte gibt. Das ganze Feld ist ein einziges Bewußtsein mit unterschiedlichen Mustern an verschiedenen Stellen. Die ganze Seele ist also auch einheitlich. Wenn wir die wahre Natur erkennen und dabei das Gefühl von Grenzen verlieren, erkennen wir, daß Einssein das ganze Universum durchdringt. Gott hat einen einzigen Geist (mind).

Der primäre Affekt in dem einheitlichen Bewußtsein ist eine Wertschätzung der wechselseitigen Verbundenheit von allem. Die Qualität der Liebe ist im Einssein wahrer Natur implizit und durchdringt alles; sie ist die innere Güte und Positivität der Realität. Wenn wir der Tatsache nicht mehr bewußt sind, daß wahre Natur ein einheitliches Feld ist, ist das Gefühl der Verbundenheit – oder wenigstens die Möglichkeit einer Verbundenheit – alles, was bleibt. In unserem normalen Bewußtsein erleben wir das als die Gefühle, die wir für andere Menschen und Gegenstände in unserer Welt empfinden – einschließlich der Gefühle der Unverbundenheit wie Sehnsucht, Trauer, Neid und Haß. Die Tatsache, daß wir fühlen können, daß wir für das sensibel sind, womit wir interagieren, ist die Weise, wie die zugrundeliegende Einheit in unserer Erfahrung erscheint. Die Fähigkeit, Gefühle zu empfinden, beruht letztlich auf der Fähigkeit zu lieben, und Liebe vereint – sie ist ein Ausdruck von Einssein. Die Grundlage des Herzens ist Liebe, und Liebe ist der Ausdruck der Einheit von Sein.

## 3. Dynamismus/Veränderung/Transformation

Das dritte Charakteristikum ist, daß wahre Natur dynamisch ist. Die Realität bewegt und verändert sich andauernd. Dies wird deutlich, wenn man merkt, daß die Wahrnehmung der eigenen inneren Erfahrung – oder der ganzen Welt – keine Momentaufnahme ist, sie ist ein Film. Es gehört zu ihr, daß sie sich in einem permanenten Zustand der Veränderung und Transformation befindet. Sie ist keine statische Präsenz. Dies ist der buddhistischen Vorstellung von der „alles vollbringenden Weisheit" verwandt. Realität ist eine dynamische Präsenz, die sich durch Verschiebungen in den manifesten Mustern ständig verändert. Eigentlich ist die Anwesenheit von Veränderung in der Tatsache der Bewußtheit implizit; ohne sie gibt es keine Bewußtheit. Wenn es nur eine Momentaufnahme gibt und der Beobachter Teil der Momentaufnahme ist, hat der Beobachter kein Bewußtsein von etwas.

Veränderung ist für Bewußtheit notwendig. Wenn man sich des Absoluten bewußt ist, nur des Absoluten und nichts als des Absoluten, dann gibt es keine Bewußtheit von etwas. Deshalb wird diese Erfahrung des Absoluten Aufhören (cessation) genannt. Aber gewöhnlich ist man sich, wenn man sich des Absoluten bewußt ist, auch der Manifestation, des Dynamismus oder des Fließens bewußt, die in der eigenen Erfahrung deutlich und offensichtlich ist.

Die menschliche Erfahrung, oder die Erfahrung der Seele, ist in permanentem Fluß und in Veränderung und Transformation begriffen. Wenn wir dieses Charakteristikum auf der Ebene wahrer Realität sehen, erkennen wir, daß es eine schöpferische, dynamische Kraft ist, die immer die Formen erschafft, die wir sehen. Ibn Arabi, der wichtigste mystische Denker des Sufismus, nannte das „neue Schöpfung" oder „ständige Schöpfung". So erschafft Gott – indem er Realität transformiert. In unserem normalen Leben sehen wir den Dynamismus als die Veränderungen und Bewegungen, die wir durchmachen, als den Strom von Gedanken, Emotionen und Handlungen. Dann ist die Erfahrung von Veränderung nicht von Kreativität und Transformation gekennzeichnet sondern eher von Ursache und Wirkung bestimmt. Wir sehen diesen Dynamismus als eher linear und erleben ihn als Veränderung in der Zeit.

Der Dynamismus des Seins ist schöpferisch; er ist das, was aller Veränderung und Bewegung im Universum zugrundeliegt. Gleichzeitig besitzt dieser Dynamismus, da das Sein essentiell wahre Natur, frei und offen ist, eine ihm eigene Tendenz, wahre Natur in ihrer ganzen Reinheit, Schönheit und Subtilität zu enthüllen. Diese Enthüllung tritt in der menschlichen Seele als eine dem Dynamismus eigene Richtung in Erscheinung. Anders gesagt, wenn der Dynamismus frei und spontan und ohne den verkrampfenden und verzerrenden Einfluß unseres konventionellen Denkens funktioniert, dann tendiert er dazu, unsere Erfahrung und Wahrnehmung in Richtung von größerer Klarheit, von größerem Wissen, größerer Offenheit, Wahrheit und Freiheit zu transformieren. Wir nennen diese evolutionäre Tendenz die *optimierende Kraft* des Dynamismus des Seins.

Wir erleben diesen Dynamismus in der Tatsache, daß unsere persönliche Erfahrung sich ständig verändert. Ein Zustand folgt einem anderen, ein Gefühl ersetzt ein anderes, Gedanken und Bilder kommen und gehen in einem nie endenden Strom. Aber wenn die optimierende Kraft in uns wirksam ist, beginnt unsere Erfahrung, sich zu vertiefen und zu erweitern, und enthüllt dabei neue Zustände, Dimensionen und Fähigkeiten. Wir nennen diesen sich verändernden, evolutionären Fluß unserer Erfahrung *Entfaltung*. Dann offenbart unsere Seele ihre ihr eigenen Möglichkeiten. Daran sehen wir, daß die Entfaltung der Seele ein unmittelbarer Ausdruck der optimierenden, schöpferischen Kraft des Dynamismus des Seins ist.

### 4. Offenheit/Weite

Die Offenheit wahrer Natur ist ihr viertes Charakteristikum. Offenheit bedeutet eine unendliche Zahl von Möglichkeiten – offen dafür, alles zu sein, offen dafür, sich als alles zu manifestieren, unbegrenzt in ihrem Potential. Dies ist die Unbestimmtheit und die Unerschöpflichkeit, über die wir im vorigen Kapitel sprachen. Realität verändert sich ständig, weil ihre wahre Natur vollkommen offen ist. Das ist die Raum-Dimension unseres Seins: Wenn man die wahre Natur erkennt, dann entdeckt man, daß sie eine Weite besitzt, daß sie Raum ist. Anders gesagt: Weite, Raum ist eine Eigenschaft von Präsenz, die wahre Natur ist.

Das ganze Universum ist ein tiefes, geheimnisvolles Nichts, Offenheit, Leichtigkeit und totale Abwesenheit jeglicher Schwere. Und genau dieser geheimnisvollen, zarten Weite ist ein Leuchten eigen, ein Schimmer, ein Strahlen, die ihr Bewußtheit ihrer selbst verleihen. Dieses Strahlen erscheint in den verschiedenen Farben und Formen, die wir als die vielen Objekte der Unterscheidung (discrimination)[3] wahrnehmen. Aber es ist ein vereinheitlichtes, einheitliches Strahlen – ein einziges Feld von Licht, das in dynamischem Fluß und ständigem Wandel ist. Dieses vierte Charakteristikum ist mit der buddhistischen Vorstellung von der „Weisheit des Feldes der Realität" verwandt und wird auch *dharmadhata* genannt, eine der Bewußtheiten (awarenesses) des Buddha.

Wenn man vor der Realisierung der wahren Natur Essenz als eine Präsenz in sich erlebt, erlebt man die Weite als eine innere Qualität, die von Essenz getrennt ist. Man empfindet Raum als Leere, als substanzlos – er ist Leichtigkeit und Offenheit – , während Essenz Präsenz ist, die eine substantielle Qualität hat. Man erfährt, daß Essenz im Raum auftaucht. In dem Bewußtsein von objektiver Realität erkennt man, daß Essenz und Raum dasselbe sind, sie sind koemergent. Essenz ist also eine Präsenz, die Weite, die Raum ist, die bewußt ist und die sich ständig transformiert und schöpferisch ist.

Das Gefühl für Zeit bekommen wir durch die Wahrnehmung von Veränderung, also reflektiert Zeit den Dynamismus des Seins. Entsprechend reflektiert räumliche Ausdehnung seine Offenheit. Die Offenheit und die Weite wahrer Natur, die auch die Empfindung von Tiefe, Geheimnis und Unendlichkeit ist, die ihr eigen ist, erscheint in unserer normalen Erfahrung als die Empfindung physischen Raumes zwischen, um und in Manifestationen. Unsere Erfahrung hat räumliche Ausdehnung; wir können ohne räumliche Ausdehnung keine Wahrnehmung haben, so wie wir sie nicht ohne Veränderung haben können. Form und Größe, Entfernung und Ausdehnung spiegeln alle das Charakteristikum der Offenheit, das wahrer Natur eigen ist. Die wahre Natur hat keine Grenzen im Sinne von Größe, Form oder Entfernung. Vielmehr ist wahre Natur jenseits von Ausdehnung. Wenn wir die wahre Natur voll erfahren, verschwindet das Konzept von Raum. Wenn das passiert, erkennen wir, daß es so etwas wie Entfernung oder Nicht-Entfernung nicht gibt. Das Konzept der Ausdehnung verschwindet; wir erfahren sie, die wahre Natur, dann nur als Offenheit, als Möglichkeit. Und aufgrund dieser Möglichkeit manifestiert sich alles, alle Farben und alle Formen.

## 5. Wissen[4]

Das fünfte Hauptcharakteristikum wahrer Natur ist neben Bewußtheit, Einheit, Dynamismus, Offenheit auch Wissen (knowingness). Dies ähnelt der buddhistischen Vorstellung von der „Weisheit der Unterscheidung" oder der unterscheidenden Bewußtheit (discriminating awareness) Buddhas. Es ist der essentiellen Präsenz eigen, daß sie nicht nur Bewußtsein von Präsenz, sondern gleichzeitig die Unterscheidung (discrimination) der jeweiligen Qualität von Präsenz ist, wie zum Beispiel von Mitgefühl oder Frieden. Dieses Wissen (knowingness) ist Präsenz, der Bewußtheit von Präsenz eigen. Es ist nicht so, als tauchte Präsenz auf und eine davon getrennte Bewußtheit würde diese dann als Mitgefühl kennen oder erkennen. Vielmehr taucht manchmal eine Qualität auf, mit der man nicht vertraut ist, aber die Präsenz selbst sagt einem, was sie ist. Viele Menschen wissen zum Beispiel nicht, daß es so etwas wie die Präsenz von Wert gibt. Aber wenn sie darauf achten, wenn diese Qualität auftaucht, dann erkennen sie: „Genau, das fühlt sich wie Wert an. Ich fühle mich wertvoll. Ich habe Wert." Präsenz hat also in sich – intrinsisch – Wissen.

Zu Beginn der inneren Reise erleben wir Essenz gewöhnlich auf eine von drei Weisen: als eine Präsenz, die in uns aufsteigt, oder als eine Präsenz, die außerhalb von uns erscheint, oder als eine, die von außen in uns hineinkommt. Diese Formen der Erfahrung, obwohl real, liegen an den Einschränkungen unserer Wahrnehmung und können zu Schleiern werden, wenn man sie für endgültig hält. Diese Erfahrungen kann man als ein Zwischenstadium zwischen normaler Erfahrung und der objektiven Erfahrung von Realität ansehen. Wenn wir die wahre Natur objektiv, das heißt ohne Schleier, erleben, dann erkennen wir, daß sie weder innen noch außen ist. Sie ist überall – außen, innen und dazwischen. Das Feld von Bewußtheit hat keine Grenzen. Diese Präsenz ist ein unendliches Feld von Bewußtheit, und das bedeutet, daß wahre Natur nicht nur die wahre Natur der menschlichen Seele, sondern die wahre Natur von allem ist. Wahre Natur ist nichts als Präsenz, die zugleich Bewußtheit, Einssein und Wissen (knowingness) ist.

In dem Moment, in dem man erkennt, daß wahre Natur nicht durch die eigene Haut begrenzt ist, daß sie nicht nur im Körper, sondern überhaupt in allem anderen auch durchgehend da ist, erkennt man, daß intrinsisches Wissen (knowingness) nicht die Erfahrung eines Teiles der Realität ist, der einen anderen Teil erkennt. Das intrinsische Wissen ist die Tatsache, daß die inhärente, einem Spiegel gleiche Bewußtheit, die überall und alles ist, eine unterscheidende Qualität besitzt. Sie kann die Variationen unterscheiden, die in ihr selbst existieren.

Objektive Realität ist wie ein Energiefeld mit Mustern und Farben und Formen, und dieses Feld hat seine eigene ihm eigene Fähigkeit zu wissen, was diese Elemente sind. Es kann das Rot vom Blau, das Blau vom Grün, das Rauhe vom Weichen, das Weiche vom Harten unterscheiden. Es kann das Flüssige vom Festen unterscheiden und das Feste vom Gasförmigen. Diese Fähigkeit ist das, was wir unterscheidende Bewußtheit nennen.

Unterscheidung bedeutet nicht nur die Differenzierung von Mustern und Formen, sondern auch das inhärente Wissen (knowingness) davon, was diese Formen sind. Aus dieser Perspektive betrachtet, ist das ganze Universum nichts anderes als die Unterscheidungsfähigkeit, die wahrer Natur eigen ist.

Die Fähigkeit, zu unterscheiden, ist unserem Bewußtsein eigen. Das ist der Grund, weshalb man den Druck im Knie von der Spannung im Rücken unterscheiden kann. Darum kann man die Wärme im Herzen von der Hitze im Becken oder die Leere im Bauch von den Gedanken im Kopf unterscheiden. Man kann auch die Töne, die man selbst macht, von denen unterscheiden, die man hört. Aber was sind das alles für Dinge? Sie sind Wissen im Sinne von knowledge und knowingness. Die Gedanken, die man hat, sind nichts anderes als das Wissen (knowingness) der Gedanken. Der Druck, den man in seinem Knie spürt, ist ein Erkennen dessen, was diese Bewußtheit ist. Es ist ein Bewußtsein von einem Eindruck und die Erkenntnis, daß er eine Spannung oder ein Druck ist. Das ist Wissen (knowledge), und das ist grundlegendes Wissen (basic knowingness).

Man kann sagen: „Aber es gibt wirklich ein Knie mit Druck darin." Ist das nicht nur eine Geschichte, die man gelernt hat? Wenn man sein ganzes Wissen über menschliche Physiologie aus der Vergangenheit, das man in der Vergangenheit angesammelt hat, vergißt und seine Aufmerksamkeit nur auf diese Region richtet, ist das, was man findet, ein Wissen (knowingness). Dieses Wissen, das wir *Grundwissen* (basic knowledge) nennen, ist immer da und existiert vor jedem Kommentar.

Man kann sagen: „Gut, da bin ich, und ich empfinde diese Wärme in meinem Herzen." Aber wenn man es so ausdrückt: „Da bin ich, der die Wärme in meinem Herzen kennt und weiß", ist das eigentlich nichts anderes als das Wissen (knowingness), daß da etwas ist, das sich der Wärme bewußt ist, und daß da etwas ist, das wir das Herz nennen. Selbst der Kommentar ist Teil des Wissens; seine Existenz ist das Wissen des Kommentars.

Das ganze Feld der Erfahrung ist also von Wissen durchdrungen, aus Wissen gebildet. Wenn man einen Berg anschaut, sagt man: „Ich sehe den Berg." Sieht man den Berg oder ist da ein Bewußtsein von einem Wissen davon, daß man den Berg sieht? Alles, dessen man sich bewußt sein kann, ist das eigene Wissen, daß da ein Berg ist. Das Wissen ist das Objekt und das Subjekt von Bewußtheit, denn die Erfahrung an sich ist nicht-dual. Man ist auf eine nicht-duale Weise mit Wissen in Kontakt. Wenn man dann sagt, daß da ein Berg ist, ist das ein vollkommen anderer Schritt. Ich sage nicht, daß da kein Berg ist, aber die Aussage zu machen, daß da ein Berg ist, ist ein ganz anderer Schritt, zusätzlich zu der Tatsache des Wissens, das unmittelbar und direkt ist.

Sie nehmen wahr, daß ich mit Ihnen spreche; das ist Ihr Wissen (knowingness). Unabhängig von diesem Wissen kann ich nicht existieren, was Sie betrifft. Das heißt nicht, daß ich nicht existiere; das ist nicht das, was ich sage. Was ich sage ist, daß ich, was Ihre Erfahrung betrifft, nicht unabhängig von Ihrem Wissen existiere. Realität besitzt nicht nur Bewußtheit, sondern auch eine Unterscheidungsfähigkeit, eine Fähigkeit, die unterscheidet, was in dieser Bewußtheit enthalten ist.

## In Gottes Geist leben

Das Feld, das die Realität ist, ist also nicht nur eine Präsenz, die Bewußtheit ist, sondern eine Bewußtheit, die Wissen ist. Diese unterscheidende Bewußtheit erkennt das Ganze als ein Feld, das in sich Muster hat, die aus Farbe, Form, Figur, Textur, Geruch, Ton oder aus all diesen zugleich gebildet sein können. Dies sind die universellen Muster. Das inhärente Wissen (knowing) dieses ganzen Feldes, mit all seinen Mustern, wird manchmal der Göttliche Geist (Divine Mind) oder Geist Gottes genannt. Mit anderen Worten, das Wissen alles dessen, was existiert, ist nichts anderes als Gottes Geist. Wenn man also das Sein als die Präsenz Gottes sieht, dann ist das, was wir sagen, daß das inhärente Wissen Gottes Geist ist. Weil wir uns selbst von dem gesamten Feld unterscheiden, leben wir in diesem Sinne alle in Gottes Geist. Wir sind Schöpfungen von Gottes Geist, Inhalt von Gottes Geist. Eigentlich sind wir nichts anderes als Gottes Ideen oder Vorstellungen, weil aus der Perspektive der Präsenz von Sein alle diese Formen Unterscheidungen oder Begriffe und in gewissem Sinn Worte sind. Jede Form ist eine bestimmte Schwingung, mit ihrem eigenen Ton, aber weil jeder Ton gekannt, gewußt – inhärentes Wissen (knowledge) – ist, ist er auch ein Wort.

„Am Anfang war das Wort, und das Wort war bei Gott, und das Wort war Gott" (Johannes 1,1). Was ist das Wort? Alles. Ich verstehe diese Aussage in der Bibel so, daß Gott die Präsenz ist, also ist das Wort bei Gott, und das ist das Wissen (knowingness). Das Wort ist Gott, weil dieses Wissen von der Präsenz Gottes vollständig untrennbar ist. Man kann sie nicht trennen, außer für Diskussionszwecke. Die Existenz der Welt und die Differenzierungen in ihr sind nicht getrennt. Die Welt existiert nicht unabhängig von den Bergen und den Meeren und den Sternen; sie sind dasselbe.

Wahre Realität ist Präsenz, die selbst-durchdringende Bewußtheit hat und zugleich ein unterscheidendes Wissen besitzt. Diese Tatsache, die für die Inquiry wichtig ist, kann in der eigenen persönlichen Erfahrung erkannt werden. Die normale Erfahrung ist die, daß man eine Person ist, die eine Bewußtheit hat und die unterscheiden kann. Aber diese Unterscheidungsfähigkeit ist nicht ein Ergebnis des Etikettierens des Verstandes, das kommt später. Die inhärente Unterscheidung geschieht als Teil der Bewußtheit. Man unterscheidet zum Beispiel das Muster eines Baumes vor dem Fenster und nennt es Baum, aber die Fähigkeit, das Muster des Baumes zu unterscheiden, ist schon da, bevor man es einen Baum nennt. Genauso ist es mit der Fähigkeit, innere Eindrücke, wie verschiedene Emotionen, Sinneswahrnehmungen und Gedanken zu unterscheiden. Zum Beispiel existiert das inhärente Erkennen von Traurigkeit – das weiche, warme Auflösen einer „Verhärtung" in der Brust –, bevor das Denken die Erfahrung mit der Bezeichnung „Traurigkeit" versieht.

Wenn das Gefühl für inhärentes Unterscheiden für uns verschleiert ist, manifestiert es sich in unserer normalen Erfahrung als Denken und Etikettieren, das heißt als das, was wir gewöhnlich Wissen (knowledge) nennen. Das ist aber eine Reflexion, ein Schritt vom wahren Wissen (knowingness) entfernt. Anders gesagt, das normale Wissen (knowingness), das mit Denken, Gedächtnis, Überlegen und Bezeichnen zu tun hat, ist die Weise, wie wahres Wissen in der gewöhnlichen Erfahrung des Egos erscheint. Es ist *gewöhnliches Wissen* (ordinary knowledge), im Gegensatz zu Grundwissen (basic knowledge).

## Wissen in der menschlichen Seele

Während die Bewußtheit, das Einssein und die Offenheit konstante und unveränderliche Facetten der Realität sind und der Dynamismus die Erfahrung von Veränderung ist, erfahren wir durch das Wissen (knowingness), was ist und was sich verändert. Wissen ist die Dimension, die die verschiedenen Manifestationen unseres Lebens erkennt. Und die Details dieses Wissens sind von Moment zu Moment immer anders. Das ist der Grund, weshalb man sagt, Gott wiederhole sich niemals. Der Stand oder der Zustand des Universums ist immer anders, immer neu. Das ist keine esoterische Vorstellung. Wenn man an sich selbst denkt, wird man erkennen, daß keine Sekunde Erfahrung wirklich wie eine andere ist. Sie verändert sich ständig, sie ist immer anders.

Das Wissen, das Präsenz eigen ist und das wir oben als den Göttlichen Geist bezeichnet haben, wurde von den Griechen *Nous* oder höherer Intellekt genannt. Wenn die Griechen, wie im Falle Plotins, das Wort „Intellekt" benutzten, meinten sie nicht diskursives Denken. Eigentlich bedeutete das Wort „Intellekt" in den westlichen Sprachen ursprünglich „das inhärente Wissen (knowingness)". Das hat sich aber vor allem im sechzehnten oder siebzehnten Jahrhundert geändert, als „Intellekt" begann, sich auf Wissensakte mittels Repräsentationen, auf begriffliches Wissen, zu beziehen, das in unserem Denken stattfindet. Heute gebraucht man „Intellekt" nur für mentales Wissen, die Widerspiegelung des Egos von wahrem Wissen.

Das inhärente Wissen, oder der Nous, wurde von manchen Christen der *Logos*, von den Sufis „totaler Intellekt" und von den Buddhisten „unterscheidende Bewußtheit" genannt. Diese unterscheidende Bewußtheit oder dieses Wissen ist nun die Quelle aller Erfahrung – der verschiedenen Eindrücke, Formen und Farben. Ob das gewöhnliche physische Erfahrungen oder ungewöhnliche spirituelle Erfahrungen sind, sie sind für das inhärente Wissen alle dasselbe – sie sind alle Wissen, auf verschiedenen Ebenen und in verschiedenen Intensitäten von Brillanz. Die Ego-Erfahrung ist nur dumpfes Wissen, während die essentielle Erfahrung ein helles Wissen, eine leuchtende Präsenz ist.

## Diamantene Führung

Dieses inhärente, unterscheidende Wissen wahrer Natur umfaßt den Inhalt von allem, was existiert, von allem, was nur existieren kann, und von allem, was je existiert hat. Obwohl es die Erfahrung der menschlichen Seele transzendiert, erscheint es dennoch in unserem individuellen Bewußtsein in einer spezifischen essentiellen Form. Genauer gesagt, dieses Wissen, das selbst das Wissen von allem ist, erscheint in der Seele als die spezifische Fähigkeit zur Unterscheidung. Mit anderen Worten, der Göttliche Geist kann sich in der Seele in Miniaturform manifestieren – als Mikrokosmos von diesem Makrokosmos. Wir nennen diesen Mikrokosmos die *Diamantene Führung* (Diamond Guidance).

Die Bezeichnung „Diamantene Führung" reflektiert die Weise, wie diese essentielle Manifestation wahrer Natur funktioniert, wenn sie die in der Erfahrung inhärente Unterscheidung enthüllt. Wenn diese essentielle Präsenz sich in der Seele manifestiert, kann sie mit der Klarheit, Präzision und Eindringlichkeit eines Diamanten unterscheiden, was im Feld ihrer Bewußtheit wirklich da ist. Die Diamantene Führung kann die Seele den ganzen Weg führen: vom Erkennen einer emotionalen Wahrheit im Moment bis zum Erkennen der Unterscheidung, die in der Realität inhärent, die in ihr enthalten ist. Das ist der Grund, weshalb ich oben sagte, daß ein Raumschiff, das von dem Sternsystem stammt, zu dem wir reisen, das zuverlässigste Fahrzeug ist, das wir benutzen können, um dahin zu gelangen.

Die Diamantene Führung ist also die spezifische Erscheinungsweise des Göttlichen Geistes in unserer Seele als persönliche Fähigkeit. Sie ist es, die unserer Seele die Fähigkeit verleiht, exakt zu wissen, was vor sich geht, und unsere Erfahrung zu verstehen. Verstehen unserer Erfahrung bedeutet zu wissen, was sie ist, sie direkt zu fühlen und in dieses Gefühl Einsicht zu haben, und all das als Teil der unmittelbaren Erfahrung. Weil die Diamantene Führung eine Reflexion, eine Emanation oder eine Partikularisierung des Göttlichen Geistes ist, besitzt sie die Fähigkeit, unsere Erfahrung zu *enthüllen*, ihre Schleier ganz bis hin zu Klarheit und Wahrheit zu durchdringen. Ich nenne die Diamantene Führung ein Fahrzeug realen Wissens, weil ihre spezifische Fähigkeit darin besteht, der Seele zu ermöglichen, sich selbst zu kennen und zu wissen. Und wenn man sich selbst kennt, dann kennt man seine Quelle, denn diese Quelle ist die letzte und eigentliche Identität.

Die Gesamtheit der Seele ist ein Mikrokosmos der ganzen Realität, der Einheit des Seins. Die Diamantene Führung ist ein Mikrokosmos des Charakteristikums des Wissens (knowingness) Gottes, des Makrokosmos' der Realität. Aber man darf nicht vergessen: Auf der Ebene wahrer Realität sind die fünf Charakteristika untrennbar. Die fünf Facetten sind miteinander verwoben und gleichzeitig da. Wir haben sie getrennt beschrieben, um über sie zu reflektieren, aber sie bilden alle eine einzige Realität. Folglich spiegelt die Diamantene Führung alle fünf Facetten: Bewußtheit, Einssein, Dynamismus, Offenheit und Wissen. Die wichtigste Facette aber, die zentrale, die Diamantene Führung reflektiert, ist Wissen.

Ich nenne die Diamantene Führung manchmal den essentiellen Nous, die Version der individuellen Seele vom universellen Nous der Griechen, wie Plotin ihn beschrieben hat. Im Sanskrit wird der essentielle Nous als *prajna* bezeichnet, während die unterscheidende Bewußtheit – der universelle Nous – *jnana* genannt wird. Sowohl in buddhistischen als auch in hinduistischen Lehren weiß man, daß man prajna benutzt, um zu jnana zu gelangen. Prajna wird als unterscheidende Einsicht und jnana als inhärentes Wissen (knowingness) oder unterscheidende Bewußtheit bezeichnet. Prajna ist also die Erkenntnis von Mustern, Verstehen, Einsicht und Realisierung, während jnana das inhärente Selbst-Wissen reiner Bewußtheit ist. Jnana ist nicht die Erfahrung einer bestimmten Einsicht oder eines Verstehens; jnana ist die Erkenntnis, daß alle Erfahrung Wissen (knowledge) ist und daß man als Wissen im Sinne von knowingness und knowledge existiert.

Nun ist die wahre Natur, wie gesagt, auch dynamisch, und ihr Dynamismus ist schöpferisch. Er erschafft ständig neue Formen, und diese Schöpfung neuer Formen ist eine Entwicklung, eine Veränderung. Die Diamantene Führung impliziert also einen Dynamismus, eine Kreativität. Bei dieser schöpferischen Aktivität ist das, was gewußt ist, ein sich entwickelndes, sich veränderndes Wissen (knowingness). Es ist nicht so, daß man einfach etwas weiß: „Ich bin traurig", und sonst nichts. Man kann sich in dieser Weise gegenüber einem Gefühl verhalten, aber dann passiert nicht viel. Anerkennung des Gefühls ist nur der Anfang des eigentlichen Prozesses.

## Diamantene Führung und Inquiry

Was tun wir nun, damit sich das Wissen (knowingness) entfalten kann? Wir machen „Inquirys". Wir fragen uns: „Worum geht es? Warum bin ich traurig?" Um eine Bewegung einzuleiten, die uns zu einer tieferen und präziseren Unterscheidung bringen kann, brauchen wir ein dynamisches Engagement, das die Diamantene Führung einlädt, damit neue Enthüllungen sich einstellen können. Dieses dynamische Engagement nennen wir Inquiry. Inquiry ist also in Wirklichkeit eine Manifestation des schöpferischen Dynamismus unseres Seins. Eine Inquiry lädt neues Wissen ein, und Wissen wird sich dann entwickeln und die in unserem Sein inhärenten Möglichkeiten enthüllen.

Wir beginnen hier zu sehen, daß wir bei unserer Methode der Inquiry Eigenschaften nutzen, die wahrer Natur inhärent sind: Dynamismus und unterscheidende Bewußtheit. Die unterscheidende Bewußtheit ist die Präsenz von Diamantener Führung, mit ihrer Einsicht, Intelligenz und Präzision und mit ihrer Fähigkeit zu Synthese, Analyse und Unterscheidung. Wir sehen hier die Verbindung zwischen der Methode und der Realität, auf die wir uns zubewegen. Wir sehen auch, daß Inquiry und die Diamantene Führung ineinandergreifen, denn die Inquiry lädt die Diamantene Führung nicht nur ein, sie ist auch ein Ausdruck der Diamantenen Führung. Mit anderen Worten: Die Diamantene Führung entfaltet oder leitet die Inquiry.

Wie leitet sie die Inquiry? Indem sie zu neuem und bedeutsamem Verständnis führt. Das geschieht aber nur dann, wenn die Inquiry relevant ist, wie diese kurze Geschichte zeigt: Ein Sufimeister sprach zu seinen Zuhörern, und er wollte ihnen Gelegenheit geben, Fragen zu stellen. Er sagte: „Ich weiß viel mehr darüber, was im Himmel als was auf dieser Erde ist, also dürft ihr mich alles fragen, was ihr wollt." Einer meldete sich und fragte: „Wieviele Haare habe ich auf meinem Kopf?"

Da die Antwort auf so eine Frage für Selbsterkenntnis irrelevant ist, ist die Frage nutzlos. Das ist unintelligente Inquiry. Wir können also eine Inquiry machen – und viele Menschen tun das –, aber wenn sie nicht intelligent ist, wenn sie kein Ausdruck des wahren, schöpferischen Dynamismus' unseres Seins ist, spricht sie die Diamantene Führung nicht an. Die Diamantene Führung leitet dann die Inquiry nicht, und es kommt zu keiner neuen Enthüllung. Wir drehen uns dann bloß im Kreis. Wir sehen dann immer wieder das gleiche Wissen – vielleicht in anderen Formen, aber im wesentlichen dasselbe. Die Inquiry muß Kontakt mit Elementen der wahren Natur selbst haben, um uns über konventionelle Erfahrung hinausführen zu können. Wenn wir nur Elemente aus gewöhnlicher Erfahrung benutzen, um uns zu führen, wird Inquiry – oder irgendeine andere Methode, die wir benutzen, um unser Leben zu betrachten – nur diese gewöhnliche Erfahrung wiederholen und bestätigen.

Die Diamantene Führung kann nicht nur in unserer Arbeit zugänglich gemacht und genutzt werden, sondern auch sonst in vielfältiger Weise – zum Beispiel in einer philosophischen oder wissenschaftlichen Inquiry. Beim Diamond Approach untersuchen wir in erster Linie unsere eigene persönliche Erfahrung. Inquiry ist eine Anwendung der Sokratischen Methode auf die unmittelbare Realität unseres Lebens.

Es ist sinnvoll, hier anzumerken, daß viele Menschen, wenn sie Bücher über den Diamond Approach lesen oder wenn sie gerade zur Ridhwan-Schule gekommen sind, glauben, sie wüßten, wie man eine Inquiry macht. Das ist vor allem so, wenn jemand Philosophie studiert hat oder in Psychotherapie ausgebildet ist. Ich bin sicher, daß viele Menschen wissen, wie man eine Inquiry macht, aber das bedeutet nicht, daß das die Inquiry ist, die wir hier besprechen. Wir praktizieren Inquiry nicht, wie sie konventionell verstanden wird, wir praktizieren sie aus der Perspektive unserer wahren Natur.

Inquiry, die ein offenes Ende hat, das heißt ein Ausdruck der Offenheit wahren Wissens und des schöpferischen Dynamismus' des Seins ist, ist nicht einfach irgendeine Inquiry. Es geht darum, aktiv die verschiedenen Qualitäten unserer tiefsten Natur zu nutzen. Das ist eine sehr ungewöhnliche und seltene Fähigkeit. Manche Menschen brauchen eine lange Zeit – im Grunde viele Jahre in dieser Arbeit –, bevor sie erkennen: „So mach ich das normalerweise nicht, wenn ich etwas erforsche. Das ist keine Inquiry, wie ich sie mir immer vorgestellt habe."

Wenn man damit anfängt, die Inquiry des Diamond Approach zu praktizieren, kommt sie einem sehr ähnlich wie das vor, was bei anderen Formen innerer Arbeit üblicherweise gemacht wird: Man stellt Fragen, analysiert etwas, schaut sich etwas an, man experimentiert, untersucht Abwehrmechanismen und Reaktionen und Psychodynamik und so weiter. Wer ein Buch über Tiefenpsychologie gelesen hat, kann das Gefühl haben: „Natürlich, ich weiß, wie das geht." Aber wenn diese Leute wissen, wie man Inquiry so macht, wie wir das tun, warum kommen sie dann nicht zu Erfahrungen von Essenz und wahrer Natur? Die Unterschiede in der Methode der Inquiry sehen vielleicht ziemlich subtil auch, sie sind dennoch erheblich. Wir müssen diese Unterschiede erkennen, damit Inquiry wirklich die Fähigkeit haben kann, die Entfaltung der Seele zu bewirken.

Es lohnt sich, die Verwechslung etwas näher anzuschauen, zu der es zwischen der Art von Inquiry, die ich beschreibe, und der analytischen Exploration, die Sie vielleicht gemacht haben, kommen kann. Ich sage nicht, daß man niemals seinen Verstand gebrauchen kann, um in einer Inquiry etwas zu analysieren – aber das ist nicht die Methode, die wir hier benutzen. Wir wollen, daß die Inquiry ein reiner Akt des Seins ist. Als Teil des Dynamismus des Seins kann es zu einer Analyse kommen, aber wir machen sie nicht mit Absicht. Sobald wir ein erwünschtes Ziel im Sinn haben, kommt die Inquiry nicht von einem Ort der Offenheit; sie kommt dann von einem fixierten Ort. Wenn wir von einem rein offenen, nur an einer Untersuchung interessierten Raum aus analysieren, anstatt zu versuchen, irgendwohin zu gelangen, ist die Quelle die Offenheit selbst.

## Der Weg der Inquiry

Indem wir Inquiry verstehen, lernen wir die Haltung der Seele, die die Diamantene Führung einladen wird. Wenn wir von einer Haltung oder einer Einstellung aus etwas erforschen, die den Qualitäten der Diamantenen Führung nahekommt, werden wir ihre Anwesenheit einladen, die dann die Inquiry direkter und präziser leiten wird. Bei der Übung dieser Inquiry geht es darum, eine bestimmte Art von Offenheit zu finden, eine bestimmte Einstimmung, wobei wir uns selbst und unsere Fähigkeiten so nutzen, daß die Seele zu der richtigen Art von Gefäß wird, sodaß sich die Diamantene Führung einstellen und die Inquiry führen kann. Teil Zwei dieses Buches befaßt sich mit den Grundelementen des Prozesses der Inquiry, die die Seele so ausrichten, daß die Führung erscheinen kann.

Wir werden untersuchen, wie man für die Führung durch das Sein offen sein, wie man sie erkennen kann und wie man es der Führung ermöglichen kann, durch uns hindurch wirksam zu sein. Wenn die Führung durch uns hindurch wirkt, führt sie nicht nur die Inquiry und verleiht ihr Objektivität, Offenheit, Präzision, Klarheit und all die anderen Qualitäten, sondern sie leitet auch die Entfaltung der Seele selbst. Das ist so, weil die geführte Inquiry von sich aus die Entfaltung bewirkt. Die Seele selbst wird also geführt, und das ist der Grund, weshalb wir den Begriff „Führung" für dieses essentielle Fahrzeug (vehicle) verwenden. Teil Drei untersucht eingehender das Wesen der Diamantenen Führung, wie sie in Erscheinung tritt und was sie in unserer Inquiry blockieren kann.

Indem die Diamantene Führung die verschiedenen, essentiellen Aspekte manifestiert, die zusammen dieses Fahrzeug des Wissens (knowingness) bilden, korrigiert sie unsere Perspektive in der Inquiry immer weiter – indem sie für ihre Ausgewogenheit sorgt und sie erweitert oder fokussiert. Jeder einzelne essentielle Aspekt drückt die wahre Natur unseres Seins in unserer Erfahrung, in unserem Leben und in unseren Handlungen aus und dient ihr. Diese Aspekte sind in allen Bereichen unseres Lebens notwendig, aber hier untersuchen wir sie besonders im Hinblick darauf, wie sie unserer Weise, Inquiry zu praktizieren, dienen, sie unterstützen und sie ausdrücken. Wenn wir sie unter dieser Perspektive studieren, wird das unsere Klarheit und unser Verständnis steigern und die nötige Wahrnehmung und Erfahrung hervorrufen. Teil Vier untersucht eingehender elf essentielle Aspekte, wie sie in der Diamantenen Führung erscheinen und Inquiry unterstützen.

Wenn die Inquiry frei fließt, ist sie eine wahre Manifestation von Offenheit und Liebe zur Wahrheit und drückt die Weite und den Dynamismus des Seins aus. Diese dynamische Offenheit wird die Präsenz, die Ankunft dieses Fahrzeugs, der Diamantenen Führung, herbeiführen. Dann wird die Diamantene Führung die Inquiry leiten; sie wird uns helfen, sehr genau zu sehen, was in unserer Erfahrung da ist. Sie wird auch unser Fragen so führen, daß unsere Inquiry relevant, präzise und genau sein kann.

Die Diamantene Führung nutzt das Denken, statt daß das Denken die Kontrolle hat und im Vordergrund steht. Sie leitet das Denken, aber eigentlich ist sie die Führung für die Seele in Richtung auf Individuation und Reife, in Richtung auf Selbstrealisierung und die Reise zur inneren Heimat. Das ist so ähnlich wie die Sichtweise der Sufis, nach der für das Erwachen und die Transformation der Seele mehr als alles andere der „höhere Intellekt" gebraucht wird. Die Diamantene Führung versieht die Seele mit der objektiven, unterscheidenden Fähigkeit, die sie braucht, um immer tiefer zu verstehen, was Realität ist. Dieses Unterscheiden und Verstehen ist nicht nur der Prozeß der Arbeit der Inquiry, es ist das Wesen eines wahren Lebens. Inquiry kann in dem Maß zum Zentrum unseres ganzen Lebens werden, wie unser Leben zur Entfaltung unserer Seele wird. Wenn unser Leben nicht eine kontinuierliche Inquiry ist, die fortwährend die Entfaltung der Seele betreibt – wenn es nicht eine ständige Transformation ist –, dann stecken wir fest. In einem tieferen Sinne sind wir dann tot. Wir versinken im Sumpf der Trägheit und wiederholen ewig dieselben Muster.

Inquiry unterbricht diesen Zirkel, den sich perpetuierenden Zirkel von Meinungen und Überzeugungen: „Ja, ich weiß, wer ich bin – ich bin diese Art Mensch... Und natürlich werde ich immer abgelehnt... Mein Vater und meine Mutter haben mir das angetan, und ich werde bis in alle Ewigkeit so sein; das Beste, was ich machen kann, ist anderen das Leben schwermachen..." Das geht Jahr für Jahr so weiter. Die Inquiry stellt das in Frage: „Moment mal, stimmt das? Ist das der Grund, weshalb ich mich so fühle?"

Wenn man sich öffnet und anfängt, Fragen zu stellen, wenn man mit der Inquiry beginnt, dann hat man eine Chance herauszufinden, was los ist. Wenn man aufhört, seine Glaubenssätze für bare Münze zu nehmen, wird man aufhören, sich mit ihnen zu identifizieren. Wenn man das alte Wissen nicht in Frage stellt, bedeutet das, daß man die Identifikation mit ihm akzeptiert und daß man akzeptiert, daß es letztlich wahr ist. Inquiry bedeutet anzufangen zu erkennen, womit wir uns aus der Vergangenheit identifizieren. Die Vergangenheit lebt in unserem Gedächtniswissen fort, aber wir können es durchdringen, wenn wir in der Gegenwart bleiben und unsere Erfahrungen für unmittelbares Wissen öffnen. Auf diese Weise wird unser Leben zu einer kontinuierlichen, lebendigen Offenheit, einer Offenheit, die eine Offenbarung der Geheimnisse des Seins ist.

Dann wird unsere Erfahrung zu mehr als bloß einer Reihe willkürlicher, unverbundener Ereignisse oder Vorgänge, wie das gewöhnlich im normalen Leben des Egos der Fall ist. Sie wird zu einem Strom von Bewußtheit und Einsicht, dem ein Muster von Öffnen, Entfalten und Optimieren eignet. Das ist der Grund, weshalb Verstehen, wenn wir die Haltung der Inquiry einnehmen, weiter von allein geschieht und neue Einsichten auftauchen. Unsere Erfahrung geht immer tiefer, weitet sich immer mehr aus und wird freier und transparenter, bis sie an einem bestimmten Punkt mit den Qualitäten unserer wahren Natur zusammenfällt und eins wird.

# 4
# Spacecruiser Inquiry

In diesem Buch benutze ich durchgehend einige Science-fiction-Konzepte, um Inquiry zu veranschaulichen, weil ich sie besonders erhellend dafür halte, wie man Inquiry als eine Reise verstehen kann. Raumschiff *Inquiry* ist der Name, den ich manchmal für das Fahrzeug dieses spirituellen Weges benutze – für die Praxis der Inquiry. Wenn man anfängt, Inquirys zu machen, lernt man dieses Fahrzeug dafür zu nutzen, in seinem inneren Raum zu reisen. Raumschiff *Inquiry* ist ein Geschenk der eigenen wahren Natur, eine Methode der Selbsterkenntnis, die dazu bestimmt ist, immer tiefere Wahrheiten darüber zu enthüllen, wer man selbst und was Realität ist. Im vorigen Kapitel habe ich eine Gesamtperspektive als Orientierung für unsere Reise an Bord des Raumschiffs *Inquiry* gegeben. Jetzt ist es Zeit, an Bord zu gehen. Zunächst haben wir das Raumschiff von außen betrachtet, haben die Tür gesehen und haben uns mit ihm vertraut gemacht. Jetzt können wir hineingehen und uns umschauen, uns mit dem Kontrollpult vertraut machen und die nötige Geschicklichkeit entwickeln, um wirklich durch den Raum zu fliegen.

Wenn ich sage, daß Inquiry unser Raumschiff ist, meine ich nicht, daß man Inquiry wirklich als Raumschiff erfahren kann. Ich benutze das Wort hier metaphorisch. Suchen Sie also während des Prozesses der Inquiry nicht nach einer Art Erfahrung von einem Raumschiff. Inquiry ist ein Prozeß, ein wirkliches dynamisches Engagement. Sie lädt das Sein dazu ein, seinen Reichtum zu zeigen und seine Geheimnisse zu enthüllen, und sie tut das, indem sie die Diamantene Führung aktiviert und nutzt, und die ist eine subtile, essentielle Intelligenz. Inquiry kann ohne die Führung anzusprechen nicht in vollem Sinn wirksam sein – so wie ein Raumschiff ohne ein Navigationssystem nicht funktionieren kann –, denn Inquiry braucht reale Intelligenz, um funktionieren zu können.

Nach einer Führung durch das Raumschiff sind wir bereit zu überlegen, was es bedeutet, eine Reise zu unternehmen, und welche unterschiedlichen Arten von Reisen das Raumschiff Inquiry anzubieten hat.

Das Wesen unserer Reise wird von drei deutlich voneinander unterschiedenen, aber wechselseitig miteinander verbundenen Aspekten des Reisens bestimmt. Erstens ist es der Modus des Reisens, der mit dem Bild dreier aufeinanderfolgender Antriebsmechanismen veranschaulicht wird – des *Powerdrives*, des *Hyperdrives* und des *Superluminal Drives*. Der zweite Aspekt bezieht sich auf den Treibstoff für die Reise – auf das, was die Triebwerke während der verschiedenen Phasen der Reise der Inquiry antreibt. Der dritte Aspekt umfaßt die intelligenten Kontrollmechanismen, die unser Raumschiff so effektiv wie möglich funktionieren lassen.

In diesem Kapitel werden wir diese Aspekte untersuchen und sehen, wie sie das Individuum durch das hindurch bewegen, was ich die drei Reisen nenne.

## Die erste Reise

Die erste Reise bringt uns an den Anfang der Erfahrung unseres Seins, wenn wir erste Eindrücke von unserer wahren essentiellen Präsenz bekommen. Um diese Reise beginnen zu können, muß das Raumschiff in der Lage sein, innerhalb desselben Sternsystems, oder des planetarisches Systems, zu reisen, in dem es sich befindet.

Am Anfang der inneren Reise aber sind wir an die Erde, an die Schwerkraft gebunden und in einer trägen Umlaufbahn gefangen. Wir stecken in immer gleichen Mustern fest und kreisen immer wieder um dieselben Erfahrungen, Wahrnehmungen und um dasselbe Wissen. Träge Umlaufbahnen brauchen keinen Antrieb. Diese gewohnten Verhaltensweisen gehen einfach weiter und werden von der Energie genährt, die durch die Trägheit unserer Konditionierung erzeugt wird, die Schwerkraft, die uns immer wieder auf dasselbe Terrain zurückzieht.

Also muß unser Raumschiff zuerst in der Lage sein, sich der Wirkung der Schwerkraft zu entziehen, die uns in der statischen Umlaufbahn der gewohnten Erfahrung hält. Es muß in der Lage sein, andere Umlaufbahnen zu erreichen – und dadurch die Reichweite unserer normalen Erfahrung erweitern – , und dann zu anderen Bereichen innerhalb desselben Sternsystems reisen. Damit unser Fahrzeug innerhalb des Sonnensystems frei reisen kann, brauchen wir einen passenden Antriebsmechanismus.

Wir brauchen einen Antrieb, der unser Raumschiff antreiben und ihm die nötige Fluchtgeschwindigkeit vermitteln kann – den *Powerdrive*. In Science-fiction-Filmen wird der *Powerdrive* – auch Impulskraft (impulse power) genannt – für Reisen zwischen Planeten oder um die Erde benutzt, also für das, was als normale Raumfahrt gilt. Wenn wir mit dem *Powerdrive* reisen, bleiben wir in derselben Dimension der Realität, mit der wir schon vertraut sind, können dabei aber andere Bereiche in ihr erfahren. Zum Beispiel ist die Erfahrung der unbewußten Dynamik, die unseren Gefühlen und Handlungen zugrundeliegt, Teil der ersten Reise.

Inquiry, die durch den *Powerdrive* angetrieben wird, ist Raumfahrt, bei der die normalen Begriffe von Raum und Zeit weiter gültig sind. Wir sind immer noch in der normalen Realität, und innerhalb dieser Realität erforschen wir unsere Persönlichkeit und unser Denken, unsere Muster und Gefühle – die verschiedenen konventionellen Bedingungen der Existenz, ganz gleich, ob neurotisch oder normal. Dieser Prozeß beginnt den Griff unserer konventionellen Erfahrung zu lockern, legt ihre Einschränkungen frei und öffnet uns für die Möglichkeit anderer Dimensionen.

Unterstützung für diese persönliche Untersuchung sind die Bewußtheitsübungen von Konzentration und Achtsamkeit (mindfulness). In Konzentrationsübungen lernen wir, unsere Achtsamkeit auf unsere gegenwärtige Erfahrung zu fokussieren und bei ihr zu behalten, ohne die übliche Ablenkung durch unser Denken zu erlauben. Wenn wir das nicht können, werden wir niemals fähig sein, unsere Energie so zu konzentrieren, daß wir aus unseren vertrauten Umlaufbahnen des Bewußtseins ausbrechen können. Gleichzeitig müssen wir Achtsamkeit lernen, das heißt, wir müssen lernen, unsere Bewußtheit zu erweitern, um soviel wie möglich von dem mit einzubeziehen, was in dem Feld unserer gegenwärtigen Erfahrung da ist. Indem wir mehr wahrnehmen, lernen wir, unsere konditionierten Annahmen über das, was in unserer Erfahrung wichtig ist und was nicht, in Frage zu stellen. Damit werden neue Elemente in unsere Wahrnehmung eingeführt und Dinge nebeneinander gestellt, die im Rahmen unseres normalen Denkens niemals verbunden erschienen wären. Diese zwei Fähigkeiten von Konzentration und Achtsamkeit sind für den *Powerdrive* zentral und in den entwickelteren Antriebsarten implizit enthalten.

Die erste Reise nenne ich *die Reise zu Präsenz*. Unsere Inquiry richtet sich in erster Linie auf unsere vertraute, konventionelle Realität, wo wir die Annahmen und Hindernisse anschauen, die uns davon abhalten, in der Unmittelbarkeit unserer gegenwärtigen Erfahrung zu ruhen. Auf dieser Reise dient die Funktion der essentiellen Aspekte, der verschiedenen Qualitäten unserer Seiendheit (beingness), dazu, unsere Inquiry zu motivieren. Zum Beispiel erlaubt uns die Anwesenheit von Mitgefühl, unseren Schmerz so weit auszuhalten, daß wir uns ihm öffnen und seinen Ursprung erforschen können. Stärke verleiht uns die Fähigkeit, unsere Empfindlichkeit vor übertriebener Selbstkritik zu schützen, und persönlicher Wille wird gebraucht, wenn wir uns innerlich verpflichten, uns in unserer Inquiry an der Wahrheit zu orientieren. Dies sind drei der fünf essentiellen Aspekte, bekannt als *Lataif*, die wir in Teil Vier näher betrachten werden. Diese fünf Qualitäten bilden grundlegende Unterstützung auf der ersten Reise, daß wir während des Prozesses der Inquiry auf Kurs bleiben.

Wir kennen diese Manifestationen von Sein vielleicht nicht auf eine unmittelbare Weise als essentielle Präsenz, aber sie sind in unserer Seele wirksam und auf unserer Reise hilfreich. Obwohl sie aus einer anderen Dimension auftauchen, sind die essentiellen Qualitäten innerhalb unserer konventionellen Realität dennoch erkennbar, denn durch ihre Wirkung auf unsere Seele können wir ihre Bedeutung wertschätzen. So bekommt der Powerdrive seine Energie von diesen Aspekten des Seins, wenn es uns zum Wissen unserer eigenen Präsenz aufruft.

## Die zweite Reise

Die zweite Reise beginnt, wenn wir lernen, Essenz, die Dimension essentieller Manifestationen des Seins, zu erkennen. Nun nähern wir uns den entferntesten Reichweiten des Powerdrives, wir befinden uns am Rande unseres Sternsystems und beginnen, flüchtige Ausblicke auf andere Dimensionen von Erfahrung zu haben. Die meisten von uns werden die Hilfe eines Lehrers, des Kapitäns des Raumschiffes brauchen, der uns auf die zweite Reise mitnehmen kann. Ein Lehrer hilft uns dabei, auf die subtilen und bisher unerkannten Aspekte unserer

Erfahrung, die uns die Tür in die Bereiche essentieller Wahrnehmung öffnen, aufmerksam zu sein und sie zu erkennen.

Der Powerdrive wird aber nicht ausreichen, uns auf die zweite Reise zu anderen Sternsystemen oder anderen Galaxien zu bringen. Mit dem Powerdrive kann unser Raumschiff nicht die Lichtgeschwindigkeit übertreffen, und andere Sternsysteme sind zig, hunderte oder tausende von Lichtjahren entfernt. Weil der Powerdrive innerhalb der üblichen Raum-Zeit arbeitet, werden wir nicht genug Zeit haben, zu anderen galaktischen Systemen oder auch nur zu anderen Sternsystemen zu reisen, was in unserer Arbeit bedeutet: zu anderen Dimensionen von Erfahrung.

Um die nächste Stufe der Raumfahrt zu erreichen, brauchen wir das, was in der Science-fiction-Literatur *Hyperdrive* genannt wird. Der Hyperdrive wird nicht nur von den Qualitäten von Essenz angetrieben, die die Manifestationen der Wirklichkeit von Sein sind, sondern auch von der Offenheit, die für Sein an sich charakteristisch ist. Diese Offenheit transformiert die Begriffe von Raum und Zeit und erlaubt so hyperspatiales Reisen, das heißt Raumfahrt außerhalb des gewöhnlichen Raums und der gewöhnlicher Zeit. *Star Trek* hat für diesen Mechanismus den Begriff „Warpdrive" eingeführt. Der Warpdrive funktioniert nach Prinzipien, die unsere üblichen Gesetze der Physik transzendieren, und ermöglicht uns so, mit Geschwindigkeiten zu reisen, die die Lichtgeschwindigkeit um ein Vielfaches übertreffen.

Der Hyperdrive ist also notwendig, um die enormen Entfernungen der zweiten Reise zu überwinden, um zu anderen Sternsystemen und sogar zu anderen Galaxien zu gelangen. Aber wenn man sich zu einem anderen Sternsystem aufmacht, weiß man nicht, welche Art Realität man dort antrifft, deshalb kann man nicht mit vorgefaßten Meinungen dahin reisen. Wenn man vorgefaßte Meinungen von dem hat, was man dort finden wird, wird einen das davon abhalten, eine andere Dimension zu erreichen. Darum brauchen wir den Hyperdrive – der von uns verlangt, daß wir alle Konzepte davon, was Raum ist, was Zeit ist und was Realität ist, was passieren kann und was nicht passieren kann, aufgeben –, um in der Lage zu sein, zu einer Dimension zu gelangen, die völlig neu ist, zu einer, die wir nie wahrgenommen oder uns auch nur vorgestellt haben.

In der Inquiry bedeutet hyperspatiales Reisen mühelose und spontane Entfaltung, denn die Inquiry wird jetzt zunehmend von der Offenheit des Seins vorwärts bewegt. Die zweite Reise ist eine *Reise mit Präsenz*, das bedeutet, daß die Dimension der essentiellen Manifestationen von Sein für unsere Erfahrungen von sich aus verfügbar ist, während diese Manifestationen auf der ersten Reise nur ab und zu geschmeckt werden können und vor allem als Anreiz dienen, die Reise der Entdeckung von Sein fortzusetzen.

Auf der zweiten Reise, wenn eine neue Dimensionen nach der anderen aufzutauchen beginnt, brauchen wir also eine nichtkonzeptuelle Offenheit, die unsere Inquiry antreibt. Je freier wir von Konzepten sind, um so tiefer ist die Offenheit, die unsere Inquiry antreibt, und um so mehr können wir den Hyperdrive benutzen, was ein spontanes und natürliches Fließen der Enthüllung möglich macht. Beim Hyperdrive ist die Unterstützung für diese Offenheit mit ihrem sich entfaltenden Fließen das ständige Üben von Präsenz. Die Entwicklung dieser Fähigkeit für unmittelbaren und direkten Kontakt mit der eigenen Erfahrung und das Verständnis davon, wie dieser Kontakt jederzeit verfügbar ist, wird zu einem immer anwesenden Boden für das offene Nichtwissen, das die zweite Reise kennzeichnet.

## Die dritte Reise

Der Hyperdrive kann uns durch die zweite Reise bis zur dritten Reise bringen. Die dritte Reise ist eine Weise, das *Reisen als Präsenz*, in nichtdualer Realität, zu bezeichnen. Mit dem Hyperdrive wird die Inquiry von der Offenheit selbst angetrieben oder motiviert, aber das Reisen der dritten Reise verlangt, daß der Hyperdrive maximale, hundertprozentige Wirksamkeit und Kraft entfaltet. Das bedeutet, daß Inquiry von totaler, von absoluter Offenheit bewegt wird. In Science-fiction-Filmen wird dieser Antrieb manchmal als *Superluminal Drive* bezeichnet.

Mit diesem Superluminal Drive ist die Reise nicht mehr räumlich oder hyperspatial. Hyperspatiales Reisen bedeutet, daß man in Räumen reist – wie im Hyperraum oder Subraum, um einen anderen Begriff aus *Star Trek* zu gebrauchen –, die nicht normaler Raum sind. Aber diese Räume haben immer noch Grenzen, denn sie sind immer noch durch die Konzepte von Raum und Zeit definiert, wenn auch nicht im gewöhnlichen Sinn. Da absolute Offenheit aber keine Grenzen irgendwelcher Art hat, wird unsere Inquiry nicht einmal durch die Konzepte von Raum und Zeit begrenzt.

Das Reisen mit dem Superluminal Drive ist mehr wie eine Zeitreise, aber nicht wie eine konventionelle Zeitreise, denn hier wird das Konzept von Zeit transzendiert. Reisen mit dem Superluminal Drive bedeutet, gerade die Erschaffung von Zeit selbst als die Entfaltung alles Existierenden zu erfahren. Beim Fliegen mit dem Superluminal Drive können wir nicht einmal davon sprechen, daß der Antrieb von der Offenheit der Essenz von Sein herkommt. Es ist eher so, daß die Offenheit das Fahrzeug selbst ist. Die Essenz von Sein, die geheimnisvolle Leere, erschafft also Zeit. Indem sie Zeit erschafft, erschafft sie Erfahrung, und diese Erschaffung von Erfahrung ist sofortige und unmittelbare Realisierung. Mit anderen Worten, während der dritten Reise ist das Reisen eine unmittelbare und fortwährend spontane Manifestation von Realisierung.

Wir nennen das einen Flug mit Überlichtgeschwindigkeit, weil das die Anerkennung der Tatsache ist, daß Wahrnehmung auf dieser Ebene nichts anderes als die Erleuchtung der Absoluten Essenz (Absolute essence) des Seins ist. Da ist die Wahrnehmung dieser geheimnisvollen Tiefe, und ihr Schimmer ist die Manifestation der verschiedenen Dimensionen, der verschiedenen Sternsysteme.

Während auf der zweiten Reise die Manifestationen des Seins in einer dynamischen Bewegung der sich entfaltenden Erfahrung der Seele ständig von einer zur nächsten wechseln, ist auf der dritten Reise die Entfaltung nicht mehr eine Bewegung durch die Zeit, sondern ein ständiges Auftauchen aller Erfahrung aus der absoluten Quelle im Jetzt. Es gibt kein räumliches Reisen, keine Empfindung eines Prozesses, der uns zu einer anderen Dimension bringt. Die Dimensionen manifestieren sich spontan und sofort als die kontinuierlichen Emanationen aus der geheimnisvollen Essenz der Realität. Es ist so, als bliebe man am selben Ort und Erfahrung manifestierte sich bloß anders, durch einen und um einen herum, und enthüllte dabei neue Dimensionen und Realisierungen. Das steht im Gegensatz zu den ersten zwei Reisen, zu denen es gehört, daß man in Raum und in Zeit reist.

## Der Treibstoff für die Reise

Wir haben also drei Antriebsarten, die wir verwenden müssen, wenn wir lernen, das Raumschiff Inquiry zu fliegen: den Powerdrive, den Hyperdrive und den Superluminal Drive. Am Anfang müssen wir lernen, wie man den Powerdrive und den Hyperdrive einsetzt. Diese beiden Antriebsarten sind miteinander verwandt, und wir können das sehen, wenn wir uns fragen, was die Inquiry motiviert. Motivation liefert die Antriebskraft für die Inquiry. Diese Motivation, die aus Essenz und Offenheit besteht, entwickelt und transformiert sich, während wir die drei Reisen machen.

Die spezifische Art und Weise, wie Essenz beim Powerdrive funktioniert, besteht in der Liebe zur Wahrheit um ihrer selbst willen. Was bedeutet das? Inquiry geht voran, indem sie von der Wahrheit geführt wird. Im Grunde kann Inquiry *nur* auf der Basis weitergehen, daß man Wahrheit findet. Es gibt keine andere Möglichkeit, wie man Inquiry machen kann. Wenn wir eine Inquiry machen, dann untersuchen wir etwas, um herauszufinden, was die Wahrheit einer Situation ist. Wir versuchen nicht, etwas zu verändern, wir arbeiten nur daran, die Situation zu öffnen, indem wir sie so lange erforschen, bis sie ihre Bedeutung enthüllt.

Inquiry ist also im Grunde eine Untersuchung mit dem Ziel, die Wahrheit zu erfassen, die Bedeutung dessen zu erfassen, was geschieht. Häufig ist die Wahrheit verborgen oder wird nicht gesehen oder ist durch unsere Einstellungen, Annahmen und Identifikationen entstellt. Wir wollen durch diesen ganzen Nebel hindurchschauen, um herauszufinden, was wirklich passiert.

Es gibt eine Stelle in uns, die es liebt, die Wahrheit zu wissen, die die Wahrheit will und wertschätzt. Nur Inquiry, die von dieser Liebe inspiriert ist, kann den Funktionen der Aktivierung und Transformation dienen. Wenn wir etwas aus Liebe dazu erforschen, die Wahrheit zu wissen, wird unsere Inquiry auf ganz natürliche Weise diese Wahrheit aufdecken, die zu wissen wir lieben. Wir alle müssen unser eigenes Herz erforschen, um zu sehen, ob es in uns einen Ort gibt, der es wirklich liebt, die Wahrheit zu kennen und zu wissen – einen Ort, an dem wir sie so sehr lieben, daß wir alles tun, was wir können, um etwas zu erforschen und zu untersuchen. Diese Liebe zum Wissen der Wahrheit zu wissen, ist nichts anderes als die Antwort unseres Seins auf seinen eigenen Dynamismus. Der Dynamismus enthüllt etwas Neues, und er manifestiert sich anfangs als das Interesse der Seele daran, die Wahrheit um ihrer selbst willen zu entdecken.

Unser Sein liebt es, die Schleier zu zerreißen, die es verdunkeln, weil es liebt, soviel wie möglich über seine Wahrheit herauszufinden. Unsere Seele liebt es, im inneren Raum von einer Dimension zur anderen zu reisen. Diese Reise ist von gespannter Erwartung und Begeisterung erfüllt und hat eine Qualität, die etwas von Feier und Wertschätzung hat. Wenn wir von dieser selbstlosen Liebe motiviert sind, möchten wir all unsere Möglichkeiten, all unsere Fähigkeiten ins Spiel bringen; wir wollen für soviel Unterstützung für die Reise sorgen, wie möglich, ohne uns darum zu kümmern, wie schwierig sie ist oder was passieren wird. Wir müssen diese Liebe finden, denn sonst ist der einzige Grund und die einzige Motivation für Inquiry ein bestimmtes Ziel oder ein Vorhaben oder die Bestätigung einer vorgefertigten Meinung. Dann würden wir letztlich versuchen, eine bestimmte Identität zu bestätigen, durch die wir uns definiert haben, und diese Motivation wird uns zu nichts Neuem bringen. Inquiry ist dann nicht möglich, weil sie kein offenes Ende hat und sie auf bekanntes Territorium festgelegt wird.

Wenn Liebe zum Wissen der Wahrheit zu der besonderen motivierenden Kraft für die Inquiry wird, können die Qualitäten von Essenz ihre spezifischen Fähigkeiten beitragen. Diese Fähigkeiten sind der Treibstoff für den Powerdrive.

Auf der zweiten Reise wird die Offenheit zum inneren Kern der Liebe, und der Hyperdrive setzt ein. Dann wird die Liebe koemergent mit dem Mysterium. Die Liebe zum Mysterium enthüllt ihre geheimnisvolle Kraft zu Enthüllung und Transformation. Liebe zur Wahrheit wird dann zu einer unmittelbaren Manifestation der Offenheit des Seins: Sie wird als die andere Seite der Offenheit, als ihre dynamische Seite erkannt.

Liebe zur Wahrheit um ihrer selbst willen bleibt auf der zweiten Reise weiterhin die Motivation für die Inquiry, ja, sie steht sogar an primärer Stelle, weil sie eine Liebe ist, die die Freiheit der Offenheit des Seins zu ihrer Basis hat, und ein direkter Ausdruck dieser Offenheit ist. Die

Offenheit beseitigt alle Grenzen und Einstellungen, die unsere Liebe einschränken können, und sie macht diese Liebe vollständig selbstlos, total auf Wahrheit fokussiert. Liebe zur Wahrheit enthüllt hier ihr inneres Geheimnis: die Liebe des Seins, seine Geheimnisse zu enthüllen, als die Kraft des Dynamismus des Seins, der die Unerschöpflichkeit seiner Essenz enthüllt.

## Intelligent empfängliche Inquiry

Inquiry ist in dem Sinn eine Wissenschaft, als sie sehr objektiv und sehr präzise sein kann. Um die Wahrheit herauszufinden, geht sie über das bloße Untersuchen von Fakten hinaus. Sie ist auch eine Kunst, die eine organische, beherzte, umfassende Art der Empfänglichkeit oder Ansprechbarkeit braucht, die weder rigide noch von Regeln, Konzepten oder festen Einstellungen bestimmt ist.

Inquiry ist eine dynamische Funktion unseres Bewußtseins, unserer Seele, die flexibel, empfänglich und spielerisch sein muß, damit sie wirklich intelligent sein kann. Sie muß von Intelligenz inspiriert und von Verständnis informiert sein. Wenn man etwas erforscht, muß man seine Intelligenz benutzen, und was man an Verständnis hat, muß man auf die Erfahrung des Augenblicks anwenden. Bei der Inquiry geht es nicht darum, willkürlich eine Frage zu stellen; alle Fragen müssen auf eine organische Weise gestellt werden. Das ist es, was Intelligenz eigentlich ist: eine organische und angemessene Empfänglichkeit für jede Situation.

Intelligenz verleiht unserer Inquiry die Fähigkeit, sich auf die Besonderheiten der Situation einzustellen. Manchmal erkennt man die Notwendigkeit von einer Menge Entschlossenheit, von einer Menge Kraft und Willen, um durch eine bestimmte Manifestation hindurchzudringen, denn da kann es zum Beispiel eine sture Trägheit oder Angst geben. Oder die Situation wird vielleicht so subtil, daß man sie nicht sieht, und man muß still, ruhig und fein werden, damit die Inquiry ein sehr zartes Abtasten der Situation sein kann. In diesem Fall wird sogar der Wille zu einer sanften Empfänglichkeit, zu einer mühelosen Präsenz, während man sehr feinfühlig in die Situation hineinspürt. Manchmal verlangt die Situation die Zartheit und Wärme von Mitgefühl, weil Schmerz und Verletzung in den Vordergrund treten. Manchmal braucht man den Humor und das Spielerische der Freude, damit die Inquiry sich trotz Hoffnungslosigkeit und Verzweiflung weiter entfalten kann.

Also ist Inquiry nicht nur auf einer Wellenlänge aktiv. Aufgrund ihrer Intelligenz und Empfänglichkeit für die sich entfaltende Situation stellt sich Inquiry immer so ein, daß sie dem angemessen ist, was man gerade erforscht, und sie paßt sich an, wenn sich das Thema ändert. Wenn Sie zum Beispiel einen bestimmten Zustand untersuchen und sich ein Widerstand meldet, würden Sie den Widerstand nicht frontal angehen, weil Sie schon ein gewisses Verständnis davon haben, daß man Widerstand nicht überwinden kann, indem man frontal gegen ihn angeht. Dieses Verständnis macht Ihre Inquiry intelligenter, und Sie können die Inquiry auf den Widerstand selbst richten. Inquiry wird dann von Ihrer Intelligenz und Ihrem schon erworbenen Verstehen geleitet. Die Geschicklichkeit, die hier verlangt ist, besteht in dem Wissen, wie man schon vorhandenes Wissen und Erfahrung als Verstehen nutzen kann, das die Inquiry informiert. Dann kann man so forschen, daß dieses intelligente Verständnis die Inquiry nicht blockiert oder Barrieren erzeugt, die sie begrenzen.

In jeder Inquiry muß man berücksichtigen, daß sich alles dauernd verändert, daß Erfahrung nie fixiert bleibt. Zum Beispiel erlebt man eine bestimmte Angst. Wenn man diese Erfahrung untersucht, begegnet man vielleicht einer gewissen Art Spannung oder einer bestimmten Bewertung. Man muß das in der Inquiry berücksichtigen, und man kann nicht die Angst ungeachtet neuer Faktoren weiter erforschen, denn die Erfahrung ist nicht mehr nur Angst. Abwehr wird sich einstellen und andere Zustände und Gefühle werden auftauchen, also wird sich die Inquiry auf eine intelligente Weise anpassen müssen, um auf dieses ständig wechselnde Szenario zu reagieren.

Inquiry kann so empfindlich sein, daß sie manchmal erkennt, daß sie eine Zeitlang aufhören muß. Man kann eine Stelle erreichen, wo man fühlt, daß es an der Zeit ist, keine Frage zu stellen, sondern nur in vollkommener Stille zu sein. Die Inquiry kann sich dann wieder spontan von sich aus und mit neuen, frischen Möglichkeiten melden.

Inquiry ist auch in ihrer Anwendung von Achtsamkeit und Konzentration intelligent. Inquiry verlangt die globale Bewußtheit von Achtsamkeit ohne Identifikation, damit man die ganze Situation sehen kann, mit der man arbeitet. Wenn man sich der ganzen Situation zuwendet, beginnt man Muster zu erkennen. Wenn man die Muster sieht, beginnt die Inquiry, sich darauf zu fokussieren und zu konzentrieren, wo die ganzen Muster hinführen. Eine Zeitlang wird die Richtung, in die die Muster führen, zum Gegenstand der Inquiry, dem man sich mit intensiver Konzentration zuwendet. Aber die Inquiry ist so intelligent, daß sie, selbst wenn sie sich konzentriert, immer noch aufmerksam ist, so daß es eine Antwort geben wird. Wenn man sich zum Beispiel darauf konzentriert, daß man Liebe fühlt, und dieses Gefühl untersucht, hat man vielleicht alle möglichen Reaktionen darauf, daß dieses Gefühl aufkommt. Ohne Achtsamkeit werden einem diese Dinge entgehen und man wird sie nicht berücksichtigen, wenn man den Zustand der Liebe untersucht.

Achtsamkeit und Konzentration kommen in unterschiedlichem Verhältnis vor, je nach dem, wie sich die Situation verändert, die man erforscht. Manchmal benutzt man bei der Inquiry als Hauptfähigkeit diese Achtsamkeit, und manchmal dominiert Konzentration. Manchmal enthält die Achtsamkeit ein Element von Konzentration. Ein anderes Mal wird Konzentration so dominant, daß ein Punkt erreicht wird, daß man Achtsamkeit vergißt. Aber im allgemeinen braucht man diese Achtsamkeit, und sie ist fast immer da, weil es sehr selten vorkommt, daß sich in unserer Erfahrung nur ein Einziges manifestiert. Ein Ding führt immer zu anderen Dingen, und all das verlangt die allgemeine und globale Bewußtheit von Achtsamkeit.

## Die Kraft der Standpunktlosigkeit

Die Intelligenz, die wir in der Inquiry benutzen, ist die Intelligenz des Mysteriums des Seins. Diese Essenz von Sein ist die Null, die die Quelle aller Unendlichkeiten, die Unbestimmtheit, die die Quelle aller Bestimmungen und Unterscheidungen ist. Genauer gesagt, damit Intelligenz den Hyperdrive einschalten kann, muß sie in ihrem Kern die vollständige Offenheit der Unbestimmtheit, die absolute Leere der Essenz von Sein haben. Sonst wird Intelligenz durch die verschiedenen Ideen, Standpunkte und Konzepte im Kopf, durch unsere Vorstellungen davon begrenzt sein, was passieren und was sein kann.

Also muß Intelligenz als ihre Quelle diese Unbestimmtheit haben, dieses vollständige Mysterium, das ihr ihre maximale Kraft gibt, wo Intelligenz das ganze Verstehen, das ganze Wissen benutzen kann, das wir haben, ohne die Funktion dieser Intelligenz zu beschränken. Sie kann ihre Kraft, ihr Mitgefühl und ihre Zartheit oder Entschlossenheit nutzen, ohne die Einschränkungen durch vorgefaßte Meinungen oder schon etablierte Standpunkte oder Meinungen über das, was geschehen sollte. Sie ist ganz und gar flüssig.

Damit die Inquiry den Hyperdrive einschalten kann, muß sie also durch die Freiheit dieser nichtkonzeptuellen Offenheit angetrieben werden. Das führt darauf hinaus, daß man eine Inquiry macht, ohne eine Identität zu haben, da Identität darauf beruht, daß wir Standpunkte einnehmen. Wir nehmen einen Standpunkt ein, um ein Gefühl von Identität zu etablieren. Keinen Standpunkt zu haben, bedeutet also, daß wir keine Identität haben können. Das ist der Grund, weshalb die Essenz des Seins, das Absolute, die Erfahrung ist, keinen Standpunkt zu haben.

Wenn der innere Kern von Intelligenz diese absolute Unbestimmtheit ist, dann fließt die Inquiry, ohne von einem etablierten Standpunkt auszugehen. Man geht nicht einmal von der Sichtweise aus, daß man ein Mensch ist – und nicht einmal, daß man überhaupt existiert. Die nächste Dimension könnte vollständige Nichtexistenz sein. Wie also soll man zu dieser Dimension gelangen, wenn man auf dem Standpunkt steht, daß man existiert? Zu glauben, man existierte oder daß überhaupt irgend etwas existiert, könnte zu einer Barriere werden. Aber Unbestimmtheit sagt nicht, es gäbe entweder Existenz oder Nichtexistenz. Sie sagt überhaupt nichts. Unbestimmtheit bedeutet, daß man keinen Standpunkt einnimmt. Absolut keine Aussage, vollkommene Freiheit.

Während einiger Etappen kann die Reise sowohl räumlich als auch hyperspatial sein. Man wechselt ab: Der Powerdrive dient als Hauptantriebssystem, und ab und zu, wenn die Identität nicht so fixiert ist, benutzt man den Hyperdrive. Sobald sich das Identitätsgefühl aber wieder behauptet, muß man zum Gebrauch des Powerdrives zurückkehren. Dann bewegt man sich noch einmal mit Unterlichtgeschwindigkeit, und die Reise ist auf eine einzige Dimension beschränkt. Um eine andere Dimension zu erreichen, muß man seine Identität verlieren, denn die Tatsache, daß man die Dimensionen wechselt, bedeutet, daß man seinen Standpunkt aufgeben muß.

Je offener wir also bei unserer Inquiry sind und je offener das Ende der Inquiry wirklich ist, um so mehr können wir den Hyperdrive einschalten. Die Entfaltung unserer Seele wird dann natürlich und mühelos. Wir können uns leicht von einer Dimension zur anderen bewegen, denn unser Denken ist nicht davon eingeschränkt, was wir für Realität halten. Dann wird Sein nicht überredet, sondern es manifestiert sich einfach natürlich und frei, und wir reisen in vollkommener Freiheit. Auf der ersten Reise, wenn wir noch den Powerdrive benutzen, müssen wir uns anstrengen, wir müssen kämpfen und uns disziplinieren. Zu dem Zeitpunkt kann Inquiry nur mit disziplinierter Entschlossenheit, innerer Verpflichtung und Hingabe und mit Stärke, mit der gezielten Anwendung unserer Intelligenz stattfinden. Wir müssen unsere eigene Kraft benutzen. Wenn aber der Hyperdrive eingeschaltet ist, finden Spontaneität und Fließen statt. Wir wissen nicht, wohin es geht; alle Bewegung wird spontan, und unser Raumschiff ist zum Raumkreuzer geworden, der Freude daran hat, von einem Sternsystem zum anderen zu ziehen.

Inquiry kann aber so offen und frei sein, daß sie manchmal sogar eine Zeitlang bestimmte Fixierungen oder Standpunkte zuläßt. Standpunkte sind verschiedene Zustände, die man erfahren kann: „Ich bin dies, ich bin das. Ich bin Frieden, ich bin Stille, ich bin Liebe, ich bin Raum…" Inquiry kann mit ihrer Intelligenz erkennen, daß einer dieser Standpunkte eine Zeitlang vielleicht nützlich sein könnte. Wenn man also einen Wert darin sieht, zeitweise einen bestimmten Standpunkt einzunehmen, wird das eigene Sein einem das erlauben. Innerhalb der Perspektive der Unerschöpflichkeit kann man einen Standpunkt einnehmen, aber man hält nicht an ihm fest, man kann ihn wieder aufgeben. Die Bewegung von einem Standpunkt zu einem anderen muß frei bleiben. In diesem Sinn ist die unendliche Zahl von Standpunkten selbst die Unerschöpflichkeit.

Ganz gleich, welche Form Inquiry annimmt, sie reagiert immer auf die Entfaltung des Seins, weil sie eine Anrufung, eine Beschwörung dieser Entfaltung ist. Inquiry ist auf eine grundlegende Weise von der Entfaltung untrennbar. An einem bestimmten Punkt werden Inquiry und die Entfaltung eins: Das ist der Prozeß der Manifestation, der Prozeß des Seins, das manifestiert, was es zu manifestieren liebt. Das ist der Punkt, an dem man die dritte Reise beginnt. Wenn der Hyperdrive vollkommen etabliert ist, wird die Erfahrung zu einer ununterbrochenen Entfaltung im ewigen Jetzt. Das ist das, was wir den Superluminal Drive genannt haben.

Wir werden den Superluminal Drive hier nicht weiter besprechen. Wir haben ihn vor allem erwähnt, um ein vollständiges Bild von der Bewegung durch die drei Reisen zu geben, und weil es nützlich ist zu verstehen, daß eine Form von Inquiry möglich ist, die im üblichen Sinne nicht einmal Inquiry genannt werden kann. Wenn man sich schließlich auf die dritte Reise macht, ist das, was die Entfaltung einlädt, von dieser Entfaltung selbst vollkommen untrennbar. Das ist nicht-duale Realisierung, bei der die Erfahrung reine Erleuchtung und Entfaltung ist, wo jeder Augenblick eine spontane Inquiry, eine Enthüllung der Unerschöpflichkeit des Seins ist.

# Teil 2

# Die grundlegenden Elemente der Inquiry

# 5
# Gewöhnliches Wissen

Wenn unser Sein frei ist, entfaltet es sich spontan und enthüllt seine Geheimnisse und seinen unerschöpflichen Reichtum. Wir können in einem Strom von Offenbarung vielerlei Art, vieler Farben, vieler Qualitäten, vieler Fähigkeiten und vieler Arten von Erfahrung leben. Um uns auf die Art Inquiry einzulassen, die dieses dynamische Mysterium unterstützt und an ihm teilhat, wird es hilfreich sein, die Beziehung zwischen Wahrheit, Verstehen und Wissen kennenzulernen und zu würdigen. Diese Beziehung läßt sich so beschreiben: Inquiry lädt durch Enthüllung von Wahrheit Verstehen ein und transformiert dadurch Wissen. Um anzufangen zu wissen, was das bedeutet, werden wir die Frage betrachten: Was ist Wissen?

## Wissen, Verstehen und Wahrheit

Diese Einladung/Enthüllung/Transformation – dieses Entfalten der Seele – ist das, was wir das Abenteuer des Seins nennen: die Reise ohne Ende oder bestimmtes Ziel in unserem Raumschiff *Inquiry* zu den fernsten Gegenden des Raumes. Um an diesem Abenteuer teilnehmen zu können, müssen wir eingehender und genauer erfassen, was Wissen ist und wie es für unsere Inquiry relevant ist.

Wenn Sie Ihre Erfahrung in irgendeinem beliebigen Moment anschauen, werden Sie sehen, daß sie eine Art Wissen ist. Erfahrung ist untrennbar von Wissen und sogar eigentlich ganz und gar Wissen. Erfahrung ist so mit Wissen verwoben, daß Sie zum Beispiel nicht sagen können: „Mein Knie schmerzt," ohne das Wissen davon, daß Sie ein Knie haben, was ein Knie ist, was Schmerz ist, und die verschiedenen anderen Stücke von Information, die Ihre Erfahrung ausmachen, daß Ihr Knie weh tut. Man kann nicht sagen, fühlen oder denken: „Ich fühle mich von Dir geliebt", ohne zu wissen, da ist ein Du, da ist ein Ich,

## Gewöhnliches Wissen

da ist Liebe und wie sich Liebe anfühlt oder was Liebe bedeutet. All das ist Wissen. Sogar das Nichtwissen, das Nicht-Kennen der Erfahrung ist Wissen. Sogar: „Ich weiß nicht, was mit mir los ist" ist Wissen.

Was ist dann Verstehen? Wie unterscheidet es sich von Wissen? Verstehen bedeutet, daß man nicht nur Wissen von dem hat, was geschieht, daß man nicht nur die Erfahrung hat, sondern daß man auch mit der *Bedeutung* der Erfahrung in Kontakt ist. Da ist nicht nur das Wissen der Tatsache der Erfahrung an sich, sondern auch eine kognitive Würdigung ihrer Bedeutung. Sie sitzen zum Beispiel mit jemandem zusammen und fühlen sich unbehaglich. Das ist Erfahrung, und sie ist immer mit Wissen verbunden. An einem bestimmten Punkt stellen Sie die Frage: „Warum fühle ich mich unbehaglich?" Sie bleiben bei dieser Frage, bis Sie etwas Wahres sehen, das Sie vorher nicht gesehen haben – vielleicht möchten Sie mit dieser Person ins Bett gehen, haben aber Angst, das zu sagen. Sie haben Angst, das auch nur zu wissen. Das ist die Wahrheit, die Sie vorher nicht sahen, die Ihrem Unbehagen Bedeutung gibt.

In dem Moment, in dem Sie diese Wahrheit erkennen – die ein bestimmtes Element von Erfahrung ist, das Ihnen unbekannt war und das der Erfahrung eine vollere Bedeutung oder Bedeutsamkeit verleiht –, transformiert sich die Erfahrung. Ihnen wird bewußt, wie erregt Sie sind und wieviel Angst Ihnen die Tatsache macht, daß Sie erregt sind. Aber erregt zu sein ist auch Wissen, so wie Angst.

Inzwischen hat sich Ihre Erfahrung also von einer Sache zu einer anderen verändert. Wir können auch sagen, daß das, was sich transformiert hat, Wissen ist. Diese Transformation von Wissen, durch die mehr von der Bedeutung Ihrer Erfahrung enthüllt wird, nennen wir Verstehen. Verstehen ist demnach der dynamische, kreative Fluß von Wissen im Sinne von knowledge und knowing. Wissen transformiert kreativ durch das Sehen von Wahrheit, und die Wahrheit ist das, was das Wissen von einer Form zu einer anderen transformiert, indem sie es zu einer tieferen, volleren und bedeutsameren Ebene bringt. Andererseits verändert sich die Erfahrung nicht, wenn Sie nicht erkennen, daß Sie sich unbehaglich fühlen, weil Sie mit der anderen Person ins Bett gehen wollen. Sie wird sich jedes Mal wiederholen, wenn Sie mit diesem Menschen zusammen sind. Dann sagen wir, daß Sie Ihre Erfahrung nicht verstehen. Es gibt also, wenigstens in diesem Fall, einen direkten Zusammenhang zwischen Wahrheit, Wissen und Verstehen.

Ein anderes Beispiel: Sie merken, wenn Sie achtsam auf Ihre Erfahrung sind, daß es für Sie wichtig ist, erfolgreich zu sein, und daß Sie im Laufe der Jahre auf vielerlei Weise dem Erfolg nachgejagt haben. Wenn Sie diese Tendenz erforschen und für dieses Thema Erfolg offen sind, wird Ihnen vielleicht eine Unruhe bewußt, die Sie treibt. Sie können nicht still sitzen, und wenn Sie einmal für eine kurze Zeit einfach nur da sitzen, werden Sie unruhig, stehen dann auf und tun etwas. Diese Unruhe ist ein neues Stück Wissen, das Ihre Erfahrung transformiert. Sie haben jetzt mehr als nur das Wissen, daß Sie einfach aufstehen und etwas tun. Wenn Sie im Hinblick auf diese Unruhe neugierig sind, könnten Sie sich fragen: „Wie kommt das?", und dann könnte es sein, daß Sie anfangen, darunter eine Leere zu erkennen. Dies ist eine neue Wahrheit, die Sie gefunden haben: Es ist diese unterschwellige Leere, die Sie in Richtung Erfolg treibt.

Also verändert sich die Wahrheit: Die erste Wahrheit, die Sie entdeckten, war die Unruhe, die nächste Wahrheit war die Leere. Beide Wahrheiten sind relativ: Jede ist wahr, während sie sich ereignet, aber später ist sie nicht mehr relevant. Und wenn Sie die Leere mit derselben Offenheit und demselben Interesse erforschen wie jene, die Sie bei der anfänglichen Erfahrung der Ruhelosigkeit hatten, könnten Sie erkennen, daß die Leere Ihnen das Gefühl vermittelt, Sie seien kein kompetenter Mensch, weil Sie sie als einen Mangel an Fähigkeit oder Kompetenz interpretieren. Wieder lädt die Inquiry die Wahrheit ein, und Wahrheit transformiert Wissen, und das führt zu Verstehen.

## Dynamismus und gewöhnliches Wissen

Unsere Offenheit für die Erscheinungen unserer Seele gibt dem Sein den Raum und die Freiheit, sich kreativ zu entfalten, und enthüllt dabei seine verborgenen Möglichkeiten. Wenn man es seinen eigenen Ressourcen überläßt, entfaltet sich das Sein spontan auf eine kreative Weise und offenbart dabei, was immer innerlich zu ihm gehört, was in ihm steckt. Diese kreative Entfaltung ist eine natürliche Eigenschaft unseres

Seins. Das bedeutet, daß Ihr Sein, wenn Sie es nicht einschränken oder es zu lenken oder einzuengen versuchen, von sich aus kreativ sein wird, indem es Ihrer Offenheit präsentieren wird, was immer an Möglichkeiten als Potential in ihm steckt. Was enthüllt wird, können unterdrückte schmerzhafte Erinnerungen aus der Vergangenheit, neuere Fähigkeiten und Fertigkeiten oder sogar neue Dimensionen von Erfahrung sein.

Da unser Sein dynamisch ist und dazu tendiert, unsere Erfahrung zu optimieren, ist es einleuchtend, daß man Offenheit für die Entfaltung braucht, zu der es als Ergebnis unserer Inquiry kommt. Offenheit impliziert ein Vertrauen in die Intelligenz und Liebe (lovingness), die diesen Dynamismus kennzeichnen: „Ich vertraue darauf, daß mein Sein sich so bewegen wird, wie es für es am besten ist, warum sollte ich mich also einmischen? Das erlaubt mir, wirklich für es offen zu sein." Die Offenheit wird zu einer Einladung.

Die optimierende Kraft des Seins kann jedoch ins Stocken gekommen sein, und dann bleiben wir in zyklischer Wiederholung, in einer zwanghaften Wiederholung alter Muster und schaler Eindrücke stecken. Das ist die fixierte und starre Trägheit konventioneller Erfahrung. Was ist für diese Fixierung verantwortlich?

Um das zu beantworten, müssen wir verstehen, daß Wissen in unterschiedlichen Formen vorkommt, von denen die üblichste gewöhnliches Wissen (ordinary knowledge) ist. Gewöhnliches Wissen ist das, was im allgemeinen mit dem Wort „Wissen" gemeint ist – das ganze Wissen, das man in seinem Kopf hat. Wann immer Wissen zu einer Erinnerung wird, ist es gewöhnliches Wissen. Es ist die Totalität der Informationen, die man angesammelt hat: Dinge, die man in der Schule gelernt hat, und Dinge, die einem erzählt wurden oder die man gelesen hat, wie auch das, was man aus eigener direkter Erfahrung gelernt hat.

Zum Beispiel hat man aus Erfahrung gelernt, daß man einen Körper hat. Das ist gewöhnliches Wissen. Es wurde einem gesagt, man *sei* dieser Körper, und auch das wird zu erinnertem Wissen. Wenn man nun das Konzept, daß man der Körper ist, nimmt und an diesem gewöhnlichen Wissen als Wahrheit festhält, wird das die Offenheit für den kreativen Dynamismus einschränken. Man wird nicht dafür offen sein, daß dieser Dynamismus aufdeckt, daß man nicht ein Körper, sondern etwas anderes ist – beispielsweise Bewußtsein. Dieses Beispiel macht es leicht

## Die grundlegenden Elemente der Inquiry

zu verstehen, daß unser optimierender Dynamismus aufgrund unserer Identifikation mit Bildern, Strukturen, Meinungen, Einstellen, Konzepten, Meinungen, Vorlieben, Vorurteilen und so weiter zum Stillstand kommt – alles Formen gewöhnlichen Wissens. Das vereitelt und entstellt die kreative Entfaltung unseres Seins.

Mit anderen Worten, unsere Offenheit für den Dynamismus ist dann eingeschränkt, wenn wir an dem festhalten, was wir gewöhnliches Wissen nennen, besonders dann, wenn wir dieses Wissen für die letzte Wahrheit halten, für eine Wahrheit, die ewig gültig sein sollte. Wenn wir unser gewöhnliches Wissen für eine getreue Beschreibung der Realität halten, errichten wir Mauern um unsere uns an sich eigene Offenheit.

Unsere vergangene Erfahrung als ganze, die angenehme wie auch schmerzliche Eindrücke umfaßt, wird zum Inhalt gewöhnlichen Wissens, das schließlich unsere Erfahrung strukturiert und sie mit Mustern versieht. Es ist wahr, daß sich Sein immer entfaltet – der Dynamismus kann nicht angehalten oder vollständig unterdrückt werden. Aber er entfaltet sich entweder frei oder auf eine entstellte Weise. Wenn Starrheit unsere Erfahrung auf eine fixierte Weise prägt, entstellt das die Manifestation des Dynamismus, und die Kreativität unseres Seins zeigt sich auf verdunkelte, stumpfe und ungeordnete Weise. Durch Verstehen dieser Entstellungen enthüllen wir die Qualitäten von Sein, die durch diese Entstellungen blockiert sind, und helfen uns damit zu sehen, wie die Kreativität des Seins selbst entstellt und eingeengt wird.

Was auch immer auftaucht, es ist die Manifestation des Seins und hat immer eine Bedeutung, sei sie entstellt und gezwungen oder frei und offen. Die Entstellungen, einschließlich emotionalen Schmerzes und emotionaler Schwierigkeiten, sind nichts als die Erscheinungen des Dynamismus des Seins, die durch den Filter unseres gewöhnlichen Wissens hindurch geschehen. Fixierte Meinungen, innere Haltungen und Sichtweisen, die vor allem auf Strukturen und Abwehrmechanismen des Egos beruhen, behindern und entstellen den Fluß. Man endet bei einer schmerzhaften, eingeengten und düsteren Wiederholung alten Wissens.

Die Inquiry aktiviert die optimierende Kraft des Dynamismus und ruft sie an und lädt damit das Sein ein, seinen verborgenen Reichtum zu zeigen. Inquiry öffnet unser Wissen, in dem sie es herausfordert, in Frage stellt und versteht, und das geschieht, indem sie die Wahrheit sieht, die unsere Erfahrung transformiert, verjüngt und vertieft. Durch das Verstehen der Entstellungen können wir sehen und zu dem gelangen, was das Sein zu entfalten versucht. An einem bestimmten Punkt wird diese Entfaltung in reinen Manifestationen erscheinen – als die direkte, unverschleierte Erfahrung wahrer Natur.

So eine Erfahrung wahrer Natur transformiert unser direktes Wissen, indem sie es zu neuen und frischen Dimensionen bringt. Die Transformation unserer Erfahrung ist also die Transformation unseres Wissens.

## Realität und gewöhnliches Wissen

Unsere Erfahrung wird vor allem durch Selbstbilder und verinnerlichte Beziehungen aus der Vergangenheit bestimmt und geprägt. Diese Bilder und Erinnerungen bilden den größten Teil des Inhalts unseres gewöhnlichen Wissens.

Gewöhnliches Wissen ist nicht an sich für unsere Entfaltung einengend. Der Grad von Freiheit oder Einschränkung hängt aber davon ab, wie wir mit ihm umgehen. Wir brauchen gewöhnliches Wissen für das praktische Leben, beispielsweise um unser Auto wiederzufinden, wenn wir ins Parkhaus kommen. Ohne gewöhnliches Wissen würden wir nicht wissen, welches Auto uns gehört, wie wir es anlassen oder wie wir fahren sollen. All das ist gewöhnliches Wissen. Diese Art Wissen sorgt für die notwendige Begleitung und Führung in unserem täglichen Leben. Das Problem ist, daß wir dazu neigen, es für mehr als das zu benutzen. Zum Beispiel ist es nützlich, sich sein Fahrzeug als getrenntes Objekt zu denken, das man fahren kann. Wenn man aber an dieser Sichtweise als endgültig festhält, wird man nie zu kosmischem Bewußtsein gelangen, denn kosmisches Bewußtsein offenbart die darunter liegende Einheit von allem.

Gewöhnliches Wissen ist also nützlich, aber wir müssen unsere wahre Beziehung zu ihm und seine Beziehung zur Realität sehen. Wir müssen es als vorläufige Kategorisierung der Realität betrachten, nicht aber als endgültig und universell anwendbar. Die Tatsache, daß ich ein Körper bin, ist nützlich, wenn ich die Straße überquere, aber nicht nützlich, wenn ich schlafe. Ich brauche nicht zu denken, daß ich ein Körper bin, wenn ich schlafe. Es spielt keine Rolle, wofür ich mich halte, wenn ich schlafe. Aber die meisten von uns werden weiter glauben, daß wir auch in unserem Schlaf und während unserer Träume der Körper sind.

All unsere Vorurteile, Überzeugungen, Einstellungen und Vorlieben, all unsere Ego-Strukturen und unsere Identifikationen sind entweder gewöhnliches Wissen oder beruhen auf gewöhnlichem Wissen. Das Festhalten an diesem gewöhnlichen Wissen – die Ansicht, daß ein bestimmter Bereich gewöhnlichen Wissens für jeden Augenblick und in alle Ewigkeit als absolute Wahrheit gültig sein wird –, schränkt unsere Offenheit ein und hindert den Dynamismus daran, die optimierende evolutionäre Kraft einzusetzen.

Zum Beispiel zu glauben, daß ich nicht ein Körper bin, sondern einen Körper habe, ist an einem bestimmten Punkt sehr nützlich, wenn ich anfange, mein Körperbild zu erkennen, und lerne, mit ihm umzugehen. Wenn ich zu erkennen beginne, daß ich mit einem Körperbild identifiziert bin, wird mir damit möglich zu erkennen, daß ich ein Bewußtsein oder eine räumliche Weite bin, die einen Körper hat. Diese Einsicht kann sich an einem bestimmten Punkt als Wahrheit manifestieren, die dann meine Erfahrung transformiert. Aber diese Wahrheit ist nicht endgültig. Ein oder zwei Jahre später beginne ich vielleicht, bestimmte Probleme zu haben, und ich erkenne, daß sie da sind, weil ich eine Trennung zwischen meinem Körper und meiner Seele vornehme. Ich denke, daß ich eine Seele bin, die einen Körper hat, oder ein Körper, der eine Seele hat. Damals war es für mich nützlich zu erkennen, daß ich eine Seele bin, die einen Körper hat, aber ein Jahr später wird diese Wahrheit zu etwas Falschem, weil ich dann erkenne, daß der Körper nichts anderes als eine Manifestation der Seele ist. Es gibt keinen von der Seele getrennten Körper. Die Seele hat keinen Körper wie einen Besitz; der Körper ist so sehr Teil der Seele, wie meine Gefühle Teil der Seele sind.

Wenn ich an der Einsicht festhalte, daß „ich eine Seele bin, die einen Körper hat" – was eine Wahrheit, eine neue Manifestation von Wissen war, die einmal meine Erfahrung verändert hat –, wird sie zu gewöhnlichem Wissen. Und wenn ich an dieser Einsicht als an einer letzten Wahrheit festhalte, wird eine Zeit kommen, wenn sie meine Offenheit einschränkt, und dann wird der Dynamismus meiner Entfaltung nicht in neue Dimensionen von Erfahrung fließen. Wahrheit ist also etwas, das wir im Moment erkennen, aber es ist nicht etwas, an dem wir ewig festhalten müssen. Wir müssen gewöhnliches Wissen als vorläufig ansehen, und das schließt alles ein, was immer wir als Wahrheit denken und erfahren, denn es könnte sein, daß sie im nächsten Augenblick nicht mehr gilt.

Die Wahrheit ist demnach ein sich bewegender Punkt. In dem Moment, in dem Wahrheit zu Wissen wird, wird sie schnell zu dem, was ich gewöhnliches Wissen nenne. In dem Moment, in dem die Bestandteile gewöhnlichen Wissen zu festen Standpunkten und festen Meinungen von einem selbst und der Realität werden, werden sie für die Inquiry zu Barrieren. Wissen wird dann zu einer Barriere für die Offenheit, die gerade das Herz der Inquiry ist. Wir können daher sagen, daß es bei Verstehen und Transformation darum geht, unsere Erfahrung von altem Wissen, von gewöhnlichem Wissen zu befreien.

## Inquiry und gewöhnliches Wissen

Um Inquiry und das zu verstehen, was zu erforschen und was der Sinn der Inquiry ist, müssen wir verstehen, wie gewöhnliches Wissen die Entfaltung verhindern und den Dynamismus entstellen kann.

Zu gewöhnlichem Wissen gehört alles, was wir über uns und die Realität denken, wofür wir uns und die Realität halten, was wir zu wollen und was wir nicht zu wollen glauben. Alles, was wir in einem begrifflichen Rahmen fassen, ist gewöhnliches Wissen. Gewöhnliches Wissen besteht also aus alten Kategorien, Informationen, Meinungen, Philosophien, Ideologien, Einstellungen – aus allem, was wir zu wissen glauben und für Wahrheit halten.

Normalerweise erleben wir uns durch den Schleier dieses Wissens hindurch, so daß unsere Erfahrung von uns selbst und von allem anderen nicht ein unmittelbarer, direkter, freier und spontaner Kontakt mit dem ist, was ist. Sie ist indirekt und durch Wissen gefiltert, und dieses Filtern ist zum großen Teil das, was die Erfahrung mit Mustern versieht. Der Filter prägt unsere Erfahrung in einem Grad, der uns erschrecken würde, wenn wir es merken würden.

Zum Beispiel mustert unser Wissen unsere Erfahrung in dem Maße, daß wir wirklich eine physische Realität erleben. Wir glauben schließlich, daß es so etwas wie physische Realität und physische Materie gibt. Im Grunde sind wir vollkommen davon überzeugt, daß physische Realität eine fundamentale Wahrheit ist. In objektiver Realität gibt es so etwas wie die physische Welt, die wir kennen, nicht. Wenn wir unseren Körper ohne den Filter gewöhnlichen Wissens erleben, dann werden wir keinen physischen Körper, sondern ein fließendes Muster von Leuchten erfahren. Unsere Erfahrung ist so konditioniert und bestimmt, daß wir nicht nur glauben, daß wir einen Körper haben und ein Körper sind, wir glauben an etwas noch Fundamentaleres, das diesem Glauben zugrundeliegt: daß der Körper der Körper ist, für den wir ihn halten. Für die meisten Menschen ist das absolut wahr: Der Körper ist physische Materie, die geboren wird und schmerzt und stirbt. Wie sollten wir aus diesem Blickwinkel auf die Idee kommen, ihn als ein fließendes Muster eines Leuchtens zu sehen? Das ist nur ein vielleicht etwas extremes Beispiel dafür, wie weit diese Prägung durch gewöhnliches Wissen geht.

Während der Anfangsphasen ist der Prozeß der Inquiry vor allem eine Untersuchung gewöhnlichen Wissens. Warum? Weil sie eine Untersuchung unserer augenblicklichen Erfahrung ist und weil, wenn wir eine Erfahrung machen und ihre Bedeutung nicht wissen, uns das sagt, daß darin ein Stück gewöhnlichen Wissens enthalten ist, das wir noch nicht sehen. Wenn wir unsere gegenwärtige Erfahrung erforschen, erforschen wir also eigentlich, wie gewöhnliches Wissen sie prägt.

Ein gutes Beispiel dafür wurde oben erwähnt: Ihre unbewußte Überzeugung, daß Sie ein unfähiger Mensch sind, die Ihrem Drang nach Erfolg zugrundeliegt. Diese unbewußte Überzeugung ist ein Teil gewöhnlichen Wissens, das in Ihrer gegenwärtigen Erfahrung enthalten ist und das diese Erfahrung bestimmt, ohne daß Sie wissen, daß es da ist. Aufgrund dieser Einsicht erkennen Sie, wie Ereignisse, die in Ihrer Kindheit geschahen – vielleicht wurden Sie von Ihren Lehrern herabsetzend behandelt, oder Ihre Eltern glaubten nicht, daß Sie irgend etwas gut machen könnten –, Sie dazu brachten, von sich zu glauben, Sie seien unfähig. Das wurde zu einem Selbstbild, das sich Ihrem Verstand einprägte und das ein Stück gewöhnlichen Wissens ist. Das prägt jetzt Ihre Erfahrung in der Weise, daß Sie ständig dem Erfolg nachjagen müssen. Die Untersuchung der gegenwärtigen Erfahrung bedeutet also häufig erst einmal, daß man untersucht, wie gewöhnliches Wissen die eigene Erfahrung prägt.

Eine Untersuchung der Weise, wie unser gewöhnliches Wissen unsere Erfahrung bestimmt, prägt und einschränkt, befähigt uns, eine andere Herangehensweise an den Inhalt dieses Wissens zu lernen. Gewöhnlich nehmen wir unser Wissen als das, was bestimmt und die Grenze für das setzt, was möglich ist und was man wissen kann. Wenn wir aber die Unbestimmtheit, die Offenheit von Inquiry verstehen, lernen wir mit der Zeit, das Wissen nicht als Grenze, sondern als einen Hinweis zu nehmen. Wir können unsere Worte, Begriffe und Gedanken als Hinweise auf die Wahrheit, auf das, was möglich ist, benutzen, statt als Grenzen dessen, was gewußt werden kann. „Dies ist eine Möglichkeit", statt: „Das ist es, was Du finden wirst".

Wenn wir unsere Erfahrung erforschen können, indem wir Wissen als Hinweis verwenden, wird es zu einem Hilfsmittel, zu einer Art Führung. Zum Beispiel wissen wir, daß Wut oft eine Verletzung verdeckt. Aus wiederholter Erfahrung wird das zu Wissen. Wie benutzen wir dieses Wissen, wenn wir das nächste Mal auf Wut stoßen? Sagen wir: „Da muß es eine Verletzung geben. Die will ich finden"? Oder sind wir, statt diese automatische Annahme zu machen, für die Möglichkeit offen, daß es da eine Verletzung gibt, die dann unsere Untersuchung leiten könnte? Wenn Sie annehmen, daß Sie verletzt sind, könnten Sie sich irren, denn hin und wieder liegt einer Wut keine Verletzung zugrunde. Es gibt immer Ausnahmen. Wissen kann auf eine Weise benutzt werden, die unserer Inquiry hilft, aber gewöhnlich benutzen wir es auf eine Weise, die unsere Inquiry begrenzt und bindet.

## Wahrheit und gewöhnliches Wissen

Gewöhnlich setzen wir Wissen mit Wahrheit gleich, sonst nennen wir es Unwahrheit oder Falschheit. Wissen ist aber nicht wirklich Wahrheit, denn Wahrheit existiert immer im Moment. Wahrheit ist dynamisch und in gewissem Sinn geheimnisvoll. Wir können sie nie fixieren und statisch machen.

Viele Probleme entstehen, wenn man Wissen für Wahrheit hält. Das erste ist, daß das, was man glaubt, und daß Informationen unrichtig sein können. Das ist nicht ungewöhnlich, wie die Wissenschaftsgeschichte zeigt. Wissenschaft besteht aus einer Reihe von Annäherungen, die immer wieder korrigiert werden. Wir bewerten unser Wissen zum Beispiel in der Physik oder Mathematik gewöhnlich als absolutes Wissen oder absolute Wahrheit, während es sich in Wirklichkeit nur um eine Annäherung handelt. Es gab eine Zeit in der Geschichte, da glaubte man, die Erde würde auf dem Rücken einer Schildkröte fortbewegt. Das war eine weit verbreitete Theorie. Wenn jemand die Theologen – die Wissenschaftler der damaligen Zeit – fragte: „Worauf befindet sich diese Schildkröte?" war die Antwort: „auf dem Rücken einer anderen Schildkröte". Später glaubte man, die Erde sei flach. Es galt als wissenschaftlich bewiesen: Wissenschaftler schauten so weit sie konnten und stellten fest, daß sie flach ist. Zu der Zeit war das die Wissenschaft, und für eine Weile funktionierte das ganz gut, es war nützliches Wissen.

Das zweite Problem ist, daß indirektes Wissen – Wissen, das man von anderen Menschen bekommt – kein wahres Wissen ist, auch wenn es korrekt ist. Es ist noch nicht das, was wir persönliche Wahrheit nennen, es ist noch keine Wahrheit, die auf eigener Erfahrung oder Wahrnehmung beruht. Leute erzählen einem Dinge, man lernt Dinge in der Schule, man hört und liest Dinge. Alles das ist nicht wahres Wissen, es ist nur Glauben und Überzeugung aus zweiter Hand, Meinungen, die man in gutem Glauben übernimmt. Hier gibt es keine Gewißheit, und doch kann dieser Glaube einen daran hindern, Realität auf eine andere Art wahrzunehmen. Beispielsweise glauben wir alle, daß unser Körper aus Atomen zusammengesetzt ist. Wissen wir das wirklich? Wir haben es gehört, in Chemiebüchern gelesen, aber es ist nicht unmittelbares Wissen. Wir wissen es nicht wirklich. Es ist Wissen, das auf Glauben beruht. Es war bei der Entwicklung unserer Technik nützlich zu denken, daß unser Körper aus Atomen besteht, aber wenn unsere Wissenschaftler das für absolute Wahrheit hielten, würde unsere Wissenschaft keine Fortschritte machen.

Das dritte Problem besteht darin, daß in uns die Gewohnheit etabliert wird, unsere eigene Intelligenz nicht zu gebrauchen, wenn wir uns auf Informationen und Annahmen verlassen, die von anderen stammen. Dann werden unsere Fähigkeit, zu wissen, und unsere Liebe zum Wissen auf Weisen geschwächt, die wir nicht einmal bemerken, besonders im Hinblick darauf, wie wir uns selbst erleben und kennen. Das ist der Grund, weshalb es wichtig ist, durch eigene unmittelbare Erfahrung und eigenes Wissen herauszufinden, was wahr ist. Wenn man nur auf andere hört, trainiert man nicht die eigenen Muskeln der Inquiry oder die eigene Intelligenz. Wenn man an indirektem Wissen festhält – und damit zufrieden ist –, unterbricht man die Verbindung mit der Unmittelbarkeit der eigenen Erfahrung.

Unsere Arbeit hat also mit der Inquiry, mit der Erforschung genau des Bewußtseins und des Wahrnehmungsvermögens unserer Erfahrung zu tun. Wir müssen uns immer mehr auf unser eigenes unmittelbares, direktes Wissen verlassen. Aber auch wahres Wissen, das auf unserer eigenen Erfahrung beruht, besteht aus Begriffen, Bezeichnungen, Vorstellungen, Bildern usw. Es existiert also nur als eine Erinnerung. Wenn Sie zum Beispiel an sich selbst arbeiten und die Erfahrung machen, daß Sie ein Ozean von Bewußtsein sind, dann ist das ein wahres, unmittelbares Wissen von Ihrem Bewußtsein. Aber im nächsten Moment ist es nur eine Erinnerung, ein Bild, ein Begriff, eine Vorstellung, ein Eindruck aus der Vergangenheit. Es ist insofern wahres Wissen, als Sie es unmittelbar bekommen haben, aber es wird sofort zu gewöhnlichem, zu altem Wissen.

Wenn Sie weiter denken, daß Sie ein Meer von Bewußtsein sind, wird Sie das von Ihrer unmittelbaren Erfahrung trennen, auch wenn diese Aussage sowohl wahr ist als auch aus der Erfahrung gewonnen ist. Diese Begriffe, Bezeichnungen und Vorstellungen, die aus unserem direkten und wahren Wissen stammen, müssen als Symbole oder Hinweise auf die Realitäten angesehen werden, auf die sie sich beziehen. Sie sind nicht die Wahrheit. Wenn Sie von Ihrer Erfahrung sprechen, ein Meer von Bewußtsein zu sein, dann ist der Bericht dieser Erfahrung nicht die Wahrheit. Er ist nur dann Wahrheit, wenn er die unmittelbare Erfahrung von essentieller Realität jetzt, in diesem Moment wiedergibt. Ihre unmittelbare Erfahrung ist vielleicht überhaupt nicht Erfahrung von Essenz oder von Essenz, die sich auf die gleiche Weise manifestiert. Wenn Sie an dem Gedanken festhalten: „Ich bin Essenz", wird dieser Gedanke zu einer weiteren Selbstrepräsentanz, einem weiteren Selbstbild. Vielleicht ist Ihre Erfahrung in diesem Augenblick eine Erfahrung von Raum oder Liebe oder einfach die eines plumpen Körpers. Auch wenn Sie eine authentische Erfahrung von Essenz gehabt haben und Sie sich dann mit ihr durch gewöhnliches Wissen identifizieren, trennt Sie das von der unmittelbaren Erfahrung ihrer Wirklichkeit und ihrer Präsenz. Das ist deshalb so, weil die Erfahrung von Essenz die Unmittelbarkeit der Erfahrung Ihres Seins ist und weil Sie durch einen erinnerten Begriff keine Verbindung zu dieser Unmittelbarkeit herstellen können.

Manche Konzepte, wie das eines essentiellen Selbst, sind manchmal unter gewissen Umständen und für bestimmte Zwecke nützlich, aber nicht immer. Wenn man jeden Begriff für jederzeit anwendbar hält, wird er zu etwas Starrem, das den Dynamismus einfriert und die Offenheit der Inquiry blockiert und verschließt.

Die Transformation von Wissen ist aber ein viel umfassenderer Prozeß als nur die Transformation des alten Wissens, das unsere Erfahrung in diesem Augenblick prägt. Das Verstehen klärt uns auf, wie unsere gegenwärtige Erfahrung durch die Vergangenheit, durch altes Wissen gemustert ist. Dieses Verstehen, das durch die Enthüllung von Wahrheit entsteht, befreit unsere Erfahrung dafür, sich frisch und spontan zu entfalten. Dann wird unsere Erfahrung unmittelbarer und intimer.

### Übung
#### Ihre bisherige Erfahrung mit Inquiry

Mit diesem Kapitel beginnen wir in diesem Buch mit einer fortlaufenden Struktur, *Übung* genannt. Sie ist eine Unterstützung für Sie dabei, den Prozeß der Inquiry selbst zu erleben. Wir werden Ihnen bestimmte Fragen vorschlagen, die mit dem Material des jeweiligen Kapitels in Beziehung stehen und die Sie untersuchen können. Sie sind eingeladen, diese Inquiryübungen entweder verbal oder mittels eines Tagebuches, allein oder zusammen mit anderen Forschern zu machen.

Ein guter Anfang ist jetzt die Untersuchung Ihrer bisherigen Erfahrung mit der Inquiry. Nehmen Sie sich fünfzehn Minuten Zeit, und bleiben Sie bei diesen Fragen und bei den Einsichten, die vielleicht auftauchen, und reflektieren Sie über sie. Welche Art der Selbsterforschung haben Sie bisher praktiziert? Hat Ihnen das gefallen? War das aufschlußreich, befriedigend, herausfordernd, beunruhigend oder etwas anderes? Wie sehen Sie Ihre Bedenken, Ihre Fähigkeiten und Ihre Grenzen im Hinblick auf Inquiry? Wie fixiert ist dieses Wissen von Ihnen selbst? Wie beeinflußt dieses Wissen jetzt Ihre Erfahrung der Inquiry und Ihre Offenheit dafür, sie weiter fortzusetzen?

## Inquiry und das Mysterium

Wenn die Inquiry offen und unbegrenzt ist, erschließt sie das Wissen, das in der Erfahrung immer zugänglich ist. Unbegrenzte Inquiry bedeutet, daß die starren Muster unserer Erfahrung in fließende Formen eines sich selbst organisierenden Flusses transformiert werden können. Bevor wir in den Prozeß von Fragenstellen und Inquiry eintreten, ist unsere Erfahrung von starren Mustern geprägt; sie entsteht in sich wiederholenden und einem Zwang unterworfenen Mustern. Wenn wir anschauen und in Frage stellen, was diese Muster bestimmt und fixiert, löst sich ihre Starre auf und unsere Erfahrung beginnt, sich auf neue Weisen zu entfalten.

Auch mit dieser Auflösung steht unsere Erfahrung weiter unter dem Einfluß von Mustern, und zwar deshalb, weil Muster Sinn und Bedeutung von Erfahrung sind. Wir erkennen immer noch Muster in unserer Erfahrung, aber die Formung des Flusses der Erfahrung durch Muster ist fließender und frischer. Er hat dann eine Flüssigkeit und eine Glätte, eine Leichtigkeit und eine Spontaneität. Wir fühlen uns frei. Wenn Erfahrung durch feste Muster geprägt ist, ist man im Gefängnis. Wenn sie in fließenden Mustern passiert, empfindet man die Freiheit der Erfahrung.

Diese Freiheit der Erfahrung ist das Abenteuer des Seins. Damit ein Abenteuer wirklich spannend ist, müssen wir an Orte gehen, die völlig anders sind. Diese Art Abenteuer, mit ihrer Heiterkeit und ihrem Staunen, gehört zu unserem Sein. Mit der Zeit reagieren Sie auf Erfahrung nicht nur mit Freude, sondern auch mit reinem Staunen. Sie stoßen auf eine Erfahrung, und Ihr Verstand hat nicht die geringste Vorstellung davon, was sie ist, aber sie ist so schön, daß Sie von Staunen erfüllt sind. Sie können dieses Staunen aber nicht erleben, wenn Sie an einer bestimmten Identität und an einem Bezugsrahmen festhalten, und wenn Erfahrung sich weiter in ihren starren, gewohnten Bahnen vollzieht. Staunen stellt sich ein, wenn Sie für etwas offen sind, das geheimnisvoll, neu und frisch ist, wenn Ihr altes Wissen für den Augenblick vollständig aufgehoben ist.

Mit anderen Worten, Sein enthüllt sein Mysterium dadurch, daß es seine Wahrheit enthüllt. Indem es uns mehr von dem zeigt, was es ist und wie es funktioniert, zeigt uns das Sein, wie wenig wir wissen. Es zeigt uns auch, daß je mehr wir wissen, wir umso mehr wissen, wie wenig wir eigentlich wissen. Die Reise der Inquiry bringt uns vom Wissen zum Mysterium. Unsere innere Führung enthüllt uns die Wahrheit und den Reichtum unseres Seins, aber je mehr sie das tut, um so mehr sind wir mit dem Mysterium in Berührung. Es ist eine seltsame, paradoxe Situation: Inquiry enthüllt uns immer mehr von unserer wahren Natur und von der Realität. Je mehr Wissen und Verstehen wir aber durch diese Enthüllung gewinnen, um so mehr nähern wir uns der Tiefe unseres Seins und seiner Essenz, und die ist Mysterium.

Vom Wissen zum Mysterium zu gehen bedeutet, in das Unbekannte zu springen.

# 6
# Grundwissen

Wir haben vor allem unseren Powerdrive benutzt, um Inquiry zu erörtern. Mit anderen Worten, wir haben unsere vertraute Erfahrung betrachtet, indem wir bestimmte Muster näher angeschaut haben, die durch den Begriff gewöhnlichen Wissens enthüllt werden. Jetzt werden wir den Hyperdrive einschalten, damit er uns über die Realität, die wir gewohnt sind, hinaus und zu einer viel subtileren Bewußtheit bringt, die unsere gewöhnlichen Annahmen in Frage stellt. Wir brauchen den Hyperdrive, um zu dieser anderen Dimension zu springen und um eine andere Art von Wissen zu verstehen, das wir Grundwissen nennen.

Im letzten Kapitel war Thema, wie unser altes Wissen – unser gewöhnliches Wissen – unsere gegenwärtige Erfahrung prägt, beeinflußt und bestimmt und wie Inquiry unsere gegenwärtige Erfahrung dadurch öffnet, daß sie dieses Muster in Frage stellt. Wir haben auch kurz diskutiert, wie Erfahrung im allgemeinen, sogar im gegenwärtigen Moment, aufgrund der Weise, wie sie durch frühere Erfahrung geprägt ist, von Wissen nicht zu trennen ist.

## Direktes Wissen

Erfahrung ist aber auf eine noch viel grundlegendere Weise untrennbar von Wissen als allein durch Prägung durch altes Wissen. Eigentlich *ist* unsere Erfahrung Wissen. Wie das? Nehmen Sie den einfachen Fall der Erfahrung Ihres Knies. Enthalten in dieser Erfahrung ist das Wissen, was ein Knie ist, was Sehen ist, was Spüren ist, was der Körper und was Druck ist. Sie können also das Knie nicht anders wahrnehmen als eine Sammlung verschiedener Stücke von Wissen.

Aber Erfahrung ist auch auf eine fundamentalere Weise Wissen. Wenn Sie eine Minute nachdenken, ist es nicht schwer zu sehen, daß Ihre Erfahrung des Knies Wissen ist. Aber es besteht nicht nur darin,

## Die grundlegenden Elemente der Inquiry

daß Sie wissen, was ein Knie ist. Sie wissen, was es ist – und dieses Wissen (knowing) ist Wissen – aber wissen, was ein Knie ist, ist gewöhnliches Wissen.

Ihre Erfahrung des Knies ist eine Erfahrung von Form, Empfinden und Druck. Was ist das? Ein Eindruck. Dieser Eindruck enthält Information: die Konturen, die Form und die verschiedenen Empfindungen. Wenn Sie das weiter betrachten, werden Sie sehen, daß die Erfahrung Ihres Knies in diesem Moment nichts als ein Eindruck, als eine innere Wahrnehmung ist.

Wir können sagen, daß dieser Eindruck oder diese Wahrnehmung aus Empfindung oder Form oder Druck besteht. Aber was ist das? Wissen. Genauer gesagt, ist das ein Wissen (knowingness) einer bestimmten Art von Information. Ein Eindruck ist Wissen, aber er ist nicht gewöhnliches Wissen. Er ist Information, die genau in diesem Augenblick existiert, unabhängig davon, was Sie über die Erfahrung denken oder was Sie über Ihr Knie wissen.

Können Sie Ihr Knie unabhängig von den Sinneseindrücken und Eindrücken wahrnehmen? Gibt es in Ihrer Erfahrung unabhängig von den Eindrücken ein Knie? Sie könnten Sinneswahrnehmung und Form in verschiedene Kategorien trennen, aber beide sind Wissen, das nicht gewöhnliches Wissen ist. Sie sind nicht Wissen, das in Ihrem Verstand ist, es ist Wissen, das in diesem Moment, hier, in Ihrer gegenwärtigen Erfahrung ist. Die Erfahrung des Knies ist nichts als ein Wissen eines bestimmten Eindrucks oder einer bestimmten Wahrnehmung. Und die Wahrnehmung ist von dem Wissen der Wahrnehmung nicht zu trennen.

Das ist das, was wir direktes Wissen nennen, oder Wissen, das dadurch erworben wird, daß man etwas unmittelbar im Moment wahrnimmt. Es ist nicht aus zweiter Hand. Sie nennen Ihr Knie vielleicht nicht einmal Knie. Sie könnten alles darüber vergessen, was Knie sind, aber die Empfindung, die Form und die Temperatur wären noch da, und Sie haben einen allgemeinen Eindruck von etwas, und das ist ein Stück direkten Wissens. Sie können es anders bezeichnen als ein Knie, oder Sie benennen es überhaupt nicht, aber da ist eindeutig ein bestimmtes Stück Information, das sich zum Beispiel sehr von der Erfahrung Ihres Magens unterscheidet. Das bringt uns dem näher, was ich mit Grundwissen meine.

Ein anderes Beispiel: Sie haben ein bestimmtes Gefühl, beispielsweise Angst. Es ist wahr, daß das Gefühl der Angst Ihre Erfahrung ist, die in diesem Augenblick von altem Wissen über das geprägt ist, was Ihnen in dieser Situation Angst macht. Aber was ist Angst an sich? Direktes Wissen. Wenn Sie Angst empfinden, kennen Sie Angst, auch wenn Sie dieses Gefühl nicht Angst nennen. Da gibt es ein Wissen von einer gewissen Gefühlsqualität, die sich zum Beispiel sehr von Traurigkeit unterscheidet. Das direkte Wissen der Angst ist dasselbe wie die Erfahrung der Angst. Gibt es irgendeine Angst außerhalb der Erfahrung des Wissens von Angst? Nein. Dieses Wissen von Angst ist das, was ich Grundwissen von Angst nenne; es ist für unsere Erfahrung grundlegend. Unsere eigentliche Erfahrung ist nichts anderes als dieses Grundwissen (basic knowledge).

## Erfahrung als Grundwissen

Unsere Erfahrung ist also nicht Wissen im üblichen Sinn von Wissen (knowledge). Sie ist nicht das, was wir gewöhnliches Wissen nennen – die Information über Dinge aus der Vergangenheit, die wir in unserem Kopf haben und an die wir uns erinnern. Sie ist Wissen, das wir jetzt haben. Grundwissen ist immer direktes Wissen in diesem Moment – der Stoff unserer unmittelbaren Erfahrung. Wir nennen es gewöhnlich nicht Wissen, wir nennen es Erfahrung, und wenn wir ein wenig erfahrener sind, nennen wir es Wahrnehmung. Wahrnehmung vermittelt mehr davon, daß man sich seiner unmittelbaren Erfahrung bewußt ist, und das ist die spürbare Empfindung von Wissen, das Grundwissen ist.

Unsere gewöhnliche Sicht der Dinge ist die, daß es Erfahrung gibt und daß es dann das Wissen davon gibt – das Wissen ist von der Erfahrung selbst getrennt. Und manchmal kommt es zu der Erfahrung überhaupt ohne jedes Wissen. Sie scheint zu kommen und zu gehen, und wir haben keine Ahnung davon, was passiert ist. Tatsache ist aber, daß es keine Erfahrung gibt, wenn kein Wissen da ist. Wie könnte man sonst behaupten, daß da eine Erfahrung ist? Man weiß vielleicht nicht, was die Erfahrung bedeutet, oder erkennt nicht einmal, daß sie auf früherer Erfahrung beruht, aber man weiß, daß es eine Erfahrung ist, und kann einzelne Elemente von ihr unterscheiden. Das ist Grundwissen, was bedeutet, daß das Wissen genau in dem Augenblick der Erfahrung existiert – da gibt es eine Erkenntnis von etwas in der Gegenwart. Erfahrung ist immer ein unterscheidendes Erkennen, ein Erfassen von etwas.

Dieses Wissen unserer Erfahrung in dem Moment, in dem wir sie wahrnehmen, hat nun, wenn wir achtgeben, eine hintergründige und beunruhigende Implikation. Das ist der Sprung des Hyperdrive, der uns aus unserem vertrauten Denken heraus versetzt. Gewöhnlich denken wir unsere Erfahrung in Begriffen der Dualität von Erfahrendem und Erfahrenem, von Wahrnehmendem und Wahrgenommenem, die wir entwickelt haben. Im Hinblick auf das Beispiel der Angst würden wir sagen: „Da ist Angst, und da bin ich, der die Angst wahrnimmt." Wir denken, daß Angst irgendwo für sich existiert und daß der Wahrnehmende irgend woanders ist und schaut und denkt: „Schau an, da ist Angst." Das ist die vertraute und angenommene Einstellung, daß wir an einem separaten Beobachtungsort sind und die Welt und unsere Erfahrung betrachten. Aber wenn Sie Angst empfinden, sind Sie dann als Wahrnehmender getrennt von der Angst? Denken Sie daran, wir sprechen jetzt von der unmittelbaren Ebene direkter Wahrnehmung. Kann man jemals in der Erfahrung die Wahrnehmung der Angst von der Angst selbst trennen? Es ist nicht möglich. Die Wahrnehmung der Angst ist dasselbe wie die Erfahrung der Angst, und die ist dasselbe wie die Präsenz der Angst. So einfach ist das. Der Wahrnehmende und das Wahrgenommene existieren eigentlich zusammen als die Erfahrung. Wenn wir die Dualität des Wahrnehmenden und des Wahrgenommenen beiseite lassen, dann ist das, was eigentlich da ist, Bewußtsein, das sich seiner selbst als Angst bewußt ist.

Genauer gesagt: Da ist ein Bewußtsein, das sich einer Manifestation in sich als Angst bewußt ist. Das wird klar und deutlich, wenn wir direktes Wissen davon haben, was die Seele ist, denn die Seele ist das erfahrende Bewußtsein. Die Seele ist ein Feld von Bewußtsein, das Erfahrungen hat, weil die Erfahrung ein Erscheinen innerhalb des Feldes dieses Bewußtseins ist. Ihre Erfahrung findet nicht außerhalb dieses Feldes statt. Daher ist die Seele sowohl das Erfahrende als auch das Medium von Erfahrung. Das Erfahrende und das, was erfahren wird, sind also nicht getrennt. Die Seele manifestiert einen Teil von sich als Angst. Da ist nicht eine Seele da drüben, die ihre Angst als von sich getrennt erführe, wie durch ein Fernglas. Die Bewußtheit, die die Natur der Seele ist, ist in der Angst selbst.

Aber das dualistische Wissen, das wir in der Schule und in der ganzen Gesellschaft lernen, läßt uns denken, daß irgendwo ein Beobachter existiert und Angst irgend woanders ist. Diese Art Wissen beruht auf vielen Dualitäten: der Beobachter und das Beobachtete, der Einzelne und die Erfahrung, das Bewußtsein und der Körper und so weiter. Wir müssen also viele Pfade gehen, um diese Dualitäten zu untersuchen, bevor wir schließlich zu der Erkenntnis gelangen, daß sie nicht existieren.

Was existiert, ist Bewußtsein, das Angst als Teil seiner Manifestation erlebt. Bewußtsein weiß oder kennt einen Teil von sich als Angst, und dieses Kennen eines Teils seiner selbst als Angst ist dasselbe wie Wissen haben. Mit anderen Worten, das Wissen (knowingness) von Angst ist die Angst, folglich ist die Angst Wissen. Auf gleiche Weise ist Fühlen von Traurigkeit das Bewußtsein der Traurigkeit, und das ist dasselbe wie das Wissen der Traurigkeit, und deshalb ist die Traurigkeit von Wissen nicht zu trennen.

Kehren wir noch einmal zum Beispiel des Knies zurück: Wenn Sie nicht mit Ihrem gewöhnlichen Verstand denken – der Vorstellungen und Rahmenwerk über Ihre Erfahrung des Knies legt –, dann ist nur Grundwissen da. Mit anderen Worten, wenn Sie sich nicht auf Ihr gewöhnliches Wissen verlassen – in diesem Fall auf das, was Sie an Anatomie wissen –, ist das, was sich präsentiert, einfach unmittelbare Erfahrung, eine Bewußtheit, die ein Stück Wissen hier und jetzt ist. Ferner ist überall, wohin Sie schauen, hören oder spüren, nur Wissen. Ihre ganze Erfahrung von sich selbst ist einfach Wissen in dem Moment.

## Essenz und Grundwissen

Das genaue Wesen von Grundwissen läßt sich präziser verstehen, wenn wir essentielle Erfahrung betrachten. Am Beginn einer Inquiry ist das, was man untersucht, relative Wahrheit, die Wahrheit konventioneller Erfahrung. Auf dem Gebiet relativer Wahrheit ist die Tatsache, daß alles, was man erfährt, Grundwissen ist, noch nicht überzeugend deutlich. Man hat wirklich Erfahrungen von Traurigkeit und Sinneswahrnehmungen, aber man erkennt diese Wahrnehmungen noch nicht als Wissen im Sinne von knowledge oder knowingness, und zwar aufgrund der Dichotomie von Beobachter und Beobachtetem. Wissen wird immer noch als die Bedeutung oder die Einsicht gesehen, die man aus der eigenen unmittelbaren Wahrnehmung als Erkenntnis gewinnt. Man glaubt, daß es etwas zu der einfachen Wahrnehmung Hinzugefügtes ist. Daher endet man bei konventioneller Erfahrung, wenn man eine relative Wahrheit sieht, bei Einsichten, und den Inhalt dieser Einsichten sieht man als Wissen an.

An einem gewissen Punkt gelangt man aber zu der Erkenntnis dessen, was wir „essentielle Wahrheit" nennen. Essentielle Wahrheit ist nicht eine Einsicht über etwas, sondern das Erfassen der unmittelbaren Realität des Augenblicks. Diese unmittelbare Realität ist Präsenz – die Qualität von Seiendheit (beingness) – , beispielsweise, wenn man einen essentiellen Aspekt, wie Mitgefühl oder Stärke erfährt.

Wir erkennen hier, daß eines der wichtigsten Merkmale essentieller Präsenz ist, daß sie Bewußtsein ist, das seiner selbst bewußt ist. Wenn ich also die Präsenz von Stille erfahre, die ein Aroma essentiellen Friedens ist, muß niemand außerhalb dieser Stille sein, um sich der Stille bewußt zu sein. Ich und die Stille werden eins. Mein vertrautes Gefühl, daß ich ein getrennter Beobachter bin, löst sich auf. Da ist kein Beobachter und nichts Beobachtetes. Die Stille selbst, Essenz selbst, ist Bewußtheit, aber Bewußtheit mit einer Qualität von Stille und Frieden. Und die Bewußtheit durchdringt die ganze Präsenz der Stille. Die Präsenz ist vollkommen bewußt – ein Medium von Bewußtsein, das durch die Qualität der Stille charakterisiert ist.

Wenn wir erkennen, wie Wissen in der essentiellen Erfahrung vorkommt, wissen wir genau, was Grundwissen ist, weil Essenz sich selbst nur durch Grundwissen weiß – dadurch, daß sie für sich selbst präsent ist. Das ist der Grund, weshalb wir sie Präsenz nennen. Wenn wir anfangen, *über* unsere essentielle Bewußtheit nachzudenken, sind die Präsenz und das Bewußtsein nicht mehr eins, und das Wissen (knowing) wird zu gewöhnlichem Wissen. Ferner ist Essenz, die Bewußtsein und Präsenz als eins ist, eine Bewußtheit, die sich nicht nur ihrer eigenen

Präsenz und der Tatsache, daß sie Präsenz ist, bewußt ist, sondern sie ist sich auch der besonderen kennzeichnenden Qualität dieser Präsenz bewußt – in diesem Fall der Stille und des Friedens.

Unser Denken kann alle möglichen Dinge mit Frieden assoziieren – was er nicht ist, was Unruhe bedeutet und wie es wäre, friedvoll zu sein. All das ist gewöhnliches Wissen, aber das direkte Erfassen und die Erkenntnis der Stille ist das, was genau in diesem Moment geschieht und daher unabhängig davon ist, was unser Verstand dazu sagt. Im Grunde könnte es sogar sein, daß wir es nicht einmal Stille nennen. Wenn wir kein Deutsch sprechen, werden wir es nicht Stille nennen, aber es ist doch dieselbe Erfahrung.

Was ist in diesem Fall Stille? Wissen, Grundwissen. Wenn man sie Präsenz nennt, dann ist es Wissen von Präsenz, aber das Wissen von Präsenz ist nicht von der Präsenz getrennt. Es gibt keine Präsenz, die von der Bewußtheit der Präsenz getrennt ist. Sie sind dasselbe. Es ist genauso wie mit der Erfahrung der Sonne und ihres Lichts. Man kann keine Erfahrung von der Sonne haben außer durch ihr Licht. Sie kann nicht anders wahrgenommen werden. Wie kann man also beide voneinander trennen? Sie sind dasselbe, und das bedeutet, daß die Präsenz der Stille und das direkte Wissen der Stille dasselbe sind.

Wir sehen hier, daß wir, wenn wir essentieller Erfahrung begegnen, anfangen, eine neue Art Wissen zu haben, das wir uns nicht vorgestellt hatten, als wir uns innerhalb der einschränkenden Grenzen gewöhnlichen Wissens befanden. Wenn wir in unserer Inquiry weiter denken würden, gewöhnliches Wissen sei das einzige Wissen, das es gibt, würden wir diese neue Art Wissen nicht entdecken, das ich Grundwissen nenne. Und sogar jetzt möchte unser Verstand vielleicht einfach eine Kategorie herstellen wollen, Grundwissen genannt, um in ihr bestimmte Erfahrungen, wie essentielle Erfahrungen, abzulegen. Das bedeutet wieder, Grundwissen so zu behandeln, als wäre es eine neue Art gewöhnlichen Wissens. Wie wir sehen werden, hat die Tatsache, daß dies eine andere Art Wissen ist, eine, die nicht vom Verstand gespeichert und manipuliert werden kann, sehr tiefreichende Implikationen für Inquiry.

Grundwissen ist nicht nur „live" in dem Sinn, daß es nur in der Gegenwart existiert und daher wie die Daten des Arbeitsspeichers (RAM) eines Computers nicht speicherbar ist, sondern es ist auch, anders als jedes Computerwissen, „live" in dem Sinn, daß es seiner selbst bewußt ist und sich selbst weiß. Eines der wichtigsten Dinge, die wir lernen, wenn wir anfangen, Essenz zu erfahren, ist, daß die Präsenz sich selbst weiß, aber die Präsenz und das Wissen der Präsenz sind vollkommen ununterscheidbar. Es sind nicht zwei Dinge. Das ist so ähnlich wie beim Wasser: Es ist naß, aber die Nässe ist vom Wasser untrennbar.

Unsere Essenz besitzt die Fähigkeit, sich selbst vollständig und direkt zu wissen, unabhängig davon, was wir in der Vergangenheit gewußt haben. Das Wissen gehört zu der Essenz an sich, und zwar in der Weise, daß sie sich nicht nur ihrer selbst, sondern auch der Qualität und der Charakteristika dieser Existenz als existierend bewußt ist. Das ist ein Ausdruck der unterscheidenden Bewußtheit, einem der fünf Hauptcharakteristika wahrer Natur.

## Erfahrung als Grundwissen

Wenn wir von relativer zu essentieller Wahrheit gehen, reisen wir zu einer anderen Dimension und erkennen eine neue Art, zu wissen. Wenn wir uns weiter in dieser Dimension (der zweiten Reise) bewegen, entdecken wir, daß diese neue Art, zu wissen, gar nicht so neu ist. Grundwissen liegt unserer laufenden Erfahrung immer zugrunde, aber aufgrund der gewohnten Dualität zwischen dem Beobachter und dem Beobachteten in unserem Denken konnten wir es bisher nicht sehen. Wir denken normalerweise: „Das Wissen ist in mir, wenn ich meinen Körper betrachte", statt zu erkennen, daß es Wissen gibt, das selbst der Körper ist. In dem Moment, in dem man Essenz erkennt, ist es möglich, diese Dualität zu transzendieren. Wenn wir Essenz wissen oder kennen, beginnen wir, Grundwissen zu erkennen, und wir begeben uns auf eine Reise in eine neue Weise des Wissens, direkt und unmittelbar zu wissen.

Wenn wir uns unserer Präsenz dadurch bewußt sind, daß wir präsent sind, ist es ein neues Wissen, und wir nennen dieses Wissen Essenz. An diesem Punkt haben wir die Gelegenheit anzufangen, unsere Inquiry in das Wesen all unserer Erfahrung hinein zu erweitern. Wir erkennen, daß Selbst-Wissen nicht nur essentieller Präsenz eigen ist, sondern daß diese Art zu wissen für unsere Seele grundlegend ist, für das Bewußtsein, das der Grund unserer ganzen Erfahrung ist. Wir erkennen, daß die Seele selbst Präsenz besitzt. Und wie weiß und kennt die Seele sich selbst? Wie hat sie Erfahrung ihrer selbst? Sie erfährt sich selbst auf dieselbe Weise, wie Essenz sich selbst erfährt – durch die unmittelbare Bewußtheit und den direkten Kontakt gerade mit ihrer Präsenz. In dieser Präsenz kann sich Verschiedenes manifestieren. Manchmal manifestiert sich eine essentielle Qualität, manchmal ein Gefühl oder eine Sinneswahrnehmung, ein Bild oder ein Gedanke.

Wir denken gewöhnlich: „Da bin ich, und ich bin mir eines Gedankens bewußt." Wenn wir ein wenig tiefer forschen, erkennen wir, daß diese Aussage auf gewöhnlichem Wissen beruht, auf dem Glauben, daß es einen von dem Gedanken getrennten Beobachter gibt. Wenn wir diese Selbstreflexion weiter fortsetzen, besonders wenn wir unseren Glauben an den Beobachter hinter uns lassen, erkennen wir, daß der Gedanke selbst Bewußtheit besitzt. Wir sind uns des Gedankens bewußt, weil der Gedanke selbst ein Leuchten mit einem bestimmten Aroma und einer bestimmten Information ist. Der Gedanke selbst ist nicht von Bewußtheit getrennt, und Bewußtheit ist Wissen. Daher ist der Gedanke selbst Wissen. Es ist nicht so, daß der Gedanke Wissen transportierte, wie bei gewöhnlichem Wissen, der Gedanke *ist* Wissen. Er ist Bewußtsein mit einer bestimmten Form, und wir nennen diese Form Information. Das Wissen durchdringt den Gedanken selbst, als wäre er eine Art Flüssigkeit, die sich umherbewegt und eine Form annimmt. Die Form, die sie annimmt, ist ein Begriff oder ein Wort, das wir von unserem gewöhnlichen Wissen her kennen. Aber das Ganze #– das Bewußtsein, das als Gedankenflüssigkeit in Erscheinung tritt, die in Begriffsformen gebracht wird – ist Wissen, denn es ist Bewußtsein mit Inhalt.

In jedem Moment präsentiert sich in unserer Erfahrung eine gewaltige Menge an Information – Dinge, die wir sehen, hören, spüren oder fühlen. Wir sind uns dieser wahrgenommenen Dinge als dem Grund unserer Erfahrung bewußt, als Grundwissen, und wir benennen die Teile, über die wir nachdenken oder kommunizieren wollen. Wenn wir aber die globale Bewußtheit besitzen, die durch die Entwicklung von Achtsamkeit (mindfulness) entsteht, ist es möglich zu erkennen, daß der wahre Grund unserer Erfahrung eigentlich ein Medium von Bewusstheit, und nicht eine Sammlung wahrgenommener Objekte ist. In

## Die grundlegenden Elemente der Inquiry

diesem Medium von Bewußtheit, das wir Seele nennen, sprudeln Dinge. Die Blasen sind nicht von dem Medium getrennt, und das Medium selbst ist seiner selbst bewußt. Die Blasen haben verschiedene Farben und Formen: Diese Blase fühlt sich wie Traurigkeit an und jene wie Schmerz, diese fühlt sich wie die Idee eines Vogels an und jene wie der Gedanke eines Menschen, und diese Blase ist ein Bild unseres Hauses. Alle diese Blasen steigen in demselben Medium auf.

Wenn unsere Erfahrung von gewöhnlichem Wissen freier ist – freier von dem prägenden Einfluß all der Standpunkte, Annahmen und Vorstellungen, die es impliziert –, können wir Grundwissen reiner erkennen. Wir werden uns dessen bewußt, was unsere Erfahrung eigentlich ist, weil wir sie unmittelbar, ohne den Filter gewöhnlichen Wissens wissen oder kennen. Eigentlich können wir jetzt sehen, daß es nichts als Wissen gibt. Wir können sagen, daß es nichts als Erfahrung gibt, aber das impliziert, daß Bedeutung oder Interpretation hinzugefügt werden müssen, um Wissen zu haben oder Erfahrung tiefer zu verstehen. Wenn man sagt, daß es nichts als Wissen gibt, bedeutet das, daß der Erfahrung nichts hinzugefügt zu werden braucht, um Wissen zu bekommen, daß jeder Teil unserer Erfahrung das Auftauchen von Wissen und ein Öffnen in tieferes Wissen hinein bedeutet. Bei Erfahrung fragen wir: „Was kommt als Nächstes?" Aber bei Wissen fragen wir: „Was ist das?", und alle Arten von Möglichkeiten öffnen sich. Wenn das Wesen von Erfahrung nichts als Wissen ist, erkennen wir, daß Wissen (knowingness) eine inhärente Dimension davon ist, daß man ein erfahrendes Bewußtsein oder eine erfahrende Seele ist. Man kann nicht Mensch sein, ohne in jedem Augenblick eine Erfahrung von Wissen (knowing) zu sein.

Manche Menschen haben das Gefühl, daß sie nichts wissen. Andere haben vielleicht das Gefühl, daß ihr Kopf buchstäblich leer ist. Aber was ist diese Leere anderes als Wissen? Was ist die Erfahrung, dumm zu sein? Wissen. Was ist die Erfahrung des Nichtwissens? Wissen. Was ist die Erfahrung von Intelligenz und Brillanz? Wissen. Wissen ist der Grund, der allen Möglichkeiten, Eigenschaften, Unterscheidungen und Handlungen zugrundeliegt und sie ermöglich.

Diese Empfindung, daß alle Erfahrung Wissen ist, gilt auch auf dem Gebiet des Handelns. Was ist Handeln? Man kann sagen: „Ich habe meine Hand bewegt." Ist das Bewegen der Hand von dem unmittelbaren Wissen der Erfahrung, die Hand zu bewegen, getrennt? Was ist die eigentliche Erfahrung des Bewegens der Hand? Es ist Information, die sich entfaltet. Handeln ist nichts als ein Fluß von Wissen. Das ist es, was wir „Entfaltung" nennen, und wir nennen es Entfaltung, weil da eine Veränderung ist. Eine Handlung ist eine Art Veränderung. Und Veränderung oder Handeln ist nichts als ein Fluß von Wissen.

## Grundwissen und Inquiry

Wir sprechen über Grundwissen, um anzufangen zu würdigen und zu verstehen, daß Wissen nicht nur Information irgendwo in unserem Gehirn, nicht nur Computergedächtnis ist. Ein Computer kann kein Grundwissen haben, er kann nur gewöhnliches Wissen speichern. Ein Mensch besitzt die Fähigkeit zu Grundwissen, das die Quelle allen gewöhnlichen Wissens ist. Ohne das gibt es keinerlei Wissen, nicht einmal gewöhnliches Wissen.

Woher kommt gewöhnliches Wissen? Es stammt aus direkten Erfahrungen, die schon vergangen sind – entweder direkten Erfahrungen im Bewußtsein oder direkten Erfahrungen von etwas, was man gehört, gesehen oder gelesen hat. Was ist Lesen anderes als das Wissen der Erfahrung des Lesens? Das Lesen des Buches an sich ist Wissen. Ich meine nicht das Wissen des Inhalts des Buches; eben der Prozeß des Lesens des Buches an sich ist Wissen. Die ganze Erfahrung ist Wissen. Dieses Grundwissen ist die Quelle gewöhnlichen Wissens, das man in seinem Verstand speichert. Auch gewöhnliches Wissen ist Grundwissen, weil es in unserer unmittelbaren Erfahrung nicht auftauchen kann, außer als Grundwissen – wo jeder Gedanke und jede Erinnerung in dem Moment der Erfahrung Grundwissen ist.

Gewöhnliches Wissen ist in gewissem Sinn eine Teilmenge von Grundwissen. Weil wir uns aber gewöhnliches Wissen als Wissen denken können, das irgendwo gespeichert und in gewissen Momenten zugänglich ist, können wir es konzeptualisieren, als wäre es keine Erfahrung und daher von Grundwissen getrennt. Aber in Wirklichkeit tritt gewöhnliches Wissen, wann immer es aktualisiert wird, als Erfahrung des Augenblicks auf und ist daher Grundwissen. Wenn man an Erfahrung denkt, die man gestern gehabt hat, ist dieser Akt des Denkens Grundwissen. Gewöhnliches Wissen hat also immer seinen Ursprung in Grundwissen und wird immer innerhalb von Grundwissen aktualisiert.

In welcher Beziehung stehen also Inquiry und Verstehen zu Grundwissen? Wenn wir etwas erforschen, ist das, was wir eigentlich erforschen, Grundwissen. Grundwissen ist nie statisch, es ist immer in Bewegung. Gerade ist man traurig, jetzt ärgerlich, jetzt schmerzt das Knie, jetzt kommt ein Gedanke, jetzt ein Bild. Es bewegt und verändert sich immer. Das ist das Wesen von Grundwissen.

Und weil Grundwissen eine Präsenz von Selbst-Bewußtheit (self-awareness) und Selbst-Wissen (self-knowingness) ist, ist Inquiry dann eigentlich Grundwissen, das Grundwissen erforscht. Was in der Inquiry passiert, ist, daß Grundwissen sich selbst erforscht und daß es sich durch diese Inquiry von den Einflüssen einer Teilmenge von sich selbst, nämlich gewöhnlichem Wissen, befreit.

Gewöhnliches Wissen ist Wissen aus der Erinnerung. In konventioneller Erfahrung erfährt Grundwissen sich selbst nicht direkt, sondern durch den Schleier dieser Erinnerungen. Inquiry durchdringt diese Schleier, so daß Grundwissen anfangen kann, sich ohne ihren Einfluß zu erfahren. Erfahrung ist also immer Grundwissen, aber dieses Wissen kann mehr oder weniger direkt, mehr oder weniger unmittelbar sein. Je unmittelbarer Grundwissen ist, um so leuchtender ist es und um so mehr verkörpert es die Empfindung von Wahrheit, Präsenz und Bewußtheit. Wenn diese Reinheit vollständig ist, sind wir bei der unterscheidenden Bewußtheit wahrer Natur, der Weisheit der Unterscheidungsfähigkeit angekommen. Je weniger direkt es ist, um so mehr fehlen ihm impliziter Sinn und Verstehen, um so entstellter ist es und um so schwerer und schaler wird es. Aber es ist immer Grundwissen.

Grundwissen bedeutet Erfahrung genau jetzt, das direkte Wissen (knowingness) der Erfahrung in diesem Moment. Es ist unterschiedene Information, die im Moment geschieht und den Beobachter und das Beobachtete enthält und einschließt. Aber dann hat man Gedanken über diese Information, man reflektiert über sie und hat ein Rahmenwerk, durch das man sie betrachtet, und das nennen wir gewöhnliches Wissen. Inquiry hilft einem zu sehen, wie gewöhnliches Wissen die unmittelbare Erfahrung in diesem Moment beeinflußt. Von gewöhnlichem Wissen befreit zu sein bedeutet, daß man das, was man genau jetzt erfährt, frisch und ohne diese Überlagerung durch alte Information empfindet.

In dem Moment, in dem man bewußt mit Grundwissen in Kontakt ist, merkt man, daß ihm nichts entgehen kann. Kein Begriff existiert außerhalb von ihm, weil jeder Begriff letztlich Grundwissen ist – sogar Gott. Was ist Gott? Grundwissen. Was ist das Absolute? Grundwissen. Grundwissen hat viele Qualitäten, viele Ebenen, viele Verfeinerungen und manifestiert sich auf vielerlei Weise. Der Punkt ist, daß es in jeder Erfahrung Wissen (knowingness) gibt. Und wenn man die Dichotomie von Beobachter und Beobachtetem eliminiert, sieht man, daß dieses Wissen dasselbe ist wie das Gewußte, und das ist dasselbe wie das Wissen (knowledge). Dies ist eine andere Weise, Wissen zu definieren, als die übliche. Dieses Wissen ist ein direkteres und unmittelbares Wissen, das unmittelbarer Erfahrung entstammt, und doch ist es immer noch Wissen, das die Unterscheidung und Erkenntnis der Bedeutung der Erfahrung einschließt.

### Übung
### Ihre Erfahrung im Augenblick

In dieser Inquiry werden Sie kein bestimmtes Problem oder Thema erforschen, sondern beobachten und untersuchen, was von Moment zu Moment in Ihrer Erfahrung auftaucht. Nehmen Sie sich fünfzehn Minuten Zeit, um bei dieser Erforschung des gegenwärtigen Moments zu bleiben. Beginnen Sie damit, daß Sie sich einfach der verschiedenen Elemente in Ihrer Erfahrung bewußt werden: Körperempfindungen, Gefühle, der mentalen Aktivität und dessen, was Sie sehen und hören. Berichten Sie oder schreiben Sie auf, was Ihnen bewußt ist, und achten Sie darauf, wie dieser Prozeß Ihre Erfahrung beeinflußt. Achten Sie darauf, was in Ihrer Erfahrung Ihre Aufmerksamkeit erregt, und schauen Sie sich das dann näher an, wobei Sie beschreiben, was Sie sehen. Seien Sie sich bewußt, wann Sie mit Ihrem Gegenstand der Inquiry durch alte Vorstellungen oder Ansichten in Beziehung sind und wann Sie ihn mit mehr Unmittelbarkeit und Frische erfahren. Schauen Sie, ob Sie sich auf das Gefühl der Unmittelbarkeit und Offenheit direkten Kontaktes mit Ihrer Erfahrung einstimmen können, im Gegensatz zu dem vertrauten Gefühl dessen, was sie schon wissen. Wie ist es, mit Ihrer Erfahrung so direkt in Kontakt zu sein und sie so direkt wahrzunehmen? Was müssen Sie Ihrem Gefühl nach aufgeben, um so unmittelbar zu sein? Was zieht Sie zurück auf das vertraute Gebiet gewöhnlichen Wissens?

## Differenzierung und Unterscheidungsfähigkeit in Grundwissen

An einem bestimmten Punkt unserer zweiten Reise bringt uns unser Raumschiff zu einem Bereich der Erfahrung, wo wir uns selbst als Bewußtheit erkennen. Diese Bewußtheit ist sich nicht nur ihrer eigenen Präsenz bewußt, sondern sie besitzt auch die Fähigkeit, zu unterscheiden und zu erkennen. Die Tatsache, daß meine Erfahrung auftaucht, weist darauf hin, daß es in diesem Bewußtsein Differenzierung gibt. Mit anderen Worten, es gibt Erfahrung, weil es ein Bewußtsein von verschiedenen Elementen gibt, die meine Erfahrung bilden, und diese Elemente verändern sich. Sonst gäbe es keine Erfahrung.

Druck fühlt sich anders als Hitze an, Hitze fühlt sich anders als Traurigkeit, Traurigkeit anders als Ärger, Ärger anders als Schmerz und Schmerz fühlt sich anders als Entspannung an usw. Auch wenn ich alle Namen und Etiketten von den Elementen meiner Erfahrung entferne, auch wenn ich mein ganzes Wissen aus der Vergangenheit beiseite lasse, wird meine Erfahrung doch differenziert bleiben. Nicht nur differenziert, sondern auch unterscheidendes Erkennen. Mit anderen Worten, diese Bewußtheit, die meine Präsenz ist, ist in der Lage, die differenzierten Qualitäten zu erkennen.

Unsere Bewußtheit erkennt also, daß eine Qualität anders als eine andere ist – das ist Differenzierung –, und sie kann auch das Ureigene jeder Qualität erkennen, unabhängig vom Vergleichen einer Qualität mit einer anderen – das ist unterscheidendes Erkennen (discrimination). Wenn man Kraft oder Mitgefühl empfindet, braucht man sie nicht miteinander zu vergleichen, um sie zu kennen. Man kann die Stärke-Essenz einfach kennen, indem man sie erfährt. Man erkennt, wie stark und heiß sie von sich aus ist. Wenn Sie die Mitgefühl-Essenz erfahren, erfahren Sie unmittelbar ihre Sanftheit und ihre Wärme. Wenn Sie Stärke fühlen, läßt Ihre Intelligenz Sie auf eine Weise handeln, wie Sie nicht handeln würden, wenn Sie Mitgefühl empfinden. Auch wenn die Funktion Ihres Verstand aussetzen würde und das ganze gewöhnliche Wissen damit nicht zur Verfügung stünde, würden Sie doch weiter dazu neigen, Ihren Körper auf eine starke, expansive Weise zu bewegen, laut zu sprechen und sich selbst zu behaupten – alles Merkmale der Stärke-Essenz. Das bedeutet, daß unsere Intelligenz die Fähigkeit besitzt, eine bestimmte Qualität von sich aus zu unterscheiden und zu erkennen, nicht nur zu differenzieren. All diese Funktionen sind da, bevor der Verstand beginnt, Dinge zu benennen.

Erfahrung umfaßt gewöhnlich verschiedene Arten psychischer Aktivitäten, die in der Erfahrung alle gleichzeitig vorhanden sind und auf verschiedenen Ebenen funktionieren. Da ist Bewußtsein, dann gibt es Differenzierung, dann gibt es Unterscheidungsfähigkeit oder unterscheidendes Erkennen, und dann kommt das Bezeichnen. Das geschieht alles zur selben Zeit, aber steht bei einem beinahe gleichzeitigen kettenartigen Auftreten wechselseitig miteinander in Beziehung.

Sobald das Bezeichnen beginnt, kommt gewöhnliches Wissen ins Spiel. Der Vorgang des Bezeichnens stellt die Verbindung her, die Information aus der Vergangenheit – gewöhnliches Wissen – mit dem assoziiert, was jetzt in der Erfahrung vorgeht, das heißt mit Grundwissen. Wenn man erkennt, daß zu dem Bewußtsein ein unterscheidendes Erkennen gehört, das von der Fähigkeit, zu unterscheiden, nicht zu trennen ist und vor dem Bezeichnen auftritt, erkennt man Grundwissen, das der Grund und die Basis aller Erfahrung ist. Aus Grundwissen stammt jede Art Wissen, Erfahrung, Einsicht und Handeln.

## Inquiry als Wissen in Aktion

Wir haben gesehen, daß die Inquiry begrenzt bleiben wird, solange sie als ein Mittel zum Erreichen persönlicher Ziele verstanden wird, die wir auf der Basis unseres gewöhnlichen Wissens übernehmen, denn unsere persönlichen Ziele beruhen auf dem, was wir schon zu wissen glauben, auf unserem schon erworbenen Wissen. Da unsere Ziele auf diesem Wissen beruhen, ist es unvermeidlich, daß unsere Inquiry, wenn wir glauben, daß ihr Sinn und Zweck im Erreichen dieser Ziele liegt, eng und begrenzt ist.

Eine umfassendere und offenere Inquiry erschließt uns ein unterscheidendes Wissen, das nicht von gewöhnlichem Wissen und seinen Sichtweisen gebunden ist, sondern das einfach gewahr wird, wann immer eine bestimmte Sichtweise wirksam ist. Je offener die Inquiry wird, um so mehr ist man in der Lage zu sehen, wie gewöhnliches Wissen eine dünne Schicht erzeugt, durch die man immer in das schaut, was man gerade erfährt. Durch Inquiry erschließt man diese Erkenntnis, dieses Grundwissen, und es beginnt, zugänglich zu sein. Wenn man den Schleier gewöhnlichen Wissens auflöst oder beiseite schiebt, fängt man an, direkt, unmittelbar und intim hinzuschauen, und die Erfahrung ist jetzt auf reinere Weise Grundwissen. Beobachter und Beobachtetes lösen sich auf. Zu dieser Bewegung, die eine Transformation von Bewußtheit ist, kommt es durch Verstehen.

Dieses Verstehen oder diese Transformation ist aber nicht nur eine Bewegung von gewöhnlichem Wissen zu Grundwissen. Die Veränderung kann die Entfaltung in der Reinheit des Grundwissens selbst sein. Das gilt besonders auf der dritten Reise, auf der es keinen Filter durch gewöhnliches Wissen gibt. Erfahrung ist direkte, unmittelbare und reine Präsenz, die sich mit differenzierten Qualitäten manifestiert. Die Präsenz erscheint als differenzierte Qualitäten und Formen, die erkannt und unterschieden werden, wenn sie auftauchen. Wenn die Qualität oder Form auftritt, kennt das Bewußtsein sie. Wenn zum Beispiel die Stärke-Essenz erscheint, empfindet das Bewußtsein die Hitze und die Stärke, ohne darüber nachdenken zu müssen. Auch wenn ein Gedanke auftaucht, ist der Gedanke nicht von der Präsenz getrennt. Er ist nur ein kurzes Aufleuchten, ein Pulsschlag in der Präsenz.

Grundwissen besitzt die Fähigkeit, sich in Teile zu trennen und anzufangen, sich selbst als ein Teil (wie den Kopf) zu erfahren, der einen anderen Teil (wie das Knie) betrachtet – als ob das erfahrende Bewußtsein in einem Teil und nicht in anderen lokalisiert wäre. Grundwissen tut das, indem es einen Teil von sich durch ein Stück gewöhnlichen

Wissens entfaltet, wie zum Beispiel als ein Bild eines Selbst in einem getrennten Körper. Und dieses Wissen oder Bild wird zu einem Schleier, durch den es schaut. Dieser Schleier läßt es eine Dualität sehen, wo keine ist. In ähnlicher Weise hat Grundwissen die Fähigkeit, sich zu befreien, indem es intelligent darin wird, durch diese Einschränkungen hindurch zu schauen, indem es mehr von seinen Möglichkeiten erkennt.

Die optimierende Kraft des Seins ist eine dem Grundwissen eigene dynamische Intelligenz, die, wenn man sie sich selbst ohne Einmischung überläßt, dazu tendieren wird, im eigenen Wissen mehr Leuchten zu erzeugen. Die optimierende Kraft ist also eine Bewegung auf mehr Leuchten in Grundwissen hin, und Inquiry ist ein Ausdruck dieser Bewegung, dieses intelligenten Dynamismus'. Wenn Grundwissen sich vom Einfluß gewöhnlichen Wissens befreit, wird es leuchtender und beginnt, sich selbst unmittelbarer und intimer zu erfahren. In diesem Prozeß wird es auch dahin gelangen, sich als Präsenz, als Seiendheit (beingness) zu wissen, zu kennen.

Wenn Inquiry offen und unbegrenzt ist, erschließt sie das Wissen, das in Erfahrung immer verfügbar ist. Wissen steht überall um uns herum jederzeit zur Verfügung, in Hülle und Fülle. Wenn wir uns erlauben, offen dafür zu sein, wird dieses Wissen immer mehr Wissen manifestieren, mehr Qualitäten, die wir neues Wissen nennen können. Ganz neue Dimensionen sind Teil dieses neuen Wissens. Wir sind ein totaler Reichtum an Wissen.

Inquiry selbst ist Wissen in Aktion; sie benutzt gewöhnliches Wissen in Verbindung mit unserer natürlichen Intelligenz, um Grundwissen zu erschließen. Sie wird vom Wissen informiert, ist offen für Wissen und lädt mehr Wissen ein. Wissen in Aktion ist sowohl Inquiry als auch Verstehen, und das ist auch die Entfaltung des Seins. Wir können sagen, daß Verstehen Grundwissen von der starren Prägung durch gewöhnliches Wissen befreit, es dafür frei macht, sich seiner eigenen Prägung entsprechend zu entfalten, die wir als inhärente unterscheidende Weisheit erfahren.

Kurz gesagt: Gewöhnliches Wissen wird durch Gedanken transportiert, während Grundwissen von Wahrnehmung getragen wird. Gewöhnliches Wissen kann man nicht von Gedanken trennen, und Grundwissen nicht von Wahrnehmung. Inquiry ist die Aktivität der optimierenden Kraft des intelligenten Dynamismus des Seins, die

Grundwissen erschließt, indem sie es von dem lähmenden Einfluß gewöhnlichen Wissens befreit. Wenn Grundwissen von dem Filter des gewöhnlichen Wissens befreit ist, zeigt es sich als die unterscheidende Bewußtheit des Seins, als die Weisheit der Unterscheidungsfähigkeit, des unterscheidenden Erkennens. Mit anderen Worten, wir erkennen, daß diese inhärente Unterscheidung die Quelle von Unterscheidung in Grundwissen und daher in gewöhnlichem Wissen ist.

Grundwissen überbrückt die Distanz zwischen der Weisheit der unterscheidenden Erkenntnis – eines der fundamentalen Charakteristika wahrer Natur – und konventioneller Erfahrung, die Grundwissen ist, das durch gewöhnliches Wissen gefiltert ist. Aus dieser Perspektive ist es möglich, Inquiry als ein Fahrzeug zu sehen, das uns von konventioneller Erfahrung zu erleuchteter Wahrnehmung bringt. Das geschieht durch das Verstehen, das das Grundwissen in seine Quelle zurückverwandelt, zur Weisheit der Unterscheidungsfähigkeit.

Wenn wir uns daran erinnern, daß ein anderes Charakteristikum wahrer Natur oder Realität ihre Einheit ist, dann erkennen wir eine weitere wichtige Tatsache über Grundwissen. Nicht nur ist unsere innere Erfahrung Wissen, und nicht nur ist unsere Erfahrung äußerer Phänomene Wissen, sondern alle Phänomene – innere und äußere – sind Wissen. Die Weisheit von einheitlicher Verbreitung (pervasiveness), von Einheit, beseitigt die Grenzen, die Empfindungen im Grundwissen trennen, und enthüllt, daß sie nur die Demarkationslinien sind, die Diskrimination, unterscheidendes Erkennen, erlauben. Wir sehen dann, daß die ganze Realität, das ganze Universum, Wissen ist.

# 7
# Nichtwissen

## Grundwissen befreien

Wie haben gesehen, daß auf eine grundlegende Weise Erfahrung Grundwissen ist, das der Ausdruck der ureigenen unterscheidenden Weisheit des Seins ist. Wir haben auch erfahren, daß wir uns dieser unterscheidenden Weisheit des Seins auf eine entstellte oder auf eine reine Weise bewußt sein können. Wenn unser Bewußtsein entstellt ist, leben wir innerhalb gewöhnlicher Erfahrung. Wenn es rein ist – von gewöhnlichem Wissen befreit –, dann erfahren wir diese unterscheidende Weisheit des Grundwissens als eine Schau oder als ein Ausbreiten von Leuchten und Präsenz. Aber bei den meisten von uns wird Grundwissen fast immer durch unser gewöhnliches Wissen bestimmt und entstellt.

Als Menschen wollen wir natürlich das Grundwissen befreien, denn das bedeutet Befreiung unserer Erfahrung. Das ist unsere Befreiung. Grundwissens befreien bedeutet, das Sein zu befreien, so daß es sich in jeder Form manifestieren kann, zu der seine Intelligenz es führt. Unser Sein ist dann spontan, frei und wahrhaftig empfänglich für die jeweilige Situation, statt durch die Forderungen unserer Vergangenheit, insbesondere durch die Einschränkungen, denen wir durch unsere Konditionierung unterliegen, gefangen zu sein. Bei unserer Befreiung geht es darum, das Grundwissen aus dem entstellenden und einschränkenden Einfluß gewöhnlichen Wissens zu entlassen, damit Erfahrung zur reinen, unmittelbaren Darstellung der unterscheidenden Weisheit werden kann.

Unser Grundwissen kann dadurch befreit werden, daß man die optimierende Kraft unseres Seins von den Begrenzungen durch unser gewöhnliches Denken und seine Identifikationen befreit und ihr erlaubt, unsere Erfahrung zu größerer Wahrheit und Freiheit zu entfalten. Aber

## Die grundlegenden Elemente der Inquiry

wie geschieht das? Wie befreien wir die optimierende Kraft, so daß sie ihre natürliche Funktion von Enthüllung und Entfaltung der unglaublichen Potentiale in unserem Sein wieder aufnimmt?

Unsere Erfahrung ist eine Erscheinungsweise von Grundwissen, das eine Offenbarung von Qualitäten und Möglichkeiten aus den Tiefen unseres Seins ist. Doch ist unsere Erfahrung gewöhnlich begrenzt und monoton. Sie neigt dazu, aufgrund der schweren Trägheit und der fixierten Grenzen, die uns unser gewöhnliches Wissen auferlegt, schal zu werden. Aufgrund dieser Grenzen erleben wir uns und die Welt als Objekte, als Einheiten, die miteinander interagieren und dieses und jenes tun. Wir neigen dazu, uns immer als dieses Objekt zu erleben, das wir ein Selbst nennen, das schlafen geht und aufwacht und einen Job zu erledigen hat und bestimmte Dinge mag und andere nicht.

Beispielsweise könnte man eines Tages aufwachen und das Gefühl haben: „Gott, was für ein furchtbarer Tag, ich muß alle diese Sachen machen, zu denen ich keine Lust habe." Das hat mit dem Selbstbild eines Menschen zu tun, dessen Leben immer eine lästige Pflicht ist und der sich immer ausgenutzt fühlt. Sie leben, als würde Ihr Leben Sie immer begrenzen und Druck auf Sie ausüben, damit Sie sich so oder anders verhalten. Und so können Sie ihr Leben ewig weiter leben.

Aber diese Einschränkung der Schau und Ausbreitung unseres Seins liegt am Inhalt unseres gewöhnlichen Wissens, das sich aus allen unseren vergangenen Erfahrungen ansammelt. Dieses alte angesammelte Wissen begrenzt und beschränkt unsere alltägliche Erfahrung, indem es sie den Ansichten, Einstellungen und Bildern entsprechend prägt, die den Inhalt dieses Wissens bilden. Weil wir dieses alte Wissen für wahr und endgültig halten, leben wir schließlich in etwas, was uns als eine vertraute Welt erscheint, die von unserem vertrauten Selbst bewohnt wird. Mit anderen Worten, wir wachen jeden Morgen auf und stellen fest, daß wir dieses vertraute Selbst sind, das diese vertraute Welt bewohnt, und zwar aufgrund der inneren Haltungen, die wir übernommen haben und die auf den Diktaten alten Wissens beruhen.

Aber das ist eine Abgrenzung, eine Art Definition: Wir haben bestimmt, was Realität ist: „Ich bin der und der, dies ist Realität, so lebe ich, das tue ich." Und wir sind der Ansicht, daß diese Definitionen endgültig und nicht verhandelbar sind. Wir haben aber gesehen, daß die Essenz der Realität Unbestimmtheit ist. Wie können wir also den Standpunkt einnehmen: „Ich bin diese Art Mensch, und ich lebe mein Leben auf diese und jene Art und das ist nicht verhandelbar"? In dem Moment, indem wir das tun, zerstören wir die Unbestimmtheit und wir zerstören die Essenz der Realität. Wir verlieren den Kontakt mit der wahren Realität.

Mit anderen Worten, weil wir uns vollkommen auf unser altes Wissen verlassen, nehmen wir den Standpunkt ein, daß wir die gegenwärtigen Erscheinungsformen der Realität, ihre Manifestationen kennen. Nicht wahr? Glauben Sie nicht, Sie wüßten, was vor sich geht? Fühlen und denken Sie nicht, Sie wüßten, wer Sie sind und was Sie sind, wer und was die Menschen in Ihrem Leben sind, was sie von Ihnen wollen, was Sie von ihnen wollen? Die meisten von uns laufen herum und sind voll von diesem nicht verhandelbaren Wissen darüber, was es mit allem auf sich hat. Sie tun das sogar bei ihren spirituellen Übungen. Sie haben alle möglichen tiefen Erfahrungen, doch sie betrachten sie aus der Perspektive, sie wüßten, was mit ihnen geschehen sollte. Sie glauben zu wissen, was gut für sie ist. Sie nehmen den Inhalt dieses alten Wissens, als wäre es absolute Wahrheit.

Und je mehr wir die innere Arbeit machen, um so wackliger wird natürlich die Struktur gewöhnlichen Wissens. Unter gewöhnlichen Umständen braucht es viel Arbeit, um auch nur ein wenig daran zu rütteln, denn wir kennen alle möglichen Manöver, mit denen wir versuchen, unser altes Wissen zu bestätigen und zu erden. Wir glauben, die spirituelle Entwicklung sollte dem entsprechend ablaufen, was unser altes Wissen für uns als entsprechend erachtet, statt zu erkennen, daß spirituelle Arbeit bedeutet, das alte Wissen anzuschauen und es als bloße Ansammlung von Vorstellungen, Begriffen und Ansichten aus der Vergangenheit zu erkennen.

Auf eine gewisse fundamentale Art weiß man überhaupt nicht, was gerade geschieht. Man weiß nicht, was passieren wird. Und der Zweck spiritueller Arbeit ist es, diese alten Ansichten und Begriffe einen nach dem anderen platzen zu lassen, bis man merkt, daß man gar nicht weiß, was wirklich geschieht. Jedesmal, wenn man einen dieser Inhalte platzen läßt, sagt man, daß man eine Einsicht hat. Normalerweise versucht man sofort, diese Einsicht in den Rahmen des alten Wissens einzupassen.

Aber diese Einsichten durchlöchern im Grunde die vertraute Erfahrung der Welt. Und mit der Zeit fängt man an, zu merken: „Moment mal, ich habe all diese Einsichten, und sie machen Löcher in meine Welt." Man empfindet einen Verlust an Unterstützung, und an einem bestimmten Punkt kann es sein, daß sich etwas in einem öffnet und man das Gefühl bekommt: „Ich werde nur noch fallen!" Aber der Ort, wo man fällt, ist das eigene Denken. Und wenn die Einsichten fundamental genug sind, kann es sein, daß man *aus* seinem alten Denken fällt!

Der Standpunkt, daß wir die gegenwärtigen Manifestationen kennen, zwingt diese Manifestationen, innerhalb der begrifflichen Grenzen zu erscheinen, die von diesem alten Wissen bestimmt sind. Dies beschränkt den Dynamismus unseres Seins auf fixe und sich wiederholende Muster. Er zerstört die Frische des Augenblicks und trennt uns von dem Zauber des Mysteriums, das uns immer konfrontiert. Wir verlieren den Kontakt mit dem Mysterium, wenn wir durch das Leben gehen und glauben, wir würden all diese Manifestationen kennen und wissen, die uns erscheinen. Sie schauen jemanden an und sagen: „Ja, ich sehe. Sie besteht aus Haut, Nase, Augen, Farben..." Alles ist bekannt. Tür zu. Keine Untersuchung, keine Inquiry, kein Mysterium, kein Staunen. Nach einer Weile ist man gelangweilt.

Wenn man Realität so betrachtet, verschließt man den Zugang zum Mysterium und zerstört die Frische, die in der Erfahrung möglich ist. Es mag sich für eine Weile sicher anfühlen, aber ist es nicht wirklich. Alle möglichen Situationen und Erfahrungen – die wichtigste darunter der Tod – zeigen uns, daß diese Sicht der Realität uns keine Sicherheit verschafft. Eines Tages könnte man mit diesem Ereignis konfrontiert sein, das wir Tod nennen, und man wird sich fragen: „Was ist das alles? Weiß ich wirklich, worum es im Leben geht?" Wenn dieser Moment kommt, kann es sein, daß man nur 10 Minuten Zeit hat, um das herauszufinden. Das ist einer der Gründe, warum ich manchmal sage, daß die innere Arbeit zum Teil eine Vorbereitung auf den Tod ist.

Wir glauben nicht nur, daß wir uns und die Welt um uns herum kennen. Wir kommen auch dahin, an diesen Glaubensinhalten festzuhalten und in unserer äußeren Realität das zu erschaffen, was wir zu wissen glauben. Das kommt daher, daß das, was wir zu wissen glauben, die Manifestationen unseres Seins, unsere direkte Erfahrung von uns und der Welt wirklich prägt. Wir sehen schließlich, was wir zu sehen erwarten. Wenn ich glaube, daß ich ein mangelhafter Mensch bin, werde ich mich immer wieder als mangelhaft sehen, und irgendwie scheinen das Leben und das Universum mich immer wieder als mangelhaften Menschen zu manifestieren. In Wirklichkeit gibt es im Universum so etwas wie einen mangelhaften Menschen nicht. Diese Vorstellung ist nichts als eine bestimmte Grenze, die der Manifestation des Seins durch ein bestimmtes Stück Information gesetzt ist, das ich als wahres Wissen akzeptiere. Ich halte diese Einschränkung meiner Erfahrung für das, was ich über mich weiß – ich nenne sie Realität –, weil ich mich vor Jahren so erlebt habe, und dieser Eindruck blieb in mir als eine bestimmte Grenze haften, als eine Vorgabe für die Manifestation meines Seins.

Die meisten von uns tun das andauernd. Sie erfassen eine frühere Erfahrung begrifflich als ein Stück Wissen (knowingness), das zu einem Eindruck im eigenen Denken wird, der später mit anderen Eindrücken integriert wird. Und so wird ein Bild erzeugt, das die gegenwärtige Erfahrung bestimmt. Das alte Wissen (knowingness) und die gegenwärtige Erfahrung werden unentwirrbar miteinander verknüpft. Man wird in einem Teufelskreis aus Trägheit, Wiederholung und Stillstand gefangen.

Dieser Ablauf muß unterbrochen werden, wenn wir die Frische von Jetztheit (nowness) und das Wunder des Mysteriums wieder erlangen wollen. Wir können das tun, indem wir merken und uns klar machen, daß wir nicht wirklich wissen, was wir zu wissen glauben, und wenn wir nicht starr an den Ansichten festhalten, die von unserem gewöhnlichen Wissen diktiert sind.

## Inquiry und Nichtwissen

Nichtwissen ist das Tor zum wahren, direkten, frischen Wissen. Im vorangegangenen Kapitel habe ich Inquiry mit Wissen in Beziehung gesetzt, in diesem Kapitel untersuchen wir Inquiry in Beziehung zu Nichtwissen. Wenn wir Grundwissen erforschen, müssen wir Nichtwissen respektieren und wertschätzen. Wir müssen uns mit dem Nichtwissen anfreunden, wir müssen Nichtwissen annehmen – nicht als einen Mangel oder in dem Sinne, daß etwas fehlt, sondern als die Erscheinungsweise von

## Die grundlegenden Elemente der Inquiry

Grundwissen. Nichtwissen ist selbst Wissen (knowing), denn es ist die Weise, wie Grundwissen (basic knowingness) zuerst in Erscheinung tritt, wenn es die Möglichkeit neuer und direkter Wahrnehmung zuläßt – von Grundwissen (basic knowledge). Sonst ist das, was wir erfahren, die Wiederholung der gleichen Dinge, die wir in der Vergangenheit gewußt haben und die wir jetzt zu wissen glauben. In gewissem Sinn ist Nichtwissen der Übergang von gewöhnlichem Wissen zu Grundwissen.

Inquiry beginnt also mit dem Erkennen von Nichtwissen. In dem Augenblick, in dem man erkennt, daß es etwas gibt, was man nicht weiß, kann Inquiry voranschreiten. Wenn man den Standpunkt einnimmt, daß man weiß, dann ist keine Inquiry möglich, denn wir müssen zuerst wahrnehmen und anerkennen, daß es etwas gibt, das wir nicht wissen. Nichtwissen ist, unabhängig davon, wie unangenehm es ist, der Anfangspunkt der Inquiry. Und zu erkennen, daß man nicht weiß, ist, wie wir sehen werden, eine sehr tiefe Sache.

Wenn wir sagen, daß wir etwas nicht wissen, betrachten wir die Situation gewöhnlich aus der Perspektive gewöhnlichen Wissens. Es ist so, als sagte man: „Ich habe Chemie studiert, ich habe die Säuren und die Basen studiert. Aber ich habe keine organische Chemie studiert, deshalb kenne ich mich mit organischen Molekülen nicht aus. Die muß ich untersuchen, damit mein Wissen vollständiger wird."

Das denken wir gewöhnlich über Nichtwissen. Es ist Nichtwissen aus der Perspektive gewöhnlichen Wissens. Aber es gibt ein viel tieferes Nichtwissen, ein viel fundamentaleres Nichtwissen, das all unserem Wissen im Sinne von knowingness und knowledge zugrundeliegt. Während Sie meinen Ausführungen folgen, glauben Sie, daß Sie mich in einer gewissen Weise kennen. Aber das meiste von dem, was Sie von mir wissen, stammt aus Erfahrungen in der Vergangenheit. In diesem Augenblick werden Sie entdecken, wenn Sie es wirklich untersuchen, daß Sie mich nicht wirklich kennen. Vielleicht habe ich mich seit gestern Abend verändert. Wie wollen Sie das wissen? Vielleicht habe ich eine tiefe Metamorphose durchgemacht. Vielleicht bin ich nicht das, was ich gestern oder vor ein paar Jahren war.

Es gibt ein grundlegendes Nichtwissen, das auf eine fundamentale und einfache Weise immer da ist. Man schaut sich um und sagt: „Ich sitze hier mit diesen Leuten, innerhalb dieser Wände", und man denkt, man wüßte, wer die Leute sind und was die Wände sind. Das ist gewöhnliches Wissen. Und dieses gewöhnliche Wissen aus der Vergangenheit bestimmt eigentlich unsere Wahrnehmung in diesem Moment. In Wirklichkeit wissen wir in diesem Moment nicht wirklich, was eine Wand ist. Man nennt es eine Wand, weil man etwas über Wände weiß, und man ordnet die Wand in eine bestimmte Kategorie ein, die sie zu etwas Fixiertem und Starrem werden läßt. Natürlich sieht sie wie eine normale Wand aus. Aber was wir wissen, ist im Grunde das, was wir im Kopf haben. Präziser: Man kennt diese Erscheinung, die wir eine Wand nennen, durch den Filter unseres Denkens, unseres Verstandes. Aber kennen wir in diesem Augenblick die Wand wirklich? Wissen wir wirklich, was dieses Ding, an sich und ohne unsere Vorstellungen von ihr, ist?

Wir wissen nicht unmittelbar und fundamental, was hier ist. Wir werden es nicht wissen, wenn wir nicht alle unsere Vorstellungen von Wänden und Menschen vollständig ablegen und vollkommen offen hinschauen, um zu sehen, was wir finden. Was wir dann erfahren können, ist grundlegendes, direktes Wissen (knowingness). Aber das kann nur von einem Nichtwissen aus beginnen. Und man kann auch dieses frische, grundlegende Wissen (knowing) nicht in den nächsten Augenblick mitnehmen. Im nächsten Moment könnte es sein, daß man noch tiefer eindringen muß, um direkt zu erfahren, was man vor sich hat.

Nehmen wir an, daß Sie jetzt die Wand anschauen und sie aussieht, als wäre sie in einem Weißton gestrichen. Wenn Sie Ihr gewöhnliches Wissen ausschalten und die Wand anschauen, könnte es sein, daß Sie feststellen, daß sie in Wirklichkeit mehr schwarz als weiß ist. Das ist das, was ich in diesem Moment sehe. Mehr schwarz als weiß, auch wenn sie gewöhnlicher Erfahrung nach weiß ist. Wie Sie sehen, auch bei so einfachen Dingen wie Farbe denken wir nur, wir würden sie kennen. Was ist die Farbe dieser Wand? Auf einer bestimmten Ebene von Wahrnehmung ist sie weiß. Aber wir sehen die Wand nicht auf die vollständige Weise, die möglich ist. Wir schauen die Wand durch gewisse Überzeugungen und Vorstellungen hindurch an, die wir schon haben und die wir unmerklich unserem Wahrnehmungsapparat aufzwingen. Wir schauen durch diese Vorstellungen hindurch und sehen die Dinge in bestimmten Formen, in bestimmten Farben und als äußere Erscheinung. Unsere Wahrnehmung ist nicht rein und nackt.

## Die grundlegenden Elemente der Inquiry

Wenn ich sage, daß Inquiry mit Nichtwissen beginnt, dann meine ich nicht etwas fest Umrissenes. Nichtwissen ist nicht eine bestimmte Quantität oder ein Bereich von Information, den man nicht kennt. Nichtwissen ist allgegenwärtig. Es *beginnt* aber mit bestimmten umschriebenen Bereichen, denn sie sind Teil des Nichtwissens. Angenommen man erlebt eine bestimmte Manifestation und empfindet eine auffallende Reaktion: Plötzlich fühlt man sich frustriert und hat Angst und weiß nicht, warum. Das ist ein Nichtwissen, das der Beginn einer Inquiry sein kann. Je mehr einem bewußt ist, was passiert ist – „Ich ging einfach durch diese Tür und sah all diese Leute und ich habe Angst und bin frustriert" –, und feststellt, daß man nicht weiß, warum, um so wahrscheinlicher ist es, daß eine Inquiry beginnen wird. Natürlich findet man vielleicht gleich einen Grund, der das Gefühl erklärt: „Ich habe eben einfach Angst in Menschenansammlungen. Hier sind zu viele Leute." Das ist ein Stück Wissen, das aus früheren Einsichten abgeleitet ist, aber man kann es benutzen, um das Nichtwissen zu beenden. Vielleicht gibt es mehr zu entdecken. Wenn man weiter forscht, würde man vielleicht merken, daß man keine Angst vor Menschenansammlungen hat. Man könnte entdecken, daß der Grund dafür, daß man Angst hat, tiefer liegt. Zum Beispiel könnte es sein, daß man fürchtet, in so einer Situation sich selbst zu verlieren.

Es ist wichtig, daß wir dieses Nichtwissen gründlicher erforschen. Wir denken gewöhnlich, daß Nichtwissen eine Lücke, ein Mangel in unserem gewöhnlichen Wissen ist. Deshalb werten wir uns ab, deshalb fühlen wir uns schlecht oder bedroht und ängstlich, wenn wir merken, daß wir etwas nicht wissen. Wir denken, daß es etwas ist, das wir hätten wissen können, und wenn wir es jetzt wüßten, würde das Nichtwissen verschwinden. Diese Ansicht läßt darauf schließen, daß wir nicht verstehen, daß Nichtwissen die Weise ist, wie Grundwissen sich zunächst zeigt, daß Nichtwissen in Wirklichkeit ein Wissen (knowingness) ist. Nichtwissen impliziert Wissen (knowing) schon. Sie wissen, daß Sie nicht wissen. Gerade im Nichtwissen ist Grundwissen aktualisiert. Mit anderen Worten, eine der wichtigsten Weisen, wie Grundwissen (basic knowingness) auftritt, ist in dem Gefühl, daß man nicht weiß.

Diese Möglichkeit von Nichtwissen durchdringt unsere Erfahrung gründlich, und zwar immer, in allen Möglichkeiten und in allen Situationen. Sie ist für unsere Fähigkeit, zu wissen, grundlegend. Eigentlich beginnt unsere grundlegende Fähigkeit zu wissen dadurch, daß man nicht weiß. Wie kann man wissen, wenn man nicht vorher nicht weiß? Wir neigen dazu, vor Nichtwissen Angst zu haben; wir sind unfähig zu sehen, daß es der durchgängige Grund unseres Wissens ist. Nichtwissen ist in gewissem Sinn da, wo wir die ganze Zeit leben. Jedes Stück Wissen befindet sich in Nichtwissen. Es ist der Raum, in dem sich alles Wissen befindet. Wir können also sagen, daß Grundwissen das Feld von Nichtwissen ist, das in sich Formen manifestieren kann, die dieses Wissen erkennt.

Es ist klar, daß Nichtwissen grundsätzlich von zweierlei Art ist: Genau so, wie es gewöhnliches Wissen und Grundwissen gibt, gibt es auch *gewöhnliches Nichtwissen* und *Grund-Nichtwissen*. Gewöhnliches Nichtwissen ist die Abwesenheit bestimmter Information. Grund-Nichtwissen ist eine Qualität von Erfahrung, eine allgegenwärtige Qualität, die für unser Wissen notwendig ist. Es impliziert Wissen im Sinn von knowingness und ist der Zugang zu Wissen im Sinne von knowingness. Grund-Nichtwissen ist eigentlich die Offenheit des Seins, die dem Dynamismus des Seins erlaubt, neue Möglichkeiten von Erfahrung und Wahrnehmung zu eröffnen.

## Offenheit in der Inquiry erkennen

Wir haben weiter oben behandelt, wie Offenheit für die Inquiry notwendig ist. Was bedeutet diese Offenheit für die Inquiry, und wie erkennen wir sie? Wir sehen jetzt, daß ein grundlegendes Charakteristikum dieser Offenheit Nichtwissen ist. Man ist nicht offen dafür, etwas herauszufinden, wenn man das eigene Nichtwissen im Hinblick auf das, was man untersucht, nicht anerkennt und respektiert. Das Nichtwissen und die Offenheit für das Herausfinden, die das Herz der Inquiry bilden, sind in Wirklichkeit Ausdruck desselben Umstandes. Je mehr wir zu wissen glauben, was los ist, um so weniger offen sind wir dafür, etwas herauszufinden. Je mehr wir anerkennen, daß wir nicht wissen, um so offener sind wir dafür, zu entdecken, was da ist. Das bedeutet eine größere Möglichkeit für Inquiry und eine effektivere Inquiry.

Nichtwissen ist also eine wichtige Erscheinungsweise der Offenheit unseres Seins. Wenn wir erkennen, daß wir etwas nicht wissen, merken wir, daß wir nicht nur wissen, daß es Zeit ist, eine Inquiry zu machen, sondern wir wissen auch, wohin wir unsere Inquiry richten müssen, damit Wissen auftauchen kann. Im Grunde wird Inquiry von dem Faden des Nichtwissens geleitet. Das Muster des Nichtwissens ist in gewissem Sinn die Führung unserer Inquiry. Wenn man erkennt, daß es etwas gibt, was man nicht versteht, während man die Erfahrung untersucht, folgt man eigentlich dem Faden des Nichtwissens. Das ist es, was einen führt. Was ist es, das einen eine Frage stellen läßt, wenn man erkennt, daß da etwas ist, was man nicht weiß? In dem Moment, in dem man das Gefühl hat: „Das weiß ich, das kenne ich", hört die Inquiry in diese Richtung auf. Es ist eine Sackgasse. Wenn man aber das Gefühl habt: „Das weiß ich nicht, das kenne ich nicht", bewegt sich die Inquiry in diese Richtung. Wir können also sagen, daß Nichtwissen ein Wissen ist, das für Inquiry notwendig ist.

Inquiry lädt das Grundwissen zum Sprechen ein – indem sie beispielsweise die Grenzen unseres Wissens und unserer Erfahrung aufzeigt. Sie untersucht die Möglichkeit, daß Wissen innerhalb dessen erscheinen kann, was wir nicht wissen. Zur Inquiry gehört ein Nichtwissen, aber zu ihr gehört auch ein Untersuchen dessen, was wir nicht wissen, was dem Wissen erlaubt aufzutauchen. Bei der Inquiry gibt es ein Wechselspiel zwischen Wissen und Nichtwissen, aber der Boden ist Nichtwissen. Dieser Boden von Nichtwissen ist das, was die notwendige Offenheit ausdrückt. Und während man etwas untersucht, erlaubt diese Offenheit dem Sein, die Wahrheit der Situation ans Licht kommen zu lassen. Schließlich gelangt man zu neuem Wissen, aber dieses Wissen taucht innerhalb von Nichtwissen auf und ist weiter von ihm umgeben.

## Übung
### Ihre Erfahrung von Nichtwissen

Eine gute Stelle, um mit der Untersuchung Ihrer eigenen Erfahrung bei der Inquiry anzufangen, ist Ihr Verhältnis zu der Erfahrung von Nichtwissen. Unter welchen Umständen vermeiden

Sie Nichtwissen? Wann neigen Sie dazu, es zu begrüßen? Haben Sie Assoziationen mit Ihrem Nichtwissen, oder bewerten Sie Ihr eigenes Nichtwissen?

Suchen Sie etwas Bestimmtes in Ihrer Erfahrung, das Sie gerne untersuchen möchten. Machen Sie eine Liste von allem, was Sie darüber zu wissen glauben. Dann listen Sie alles auf, was Sie darüber nicht wissen. Was ist Ihre Beziehung zu Wissen und zu Nichtwissen im Zusammenhang mit dem Thema, das Sie gewählt haben? Achten Sie darauf, was passiert, wenn sich während Ihrer Inquiry ein Gefühl von Wissen oder von Nichtwissen einstellt. Wann scheint sich die Inquiry zu öffnen? Wann wird sie enger oder fängt an, zum Stillstand zu kommen?

## Nichtwissen als Mysterium

Jede Einsicht, zu der man gelangt, ist ein Ausbruch von Leuchten, aber diese Einsicht ist umgeben von einem Meer von Mysterium. Dieses Meer von Mysterium ist für das Entstehen der Einsicht grundlegend, denn ohne es gibt es keinen Raum für diesen Ausbruch an Leuchten. Zugleich ist dieses Leuchten ein Ausdruck des Mysteriums und hilft uns, uns ihm zu nähern. Wenn wir dagegen im Bereich gewöhnlichen Wissens leben, ist unser Geist verstopft und dicht von Wissen. Wissen ist überall um uns herum, in Form von Dingen, die wir wissen und kennen – Steine, Leute, Vorlieben und Abneigungen, Farben, Gefühle, Erinnerungen. Wohin wir uns auch wenden, es gibt nur altes Wissen, kein Geheimnis – außer in Kriminalgeschichten.

Unser bewußtes Denken möchte uns glauben machen, daß wir in einer Welt gewöhnlichen Wissens leben, während wir in Wirklichkeit von einer Welt von Geheimnis, von Nichtwissen umgeben sind. Das, was in jedem Moment in Wahrheit existiert, ist Nichtwissen mit einigen kleinen Ausbrüchen von Leuchten, von direktem Grundwissen. Doch sehen wir uns nicht in dieser Realität. Unsere Identität ist in unserem Denken lokalisiert, in diesem Universum von Gedanken und Begriffen und Erinnerungen, die uns glauben machen wollen, wir wüßten, was los ist. Ab und zu, wenn es in diesem Wissen eine kleine Lücke gibt, verlieren wir die Fassung: „Hier ist etwas, was ich nicht kenne. Was soll ich jetzt machen?" In Wirklichkeit ist Nichtwissen für uns aber so grundlegend, so wichtig, daß wir ohne es nie etwas Neues wissen können.

Eine logische Folge aus der Tatsache, daß Nichtwissen allem Wissen zugrundeliegt, ist die Erkenntnis, daß Wissen nicht etwas ist, was wir haben müssen. Wissen ist ein vergängliches Phänomen. Etwas taucht auf, und man kennt oder weiß es. Die Erfahrung des Kennens oder Wissens ist in diesem Augenblick das, was zählt. Was für die Befreiung wichtig ist, ist nicht, daß man gerade ein Stück Wissen bekommen hat, das man dann in seinem Gehirn speichert, um damit den Vorrat an Wissen zu vergrößern. Was zählt, ist die direkte Erfahrung des Leuchtens. Und diese direkte Erfahrung des Leuchtens braucht und verlangt den Grund von Nichtwissen.

Gewöhnliches Wissen kann entweder benutzt werden, um Inquiry zu unterstützen oder um sie zu blockieren. Wenn man zum Beispiel etwas über Widerstand weiß, dann kann man vielleicht erkennen, daß die Reaktion auf eine bestimmte Erfahrung Widerstand ist, was einem dann bei der Inquiry helfen wird. Wenn man nichts über Widerstand weiß, wird man nicht wissen, wie man die eigene Reaktion effektiv erforschen kann. Wenn man aber die eigene Reaktion immer als Widerstand interpretiert, kann das die Inquiry blockieren. Das Phänomen, das man für einen Widerstand hält, ist zwar sehr oft ein Widerstand, wenn man aber immer davon ausgeht, daß es ein Widerstand ist, hält einen das davon ab zu sehen, daß es etwas Neues sein könnte.

Angenommen, Sie spüren etwas Hartes in Ihrem Kopf. Sie wissen genau, daß Sie Spannung spüren, also ziehen Sie den Schluß, daß das bedeutet, daß eine Art Abwehr am Werk ist. Sie untersuchen sie und versuchen, Zugang zu ihr zu bekommen. Ab und zu aber kann sich herausstellen, daß diese Härte eine essentielle Präsenz ist, die hart wie ein Diamant ist. Zu denken, diese Härte in Ihrem Kopf sei immer ein Widerstand – was ein Stück Wissen ist –, könnte Ihre Inquiry also verfälschen. Auch wenn die Härte ein essentieller Diamant ist, der durchstoßen will, würden Sie wahrscheinlich dagegendrücken wollen, und dann würde es sich noch härter anfühlen.

Darum frage ich manchmal einen Schüler: „Was passiert, wenn du die Härte nicht bekämpfst?" Manchmal lautet die Antwort: „Sie fängt an zu leuchten!" Wenn man die Härte immer für einen Widerstand hält, verschließt man sich der Möglichkeit, das Leuchten zu erleben. Doch zu wissen, daß Widerstand als Härte erscheinen kann, ist ganz sicher ein sehr nützliches Wissen. Also ist dies eine Weise, wie man Wissen benutzen kann, um die Inquiry zu lenken und Unterschiede zu erkennen. Wir müssen Wissen auf eine Weise gebrauchen, die nicht zu einem Hindernis wird, die nicht starr wird. Wir müssen Wissen als etwas sehen, das irgendwohin weist, und nicht als etwas, das einem sagt, was dieses Irgendwo ist. Anders gesagt: gewöhnliches Wissen kann als Hinweis auf das, was möglich ist, nützlich sein. Aber es ist kein endgültiges, abgeschlossenes Wissen davon, wie die Dinge sind.

Ich meine, damit es zu einer Inquiry kommen kann, müssen wir zuerst sehen und anerkennen, was wir nicht wissen. Das erfordert eine Untersuchung dessen, was wir zu wissen glauben. Und das bedeutet, daß wir so mutig sein müssen, für die Möglichkeit offen zu sein, alles in Frage zu stellen, was wir zu wissen glauben. Je mehr wir bereit sind, Nichtwissen zu akzeptieren und je mehr dieses Nichtwissen unsere Erfahrung durchdringt, um so mehr verkörpert unsere Inquiry Mut und Offenheit, und das wird sie wirkungsvoller machen. Mit anderen Worten, wir brauchen den Mut und die Offenheit, das Nichtwissen permanent zu verkörpern und willkommen zu heißen. In dem Augenblick, in dem wir anhalten, weil wir zu dem Schluß gekommen sind, daß das, was wir über eine Sache wissen, endgültig ist, verschließen wir die Tür zu Wissen und hindern das Sein daran, seine weiteren und unendlichen Möglichkeiten zu enthüllen. Wir verlieren bei unserer Erfahrung den Sinn für das Abenteuer. Ein Abenteurer des Seins zu sein verlangt, daß wir immer an der Kante des Wissens bleiben, wo Wissen erscheint und verschwindet, wo es erzeugt und zerstört wird. Das ist das Wesen der Enthüllung: Sie ist ein Prozeß der Erschaffung und Zerstörung von Wissen, weil Nichtwissen der Grund ist, aus dem das Wissen erscheint.

Dies ist Beleg für einen weiteren Grund dafür, dem Nichtwissen einen gesunden Respekt und eine Wertschätzung entgegenzubringen: Nichtwissen ist das Tor zum Abenteuer der Entdeckung. Mit der Zeit erkennt man vielleicht, daß Nichtwissen die Weise ist, wie das Sein sich seinem eigenen Mysterium gegenüber öffnet. Eigentlich ist dieses Nichtwissen der direkte Ausdruck des Mysteriums selbst.

## Die grundlegenden Elemente der Inquiry

Was bedeutet „Mysterium"? Wenn man sagt: „Da ist ein Mysterium" oder: „Ich erfahre ein Mysterium", erfährt man Nichtwissen in einer greifbaren Form. Mysterium ist die Essenz von Sein an sich, das sich in der Inquiry als eine Offenheit manifestiert, die als Nichtwissen erscheint. Eintreten in diese Offenheit von Nichtwissen ist die Arbeit, die wir beim Diamond Approach tun. Wir stellen eine Sache nach der anderen in Frage – alles, was wir über uns selbst und über die Realität wissen. Und jedes Mal, wenn wir erkennen, daß wir nicht wissen, wird eine neue Art Wissen enthüllt.

Wir dürfen nicht vergessen, daß Grundwissen das Feld von Sein ist, wie es sich in unserer Seele manifestiert. Inquiry ist ein dynamischer Strom, der sich durch das Feld der Seele schlängelt, ihrem Wissen davon entsprechend, was sie wirklich weiß und was nicht, während sie durch das Feld der Seele fließt. Dieses Feld existiert aber innerhalb eines größeren Feldes von Nichtwissen – eines grenzenlosen Feldes von Mysterium – des Grundes all unserer Erfahrung, aller Wahrnehmung und allen Wissen. Das Nichtwissen von Inquiry ist wie eine Quelle, die im Strom des Wissens aus dem Grund des Mysteriums des Seins heraufsprudelt und dabei auf den unentdeckten Schatz hinweist, der darunter liegt.

# 8
# Dynamisches Fragen

Im letzten Kapitel haben wir besprochen, wie Inquiry verlangt, daß Nichtwissen anerkannt und respektiert wird. Wir haben gesehen, daß wir, damit es überhaupt zu einer Inquiry kommen kann, sehen müssen, daß es etwas gibt, was wir nicht wissen. Nichtwissen allein löst Inquiry nicht aus, auch wenn sie notwendig ist. Nichtwissen ist ein passiver Zustand, während Inquiry ein dynamisches Engagement ist. Damit die Inquiry beginnen kann, muß Nichtwissen dynamisch, aktiv und engagiert werden. Viele Menschen können erkennen, daß sie etwas über sich selbst nicht wissen, aber sie gehen nicht weiter. Sie lassen es dabei bewenden.

## Dynamisches Nichtwissen

Nichtwissen ist ein Zustand des Wissens. Es weist auf ein ureigenes, grundlegendes Wissen hin. Es tritt in einem Feld auf, das die Fähigkeit, zu wissen, besitzt. Wie wir gesehen haben, ist die Erkenntnis, daß man nicht weiß, eine Funktion von Wissen, ein Ausdruck von Grundwissen. Ein dynamisches Nichtwissen impliziert ein Nichtwissen (unknowingness), das sich in Richtung Wissen bewegt, ein Nichtwissen, das daran interessiert ist zu wissen. Es ist ein Nichtwissen, das wissen will, das es liebt zu wissen. Auf eine sehr direkte Weise ist dynamisches Nichtwissen der Ausdruck dynamischen Wissens.

Anders gesagt, dynamisches Nichtwissen (unknowing) ist die Wirkung oder Funktion eines Wissens, das weiß, daß es nicht weiß. Und die Tatsache, daß es Wissen ist, verleiht ihm den Dynamismus, sich aktiv auf Wissen hin zu bewegen. Nicht nur muß man erkennen, daß man nicht weiß, sondern das Nichtwissen muß auch einen Dynamismus haben, der es auf das Wissen dessen zu bewegt, was man nicht weiß. Sonst wird das Nichtwissen nicht Inquiry sein.

Ich meine damit, daß ein dynamisches Nichtwissen eins ist, das offen für Wissen ist. Es ist nicht nur eine passive Haltung, die die Dinge ungewußt und unbekannt läßt. Es ist ein Nichtwissen, das voller Interesse, leidenschaftlich wißbegierig, verliebt in das Entdecken ist – ein Nichtwissen, das auf die Möglichkeit hinweist, mehr zu wissen. In Hinblick auf Grundwissen führt diese Möglichkeit zu weiteren Entdeckungen, zu mehr Erfahrung und zu mehr Expansion.

Nehmen wir das Beispiel aus dem letzten Kapitel: Sie kommen in einen Raum voller Menschen und stellen fest, daß Sie ängstlich sind, aber nicht wissen, warum. Sie können es dabei belassen, oder Sie können neugierig werden und herausfinden wollen, warum Sie es nicht wissen. Worum geht es bei der Angst? Diese Haltung gegenüber Ihrer Erfahrung ist dynamisches Nichtwissen, das ein Ausdruck von Grundwissen ist. Es ist Grundwissen, das sich auf Optimierung seines Zustandes zu bewegt, denn mehr Wissen bedeutet eine größere Helligkeit. Genauer gesagt, es ist Grundwissen, das die optimierende Kraft des Seins verkörpert.

Es ist wichtig, im Hinblick auf dieses dynamische Nichtwissen zu sehen, daß es die Essenz einer Frage ist. Der Kern jeder Frage ist ein dynamisches Nichtwissen, ein Nichtwissen, das sich auf Wissen zu bewegt. Das ist in Wirklichkeit das wichtigste Element jeder Frage; es ist die Kraft und die Stärke jeder Frage. Wann immer man eine Frage stellt, geht es um ein dynamisches Nichtwissen. Der Kern und das Herz der Frage ist ein Nichtwissen, das es liebt, etwas herauszufinden. Eine Frage drückt nicht nur ein Nichtwissen aus, sondern ein Nichtwissen, das wissen möchte.

Wir können dann sagen, daß Inquiry ein Fragen ist, dessen dynamische Essenz ein Wissen ist, das weiß, daß es nicht weiß, aber daran interessiert ist zu wissen. Und da es weiß, was es nicht weiß, weiß dieses Wissen, wohin es seine Offenheit richten muß. Es kann seine Offenheit dadurch lenken, daß es weiß, wo die Wissenslücke ist. Anders gesagt, eine Frage ist wirklich eine elegante und schöne Verkörperung des dynamischen Nichtwissens des Seins, während es sich optimiert. Sie drückt grundlegendes Wissen aus, indem sie in ihrem Kern dieses dynamische Nichtwissen verkörpert.

## Die optimierende Kraft des Seins

Die optimierende Kraft des Dynamismus' des Seins ist ein Wille und eine Bewegung innerhalb der Manifestation des Seins, die den Dynamismus führt, damit er sich zu mehr Offenheit, mehr Helligkeit, Maximierung oder Steigerung der Realität, von Wahrnehmung, Licht und Wahrheit hinbewegt. Das ist genau identisch mit dem Kern einer Frage, das heißt, der Dynamismus des Seins kann als die dynamische Essenz einer Frage wirken und tut das auch. Deshalb haben wir oft gesagt, daß Inquiry die optimierende Kraft des Dynamismus des Seins aktiviert und zur Wirkung bringt. Inquiry aktiviert die optimierende Kraft, weil die Essenz einer Frage dieses Nichtwissen ist, das voller Liebe zum Wissen ist.

Inquiry drückt dynamisch die Offenheit aus, die wir für die Manifestationen des Seins haben können, damit Sein sich entfalten und ausdrücken und seine weiteren Möglichkeiten ins Spiel bringen kann. Das eigene Sein wird sich entfalten, wenn man sich ihm mit einer echten Frage nähert. Wenn man aufrichtig die eigene Erfahrung befragt, wird das Sein automatisch und natürlich seine Möglichkeiten zum Vorschein bringen. Diese werden als Erkennen der Wahrheit in Erscheinung treten, das seinerseits zu größerem Verstehen führen wird.

Was geschieht, wenn man die eigene Erfahrung erforscht? Man bemerkt, daß nach einer Weile gewisse Dinge beginnen, sich zu verändern, zu bewegen und die verschiedenen Gefühlszustände, Annahmen und Assoziationen zu manifestieren, die zu der Erfahrung gehören. Diese erscheinen, wenn Sie Ihre Erfahrung befragen. Fragen Sie sich jemals, warum? Was haben Fragen an sich, das das bewirkt? Eine Frage ist wirklich das Funktionieren sowohl des Dynamismus', als auch der optimierenden Kraft des Dynamismus'. Wenn wir eine Inquiry durchführen, bewegt sich der Dynamismus des Seins in Richtung Expansion, in Richtung Licht, auf Verstehen und auf Wahrheit zu. Wir erleben das im Prozeß des Fragens. Oder man kann sagen, daß die Offenheit in Richtung Expansion und Verstehen durch eine Frage manifestiert wird, denn eine Frage erlaubt die Möglichkeit oder den Raum dafür, daß Sein etwas manifestieren kann, zeigen kann, was immer es ist, was wir eine Antwort nennen. Aber die Antwort ist nicht einfach ein weiteres Stück gewöhnlichen Wissens. Es ist eine neue Erfahrung, eine neue Wahrnehmung, eine frische Einsicht. Und diese neue Erfahrung, diese frische Einsicht ist das Ergebnis der Aktivierung des Dynamismus' des Seins.

Es ist wahr, daß eine Frage Begriffe, Worte und früheres Wissen enthält, aber worin besteht ihre Lebenskraft? Wenn es eine echte Frage ist, ist die Lebenskraft in ihr dieses Nichtwissen, das wissen will, dieses dynamische Nichtwissen. Die Offenheit manifestiert sich anfangs als Nichtwissen. Und wenn das Fragen weitergeht, bewegt sich dieses Nichtwissen in die Richtung der Offenbarung von etwas, was sich in dieser Sphäre von Nichtwissen manifestieren wird, was immer das ist. Das Nichtwissen lädt also in einem sehr realen Sinn die Antwort ein. Deshalb nenne ich es dynamisch.

Eine Frage ist eine interessante Manifestation der Seele. Sie ist nicht nur eine Reihe von Worten im Kopf. Wäre sie nur das, würde es in der Inquiry keine Bewegung geben. Eine Frage muß ein Herz, eine lebendige Kraft besitzen. Diese Lebenskraft ist das Nichtwissen, das sich dynamisch auf Wissen zu bewegt.

Wenn man diese selbstgesteuerte Bewegung von Lebendigkeit unmittelbar spürt, kann man den Fluß der Seele, die dynamische Natur dessen, der man ist, unabhängig von jedem besonderen Inhalt, wirklich erleben. Auf diese Weise verbindet die Seele die Entfaltung des Seins direkt mit dem Stellen einer Frage.

Die Offenheit, das Nichtwissen, das Untersuchen kann also in Worten ausgedrückt werden, aber das Fragen selbst muß keine Worte haben; das dynamische Nichtwissen ist das Fragen selbst. Und man wird finden, daß die Frage manchmal keine Worte hat, sie besteht nur in diesem dynamischen Nichtwissen. Aber da man etwas Bestimmtes untersucht, baut man auf diesem wortlosen Nichtwissen auf, indem man Worte und Begriffe formuliert und hineinbringt, was man von früher weiß. Aber die Kraft selbst, die Strömung, die bewegt, ist ein dynamisches Nichtwissen, das ein Ausdruck unseres Seins ist.

Nun wird klar, wie Inquiry der Ausdruck des Dynamismus' des Seins ist. Das Zentrum der Inquiry ist das Fragen, und eine Frage ist eine unmittelbare Erfahrung dieses Dynamismus'. Der Dynamismus manifestiert sich im allgemeinen als eine wirkliche Entfaltung, als eine

Darstellung von Sein, aber er kann sich auch als der Teil der Entfaltung manifestieren, der den Dynamismus aktiviert.

Unsere Seele kann etwas erforschen, weil sie fragen kann, und durch das Fragen öffnet sie ihr Grundwissen, damit das Sein seine Geheimnisse offenlegen kann. Diese Enthüllung der Geheimnisse des Seins ist die Optimierung dieses Grundwissens. Wir verkörpern dann eine dynamische Offenheit, die ein dynamisches Wissen ausdrückt.

Inquiry umfaßt andere Elemente, wie Wissen, Beobachtung, Bewußtheit, Konzentration, Reflexion, Intelligenz und andere. Doch bleibt das Stellen von Fragen der zentrale auslösende Vorgang, der auf all diese anderen wirkt, sie integriert und auf einen bestimmten Gegenstand der Untersuchung hinlenkt. Deshalb müssen wir, um lernen zu können, wie man eine Inquiry macht, erst etwas über Fragen und das Stellen von Fragen erfahren. Wir müssen unseren fragenden Verstand befreien und die dynamische Offenheit im Zentrum unserer Fragen erweitern. Inquiry wird dann zur Manifestation von Nichtwissen (unknowingness) in unserer Erfahrung und zur Bewegung auf die Erhellung dieses Nichtwissens hin. Diese Erhellung von Nichtwissen wird zum Auftauchen, zum Erscheinen neuer Dimensionen der Erfahrung, zur Entfaltung unserer Seele. Wenn man lernt, eine Inquiry zu machen, bedeutet das, daß man lernt, die eigene Erfahrung auf eine Weise zu befragen, die sie dazu bringt, sich zu entfalten.

### Übung
#### Was Ihr Fragen begrenzt und anhält

Ein guter Ansatzpunkt für diese Untersuchung ist die Frage, was Sie daran hindert, Fragen zu stellen, und was die Fragen, die Sie stellen, einschränkt. Beim Stellen von Fragen gibt es viele Arten von Einschränkungen. Beispielsweise kann es sein, daß Sie sich darin einschränken, wohin Sie Ihre Fragen bringen oder wie nachdrücklich Sie eine Frage stellen. Warum bleiben Ihre Fragen auf ein Gebiet beschränkt, statt sich auf andere auszudehnen? Warum stellen Sie kleine statt großer Fragen oder komplexe Fragen und keine einfachen? Manche Menschen stellen keine

Fragen, wenn sie stagnieren, andere stellen keine Fragen, wenn es ihnen gut geht. Es gibt also offensichtlich viele individuelle Unterschiede darin, wie und wann es dazu kommt, daß jemand Fragen stellt.

Wählen Sie ein Thema, das Sie gerne weiter untersuchen möchten, als Sie es in der Vergangenheit vielleicht getan haben. Achten Sie auf Ihre Stimmung in diesem Moment und auf Ihre anfängliche Haltung gegenüber Fragen auf diesem Gebiet. Sind Sie aufgeregt? Auf der Hut? Neugierig? Ungeduldig? Zuversichtlich? Angespannt? Wie beeinflussen Ihre Gefühle die Art und Weise, wie Sie an die Frage herangehen?

Nachdem Sie die Fragen, die Ihnen wichtig erscheinen, gestellt und zugelassen haben, daß sie andere Fragen auslösen, nehmen Sie nun ein wenig Abstand und achten Sie auf Folgendes: Was war die Bewegung und die Art Ihres Fragens? Haben Sie auf einem Gebiet begonnen und sich dann zu einem anderen oder zu mehreren anderen hin bewegt? War Ihr Fragen leidenschaftlich? Distanziert? Beharrlich? Wurden Sie von einem Gedanken, einer Überzeugung oder einer bestimmten Einstellung angehalten, was Sie daran gehindert hat, frei weiterzumachen? Hat sich Ihre Stimmung während des Prozesses verändert, und wie hat sich das auf Ihr Fragen ausgewirkt? Beobachten Sie, so gut Sie können, die Wege, die Ihr Fragen einschlug, und was das für Ihre innere Haltung zum Stellen von Fragen bedeuten könnte.

## Befreiende Fragen

Für manche Menschen ist eines der Haupthindernisse dafür, Fragen zu stellen, die Folge der Erfahrung von Geheimhaltung und Geheimniskrämerei in der Kindheit. Wenn man seine Gefühle verheimlichen oder die Geheimnisse anderer schützen mußte, wäre es damals sehr schwer gewesen, Fragen zu stellen. Man hat dann vielleicht eine große Angst vor Fragen oder eine Erwartung von schwerer Bestrafung des Wunsches nach Erklärungen entwickelt. Einstellungen der Eltern gegenüber sexueller Neugier in der Kindheit beeinflussen auch die Einstellung gegenüber Fragen. Kinder haben eine große sexuelle Neugier, und eine nicht unterstützende Umgebung könnte dem fragenden Geist einen Dämpfer versetzt haben.

Fragen müssen in viele Richtungen und mit offenem Ausgang gestellt sein, ohne Einschränkungen, ohne Grenzen, ohne Zurückhaltung. Man muß die Fähigkeit und die Bereitschaft entwickeln, jede Frage zu stellen, über alles; alles, was für die eigene Erfahrung relevant ist. Denn wir sprechen hier davon, die wichtigen, fundamentalen Dinge des Lebens, des eigenen Lebens, in Frage zu stellen. An Fragen zu arbeiten und sie zu befreien, ist sehr schwierig, aber es ist wichtig, wenn wir etwas wirksam und kraftvoll erforschen wollen.

Eine Frage drückt sowohl die fruchtbare Offenheit wahrer Natur als auch die Liebe aus, die die dynamische, kreative Kraft dieser Natur charakterisiert. Die Frage lädt Enthüllung ein, weil ihre Liebe zum Wissen die Liebe des Seins veranlaßt, sich zu zeigen; und die Offenheit der Frage drückt das unendliche und unbegrenzte Potential des Seins aus – sowohl die Quelle aller Manifestation als auch den Raum, der diesen Potentialitäten erlaubt, in Erscheinung zu treten. Aus unserer begrenzten individuellen Perspektive sind wir uns des Vorboten neuer Offenbarungen des Seins in Form einer Frage bewußt. Denn in unserem begrenzten Denken erscheint die Kreativität des Dynamismus' des Seins in Gestalt einer Frage.

Eine Frage ist eine heilige Sache, eine heilige Manifestation. Eine Frage ist ein erstaunliches Phänomen – weil ihr Herz die Offenheit wahrer Natur und ihre Aktivität eine kreative Liebe zur Wahrheit ist, aber sie impliziert auch ein Wissen (knowingness). Es ist wahr, daß ihr Kern ein Nichtwissen (unknowingness) ist, ein Geheimnis, aber man kann keine Frage stellen, wenn überhaupt kein Wissen da ist. Man muß zuerst wissen, daß man nicht weiß, und dann muß man, um eine bestimmte Frage stellen zu können, etwas wissen. Beispielsweise impliziert die Frage: „Was bedeutet dieses süße Gefühl in meinem Herz?", daß man schon weiß, daß es da eine Süße im Herzen gibt. Sowohl Wissen als auch Nichtwissen sind also nötig, damit es eine Frage geben kann. Ohne überhaupt etwas zu wissen, gibt es keine Frage, und ohne irgendein Nichtwissen gibt es kein Fragen.

Eine Frage ist also eine dynamische Manifestation, die in sich die Offenheit wahrer Natur, den Dynamismus wahrer Natur und das Wissen

## Die grundlegenden Elemente der Inquiry

(knowingness) wahrer Natur integriert, und das alles zugleich. Im weiteren Sinn verkörpert der ganze Prozeß der Inquiry auch die Offenheit wahrer Natur, das Wissen wahrer Natur und den Dynamismus wahrer Natur. Deshalb ist Inquiry nicht nur ein passives Beobachten als Zeuge, sie ist ein aktives Engagement. Wenn ich eine Frage stelle, bin ich daran interessiert, etwas zu wissen, ich sitze nicht nur da und schaue zu, was an mir vorbeizieht. Wenn etwas an mir vorbeizieht, werde ich es untersuchen – es zerlegen und analysieren, es betrachten und in Frage stellen.

Ich nenne das die Sokratische Methode, denn Sokrates war die erste bedeutende Persönlichkeit, von der wir wissen, daß sie diesen Prozeß angegangen ist, der sich mit Menschen zusammengesetzt hat und ihnen gezielte Fragen gestellt hat, wie zum Beispiel: „Was ist Mut?" Jeder dachte, er wüßte, was Mut ist, aber Sokrates führte sie in eine Inquiry. Zuerst zeigte er ihnen, daß sie unwissend waren, und dann leitete er sie durch Fragen an, wie sie es selbst herausfinden konnten. Er selbst wußte die Antwort, aber wenn er die Frage stellte, stellte er sie von einem Ort der Unwissenheit aus. Er wußte, aber er wußte, daß er nicht alles wußte, und deshalb war seine Inquiry immer lebendig. Darum versammelten sich so viele Menschen um ihn, denn sie waren durch diese Energie der Inquiry angeregt. Er hätte ihnen einfach die Antwort geben können, aber sie hätten nichts gelernt, denn das Wichtige ist, daß man lernt, wie man etwas erforscht, wie man Fragen stellt.

Deshalb ist ein guter Lehrer jemand, der weiß, aber der weiß, daß er nicht alles weiß. Ein Lehrer, der alles weiß, ist langweilig, er kann nicht spontan und nicht kreativ sein. Wenn man schon alles weiß, betet man nur her, was man aus dem Gedächtnis weiß. Man könnte genauso gut ein einziges Buch schreiben, das alles enthält, was man weiß, und das Lehren jemand anders überlassen.

## Eine brennende Frage sein

Die Seele kann immer bereit sein, zu erforschen, zu wissen und zu unterscheiden, was auftaucht. Man kann zu einem Fragezeichen, einem angeregten, anregenden Fragezeichen werden, das dauernd pulsiert. Man will wissen, und man ist daran interessiert, vollständig und durch

## Dynamisches Fragen

und durch zu wissen. Man hört nicht bei der Beobachtung auf: „Mir geht es heute gut." Es ist schön, daß man etwas darüber weiß, wie man sich fühlt, aber das ist nicht alles. Also frage ich: „Was meinen Sie? Was meinen Sie mit ‚gut'?"

„Ich habe ein sattes Gefühl in meinem Magen."

„Gut, jetzt kommen wir voran. Was für eine Sattheit in Ihrem Magen?"

„Es fühlt sich an wie Milch in meinem Bauch."

„Ah, haben Sie heute morgen Milch getrunken?"

„Nein."

„Also gut, was meinen Sie dann mit Milch in Ihrem Bauch?"

„Das ist interessant! Es fühlt sich wie Milch an, es sieht sogar weiß wie Milch aus. Es schmeckt wie Milch."

Sie fangen also damit an, daß es Ihnen gut geht, aber schließlich entdecken Sie, daß Essenz in dem Aspekt der Nahrung (Nourishment)[5] erscheinen kann, die wie physische Milch ist. Durch Inquiry vertieft sich Wissen und dehnt sich aus und erweitert damit Ihr Verstehen. Das ist das, was wir mit Unterscheidungsfähigkeit meinen: Größere Präzision bedeutet mehr Enthüllung. Wenn Sie sagen: „Mir geht es heute gut" und es dabei belassen und sich dann am nächsten Tag deprimiert fühlen, dann weiß man nicht, was passiert ist. Dann wird es keine Offenbarung, keinen Dynamismus geben. Die Inquiry bringt größere Unterscheidungsfähigkeit, und diese hilft einem genau zu sehen, was ist. Bewußtheit erweitert sich, wird brillant, und der Dynamismus ist angesprochen und aktiviert.

Fragen sind immer eine Antwort, eine Reaktion auf das, was im Moment geschieht. Wir stellen Fragen, um die Dumpfheit der Unklarheit in unserer Erfahrung zu klären, und benutzen dabei die Tendenz oder den Trieb zu mehr Präzision und Genauigkeit. Auf diese Weise gelangen wir zu größerer und brillanterer Wahrheit. Eine Frage entsteht, weil in keinem Moment unsere Erfahrung vollkommen erleuchtet ist. Wäre sie das, wären wir in totaler, objektiver Realität. Für uns gibt es hier und da immer eine gewisse Dumpfheit, was bedeutet, daß wir etwas nicht verstehen, daß wir es nicht durchdrungen haben. Das Unterscheiden ist nicht vollständig. Eine Frage tritt also als Reaktion auf die Erkenntnis auf, daß es etwas gibt, das wir nicht verstehen.

## Die grundlegenden Elemente der Inquiry

Und unsere Frage ist nicht nur theoretisch. Die Inquiry muß mit einer brennenden Frage angefacht werden, wenn sie den Dynamismus unseres Seins zünden soll, wenn sie das Triebwerk unseres Raumschiffes starten soll. Sie muß sich auf etwas richten, was wir in unserer unmittelbaren Erfahrung, in unserem täglichen Leben, nicht verstehen – auf etwas Wichtiges und Relevantes. Demnach beginnt die Inquiry mit dem Erkennen einer Unklarheit, einer Dumpfheit, einem Mangel an Verständnis oder einem Mangel an vollständigem Wissen (knowingness) und Bewußtheit unserer Erfahrung. Dieses Wissen, in Verbindung mit der Offenheit, die unserer Seiendheit eigen ist, und ihrer Liebe zum Enthüllen der Wahrheit, löst das Fragen aus. Das Fragen ist der Anfang von Erhellung und Klärung dieser Dumpfheit, dieser Dunkelheit.

### Dynamische Offenheit und Staunen

In einer Frage sind viele Elemente enthalten. Es wäre schwierig, sie einzeln herauszustellen, denn sie überschneiden sich und wirken wechselseitig aufeinander ein. Auf vier von ihnen, die für die Wirksamkeit der Frage entscheidend sind, wollen wir näher eingehen. Wir versuchen, Inquiry so detailliert wie möglich zu studieren, um mehr über ihre Bestandteile und darüber, wie wir sie maximieren können, zu entdecken.

Wir haben gesehen, daß Inquiry mehr als alles andere eine Offenheit für Transformation, für neue Erscheinungen verlangt – eine Offenheit dafür, die Wahrheit zu sehen. Es ist eine dynamische Offenheit, eine Offenheit, die das Potential hat, sich zu entfalten, sich neuen Möglichkeiten zu öffnen. Sie ist nicht nur Raum, sie ist ein fruchtbarer Raum, und die Tatsache, daß sie ein Raum ist, erlaubt Manifestationen, in ihr aufzutauchen. Sie ist ein Raum, der das Potential für Schöpfung, der das Potential dafür hat, Inhalt in sich zu erzeugen.

Nichtwissen ist der Weg, auf dem wir in diese dynamische Offenheit gelangen, und dieses Nichtwissen ist die Essenz einer Frage. Die dynamische Offenheit erscheint in der Inquiry als eine Frage, als eine fragende Bewegung. Das zentrale Element einer Frage ist also das Nichtwissen, das diese dynamische Offenheit ausdrückt.

## Dynamisches Fragen

Ferner muß die dynamische Offenheit in mehrere Richtungen gerichtet sein, nicht nur darauf, was man zu erforschen denkt, sondern auf die Gesamtheit des Erfahrungsfeldes. Das bedeutet, daß es, wenn wir eine bestimmte Erfahrung oder Manifestation erforschen, unabhängig vom Gegenstand der Inquiry während des ganzen Prozesses ein ständiges Fragen des Fragenden gibt. Die Offenheit bleibt nur erhalten, wenn das Fragen sich in beide Richtungen bewegt. Wenn man sich nur auf den Gegenstand der Inquiry konzentriert, ohne sich selbst anzuschauen, werden die Fragen von den eigenen Vorurteilen, Einstellungen und ungeprüften Annahmen bestimmt sein. Dieses gewöhnliche Wissen wird dann das Fragen leiten. Wenn das Fragen aber auch ein Bewußtsein davon einschließt, woher man kommt, und Inquiry auch darauf richtet, dann wird man eine größere Offenheit dafür haben, mehr von der Wahrheit der Situation zu sehen.

Kehren wir zu dem Beispiel zurück, das wir oben behandelt haben. Sie kommen hier an und haben Angst davor, in diesen Raum hereinzukommen. Sie können sich diese Angst anschauen, aber Ihre Inquiry muß auch Ihre Einstellung gegenüber der Angst einbeziehen. Wenn Sie zum Beispiel auf dem Standpunkt stehen, es sei besser, keine Angst zu empfinden, ist das eine Voreingenommenheit, die abschwächend und damit gegen die offene Untersuchung der Angst wirkt. Die Inquiry muß sich in einer fragenden Weise immer bewußt sein, woher man kommt.

Inquiry ist etwas, das mitten in der Erfahrung entsteht – als Teil der Erfahrung, nicht von ihr getrennt. Mit anderen Worten, es gibt hier keine Person, die etwas dort drüben erforscht. Der Fragende muß im Feld der Inquiry sein. Das ist anders als bei einer naturwissenschaftlichen Untersuchung, wo das Objekt der Inquiry sich außerhalb von einem befindet und alles, was notwendig ist, nur darin besteht, sich nicht einzumischen. Eigentlich können wir uns sogar in der Physik, wie in der Heisenbergschen Unschärferegel beschrieben, nicht völlig vom Gegenstand unserer Forschung trennen. Wenn man aber in unserer Arbeit diese Trennung vornimmt, wird das, da wir unser Bewußtsein erforschen, die Inquiry wirksam zum Erliegen bringen. Wenn wir uns selbst erforschen, ist die Seele ein Forschungsgebiet, das lebendig und aktiv ist, wo der Erforschende, die Inquiry und der Gegenstand der Inquiry ein und dasselbe Feld sind.

Der Punkt ist, daß wir, wenn wir etwas erforschen, auch immer unsere Einstellungen und Vorurteile, Werturteile und Annahmen, Identifikationen und Reaktionen, das heißt alles, was unsere Offenheit einschränken könnte, erforschen – wenn auch nicht notwendigerweise auf eine explizite Art. Damit erweitert man die Offenheit im Kern unserer Fragen. Wenn man das nicht versteht, kann man nicht wirklich eine wirksame Inquiry durchführen.

Die dynamische Offenheit impliziert eine Liebesbereitschaft, eine Liebe (lovingness), die unsere Liebe zum Entdecken, unsere Liebe zum Wissen der Wahrheit, unsere Liebe zum Mysterium zum Ausdruck bringt. Das macht es möglich, daß wir – zu jeder Zeit – unsere ganze Erfahrung mit Staunen betrachten. Wenn wir dieser Liebe gewahr werden, die in der Offenheit impliziert ist, dann kommen wir nicht nur von der Offenheit her, sondern von einem Ort des Staunens. Man stellt nicht nur Fragen, um Antworten zu bekommen, man fragt, weil man voller Staunen ist. Das wird um so deutlicher, je wohler wir uns mit Nichtwissen fühlen.

Was das Staunen tötet, sind Fragen, die nur auf eine utilitaristische Weise gestellt werden, um von der Antwort zu profitieren. So ein Ansatz macht es notwendig, die richtige Antwort zu finden. Aber bei der Inquiry ist es nicht wichtig, recht zu haben. Wir stellen keine Fragen, um die richtige Antwort zu finden. Wichtig ist, daß es zu einer Entfaltung, zu einer Erleuchtung, zu einer Offenheit kommt, die fruchtbar ist, die sich immer weiter öffnet und die immer weiter expandiert.

Recht zu haben ist letztlich bedeutungslos, denn es gibt kein endgültiges, absolutes Wissen über unsere Erfahrung. Meistens haben wir wahrscheinlich zu einem gewissen Grad recht und zu einem gewissen Grad unrecht. Welches Wissen man auch hat, es ist begrenzt und nur eine Annäherung. Ganz gleich, wie präzise es ist, es ist nie das Ende.

Es ist natürlich wichtig, die eigenen Wahrnehmungen und Einsichten wertzuschätzen, aber es geht nicht darum, eine Antwort zu finden, was ein Ziel wäre. Es geht darum, die Dinge in Bewegung zu halten, damit der Fluß weitergeht und der natürliche Dynamismus freigesetzt wird. Man vergesse nie, daß das, was zählt, die Bewegung, die Expansion, die Freiheit ist – und nicht zu welchem Stück Information man gelangt ist.

Unsere Inquiry ist dann mit Staunen erfüllt, das die Integration der Liebe zur Wahrheit mit der Offenheit darstellt, die als Nichtwissen (unknowingness) erscheint. Wir finden, daß die Inquiry, und unsere ganze Erfahrung, eine Qualität der Wertschätzung, eine Herz-Qualität verkörpert. Süße und Wertschätzung durchdringen die Offenheit.

Staunen kann zur Quelle werden, aus der Fragen aufsteigen. Es wird zur im Herzen empfundenen dynamischen Essenz von Inquiry. Wenn wir unsere Fragen aus diesem wahren Staunen aufsteigen lassen, werden sie sich für weitere Fragen öffnen, die mit der Zeit von Vorurteilen und Einstellungen frei werden. Unsere Fragen werden ein Wissen evozieren, das die Kraft reflektiert, über das Bekannte hinauszugehen, und unser Grundwissen zu Formen und Dimensionen transformiert, die sich unser gewöhnliches Wissen niemals vorstellen kann.

## Direkte Beobachtung

Was uns interessiert, ist die Inquiry unseres Grundwissens, das heißt unserer unmittelbaren Erfahrung. Um die Erfahrung zu erforschen, braucht man Daten, die nur aus unmittelbarer Beobachtung kommen. Die Fragen müssen also, wenn sie effektiv sein sollen, in dieser direkten Beobachtung von einem selbst, der eigenen Erfahrung, des eigenen Lebens und der eigenen Umgebung geerdet sein und müssen auf ihr beruhen – Augenblick für Augenblick, Tag für Tag.

Wenn wir daran interessiert sind, unsere Erfahrung zu verstehen, können wir uns nicht darauf verlassen, daß abstrakte Ideen und Gedanken unsere Inquiry und unsere Fragen leiten. Manchmal sitzen Menschen um einen Tisch herum und stellen alle möglichen Fragen, die auf einem Argument oder auf abstraktem Denken beruhen. Das wird zur Sophisterei. Man kann das tun, aber das ist nicht der Diamond Approach.

Es ist wichtig, daß man genau das erforscht, was in der Erfahrung bedeutsam ist. Was in der Erfahrung bedeutsam ist, ist das, was sich präsentiert und einen beeindruckt, und man kann das nur sehen, wenn man sich seiner Erfahrung bewußt ist. Wenn man nur über Erfahrung nachdenkt, oder wenn einem jemand ein paar Vorstellungen darüber vermittelt hat und man erforscht diese Vorstellungen, wird die Inquiry nicht effektiv

## Die grundlegenden Elemente der Inquiry

sein. Sie ist nicht ausreichend fundiert, nicht geführt und wird den Dynamismus des Seins nicht ansprechen. Sie wird den eigenen Denkprozeß anregen, der eine Art Dynamismus ist, aber ein sehr begrenzter.

Fragen, das auf Beobachtung beruht, spricht die Qualität des Wissens in unserer Erfahrung an, so daß unsere Teilnahme an Grundwissen offen und direkt wird. Direkte Beobachtungen – die Früchte unserer Achtsamkeit (mindfulness) – liefern unseren Fragen die notwendigen direkten Daten, damit wir unsere Intelligenz nutzen können. Beobachtung dient auch dazu, unsere Inquiry zu leiten, indem sie unsere Fragen zu relevanten Bereichen lenkt. Sogar um eine Unwissenheit zu erkennen, müssen wir unsere Erfahrung beobachten.

Damit werden die Elemente Achtsamkeit und Konzentration eingeführt, die wir in Kapitel 4 beschrieben haben. Schauen wir uns ein Beispiel für direkte Beobachtung an: Ich sitze hier und erkenne, daß es einen Kitzel in meinem Bauch gibt, der mir außergewöhnlich vorkommt, denn normalerweise kitzelt mein Bauch nicht so. Ich kann das direkt erforschen. Ich brauche kein Buch zu befragen, ich kann einfach mit einer fragenden Einstellung meine Achtsamkeit und Konzentration anwenden.

Der Kitzel kann die Spitze eines Eisbergs sein. Viele andere Dinge könnten in meinem Bauch passieren. Der Kitzel könnte sich als die Spitze von etwas herausstellen, das sich durch mein ganzes Becken und nach unten durch meine Beine erstreckt. Wenn ich meine Konzentration benutze und mich nicht durch meine ganzen Ideen, Reaktionen und mein Über-Ich abbringen lasse, wenn ich bei meiner Erfahrung bleibe und meine Achtsamkeit nicht abgelenkt wird, könnte meine Achtsamkeit mir den Hinweis geben, daß das Phänomen nicht an meinen Füßen aufhört. Indem ich das sehe, ist eine neue Ebene von Nichtwissen (unknowingness) erreicht. Was ist dieser Kitzel, der im Bauch beginnt, aber nicht bei meinen Füßen aufhört?

Dies ist ein Beispiel für eine Inquiry, die auf direkter Beobachtung beruht und auch eine dynamische Offenheit einschließt. Sie verdeutlicht die Nützlichkeit davon, Achtsamkeit und Konzentration als Unterstützung für die direkte Beobachtung, die für die Inquiry notwendig ist, zu entwickeln. Wenn ich diese Fähigkeiten nutze, erkenne ich, daß es da etwas gibt, das ich nicht weiß oder kenne, und ich bin daran interessiert herauszufinden, was das ist.

## Gebrauch gewöhnlichen Wissens bei der Inquiry

Die Fähigkeit der Achtsamkeit, die für die globale Bewußtheit sorgt, die für Beobachtung notwendig ist, ist aber nur eines der notwendigen Elemente des Fragens.

Zum Stellen von Fragen gehört auch Wissen, sowohl gewöhnliches Wissen als auch Grundwissen. Wir stellen eine Frage über unsere Erfahrung, und die Frage selbst ist Grundwissen, das von unserem gewöhnlichen Wissen geprägt ist. Gewöhnliches Wissen umfaßt alle Erfahrung aus der Vergangenheit. Ohne irgendwelche Erfahrung aus der Vergangenheit ist es unmöglich, eine Frage zu stellen. Wir haben vielleicht die dynamische Offenheit, wir haben vielleicht auch das Nichtwissen und das Interesse daran zu wissen, aber ohne gewöhnliches Wissen würden wir nicht wissen, in welche Richtung wir forschen müssen und was wir eigentlich wissen wollen. Gewöhnliches Wissen vermittelt uns also eine Orientierung für die Inquiry.

Wie wir in den Kapiteln über Grundwissen und gewöhnliches Wissen besprochen haben, müssen wir zuerst verstehen, daß gewöhnliches Wissen das natürliche Resultat von Grundwissen ist. Grundwissen wird mit der Zeit zu gewöhnlichem Wissen. Man macht eine Erfahrung oder eine Beobachtung, und das ist Grundwissen, aber nach ein paar Minuten wird es zu gewöhnlichem Wissen, zu gespeicherter Information.

Das allein ist kein Problem. Aber eine Schwierigkeit, in die wir alle geraten, wenn wir spirituell arbeiten, besteht darin, daß der Verstand anfängt, wie ein Computer zu funktionieren. Er betrachtet ein Stück Information als unveränderlich, als endgültig. Ein Stück Information ist ein Bit, das im Computer des Verstandes gespeichert ist. Wenn ein Stück Wissen gebraucht wird, wird es genauso reproduziert, wie es gespeichert wurde, ohne die Möglichkeit einer Veränderung. Wir neigen also dazu, den Inhalt unseres Wissens als endgültig und absolut zu nehmen, und unser Gedächtnis wird zu einer Grenze für das, was in der Erfahrung möglich ist.

Ein Element, das den Diamond Approach charakterisiert, ist die Weise, wie wir gewöhnliches Wissen benutzen. Viele spirituelle Ansätze sagen, daß man seinen Verstand aufgeben, sein Wissen wegwerfen und einfach in einem Raum ohne Denken sein soll. Man kann das tun, aber

## Die grundlegenden Elemente der Inquiry

das ist nicht Inquiry, das ist etwas anderes. Beim Diamond Approach benutzen wir unser gewöhnliches Wissen auf eine besondere, eine intelligente Weise. Wir benutzen gewöhnliches Wissen – all unsere Begriffe, Ideen, Realisierungen und Erinnerungen – als Hinweise auf etwas in der Realität, ohne den Standpunkt einzunehmen, daß dieses Wissen endgültig und über Fragen erhaben wäre. Wenn wir das nicht tun, ist es das Ende unserer Inquiry. Nach einer Weile werden wir nichts Lebendiges in der Verpackung finden, nichts Lebendiges bleibt dann in den Begriffen. Dann leben wir nur in Verpackungen, in Hüllen der Wirklichkeit. Wir haben alle diese Päckchen um uns herum, nennen sie Erfahrung und unser lebendiges Wissen zerstört sich selbst.

Inquiry und Fragen benutzen also gewöhnliches Wissen, aber mit einer Wertschätzung für das Wesen dieser Art Wissen. Wir müssen all dieses Wissen – diese ganze Erfahrung, die wir bisher hatten – mit Intelligenz und auf eine Weise nutzen, die diesem Wissen erlaubt, uns die Tür öffnen zu helfen, anstatt sie zu schließen. Dann kann unser gewöhnliches Wissen unsere Inquiry informieren, kann unsere Fragen leiten, indem unsere Intelligenz unsere ganze Erfahrung im gegenwärtigen Augenblick benutzt, um diese Tür noch weiter zu öffnen.

Angenommen, Sie hatten eine Erfahrung, die Sie dazu gebracht hat, zum ersten Mal am Thema Zweifel zu arbeiten. Untersuchung des Zweifels brachte Sie dahin, einen wunderbaren „schwarzen Frieden" zu erfahren. Dadurch, daß Sie diese Erfahrung hatten, wissen Sie jetzt, daß der „Schwarze Aspekt" von Essenz Frieden ist (siehe Kapitel 16 zur weiteren Erörterung der essentiellen Aspekte und ihrer Farben). Das ist in Ihrem Gedächtnis als gewöhnliches Wissen gespeichert. Das nächste Mal, wenn Schwarze Essenz in Ihrer Erfahrung auftaucht, erinnert sich Ihr Verstand an Frieden, also wird Schwarz immer als Frieden erlebt. Wenn Sie auf dieses Wissen, das Sie aus dieser Erfahrung abgeleitet haben, fixiert bleiben, werden Sie niemals andere Qualitäten an Schwarzer Essenz entdecken als Frieden.

Es ist wahr, daß die Schwarze Essenz bei Ihren ersten Begegnungen mit ihr vor allem als Frieden erscheint, aber wenn Sie diesen Frieden weiter untersuchen, könnten Sie feststellen, daß der Frieden mit einer besonderen, ruhigen Stille in Beziehung steht. Wenn Sie diese Stille erfahren, kann es ein, daß Sie sie als friedvoll bezeichnen, aber der Begriff des Friedvollen erfaßt nicht genau das Aroma dieser Erfahrung. Stille als die direkte innere Erfahrung der Schwarzen Essenz ist ein klein bißchen und auf eine subtile Weise anders als das Friedvolle.

Und wenn Sie die Stille betrachten und sie untersuchen, könnten Sie vielleicht herausfinden, daß Stille nicht statisch ist. Das ist für den Verstand schwer zu erfassen. Gewöhnlich denkt man, daß Stille Stille bedeutet – nichts bewegt sich –, und das versteht der Verstand als statisch. So erinnert man sich im allgemeinen an sie, wenn die Erfahrung von Stille im Verstand gespeichert ist. Wenn nun das Schwarze wiederkehrt und Sie die erinnerte Erfahrung, die zu einem Begriff von Stille wurde, zurückholen, erkennen Sie nicht, daß Stille einen dynamischen Effekt hat. Sie halten sie für statisch und unveränderlich. In Wirklichkeit hat die Schwarze Essenz nichts Statisches. Der dynamische Effekt – der in dem Moment spürbar ist, in dem Stille mit dem Verstand in Kontakt kommt – besteht darin, den Verstand zu löschen. Er zerstört den Inhalt, löscht ihn aus und macht den Verstand so still wie sie selbst.

Wenn man diese vernichtende oder auslöschende Wirkung der Schwarzen Essenz erkennt, kann man beginnen, die Beziehung zwischen Frieden, Stille und Vernichtung zu verstehen. Und wenn man offen bleibt, ohne zuzulassen, daß die Begriffe von Vernichtung, Stille oder Frieden den Kontakt mit dem, was man erfährt, einschränken, könnte es sein, daß man erkennt, daß die Schwarze Essenz auch kraftvoll ist, denn sie kann die Rastlosigkeit des Denkens leicht und mühelos zur Ruhe bringen. Das könnte der Schwarzen Essenz erlauben, als Kraft (power) zu erscheinen, und man könnte dann sehen, daß die Schwarze Essenz auch die Essenz von Kraft ist.

Jetzt sind wir vom Frieden zur Kraft gegangen, obwohl wir anfangs keine Verbindung zwischen ihnen gesehen hätten. Wären wir an die Erinnerung an unsere ursprüngliche Erfahrung von Schwarz als Frieden gebunden geblieben – hätten wir sie in unserem Computer als ein Stück endgültigen Wissens gespeichert und unseren Verstand für weitere Möglichkeiten verschlossen –, wären wir vielleicht niemals zu wirklicher Kraft gelangt.

Aber auch Kraft ist nicht notwendigerweise das Ende, denn wenn man bei seiner Erfahrung in einer Haltung dynamischer Offenheit bleibt, kann sich die Schwarze Essenz auch als die Essenz von Magie und als die Essenz von Schönheit manifestieren. Und wenn man weiter offen und neugierig bleibt, würde man vielleicht sehen: „Es ist eine Art unergründliches Mysterium". Und so geht es weiter, während die Entfaltung des Reichtums von Sein ohne Ende weitergeht.

Das bedeutet nicht, daß die Schwarze Essenz nicht wirklich Frieden ist, es bedeutet nicht, daß sie nicht wahre Stille oder wahre Kraft ist. Sie ist all das, aber wir dürfen nicht vergessen, daß die Essenz des Seins nicht endgültig bestimmt werden kann – das ist es, was ich das unerschöpfliche Mysterium des Seins nenne. Man kann es kennen und kennen und kennen und kennen, aber man kann es niemals erschöpfen. Das gilt für jede Manifestation von Sein – im Grunde für alles im Leben, für alles, was man erfährt. Man kann die Erfahrung genau kennen, aber dieses genaue Wissen ist niemals endgültig. Dieses eigentliche, letzte Mysterium ist es, das dem Nichtwissen erlaubt, weiter da zu sein, denn unabhängig davon, wieviel wir wissen, wir wissen immer noch nicht. Da ist immer Nichtwissen.

## Organische, freie Intelligenz

Bei der Inquiry interagieren viele Elemente miteinander, darunter dynamische Offenheit, Beobachtung im Moment – die die Fertigkeit der Achtsamkeit und Konzentration benutzt – und der Inhalt gewöhnlichen Wissens. Dabei sind alle auf eine intelligente Weise integriert. Das vierte Element ist also eine Intelligenz, eine organische, freie Intelligenz, die aktiv sein kann, während sie dabei das Wesen gewöhnlichen Wissens berücksichtigt. Das ist nicht etwas, was ein Computer leisten kann. Computer setzen Dinge linear miteinander in Beziehung. Die Intelligenz, die Inquiry braucht, ist nichtlinear und empfänglich und empfindlich, und sie kann antworten, reagieren, auch wenn es nur unzureichende Informationen gibt. Diese Intelligenz ist Teil des Dynamismus, der unserem Fragen eine durchdringende Qualität, eine scharfe Qualität, eine synthetische Qualität und eine brillante, leuchtende Qualität verleiht. Mit dieser Art Intelligenz werden unsere Fragen kraftvoll und relevant.

Die Intelligenz, die ich meine, gehört zu unserem Sein, sie ist ein spezifischer Aspekt von Essenz, der die optimierende Kraft des Dynamismus des Seins charakterisiert. Diese optimierende Kraft ist Bewegung in Richtung immer größerer Helligkeit. Wenn Helligkeit intensiv wird, ist es Brillanz. Brillanz ist Intelligenz. Intelligenz ist also die organische Erkenntnis und Antwortbereitschaft im Prozeß der Inquiry, die sie geschickt zu mehr Optimierung hinführt – das heißt zu mehr Bewußtheit, mehr Licht, mehr Liebe, mehr Expansion, mehr Tiefe, mehr Bedeutsamkeit.

Unsere organische Intelligenz kann unsere Inquiry aber nur erleuchten, wenn zwei Dinge passieren: Zuerst müssen wir die direkten Daten unserer Beobachtung haben, die aus unserem globalen Bewußtsein von dem stammt, was hier und jetzt geschieht. Und zweitens müssen wir unser gewöhnliches Wissen angemessen benutzen, um uns über das zu informieren, was wir in der Vergangenheit beobachtet haben.

Wie wir gesehen haben, gibt es einen Platz für gewöhnliches Wissen, solange wir es intelligent zu gebrauchen wissen. Aber gewöhnliches Wissen an sich wird ohne die Rohdaten direkter Beobachtung nicht funktionieren. Und beide zusammen werden nichts zu unserer Inquiry beitragen, wenn wir nicht die dynamische Offenheit haben. Alle diese Elemente müssen in einem Feld der Offenheit als eins zusammenwirken, das als ein dynamisches Fragen auftaucht, das die Erfahrung dazu einlädt, sich zu öffnen, sich zu entfalten und zu erblühen. Dann ist unsere Inquiry voller Staunen, ein spannendes und befriedigendes Abenteuer, das uns an Orte bringt, zu denen bisher vielleicht noch nie jemand gelangt ist.

### Übung
### Ihre Erfahrung mit Fragen

Jetzt wäre ein guter Moment, Ihre eigene Erfahrung mit Fragen zu untersuchen. Was sind die Stärken und die Schwächen Ihrer Fähigkeit, Fragen zu stellen? Untersuchen Sie das in einer Inquiry eines speziellen Themas, das Sie besser verstehen möchten. Beginnen Sie mit Fragen über das, was Sie nicht wissen, was Sie gerne wissen würden, was Sie verwirrt oder was Sie interessiert. Schreiben Sie die Fragen so auf, wie sie Ihnen einfallen. Machen Sie Ihre Inquiry so, wie sie sich aus den Fragen entfaltet. Schauen Sie, wohin die Fragen Sie führen. Welche Antworten tauchen auf? Wie werden neue Fragen angeregt? Wo kommen Sie in eine Sackgasse? Bleiben Sie 20 bis 30 Minuten lang bei diesem Prozeß.

Schauen Sie sich dann die Liste Ihrer Fragen an, und untersuchen Sie sie im Hinblick auf die oben beschriebenen vier Faktoren: dynamische Offenheit, Intelligenz, gewöhnliches Wissen und direkte Beobachtung. Wie sind diese Faktoren in Ihrer unmittelbaren Untersuchung ins Spiel gekommen? Sind Ihnen, wenn Sie diese verschiedenen Faktoren bedenken, irgendwelche Gefühle oder Ansichten aufgefallen, die Ihre Fähigkeiten behindern, mit der Inquiry tief in Ihre Erfahrung einzudringen?

### Fragen und Antworten

*Schüler:* Ich war von meiner Erfahrung betroffen, daß es den Verlust von Identität bedeutet, von dem Gefühl, wer ich bin, wenn alle vier Elemente da sind.

*Almaas:* Es ist gut, daß Du das vorbringst, denn das passiert schon seit gestern. Die Identitäten der Leute schreien. Das Nichtwissen stellt die Identität in Frage, weil es für jeden das Wichtigste ist, zu wissen, wer man ist. Wenn man das nicht weiß, fragt man sich: „Was passiert mit mir?" Das ist ganz bestimmt eine Herausforderung.

*Schüler:* Es gab einen Moment, als der Schmerz aufhörte und die Schmerzlosigkeit der Verlust der Identität war, der sich eigentlich wie ein Verlust des Dynamismus' anfühlte. Es war so, als fiele meine ganze Lebendigkeit einfach aus.

*Almaas:* Die Ego-Identität ist ein Schein-Dynamismus. Er fährt immer im Kreis, immer mit kreischenden Reifen. Im Gegensatz zu dieser Aufregung und Geschäftigkeit kann sich der wahre Dynamismus des Seins anfangs subtil und undramatisch anfühlen.[6]

*Schüler:* Ist nicht Urvertrauen (basic trust) notwendig, um dieses Nichtwissen und den Identitätsverlust zuzulassen?

## Dynamisches Fragen

*Almaas:* Mit Urvertrauen meinst Du die Erfahrung von implizitem Vertrauen in die optimierende Kraft des Dynamismus' des Seins – daß alles, was geschieht, sich zum Besten entwickelt, wenn die Entfaltung der Erfahrung zugelassen wird. Dieses Gefühl von Vertrauen gehört zu unserer natürlichen Verbindung mit dem Sein und dem Universum, aber bei den meisten von uns ging diese Verbindung in der Kindheit verloren. Und Du hast recht, daß Urvertrauen und das Gefühl des Gehaltenseins (holding), das damit verbunden ist, fundamental ist, wie auch andere Elemente, die wir nicht behandelt haben. Alle Aspekte sind letztlich nötig.

Urvertrauen steht mit den Heiligen Ideen (holy ideas) in Beziehung, die die Sicht der Realität bilden, die dieser Methode zugrundeliegt.[7]

Daher wird der ganze Prozeß der Inquiry von dieser Sicht unterstützt, und das Urvertrauen kehrt auf natürliche Weise zurück, wenn wir die Heiligen Ideen kennenlernen und die Sicht objektiver Realität verstehen. Das bedeutet natürlich, daß unsere Inquiry eingeschränkt sein wird, wenn wir voranschreiten, denn wir müssen Realität erst noch auf diese Weise erkennen und verstehen. Daher haben die meisten von uns kein vollständiges Urvertrauen.

*Schüler:* Je mehr man Urvertrauen entwickelt, um so mehr entwickelt sich also unsere Inquiry.

*Almaas:* Ja. Mit der Zeit entwickelst Du Urvertrauen und lernst, dem Dynamismus der Inquiry zu vertrauen. Das wird als ein Ergebnis verschiedener Dinge passieren: Zuerst, indem Du klar die optimierende Kraft im Dynamismus' deiner eigenen Entfaltung erkennst; zweitens, indem Du wirklich siehst, daß diese Optimierung das Wesen des Dynamismus' ist, und drittens durch das Vertrauen, daß die Optimierung auch geschieht, wenn Du sie im Moment nicht fühlen kannst. Dann vertraust du der Führung und der Entfaltung. Urvertrauen – das Wissen, daß man sich nur zu entspannen braucht und dann alles gut wird – ist ein automatisches Ergebnis dieses sich entwickelnden Wissens von der Realität.

*Schüler:* Als Du über Staunen gesprochen hast, habe ich gemerkt, daß ich die Offenheit als eine Stelle empfinde, an der meine Mutter eindringen kann. Meine Inquiry wird also davon genährt, daß ich herumrenne und versuche, alle Löcher zu stopfen.

*Almaas:* Deine Motivation ist also Angst. Du hast Angst davor, daß

Deine Mutter eindringt. Das ist ein Beispiel für das, was ich mit Vorurteil meine. Das ist ein Vorurteil, das die Inquiry verfälschen kann. Wir haben alle möglichen Vorurteile. Das ist ganz normal – jeder von uns hat Millionen davon. Und Du hast gerade eines Deiner ganz großen erkannt.

*Schüler:* Ich bin an einer interessanten Stelle gekommen, von einem Gefühl, daß mir Unrecht getan wurde, und ich gehalten werden wollte und das Gefühl hatte, als wäre mir mein Verstand abhanden gekommen. Und ich habe gemerkt, daß ich vollständigen Kontakt mit meinem Körper verloren hatte. Als ich in der Lage war, wieder mit meinem Körper in Kontakt zu sein, brachte das wieder Kontinuität in meine Inquiry und auch das Gefühl, daß ich mein eigenes kleines Selbst nähren, eine haltende Präsenz für mich sein kann. Seitdem ist mir klar geworden, daß den Kontakt zum Körper zu verlieren bedeutet, das ganze Feld der Inquiry zu verlieren.
*Almaas:* Ich habe gesagt, daß direkte Beobachtung der Boden, das Grounding für Inquiry ist, das, was sie hier in der Gegenwart verankert hält, und dazu gehört alles, besonders Dein Körper. Je totaler die Beobachtung – je mehr sie alles mit einbezieht –, um so effektiver ist Deine Inquiry.

*Schüler:* Ich versuche, die besondere Weise zu verstehen, wie ich den Prozeß erfahre, der in unserer Inquiry in Beziehung auf das Fragen geschieht. Manchmal gibt es in meinem Prozeß eine Empfindung, daß ich mit der Entfaltung in Kontakt kommen kann, und dann geht es von selbst. Wenn ich einfach nur sein kann, wenn ich mich offen fühle und geschehen lasse, kommen Dinge hoch und die Entfaltung geschieht einfach ohne Fragen. Ich versuche zu verstehen, ob es bei dieser Erfahrung ein implizites Fragen gibt, oder ob möglicherweise etwas fehlt, wenn ich es nur so zulasse.
*Almaas:* Entfaltung kann ohne Fragen stattfinden, denn Entfaltung ist grundlegender als Fragen. Das Fragen dient dazu, die Entfaltung zu energetisieren.

*Schüler:* Wenn es da eine bestimmte Stagnation oder eine „Totheit" gibt, die aufkommt, oder eine Art Widerstand...?

*Almaas:* Gewöhnlich passiert das, weil man mit einer bestimmten Einstellung identifiziert ist, mit etwas, was man zu wissen glaubt. Das blockiert die Entfaltung, und durch Fragen entfernt man das Hindernis.

*Schüler:* Heißt das, daß es manchmal nicht notwendig oder nicht angebracht ist, Fragen zu stellen?
*Almaas:* Ich meine damit nicht, daß wir dauernd Inquirys machen sollten. Es gibt andere Dinge im Leben zu tun. Inquiry ist nur eines der wichtigen Dinge.
*Schüler:* Du sagst also, daß wir nur dann eine Inquiry machen müssen, wenn die Entfaltung zum Stillstand kommt?
*Almaas:* Nicht unbedingt. Inquiry ist durch Nichtwissen motiviert. Manchmal stagniert die Entfaltung, und man weiß, daß es etwas gibt, was man nicht weiß, also erforscht man es. Manchmal läuft die Entfaltung gut, aber auf eine Weise, die man nicht versteht. Fast dauernd haben Menschen Erfahrungen, die sie nicht verstehen. Wenn die Inquiry in solchen Momenten geschieht, erscheint die Entfaltung auf eine andere Weise, mit mehr Einsicht und mehr Verstehen.

*Schüler:* Es sieht fast so aus, daß wenn die Entfaltung alle vier Elemente enthält, die Du besprochen hast, sie in einer vollständigen Weise geschieht und Fragen dann nicht notwendig ist.
*Almaas:* Genau.

*Schüler:* Wenn eines der vier Elemente fehlt, dann wird an einer bestimmten Stelle Inquiry nützlich, weil der Entfaltung etwas fehlt.
*Almaas:* Inquiry ist eine Übung. Und wie jede andere Übung kann sie sich selbst zum Schweigen bringen, wo es Entfaltung mit Verstehen und Einsicht gibt, ohne Bedürfnis nach Fragen, weil die Offenheit an sich den Dingen erlaubt, zum Vorschein zu kommen. Die dynamische Offenheit funktioniert dann als die freie Entfaltung unserer Erfahrung. Im wesentlichen öffnet Inquiry Erfahrung für diese Entfaltung. Wenn die dynamische Offenheit in unserer Erfahrung da ist, wird eine Frage auftauchen, wenn es etwas gibt, was wir nicht verstehen. Es ist eine spontane Bewegung – ein Erblühen – innerhalb der offenen und fließenden Entfaltung.

## Die grundlegenden Elemente der Inquiry

Wie wir gesehen haben, nutzt Inquiry viele Fähigkeiten, Kapazitäten und Fertigkeiten. Sie benutzt Achtsamkeit (mindfulness) und Konzentration. Sie benutzt logisches Denken und Intuition. Sie benutzt Analyse und Synthese. Sie benutzt Beobachtung und Wissen. Sie benutzt Energie und Intelligenz. All diese Faktoren werden wir im weiteren Verlauf eingehender untersuchen. Aber das zentrale Werkzeug der Inquiry ist eine Frage. Wir haben hier vier Faktoren beim Stellen einer Frage untersucht: erstens das Nichtwissen (unknowingness), das die dynamische Offenheit ausdrückt, zweitens direkte Beobachtung unserer unmittelbaren Erfahrung, drittens gewöhnliches Wissen, das relevante Information aus der Vergangenheit mitbringt, und viertens die organische, von sich aus antwortende Intelligenz.

Wir können sagen, daß Inquiry Achtsamkeit mit einem Dynamismus ist, der offen dafür ist zu sehen, was sie nicht weiß, plus Konzentration mit einer Energie, die es liebt, die Wahrheit herauszufinden, die sie nicht kennt oder weiß. Konzentration ist notwendig, um auf der Spur zu bleiben und nicht durch Anregungen abgelenkt zu werden, die für die jeweilige Inquiry nicht wichtig sind.

Achtsamkeit sorgt für die Fähigkeit, alles dessen gewahr zu sein, was in der Erfahrung auftaucht, unabhängig davon, wie winzig oder subtil es ist. Die umfassende Bewußtheit von Achtsamkeit deckt die Muster von Nichtwissen in der Erfahrung auf. Und das Fragen lenkt das Bewußtsein, um das Nichtwissen zu untersuchen.

Inquiry, die auf Liebe und dynamischer Offenheit beruht, ist eine Reise des Staunens, in deren Zentrum eine Frage steht, die Wissen und Nichtwissen verkörpert. Diese dynamische Offenheit macht alle unsere Fragen durchdringend und umfassend, und das aktiviert die optimierende Kraft des Seins – in Form der Diamantenen Führung –, so daß sie die verborgene Wahrheit enthüllen kann, die Wahrheit jenseits des Bekannten. Was jetzt nötig ist, ist Liebe zur Wahrheit um ihrer selbst willen, um diesem Fragen Kraft und Dringlichkeit zu verleihen, die ausreichen, um unser Raumschiff aus der erdgebundenen Umlaufbahn in die Tiefen des Mysteriums zu befördern.

# 9
# Die Wahrheit lieben

## Die Haltung der Verehrung

Unsere innere Führung wird auf natürliche Weise zu funktionieren beginnen, wenn wir die präzise Haltung lernen, die notwendig ist, um die Wahrheit zu entdecken. Das ist der wichtigste Teil der Lehre, wie man sich für die optimierende Kraft des Seins öffnen kann. Denn ohne die richtige Motivation funktioniert Inquiry einfach nicht. Auch wenn man sich auf Nichtwissen einlassen kann und bereit ist, Fragen zu stellen, ist das an sich noch nicht ausreichend, um eine Inquiry zu eröffnen.

Die Motivation, die wir brauchen, ist die Aufrichtigkeit, die Wahrheit um ihrer selbst willen zu wollen, die Wahrheit um ihrer selbst willen zu lieben. Das geschieht, wenn die Wahrheit zu dem wird, was wir wollen, was wir wertschätzen, was wir anerkennen und was unser Herz glücklich macht. Das ist keine Frage ethischer Aufrichtigkeit – die Wahrheit zu sagen – , so wie Aufrichtigkeit gewöhnlich verstanden wird. Die innere Haltung ist hier mehr ein Zustand des Herzens, eine Haltung der Verehrung (devotion).

Wir wollen etwas um seiner selbst willen, wenn wir es wirklich lieben. Es gibt keinen anderen Weg, etwas um seiner selbst willen zu wollen. Umgekehrt, wenn wir etwas um seiner selbst willen schätzen, nennen wir das Liebe. Liebe zur Wahrheit um ihrer selbst willen bringt das Herz also in eine Haltung der Verehrung, eine Haltung selbstloser Zuneigung und Hingabe. Es ist die Offenheit des Herzens, die im Herzen gefühlte Wertschätzung und Sehnsucht, eine Art Schwerkraft, die bewirkt, daß wir die Wahrheit sehen wollen, daß wir ihr näher sein, intim mit ihr sein wollen.

Die Liebe des Herzens zur Wahrheit ist nicht ein Gedanke oder eine Idee. Es geht nicht darum zu versuchen, nach einem Ideal zu leben.

## Die grundlegenden Elemente der Inquiry

Sie ist nicht ein Motiv, das aus dem Denken stammt. Sie ist ein Impuls aus der Tiefe der Seele, ein tief gefühltes Motiv aus dem Herzen. Es ist nicht so, daß wir denken und überlegen und entscheiden, Wahrheit sei gut für uns, und wir sie dann schließlich wollen. Liebe zur Wahrheit ist nicht utilitaristisch. Zwar erweist sich die Wahrheit oft als nützlich, aber das ist nicht das, was die richtige innere Einstellung für die Reise inspiriert. Die korrekte Einstellung ist die eines Liebhabers, der der Geliebten nahe sein möchte.

Wenn utilitaristische Überlegungen in einer Liebesbeziehung vorherrschen, wird man vielen Schwierigkeiten begegnen. Zum Beispiel könnte jemand mit seiner Geliebten zusammenleben wollen, weil das die eigenen Ausgaben reduziert. Wenn man seine intime Beziehung aus diesem Blickwinkel betrachtet, wirkt sich das gewöhnlich auf die Liebe selbst aus. Wenn aber wirkliche Liebe da ist, kann man nicht anders, als in der Gegenwart der Geliebten glücklich zu sein. Man kann nicht anders als fühlen: „Ich will da sein, egal, ob ich Geld spare oder nicht."

Wir sehen, daß wir die Arbeit an uns selbst – die Arbeit, uns der Wahrheit zu nähern – also nicht aus einer mentalen Perspektive angehen können. Wir können uns ihr nicht aus einer streng praktischen Perspektive nähern. Wir können uns ihr nicht aus einer Perspektive der Bedürftigkeit nähern. Sie wird von einem Ort der Wertschätzung, aus einer gebenden Haltung, von einem Ort der Selbstlosigkeit aus kommen müssen.

Wenn wir von diesem Ort aus erforschen und untersuchen, handeln wir von einem einzigen zentralen Motiv aus. Es ist schwierig, es auch nur ein Motiv zu nennen, denn gewöhnlich haben wir die Vorstellung, daß Motive auf Ziele hin orientiert sind. Das Motiv, die Wahrheit um ihrer selbst willen zu lieben, hat in dem Sinn kein Ziel. Es geht darum, einfach die Wahrheit zu wissen, was auch immer sie ist. Was daraus resultiert, ist nicht von Belang.

Diese Orientierung auf Wahrheit hin unterscheidet sich davon, wie unsere Gesellschaft Wahrheit als Tugend wertschätzt. Es ist allgemein anerkannt, daß es eine gute Sache ist, wahrhaftig zu sein, die Wahrheit anzuerkennen, die Wahrheit herauszufordern usw. Wir neigen aber gewöhnlich dazu, uns nicht eher auf die Wahrheit zu konzentrieren, bevor die Dinge schwierig werden. Wenn alles im Leben gut läuft, sagen die Leute einem nicht: „Du solltest dir einmal die Wahrheit deiner Situation anschauen." Sie neigen dazu zu glauben, daß die Wahrheit nur gebraucht wird, um einem dabei zu helfen, Probleme zu lösen, oder wenn die Dinge nicht gut gehen. Die allgemeine kulturelle oder gesellschaftliche Haltung gegenüber der Wertschätzung der Wahrheit ist nicht die Haltung, die wir suchen.

Wenn man eine Inquiry macht und Erfahrung untersucht, muß man von einem aufrichtigen Interesse daran inspiriert sein, die Wahrheit zu finden. Man sucht die Wahrheit nicht, weil eine Erfahrung schwierig oder schmerzhaft ist, sondern weil es etwas an dieser Erfahrung gibt, was man nicht versteht. Es ist nicht so, daß man ein Problem hat und man es lösen will. Es ist nicht so, daß man verwirrt ist und es nicht mag, verwirrt zu sein. Es ist nicht so, daß man versucht, einen bestimmten Zustand von Klarheit zu erreichen. Es ist eher so, als wollte man erkennen, was vor sich geht.

Natürlich haben die meisten von uns gewöhnlich unzählige Motive. Das ist normal, wenn wir nicht so reif sind, daß unser Herz integriert ist. Wenn wir viele Motive haben, bedeutet das, daß unser Herz geteilt ist. Es liebt viele Dinge. Wenn die Liebe zur Wahrheit um ihrer selbst willen aber nicht da ist, wird sich die Diamantene Führung einfach nicht zeigen. Wenn man aber die Wahrheit wirklich um ihrer selbst willen liebt – selbst wenn man sie nur für einen Augenblick wissen will –, sagt die Führung: „Ich werde mich zeigen. Ich bin da an der Startrampe."

Das kann nun eine sehr verzwickte Situation sein. Sie könnten sagen: „Gut! Wenn ich morgen an mir arbeite, werde ich die Wahrheit um ihrer selbst willen wollen." Was motiviert Sie, wenn Sie so empfinden? Wenn das, was Sie motiviert, ein anderes Ziel ist – die Liebe zur Wahrheit als eine neue Methode zu benutzen, an sich selbst zu arbeiten – , wird das nicht funktionieren. Sie werden die Wahrheit nicht bekommen. Das Herz selbst muß schneller schlagen. Sie müssen dieses innere Begehren nach der Wahrheit selbst fühlen. Wenn diese fast magische Wende im Herzen passiert – wenn Sie für einen Augenblick alle Ihre Absichten in der Welt vergessen und die Wahrheit nur aus Liebe wissen wollen –, enthüllt sich die Führung (Guidance) und führt Sie zur Wahrheit.

Liebe zur Wahrheit um ihrer selbst willen unterscheidet unsere Arbeit – die Reise mit dem Raumschiff *Inquiry* – von vielen anderen Dingen, die wir im Leben tun. Inquiry beim Diamond Approach ist eine Sache des Herzens, eine besondere Orientierung, die im Gegensatz zu dem steht, wie wir sonst im allgemeinen denken und fühlen und unser Leben gestalten. Unser Herz muß auf eine reine, selbstlose Weise engagiert sein. Selbstlos bedeutet, daß wir nichts für uns wollen. Wir untersuchen etwas, weil wir von der Wahrheit begeistert sind. Wir machen eine Inquiry, weil wir nicht anders können, weil wir nicht anders können, als die Wahrheit zu mögen. Wir untersuchen etwas, weil wir wirklich etwas herausfinden wollen. Was wir herausfinden, kann wunderbar oder schön sein, und es kann schmerzhaft, furchterregend oder schwierig sein. Wir könnten uns sogar bei dem Prozeß verbrennen. Aber für den Liebenden spielt das alles keine Rolle.

Wahrheit um ihrer selbst willen zu begehren, bedeutet, daß die Inquiry nicht dem eigenen Nutzen dient, sondern der Wahrheit zuliebe unternommen wird. Und doch ist das der Weg, auf dem das Herz seine vollkommene Befriedigung erlangen kann. Das ist paradox, denn wenn man sich wirklich der Wahrheit um ihrer selbst willen, ohne an sich selbst zu denken, ergeben hat, wenn man sich ihr ausliefert, wird die Wahrheit einem im Laufe der Zeit viel mehr zurückgeben, als man gibt.

Bei der Wahrheit geht es nicht nur darum, nicht zu lügen. Es geht darum zu sehen, was die Wahrheit ist – die essentielle Wahrheit, die absolute Wahrheit, die am Ende die reale Welt enthüllt. Diese hat man das Himmelreich genannt. Man kann sich aber nicht vornehmen, zu versuchen in dieses Himmelreich zu kommen. Man kann nicht sagen: „Gut, ich werde die Wahrheit lieben, weil ich weiß, wenn ich zu der Wahrheit gelange, dann werde ich mich richtig gut fühlen."

## Übung

### Ihr Motiv für Selbsterforschung

Vielleicht möchten Sie an diesem Punkt Ihre Motive für die innere Arbeit untersuchen. Um das zu tun, brauchen Sie einen aufrichtigen Wunsch, die Wahrheit zu entdecken. Nehmen Sie sich etwas Zeit, um sich hinzusetzen und die folgenden Fragen zu untersuchen: Warum arbeiten Sie an sich? Sie haben alle möglichen Motive. Was hoffen Sie, in dem Prozeß zu erreichen?

Wie sehr sind Sie von Liebe motiviert – für sich selbst, für den Prozeß, für die Einsichten? Welche anderen Motive haben Sie? Welches Motiv tendiert dazu, im Vordergrund zu sein? Haben Sie das selbstlose Motiv der Liebe zur Wahrheit um ihrer selbst willen empfunden? Wenn ja, wie bestimmt es Ihre innere Arbeit? Vielleicht finden Sie es nützlich aufzuschreiben, was Sie bei der Inquiry entdecken.

## Das Selbst aufgeben

Es ist, wie gesagt, ein Gesetz des Seins, daß seine Führung (Guidance) sich dann einstellt, wenn wir die Wahrheit wissen wollen. Das ist keine Vorschrift. Es geht nicht um Moral. Es geht darum, wie die Realität funktioniert. Es bedeutet, daß letztlich Wahrheit das Wesen des Seins ist. Das Sein sagt also: „Ich öffne mich Dir nur, wenn Du an mir interessiert bist. Wenn Du aber etwas anderes willst, wirst Du das bekommen – Du wirst nicht die Wahrheit bekommen."

Mit anderen Worten, die Enthüllung des Himmelreichs ist die Wirkung der optimierenden Kraft des Seins, und nur die Liebe zur Wahrheit kann diese Kraft einladen und aktivieren. Die optimierende Kraft führt die Erfahrung zu größerer Optimierung, das bedeutet Kontakt mit tieferen Schichten der Wahrheit. Liebe zur Wahrheit um ihrer selbst willen vereinigt das Herz der Seele mit der Liebe des Seins zum Enthüllen seiner eigenen Reichtümer.

Diese Offenbarung ist keine intellektuelle Übung. Man erreicht sie nicht im Prozeß einer Beweisführung. Es geht nicht durch logische Schlußfolgerung. Der Verstand ist an einem bestimmten Punkt unfähig, einem zu sagen, was nötig ist, um die Wahrheit zu enthüllen. Es ist das Herz, das weiß, weil das Herz die Wahrheit liebt.

Die Wahrheit um ihrer selbst willen zu lieben bedeutet, daß man sich an einem bestimmten Punkt der Wahrheit ausliefert. Das ist jedoch keine einfache Konsequenz, keine Sache von Ursache und Wirkung. Es ist nicht so, daß man sich der Wahrheit ausliefert und sich dann die Wahrheit enthüllt. Es ist nicht einmal so, daß man sich der Wahrheit ausliefert, *weil* man die Wahrheit liebt. Liebe zur Wahrheit *ist* das sich der Wahrheit Ausliefern. Die Wahrheit um ihrer selbst willen zu lieben bedeutet, daß in demselben Augenblick, in dem man die Wahrheit liebt, die Selbstbezogenheit verschwunden ist. Das ist sehr hintergründig, doch kann es sehr, sehr subtil sein.

Es bedeutet, daß ich mich in dem Augenblick, in dem ich etwas erforsche, in dem Moment, in dem ich etwas untersuche, in einer Haltung des Gebens befinde. Ich bin in einer inneren Haltung, die nicht selbstbezogen ist. Mein ganzes Bewußtsein, meine ganze Aufmerksamkeit ist für die Wahrheit geopfert. Auch „geopfert" ist nicht korrekt – es ist eher wie: „Was immer geschehen muß, ich bin bereit, es zu tun." Häufig bedeutet das nicht, daß man etwas zu opfern hat. Es ist eher so, daß das Lieben der Wahrheit um ihrer selbst willen eine implizite Bereitschaft bedeutet, loszulassen, das Selbst aufzugeben.

Das Selbst aufzugeben bedeutet: „Ich bin bereit, mich nicht vor der Wahrheit zu schützen. Ich bin bereit, sie nicht abzuwehren oder Widerstand zu leisten." Uns der Wahrheit hingeben bedeutet meistens, unsere Abwehr, unsere Manipulationen, Einstellungen und Strategien aufzugeben – alles, was wir benutzen, um uns zu stützen oder uns weiter selbst zu erhalten. Und weil das Lieben der Wahrheit von einem Ort aus erscheint, wo wir bereit sind, selbstlos zu sein, können wir nicht versuchen herauszufinden, wie wir selbstlos sein können. Das Selbst kann nicht herausfinden, wie es sich selbst aufgeben kann, denn gerade in diesem Denkakt erhält das Selbst sich weiter.

## Nahrung für die Seele

Anfangs kann die Wahrheit eine bestimmte Erkenntnis, eine Verbindung sein, die wir zwischen verschiedenen Elementen in unserer Erfahrung herstellen. Aber wenn die Seele sich mehr der Wahrheit hingibt, wird die Wahrheit zu essentieller Wahrheit und letztlich zu absoluter Wahrheit – der eigentlichen, letzten oder höchsten Natur von allem in all ihrer Schönheit, Großartigkeit und Pracht. Wenn wir endlich die absolute Wahrheit schauen und ihre Schönheit und Pracht sehen, verstehen wir. Wir erkennen sie als die Quelle der Liebe. Wir lieben sie, weil sie liebenswert ist. Wir lieben sie, weil wir unser wahres Selbst lieben.

## Die Wahrheit lieben

Wir lieben sie, weil es natürlich ist, die Wahrheit zu lieben. Nicht weil es korrektes, ethisch korrektes Verhalten ist, sondern weil an einem sehr tiefen Ort in uns die Wahrheit der Geliebte ist.

Aber sogar an diesem Ort kann die Frage der Liebe zur Wahrheit um ihrer selbst willen subtil und problematisch werden. Wenn wir die Schönheit und die Pracht unseres eigenen Seins sehen, lieben wir es – aber wie lieben wir es? Wenn man jemanden wirklich liebt, möchte man etwas für ihn tun. Man ist bereit, in seinem Leben Unannehmlichkeiten auf sich zu nehmen, man ist bereit, seine Zeit, seine Energie, seine Aufmerksamkeit zu geben, aber nicht, weil man etwas davon haben wird. Man will geben, weil das Herz vor Liebe überfließt. Das ist es, was Liebe bedeutet.

Das gleiche gilt für das Lieben der Wahrheit. Die Wahrheit um ihrer selbst willen zu lieben bedeutet, daß man will, daß die Wahrheit so tief und so vollständig wie möglich ist. Das impliziert Liebe zur Wahrheit. Wenn man die Wahrheit um ihrer selbst willen liebt und wenn man anfängt, die Wahrheit zu sehen und zu erkennen, daß diese Wahrheit nicht vollständig ist – es gibt noch mehr, was man nicht sieht –, dann wird einen die Liebe, die man hat, dazu drängen weiterzugehen, tiefer zu sehen, voller zu erfahren. Man ist also nicht an einem Endresultat, sondern an der Wahrheit selbst orientiert. Das an sich wird einen zu tieferer Wahrheit, zu größerer Wahrheit, zu vollerer und vollständigerer Wahrheit führen.

Wenn wir unsere Liebe zur Wahrheit erkennen, ist das ein sehr freudiges Gefühl. Das Herz hat sich jetzt gefunden. Es weiß, was es fühlt. Es weiß, warum es das fühlt. Es weiß, was es wirklich will. Da ist eine schmelzende Erregung und etwas Wunderbares.

Man hat gesagt, Menschen lebten nicht vom Brot allein. Das ist wahr. Brot ist wichtig, aber die Nahrung der Seele ist Wahrheit. Der Körper braucht Nahrung und äußere und innere Sicherheit. Wir sagen nicht, daß diese Dinge unwichtig sind. Aber an einem bestimmten Punkt müssen wir uns um die Nahrung für die Seele kümmern. Wir müssen zur nächsten Stufe der Evolution weitergehen, wir müssen zu einem anderen Sternsystem reisen. Und es ist das Herz, das die Führung übernimmt.

Ganz gleich, wie man dazu steht, an einem bestimmten Punkt muß man sich der Tatsache stellen, daß der Prozeß der Inquiry, der Untersuchung, des Verstehens der Erfahrung eine Herzenssache ist. Es ist eine

Herzensangelegenheit, die die spirituelle Dimension des Lebens darstellt. Es ist die Lebenslinie der Seele. Das bedeutet, daß es unabhängig davon, was im eigenen Leben geschieht, einen inneren Faden von Leuchten, Süße und Intimität geben kann, der es durchzieht. Man kann lieben, was wahr ist, und das Leben kann eine Liebesgeschichte sein, die weitergeht, egal, was geschieht.

## Das geteilte Herz

Wahrheit ist so beschaffen, daß sie, wenn man sie liebt, dazu tendiert, diese Liebe in Besitz zu nehmen. Mit anderen Worten, wenn man die Wahrheit um ihrer selbst willen liebt und dieser Liebe erlaubt, sich zu vertiefen und sich zu entwickeln, wird man anfangen zu sehen, daß es der Liebe zur Wahrheit etwas nimmt, wenn man etwas anderes liebt. Wenn man etwas anderes neben der Wahrheit liebt, wird während der Reise der Inquiry ein Moment kommen, wenn man vor einer Wahl steht. Genauer: Je mehr man die Liebe zur Wahrheit erfährt, um so mehr wird man erkennen, daß diese Liebe zur dominierenden und überwältigenden Liebe des Lebens werden muß. Sie kann nicht nur eine Liebe unter anderen sein.

Wenn man Wahrheit liebt, aber man daneben auch Bequemlichkeit liebt, kann die Liebe der Bequemlichkeit an einem bestimmten Punkt zu einer Barriere für das Erkennen der Wahrheit werden. Man könnte sich zum Beispiel belügen wollen, um die Bequemlichkeit haben zu können, die man liebt. Die einzige Möglichkeit, wie man weiter die Wahrheit der Bequemlichkeit sehen kann, besteht darin, die Wahrheit mehr zu lieben als die Bequemlichkeit. Bequemlichkeit ist nur ein Beispiel, denn es kann auch irgend etwas anderes wie Vergnügen, Reichtum, Ruhm, Liebe, Anerkennung, Kreativität oder Gesellschaft sein.

Wir erkennen an einem bestimmten Punkt, daß unsere Liebe zur Wahrheit natürlich ist, daß sie zu unserem Herzen gehört. Das Herz liebt, was wahr ist. Wir erkennen auch, daß Lieben der Wahrheit das Intelligenteste ist, was man tun kann, denn die Wahrheit ist letztlich das, was uns befreit. Sie ist von höchstem Wert, und sie ist die Quelle allen Wertes. Leben ist unvollständig – ihm fehlt Tiefe und Echtheit –,

## Die Wahrheit lieben

wenn es keine Wahrheit gibt. Aber selbst wenn wir an einem bestimmten Punkt all das vielleicht erkennen, erleben wir weiter den Konflikt mit anderen Dingen, die wir lieben.

Der größte Teil spiritueller Literatur ist der Ansicht, daß es einen Konflikt zwischen Liebe zur Wahrheit und Lieben der Welt in Form von Besitz, Vergnügen, Bequemlichkeit, Ruhm und so weiter gibt. Das ist eine wichtige Einsicht, aber im Grunde gibt es keinen grundsätzlichen Konflikt zwischen Liebe zur Wahrheit und Liebe zu anderen Dingen. Die Literatur verweist auf die Tatsache, daß die meisten spirituellen Schüler einen schweren Kampf durchmachen, wenn sie erkennen, daß sie nicht nur wirklich in der Welt leben und mit den verschiedenen Dingen in ihr interagieren, sondern daß sie diese Dinge der Welt auch lieben.

An einem bestimmten Punkt kann diese Liebe zu weltlichen Dingen zu einem Hindernis für die Liebe zur Wahrheit werden. Das geschieht, wenn man seinen Besitz von Dingen der Welt oder die Verbindung mit ihnen auf Kosten der Erkenntnis der Wahrheit erhalten will. Dann erlebt man die Wahrheit und die Dinge der Welt als Konkurrenten um die eigene Liebe. Man muß nicht sehr weit gehen, um diesen Konflikt zu sehen. Wenn man zum Beispiel Kinder hat, ist es sehr schwer, die Wahrheit der Beziehung mit den Kindern zu sehen, weil man Angst hat, daß die Wahrheit diese Beziehung stören könnte. Man hat Angst, das zu verlieren, was man hat.

Liebe zur Wahrheit verlangt also, daß man anerkennt, daß die Wahrheit die primäre Liebe ist – Liebe Nummer 1. Die Situation kann sogar so weit gehen, daß die Wahrheit zu der *einzigen* Liebe wird. Dann ist die Liebe für die Reise am effektivsten, am kraftvollsten. Dann ist sich das Herz seines Geliebten ganz bewußt. Aber das ist nicht leicht, denn das Herz ist normalerweise geteilt. Das Herz hat viele Liebesobjekte, es hat viele Geliebte.

Es mag leicht sein festzustellen, daß manche Dinge, die wir lieben, uns nicht gut tun, wie Zigaretten, zu viel Zucker oder Gewalt. Aber wir lieben viele Dinge, die gut für uns zu sein scheinen, und diese bringen die Subtilität der Situation in den Vordergrund. Die Liebe zu diesen Dingen kann zu einer Barriere werden, denn sie konkurrieren um das Herz, und das Herz wird dann in seiner Liebe zur Wahrheit nicht ungeteilt sein. Ein Teil liebt die Wahrheit, aber ein anderer Teil liebt diesen

Menschen, und ein Teil liebt diesen anderen Menschen und wieder ein anderer Teil liebt Tennis. Ein Teil liebt Essen, ein anderer liebt Fernsehen und noch ein anderer Teil möchte Stunden um Stunden mit Freunden reden und so weiter.

Wie ich gesagt habe, es besteht kein grundsätzlicher Gegensatz zwischen diesen Dingen und der Wahrheit. Die meisten Menschen machen aber die Erfahrung, daß diese Situation problematisch wird. Es ist natürlich, daß man, was man liebt, nicht verlieren will. Man will es haben. Man will ihm nah sein. Man möchte es schützen. Und ziemlich oft bedeutet das, es vor dem zu schützen, was die Wahrheit ans Licht bringen könnte.

Wenn man andere Dinge so liebt, daß sie zu einer Konkurrenz für die Liebe zur Wahrheit werden, weist das ferner daraufhin, daß diese Liebe nicht vollkommen selbstlos ist. Es ist noch eine selbstbezogene Liebe. Man will immer noch etwas von dem, was man in der Welt liebt – was immer das ist: das Objekt, die Person oder die Situation. Man liebt Essen nicht selbstlos, oder? Niemand liebt Essen selbstlos. Wenn man Essen liebt, will man es haben, man will seinen Bauch damit füllen.

Besonders schwierig ist es, andere Menschen selbstlos zu lieben. Auch wenn man für einen anderen Menschen zu einem gewissen Grade selbstlose Liebe empfindet, ist gewöhnlich ein großer Teil unserer Liebe selbstbezogen. Heutzutage glaubt man sogar, selbstbezogene Liebe sei gut und sie sei genau richtig. Die ganze Selbsterfahrungsbewegung scheint sich manchmal darum zu drehen: „Liebe niemanden selbstlos. Du mußt an Dich denken, Du mußt für Dich sorgen. Du mußt Dich durchsetzen, Dein Rechte einfordern. Wenn Dir dieser Mensch dieses oder jenes nicht gibt, solltest Du es verlangen, es sogar fordern." Das ist ein Hinweis darauf, daß unsere Kultur die Orientierung verliert, denn wir vergessen, was selbstlose Liebe ist.

Die meisten Menschen denken, daß selbstlose Liebe bedeutet, daß man auf eine masochistische Weise selbstaufopfernd sein muß, daß man anderen erlaubt, auf einem herumzutrampeln. Aber selbstlose Liebe kann reines Geben sein, ohne eine masochistische Art Opfer. Natürlich wird dieser subtile Punkt übersehen. Er wird übersehen, weil es nicht leicht ist, an diese Stelle zu gelangen. Es ist sehr schwer, wirklich jemanden oder etwas selbstlos zu lieben. Meistens wird Liebe zu jemandem oder zu etwas zur Konkurrenz für unsere Liebe der Wahrheit.

Wir landen also oft in Situationen, in denen unser Herz geteilt ist. Und wenn das Herz geteilt ist, ist der Prozeß der Inquiry weniger effektiv. Je mehr aber das Herz in der Liebe zur Wahrheit eins ist, um so mehr wird unsere Entfaltung optimiert. Das Verständnis, daß wir die Wahrheit lieben und sie zu unserer entscheidenden Liebe machen müssen – sogar zu unserer einzigen Liebe –, steckt hinter der Notwendigkeit von Disziplin, hinter der Auffassung von Verzicht, hinter der Auffassung von innerer Distanziertheit. Wenn es heißt: „Entsage der Welt, verlasse die Welt" – was bedeutet das? Die Vorstellung ist nicht, daß die Welt schlecht ist. Der Punkt ist, daß die Welt, wenn man sie in dem Maße liebt, daß man die Wahrheit nicht mehr sehen will, dann zu einer Barriere für die Wahrheit wird. Man fühlt, daß die Wahrheit diese Liebe zur Welt bedroht, daher zieht man zeitweilig die Dinge der Welt der Wahrheit vor.

Die Wahrheit allem anderen vorzuziehen bedeutet im allgemeinen nicht, daß man der Welt entsagen muß. Es bedeutet nur, daß die Welt an zweiter Stelle steht. Aber aufgrund unseres geteilten Herzens ist das sehr schwierig. Das Herz ist nicht kraftvoll, nicht mutig und nicht stark genug, um der Wahrheit nachzugehen, ganz gleich, was geschieht. Man hat das Gefühl, abweisend und rücksichtslos zu sein, wenn man das tut. Man ist dauernd über dieses und jenes oder darüber, was morgen sein wird, besorgt. Was wird dieser Mensch von mir denken? Was wird mit meiner Mutter passieren? Was wird mit meinem Kind, meiner Frau oder meinem Mann passieren? Man macht mit seinem geteilten Herzen immer weiter.

Wie gesagt, es ist zwar schwierig, an einen Ort zu gelangen, wo man nur die Wahrheit liebt, aber es ist möglich. Das ist aber nicht nötig, um die Führung zu aktivieren oder um zuzulassen, daß die Entfaltung geschieht. Was nötig ist, ist nur die reine, selbstlose Liebe zur Wahrheit, auch wenn man konkurrierende Lieben hat. Aber die Führung kann am effektivsten wirken, wenn die Liebe zur Wahrheit unsere Liebe für alles andere überwiegt.

Wann wird unsere Liebe zur Wahrheit zur einzigen Liebe? Wenn wir erkennen, daß es nichts anderes als die Wahrheit gibt. Wenn unsere Wahrnehmung sich in dem Maße geöffnet hat, daß wir einen Ausdruck der Wahrheit sehen, wo immer wir hinschauen, dann lieben wir nur die Wahrheit. Dann steht Wahrheit überhaupt nicht im Gegensatz zu den anderen Lieben. Wir lieben alles. Das ist ein schöner Zustand, zu dem

## Die grundlegenden Elemente der Inquiry

man gelangen kann. Wir gelangen dahin aber nur, wenn wir erst die Wahrheit allem anderen vorziehen. Wenn wir nicht wirklich wahrnehmen, daß alles die Wahrheit *ist*, können wir nicht sagen: „Gut, da alles die Wahrheit ist, möchte ich es so sehr lieben wie die Wahrheit." Das wird nicht funktionieren.

Um sagen zu können, daß alles die Wahrheit ist, müssen wir wirklich für uns selbst wahrnehmen, daß das der Fall ist. Solange wir das nicht tun, ist nicht alles die Wahrheit, wenigstens nicht, was uns betrifft. Wenn man über etwas oder jemanden in seinem Leben sagt: „Ich liebe das", ohne in diesem Augenblick die Wahrheit zu lieben, dann ist das ein Hinweis darauf, daß das, was man sieht, nicht wahr ist. Man sieht eigentlich Falschheit, und das ist es, was man liebt. In Wirklichkeit gibt es gar nicht so etwas wie einen Menschen, der von der Wahrheit getrennt ist. Wenn Sie also zum Beispiel Ihren Mann lieben, ihn aber nicht als eine Widerspiegelung der Wahrheit lieben, was lieben Sie dann? Entweder reflektiert Ihr Mann die Wahrheit oder Sie lieben etwas, das falsch ist – irgendeine Vorstellung in Ihrem Kopf, die Sie von der Wahrheit abbringen und in Konkurrenz mit ihr sein muß.

Wenn wir die Wahrheit um ihrer selbst lieben, konfrontiert uns das also an einem bestimmten Punkt mit einer Entscheidung zwischen Wahrheit und unseren anderen Lieben. Es gibt keinen Weg, anderen Weg, als die Wahrheit anderen Dingen vorzuziehen. Wenn unser Herz sich auf das hin bewegen soll, was es wirklich liebt – die Wahrheit um ihrer selbst willen –, wird es sehen müssen, daß all diese anderen Lieben nicht so wichtig wie die Wahrheit sind. Das muß geschehen, wenn die Wahrheit weiter auftauchen soll.

Natürlich können Sie sich nicht zwingen. Sie können sich nicht dafür bestrafen, daß Sie Filme mehr lieben als die Wahrheit. Wenn Sie sehen, daß das der Fall ist, müssen Sie dazu stehen, denn das ist die Wahrheit Ihrer Situation. Sie können nicht sagen: „Nein, das sollte nicht wahr sein. Ich möchte es ändern." Das wäre wieder ein Kämpfen gegen die Wahrheit. Wir müssen die Wahrheit anschauen und sie verstehen. Ihr Verstehen kann Ihnen vielleicht enthüllen, worum es bei Ihrer Vorliebe wirklich geht. Das wird Ihr Herz dann in die richtige Richtung bringen. Es ist ein Prozeß, durch den sich die Liebe zur Wahrheit schließlich als die erste Priorität enthüllen wird.

## Liebe und die Triebseele

Das nächste Thema, das wir behandeln werden, ist die Frage, wie Objekte der Begierde mit der Wahrheit um die Liebe unseres Herzens wetteifern. Die Objekte, die wir begehren, wetteifern um unsere Aufmerksamkeit, unser Interesse, unsere Zeit und unser Engagement. Das ist so aufgrund dessen, was wir die Triebseele (libidinal soul) nennen, die primitive und animalische Ebene unserer Seele, den Teil, der von instinkthaften Trieben (instinctual drives) bestimmt ist. An einem bestimmten Punkt erkennen wir die triebhafte Seele als eine der Hauptbarrieren gegen die Liebe zur Wahrheit.

Die Liebe zur Wahrheit ist eine subtile Sache; sie ist die Erleuchtung, das Strahlen und die schmelzende Süße des Herzens. Die Triebseele (animal soul) aber liebt nicht die Wahrheit. Nicht nur das, sie erkennt Liebe nicht einmal. Diese Seele wird von heftigem Verlangen, von animalischen Begierden beherrscht: „Ich will es, weil ich es haben muß. Was hat Liebe damit zu tun?" Genauso wie ein Tier fühlt: „Ich muß dieses Fleisch haben." Es kommt nicht aus Wertschätzung oder Liebe. Es ist eher so: „Wenn ich es nicht bekomme, werde ich sterben."

Diese Ebene von Bedürfnis und Begierde wird zur Barriere – und zur schwierigsten –, mit der man zu tun hat, wenn es darum geht, unsere Liebe zur Wahrheit zu erkennen. Dies ist die Ebene der animalischen Instinkte, wo die Motivation aus den instinktiven Bedürfnissen nach Überleben, Lust und sozialen Kontakten stammt. Dies sind sehr mächtige Triebe, die auf dem Grund des Unbewußten leben. Mehr als jeder andere Einfluß lassen sie uns die Wahrheit vergessen oder ignorieren. Man sieht vielleicht die Wahrheit, aber wenn sich ein instinktives Bedürfnis meldet, hört man nicht nur auf, die Wahrheit zu sehen, man hat wirklich das Gefühl: „Was soll die Wahrheit? Wenn meinen Instinkten zu folgen heißt, daß ich überleben werde, und wenn ich nicht weiß, ob ich überleben werde, wenn ich der Wahrheit folge, dann ist die Entscheidung klar." Überleben ist das Wichtigste. Man vergißt Wahrheit, weil sie sich wie Luxus anfühlt.

Im Grunde vergißt die Triebseele nicht einfach die Wahrheit; vielmehr ist ihre Haltung: „Was ist das? Was ist Wahrheit? Entweder kann man sie essen oder nicht. Wenn ich Wahrheit nicht in den Mund stecken kann, wofür ist sie dann gut? Wenn ich nicht mit ihr spielen kann, was soll sie dann? Wenn sie keinen Spaß macht, wenn sie nicht satt macht, wenn sie mir keine Sicherheit im Leben verschafft, bin ich nicht interessiert." Die Triebseele manifestiert sich in vielen Formen von Begierden, Sehnsüchten und Bedürfnissen. Lust steht an erster Stelle. Auch wenn Wahrheit erscheint, ist sie nur gut, wenn sie angenehm ist. Wenn sie sich süß, nett, lecker anfühlt, das ist gut. Wenn sie fade oder bitter ist, ist das nicht die Wahrheit, die man will.

Diese Ebene der Seele gibt es in uns allen. Auf der Ebene geht es nicht um die Frage, ob man aufgrund eines geteilten Herzens Schwierigkeiten mit der Wahrheit hat. Die Triebseele hat noch gar kein Herz. Sie wirkt in den unteren Chakren, nur Bauch und Becken zählen hier.

Es ist wichtig zu sehen, daß letztlich alle animalischen Instinkte einem grundlegenden Trieb zum physischen Überleben gleichkommen. Und alle unsere mächtigen Bedürfnisse und Instinkte können zu einer Kraft werden, die die Liebe zur Wahrheit völlig verdeckt. Das gilt, ganz gleich, ob der Überlebenstrieb sich als das Bedürfnis nach Unterstützung, Schutz, Sicherheit, Zuneigung, sozialem Kontakt, Bequemlichkeit oder Geld manifestiert. In Wirklichkeit sind alle sozialen und sexuellen Instinkte mit Überleben verbunden. Beispielsweise möchte man vielleicht nur jemanden in der Nähe haben oder mit jemandem telefonieren, und es spielt keine Rolle, ob es um Wahrheit geht. Nur das Reden wird gebraucht. Was wirklich passiert, ist, daß man nicht allein sein kann. Man lebt unbewußt von der Annahme aus, daß sozialer Kontakt ein Bedürfnis ist, bei dem es ums Überleben geht, und dieses Bedürfnis bekommt Vorrang vor der Liebe zur Wahrheit.

Wir müssen mit dieser Ebene unserer Seele umgehen, wenn wir unser Herz befreien wollen, denn unser Herz kann nur wirklich lieben, wenn es frei ist. Das Herz existiert eher auf der Ebene der menschlichen Seele, als auf der der Triebseele. Und wenn die Instinkte der Triebseele nicht konfrontiert werden, werden sie die Seele und das Herz eines Menschen einengen – und letztlich kontrollieren.

Eine Weise, auf die die Triebe sich manifestieren, ist Aggression. Wenn Zugriff auf das, was wir wollen, blockiert oder frustriert ist, empfinden wir oft Wut, Haß und Rache. Diese Gefühle und unser Drang, sie auszudrücken, können zu mächtigen Kräften gegen unsere Liebe zur

Wahrheit werden. Wir sind mehr daran interessiert, wütend zu werden, als daran, die Wahrheit zu erkennen, oder wir sind mehr daran interessiert, jemanden leiden zu lassen, als zu untersuchen, was passiert. Diese Neigungen werden durch eine instinkthafte Kraft gespeist. Natürlich spielt auch Furcht eine Rolle, denn wir sorgen uns um unser Überleben und fürchten Verluste, die wir erahnen.

Die Ebene der Instinkte, die animalische Ebene, betrachtet also die Welt im Hinblick auf Objekte, die Befriedigung versprechen – die Dinge, die bewirken, daß wir uns gut fühlen, die uns Befriedigung verschaffen und die uns zu überleben helfen. Das sind für Menschen reale Bedürfnisse, sie sind nicht ausgedacht. Wir brauchen Nahrung zum Überleben. Wir brauchen eine gewisse Sicherheit. Wir brauchen etwas Lust. Menschen können nicht überleben, wenn alles, was sie erleben, Schmerz und Leiden ist. Wir brauchen irgendeine Art Gemeinschaft, eine Art sozialen Kontakt, eine Art Familie. Die Frage ist nicht, ob diese Dinge notwendig sind, sondern ob der Ausdruck dieser Bedürfnisse mächtiger als die Liebe zur Wahrheit ist. Wenn er das ist, bleiben wir auf der animalischen Ebene. Das heißt nicht, daß etwas Schlimmes passiert. Es bedeutet nur, daß wir weiter als Triebseele leben. Wir werden nicht den nächsten Entwicklungsschritt tun, um wahre menschliche Seelen zu werden.

Viele Menschen beginnen eine spirituelle Praxis, ohne sich mit ihrer Triebseele auseinanderzusetzen, ohne zu erkennen, daß es so etwas überhaupt gibt. Manche werden sogar erleuchtet, aber entdecken nie, daß sie immer noch eine Triebseele haben. Das bedeutet, daß die Triebseele wie in einem Verlies lebt und auf eine Gelegenheit wartet herauszukommen. In dem Moment, in dem der innere Beobachter sich entspannt und ein attraktives, Befriedigung verheißendes Objekt am Horizont erscheint – vielleicht ein attraktiveres und erreichbareres Objekt als je eines zuvor –, kommt die Triebseele hervor.

Die Liebe zur Wahrheit ist in gewissem Sinn unser Leuchtfeuer, unser Weg dahin, menschlicher, entwickelter und verfeinerter zu werden. Und das geschieht nicht dadurch, daß wir unsere animalischen Bedürfnisse aufgeben – man kann diese Bedürfnisse nicht aufgeben –, es geschieht dadurch, daß wir sie nicht der Wahrheit vorziehen.

## Übung
### Ihre instinkthaften Bedürfnisse und Ihre Liebe zur Wahrheit

Sie möchten in sich vielleicht die Beziehung zwischen der Liebe Ihres Herzens zur Wahrheit und Ihren animalischen Instinkten und Bedürfnissen und Ihrer Triebseele untersuchen. Machen Sie Ihre Inquiry konkret: Sie sollen sich anschauen, wie Ihre Situation genau in diesem Moment ist. Sie sollen zu der objektiven Erkenntnis gelangen, wie sehr sich Ihre Liebe zur Wahrheit im Verhältnis zu der Macht Ihrer instinkthaften Bedürfnisse entwickelt hat.

Richten Sie Ihre Aufmerksamkeit auf ein Thema, das Ihre Liebe zur Wahrheit mit Ihren instinkthaften Bedürfnissen in Widerstreit gebracht hat. Die Gebiete der Sexualität und der Macht sind gewöhnlich ein fruchtbarer Boden für diese Art Untersuchung. Wenn Sie diese Situation untersuchen, achten Sie darauf, was geschieht. Lieben Sie die Wahrheit um ihrer selbst willen? Welche Macht haben Ihre instinkthaften Bedürfnisse über Sie? Schauen Sie sich an, wo dieser Tanz geschieht, wo die Konflikte in diesem speziellen Fall stattfinden.

Danach können Sie zu einer Betrachtung dieser Konflikte in einem allgemeineren Kontext zurückkehren. Stellen Sie sich darauf ein, die Details zu sehen und zu erkennen, wer meistens gewinnt. In welchen Situationen siegt die Liebe zur Wahrheit über Ihre instinkthaften Bedürfnisse? Wann ist es umgekehrt?

---

Inquiry und Verstehen der Triebseele ist eine effektivere Weise, mit unseren Instinkten zu arbeiten, als zu versuchen, sie durch Entsagung zu kontrollieren. Wenn man seinen Begierden, seinen Wünschen und Leidenschaften nur entsagt, befaßt man sich nicht mit der Triebseele. Wenn man sagt: „Ich will mich nicht auf die Triebseele einlassen. Ich werde ihr nichts tun, und ich werde ihr nicht erlauben, daß sie etwas mit mir macht", schiebt man sie nur zur Seite und ihre Neigungen werden unterdrückt. Aber so wenig Entsagung uns dahin bringen wird, wo unsere Liebe zur Wahrheit Vorrang hat, so wenig wird einfaches Akzeptieren das tun. Selbst wenn man die ungestillten Bedürfnisse und Wünsche der Triebseele, und wie sie unterdrückt wurden, erkennt – und dann mit ihnen arbeitet und sie akzeptiert –, wird das nicht notwendigerweise dazu führen, daß man zuläßt, daß die Liebe zur Wahrheit dominiert.

Die Triebseele hat ihre eigenen Fixierungen und Objekte der Befriedigung. Wir müssen der Triebseele unbedingt gestatten, all ihre Wünsche und Begierden zu fühlen, und wir müssen sie akzeptieren. Das reicht aber nicht, damit die Triebseele sie loslassen kann. Sie kann weiter von ihnen beherrscht werden, auch nachdem man sie angenommen hat. Es gibt Menschen, deren animalische Bedürfnisse und Wünsche nicht unterdrückt wurden. Das bedeutet nicht, daß diese Menschen nicht von der Triebseele beherrscht sind. Ihre Bedürfnisse sind vielleicht sogar im Übermaß befriedigt worden, was genau so ein schwieriges Problem ist. Es ist leicht, darin steckenzubleiben. Diese Menschen sind gewohnt, befriedigt zu sein, und haben das Gefühl, sie hätten ein Anrecht darauf. Weil sie gewohnt sind zu bekommen, was sie wollen, ist es für sie sehr schwer, ihren Fokus auf Befriedigung aufzugeben und die Wahrheit zu lieben. Sowohl die Unterdrückung der animalischen Begierden als auch das Bedienen dieser Begierden ist also eine Barriere für die Liebe zur Wahrheit.

In Wirklichkeit ist die Triebseele die Hauptbarriere gegen spirituelle Entwicklung. Das ist für uns schwer zu erkennen, denn gewöhnlich haben wir es nicht mit einer gesunden Triebseele zu tun. Wir haben es mit einer beschädigten, entstellten oder in ihrer Entwicklung behinderten Triebseele zu tun. Wir haben also immer mit Verzerrungen zu tun. Wir wissen nicht, eine wie große Barriere die Triebseele als solche ist, denn wir sind damit beschäftigt, sie zu einer „normaleren" Triebseele zu machen, indem wir die Instinkte befreien, die in unserer Kindheit unterdrückt wurden. Das ist an sich schon nicht leicht. Aber auch wenn man das erreichen kann, erkennt man: „Was habe ich getan? Ich dachte, dieses Tier wäre nett und niedlich." Man wußte nicht, daß es zu einem riesigen hungrigen Ungeheuer werden würde, das erklärt: „Gut, jetzt bin ich stark, ich habe meine Energie. Jetzt kann ich bekommen, was ich will!"

Es ist nicht so, als empfände die Triebseele niemals Frieden und Glück. Sie tut es – wenn sie bekommen hat, was sie will. Die Triebseele wird schön und anmutig – aber nur nach Befriedigung ihrer Begierden. Es gibt hierbei keine Freiheit. Man ist der Laune der eigenen Begierden ausgesetzt. So ist die Triebseele wie ein kleines Kind. Wenn die Dinge gut gehen, ist das Kind glücklich. Es ist ein Engel. Wenn etwas schief läuft und es nicht bekommt, was es will, oder wenn man will, daß es etwas tut, was es nicht tun will, kann das Kind wütend und sogar bösartig werden. Gibt man der Triebseele, was sie will, wird sie entspannt, glücklich und großzügig. Aber am nächsten Tag, wenn sie wieder Hunger hat oder ihr jemand in die Quere kommt, verhält sie sich ganz anders.

Es gibt also zwei Stadien der Arbeit mit der Triebseele. Zunächst indem man sie zuläßt, akzeptiert und da sein läßt – anerkennt, daß es so etwas gibt und es normal und menschlich ist, diese ganzen Begierden zu haben. Das nächste Stadium ist ihre Transformation. Die Transformation der Triebseele geschieht, indem man sein Leben der Wahrheit entsprechend lebt, die man entdeckt hat. Wenn man sein Leben nicht der Wahrheit entsprechend lebt, die man kennt und weiß, dann bleibt man weiter eine Triebseele, die ab und zu spirituelle Erfahrungen hat.

## Das Herz und der höhere Intellekt

Es gibt einen besonderen Grund, warum die Liebe zur Wahrheit um ihrer selbst willen für die Enthüllung der Wahrheit wichtig ist. Das hat mit der Beziehung von Liebe zur optimierenden Kraft unseres Seins und mit dessen Beziehung zur Diamantenen Führung zu tun. Sein ist lebendig, dynamisch und kreativ. Die Kreativität unseres Seins ist das, was wir auf unserer Reise von Inquiry und Verstehen als Enthüllung erleben.

Der Dynamismus des Seins kann sich auf eine optimierende Weise bewegen oder sich einfach nur wiederholen, je nach dem, ob wir für den Dynamismus offen oder verschlossen sind. Wenn wir verschlossen sind – das bedeutet, daß wir an unseren Einstellungen, Identifikationen und Strukturen festhalten –, wird diese Situation die Energie des Dynamismus einfangen, der sich dann im Kreis bewegt. Das ist das, was in der Erfahrung des Egos geschieht. Wir haben fixe, starre Strukturen, und diese brauchen den Dynamismus, um sich immer wieder neu zu erzeugen.

Wenn wir aber für die Kreativität des Seins offen sind, setzt der Dynamismus seine optimierende, fördernde und evolutionäre Kraft ein. Dann gibt es nicht nur eine Bewegung, die dynamisch ist, sondern der Dynamismus bewegt sich auch auf eine evolutionäre, expandierende, vertiefende, lebensfördernde, optimierende Weise. Es ist eine Bewegung von innen nach außen.

Wenn wir die Energie der optimierenden Kraft erforschen, stellen wir fest, daß sie Liebe ist. Liebe ist die kreative Energie, die den Dynamismus dafür disponiert, sich auf eine optimierende Weise zu bewegen. Das macht die Liebe zum Treibstoff der Inquiry – und weist auf eine sehr klare Beziehung zwischen Liebe und der Enthüllung von Wahrheit hin: Wenn wir Wahrheit um ihrer selbst willen lieben, lieben wir wirklich. Wenn unsere Liebe selbstlos und echt ist, ist sie Liebe zu allem, was real ist. Dies zeigt genauer, warum sie die Energie für die optimierende, energetisierende, evolutionäre Kraft ist. Bei Liebe geht es von Natur aus um Enthüllung, um Entfaltung. Sie ist eine Manifestation von Sein, dessen Natur gerade darin besteht, sich zu öffnen und zu entfalten, so wie sich eine Rose entfaltet.

Rumi sagt einmal in einem Gedicht: „Dies ist Liebe: himmelwärts zu fliegen. In jedem Augenblick hundert Schleier zu zerreißen." Lieben bedeutet, die Schleier zerreißen. Was bedeutet das, die Schleier zerreißen? Enthüllen. Liebe ist also Sein im Prozeß der Enthüllung seiner Wahrheit. Sie ist die dynamische, enthüllende Energie des Seins.

Das macht zwei Dinge über das Einlassen auf die Diamantene Führung klar. Erstens ist die Diamantene Führung die unterscheidende Intelligenz der optimierenden Kraft, die führende Intelligenz, die besonders durch die Erkenntnis dessen enthüllt, was enthüllt wird. Es gibt eine dynamische Interaktion zwischen dieser Führung und der Liebe, eine Interaktion, die mit der optimierenden Kraft des Seins in Beziehung steht. Liebe ist die Energie des Dynamismus, die die Wahrheit ausbreitet und sichtbar macht, während die Führung das Vergrößerungsglas des Seins ist, das uns erkennen hilft, was ausgebreitet wird. Ferner ist die Führung die unterscheidende Intelligenz, die den Weg öffnet, damit Liebe die Wahrheit ausbreiten und zeigen kann. Diese beiden Dinge müssen zusammen geschehen, damit es eine Enthüllung geben kann: Unser Raumschiff braucht ein Navigationssystem mit seinen Sensoren, und es braucht auch eine Energiequelle, die stark genug ist, um uns aus dem Schwerefeld, der Anziehungskraft unserer konventionellen Erfahrung herauszubringen.

Die Liebe und die Wirkung der Diamantenen Führung arbeiten also zusammen und spiegeln dabei das Herz und den höheren Intellekt wider. Darum genügt es nicht, einen guten Lehrer zu haben. Es muß auch ein guter Schüler da sein, damit es zu dem Lernen kommen kann. Manche Schüler sagen: „Ich will mit dem erleuchtetsten Lehrer arbeiten." Aber der erleuchtetste Lehrer wird nicht notwendigerweise in der Lage sein, etwas für jemanden zu tun, der kein guter Schüler ist. Man braucht beides: die aktive Kraft – die Liebe an sich – und die Führung. Das Zusammenwirken dieser beiden ist die alchemistische Verbrennung, die Offenbarung.

## Das Beflügeln der Seele

Diamantene Führung enthüllt immer etwas Neues. Sie unterscheidet und erkennt die kreative Darbietung des Seins. Das ist der Grund, weshalb sie der „Nous", der höhere Intellekt ist. Der niedere Intellekt ist unsere gewöhnliche Erkenntnisfähigkeit, die der eines Computers nicht unähnlich ist. Er unterscheidet bloß eine andere Form dessen, was er schon weiß. Diese Aktivität ist die Wiederholung des Wissens aus der Vergangenheit oder von anderen Kombinationen von Dingen, die wir aus der Vergangenheit kennen. Er fügt ein Ding und ein anderes zusammen und liefert, unter Benutzung des Verstandes, eine Vorstellung oder eine Idee. Aber diese Vorstellung oder Idee kann niemals ursprünglich sein.

Wir haben gesehen, daß Liebe zur Wahrheit um ihrer selbst willen eine Einladung an die Diamantene Führung ist und daß die Diamantene Führung, wenn man sie anspricht, die unterscheidende Intelligenz der optimierenden Kraft in Erscheinung treten läßt. Zugleich sprechen wir, wenn wir Wahrheit um ihrer selbst willen lieben, damit genau die Energie der Optimierung, die Energie der Evolution der Seele an. Wir versorgen die Entfaltung mit Treibstoff. Wir versorgen den Antrieb unseres Raumfahrzeugs. Wenn wir nur eine intellektuelle Neugier haben, die aus einem Interesse des Egos stammt, wird sich Erfahrung nicht entfalten, denn die Entfaltung braucht ihre eigene besondere Energie, nämlich die Liebe zur Wahrheit. Die Liebe zur Wahrheit um ihrer selbst willen aktiviert also die Entfaltung selbst, die Reise; sie setzt den Antrieb in Gang und steuert das Raumschiff.

Wir können auch sagen, daß das Lieben der Wahrheit um ihrer selbst willen im Prozeß von Inquiry und Verstehen die Weise ist, wie das Herz und der Verstand vereint sind, wie sie eins werden – und das *ist* die Enthüllung. Dies ist der Weg zum Beflügeln der Seele. In der Inquiry gibt es Interesse, Begeisterung und Unternehmungsgeist. Es ist so, als wäre ein Licht im Herzen eingeschaltet worden. Deshalb hat das Öffnen des Herzens mit dem Beflügeln der Seele zu tun.

Also ist es wichtig zu sehen, daß die Liebe zur Wahrheit um ihrer selbst willen nicht nur eine Einladung an die Führung (Guidance) ist, sie ist auch das Beflügeln der Entfaltung selbst. Gewöhnlich sind wir mit unserem Herzen nicht so in Kontakt, aber das Herz ist die Energiequelle der Entfaltung. Auch wenn wir eine große Fähigkeit zu Klarheit und Scharfsinn besitzen, kann es sein, daß nichts Neues auftaucht. Viele Menschen sind in logischer Analyse sehr gut und sehr scharfsinnig, aber sie wissen nichts Wichtiges von der Realität. Ihre Erfahrung ist begrenzt, weil das Herz nicht offen ist. Die Liebe zur Wahrheit ist nicht aktiv.

Dies lehrt uns auch, daß Techniken und Praktiken allein nicht so wirksam sind. Wenn man nur eine Methode oder Technik hat, um Zugang zum Sein zu bekommen, wird das nicht sehr erfolgreich sein, weil die Entfaltung mit Liebe zu tun hat. An einem gewissen Punkt ist es nicht so wichtig, welche Methode wir gebrauchen, wenn wir nicht die Energie der Verehrung und Hingabe haben. Manche Praktiken helfen uns vielleicht, das Herz zu öffnen und uns mehr mit dieser Liebe zur Wahrheit in Kontakt zu bringen, wie Gebete und Anrufungen. Aber ganz gleich, welche Praktiken wir anwenden, es ist notwendig, daß wir unsere Liebe zur Wahrheit entwickeln. Das ist etwas Angeborenes, etwas, das wir in uns haben, nicht etwas, was wir uns selbst auferlegen. Es ist etwas, was wir entdecken, nähren und wachsen lassen. Das Herz ist Liebe, und Liebe bedeutet wertschätzen, was real ist.

Wenn ich sage, daß Techniken oder Übungen allein nicht effektiv sind, um die Entfaltung zu aktivieren, gilt das in gleicher Weise für die Inquiry. Inquiry wird nicht funktionieren, wenn wir die Wahrheit nicht um ihrer selbst willen lieben. Sie wird zu einer bloßen intellektuellen Übung. Wenn wir von unserem Herzen getrennt sind, verstehen wir vielleicht etwas, aber es führt nicht zur Enthüllung oder zur Entfaltung. Unsere Erfahrung wird sich nicht entwickeln.

Natürlich sind andere Haltungen als Treibstoff für die innere Arbeit hilfreich. Einige von ihnen sind zu einem gewissen Grade erfolgreich – zum Beispiel die Haltung der Hilfsbereitschaft. Manche Menschen tun die Arbeit, weil sie anderen Menschen dienen und sie befreien wollen. Das ist eine Art von Hingabe und Verehrung, die vor allem auf Mitgefühl beruht. Aber sogar hierbei ist es so: Wenn dieses Mitgefühl nicht auf Liebe beruht, wird es nicht sehr effektiv sein. Warum wollen wir anderen Menschen helfen? Die Haltung, die uns dabei effektiver macht, wenn wir anderen helfen, ist das Verständnis, daß anderen zu helfen bedeutet, daß wir ihnen helfen wollen, die Wahrheit zu sehen. Wenn wir dem anderen Menschen wirklich helfen wollen, die Wahrheit zu erkennen, die Wahrheit zu leben und sie wertzuschätzen, dann haben wir schon die liebevolle Haltung. Aber wenn wir ihnen nur helfen wollen, damit es ihnen nicht schlecht geht, damit sie nicht leiden, dann ist das noch keine spirituelle Arbeit. Es ist etwas anderes. Eine spirituelle Haltung ist keine Haltung, die nur darauf gerichtet ist, Leiden zu beseitigen. Es ist wahr, daß sie mit dem Beseitigen von Leiden zu tun hat, aber eine spirituelle Haltung versteht, daß Leiden nur ein Nebeneffekt der Tatsache ist, daß wir unser Sein nicht realisieren.

Es gibt noch einen anderen Grund dafür, weshalb wir das Herz für den Prozeß der Inquiry brauchen, ein Grund, den wir erst erkennen und würdigen können, wenn wir auf unserer Reise sehr weit vorangekommen sind. Das Herz ist der besondere Sitz der Wahrheit. Es ist der besondere Ort, an dem die absolute Wahrheit erscheinen und erklären wird: „Das ist mein Platz. Ich habe dieses Herz zu meinem Thron gemacht, um darin zu wohnen." Das kann geschehen, wenn wir erkennen, daß das Absolute zu einhundert Prozent das ist, was das Herz begehrt. Das Herz erkennt seine eigentliche Funktion als den Ort, den besonderen Aufenthaltsort, wo die Wahrheit ihren Sitz hat. Man hat gesagt, wenn man nach dem Absoluten sucht, dann kann man es nicht in einem Tempel oder an einem anderen Ort suchen, sondern man muß es im eigenen Herzen suchen.

Es gibt einen dem Herzen eigenen inhärenten Grund, warum es die Wahrheit liebt. Mehr als jeder andere Ausdruck und jede andere Manifestation der Wahrheit, ist das Herz dazu bestimmt, daß sich da die Wahrheit am vollsten entfalten kann. Es ist genau so, als machten wir einen Ring für einen bestimmten Stein. Der Ring ist so gemacht, daß er für diesen Stein perfekt paßt. Das Herz ist genau das – eine besondere Fassung für den kostbaren Stein, das heißt für die Wahrheit. Das ist eine sehr subtile, tiefe Wahrnehmung, die wir an einem bestimmten Punkt erkennen können. Wir sehen ihre Spiegelung, wenn wir fühlen, daß wir die Wahrheit lieben und wollen.

Das Herz liebt es, seinen Meister da zu haben, es sehnt sich danach, daß sein wahrer Bewohner in ihm wohnt. Bis dahin ist das Herz von vielen Dingen besetzt, die falsche Bilder dessen sind, was die Wahrheit ist. All diese Dinge, die wir lieben und wollen, passen nicht genau zum Herzen. Als Ergebnis ist das Herz dauernd unzufrieden, denn es ist besonders für Eins bestimmt. Nur dieses Eine wird vollkommen passen. Das Herz wird wissen, wenn die Wahrheit erscheint. Dann ist es erfüllt. Und die Diamantene Führung ist die besondere Führung, die das Herz zur Erfüllung seiner Bestimmung führt.

## Historische Barrieren gegen die Liebe zur Wahrheit

Das Herz ist die Fähigkeit der Seele zu fühlen, ihre Fähigkeit, intim zu wissen. In dem Prozeß, in dem die Liebe zur Wahrheit um ihrer selbst willen entwickelt wird, begegnen wir verschiedenen Arten von Schwierigkeiten, neben denen, die wir besprochen haben. Dinge passieren im Herzen, die dazu tendieren, es zu verschließen, Dinge, die es einem schwer machen, sich der Wahrheit zu öffnen und den Wunsch danach zu empfinden, die Wahrheit zu sehen. Aufgrund unserer Erfahrungen in der Vergangenheit kann es sein, daß wir Angst vor der Wahrheit als solcher entwickelt haben. Aus verschiedenen Gründen können wir Angst davor bekommen haben, die Wahrheit zu erkennen. Wenn das Herz zum Beispiel beginnt, die Wahrheit zu lieben, und die Seele ihre Wahrheit enthüllt, wird sie natürlich alle Stellen in sich öffnen, die verschlossen oder blockiert waren. Diese müssen sich öffnen, damit die tiefere Wahrheit zum Vorschein kommen kann.

Dies sind Stellen, die zu Zeiten, als die Wahrheit schmerzhaft oder schwierig war, verschlossen, isoliert oder unterdrückt wurden. Es gab Zeiten, als wir uns als kleine Kinder abgelehnt oder nicht geliebt fühlten oder geschlagen oder mißbraucht wurden. Das war Teil der Wahrheit der Situation. Damals war es für die junge Seele zu schwer zu ertragen, also verschloß sich das Herz, um nicht den Schmerz, die Verletzung und die Angst fühlen zu müssen. Das wird sich an einem bestimmten Punkt als eine Beschränkung in unserer Liebe zur Wahrheit erweisen. Wir wollen also nicht, daß sich unsere Liebe zur Wahrheit ganz öffnet, denn das wird die eine bestimmte Wahrheit zum Vorschein bringen, von der wir unbewußt wissen, daß wir auf sie nicht vorbereitet sind, oder vor der wir Angst haben. Deshalb ist der Prozeß, in dem wir uns der Wahrheit öffnen, eine Herausforderung – weil er verlangt, daß wir unsere verschiedenen Widerstände fühlen.

Es ist nicht nur so, daß wir die Wahrheit aufgrund von Schmerz und Schwierigkeiten fürchten. Einige von uns können dahin gekommen sein, die Wahrheit zu hassen. Aufgrund des Leides, das wir erlebt haben – das wir als die Wahrheit der Situation sahen –, haben wir vielleicht das Gefühl: „Was meinst Du damit: liebe die Wahrheit? Die schmerzhafte Familiensituation, in der ich aufgewachsen bin, war die Wahrheit, und schau, was sie mit mir gemacht hat! Ich hasse die Wahrheit!"

Andere mißtrauen der Wahrheit vielleicht. Als Kinder waren wir unschuldig und haben oft die Wahrheit gesagt, aber manchmal wurden wir dafür bestraft. Das Ergebnis war, daß wir das Gefühl hatten, daß wir etwas für uns Wichtiges verloren, wie die Liebe unserer Eltern. Deshalb haben wir nicht das Vertrauen, daß die Wahrheit uns unterstützt.

Andere frühe Erfahrungen können zu dem Glauben führen, daß die Wahrheit unser Feind ist. Das könnte für Kinder gelten, die dazu neigen zu lügen, um zu bekommen, was sie wollen, oder um ungestraft mit etwas davonzukommen. Für sie kann sich die Wahrheit wie ein Wesen anfühlen, mit dem sie sich im Kriegszustand befinden, als stünde sie auf der Seite der Eltern oder des Unglücks oder der Vernachlässigung. Manchmal geraten sie so sehr ins Lügen, daß sie tatsächlich vergessen, was die Wahrheit ist.

## Die Wahrheit lieben

Kinder sind von Natur aus wahrheitsliebend, verletzlich und neugierig. Wenn sie also ausgenutzt oder mißverstanden werden, kann es leicht dazu führen, daß sie von der Wahrheit enttäuscht sind. Es ist unausweichlich, daß uns die Liebe der Wahrheit um ihrer selbst willen nicht nur mit dieser Barriere der schmerzhaften Wahrheiten der Vergangenheit, sondern uns auch mit den bedrohlichen Wahrheiten der Gegenwart konfrontiert. In bestimmten Situationen möchten wir vielleicht nicht die Wahrheit sehen. Wir möchten sie vielleicht lieber verleugnen.

Die Ursache für diese bestimmte Barriere besteht darin, das wir als Kinder nicht in der Lage waren, die ganze Wahrheit unserer Situation zu erkennen. Das Gefühl, von der Wahrheit enttäuscht zu sein, ist eigentlich nicht durch eine Erfahrung mit der Wahrheit verursacht, sondern stammt aus einer Erfahrung von partieller Wahrheit. Wenn man als Kind das Gefühl hatte, ungerecht bestraft zu werden, kann man das Gefühl haben, daß die Wahrheit – wenn es so ist, daß sie eigentlich fair und gerecht sein sollte – einen dann im Stich gelassen hat. Es ist aber nicht so, daß die Eltern die Wahrheit kennen und sie ignorieren oder ablehnen. Das denkt man nämlich von ihnen. Das wirkliche Problem, wenn die Eltern einen bestrafen, verletzen oder in irgendeiner Weise mißbrauchen, ist, daß sie unwissend sind.

Hätten die Eltern wirklich die Wahrheit der Situation gesehen, hätten sie nicht getan, was sie taten. Aber als Kind wußte man das nicht. Es kann also sein, daß man der Wahrheit oder der Realität die Schuld daran gibt, daß sie einem Schmerz zugefügt und einen nicht beschützt hat. Diese frühe Überzeugung wird danach in schmerzhaften Situationen mit der Erfahrung von Wahrheit verbunden bleiben, so daß man überzeugt ist, daß Wahrheit einen nur zu mehr Schmerz führen wird.

Wenn unser ganzes Umfeld in der Kindheit dazu geneigt hat, die Wahrheit zu verleugnen und sie nicht anzuschauen, kann es sein, daß wir uns mit dieser Haltung identifiziert haben. In so einer Umwelt die Wahrheit zu lieben, vermittelt uns das Gefühl, daß wir isoliert sind. Es kann also sein, daß wir die Wahrheit und unsere Liebe zu ihr beiseite geschoben und abgelehnt haben, weil alle damit beschäftigt waren, ihr Leben der Lügen zu leben. Wir sind damals dahin gekommen, unsere Liebe zur Wahrheit nicht zu fühlen, weil wir die Haltung der wichtigen Menschen um uns herum übernahmen. Wieviele Kinder haben nach ei-

## Die grundlegenden Elemente der Inquiry

nem Todesfall in der Familie das Gefühl der Trauer in sich verschlossen, weil niemand sonst es anerkannte? Fast immer ist es für ein Kind eine unerträgliche Situation, sich allein und isoliert zu fühlen, weil es mit einer Wahrheit in Berührung ist, die alle anderen verleugnen.

Das berührt eine Grundannahme in jeder spirituellen Arbeit, Untersuchung oder Inquiry: die Auffassung, daß es hilfreich ist, der Wahrheit zu begegnen und sie anzunehmen. Wir nehmen das als gegeben an, aber nicht jeder glaubt es. Um anzunehmen oder sogar zu wissen, daß es hilfreich ist, die Wahrheit zu wissen, darf unser Herz nicht so verletzt oder verschlossen sein, daß wir allen Kontakt mit unserer Liebe verloren haben. Wenn wir so schlimm verletzt wurden, daß wir uns nicht öffnen können, kann es schwer für uns sein zu fühlen, daß es etwas Gutes ist, die Wahrheit zu entdecken. Es könnte sein, daß wir dissoziieren und uns der Wahrheit nicht bewußt sein wollen.

Die Frage danach, ob sich die Wahrheit für uns überwältigend anfühlen wird, ist manchmal eine realistische Sorge. Für manche Menschen kann es aufgrund eines Mangels an innerer Stärke und Entwicklung zu viel sein, bestimmte Wahrheiten zu erkennen. Und sich selbst überlassen tendiert die Seele dazu, sich einer überwältigenden Wahrheit nicht zu öffnen. Gewöhnlich hat die Seele eingebaute Abwehrmechanismen, die verhindern, daß etwas Überwältigendes aufkommt, es sei denn, das Leben präsentiert eine Situation, in der sie diese Abwehr nicht benutzen kann. Manchmal kann die Wahrheit überwältigend in Erscheinung treten, aber das ist im allgemeinen nicht der natürliche Gang der Entfaltung.

Wenn wir auf die Wahrheit in unserer Erfahrung eingestellt sind, tendiert unsere Inquiry gewöhnlich dazu, Dinge auf eine Weise zu enthüllen, die genau die ist, die wir brauchen und womit wir in dem Moment umgehen können. Führung (Guidance) enthüllt uns niemals Dinge, die wir nicht brauchen. Es ist die Enthüllung der Wahrheit, die das Sein uns in unserer Erfahrung präsentiert, und das Sein ist intelligent, mitfühlend und liebevoll. Es bringt genau das, was in dem jeweiligen Moment gebraucht wird. Deshalb ist Inquiry im allgemeinen ein viel sicherer Ansatz als viele andere Methoden, die wir benutzen können. Sie *folgt* dem, was erscheint, sie drängt nicht, weil sie nicht versucht, irgendwohin zu gelangen oder ein Ziel zu erreichen.

### Übung
### Die Geschichte Ihrer Liebe zur Wahrheit

Das ist ein guter Moment, Ihre Liebe zur Wahrheit im Hinblick darauf zu untersuchen, wie sie sich entwickelt hat. Sie sollen besonders anschauen, wie Ihre Geschichte Ihre Liebe zur Wahrheit beeinflußt hat. Was für Erfahrungen hatten Sie als Kind mit der Wahrheit? Haben sie Ihr Herz für die Liebe zur Wahrheit geöffnet und diesem Teil von Ihnen erlaubt, zu wachsen und sich zu entwickeln? Oder war Ihre Geschichte so, daß Sie schließlich dahin gekommen sind, der Wahrheit zu mißtrauen, Angst vor ihr haben und sich Ihrer Liebe zu ihr widersetzen? Seien Sie genau. Was ist geschehen, das Sie dazu gebracht hat, die Wahrheit nicht um ihrer selbst willen lieben zu wollen? Welche Kindheitserfahrungen haben Ihnen vielleicht in Ihrer Entwicklung geholfen?

## Liebe versus Trägheit

Wie wir besprochen haben, ist die Liebe zur Wahrheit die Energie, der Brennstoff der optimierenden evolutionären Kraft unseres Seins. Das bedeutet, daß uns Liebe zur Wahrheit um ihrer selbst willen natürlicherweise und automatisch für die Entfaltung, für die Enthüllung unserer eigenen Natur öffnen wird. Wir laden den optimierenden Dynamismus ein, und das bedeutet, daß wir kontinuierliche Veränderung und Transformation durchmachen. Wir werden uns auf neue Weisen erleben und Dinge über uns und die Welt erfahren und kennenlernen, die frisch und anders sind.

Liebe zur Wahrheit um ihrer selbst willen impliziert also auch eine Transformation unserer Erfahrung und Wahrnehmung. Diese Tatsache wird uns mit einem besonderen Hindernis konfrontieren, das wir bisher nicht erörtert haben. Das Hindernis, das ich meine, ist besonders hartnäckig: die Tatsache, daß unser Selbstgefühl in der gewöhnlichen Welt eine Komponente oder ein Charakteristikum besitzt, das sich so einer Transformation widersetzt.

## Die grundlegenden Elemente der Inquiry

Unser Selbstgefühl beruht auf fixierten Strukturen. Im Grunde ist dieses Selbstgefühl *selbst* eine feste Struktur. Daher ist unser Identitätsgefühl gewöhnlich unveränderlich. Unser Gefühl davon, wer wir sind, hat eine konditionierte Qualität, was bedeutet, daß wir eine gewohnte Tendenz haben, Dinge auf eine bestimmte Weise zu erfahren, über Dinge auf eine bestimmte Weise zu denken, Dinge immer wieder auf eine bestimmte Weise zu wissen und zu tun. Und nicht nur unsere Wahrnehmung tendiert dazu, auf ein bestimmtes Gleis beschränkt zu sein; sogar unsere Erfahrung von uns selbst ist innerhalb bestimmter Grenzen beschränkt und eingeengt.

Diese Starrheit des Ego-Selbst, seine Unflexibilität, kann man als Trägheit erleben: als die Gewohnheit, auf die gleiche Weise, in derselben Richtung, ohne Veränderung immer weiterzumachen. Unsere Wahrnehmung, Erfahrung und Identität enthalten diese Trägheit. Trägheit kann sich auch als eine automatische Tendenz ausdrücken, den Status Quo weiter- und auszuleben. Die Persönlichkeit wird Teil des Status Quo, daher kann ihre Art, wahrzunehmen, zu sein und zu funktionieren, nicht anders, als die Dinge so zu erhalten, wie sie immer waren.

Das bedeutet, daß man auf der gleichen Ebene der Erfahrung, der gleichen Ebene des Diskurses bleibt, die gleichen Muster und dieselbe Identität hat und dieselbe Art Mensch ist, jahrein und jahraus. Das kann sich in bestimmter und klarer Weise äußern, wie in den unflexiblen Tendenzen, die von uns schwer zu durchbrechen sind, auch wenn wir das wollen. Wir sind vielleicht immer beschäftigt, haben immer Angst, sind immer ärgerlich. Oder wir sehen gewohnheitsmäßig fern. Wir sind vielleicht gewohnt, viel Zeit mit sozialen Kontakten oder Tratsch zu verbringen. Auch wenn wir diese Verhaltensweisen verändern wollen, kann das aufgrund der Trägheit der Persönlichkeit schwierig sein.

Wenn wir die Wahrheit um ihrer selbst willen lieben, dann heißt das, daß wir glücklich sind, etwas Neues in unserer Erfahrung zu sehen. Unsere Trägheit, unsere Unflexibilität andererseits wirkt genau entgegengesetzt. Sie widersetzt sich einer Veränderung und wird deshalb zu einer Begrenzung unserer Liebe zur Wahrheit. Es ist deutlich, wie das geschieht, aber wir müssen es in unserer persönlichen Alltagserfahrung erkennen. Wir müssen erkennen, wie unsere Trägheit – unsere Gewohnheiten, unsere faule Bequemlichkeit im Status Quo – unsere Liebe zur Wahrheit behindert, begrenzt und sogar blockiert. Im Gegensatz dazu ist die Wahrheit ein Beflügeln, eine Bewegung, eine Veränderung.

Eine besondere Form der Trägheit ist Identifikation. Je mehr wir mit einer bestimmten Sichtweise oder Einstellung identifiziert sind, um so weniger sind wir bereit, sie aufzugeben. Wenn ich mich ärgere, dann ist das so – ich will mich ärgern. Ich bin mit diesem Gefühl identifiziert und fühle mich dazu berechtigt. Das bedeutet, daß ich nicht daran interessiert bin, etwas über den Ärger und seine darunterliegende Dynamik herauszufinden. Ein anderes Beispiel ist die Identifikation mit einem bestimmten Selbstbild. Wenn ich irgendwie bin und damit identifiziert bin, daß ich so bin, dann glaube ich, daß ich das bin, und bin nicht offen dafür, das zu untersuchen. Die Identifikation blockiert also die Bewegung des Herzens, die Liebe zur Wahrheit, die mir erlauben würde herauszufinden, was wirklich da ist.

Eine bestimmte Identifikation wird von der Liebe zur Wahrheit besonders in Frage gestellt: unsere Identifikation damit, klein, mangelhaft, ungenügend, unfähig und unseren Aufgaben nicht gewachsen zu sein. Dieser Glaube an unseren Mangel kann uns davon abhalten, uns der Liebe zur Wahrheit zu öffnen, weil diese Liebe uns in einem Maße erweitert, daß wir Angst haben, wir wüßten nicht, wie wir damit umgehen sollen. Es kommt uns viel leichter vor, beim Status Quo mit seiner gemütlichen Vertrautheit zu bleiben. Wenn wir die Liebe zur Wahrheit mächtig werden lassen, werden wir mit dieser Identifikation mit unserer Unzulänglichkeit konfrontiert.

Es gibt Ableger all dieser Hindernisse, aber es genügt, diese als Ausgangspunkte für unsere eigene kontinuierliche Inquiry zu erwähnen. Je mehr man an diesen Hindernissen arbeitet, um so mehr weitet sich der Raum und erlaubt der Liebe zur Wahrheit, sich zu zeigen oder zu expandieren und zu vertiefen.

Die Liebe zur Wahrheit ist eine subtile und sehr feine Qualität in unserem Bewußtsein. Sie tendiert dazu, hinter vielen Schleiern von Gefühl, Instinkt und Identifikation verborgen zu sein. Es ist vielleicht nicht leicht, mit dieser tiefen Bewegung des Herzens in Kontakt zu kommen. Ohne die Erfahrung der Liebe zur Wahrheit um ihrer selbst willen, ohne Rücksicht auf die Konsequenzen – ohne die Bereitschaft, das eigene Herz vollständig für die Fülle der eigenen Wahrheit zu öffnen – wird man nicht die Energie oder die Motivation haben, über die vertraute Wirklichkeit hinauszugehen. Raumschiff *Inquiry* wird nicht den Hyperdrive nutzen können, um in die Tiefen des Mysteriums des Seins zu gelangen.

# 10
# Der persönliche innere Faden

Da wir nun an diesem Punkt den Motor unserer Fragen aktiviert und unsere Liebe zur Wahrheit als Treibstoff an Bord unseres Raumschiffes *Inquiry* zugeschaltet haben, schalten wir vom Powerdrive wieder zu unserem Hyperdrive, um durch den Hyperspace zu reisen, den Raum der zweiten Reise.

Um unsere Inquiry auf der zweiten Reise zu unterstützen, werden wir nun untersuchen, was wir die Dimension des *Punkt-Diamanten* (Point Diamond) von Essenz nennen. Diese Dimension ist für die Kontinuität essentieller Realisierung grundlegend. Sie gibt der Inquiry eine sehr wichtige Orientierung, eine, die die Offenheit der Inquiry erweitert und ihr eine Wirksamkeit verleiht, die wir uns vor dem Antritt der zweiten Reise nicht vorstellen konnten.

Das Verständnis der Dimension des Punkt-Diamanten, wie ich sie im Diamond Approach nenne, wird in der Erfahrung durch persönliche Arbeit am Punkt, dem Aspekt der Essentiellen Identität (Essential Identity) zugänglich.[8]

## Die Lehre vom Punkt-Diamanten

Wenn wir diese neue Dimension erforschen, wird das viele Themen aufwerfen, und einige der wichtigeren werden wir hier besprechen. Das Verständnis, das daraus resultiert, wird auch viele Vorstellungen, Ansichten und Annahmen in Frage stellen, die wir vielleicht dadurch übernommen haben, daß wir spirituellen Jargon gehört haben. Es wird auch deutlich machen, daß die Arbeit der Inquiry sich von anderen Arten innerer Arbeit unterscheidet.

Wir können diesen Abschnitt der Arbeit mit verschiedenen Begriffen bezeichnen, von denen jeder uns einen ersten Eindruck davon vermittelt, worum es bei der Lehre des Punkt-Diamanten geht. Man kann sie die Arbeit an der Lebenslinie nennen. Der Begriff „Lebenslinie" hat seinen Ursprung als Bestandteil von Einsteins Relativitätstheorie; er bezieht sich auf eine Ereigniskurve (event curve) im Minkowski-Raum. Der Minkowski-Raum, so benannt nach einem russischen Mathematiker, ist das vierdimensionale Raum-Zeit-Kontinuum, in dem sich unser Leben in dem Sinne abspielt, als man sich zu jedem beliebigen Augenblick an einem bestimmten Ort innerhalb von Raum und Zeit befindet. Mit anderen Worten, im Minkowski-Raum ist man immer körperlich lokalisierbar. Unser Leben besteht also aus einer Reihe dieser Punkte in der Raum-Zeit (locator point). Wenn man diese Punkte miteinander verbindet, erhält man eine Linie, die Lebenslinie genannt wird. Jedes physische Objekt hat seine Lebenslinie.

Die Lehre, die wir besprechen, betrifft mehr als den physischen Körper. Sie hat also mit einer anderen Art von Minkowski-Raum zu tun – mit einem spirituellen oder inneren Minkowski-Raum. Daher ist die Lebenslinie, die wir erforschen, nicht nur der eigene Ort in Raum und Zeit, sondern dieser Ort im Hinblick darauf, wo man sich in seiner Erfahrung befindet. Es ist die Lebenslinie der Entfaltung der Seele. Man kann sich immer, an jedem Punkt der eigenen Entfaltung, in einem bestimmten Zustand oder einer bestimmten Konfiguration der Erfahrung antreffen. Die phänomenologische Konfiguration der Seele entspricht in jedem Moment dem Ort in der Raumdimension des Minkowski-Raums, und der Punkt, an dem man sich in seiner Entwicklung befindet, entspricht dem Ort in der Zeitdimension. Das Verständnis der Bedeutsamkeit dieser Entsprechungen wird zur Lehre von der persönlichen Lebenslinie.

Eine andere Bezeichnung für die Lehre vom Punkt-Diamanten könnte die Lehre von der Freiheit von der Bewegung des Montagepunktes (assemblage point) sein. Der Begriff des Montagepunktes ist ein zentraler Teil der Lehren des Don Juan, wie sie von Carlos Castaneda in seinen Büchern dargestellt werden. Nach Don Juan ist die Realität aus vielen Bändern, Dimensionen oder Strahlen der Manifestation zusammengesetzt. Man erlebt sich in jedem beliebigen Moment in einem Band oder in einem Bündel dieser Bänder.

Das Band, wo das Ego normalerweise kristallisiert, ist da, wo der Montagepunkt fixiert ist. Bei der Lehre geht es darum zu entdecken, wie man sich aus dieser Fixierung befreien kann – wie man den Montagepunkt ungehindert bewegt –, so daß die eigene Wahrnehmung befreit wird und einem damit die Möglichkeit gegeben ist, durch die Bänder der Erfahrung zu streifen und dafür offen zu sein, die Totalität des eigenen Potentials zu erfahren.

Wir können die Realisierung des Punkt-Diamanten auch die Lehre vom persönlichen inneren Faden nennen, in dem Sinne, daß man die Lebenslinie als den Faden der eigenen Entwicklung oder Entfaltung sehen kann. Wenn man die eigene Situation wirklich untersucht, erforscht und ganz versteht, kann man in jedem Moment herausfinden, wo sich der eigene Faden befindet, das heißt, wo man in seiner Erfahrung ist.

Ein zentrales Thema, das auftaucht, wenn man seinen persönlichen inneren Faden findet und wenn man sich an ihm orientiert, ist das Wesen äußeren Einflusses. Wie wird die Beziehung zu der eigenen sich entfaltenden Erfahrung von den Büchern, die man liest, von den Menschen, denen man zuhört, und auch den Lehren, denen man folgt, beeinflußt (oder kontrolliert)? Wie kann man genau dem Ort, an dem man sich in diesem Moment befindet, treu sein, ohne von Ansichten, Anregungen und Vorstellungen beeinflußt zu sein, die man in der Vergangenheit aufgenommen hat?

Dieses Thema hilft uns sehen, daß die Freiheit des persönlichen inneren Fadens von äußerem Einfluß letztlich dasgleiche wie die Freiheit der Bewegung des Montagepunktes ist. Die Möglichkeit des Montagepunktes, sich frei zu bewegen, ist das, was dem persönlichen inneren Faden erlaubt, frei von Einfluß zu sein. Deshalb kann man diese Lehre auch als die Lehre der Freiheit von Einfluß verstehen. Diese Lehre verschafft uns ein Verständnis von Einfluß und davon, was es bedeutet, frei von seiner einschränkenden Wirkung zu sein. Wenn man dieses Verständnis hat, ist man in der Lage, die Einzigartigkeit des persönlichen inneren Fadens vollständig zu verwirklichen.

## Dynamismus und der Strom der Erfahrung

Inquiry impliziert, daß Erfahrung nicht gleich bleibt, daß es Veränderungen gibt – zumindest daß Veränderung möglich ist. Man erforscht etwas und findet etwas über sich heraus, was man von sich oder der

## Die grundlegenden Elemente der Inquiry

Realität vorher nicht wußte. Das ist ein Hinweis auf eine Veränderung der Wahrnehmung, eine Veränderung in der Erfahrung oder eine Veränderung im Bewußtsein. Diese Veränderung weist auf den Dynamismus unseres Seins hin.

Das Wort „Sein" (being) hat die Konnotation einfacher Seiendheit (beingness) oder Daheit (thereness). Man untersucht etwas und findet heraus, daß das eigene Wesen Sein (Being) ist: Man ist einfach da, reine Präsenz. Das bedeutet aber nicht, daß Seiendheit (beingness) gleich bleibt. Wie können wir sonst die verschiedenen Manifestationen, die verschiedenen Möglichkeiten erklären, wie wir unser Sein und uns selbst erfahren? Sein ist also an sich dynamisch, und sein Dynamismus ist in dem Sinne kreativ und transformativ, als Sein immer neue Formen erzeugt und ständig wechselnde Erscheinungen manifestiert.

Auf der zweiten Reise benutzen wir unseren Hyperdrive, der dem Warpdrive aus *Star Trek* ähnelt, die Art Antriebssystem, die Raumfahrzeugen ermöglicht, schneller als mit Lichtgeschwindigkeit zu fliegen. Was ich Powerdrive genannt habe, entspricht der Impulskraft (impulse power) eines Raumschiffes, die benutzt wird, wenn man mit weniger als mit Lichtgeschwindigkeit reist. Bei voller Impulskraft reist man nur mit einem Viertel der Lichtgeschwindigkeit. Wenn man den Warpdrive benutzt, gelten die Naturgesetze, wie sie die Physik für Körper beschreibt, die sich langsamer als mit Lichtgeschwindigkeit bewegen, also nicht, und man macht die Erfahrung, daß man gewaltige Entfernungen in extrem kurzer Zeit zurücklegt. Zum Beispiel kann man sogar schon mit dem Warpfaktor 1, der niedrigsten Überlichtgeschwindigkeit, den Mond – in 384 000 Kilometer Entfernung von der Erde – in 1.34 Sekunden erreichen. Damit bekommt man einen Eindruck von der Geschwindigkeit der Entfaltung, die auf der zweiten Reise möglich ist. Man kann so sehr beschleunigen, daß man den Eindruck haben kann, als hätte man sich augenblicklich an einen anderen Ort versetzt.

Der Dynamismus des Seins impliziert mehr als die Tatsache, daß sich Erfahrung und Wahrnehmung verändern; er impliziert auch, daß die Veränderung auf eine inhärente transformative und kreative Kraft zurückgeht. Es geht nicht allein um Ursache und Wirkung, obwohl Ursache und Wirkung beteiligt sind. Wenn ich „Dynamismus" sage, meine ich eine lebendige Kraft, die der biologischen evolutionären Kraft ähnelt: Sie reagiert nicht immer auf dieselbe oder auf vorhersehbare Weise. Sie ist intelligent, und daher verlagern sich ihre Manifestationen ständig und bewegen sich in Richtung größerer Optimierung des Lebens. Das ist der Grund, weshalb ich sage, daß das Sein die optimierende Kraft besitzt.

Wenn wir nur in Begriffen von Ursache und Wirkung denken, übergehen wir den Dynamismus, die Intelligenz, die Kraft und die Lebendigkeit in unserem Sein. Wir denken dann innerhalb eines mechanischen Rahmens und nehmen eine mechanistische Sichtweise davon ein, wie Veränderungen geschehen. Aber die menschliche Erfahrung kann nicht vollständig als eine Funktion von Ursache und Wirkung oder irgendeines anderen Konstrukts, das Voraussagen über Veränderungen erlaubt, erklärt werden. Wir können Veränderungen im Leben nie vollständig systematisieren, denn wir finden immer Ausnahmen. Es kommt immer ein Moment, wenn Dinge anders geschehen.

Dieser intelligente Dynamismus drückt die Freiheit und die Unerschöpflichkeit des Mysteriums aus. Weil dieses Mysterium – das für Sein fundamental ist – in seinen Möglichkeiten unerschöpflich ist, kann die Antwort des Seins sich verändern und vollkommen neu und frisch sein. Und diese Veränderlichkeit ist ohne Ende. Dynamismus, Intelligenz und die Unerschöpflichkeit des Mysteriums gehören zusammen, sie spiegeln dieselbe Wahrheit.

Die einfachste und leichteste Weise, wie man den Dynamismus sehen kann, besteht darin, die eigene, sich ständig verändernde Erfahrung anzuschauen. Auch wenn sie sich wiederholt und sich vertraut anfühlt, sind es nur Wiederholungen bestimmter herausragender Dinge. Unabhängig davon, wie geprägt die Erfahrung ist oder wie sehr man feststeckt, gibt es immer eine gewisse Veränderung. Im Grunde, in einem absoluten Sinn, ist die eigene Erfahrung niemals dieselbe, sie wiederholt sich niemals ganz genau. Wenn es nicht diese dauernde Veränderung, diesen Dynamismus gäbe, gäbe es keine Wahrnehmung, keine Bewußtheit und keine Erfahrung. Wenn man die ganze Welt nähme und sie einfrieren würde, gäbe es keine Wahrnehmung, und es wäre genauso, als gäbe es keine Welt. Also sind der Dynamismus und die Bewußtheit unseres Seins zwei Seiten desselben Phänomens.

## Die grundlegenden Elemente der Inquiry

Dies ist ein interessanter Punkt, weil wir naiverweise glauben, daß wir, wenn wir etwas erfahren, was sich nicht verändert, in einer Situation, in der wir keine anderen Erfahrungen haben – weder innere noch äußere –, weiter dieses Etwas erfahren werden. Wenn man darüber klar denkt, wird man erkennen, daß das nicht möglich ist. Man stelle sich vor, man wäre im Zentrum eines vollkommen kugelförmigen Raumes und diese Kugel hätte nur eine Farbe – zum Beispiel weiß. Und angenommen, man hätte keine Erinnerungen, Assoziationen, Reaktionen oder Vorstellungen, weder über die eigene Wahrnehmung noch allgemein. Mit anderen Worten, man hätte überhaupt keine innere Erfahrung, nicht einmal die Wahrnehmung des eigenen Körpers – es gibt nichts, als das Weiße um einen herum. Wird man weiß sehen? Nein, man wird nichts sehen.

Das ist nur ein Gedankenexperiment, um die Frage zu vereinfachen, aber es zeigt, daß es ohne irgendeine Veränderung entweder innerhalb oder außerhalb von einem selbst keine Wahrnehmung geben wird. Veränderung ist für Wahrnehmung notwendige Bedingung. Entweder das Äußere oder das Innere muß sich verändern, sonst ist es wie in diesem kugelförmigen weißen Raum. Wenn man aus dieser Erfahrung herauskommt, wird man sich an nichts erinnern. Das nennt man die Erfahrung von Aufhören.

An diesem Beispiel können wir erkennen, daß Erfahrung, Bewußtheit und Dynamismus wechselseitig eng miteinander verbunden sind. Es gibt eine Bewegung in der Erfahrung – ein Strom, ein Fluß – von einem Eindruck zum anderen, von einer Wahrnehmung zur nächsten. Im Grunde ist das das Leben: ein Strom von Erfahrung, von Eindrücken und Wahrnehmungen, die man eine Lebenslinie nennen kann. Vielleicht sieht man das gewöhnlich nicht so. Man sieht sein Leben wahrscheinlich aus einer physikalischen Perspektive: Da ist physikalischer Raum und man hat einen physischen Körper, und dieser Körper bewegt sich in diesem physikalischen Raum herum und macht Dinge oder macht Dinge nicht, macht Geräusche usw. Vielleicht schließt man auch seine innere Erfahrung und seine äußere Wahrnehmung mit ein, aber wahrscheinlich siedelt man sie innerhalb dieser physikalischen Perspektive an.

Man kann sein Leben und die Realität im allgemeinen auch als eine Reihe von Veränderungen in der Wahrnehmung ansehen, und diese Wahrnehmung schließt den Körper und seine Bewegungen mit ein.

Wir denken gewöhnlich, Wahrnehmung und Erfahrung seien gegenüber dem physischen Raum und dem physischen Körper, der in ihm ist, sekundär. Aber kann man den physischen Körper in physischem Raum jemals ohne Wahrnehmung erfahren? Kann es überhaupt Leben ohne Wahrnehmung und insbesondere ohne sich verändernde Wahrnehmung geben? Nein.

Daher können wir sagen, daß das eigene Leben ein Strom von Erfahrung, ein Strom von Wahrnehmung und eine Strömung von Eindrücken ist. Erfahrung schließt alle Modalitäten ein: Sehen, Hören, Fühlen, Spüren, Denken und Vorstellen als ein einziger Strom. Wenn man seine Augen schließt, geht der Strom weiter, nur die Muster und die Farben verändern sich. Bestimmte Dinge sind nicht da, andere Dinge sind da. Bestimmte Dinge erscheinen, andere sind verschwunden. Man kann sagen, daß man ja seine Augen zugemacht hat und daß das die übliche Weise ist, diese Erfahrung auszudrücken, aber was passiert, ist, daß der Strom andere Wahrnehmungen bringt. Zumindest ist diese Sicht genau so gültig wie die Auffassung, daß man die Augen öffnet und schließt. Es ist sogar so: Wenn man es philosophisch oder streng wissenschaftlich untersucht, wird man keinen Beweis dafür finden, daß man seine Augen geschlossen hat. Alles, was man ohne weitere Annahmen über die Realität aussagen kann, ist, daß Eindrücke sich verändert haben und daß sich die Wahrnehmung verändert hat, weil die Erklärung, daß man seine Augen geschlossen hat, selbst ein Eindruck ist, der Teil des Stromes ist.

Das ist eine interessante Wendung in unserer Sicht der Dinge. Die Dinge bleiben gleich, aber wir können sie etwas anders betrachten, was eine andere Perspektive ins Spiel bringen kann. Gewöhnlich denken wir, daß die Realität da draußen ist und daß wir hier mit ihr interagieren und daß diese Interaktion unsere Erfahrung erzeugt. Aus dieser Sicht kommt Erfahrung und geht, manchmal findet sie innen statt, manchmal außen, aber immer in Fragmenten und Stücken: „Ich hatte diese Erfahrung ... ich hatte jene Erfahrung." Es ist die äußere Realität, die Kontinuität zu haben scheint, nicht unsere Erfahrung. Was wir nicht sehen, ist, daß alles, was geschieht, einfach eine Veränderung im Strom unserer Wahrnehmung ist. Die Kontinuität, die Strömung der Erfahrung, ist konstant und umfaßt alles – in Wirklichkeit gibt es kein Innen und kein Außen.

Auf jeden Fall gibt es einen Strom der Erfahrung, ungeachtet dessen, wie wir darüber denken oder wie wir ihn erklären, ob er bewiesen werden muß oder nicht. Da ist ein Fließen, ein Voranschreiten, von einem Eindruck zum anderen. Und es ist dieses Fließen, dieses Voranschreiten – ein Ereignis folgt einem anderen, ein Ereignis geht in ein anderes über –, was uns ermöglicht, von einer Reise zu sprechen. Es ermöglicht uns auch, von Inquiry zu sprechen.

## Optimierung der Entfaltung

Bei der Inquiry geht es im wesentlichen darum, so an dem Fließen teilzunehmen, mit der Strömung zu kooperieren, daß man sich mit der optimierenden Kraft in Einklang bringt. Die Inquiry ist mit anderen Worten mehr als nur eine kontinuierliche Bewegung mit dem Strom. In aller Erfahrung drückt der Strom den Dynamismus aus, aber damit ist nicht gesagt, ob dieser Dynamismus optimiert ist oder nicht. In der Inquiry bringen wir uns mit der optimierenden Kraft im Dynamismus in Einklang, was bedeutet, daß der Strom der Erfahrung sich dahin bewegt, heller, klarer und schöner zu werden.

Diese Schönheit und diese Klarheit kann man in vielerlei Weise begreifen – als Erfüllung, als gesteigerte Bewußtheit, als Tiefe, als Expansion oder als mehr Realität, mehr Fülle, mehr Objektivität. Wie immer man ihn erlebt, der optimierende Strom enthüllt weiter das Mysterium des Seins. Solange es Bewußtsein gibt, ist der Strom immer da. Ohne Optimierung fließt er nur an der Oberfläche der Realität – und bewegt sich in eine oder in mehrere Richtungen oder im Kreis. Obwohl es vielleicht Veränderungen gibt, bleibt der Strom auf derselben Ebene und wiederholt dieselben fundamentalen Formen der Erfahrung – wobei die Oberfläche selbst unendlich ist. Das ist das Leben, wenn es allein auf der Ego-Ebene gelebt wird.

Aber der Strom kann auch tiefer fließen, was bedeutet, daß er beginnt, das darunterliegende Potential von Sein zu manifestieren, und dabei neue und unerwartete Ebenen der Erfahrung aufzeigt. Der Strom wird dann kreativ – nicht nur im Sinne von generativ, immerfort produzierend, sondern im künstlerischen Sinn: Etwas Neues entsteht, etwas

Originäres, Authentisches zeigt sich, eine Steigerung, eine Optimierung tritt ein. Wenn wir über Entfaltung sprechen, fügen wir der Vorstellung von dem Strom der Erfahrung also ein neues Element hinzu. Wir haben jetzt einen Strom, der kreativ ist und sich entfaltet, der neue Aspekte und neue Möglichkeiten eröffnet, der mehr Elemente des dem Sein eigenen Potentials manifestiert. Das Potential, das immer schon als Möglichkeit da war, wird jetzt wirklich. Wenn es zur Entfaltung kommt, ist der Strom leuchtender, strahlender, lebendiger und enthüllt neuere Möglichkeiten. Je mehr der Strom, der unser Leben ist, neue Möglichkeiten enthüllt und je kreativer er wird und sich optimierend entfaltet, um so näher kommen wir unserer wahren Natur, der reinen Essenz unseres Seins.

Im Grunde könnte man sogar sagen, wir näherten uns dann der Quelle des Stroms. Was auch bedeutet, daß wir uns der Fülle dessen nähern, was wir sein können. Indem wir unsere Möglichkeiten manifestieren, unser Potential aktualisieren und indem wir kreativ unsere weiteren Möglichkeiten in die Welt bringen, nähern wir uns unserer Vollendung, unserer Ganzheit an. Mehr von uns selbst – mehr Möglichkeiten unserer Seele – wird erlebt und ist bewußt. Manchmal nennen wir das Reife, aber in Wirklichkeit ist das, dem wir uns nähern, Vollendung, Totalität, Ganzheit.

Mit anderen Worten, wenn wir an dem Strom teilnehmen und mit seiner optimierenden Kraft zusammengehen, tendiert er dazu, sich zu vollenden, sich so zu bewegen, daß Erfahrung mehr zu einer Ganzheit wird, und mehr Dimensionen tauchen auf und werden integriert. Das ist die Essenz der spirituellen Reise: Wenn man sich auf Ganzheit hin bewegt, sieht man immer mehr von der Realität und mehr von der eigenen Natur, mehr des eigenen Wesens wird zugänglich und ausgedrückt.

## Sich auf Ganzheit zu bewegen

Obwohl sich der Strom auf Ganzheit zu bewegen wird, wenn wir uns mit der optimierenden Intelligenz des Seins in Einklang bringen, wird die Ganzheit nicht jedesmal sofort in Erscheinung treten, wenn wir das tun. Ganzheit ist einfach die natürliche Richtung, und sie wird sich auf natürliche Weise einstellen, wann immer sie die passende Antwort ist.

Die Intelligenz des Seins antwortet darauf, wo sich der Strom zur Zeit der Veränderung befindet. Deshalb verändert und transformiert sich das Wesen der eigenen Situation, die die Gesamtheit der eigenen Erfahrung ist, je nach dem, wie sie sich im Moment manifestiert. Die intelligente Bewegung antwortet unmittelbar auf die eigene Erfahrung. Sie verläßt nicht einfach, was gerade in der Erfahrung da ist, und bewegt sich abrupt zur Ganzheit oder zum Absoluten.

Ich sage das, weil viele Lehren der Auffassung sind: „Verlasse das, was Du gerade erfährst, und geh zu einem höheren Zustand. Die Übung besteht darin, Ganzheit im gegenwärtigen Augenblick zu aktualisieren, das Mysterium in diesem Moment zu aktualisieren." Das ist vielleicht eine Möglichkeit, wie man das tun kann, aber die natürliche Intelligenz unseres Seins funktioniert so nicht. Sie übergeht nicht die Gegenwart und ihren Inhalt, ganz gleich, was das ist, und springt zum Höchsten. Das ist so, weil die optimierende Intelligenz des Seins auf die spezifischen Details dieses Augenblicks reagiert. Manchmal ist die Ganzheit des Seins die passende Antwort auf die Situation des Augenblicks. Meistens ist das nicht die optimale Reaktion.

Man kann sehr wohl fragen: „Gut, wenn die Bewegung nicht jetzt zur Ganzheit geht, aber das letztlich doch tut, warum soll man ihr dann nicht in dieser Richtung nachhelfen?" Aber sind wir so intelligent wie das Sein selbst mit seiner natürlichen Empfindsamkeit und Empfänglichkeit? Wissen wir, was der nächste Schritt sein wird? Sind wir so allwissend wie das Sein selbst, daß wir bestimmen können, wie der Strom verlaufen sollte? Woher wissen wir, daß die Weise, wie der Strom von sich aus fließt, wenn wir mit der Intelligenz des Seins in Einklang sind, nicht die rascheste Strecke zur Ganzheit ist?

Das Verständnis der Dynamik des Seins bringt also eine Falle zum Vorschein, in die viele geraten: zu versuchen, Gott zu überlisten oder dem Sein in die Karten zu schauen, zu versuchen, ihm nachzuhelfen, indem man seinen Strom in eine bestimmte Richtung drängt. Diese Neigung, unsere Erfahrung auf einen bestimmten Zustand hin zu orientieren, enthüllt mehr als alles andere die Identifikationen und Sichtweisen, die wir von verschiedenen Lehren übernommen haben. Die meisten Lehren sagen wirklich: „Da mußt Du hin, also gehen wir direkt dahin." Das ist besonders eine Gefahr, wenn wir von Lehren angezogen sind, die als plötzliche, unmittelbare, direkte oder schnelle Methoden bezeichnet werden. Solche Ansätze können einen dazu verführen zu glauben, daß man mit einem Satz in die endgültige, eigentliche Realisierung springen kann, ohne mit dem Dynamismus selbst mitzugehen. Die Möglichkeit besteht ganz sicher, daß so ein Sprung gelingt, aber es ist eine winzige Möglichkeit, und ob es dazu kommen kann, hängt davon ab, wo man sich auf seiner Reise befindet.

Ansätze, die auf dem Glauben basieren, man könnte den Dynamismus des Seins umgehen – oder genauer, daß man in einen bestimmten Zustand gehen sollte –, tendieren dazu, für die meisten Menschen ein großes Problem und einen schmerzhaften Konflikt zu erzeugen. Man wird immer abschätzen wollen, wo man sich im Verhältnis zu diesem Ort befindet, zu dem man gelangen soll. Man wird sich immer antreiben, um dahin zu gelangen. Dann entwickelt man ein Über-Ich oder einen inneren Kritiker, der einem immer über die Schulter schaut und einem sagt: „Das Ziel ist da drüben, warum bist Du immer noch hier? Wann bist Du endlich da? Du weißt, Du machst es nicht gerade gut."

Diese Lehren haben anscheinend ihre eigene Logik und ihren eigenen Kontext, und ihre Methoden sind in manchen Situationen offenbar erfolgreich. Nichtsdestoweniger hat die Arbeit, die wir hier machen, damit zu tun, daß wir mit der natürlichen Intelligenz des Dynamismus unseres Seins zusammenarbeiten. Unser Ansatz besteht darin, auf der natürlichen Welle der optimierenden Kraft des Seins zu reiten, indem wir uns mit seinem Fluß in Einklang bringen.

Der Diamond Approach sagt also, daß Ganzheit erreichbar und möglich ist und daß sie sich zu gegebener Zeit einstellt. Wenn man von der höchsten Natur der Ganzheit spricht, bedeutet das nicht, daß sie einem in jedem Moment zur Verfügung steht. Sein funktioniert einfach nicht so, was aus den meisten unserer Beobachtungen klar geworden sein sollte.

Der Dynamismus drängt einem Ganzheit nicht einfach so auf. Er antwortet und reagiert in jedem Augenblick angemessen und intelligent auf die eigene einzigartige Situation. Er ist in seiner Bereitschaft zu antworten intelligent, umsichtig, empfindsam und empathisch. Wenn man mit der Intelligenz des Seins in Einklang ist, befindet sich der Strom der Erfahrung in jedem beliebigen Augenblick entweder im Zustand der Ganzheit oder er nähert sich größerer Ganzheit und mehr Integration

## Die grundlegenden Elemente der Inquiry

an. Die Ganzheit ist die Quelle der Intelligenz, und im Grunde ist diese Intelligenz nichts anderes als der Ausdruck der Ganzheit, durch die Antwort und Reaktion der Dynamik des Seins. Daher ist es natürlich, daß sich die eigene Erfahrung, wenn man sich vollkommen und tief entspannt, spontan in den Zustand der Ganzheit einfindet.

Aber viele Dinge können diesem Einfinden im Weg sein – Störungen, Mißverständnisse, Konflikte, falsche Ansichten, konditionierte Reaktionen, Gefühle und Gedanken, die abgebaut oder geklärt werden müssen. Der intelligente Dynamismus wird auf diese Störungen reagieren, während er sich auf die Ganzheit zu bewegt. Die Intelligenz kann in einem Augenblick wirksam sein, indem sie in einem zum Beispiel ein Gefühl der Stärke manifestiert, um mit einem bestimmten Zustand umzugehen. Oder sie erscheint in einem vielleicht als ein Zustand grenzenloser Liebe oder als eine andere der unendlich vielen Möglichkeiten von Sein. Die Intelligenz des Seins reagiert nicht nur auf verschiedene Individuen unterschiedlich, ihre Reaktion variiert auch bei jedem Menschen in verschiedenen Momenten und unter verschiedenen Bedingungen.

Wäre das nicht so, gäbe es nicht so etwas wie einen einzigartigen persönlichen inneren Faden. Das Feld der Erfahrung eines jeden Menschen ist individuell verschieden, es hat verschiedene Bestandteile, verschiedene Manifestationen und Einflüsse und eine unterschiedliche Geschichte. Die optimierende Intelligenz transformiert die in der Erfahrung gegebene Situation eines jeden Menschen auf eine andere Weise. Man kann es auch so ausdrücken: Der Strom eines jeden Menschen ist einzigartig. Alle Ströme bewegen sich auf dieselbe Realität zu – auf die Ganzheit –, aber diese Bewegung mäandert bei jedem Menschen durch ein anderes Gelände. Der eine geht durch ein Tal, während ein anderer über einen Berg wandert.

Wenn wir das mit dem Bild der Lebenslinie ausdrücken, dann beginnen wir alle an einem anderen Ort, unter unterschiedlichen Anfangsbedingungen, und das ist ein weiterer Grund dafür, warum jeder von uns eine einzigartige Lebenslinie hat. Neben diesen Unterschieden gibt es aber Ähnlichkeiten der Lebenslinien, denn die Gesetze, die unsere Ströme bestimmen, sind dieselben. Dennoch wird sich die Kurve, die eine besondere Lebenslinie ist, von der Kurve der Lebenslinie eines anderen Menschen unterscheiden, auch wenn wir uns alle in dieselbe Richtung bewegen – auf Ganzheit zu.

## Übung

### Ihr persönlicher innerer Faden

Sie finden es jetzt vielleicht hilfreich, anzuhalten und selbst zu untersuchen, was wir besprochen haben. Sind Sie mit einem Strom in Ihrer inneren Erfahrung in Kontakt gewesen? Wenn ja, wie erfahren Sie diesen persönlichen inneren Faden? Wählen Sie als Hilfe bei der Beantwortung dieser Fragen ein Thema, das Ihnen seit längerer Zeit bewußt ist oder mit dem Sie arbeiten, und beginnen Sie, sich in Ihre Gefühle und inneren Haltungen diesem Thema gegenüber in diesem Moment einzufühlen. Was ist in diesem Moment Ihre Erfahrung von sich selbst in Beziehung zu diesem Thema?

Dann schauen Sie auf die Zeit zurück, als das Thema für Sie zum ersten Mal aufkam. Können Sie einen inneren Faden von Erfahrungen ausmachen, der Sie zu Ihrem jetzigen Standpunkt diesem Thema gegenüber geführt hat? Haben Sie ab und zu den Kontakt mit diesem inneren Faden verloren? Unter welchen Umständen? Wie haben Sie ihn wieder aufgenommen?

Wenn Sie auf diese Weise Ihre Geschichte um ein Thema anschauen, kann das enthüllen, wie Ihr Prozeß eher einem inneren Faden gleicht, der sich entwirrt als einem Problem, das gelöst wird. Woher wissen Sie, wann Sie mit dem inneren Faden in Kontakt sind und wann nicht? Können Sie, wenn Sie den Gesamtprozeß der Arbeit mit Ihrem Thema betrachten, sehen, wie der innere Faden vielleicht einer Entfaltung in Ihrer Seele entspricht? Wenn ja, wie würden Sie diese Bewegung charakterisieren?

## Das Mandala der Seele

Ein nützliches Bild, das uns dabei helfen kann, den inneren Faden persönlicher Entfaltung begrifflich zu erfassen, ist das *Mandala*. Mit Mandala meine ich ein Feld mit einem Mittelpunkt, wie eine Kugel mit einem Zentrum. Das Feld ist die Totalität der eigenen Erfahrung – der Gedanken, Gefühle, Empfindungen, Wahrnehmungen und Tätigkeiten; es ist die Totalität des eigenen Lebens in jedem Augenblick. Das Zentrum ist da, wo der Dynamismus des Seins das eigene Feld, das Mandala berührt. Das ist die Stelle, wo die Transformation der Erfahrung beginnt, die dann durch das ganze Feld Kreise zieht. Das Zentrum ist da, wo man sich befindet – der essentielle Aspekt oder Zustand, in dem sich die eigene Seele manifestiert, und das ist da, wo man seine Identität, seine wahre Natur findet. Das Sein interagiert mit dem eigenen Mandala, indem es einen genau im Zentrum berührt – eigentlich ist die Berührung das, was diese Stelle zum Zentrum macht –, was als Wirkung Wellen hat, die sich durch das ganze Mandala ausbreiten.

Zum Beispiel kann es im Zentrum zu einer Intensivierung von Bewußtheit oder grenzenloser Liebe oder Kraft kommen, die dann durch das ganze Mandala, das die Totalität der Erfahrung ist, Kreise zieht. Wie das Sein das eigene Zentrum berührt oder wodurch oder womit es berührt, hängt von dem gesamten Mandala in jedem Augenblick ab, von der Totalität dessen, was mit einem geschieht. Es berührt einen nicht einfach willkürlich mit irgendeinem Element. Die eigene Erfahrung in jedem Moment spiegelt also die Totalität des Mandalas und die Kraft, die es berührt und die eine Veränderung bewirkt.

Was ich über das Mandala gesagt habe, trifft nicht genau auf die erste Reise zu. Es ist ein Bild, das mehr für die zweite Reise paßt. Das liegt daran, daß auf der ersten Reise die optimierende Kraft noch keine unmittelbar empfundene Erfahrung, noch kein unmittelbares Erkennen ist. Man erfährt sie eher in der Wirkung, die sie auf das Mandala hat, denn obwohl die Bewegung auf Präsenz hin gerichtet ist, manifestiert Präsenz sich noch nicht im Bewußtsein. Auf der zweiten Reise manifestiert sich Präsenz direkt in der Erfahrung, und diese Präsenz ist das Zentrum des Mandalas. Diese Präsenz, dieses Zentrum, ist man selbst, und das Mandala ist die Totalität der eigenen Erfahrung. Auf der dritten Reise werden das Zentrum und das Mandala koemergent, denn an diesem Punkt ist alles Präsenz.

Wir besprechen das Mandala in Beziehung zur zweiten Reise, weil wir da die Frage des persönlichen inneren Fadens am klarsten und genauesten verstehen können. Das liegt daran, daß der persönliche innere Faden, die Lebenslinie, auf dieser Reise mit Präsenz am klarsten und deutlichsten erkennbar wird. Wir können dann diese Genauigkeit benutzen, um die erste Reise präziser zu verstehen. Der persönliche innere Faden ist auf der ersten Reise nicht so klar, weil man nicht direkt mit dem Dynamismus in Kontakt ist. Deshalb gibt es kein klares und besonderes Zentrum – es ist so, als schwämme man in einem Meer, das das eigene Feld der Erfahrung ist.

Ich meine nicht, daß man auf der ersten Reise nicht dem persönlichen inneren Faden folgen kann. Es ist schwieriger, weil der innere Faden nicht von einem Bewußtsein des Zentrums des Mandalas charakterisiert ist. Die Frage des persönlichen inneren Fadens oder der Einzigartigkeit der Entfaltung ist auf allen drei Reisen relevant, aber es gibt Unterschiede, je nach dem, auf welcher Reise man sich befindet. Diese Unterschiede haben mit der eigenen Identität auf jeder dieser Reisen zu tun.

## Der persönliche innere Faden auf den drei Reisen

Auf der ersten Reise ist die Identität auf der Ego-Ebene, und das ist das vertraute Gefühl, an dem man sich als sich selbst erkennt. Diese Identität ist ein Spiegelbild der besonderen Ego-Struktur, die einen in Beziehung zum Feld der Erfahrung definiert. Auf der zweiten Reise ist die Identität der Punkt (Point), der Punkt von Licht und Existenz, die Essentielle Identität (Essential Identity). Auf der dritten Reise ist die Identität das Mysterium von Sein selbst, das Absolute. Diese Unterschiede bewirken einige Variationen der Eigenart des persönlichen inneren Fadens auf jeder der drei Reisen.

Alle drei Reisen ähneln sich aber hinsichtlich dessen, was es bedeutet, dem eigenen inneren Faden zu folgen. Dem eigenen inneren Faden folgen bedeutet, daß es möglich ist, objektiv zu sehen, was mit einem geschieht, von Augenblick zu Augenblick. Genauer gesagt: bedeutet es, daß man sich seiner eigenen Erfahrung durch die globale, umfassende Bewußtheit bewußt wird, die aus Achtsamkeit (mindfulness) entsteht, und sie danach untersucht und erforscht, um herauszufinden, was geschieht. Man beobachtet beispielsweise eine Gereiztheit, Müdigkeit und einen Widerwillen, mit Leuten zu sprechen, aber man weiß nicht genau warum. Dieses Nichtwissen kann dann eine fragende Haltung gegenüber diesen Eindrücken aktivieren, und an einem bestimmten Punkt könnte sich das Verständnis einstellen: „Ich verstehe, ich bin einfach wütend." Jetzt fängt man an, seinen inneren Faden zu finden.

Dieser Prozeß ist auf allen drei Reisen derselbe. Der innere Faden auf der ersten Reise hat aber kein einzelnes Element, das ihn durchgehend charakterisiert. Der innere Faden kann sein: Jetzt bin ich wütend... jetzt passiert nichts...jetzt esse ich mein Essen...jetzt stecke ich fest. Als Ergebnis schlängelt sich der innerer Faden während der ersten Reise durch ein weites Gebiet, ohne klare Verbindungen, auch wenn man im nachhinein manchmal erkennen kann, was diese Verbindungen sind. Auch wenn man seinen eigenen inneren Faden finden kann, gibt es also kein inhärentes Gefühl: „Ja, hier bin ich." In dem Augenblick, in dem man sagt: „Hier bin ich", hat man in gewissem Sinn schon die zweite Reise begonnen, da man anfängt, sich selbst unabhängig vom Inhalt irgendeiner bestimmten Erfahrung zu erkennen.

Inquiry beginnt mit dem Wunsch herauszufinden, was eigentlich geschieht. Man will seine eigene Erfahrung in diesem Augenblick verstehen. Inquiry führt einen zu immer größerem Verständnis seiner selbst im allgemeinen, aber sie tut das, indem sie einem hilft, sich selbst von Moment zu Moment zu verstehen. Auf der ersten Reise verändert sich dieses Verstehen von Moment zu Moment, transformiert sich, nimmt zu, nimmt ab, bewegt sich in diese Richtung, bewegt sich in jene Richtung und so weiter. Wir können sagen, daß auf der ersten Reise der persönliche innere Faden der Faden des Verstehens ist. Der innere Faden des eigenen Verstehens ist es, was einem sagt, wo man sich auf der ersten Reise befindet. Das geschieht gewöhnlich gegen Ende der Reise, wenn man kontinuierlich wissen kann, wo man ist, in dem Sinne, daß man ein ungebrochenes Verständnis davon hat, was geschieht: was man fühlt, was man erlebt, ob man feststeckt oder nicht, welche Art Widerstand aktualisiert ist, ob man gerade auf etwas reagiert oder nicht, mit welchen Themen man zu tun hat und so weiter. Das kann nie vollkommen gemacht werden, aber es ist möglich, es immer wirksamer zu tun, während man sich durch die erste Reise bewegt. Der Schwerpunkt der Arbeit besteht auf der ersten Reise darin, sich seiner selbst soweit bewußt zu werden, daß man weiß, wo man sich in jedem beliebigen Moment befindet.

## Der Faden essentieller Präsenz

Wenn wir unser Bewußtsein erforschen, stellen wir fest, daß es in ihm bestimmte Manifestationen gibt. Bei der Inquiry geht es nicht nur darum, sich dieser Manifestationen, die unser Mandala bilden, bewußt zu sein, sondern sie auch in einem Zusammenhang zu verstehen, der uns sagt, wo wir uns in der Erfahrung befinden. Das ist unser innerer Faden in dem Moment. Aber mit „Faden" meinen wir auch mehr, als nur zu wissen, wo wir sind; wir meinen auch, daß wir uns unseres inneren Entfaltungsprozesses bewußt sind. Der innere Faden bedeutet also, daß wir wirklich erkennen und verstehen, was mit uns als einem kontinuierlichen Prozeß geschieht.

Je mehr man sich dessen bewußt ist, was geschieht – das heißt, je mehr man mit seinem persönlichen inneren Faden in Kontakt ist und ihn versteht –, um so mehr kann die optimierende Kraft auf die eigene Erfahrung einwirken. Diese optimierende Kraft tritt immer in Erscheinung, wenn wir uns mit einer der Qualitäten in Einklang bringen – wie Bewußtheit, Verstehen oder Inkontaktsein (in-touchness) –, die die optimierende Intelligenz von Natur aus manifestiert, wenn der Dynamismus des Seins in unserer Erfahrung zugelassen wird.

Wir sehen das sehr leicht auf der zweiten Reise, der Reise mit Präsenz. Man ist sich seiner essentiellen Präsenz bewußt, aber auch andere Dinge geschehen in dem Mandala. Man erfährt vielleicht eine bestimmte Qualität von Präsenz, wie die Persönliche Essenz oder Frieden oder Mitgefühl. Diese Qualität bildet das Zentrum des Mandalas, und der Rest des Mandalas besteht aus den eigenen Gefühlen, Erinnerungen, der inneren Dynamik, den Handlungen – der ganzen emotionalen inneren Atmosphäre und wie sie sich im Leben wie auch in der gesamten Sphäre der Wahrnehmung manifestiert. Wir können also sagen, daß die Weise, wie Sein sich in jedem Augenblick in einem manifestiert, das Zentrum des Mandalas ist. Sein berührt das Mandala durch seine essentiellen Manifestationen, die sein Zentrum sind. Dieses Zentrum ist ein sich verändernder Punkt, und dieser Punkt bildet, da er sich verändert, einen inneren Faden – die essentielle Lebenslinie. Deshalb ist das Mandala auf dieser Reise ziemlich klar, und es ist leicht, diesen inneren Faden zu sehen.

## Die grundlegenden Elemente der Inquiry

Auf der zweiten Reise ist das unterscheidende Charakteristikum des persönlichen inneren Fadens die essentielle Präsenz, das heißt etwas, was während der ersten Reise nicht zur Verfügung steht. Aus dem Grund können wir während der ersten Reise nicht klar von Entfaltung sprechen – das direkte Einwirken des Dynamismus' des Seins auf die Seele –, auch wenn es ein Strom der Erfahrung gibt. Auf der zweiten Reise können wir ziemlich genau von Entfaltung sprechen, weil das Zentrum, das die essentielle Präsenz ist, als eine Qualität nach der anderen erscheint.

Auf der zweiten Reise bedeutet Inquiry Erforschen, um zu wissen, wo man sich befindet – Herausfinden, wo man sich auf der Reise gerade befindet. Ich meine nicht nur den eigenen Ort im Feld des Mandalas – die Manifestationen des eigenen Lebens wie der Emotionen, Gedanken oder Handlungen. Ich meine, wo man im Zentrum ist, den Ort, der von Sein berührt wird. Das bedeutet, daß man den eigenen Platz findet, den eigenen Ort im essentiellen Raum erkennt. An dieser Inquiry sind zwei Elemente beteiligt: erstens das Sehen des Zentrums des Mandalas, was bedeutet, sich der eigenen Präsenz bewußt zu sein und die Qualität dieser Präsenz genau zu wissen; und zweitens Bewußtheit und Verstehen der Totalität des Mandalas, das heißt, des Widerhalls der Präsenz im übrigen Bewußtsein und umgekehrt.

Es gibt ständig Interaktionen zwischen dem Zentrum und dem Feld des Mandalas, denn die Qualität von Präsenz, die erscheint, beeinflußt und antwortet auf das, was in der Gesamtheit des Mandalas geschieht. Wenn man sich beispielsweise kraftlos und hilflos fühlt, wird das Zentrum des Mandalas nach einer Weile zur Schwarzen Essenz (der Qualität essentieller Kraft), weil sie auf das reagiert, was im Mandala geschieht. Die Antwort steht auch in Beziehung zur Geschichte des Mandalas und seinem Ort innerhalb des universalen Mandalas. Mit anderen Worten, das eigene persönliche Mandala, das die Erfahrungswelt ist – die Totalität des eigenen Bewußtseins mit seiner essentiellen Präsenz –, ist das Resultat sowohl der eigenen persönlichen Geschichte als auch der eigenen Interaktion mit dem größeren Mandala der ganzen Welt, in die sie eingebettet ist. Mit dem Beginn der zweiten Reise aber wird die eigene Erfahrung innerhalb des Mandalas nicht nur durch diese beiden Faktoren bestimmt, sondern auch durch den optimierenden Dynamismus des Seins, der durch das Zentrum des Mandalas als essentielle Präsenz erscheint.

## Dem inneren Faden folgen

Wir können das Mandala auch im Hinblick auf die Seele besprechen. Die Seele ist die Totalität des Mandalas. Essenz erscheint in der Seele, aber während der zweiten Reise ist die Seele lange Zeit nicht vollständig zu Essenz geworden, nur ein Teil von ihr ist es. Der Rest des Feldes des Mandalas – der Rest des Bewußtseins der Seele – setzt sich aus unseren ganzen mentalen, emotionalen und körperlichen Erfahrungen zusammen. Der innere Faden wird durch das Zentrum der Seele definiert, und wir können dieses Zentrum am genauesten und auf eine deutlich erkennbare Weise dadurch wissen, daß wir die essentielle Präsenz erkennen und welche Qualität sie manifestiert. Das ist die Reise mit Präsenz, auf der sich die Seele auf Ganzheit, auf die Integration des Mysteriums zu bewegt, und zwar dadurch, daß der Dynamismus die essentielle Präsenz in ihren verschiedenen Qualitäten und Dimensionen zur Erscheinung bringt. Das ist es, was das Mandala wirklich transformiert, was die Seele eigentlich verändert. Das Mandala kann ohne diese essentielle Präsenz nicht wirklich transformiert werden.

Auf der zweiten Reise geht es bei der Inquiry darum, dem inneren Faden zu folgen, was bedeutet, daß man sich der Präsenz bewußt ist und ihre Qualitäten versteht und daß man versteht, wie die Präsenz den Rest der eigenen Erfahrung beeinflußt. Man sieht seine Themen im Verhältnis zu der jeweiligen essentiellen Qualität, die erscheint, und man sieht und versteht auch, wie die Lebenserfahrung die essentielle Präsenz einschränkt oder beeinflußt. Die essentielle Präsenz wird zur Führung. Sie ist ein innerer Faden von Essenz, der ständig heller und leuchtender wird, und dieser innere Faden aus Helligkeit kann sich durch unsere Erfahrung bewegen. Im Gegensatz dazu gibt es auf der ersten Reise keinen inneren Faden aus Helligkeit. Er leuchtet nur ab und zu kurz auf.

Also sind die optimierende Kraft und der innere Faden und die Führung eigentlich eins; sie sind verschiedene Manifestationen oder Erscheinungsweisen derselben Sache. Und wenn man mit der optimierenden Kraft im Einklang ist, dann bedeutet das, daß man mit der Führung in Kontakt ist und sich in die Richtung bewegt, die der Präsenz erlaubt, immer mehr in Erscheinung zu treten. Damit das geschehen kann, muß man aber den Punkt, die Essentielle Identität, zu einem gewissen Grad realisiert haben. Um Essenz als sein Zentrum erkennen zu können, muß man eine gewisse Identifikation mit essentieller Präsenz haben. Man muß erkannt haben: „Das bin ich." Das ist die Erfahrung des Punktes: die Erfahrung, daß man selbst die Reinheit des Seins ist. Man wird aber nicht wissen, daß man das ist, bevor man nicht am Punkt und an den narzißtischen Themen in seinem Umkreis gearbeitet hat.

Aber wenn wir die Möglichkeiten der zweiten Reise besprechen, reden wir nicht nur über eine einzelne Erfahrung des Erkennens, daß man seine Essenz ist. Wir sprechen über eine Kontinuität der Erkenntnis, einen Strom der Realisierung, die im Zentrum der eigenen Erfahrung bleibt. Das ist es, was man auf der zweiten Reise verwirklichen soll. Wenn man die zweite Reise wirklich aktualisiert hat, ist man sich der Präsenz immer bewußt, unabhängig davon, was geschieht. Andere Dinge gehen vielleicht vor sich, die nicht Präsenz sind, aber da ist immer Präsenz. Bevor man dieses Stadium erreicht hat, bewegt man sich zwischen der zweiten und der ersten Reise hin und her.

## Der Versuch, den inneren Faden zu kontrollieren

Während der zweiten Reise muß man darauf vertrauen, daß es nichts zu tun gibt, als bei dem inneren Faden zu bleiben. Die Frage des Vertrauens aktiviert das besondere Thema, das es einem schwer macht, bei dem Faden zu bleiben. Das spezifische Thema jedes essentiellen Aspekts ist das Thema, das bei jedem Menschen unabhängig von seiner persönlichen Geschichte als Barriere gegen die Realisierung dieses Aspektes auftritt. Das spezifische Thema für den Punkt-Diamant (Point Diamond) ist der Glaube oder die Annahme, daß es nötig sei, sich an einem bestimmten Ort zu befinden: „Vielleicht sollte ich das Mysterium erfahren. Ich sollte in der unveränderlichen Stille jenseits aller Erscheinung sein. Das ist Realisierung." Nein! Realisierung bedeutet zu wissen, wo man wirklich ist, nicht irgendeinen Zustand zu erfahren, den man nur manchmal erreichen kann.

Der Punkt ist, daß der Dynamismus seine reine Qualität innerhalb des *eigenen* Mandalas in einer spezifischen Form, mit einer spezifischen Qualität manifestiert, und zwar aus einem intelligenten Grund. Der

Dynamismus hat seine eigenen Absichten, wenn er sich einem so präsentiert, wie er es tut. Man kann sagen: „Nein, das ist nicht das, was ich will", aber das stammt von einem Willen, der nicht mit dem göttlichen Willen (Divine Will) verbunden ist. Aufgrund dieses selbstbezogenen Eigensinns sagt man in einigen theistischen Traditionen, daß Harmonie mit dem Göttlichen Willen eine höhere Realisierung als Gottes-Realisierung ist. Sich dem zu fügen und mit dem mitzugehen, wohin das Sein einen stellt, ist eine viel tiefere Realisierung, als nur mit der Ganzheit des Seins vertraut zu werden.

Der Dynamismus präsentiert sich also dem Mandala und gibt einem damit die Möglichkeit, sich vom Göttlichen Willen bewegen zu lassen, wie immer er will. Eine andere Möglichkeit, das auszudrücken, ist, daß das Mandala, das die Totalität der Erfahrung ist, im Zentrum vom Göttlichen Willen berührt wird. Die besondere Weise, in der man berührt wird, ist die Manifestation des Göttlichen selbst, und das ist die essentielle Präsenz. Dies nennt man auch das Elixier, das transformierende Agens, das die Totalität des Mandalas transformieren und zu größerer Optimierung bewegen kann. Unser persönlicher Beitrag besteht darin, unsere Erfahrung zu untersuchen, um uns dessen bewußt zu werden und zu verstehen, was geschieht, denn wenn wir es nicht verstehen, werden wir dazu neigen, uns dagegen zu sträuben. Nicht zu verstehen bedeutet, daß wir aus einem anderen Impuls handeln, der aus einem oberflächlicheren Teil unserer Seele stammt. Die Bewegung des ganzen Mandalas wird dann von diesem oberflächlichen Teil gesteuert, der sehr wahrscheinlich ein Überbleibsel unserer persönlichen Geschichte ist.

Auf der ersten Reise kann man nicht anders, als sich andauernd anzustrengen und Druck zu machen; das ist alles, was man tun kann. Auf der zweiten Reise hat man Präsenz erkannt, und diese wird integriert. Die Präsenz transformiert jetzt das Mandala, indem sie es immer tiefer bewegt, indem sie im Zentrum des Mandalas alle Qualitäten manifestiert, die gebraucht werden, um das Mandala zu transformieren. Und während die optimierende Kraft die verschiedenen Barrieren in uns durchdringt, beginnt sich die Erfahrung des ganzen Mandalas zu verändern. Das kommt daher, daß unsere Erfahrung von all diesen Barrieren beeinflußt wird. Die Qualität der Bewußtheit, die Qualität des Bewußtseins, die Qualität der Empfänglichkeit, die Qualität von Kontakt und Handeln – all diese Elemente der Erfahrung werden weitgehend von unseren inneren Barrieren bestimmt.

## Transformation des Mandalas

Aber die optimierende Kraft wirkt nicht nur dadurch, daß man sich auf die Probleme oder die Barrieren konzentriert. Sie beleuchtet das ganze Mandala. Manchmal ist diese Beleuchtung darauf gerichtet, die essentielle Präsenz selbst zu verstehen. Wenn man sich auf dieses Verstehen tiefer einläßt, kann das zum zentralen Teil der zweiten Reise führen, dem leuchtenden inneren Faden, der Wahrnehmung von Präsenz selbst. Man ist sich ihrer bewußt und man empfindet sie als das Zentrum der eigenen Erfahrung, denn sie ist die tiefste und am meisten transformierende Kraft in der Erfahrung. Und sie beeinflußt die Totalität der eigenen Erfahrung. Ich meine nicht, daß diese Bewußtheit jedesmal, wenn sie sich einstellt, die Erfahrung vollkommen transformiert. Aber sie ist eine Kraft, deshalb beginnt sie, die Erfahrung zu beeinflussen, zu transformieren und zu klären.

Bei der Arbeit, die die Arbeit der Inquiry ist, geht es dann darum, präsent zu sein, sich der Präsenz bewußt zu sein und sie und ihre Interaktion mit der übrigen Erfahrung zu verstehen. Die Präsenz verändert sich von einer Qualität zur anderen, von einer Dimension zur anderen, und diese Transsubstantiationen führen zu Veränderungen in der Totalität des Mandalas. Sie aktivieren unterschiedliche Objektbeziehungen[9], unterschiedliche Identifikationen, unterschiedliche Gefühle, unterschiedliche Erinnerungen. Alle Situationen und Beziehungen des Lebens werden beeinflußt.

Was von uns verlangt wird, ist nicht nur, daß wir den inneren Faden kennen, sondern auch seine Beziehung zur Totalität des Mandalas. Denn wenn wir uns nur auf das eine oder auf das andere konzentrieren, neigen wir dazu, unsere Erfahrung zu spalten. Wenn wir uns nur auf den inneren Faden, nur auf die essentielle Präsenz konzentrieren, ohne die Totalität des Mandalas zu beachten, können wir zu spirituellen Materialisten werden. Eine gewisse essentielle Entwicklung wird es geben, aber sie wird vom Rest der Seele abgespalten sein, daher wird ein großer Teil der Seele nicht berührt und nicht transformiert. Wenn sich andererseits jemand immer auf seine Probleme und Schwierigkeiten oder nur auf seine äußeren Lebensumstände konzentriert, verliert er seine essentielle Präsenz aus den Augen. In jedem Fall gibt es ein Ungleichgewicht. Wir müssen also darauf achten, daß wir sowohl die essentielle Präsenz – das Zentrum der Erfahrung des Mandalas – als auch die Totalität des Mandalas verstehen.

Betrachten wir ein Beispiel dafür, wie die Interaktion zwischen dem Zentrum und dem Feld Ihres Mandalas verlaufen kann. Angenommen, Sie erfahren die Präsenz Klarer Essenz. Sie ist Klarheit und Transparenz, die Sie lehrt, daß Ihre Natur luzide und klar ist. Sie beginnen dann vielleicht, eine Dichte um Ihren Kopf herum zu sehen. Sie können diese Dichte viel effektiver untersuchen, während die Klarheit da ist, denn die Klarheit enthüllt die Dichte, die Verschleierungen, im Kontrast mit ihrer eigenen klaren Natur. Sie fangen an, die Geschichte dieser Dichte zu erkennen und womit sie verbunden ist – die Objektbeziehungen und ihre Geschichte –, und an einem bestimmten Punkt nehmen Sie wahr, daß eine bestimmte Objektbeziehung dominanter wird. Es wird Ihnen klar, daß Ihre Klarheit von Ihren Eltern nicht gesehen, nicht erkannt oder wertgeschätzt wurde, als Sie klein waren. Während Sie sich mit dem Thema beschäftigen, daß Ihre Klarheit nicht erkannt wurde, bemerken Sie, daß Ihre essentielle Präsenz sich von Klarer Essenz zu Bernsteinfarbener Essenz verändert hat. Das liegt daran, daß die Themen, denen Sie begegnen, sich zu Selbstwertthemen verändert haben. Die dominierende Qualität Ihrer essentiellen Präsenz kann für ein paar Stunden, ein paar Minuten, ein paar Wochen, vielleicht für ein paar Monate Selbstwert sein. Während dieser Zeit wird die Transformation alle Fragen aktivieren, die auf verschiedenen Ebenen mit Selbstwert zu tun haben.

Hier sehen wir, wie die essentielle Präsenz den inneren Faden Ihres Verstehens bestimmt, indem sie es entfaltet, und das macht sie zum Zentrum des Mandalas. Die Präsenz verwandelt sich von einer Qualität zur anderen, von einer Dimension zur anderen, und das bestimmt die Themen, die ihr Mandala durchziehen, mit ihren Gefühlen und ihren Erinnerungen und ihrer Wirkung auf Ihr Leben.

## Verlust des Fadens

Natürlich wird die essentielle Präsenz das Mandala nicht vollständig bestimmen, weil es auch durch das universelle Mandala beeinflußt wird. Aber je mehr man in der inneren Arbeit engagiert ist – je mehr die Arbeit für einen Priorität bekommt –, um so mehr wird essentielle Präsenz zu einer größeren bestimmenden Kraft als die äußere Realität. Wenn das Engagement mehr in der Welt und weniger bei essentieller Realisierung ist, wird die Erfahrung dessen, was in der Welt passiert, das Mandala mehr bestimmen. Natürlich geht die Bewegung auf der zweiten Reise häufig hin und her. Man bewegt sich vielleicht ganz zum Äußeren und verliert den essentiellen Faden, dann ist man wieder auf der ersten Reise. An diesem Punkt ist alles, was man tun kann, untersuchen, was geschieht. Wenn man herausfindet, wie es dazu kam, daß man die Verbindung mit seiner essentiellen Präsenz verloren hat, verbindet man sich wieder mit ihr und nimmt den Faden wieder auf.

Wann immer man anschaut, wo man sich auf der zweiten Reise befindet, wird man eine gewisse Qualität essentieller Präsenz finden, was sehr wichtig ist, um die Totalität zu verstehen. Man kann das Ganze des eigenen Mandalas nie wirklich verstehen, wenn man sich der essentiellen Präsenz nicht bewußt ist und nicht weiß, wie sie sich anfühlt und wie sie einen beeinflußt. Wenn man den inneren Faden auf der zweiten Reise verliert, bedeutet das, daß man das Bewußtsein von dieser essentiellen Präsenz verliert. Wenn man bei dem inneren Faden bleibt und ihn erhält, bedeutet das, daß man sich immer seiner Präsenz bewußt ist, was auch geschieht. Wenn zum Beispiel Themen auftauchen, dann bedeutet eine Arbeit mit diesen nicht, daß man essentielle Präsenz verläßt und in die erste Reise zurückspringt. Man kann sich weiter der essentiellen Präsenz bewußt sein, während die Themen und die damit verbundenen Gefühle auftauchen. Diese Bewußtheit gibt einem eine viel größere Kraft und Effektivität beim Umgang mit diesen Themen, als auf der ersten Reise möglich ist. Das liegt daran, daß alle Themen viel kleiner wirken und die begleitenden Gefühle und Reaktionen nicht so überwältigend sind, wenn man in der essentiellen Mitte des Mandalas zentriert ist.

Im Gegensatz dazu identifiziert man sich auf der ersten Reise mit dem einen oder anderen Bild – meistens mit einem Bild von sich selbst als Kind. Wenn sich intensive Gefühle einstellen, wie Schmerz, kann das zu viel sein, um dabei bleiben zu können, und dann geht Selbst-Bewußtheit leicht verloren. Andererseits empfindet essentielle Präsenz keinen Schmerz. Es kann sehr viel Schmerz da sein, aber essentielle Präsenz macht für die Seele die Erfahrung von Schmerz zweitrangig. Die Totalität des Mandalas ist also für sein Zentrum, essentielle Präsenz, immer sekundär. Der Kontakt mit unserer wahren Natur ist essentielle Präsenz, die im Laufe der Zeit kraftvoller, geerdeter und stabiler wird und das Mandala immer mehr durchdringt, während es sich auf die dritte Reise zu bewegt.

Die essentielle Präsenz, die von der Kraft ihrer optimierenden Intelligenz bewegt wird, enthüllt mehr von ihren Qualitäten und das Verständnis dieser Qualitäten, wobei sie einen zu immer tieferen Dimensionen von Präsenz bringt. Das ist ein sehr organischer, wechselseitig miteinander verbundener, synergetischer Prozeß. Das Mysterium, das unsere eigentliche Natur ist – unerschöpflich in seinen Möglichkeiten –, führt uns mittels dieser dynamischen Kraft der Intelligenz und bestimmt unsere Erfahrung dabei auf eine Weise, die schließlich das ursprüngliche Mysterium enthüllt.

### Fragen und Antworten

*Schüler:* Du hast vorhin etwas über das Fokussieren auf die Welt im Gegensatz zum Fokussieren auf die innere Arbeit gesagt. Ich glaube, ich bin nicht sicher, was Du mit Fokussieren auf die Welt meinst, weil ich das Gefühl habe, daß ich gerade meine Welt, meine Beziehung, meine Arbeit und alles Übrige finde. Ich bin endlich in der Welt und erfahre Präsenz mit ihr. So mache ich die innere Arbeit.

*Almaas:* Was ich meine, ist das: Was ist die Priorität – in Kontakt mit deinem inneren Faden sein oder der Schwerpunkt bei all diesen anderen Dingen? Auf der zweiten Reise muß der innere Faden der essentiellen Präsenz Priorität haben; sonst verlierst Du den inneren Faden, der für die anderen Dinge das Fundament ist. Das bedeutet nicht, daß Du nicht in der Welt bist oder daß Deine Erfahrung in der Welt nicht wichtig ist.

## Die grundlegenden Elemente der Inquiry

*Schüler:* Ich bin überwältigt angesichts der Unterstützung, die hier während der Übung aus der Umgebung erzeugt wurde, und wie lebenswichtig sie für mich in meiner Arbeit ist. Ich bin mir bewußt, wie sie mir hilft, mich sicher und angenommen zu fühlen, so daß Essenz irgendwie leicht erscheint, und sie zu finden oder mit ihr Kontakt zu bekommen, ist nicht einmal ein Thema.

*Almaas:* Während der Inquiry merkst Du, warum Du manchmal präsent bist und manchmal nicht. Die Frage der Unterstützung ist gewöhnlich primär: Wie kann ich mich unterstützen, wie kann ich meine Realisierung unterstützen, innen und außen? Deine Realisierung unterstützen heißt, auf eine Weise zu leben oder eine Situation zu finden oder so einzurichten, daß du deiner Präsenz weiter bewußt sein kannst. Wenn Du Dir weiter Deiner Präsenz bewußt bist, wird sie sich entfalten. Wenn Du diese Bewußtheit verlierst und nicht findest, wo du bist, wirst Du dazu neigen, Dich bedeutungslos zu fühlen und Deiner Erfahrung wird scheinbar Bedeutsamkeit fehlen. Wenn Du aber wieder findest, wo Du bist, ist die Bedeutungslosigkeit verschwunden.

*Schüler:* Kannst Du etwas über den Unterschied sagen zwischen ‚sich einfach der Präsenz bewußt sein‘ und ‚sich der Präsenz auf eine präzise Weise bewußt sein‘? Du betonst anscheinend die Qualität von Präsenz, der wir uns bewußt sind.

*Almaas:* Bewußtheit von Präsenz ist fundamental, und die ist dafür entscheidend, ob Du Dich auf der zweiten oder der ersten Reise befindest. Ich meine hier nicht, einfach in einem allgemeinen Sinn präsent zu sein, wie es üblicherweise verstanden wird. Ich meine, Euch Eurer essentiellen Präsenz bewußt zu sein, was der Kern und die Quelle davon ist, sich allgemein präsent zu fühlen. Es spielt keine Rolle, welche Qualität der Präsenz sich manifestiert, wenn Ihr einfach zu unterscheiden versucht, auf welcher Reise Ihr Euch befindet. Ein Teil der Arbeit auf der zweiten Reise ist aber die Inquiry in die Präsenz selbst, um sie genauer kennenzulernen. Während ihr euren Tag verbringt, ist präsent zu sein grundlegend. Eine weitere Verfeinerung besteht darin, herauszufinden, was die Präsenz ist, welche Qualität sie hat. Das bringt Euch auf der zweiten Reise weiter. Der Punkt ist, daß Ihr nie genau versteht, was vor sich geht, wenn Ihr nicht wißt, welche Qualität von Essenz sich manifestiert. Die Präsenz kann die Stärke-Essenz oder die Willens-Essenz oder eine der anderen Qualitäten sein, aber wenn man nicht weiß, welche es ist, wird schwer zu verstehen sein, warum man sich auf eine bestimmte Weise verhält. Es ist wichtig, daß Ihr diese Präzision habt, um Euch auf der zweiten Reise wirksam bewegen zu können.

*Schüler:* Die Inquiry fühlte sich sehr, sehr persönlich an und war von Liebe und Mitgefühl erfüllt. Sie fand auf einer sehr subtilen Ebene statt und war sehr intim.
*Almaas:* Das ist einer der Gründe, warum ich es den persönlichen Faden nenne – weil Du mit Dir persönlich sein mußt, wenn Du Dich ganz auf die Inquiry einlassen willst. Du mußt mit Deinem Prozeß persönlich sein, statt ihn aus einer abstrakten oder äußerlichen Perspektive anzuschauen. Er muß intim für Dich sein. Wenn Du weißt, wo Du bist, bist *du* persönlich der Prozeß. Du fängst an, dieses Persönliche zu fühlen, und damit können die Liebe, die Süße und das Mitgefühl kommen.

*Schüler:* Es kommt mir wie ein ziemlicher Gegensatz zu der Weise vor, wie ich gewohnt bin, mich anzuschauen. Es gibt mehr Bewußtsein von den Dingen, die Du gerade erwähnt hast: Liebe, Mitgefühl....
*Almaas:* Klingt gut. Anscheinend geht es Dir besser mit Dir selbst. Wenn das passiert, ist es leichter, dem Faden zu folgen.
*Schüler:* ...nicht nur eine Bereitschaft, sondern eine Aufregung und Begeisterung.
*Almaas:* Weißt Du, es ist aufregend, man selbst zu sein. Das ist es, was es bedeutet, herauszufinden, wo Du bist: andauernd Du selbst sein, statt nur ab und zu ein Aufleuchten von Dir zu haben. Du bist da, Du bist persönlich Du und gehst durch Dein Leben. Dieses Gefühl, da zu sein, wird zum Mittelpunkt Deines Lebens. Dein Leben ist das ganze Mandala und der Fluß dieses Mandalas – und du wirst sein Mittelpunkt, seine Identität. Dann hat Dein Leben eine Intimität und eine persönliche Qualität. Du findest Deine Wahrheit – nicht im Gegensatz zu der Wahrheit von jemand anders, sondern Deine, in dem Sinne, daß sie persönlich für Dich ist.

# 11
# Reise ohne Ziel

Diese Untersuchung, mit der wir uns hier befassen, wird eine Komponente des Diamond Approach hervorheben, die, allgemein gesagt, von den östlichen spirituellen Traditionen nicht angesprochen wird. Diese Traditionen, die für Menschen im Westen in den vergangenen Jahrzehnten zunehmend zugänglich geworden sind, sind gewöhnlich anders orientiert, als es für die meisten Menschen in dieser Kultur angenehm ist: weg vom Leben. Für sie ist Realisierung nicht die Erfüllung menschlichen Lebens auf der Erde, sondern die Befreiung von diesem Leben. Der östliche Ansatz definiert Befreiung gewöhnlich als Freiheit von zyklischer Existenz, das heißt davon, wiedergeboren zu werden. Daher liegt der Fokus mehr auf der Realisierung der eigentlichen wahren Natur, die alles Leben transzendiert.

Diese Realisierung ist auch ein wichtiger Teil unserer Arbeit im Diamond Approach. Wenn wir wirklich frei sein wollen, müssen wir unsere wahre Natur auf eine so transzendente und fundamentale Weise wie möglich verstehen und verwirklichen. Ebenso wichtig ist aber, wie wir diese Realisierung von letzter wahrer Natur im täglichen Leben umsetzen. „Schön, ich weiß, was meine wahre Natur ist, ich kann meine wahre Natur *sein*, aber was hat das mit Kochen zu tun? Wie wichtig ist sie beim Umgang mit meiner Familie? Wie verhält sie sich zum Leben meines täglichen Lebens?"

Die östlichen spirituellen Wege orientieren sich traditionellerweise auf ein mönchisches Leben hin – darauf, ein Mönch oder eine Nonne zu werden. Eigentlich ist das die Form, mit der die meisten östlichen Religionen begannen. Das ist deshalb so, weil mönchisches Leben spirituelle Arbeit leichter und einfacher macht. Mit den subtilen Erfahrungen, denen man in der Meditation und bei anderen spirituellen Praktiken und Übungen begegnet, ist nicht so schwer umzugehen wie mit den Situationen des täglichen Lebens. Das ist viel komplexer und schwieriger.

Sorgen, wie beispielsweise folgende, stellen sich also dauernd ein, wenn man ein normales Leben führen will: Kann ich meinen Lebensunterhalt verdienen? Wieviel Geld brauche ich, um mich zu ernähren, und kann ich mit meiner wahren Natur in Kontakt bleiben, während ich das tue? Was für eine Lebenssituation sollte ich wählen? Mit was für Menschen sollte ich Umgang haben? Wieviel Zeit soll ich mit ihnen verbringen, und was soll ich tun, wenn ich mit ihnen zusammen bin? Was brauche ich wirklich? Diese Fragen müssen genauso gründlich angegangen werden wie die Realisierung der subtilsten inneren Natur. Es ist auch notwendig, nicht nur in der eigenen inneren Arbeit mitfühlend und liebevoll zu sein, sondern auch im Umgang mit Menschen im täglichen Leben. Das erfordert Intelligenz, Effizienz, Handlungsfähigkeit, Stärke und Willenskraft – alles Qualitäten, die man für das gewöhnliche Leben braucht.

## Integration alltäglichen Lebens in die wahre Natur

In unserer Arbeit sprechen wir beide Seiten der menschlichen Evolution an: die Realisierung wahrer Natur und die Integration täglichen Lebens in diese wahre Natur. Für die östlichen Religionen führt die Integration der Welt der Erscheinung in wahre Natur zur nicht-dualen Erfahrung. Das ist immer noch eine unpersönliche und universelle Perspektive, in der alles, was in der Wahrnehmung erscheint, als untrennbar von wahrer Natur erfahren wird. Das ist nicht das, was wir unter Integration von Leben in wahre Natur verstehen. Der Diamond Approach unterstützt ein persönliches Leben in Beziehung mit anderen Menschen und ein Engagement in anderen menschlichen Aktivitäten neben spiritueller Praxis. Integration von Erscheinung in wahre Natur fungiert als der Boden und Grund für diese persönliche Integration; wahre Natur ist nicht allein der einzige Wert. Sein manifestiert sich nicht nur im Transzendenten, sondern auch in bodenständigen, praktischen und persönlichen Formen, die für das tägliche Leben relevant sind. Und alltägliches Leben selbst kann spirituelle Realisierung werden.

Es lohnt aber anzumerken, daß die östlichen Traditionen in dem Maße, in dem sie sich im Laufe der letzten Jahrzehnte in diesem Land mehr etabliert haben, begonnen haben, mehr Aufmerksamkeit darauf zu richten, wie man wahre Natur in tägliches Leben hineinnehmen kann. Einige haben zum Beispiel begonnen, sich der größeren Gemeinschaft zuzuwenden und ihr ernsthaft Dienst zu leisten. Aber mehrere tausend Jahre Nichtbeachtung äußeren Lebens haben einen bestimmenden Einfluß auf östliche Spiritualität gehabt, und die Integration des Spirituellen und des Materiellen ist immer noch eher die Ausnahme als die Regel.

Der Diamond Approach steht auch im Gegensatz zum östlichen Guru-Schüler-Modell, das heißt, zu der Hingabe an ein Individuum, das sich von der Welt gelöst hat und das Transzendieren des persönlichen Lebens lebt. Ich behaupte nicht, daß das für manche Menschen nicht ein gültiges Modell ist, auch in unserer westlichen Kultur, aber solchen Menschen wird man in unserer Schule nicht begegnen. Das traditionelle Bild des Gurus hat also in jüngerer Zeit eine Veränderung erfahren, da einige spirituelle Lehrer im Westen in ihrem Ansatz moderner geworden sind und ihren Anhängern empfehlen, sich auf weltliche Angelegenheiten einzulassen. Aber dennoch, das sind Ausnahmen von der Regel.

Das Verständnis der Inquiry, das wir hier besprechen, hebt hervor, wie man wahre Natur und Alltag dadurch integrieren kann, daß man seinen inneren Faden findet - daß man da ist, wo man ist, von Moment zu Moment, und der unmittelbaren Erfahrung folgt. In dem Maß, in dem sich dieser leuchtende innere Faden, der das Zentrum des eigenen Lebens ist, manifestiert und entfaltet, wird das tägliche Leben zu einer Anerkennung und Feier der kontinuierlichen Manifestation wahrer Natur in ihren verschiedenen Qualitäten, Farben und Formen. Dieser Strom der Erfahrung, von Manifestationen, ist das, was wir Leben des essentiellen persönlichen Lebens nennen, in dem die verschiedenen Situationen persönlichen Lebens zum Kontext dafür werden, daß das Sein seine vielen Möglichkeiten manifestiert.

Wenn man beispielsweise vor Gericht muß, weil man verklagt worden ist, manifestiert sich Sein in einer spezifischen Form, damit man in der Lage ist, mit dieser Situation umzugehen. Es wird eine andere Form sein, als die, die sich manifestieren wird, wenn man ins Bett geht oder sich mit einem Freund zusammensetzt, um mit ihm zu reden. Und auch in dem Fall wird sich das Sein anders zeigen, wenn der Freund unter dem Scheitern einer Beziehung leidet, als wenn dieser Freund einen herabsetzend behandelt und einen wütend macht.

So werden die Ereignisse und Aktivitäten des persönlichen Lebens ebenso zum Ausdruck wahrer Natur wie der innere Prozeß der Selbstrealisierung. Es ist dann nur natürlich, daß bei unseren Versuchen zu verstehen, was es bedeutet, unserem inneren Faden zu folgen, bestimmte Fragen und Konflikte auftauchen. Das sind für die Inquiry im allgemeinen wichtige und bedeutsame Fragen und deshalb wert, eingehender betrachtet zu werden.

## Inquiry ohne Ziel

Wie wir gesehen haben, hat Inquiry ein offenes Ende, wenn es sich um wahre Inquiry handelt. Man kann nicht wirklich etwas erforschen, wenn man vorhat, in eine vorbestimmte Richtung zu gehen, wie wenn man sagt: „Ich will das und das in meiner Inquiry erreichen." Das ist per definitionem keine Inquiry, auch wenn einige Traditionen es so nennen. Was im Osten beispielsweise häufig Inquiry genannt wird, ist das, was wir im Westen als den Beweis eines Theorems ansehen, wie ein euklidischer Beweis: „Das ist die Theorie, untersuche sie und finde heraus, daß sie wahr ist." Zum Beispiel ist in der buddhistischen Tradition Inquiry die Untersuchung von Phänomenen mit dem Ziel aufzudecken, daß sie letztlich alle leer sind. Leere als die eigentliche Natur der Dinge wird also von Beginn an vorausgesetzt.

Das ist nicht das, was wir beim Diamond Approach tun. Wir untersuchen Phänomene nur, damit die Wahrheit sich selbst enthüllen kann. Das ist eine sehr wichtige Haltung, um den inneren Faden zu finden, denn der eigene Faden kann überall, an jedem Ort sein. Ferner ist der innere Faden ein Prozeß, also kein Zustand, der sich einstellt, sondern er verändert sich ständig. Um dem inneren Faden zu folgen, braucht man daher eine offene Inquiry, was in direktem Widerspruch zu jeder Haltung oder Methode steht, die sagt: „Wir wollen diese bestimmte Befindlichkeit herstellen, wir wollen zu diesem bestimmten Zustand gehen." Diese letztere Haltung behauptet: „Wir wissen, wo wir sein müssen, also wollen wir daran arbeiten, daß wir zu dieser Realisierung gelangen." Das ist keine offene Inquiry, und der persönliche innere Faden wird nicht in der Lage sein, die Erfahrung zu entfalten, wenn man diese Haltung einnimmt.

Der persönliche innere Faden ist für jeden einzigartig und kann in jedem beliebigen Moment an jedem Ort sein. Deshalb kann man den eigenen inneren Faden nicht finden – da sein, wo man sich eben befindet –, wenn man auf ein bestimmtes Ziel oder auf einen bestimmten Zustand hin arbeitet. Man kann nicht etwa den Standpunkt einnehmen, daß man weiß, was der erleuchtete Zustand ist, und daran arbeiten, ihn herbeizuführen, denn sobald man das tut, beendet man damit die Inquiry. Dann ist es nicht länger Inquiry, es ist etwas anderes, und man hat seinen inneren Faden verloren. In ähnlicher Weise kann es sein, daß ein bestimmter erweiterter Zustand, den man mithilfe einer bestimmten Übung aktualisiert, in keiner Beziehung zu dem Ort steht, wo man sich wirklich befindet. Und wenn er nicht da ist, wo man ist, wird man ein Gefühl der Sinnlosigkeit empfinden. Die Sinnlosigkeit wird an einem haften bleiben, weil dieser Zustand sehr wahrscheinlich nicht das ist, was man ist; er ist etwas Gemachtes, nicht ein Ort, an den der Dynamismus des Seins einen frei hingestellt hat.

### Fragen und Antworten

*Schüler:* Dieser Ansatz scheint die Vorstellung eines Eingreifens durch einen Lehrer oder sogar das Eingreifen in den eigenen Prozeß auszuschließen.

*Almaas:* Das ist richtig, außer wenn es bei der Intervention darum geht, Dich bei Deiner Inquiry zu führen. Wenn die Intervention dem Zweck dient, Deine Inquiry zu führen und zu unterstützen, dann ist sie mit dieser offenen Haltung vereinbar. Aber ein Eingreifen mit der Absicht, daß bestimmte Dinge geschehen, würde dem Weg der Inquiry widersprechen.

*Schüler:* Meinst Du, daß es innerhalb des Diamond Approach keinen Platz für zielgerichtete Arbeit gibt? Du hast einmal gesagt, daß es schneller zu einer Lösung führen könnte, wenn man für ein spezielles Thema Hilfe außerhalb der Schule sucht, als wenn man nur die kontinuierliche Inquiry in Richtung auf die Wahrheit hin praktiziert, die wir machen. Heißt das nicht, daß man sich auf ein bestimmtes Ziel hin bewegt?

*Almaas:* Ich habe nicht gesagt, es sei schlecht, auf ein bestimmtes Ziel zuzugehen, oder daß man das nicht tun sollte. Ich sage nur, daß das nicht das ist, was wir hier machen. Deshalb schlage ich vor, woandershin zu gehen, wenn man ein bestimmtes Ziel hat. Wenn Du beispielsweise krank bist und das Ziel hast, gesund zu werden, ist es gut, einen Arzt aufzusuchen.

*Schüler:* Ist es nicht so etwas wie ein Ziel, wenn man zuläßt, daß eine Barriere, oder was immer die Wahrheit unserer Erfahrung verdunkelt, auftaucht und aufgegeben wird?
*Almaas:* Man kann etwas, was während des Prozesses der Inquiry geschieht, ein Ziel nennen, aber kein bestimmtes Ereignis im Prozeß ist das Ziel der Inquiry. Das Ziel der Inquiry ist das Abenteuer selbst, falls man das überhaupt ein Ziel nennen kann.

*Schüler:* Ist es nicht Dein Ziel für uns, daß wir unser wahres Selbst erreichen?
*Almaas:* Die Orientierung der Inquiry ist es, Deine Erfahrung zu untersuchen, wenn und wie sie geschieht. Während wir das tun, bemerken wir eine optimierende Kraft, die uns zu unserem wahren Selbst führt. Wir bemerken aber auch, daß das wahre Selbst nicht sagt: „Ich will, daß Du auf Dein wahres Selbst zu gehst." Das wahre Selbst geht nicht mit dieser Absicht vor. Wir arbeiten also nicht mit dieser Absicht, vielmehr wollen wir uns mit dem wahren Selbst, das ohne Ziel und ohne Ende ist, in Einklang bringen.

Das ist ziemlich verzwickt. Man kann immer sagen: „Das wahre Selbst ist reine Bewußtheit, also wollen wir Bewußtheit entwickeln." Oder man kann sagen: „Das wahre Selbst ist Liebe (lovingness). Wir wollen Liebe entwickeln." Das wahre Selbst bedeutet, daß man keine Blockierungen hat, also kann man sagen: „Wir wollen an Blockierungen arbeiten." Viele Lehren tun genau das, aber das wahre Selbst sagt nichts von alledem. Das wahre Selbst versucht nie, irgend etwas geschehen zu machen. Es hat keinen bestimmten Standpunkt. Es verkörpert eine Haltung völligen Zulassens und völliger Freiheit: Was immer erscheint, ist gut. Das wahre Selbst wird einen nur dahinführen, daß man die eigene Erfahrung versteht, sie wertschätzet und weitergeht.

## Die grundlegenden Elemente der Inquiry

Es ist eine gute Sache, wenn man sein wahres Selbst findet, aber es gibt viele Wege, wie man da herangehen kann. Beim Diamond Approach suchen wir nicht danach; es geschieht als eine natürliche Konsequenz unserer Inquiry. Wenn Du dem Prozeß, bei dem man seinem inneren Faden folgt, vertraust, wird der optimierende Dynamismus das manifestieren, was geschehen soll, was immer das ist. Man braucht nicht einmal den Begriff eines wahren Selbst zu haben. Es kann sein, daß das wahre Selbst erscheint und man es nicht einmal das wahre Selbst nennt. Denn wenn man sagt: „Wir wollen nach dem wahren Selbst suchen", erzeugt man ein Konzept, das dann zu einem Ideal und einem Ziel wird. Das ist der Anfang der Entwicklung eines spirituellen Über-Ichs, das zwar spirituelle Ideale benutzt, um einen zu bewerten, aber doch ein Über-Ich ist, und dann ist man da, wo man angefangen hat – in der gleichen Sackgasse. Wir werden später die Probleme anschauen, die immer dann entstehen, wenn sich das Über-Ich einmischt und man sich in vergleichender Bewertung verfängt.

*Schüler:* Ich möchte verstehen, was Du über die Körperarbeit sagst, die im Diamond Approach praktiziert wird. Ist zum Beispiel bei der Atemarbeit, die wir machen, die Anweisung, ein bestimmtes Atemmuster zu beginnen oder einen Ton zu machen, statt nur da zu liegen, nicht eine Form von Zielgerichtetheit?
*Almaas:* Ich bin sicher, daß es viele so sehen. Aber in Wirklichkeit benutzen wir Techniken der Körperarbeit, um Menschen zu helfen, sich dessen bewußt zu werden, was in ihrer Erfahrung vor sich geht. Diese Methoden sind Hilfsmittel für die Inquiry. Man arbeitet also manchmal mit den Blockierungen, weil einem das sehen hilft, was passiert. Man versucht nicht einfach, die Blockierung zu beseitigen. Man arbeitet daran, daß man erkennt, was in der Erfahrung passiert, und das ist der erste Schritt von Inquiry.

*Schüler:* Eine Methode, die das Wesen Deiner Erfahrung aufdeckt, wird an sich also nicht als Eingriff aufgefaßt. Sie ist kein Versuch zu verändern, was da ist.
*Almaas:* Genau. Wir können sagen, daß es bei dieser Art Ansatz weniger Intervention gibt. Es gibt sie schon noch, aber Deine Haltung ge-

genüber dieser Intervention ist das, was zählt. Deine Haltung kann sein: „In Ordnung, weg mit diesem Block", oder: „Also aktualisiere ich den Orgasmusreflex." Oder man kann sagen: „Ich benutze bei der Inquiry diese Methode, weil diese Blockierung das Bewußtsein davon verhindert, was im Augenblick passiert."

*Schüler:* Wie ist es damit, was in Wochenendgruppen geschieht, wenn Du uns an einem bestimmten Zustand arbeiten läßt, wie Freude oder Mitgefühl?
*Almaas:* Das ist eine gute Frage. Es hat mit Vertrauen zu tun. Sagen wir – hoffen wir es wenigstens –, daß ich gut genug geführt bin, um zu erkennen, was der innere Faden der Gruppe ist. Alles, was ich vorschlage, dient also dem Zweck, der Gruppe zu helfen, sich des zentralen inneren Fadens bewußt zu werden, der sich für sie entfaltet. Das wäre das beste Szenario. Es funktioniert aber nicht immer, vor allem, wenn wir besondere Strukturen oder Übungen benutzen, denn dann folgen wir nicht genau dem Diamond Approach. Wenn wir in diesen organisierten Strukturen arbeiten, ist unsere Methode nicht rein, das heißt, sie ist weniger kraftvoll.

*Schüler:* Es klingt so, als benutzten wir die Inquiry als eine kluge und geschickte Möglichkeit, unseren Prozeß von jeder Ego-Intervention freizuhalten.
*Almaas:* In gewisser Weise ja. Das ist eine Möglichkeit, wie man es sehen kann, aber nur eine. Eine andere Sichtweise ist, die Inquiry als eine Art Anrufung zu verstehen, als eine Einladung an den optimierenden Dynamismus, den Reichtum, den Schatz unseres Seins zu enthüllen. Wir nennen diesen Prozeß Entfaltung. Und wenn wir uns dieser Entfaltung öffnen, gehen wir nicht mit der Ego-Aktivität, mit den üblichen Hoffnungen und Begierden des Ego-Selbst.

*Schüler:* Wenn Du uns ein Thema gibst, damit wir es in Übungen anschauen, unternehmen wir also eigentlich einen Inquiryprozeß, obwohl es ein Hintergrundthema gibt, auf das wir uns konzentrieren müssen. Wir behalten dieses Thema im Hintergrund, während wir das untersuchen, was auftaucht.

*Almaas:* Richtig. Wenn wir die Arbeit mittels organisierter Übungen und Prozesse machen, nähern wir uns dem Diamond Approach nur an. Es ist sehr schwierig, Strukturen zu finden, die es uns erlauben, ihn auf eine reine Art zu praktizieren. Letztlich kann man für reine Inquiry keine Struktur haben, weil man in dem Moment, in dem man eine Struktur hat, ein bißchen eingreift. Unsere Orientierung in der Schule ist es, den Prozeß so rein wie möglich zu machen.

## Mit sich selbst persönlich sein

Wie wir gesehen haben, ist die Inquiry, wenn man ein bestimmtes Ziel hat, eine bestimmte Orientierung auf etwas hin, wovon man möchte, daß es geschieht, nicht unbegrenzt und offen, und wahrscheinlich wird man den inneren Faden verfehlen. Das bedeutet, daß man, damit die Inquiry offen sein kann – damit man seinen eigenen inneren Faden findet und ihm folgt –, ohne jedes bestimmte Ziel, ohne die Vorstellung von irgendeinem Endzustand vorgehen muß. Man muß vorgehen, ohne zu glauben, daß ein bestimmter Seinszustand oder eine bestimmte Realisierung oder Erleuchtung eintreten sollte. Man kann keine Inquiry machen und dabei die innere Haltung haben: „Ich werde etwas untersuchen, um diesen Zustand zu erreichen", auch wenn er zufällig das ist, was wirklich erscheint, während man die Inquiry macht. Je mehr man etwas aus der Perspektive eines bestimmten Endzustandes erforscht, um so mehr macht man die Inquiry zu einem mentalen Prozeß, statt zu einem realen, lebendigen.

In dem Moment, in dem man ein Ziel hinsichtlich dessen vor Augen hat, wie man sich erfahren wird, ist man nicht persönlich mit sich. Persönlich sein heißt, daß man genau in diesem Augenblick da, wo man sich befindet, persönlich ist – das bin *ich*, jetzt. Sobald man sagt: „Ich werde irgendwohin gehen", bezieht man sich nicht mehr persönlich auf seine unmittelbare Realität. Man hat aus irgendeiner Quelle ein abstraktes, unpersönliches Ziel übernommen. Wenn man aus dem Blickwinkel eines bestimmten Zustandes oder Ziels schaut, ist das also nicht geeignet, seinen inneren Faden zu finden. Es ist gezwungen und unnatürlich, weil der bestimmte Zustand oder dieses Ziel, das man im Kopf hat, sehr wahrscheinlich nicht das ist, was in diesem Augenblick geschehen wird.

Eigentlich versucht man, sich etwas aufzuzwingen, anstatt herauszufinden, wo man ist. Das gilt sogar dann, wenn der Zustand, zu dem man gehen möchte, Ganzheit oder das Absolute ist. Man versucht, sich an einen bestimmten Ort zu versetzen, anstatt herauszufinden, wo man wirklich ist. Dann folgt man nicht dem Heiligen Willen (Holy Will), das heißt dem natürlichen Fluß der Entfaltung der Realität als ganzer. Man ist einfach eigenwillig. Man kooperiert nicht mit der Intelligenz des eigenen Seins, man legt eine Richtung über die wahre Bewegung seines eigenen Seins.

Wenn man seinem persönlichen inneren Faden folgt, geht es also nicht darum, sich selbst in irgendeinen inneren Zustand zu drängen, gleich wie wunderbar dieser Zustand vielleicht ist. Die Richtung des eigenen Seins zielt, wenn man sie zuläßt, auf den letzten und höchsten Zustand. Die jeweilige Route aber, die es einschlagen wird, ist etwas, was man nicht wissen kann. Für die meisten Menschen ist der Weg kein direkter, man springt nicht einfach. Man macht vielerlei Erfahrungen in einer Reihenfolge durch, die mit dem Wesen des eigenen jeweiligen Mandalas in Einklang ist. Jeder Mensch ist anders, und das zeigt sich in dem, was ich die Einmaligkeit des eigenen persönlichen inneren Fadens genannt habe.

Wenn man im Hinblick auf die Praxis der Inquiry und in der Lehre von dem persönlichen inneren Faden von irgendeinem Ideal sprechen kann, dann ist es die Freiheit von Fixierung auf irgendeinen Zustand oder irgendein Ziel. Die Orientierung auf ein Ziel ist aber nicht etwas, was sich so leicht vermeiden läßt.

## Konditionierung durch spirituelle Lehren

Zielgerichtetheit kann in spiritueller Arbeit verschiedene Formen annehmen: Die verbreitetste ist, daß man liest oder hört, das wahre Selbst oder die höchste Realität sei das und das, und man sich das Ziel setzt, dorthin zu gelangen. Man drängt sich dann ständig von dieser Seite oder jener Seite und manipuliert sich selbst in der Hoffnung darauf, den richtigen Weg zu diesem bestimmten Ort zu finden. Aber das ist nicht Teilnehmen an der Entfaltung oder Kooperieren mit ihr, die sich vielmehr natürlich und spontan einstellt.

## Die grundlegenden Elemente der Inquiry

Seit den sechziger Jahren haben Leute in diesem Land Bücher über Zen, Taoismus, Vedanta, Yoga und Buddhismus gelesen, daher ist ihr Denken von den Vorstellungen und Begriffen dieser Lehren konditioniert. Wenn man zu erforschen beginnt und zulassen möchte, daß sich das eigene Wesen manifestiert, werden darum viele dieser Konzepte östlicher Wege oder einheimischer Religionen in Gedanken auftauchen: „Aha, dies ist das, was Vedanta sagt... und der Buddhismus glaubt, daß.... und hier haben wir, was das Christentum lehrt", und so weiter. Man wird in seinem Denken angesprochen und angeregt: „Genau, das bedeutet die Erfahrung, die ich gerade hatte", und man versucht, das, was kommt, in eine bestimmte Form einzupassen. Man tendiert dazu, froh zu sein, wenn man eine Zeitlang in ein bestimmtes Modell paßt. Man nimmt das als eine Bekräftigung oder eine Bestätigung der eigenen Erfahrung.

Jeder braucht während der frühen Stadien der Reise die Unterstützung durch Bestätigung. Wenn man sie aber sucht, indem man versucht, sich an einem Modell oder einem Ideal zu orientieren, ist das eine sehr mächtige Falle auf dem Weg und für offene Inquiry ein großes Hindernis. Diese Konzeptualisierungen werden zu Idealen und Zielen, denen wir nachzueifern versuchen, und wir geben damit unserem Ego ein weiteres Motiv, Erfahrung zu manipulieren, anstatt das Sein fließen und sie führen zu lassen. Diese konzeptionelle Falle ist sehr tief und subtil, und für spirituelle Sucher entsteht durch sie ein erstaunliches Maß an Leiden. Die Frage ist, wie wir von all diesen Konzeptualisierungen lernen können, ohne von ihnen eingefangen zu werden?

Zum Beispiel hört oder liest man von bestimmten Ideen oder Möglichkeiten, aber wenn die Erfahrung, von der man dachte, man verstünde sie, da ist, erkennt man, daß sie nicht genau so ist, wie man sie sich vorgestellt hatte. Man war vielleicht nahe an der Wahrheit, aber das Verständnis kann nicht genau sein, weil man über die Erfahrung etwas begrifflich erfahren hat, und begriffliches Wissen entspricht nie genau der Erfahrung.

Eigentlich stellen das die traditionellen Lehren immer fest. Sie weisen daraufhin, daß der Finger, der zum Mond zeigt, nicht der Mond ist. Sie sagen, daß der Begriff, der die Realität beschreibt, nicht die Realität ist, sondern nur auf sie verweist. Aber der Verstand nimmt diesen Hinweis und fängt an, nach etwas zu suchen, was wie der zeigende Finger aussieht. Und die Wahrheit wird überhaupt nicht so etwas sein.

Wir sehen, unsere Natur ist ohne Standpunkt. Oder genauer, Realität präsentiert sich immer in Standpunkten – besonders wenn wir über sie sprechen –, aber diese Positionen sind nie festgelegt oder starr. Der Dynamismus des Seins ist ein Prozeß, in dem man dauernd Positionen einnimmt, aber es ist immer fließend, verändert sich dauernd von einem Standpunkt zum nächsten. Sein kann nicht auf einen Standpunkt festgelegt werden. Wir können diese Standpunkte als Wegweiser verstehen, aber nicht als einen Rahmen, in den wir unsere Erfahrungen einpassen. Sein ist kein Bild, dem man entsprechen muß, und kein Ziel, das man zu erreichen versuchen soll, indem wir unsere Erfahrung in diese Richtung lenken.

Bei der Inquiry soll man vollkommen für das offen sein, was da ist, ohne vorgefaßte Meinungen, ohne feste Vorstellungen, ohne eine bestimmte Orientierung. Man kann also keinen Standpunkt einnehmen, den ich vielleicht irgendwann einmal geäußert habe – oder den man von irgendeinem Lehrer oder einer Lehre übernommen hat, oder der vielleicht sogar aus der eigenen früheren Erfahrung stammt –, an ihm starr festhalten und erwarten, daß die Inquiry frei und offen ist. Die Inquiry wird vorherbestimmt, auf eine bestimmte Richtung eingestellt sein. Sie wird nicht frei sein. Und sie wird sehr wahrscheinlich das, was geschieht, entstellen oder die klare Wahrnehmung dessen verschleiern, was wirklich in der eigenen Erfahrung erscheint.

Diese Situation weist darauf hin, warum ein notwendiger Teil unserer Arbeit die Integration der eigenen inneren Unterstützung ist. Denn solange man seine eigene innere Unterstützung nicht hat, wird man sich auf äußere Unterstützung verlassen, und die wird häufig aus Konzepten, Vorstellungen und Standpunkten bestehen, die man von außen übernommen hat. Dann gerät man natürlich in eine große Verwirrung und fängt an, gegen diese Einflüsse zu rebellieren, weil einem die Tatsache nicht gefällt, daß das eigene Denken von ihnen abhängig ist. Man hat vielleicht das Gefühl, daß man von äußerem Einfluß frei sein will, und versucht deshalb, sich zu befreien, indem man ihn beiseite schiebt, was einfach nicht funktioniert. Man kann sich von äußerem Einfluß nicht befreien, indem man ihn beiseite schiebt. Wovon man frei sein muß, ist das eigene Denken und seine Empfänglichkeit für äußere Einflüsse.

Die Realität ist, daß es immer äußeren Einfluß gibt, solange man ein Bewußtsein hat. Jemand, der neben einem sitzt, ist ein äußerer Einfluß. Wenn man die Zeitung liest, ist das ein äußerer Einfluß – eigentlich wird das Lesen der Morgenzeitung einen um einiges mehr beeinflussen, als wenn man sich Lehren anhört. Wir sehen hier die subtilen, aber tiefen Implikationen der wahren Freiheit in der Inquiry. Sie muß vom Einfluß der Lehrer und der Lehrinhalte frei sein, aber sogar noch wichtiger ist es, daß sie von den permanenten, unbewußten Einflüssen des eigenen Lebens frei ist.

Wenn ich als Ihr Lehrer in Ihren Prozeß eingreife, erforsche ich ihn, damit Sie sehen, wo Sie sind. Dies wird Ihrem Prozeß erlauben zu fließen. Ich weiß nicht, wohin Ihr Prozeß Sie als nächstes bringt, und mir geht es nicht darum, ihn in eine bestimmte Richtung zu lenken. Alles, was ich tun kann, ist, mit Ihnen zu arbeiten, damit Sie sich allem öffnen können, was das Sein in Ihrem Mandala präsentiert. Man kann das Intervention oder Einfluß nennen, aber es ist keins von beiden, weil ich Sie nicht zu irgendeinem bestimmten Zustand bringe.

**Fragen und Antworten**

*Schüler:* Aber Du lenkst meine Aufmerksamkeit auf etwas, das Du zum Fokussieren ausgesucht hast.
*Almaas:* Nein.
*Schüler:* Doch. (Lachen in der Gruppe)
*Almaas:* Nur wenn ich in meiner Führung daneben liege. Im Diamond Approach ist es meine Aufgabe als Lehrer, als ein aktiver Spiegel zu dienen, wenn etwas in Deinem Mandala da ist, das Du nicht verstehst und aus irgendeinem Grund nicht beachtest. Um Dir dann zu helfen, dessen bewußt zu werden, untersuche ich dann, warum Du es nicht beachtest. Aber ich zeige nicht auf etwas, das in Deinem Mandala nicht da ist. Auch wenn ich untersuche, warum Du etwas in Deinem Mandala nicht beachtest oder warum du es nicht verstehst, tue ich das eigentlich nicht, um Dich dazu zu bringen, es zu beachten. Ich bin nicht einmal an diesem Ergebnis interessiert. Ich bin einfach auf Deine innere Haltung neugierig und daran interessiert, sie zu verstehen und ihre Wahrheit zu sehen. Bei diesem Prozeß kann es sein, daß auch Du

dahin gelangst, deine eigene Haltung zu verstehen, und wenn das geschieht, befreit es Deine Bewußtheit dafür, mehr von Deinem Mandala zu erfassen.

*Schüler:* Aber manchmal leitest Du doch einen Schüler an. Manchmal fragst Du: „Was passiert jetzt gerade in Deinem Kopf?"

*Almaas:* Richtig, aber das tue ich deshalb, weil ich wahrnehme, daß etwas in Deinem Kopf passiert, das dir vielleicht nicht bewußt ist oder was Du vielleicht nicht für wichtig hältst. Nicht weil ich glaube, daß etwas Bestimmtes in Deinem Kopf passieren sollte.

*Schüler:* Als Du tagelang zu uns von den Wundern des Körpers der Liebe gesprochen hast, hast Du uns da nicht zu der Auffassung hin orientiert, daß es gut wäre, das zu erfahren?

*Almaas:* Ja.

*Schüler:* Das ist keine offene Inquiry.

*Almaas:* Richtig. Beim Lehren führe ich manchmal bestimmte Dinge ein. In solchen Momenten mache ich keine reine Inquiry, obwohl Inquiry die zentrale Praxis des Diamond Approach ist. Wir verwenden neben der reinen Inquiry viele Praktiken. Manchmal machen wir begrenzte oder umschriebene Inquiry, wenn wir zum Beispiel an einem bestimmten essentiellen Aspekt arbeiten. Wir machen eine Inquiry, aber wir untersuchen spezifisch diese Qualität von Sein, nicht einfach irgend etwas, das gerade in dem jeweiligen eigenen Mandala auftaucht. Unsere zentrale Praxis ist aber reine, offene Inquiry, die den Diamond Approach von den meisten anderen Wegen und Ansätzen unterscheidet.

Praktiken oder Übungen, die darauf zielen, einen in einen bestimmten Zustand zu versetzen, sind mit einer ganzen Denkweise verbunden, die die Denkweise dieses bestimmten Zustands ist. Das Problem ist, daß das zu der *eigenen* Denkweise werden kann, die einen mit einem mentalen Rahmen ausstattet, was eine bestimmte Orientierung gegenüber der eigenen Erfahrung bedeutet. Und wir wollen von jedem mentalen Rahmen frei sein. Wahre Meditation, wahre Praxis besteht also nach dem Diamond Approach darin, dem eigenen inneren Faden zu folgen, und das bedeutet, daß man da ist, wo man ist, und immer weiter da zu sein, wo man ist, ohne zu versuchen, die eigene Erfahrung in eine bestimmte

## Die grundlegenden Elemente der Inquiry

Richtung zu lenken. Dazu braucht man Übung, denn meistens weiß man nicht, wo man sich befindet, versteht man nicht, wo man ist, oder man bekämpft und lehnt ab, wo man ist.

Dies ist der normale Zustand des Ego-Selbst, denn das Ego versucht immer, irgendwohin zu gelangen und sich selbst dazu zu bringen, irgendwie zu sein. Das Ego-Selbst beurteilt dauernd seinen Zustand, der auftaucht, und lehnt ihn ab und versucht, sich einem bestimmten Ideal anzupassen. Es ist nicht einfach da, wo es ist, und erlaubt sich nicht, sich frei zu entfalten. Als Ergebnis versteht es nicht, wo es ist, denn es ist so angelegt, an einem bestimmten Ort und irgendwie zu sein oder einem bestimmten Ideal zu genügen. Und auch wenn dieses Ideal aus spirituellen Lehren übernommen wird, ist derselbe Mechanismus der Ego-Aktivität am Werk. Wenn man im Ego-Selbst gefangen ist, hat man nicht das Vertrauen, daß das Sein selbst einen dahin bringen wird, wohin man notwendigerweise gehen muß.

*Schüler:* Dann versuchst Du also als unser Lehrer, uns für den Prozeß zu sensibilisieren, und wenn wir einmal auf uns selbst gestellt sind, sind wir auf uns selbst gestellt. Wir werden unsere eigenen Lehrer, sozusagen. Und es sieht für einige Leute einfach so aus, daß Du vielleicht eingreifst oder ein Ziel setzst oder eine bestimmte Richtung angibst, wenn Du uns eigentlich nur für den Prozeß der Inquiry sensibilisierst.

*Almaas:* Wenn ich eingestimmt bin und die Umstände stimmen, sensibilisiere ich Dich nur dafür, wo Du gerade bist. Aber ich bin nicht immer in der Lage, das in reiner Weise zu tun. Die Lehrsituation ist komplex, besonders wenn wir eine so große Gruppe haben wie diese. Die verschiedenen Schüler in der Gruppe sind in ihrem Verständnis an verschiedenen Orten. Gewöhnlich spreche ich die allgemeine Strömung an, und das bedeutet, daß es nicht für jeden hundert Prozent relevant ist. Oft wird die Mehrheit der Gruppe das Gefühl haben, daß es ihren Zustand oder ihre Situation anspricht, je nach meiner Vortragsweise und der Genauigkeit meiner Wahrnehmung, wo der innere Faden der Gruppe ist.

*Schüler:* Ich sehe, wie Inquiry eine sehr offene Haltung ist. Trotzdem scheint es, daß sie uns veranlaßt, uns zu bemühen, in einer bestimmten Weise zu sein, und zwar der der Inquiry, die bestimmte Aspekte von

Sein mehr betont als andere. Sie betont den dynamischen Aspekt mehr als Frieden oder Stille, Neugier mehr als Liebe. Die Art, wie wir Inquiry machen, scheint offener zu sein als andere Methoden, aber sie ist nicht vollständig offen, denn solange ich versuche, irgend etwas zu tun, einschließlich Inquiry, ist sie nicht vollkommen offen.

*Almaas:* Das stimmt nicht. Man kann Inquiry vielleicht für eine Einschränkung oder eine gewählte Richtung halten, aber wenn Du sie genauer anschaust, wirst Du feststellen, daß das nicht so ist. Sie ist eine Offenheit für Deine Erfahrung, aber das heißt nicht, daß man unbewußtes, einschränkendes Verhalten ununtersucht durchgehen läßt. Du definierst Offenheit als alles, was passiert, auch wenn es eigentlich ein Widerstand gegen Offenheit ist, was eben der gewöhnliche Zustand des Ego-Selbst ist. Ich definiere Offenheit nicht als Mitgehen mit allem, was passiert, ohne sich bewußt zu sein, wie offen oder verschlossen die Erfahrung ist. Wenn wir Offenheit so definieren, wird Eure Erfahrung meistens die eines ungeprüften, verschlossenen Denkens sein. Das ist der Zustand des Ego-Selbst, der nicht Offenheit ist und der dazu tendiert, den optimierenden Dynamismus des Seins zu blockieren. Dann gibt es keine spirituelle Praxis, nur die Ego-Aktivität, die angestrengt versucht, irgendwohin zu gelangen.

Ich glaube daher nicht, daß ein Mensch, der sich ablenkt, offen ist. Wenn jemand einer Ablenkung nachgibt, was der gewöhnliche Zustand des Ego-Selbst ist, nenne ich das nicht Offenheit. Inquiry tendiert dazu, mit Ablenkungen nicht mitzugehen, sie tendiert dazu, einen auf das, was wirklich geschieht, zu fokussieren. Es gibt in der Inquiry also eine Disziplin, aber Disziplin widerspricht nicht notwendigerweise Offenheit. Eigentlich braucht man eine lange Zeit Disziplin, um offen sein zu können, weil man daran gewöhnt ist, verschlossen und abgelenkt zu sein.

*Schüler:* Inquiry ist aber eine Richtung.

*Almaas:* Inquiry ist eindeutig eine Richtung – in Richtung Offenheit. Das ist genau das, was sie ist. Sie ist eine Richtung weg davon, in das eigene Denken eingeschlossen zu sein, und hin zu mehr innerer Offenheit – und das bedeutet in Richtung des normalen Zustandes unseres Seins, wenn man es seinen eigenen inhärenten Tendenzen überläßt.

## Die grundlegenden Elemente der Inquiry

*Schüler:* Ist es richtig, wenn man sagt, daß wir Inquirys machen, um die innere Führung zu bekommen?

*Almaas:* Ich selbst mache Inquiry, weil sie Spaß macht. (Lachen) Wir können natürlich sagen, wir machen Inquiry, weil sie uns für die Diamantene Führung öffnet. Man kann sagen, daß wir sie machen, weil sie uns zur optimierenden Kraft bringt oder weil sie uns zur Ganzheit bringt. Alldas ist wahr. Wenn ihr aber auf Euren Geist (spirit), euer essentielles Sein hört, warum macht es die Inquiry? Weil es seine Natur ist, das zu tun. Es geschieht nicht wirklich aus einem dieser anderen Gründe. Diese Gründe sind nachträgliche Einsichten – gültige Einsichten, aber trotzdem nachträgliche Einsichten. Unsere wahre Natur ist an sich durch eine Offenheit und einen Dynamismus in Richtung Enthüllung ihres Potentials charakterisiert. Und diese Charakteristika drücken sich natürlich und spontan aus, manchmal als eine offene, unbegrenzte Inquiry.

Ich mache Inquiry, weil sie ein direkter und natürlicher Ausdruck meiner Natur ist, und nicht aus irgendeinem Grund. Ich tue das auf die gleiche Art, wie die Sonne Licht ausstrahlt und die Blume sich öffnet. Hat die Sonne einen Grund dafür zu scheinen, braucht die Blume einen Grund, um zu blühen?

Ich sage damit, daß mein Lehren hier dazu dient, euch zu der Haltung ohne Haltung hinzuführen, Inquiry aus der Perspektive ohne Grund oder Ziel zu machen. Wir sprechen manchmal über diese spirituellen Gründe, um uns zu helfen, den Prozeß zu verstehen, aber wir tun das aufgrund der Grenzen unserer Realisierung und unseres Verständnisses, nicht aufgrund des Wesens von Inquiry. Manchmal benutzen wir Konzepte, um uns zu helfen, den Prozeß zu verstehen, oder um uns zu motivieren, den Prozeß in Gang zu setzen.

*Schüler:* Muß die Inquiry in dem Augenblick aufhören, wenn die Führung streikt? Wenn die Führung auftritt, bedeutet das dann, daß man nicht länger offen ist, weil man jetzt weiß?

*Almaas:* Das ist nicht das, was Führung bedeutet. Du denkst, die Führung sagt dir: „Geh diesen Weg", und dann bist du weg und läufst in diese Richtung. Führung funktioniert nicht so. Führung funktioniert auf eine ganz subtile Weise: Ein klein wenig hier, und dann muß sie, in zwei Minuten, wieder erscheinen, um uns zu zeigen, was dann kommt. Die Führung muß im Prozeß der Inquiry kontinuierlich sein.

Ich versuche klarzumachen, was wir tun, wenn wir etwas untersuchen, womit wir zu tun haben. Ich gebe keine Werturteile über andere Praktiken ab, und ich glaube, daß viele hier anfangen, das zu sehen. Werturteile können bei der Inquiry ein Teil des Problems sein, wie wir später sehen werden. Es gibt aber etwas, das bei unserer Überlegung unmittelbarer ist. Es geht uns darum, was passiert, wenn man einen Standpunkt einnimmt, daß ein bestimmter Zustand Realität ist, wenn man sagt: „Das ist die Wahrheit, und wir werden dahin gehen." In dem Moment, in dem man einen Standpunkt einnimmt, verliert man seinen inneren Faden. Man geht auf ein Ziel zu, statt da zu sein, wo man in dem Moment ist. Das wird dazu tendieren, einen von dem Ort zu trennen, an dem man ist, und das wird einen von der wahren Führung trennen, was einen wiederum von dem optimierenden Dynamismus von Sein trennt. Ich sage nicht, daß man spirituelle Praxis nicht auf eine andere Weise ausüben kann, sondern ich sage, daß bei der Art von Praxis, die wir untersuchen und lernen, diese Trennung immer dann auftritt, wenn man ein Ziel verfolgt.

Wir haben früher gesagt, daß das Übernehmen eines Standpunktes von einer bestimmten Lehre, von einem Lehrer oder einer Philosophie eine Form von Zielorientierung ist, die man vermeiden soll. Ich werde noch einige andere Möglichkeiten beschreiben, wie man seine Verbindung mit seinem persönlichen inneren Faden unterbrechen kann. Diese Situationen sind für Inquiry alle problematisch, weil sie der natürlichen Entfaltung von Sein entgegenwirken.

## Konditionierung durch persönliche Erfahrung

Die Barriere für Inquiry, dafür, den eigenen inneren Faden zu finden, kann ein Zustand sein, der von der eigenen früheren Erfahrung gesetzt ist. Zu einer Unterbrechung der Verbindung kann es sogar durch Erfahrungen kommen, die aus dem wahren Dynamismus von Sein entstehen. Man arbeitet zum Beispiel an sich selbst, und eines Tages erlebt man einen wunderbaren Zustand. Man untersucht ihn, versteht ihn und mag ihn auch wirklich. Falls man von diesem Dilemma nicht schon viele Male gebeutelt worden ist, wird der Verstand anfangen, diese Erfahrung aus der Sicht des Zustandes zu betrachten, dem man eben begegnet ist. Die ganze Seele wird versuchen – vielleicht subtil und kaum wahrnehmbar –, sich auszubalancieren, sich zu korrigieren, um diesen Zustand im nächsten Moment zu reproduzieren. So wird man durch etwas konditioniert, das man selbst erlebt hat.

Die Barriere für Inquiry, die Barriere, seinen eigenen inneren Faden zu finden, kann also ein Zustand sein, der von der eigenen vergangenen Erfahrung gesetzt ist. Die vergangene Erfahrung kann sogar eine des höchsten Zustandes, der Erleuchtung, sein – wenn es so etwas gibt. Dann wird man durch die eigene Erleuchtung voreingenommen, die natürlich zu einem Ideal wird, auf das hin man sich orientiert. Die Haltung ist also nicht mehr vollständig offen. Und wenn dieser Zustand nicht im nächsten Moment der eigene innere Faden ist, wird das Sein sich nicht auf diese Weise manifestieren. Das Ziel, diesen Zustand wieder zu erreichen, ganz gleich, wie subtil dieses Ziel ist, wird zu einem Hindernis für die freie Entfaltung der Seele, für den optimierenden Dynamismus des wahren Seins. Man bemerkt vielleicht keine grobe Selbstmanipulation, aber die subtileren Interventionen, wie wenn man etwa beginnt, aus dem Blickwinkel des Zustands zu denken, wenn dieser nicht da ist, können leicht übersehen werden.

Angenommen, der Zustand, den man erreicht hat, ist der eines leeren und undifferenzierten Seins, das keine bestimmte Beschaffenheit hat. Man könnte Inquiry schon mit der Vorstellung im Hinterkopf beginnen, daß dies der Zustand ist, zu dem man wieder gehen wird. Aber das unterscheidet sich nicht grundsätzlich von der Haltung des Egos zu versuchen, in einer bestimmten Weise zu sein. Die Gefahr ist hier, daß die Erfahrung und das Mögen eines bestimmten Zustandes zum orientierenden Faktor für unser Bewußtsein werden kann. Was aber, wenn sich das Absolute im nächsten Augenblick in einem als etwas Anderes manifestieren will? Vielleicht kann man das Absolute in seinem undifferenzierten, qualitätslosen Zustand nicht ertragen, also zeigt es sich einem auf eine andere Art – etwa als die Qualität Mitgefühl. Man fängt vielleicht an, sich auf eine sehr differenzierte Weise, warm und sanft zu fühlen. Wenn die Orientierung auf etwas Undifferenziertes und Unaussprechliches eingestellt ist, ist man dafür anfällig, das Mitgefühl falsch zu interpretieren. Es kann sein, daß man es nicht sieht, und vielleicht schiebt man es sogar weg. Dann wird die Verbindung mit dem eigenen inneren Faden unterbrochen, was auch bedeutet, daß die Inquiry nicht offen ist.

Der Endzustand, den man setzt, kann also etwas sein, das man von einer äußeren Quelle oder aus der eigenen Erfahrung in der Vergangenheit übernommen hat, aber keines von beiden unterscheidet sich von einem Ego-Ideal. Wenn man einen Standpunkt einnimmt, ist das damit identisch, daß man eine Vorstellung aus der Kindheit entwickelt, daß man ein gutes Mädchen, ein starker Junge oder ein liebevoller Mensch sein will. In jedem Fall bringt ein Ziel im Hintergrund das Bewußtsein in diese Richtung, wenn auch vielleicht unbewußt und subtil. Man landet in der Falle desselben Prozesses, und dieser macht dasselbe mit einem – er unterbricht die Verbindung mit dem persönlichen inneren Faden, mit der Wahrheit der Erfahrung im Moment.

## Die Falle vergleichenden Urteilens

In dem Augenblick, in dem wir einen bestimmten Zustand zum Ideal machen, verfallen wir auch in den Modus vergleichenden Urteilens. Wir vergleichen den Ort, wo wir jetzt sind, mit diesem idealen Zustand. Das wird zu einem fruchtbaren Boden für das Über-Ich. Das Über-Ich liebt diese Sichtweise. Das ist genau die Lücke, die es braucht, um in die Erfahrung einzudringen. Wenn man ein vergleichendes Werturteil fällt, läßt man sich auf Folgendes ein: „Ich bin hier, und da hinten sollte ich sein. Wo ich bin, ist nicht so gut, wie da, wo ich sein sollte, also sollte der Ort, an dem ich bin, zu diesem anderen Ort werden." Wenn man das sagt, lehnt man ab, wo man in dem Moment gerade ist. Und wenn man ablehnt, wo man in dem Moment gerade ist, unterbricht man nicht nur die Verbindung mit seinem eigenen inneren Faden, man unterbricht auch die Verbindung mit seiner wahren Natur, mit seiner Seiendheit (beingness) selbst. Wenn man ablehnt, wo man in dem Moment ist, kann man nicht einfach sein, denn einfach zu sein bedeutet, nicht in irgendeiner Weise auf sich selbst einzuwirken.

Vergleichendes Urteilen unterbricht die Verbindung mit Sein, ganz gleich, ob die Vergleiche, die man macht, korrekt sind oder nicht. Das passiert, wenn man einen Standpunkt in bezug auf das einnimmt, was geschehen soll, und dann aus diesem Kontext heraus zu üben versucht. Zum Beispiel stellt man vielleicht fest, daß die Weise, wie man genau jetzt ist, nicht die Fülle des Menschseins ist. Es ist nicht der realisierteste, vollständigste, tiefstmögliche Zustand. Es ist einem vielleicht bewußt, daß es effektiver wäre, jemandem gegenüber Mitgefühl zu empfinden, als die Abneigung, die man tatsächlich fühlt. Und manchmal ist das Wissen unausweichlich, daß es Zustände gibt, die sich besser anfühlen als das, was man in diesem Moment empfindet.

Aber wenn man dieses Verständnis benutzt, um zu beurteilen, wo man ist, um abzulehnen, wo man ist, und um zu versuchen, sich selbst zu manipulieren, um besser in das Ideal davon passen, wo man sein zu sollen glaubt, dann überläßt man sich der normalen Ego-Aktivität der Ablehnung. Dies wird die eigene Entwicklung hemmen. Ganz gleich, worauf unser besonderer Fokus liegt, die Orientierung der inneren Arbeit ist immer, uns selbst immer mehr mit der Natur von Sein an sich in Einklang zu bringen.

Die Frage ist also, wie handelt man, wenn man versucht ist zu versuchen, sich in dieser Weise zu verändern? Man handelt entsprechend der Erkenntnis, daß der ideale oder bevorzugte Zustand keinem Werturteil unterliegt! Man lehnt sich selbst nicht ab und manipuliert nicht seine Erfahrung. Man erinnert sich an die Weisheit dieses angeblichen idealen Standpunktes, statt sich auf die Erinnerung zu konzentrieren, wie sich der ideale Zustand anfühlt, und zu versuchen, diese Gefühle zu reproduzieren.

Um das Beispiel fortzuführen: Wenn man Ablehnung empfindet, kann es sein, daß man sich daran erinnert, wieviel besser es einem geht, wenn man Mitgefühl empfindet. Man erinnert sich daran, daß man sich, wenn man Mitgefühl empfindet, offen und warmherzig fühlt, also sagt man sich: „Ich sollte warmherzig sein", und lehnt damit das Gefühl von Abneigung ab. Funktioniert das? Nein. Der mitfühlende Zustand selbst hat nicht die innere Haltung, einen selbst oder den gegenwärtigen Zustand, in dem man sich befindet, abzulehnen. Wenn man sich auf die Ablehnung irgendeiner Erfahrung einläßt, wird das gegen diesen mitfühlenden Zustand angehen und nicht auf ihn zu. Das ist eine schwierige Lektion, aber wenn wir lange und aufrichtig genug erforschen, werden wir es wahrscheinlich irgendwann verstehen.

Aber vergleichendes Urteilen ist eine Falle, in die alle Anfänger geraten. Wann immer eine Lehre formuliert wird, meint man, daß sie bedeutet, daß man seinen Zustand ändern sollte, um das Ideal dieser Lehre zu erreichen. Es ist unvermeidlich, sie aus einer vergleichenden Perspektive zu sehen. Und dann strengt man sich auf alle mögliche Weise an. Aber diese Falle ist nicht etwas, das immer so weitergehen muß, und je eher wir uns aus ihr befreien, um so besser für uns.

Wie kann man wissen und verstehen, was für einen möglich ist, ohne zu beurteilen oder abzulehnen, wo man gerade ist? Das ist schwer, aber es ist genau das, was von uns verlangt ist, um Inquiry zu praktizieren. Es ist möglich, weil Essenz sich präsentiert, bevor wir zu hundert Prozent realisiert sind. Die Führung essentieller Präsenz selbst ermöglicht uns zu lernen, uns auf unsere wahre Natur einzustimmen, denn in dem Maß, in dem sich die Präsenz manifestiert, informiert sie unser Bewußtsein von der richtigen inneren Haltung, von der richtigen Richtung, die keinem wertenden Urteil unterworfen ist.

Essenz urteilt nie. Essenz sagt einem nie, man sollte so nicht sein, man sollte anders sein. Sie schmilzt nur auf eine behutsame und liebevolle Weise den Standpunkt, an dem man sich befindet, ohne Beurteilung oder Ablehnung. Sie schmilzt ihn mit Annehmen, mit Mitgefühl, mit Verständnis, mit Liebe und mit Süße. Sie offenbart eine tiefere Möglichkeit.

## Sich mit anderen vergleichen

Vergleichendes Urteilen und Unterbrechung der Verbindung entstehen nicht nur daraus, daß ein idealer Zustand gesetzt wird, auf den man zugeht, sondern auch dadurch, daß man seine eigenen Erfahrungen mit denen anderer Menschen vergleicht. Das kann besonders im Setting einer Gruppe vorkommen, wo die Leute sich frei ausdrücken, wenn sie über ihre Erfahrungen berichten, Rückmeldungen erhalten oder dem Lehrer berichten, was mit ihnen vor sich geht. Wenn man also Leuten zuhört, wenn sie über ihre Erfahrungen von roten Diamanten, grenzenloser Liebe

## Die grundlegenden Elemente der Inquiry

oder was immer sprechen, ist es leicht, in die Falle zu gehen, deren Erfahrungen mit den eigenen zu vergleichen und die Situation zu bewerten.

Dieses vergleichende Beurteilen kann in beide Richtungen gehen. Man kann sagen: „Ich erlebe die Dinge nicht so wie dieser Mensch. Das heißt, daß etwas mit mir nicht stimmt und ich besser sofort meinen Zustand verändern sollte." Wenn man das tut, endet man dabei, daß man sich selbst haßt, und wenn dieser Haß zunimmt, wird man schließlich dahin kommen, daß man den anderen Menschen auch haßt. Das ist eine natürliche Entwicklung, wenn wir den Standpunkt vergleichenden Beurteilens einnehmen. Man kann auch umgekehrt werten: „Meine Erfahrung ist besser." Dann lehnt man vielleicht den anderen Menschen ab oder fühlt sich überlegen, was wieder die Sichtweise des Egos ist, und das unterbricht die Verbindung mit dem Ort, an dem man ist und den man für so wunderbar hält.

Es gibt eine andere Alternative, die mehr mit der Wahrheit in Einklang ist, und die besteht darin, daß jeder da ist, wo er ist. Man ist, wo man ist, und was für einen wichtig ist, ist, daß man voller Bewußtheit da ist, wo man ist. Voll da zu sein, wo man ist, *ist* die Realisierung. Was für den anderen Menschen wichtig ist, ist da zu sein, wo er ist. Das ist *seine* Realisierung. Ich bin authentisch und tue mein Bestes, wenn ich in Kontakt mit dem Ort bin, wo ich bin, und diesem inneren Faden folge. Wo ich bin, ist nicht eine statische Sache, sondern eine dynamische Bewegung, die hin geht, wohin immer sie will. Wenn ich bei der Kontinuität bleibe, da zu sein, wo ich bin, wird sich meine Erfahrung vertiefen und erweitern und mehr enthüllen.

Wahre Aufrichtigkeit und Ehrlichkeit werden von der Haltung: „Ich bleibe, wo ich bin, denn mein Zustand wird wachsen und sich ausdehnen, und vielleicht wird er in ein paar Monaten so gut wie der dieser anderen Person sein", nicht reflektiert. Diese Haltung zeigt, daß man immer noch in ein vergleichendes Werten verwickelt ist. Die Abwesenheit vergleichenden Beurteilens bedeutet, daß man da ist, wo man ist, und daß man mit Vergnügen, Freude, Befriedigung und in Frieden annimmt, wo man ist. Es spielt keine Rolle, ob der Ort, an dem man ist, sich irgendwohin bewegt oder nicht; es ist unwichtig, ob der eigene Zustand wie der des anderen Menschen sein wird oder nicht. Wichtig ist, daß man ist, wo man ist, und daß man in seiner Erfahrung authentisch ist.

Vergleichendes Urteilen ist eine große Barriere. Es ist eine sehr mächtige Barriere, auch wenn sie sehr subtil ist. Aber subtil bedeutet nicht unwichtig. Diese Barriere beeinflußt den eigenen Zustand, die Erfahrung und sogar die Wahrnehmung. Sie drängt einen hierhin und dorthin. Sie ist ein großer Schleier über der Wahrnehmung, der es einem unmöglich macht zu realisieren, wo man ist. Wenn wir also die Haltung offener und unbegrenzter Inquiry verstehen und annehmen und wenn wir diese Dimension, die Dimension des Punkt-Diamanten (Point Diamond), die wir besprechen, integrieren, kümmert es uns nicht, ob der Ort, an dem wir sind, besser oder schlechter ist als der, an dem jemand anders ist. Die Erfahrung eines anderen Menschen kann eigentlich eine Quelle des Lernens werden, statt vergleichendes Bewerten und Ablehnung von einem selbst oder des anderen hervorzurufen. Wenn jemand etwas ausdrückt, das man nicht weiß, kann einem das helfen, für andere Möglichkeiten offen zu sein. Wenn man auf das, was man hört und lernt, neugierig ist, wird einen vielmehr die Kommunikation beeinflussen und der eigene Zustand wird sich in dem Maß, in dem man diesen Einfluß und die eigene Erfahrung berücksichtigt, in die eine oder die andere Richtung verändern.

Nehmen wir auf der anderen Seite an, daß die Person etwas mitteilt, was man schon erfährt. Man kann vielleicht auch davon etwas lernen: „Das passiert nicht nur mir. Vielleicht passiert das jedem unter diesen Bedingungen." Jetzt hat man eine weitere Einsicht und mehr Verständnis von dem, was man erlebt. Dann fühlt man sich vielleicht unterstützt. Man hat vielleicht das Gefühl, daß Menschen auf eine besondere Weise ähnlich sind, und das kann Wertschätzung für Menschen im allgemeinen oder für diese andere Person öffnen.

## Übung
### Ihr Verhältnis zu Zielen und Vergleichen

Die Vertiefung Ihrer persönlichen Inquiry findet Unterstützung, wenn Sie Ihre Beziehung zu Zielen und Vergleichen untersuchen. Sie möchten sich vielleicht die Zeit nehmen, Ihre eigene Inquiry in dieser Frage zu machen. Welche Rolle spielen Ziele in Ihrem inneren Prozeß? Auf welche Weise sind Sie durch Ihre spirituelle Lektüre, durch die Geschichten, die Sie von anderen Leuten hören, und auch durch Ihre eigenen Erfahrungen beeinflußt? Wie wirken sich diese Einflüsse auf Ihre Fähigkeit aus, mit Ihrer eigenen inneren Entwicklung in Kontakt zu bleiben?

Wenn Sie diese Fragen über Ihre Erfahrung im allgemeinen beantwortet haben, möchten Sie sie vielleicht in einem besonderen Kontext näher anschauen. Hier ist eine Möglichkeit: Machen Sie sich die verschiedenen Weisen bewußt, wie Sie sich selbst als Sucher sehen. Sie können sich als jemanden erleben, der zu Verehrung neigt, als an einem intellektuellen Ansatz orientiert, als ernsthaften, disziplinierten Meditierenden, als jemanden, für den das Dienen ein essentieller Teil der Reise ist, oder als eine Kombination dieser verschiedenen Formen. Können Sie irgendwelche Ziele identifizieren, die mit ihrem Gefühl von sich selbst in Verbindung stehen? Tendieren Sie, wenn Sie von den Reisen anderer lesen oder hören, dazu, Ihre eigenen Neigungen oder Ihren persönlichen Stil mit denen der anderen zu vergleichen? Erleben Sie, daß Sie den Kontakt mit Ihrem eigenen Prozeß verlieren, wenn das geschieht? Wenn Sie von einer Form der Suche zu einer anderen wechseln, tendieren dann Ansichten und Überzeugungen, die auf vergangenen Erfahrungen beruhen, die Sie in der einen Form gemacht haben, dazu, die Entfaltung, die in einer anderen Form geschieht, zu stören?

## Ein Weg der Freiheit

Nun verstehen wir also, wie unser Prozeß ungünstig beeinflußt werden kann, wenn wir irgendeine Befindlichkeit oder einen Zustand der Realisierung zum Ziel nehmen. Das Ziel kann den Prozeß entstellen und ihn vielleicht wirklich blockieren. Solange wir diese innere Haltung haben, daß wir versuchen, unsere Erfahrung im Sinne einer bestimmten Richtung zu beeinflussen – gleich gleich, welcher Richtung und ganz gleich, ob sie ihre Quelle in unserer Kindheit, in unserem erwachsenen Leben, unserer spirituellen Erfahrung oder einer spirituellen Lehre hat –, werden wir mit der Dimension des Punkt-Diamanten Schwierigkeiten haben, denn diese Dimension bedeutet, locker zu bleiben und ohne einen Standpunkt einfach zu sein.

Viele traditionelle Wege, die Techniken anwenden, die daraufhin orientiert sind, daß man bestimmte Zustände erreicht, lehren ihre Schüler in fortgeschrittenen Stadien der Praxis, diese Techniken loszulassen. Das wird verschieden bezeichnet: das Ende der Suche, Nicht-Meditation, jenseits von Praxis und so weiter. Das bezieht sich auf die Art unbegrenzter Inquiry, über die wir hier sprechen. Aber der Unterschied besteht darin, daß Nicht-Meditation von Anfang an zu unserer Art von Inquiry gehört. Es ist der Ansatz, den wir von Anfang an bei der Inquiry an benutzen, nicht nur in fortgeschrittenen Stadien der Realisierung. Wir brauchen nicht zu warten, bis wir einen bestimmten Zustand erreichen, um diese freie Haltung einzunehmen. Wir können uns von Anfang an sein lassen. Wir sind vielleicht nicht in der Lage, das zu tun, weil es subtil und hart ist. Aber zumindest wissen wir von Anfang an, daß es letztlich keinen Sinn macht, sich anzustrengen. Manchmal strengen wir uns an, weil wir müssen, weil es keinen anderen Weg gibt. Aber wir wissen von Anfang an, daß Mühelosigkeit der Weg ist.

Wir können uns in vergleichendem Bewerten und seiner damit einhergehenden Ablehnung in allen Formen ergehen, und wir können einfach die Inquiry fortsetzen. Inquiry dient immer dem Zweck, die Wahrheit herauszufinden, deshalb braucht sie nicht durch vergleichendes Bewerten motiviert zu sein. Sie ist ausschließlich von der Liebe zur Wahrheit motiviert. Inquiry kann weitergehen, ob wir uns in einem erleuchteten Zustand befinden oder in einer Ego-Reaktion befangen sind. Und wann immer Bewerten auftritt, können wir es wie alles andere untersuchen.

Wenn man wirklich die Wahrheit entdecken möchte, wenn es einem einfach gefällt, zu sehen und zu fühlen, was wahr ist, dann ist das ein Hinweis darauf, daß es einem gefällt, man selbst zu sein. Es ist wunderbar, ohne Ablehnung da zu sein, wo man ist, ohne das Bedürfnis, irgendwoanders zu sein, um in Ordnung zu sein. An diesem Ort öffnet sich das Herz, und es gibt genug Raum, um Freude zu empfinden. Da ist Zufriedenheit und Frieden und etwas Persönliches an der Zufriedenheit und an dem Frieden, das einem das Gefühl von Intimität vermittelt. Man ist intim bei sich selbst, wenn man einfach ist, wo man ist.

## Teil 3

# Diamantene Führung

## 12
# Die Führung des Seins

Die Führung, die Inquiry anruft, also die Führung, die für unsere Arbeit relevant ist, ist nicht die simple Form von Führung, an die viele Menschen heute glauben. Führung bedeutet nicht, daß jemand einem sagt „Tu nicht das, tu jenes." Wenn man meditiert, wird man nicht notwendigerweise eine Stimme hören, die sagt: „Morgen sollst Du nur dreißig Minuten meditieren, nicht fünfundvierzig." Führung erscheint nicht als ein Engel im Zimmer, der einem sagt: „Ja, heirate sie, sie ist die Richtige." Das kann passieren, aber das ist nicht das, was wir meinen, wenn wir im Diamond Approach von Führung sprechen. Die Art Führung, die bei Inquiry gebraucht wird, ist eine Intelligenz, eine Eigenschaft unseres Seins, die uns durch unsere Entwicklung führt, um unsere Seele zu Reife und Realisierung zu entfalten.

Verschiedene Lehren haben unterschiedliche Formulierungen, die unterschiedliche Weisen vorschlagen, wie man auf die Führung hören oder eine Verbindung mit ihr herstellen kann. Beim Diamond Approach ist Führung mit dem Begreifen der Botschaften und Hinweise verbunden, die auf allen Ebenen und in allen Bereichen unserer Erfahrung auftauchen. Führung erscheint meistens nicht in Gestalt eines Engels oder einer weisen alten Frau oder eines alten Mannes. Gewöhnlich erscheint sie im Kontext unserer normalen Alltagserfahrung: in unseren Beziehungen mit unserer Familie und mit Freunden, im Zustand unseres physischen Körpers, in unserer beruflichen Situation, in dem, was wir fühlen, und in unseren emotionalen Konflikten. Wir müssen in der Lage sein, die Führung in all diesen Erfahrungen zu erkennen, damit sich unsere Seele in Richtung auf Optimierung entfalten kann.

Und da unser Verstand niemals alle Elemente und Kräfte erfassen kann, die in unserer Erfahrung und Entfaltung enthalten sind, müssen wir auf die Führung des Seins selbst hören – die Führung, die ein Ausdruck der Intelligenz der Realität ist. Diese gehört zu unserem Sein, dessen Intelligenz mit allem in Kontakt ist.

## Der Dynamismus und die optimierende Kraft

Dieses Kapitel wird die Grundlage zum Verständnis von Führung legen, indem dargestellt wird, was Führung bedeutet und wie sie für Inquiry relevant ist. Wir beginnen damit, daß wir den Dynamismus unseres Seins näher anschauen, weil wir nicht verstehen können, was Führung ist, wenn wir diesen Dynamismus und seine Optimierung nicht verstehen. Wenn wir keine Wertschätzung dafür und kein Verständnis davon haben, daß da eine evolutionäre Kraft am Werk ist, wird Führung zu etwas vollkommen anderem; sie wird zur Führung eines Wesens, das kein Potential hat. Aber wir haben ein Potential, und dieses Potential hat eine Kraft, und diese Kraft verkörpert eine Intelligenz.

Diese Begriffe kann man auch in Beziehung zur Seele sehen. Wie wir besprochen haben, ist unsere Seele ein lebendiger Organismus von Bewußtsein. Zu ihr gehören ein Dynamismus und eine dynamische Kraft, die sie antreibt. Die Seele ist eine Präsenz, die sich ständig bewegt und verändert; sie kann nicht statisch sein. Die dynamische Kraft, die dieser ständigen Veränderung zugrundeliegt, besitzt eine evolutionäre Tendenz, eine optimierende Eigenschaft. Sie neigt von sich aus dazu, die Seele in Richtung optimaler Erfahrung und optimalem Leben zu bewegen. Sie führt zu mehr Leben, mehr Energie und mehr Licht. Sie ist eine organische, nichtmechanische Kraft, die unsere Erfahrung entwickelt und optimiert. Und sie vermittelt unserer Seele die Kraft, sich zu entwickeln und zu entfalten, nicht isoliert, sondern in Beziehung und als Antwort auf das, was in unserem Leben geschieht. In diesem Sinn ist sie eine bewußte Kraft, eine sich selbst bewußte, intelligente Kraft.

Diese optimierende Kraft manifestiert sich auf vielfältige Weise. Normalerweise manifestiert sie sich in aktuellen Zuständen, Erfahrungen, Wahrnehmungen und verschiedenen Lebenssituationen und Gelegenheiten. Aber sie manifestiert sich auch in der Führung. Die optimierende Kraft erscheint in der Optimierung der Erfahrung, und Führung ist eine spezifische Form dieser Optimierung. Man kann das so formulieren, daß der optimierende Dynamismus die Kraft ist und die Führung das Auge dieser Kraft. Oder – um zu unserem Bild des Raumschiffs zurückzukehren – die optimierende Kraft ist der Antrieb unseres

Raumschiffs, und die Führung ist die Anordnung der Sensoren und das System zur Datenanalyse, die für seine Navigation notwendig sind.

Wir neigen dazu, die dynamische Qualität unserer Seele, besonders ihre optimierende Tendenz, nicht direkt zu sehen. Aber wenn wir über unsere Erfahrung reflektieren, können wir diese Tendenz erkennen. Wenn wir zum Beispiel aufrichtig mit uns selbst sind, merken wir irgendwann, daß wir Liebe empfinden wollen. Die Seele will von sich aus Liebe geben und empfangen, will Liebe erweitern und vertiefen. Unsere Seele scheint es auch gern zu haben, wenn Dinge wahrhaftig und echt sind; sie will sich von Natur aus in Richtung größerer Echtheit und Authentizität bewegen. Sie zieht es auch von Natur aus vor, sich offener, entspannter und glücklicher zu fühlen.

Wir halten diese Werte für selbstverständlich, aber sie sind eigentlich Hinweise auf die dynamische optimierende Kraft von Sein in der Seele. Genauso manifestiert sich die Kraft in unserer Erfahrung: als eine Tendenz in Richtung auf Maximierung von Liebe, Lust, Offenheit, Wahrheit und Authentizität. Wir sind nicht wie Maschinen, die einer bestimmten Programmierung entsprechend funktionieren. Wir haben Motive und Triebe, die den Tiefen unseres Seins entspringen und uns dazu bewegen, in bestimmte Richtungen zu gehen, und dabei unsere Erfahrung veranlassen, sich in Richtung Optimierung und Steigerung zu entwickeln.

Unsere Situation ist aber nicht so einfach, denn manchmal bewegen wir uns in Richtungen, die weder gesund noch nützlich sind. Wir bewegen uns manchmal auf destruktive Aggression, Rache, Unwissenheit und Stagnation zu oder in Richtung von Kontraktion statt Expansion. Wenn wir die evolutionäre oder optimierende Kraft und ihren Dynamismus, der ihr zugrundeliegt, verstehen wollen, bedeutet das daher, daß wir sehen müssen, daß die Anwesenheit der optimierenden Kraft auch auf Barrieren gegen diese Kraft hinweist. Es ist schwer, sich eine optimierende Kraft vorzustellen, ohne sich auch ein Bild davon zu machen, was ihr entgegensteht: nämlich Barrieren, die durchbrochen, Hindernisse, die überwunden, und Probleme und Konflikte, die gelöst werden müssen.

## Entstellungen im Dynamismus

Eine Möglichkeit, wie man sich den Dynamismus des Seins vorstellen kann, ist als vollkommen frei und ohne Vorurteile und für alle Möglichkeiten offen. Er kann auf eine positive oder eine negative Weise in Erscheinung treten, in evolutionäre oder in devolutionäre Richtung. Das bedeutet, daß die optimierende Kraft in ihrem ursprünglichen Zustand – das heißt frei und ungehindert – oder entstellt und eingeengt erscheinen kann. In jedem Fall ist diese Kraft immer am Werk, denn sie gehört zu unserem Menschsein. Manchmal sehen wir sie einfach nicht als optimierend, weil sie durch Barrieren gefiltert ist, die sie entstellen.

Alle unsere Erfahrungen und alle unsere Wahrnehmungen gehen im Grunde auf den Dynamismus unseres Seins zurück. Und sie reflektieren alle die optimierende Kraft, die entweder auf eine gerade, direkte Weise oder auf eine entstellte Weise funktioniert. Es gibt, mit anderen Worten, keine zufälligen Erfahrungen, keine zufälligen inneren Zustände. Was auch immer in uns auftaucht, was immer wir in der Welt erfahren, ist eine Antwort oder eine Manifestation unseres Seins. Und unser Sein funktioniert so gut wie möglich, je nach der Anwesenheit oder der Abwesenheit und der Art unserer Filter.

Es kann viele Arten und Ebenen von Entstellungen geben. Es kann eine leichte Entstellung geben, wenn etwa ein anderes Auto die Straße kreuzt, auf der man gerade fährt, und einen nicht vorbei läßt. In diesem Fall kann sich die optimierende Kraft darin manifestieren, daß man einen Weg um das andere Auto herum findet. Wenn die Entstellung größer ist, könnte sich die Kraft so manifestieren, daß man irritiert und ärgerlich wird oder über die Unannehmlichkeit vor sich hin schimpft. Oder wenn die optimierende Kraft sehr entstellt ist, könnte sie sich auf irgendeine verrückte Weise manifestieren, indem man zum Beispiel eine Pistole zieht und den Fahrer erschießt, weil er einem im Weg ist. Alle diese Reaktionen sind eine Funktion der optimierenden Kraft.

Man geht irgendwohin und man möchte dort ankommen – da fängt alles an. *Wie* man dahin gelangt, hängt von einem selbst ab. Es hängt davon ab, ob es entstellende Filter gibt und worin sie bestehen. Je weniger Filter man hat, um so mehr wird die optimierende Kraft von ihrer eigenen strahlenden Intelligenz aus und mit ihrer Klarheit, Stärke, Kraft und Sensibilität funktionieren. Je mehr die eigene Erfahrung durch Filter hindurch geht – die Unwissenheit, die aus unseren Ego-Strukturen, Ansichten und Meinungen, Bildern und festgelegten Muster besteht –, um so mehr wird sie verdreht und entstellt. Dann kann es den Anschein haben, als stünden die eigenen Handlungen der Optimierung entgegen.

## Optimierung unserer Entwicklung

Unsere optimierende Kraft richtet sich auf die Entwicklung und Entfaltung unserer Erfahrung, damit wir den ganzen Menschen, der wir sind, die Ganzheit, die wir sein können, aktualisieren können. Aber wir dürfen bei dieser Kraft nicht an Ziele denken, denn das würde bedeuten, daß wir den Dynamismus des Seins vermenschlichen. Die Schwerkraft des Seins bewegt es einfach auf seinen ursprünglichen und reinen Zustand zu, so wie trübes Wasser die Tendenz hat, sich zu setzen und zu seinem klaren und durchsichtigen ursprünglichen Zustand zurückzukehren. Wir erkennen diesen Zug der Gravitation wahrer Natur als ihre optimierende Kraft, denn optimale Erfahrung ist nichts anderes als die Erfahrung unserer wahren Natur.

Das Sein optimiert von sich aus immer unsere Erfahrung. Die optimierende Kraft ist bewußt und intelligent und versucht so um Hindernisse herum oder durch sie hindurch zu gehen, daß sich die Optimierung fortsetzen kann. Wenn wir realisieren, daß unsere Erfahrung, sowohl die innere als die äußere, immer die Aktivität des Dynamismus' unseres Seins reflektiert, heißt das, daß es grundsätzlich immer möglich ist zu wissen, ob wir mit der optimierenden Kraft des Seins im Einklang sind oder nicht, zu erkennen, ob wir vorankommen, zurückfallen oder stagnieren. Wir brauchen niemanden, der uns das sagen müßte. Alle Information, die wir brauchen, ist in jedem Augenblick in unserer Erfahrung, wenn wir sie klar wahrnehmen können.

Wie kommen wir dahin, unsere Beziehung zur optimierenden Kraft zu kennen? Es reicht nicht, einfach auf unsere Gedanken oder auf unsere Gedanken und Gefühle oder sogar auf unsere Gedanken, Gefühle und unser Verhalten zu achten. Wir müssen für alle Dimensionen unserer permanenten Erfahrung offen sein, und das kann Sinneswahrnehmungen, Überzeugungen, Haltungen, Werturteile, Vorlieben, Aufmerksamkeitsmuster und noch anderes umfassen. Unser Bewußtsein von allen diesen Dimensionen wird das Wesen der Entfaltung unserer Seele im jeweiligen Moment klären und auch den Grad unseres Einklangs mit der Kraft aufdecken, die uns bewegt – das heißt, ob wir uns entwickeln, zurückfallen oder feststecken, das sind die einzigen drei Möglichkeiten.

Anders gesagt, wenn wir dadurch, daß wir uns für die Bewußtheit der Totalität unserer Erfahrung öffnen, sehen, daß unsere Seele sich eigentlich in eine Richtung bewegt, die der Richtung von Offenheit und Leuchtkraft entgegengesetzt ist, dann erkennen wir, daß wir nicht in Einklang gewesen sind, daß wir unsere Entfaltung eigentlich dadurch entstellt haben, daß wir mit der optimierenden Kraft nicht in Kontakt gewesen sind.

## Der Wunsch nach Führung

Führung ist eine Weise, wie wir uns auf die diskriminierende Intelligenz dieser optimierenden Kraft unseres Seins beziehen können. Wenn man Führung erfährt, bedeutet das also nicht, daß man ein Kind ist, das an die Hand genommen und von einem Ort zum anderen oder von einer Erfahrung zur nächsten gebracht wird. Führung ist das genaue Erkennen der optimierenden Richtung für die Erfahrung, in jedem Augenblick. Sie wird gebraucht, wenn die Seele nicht aus ihrer wahren Natur lebt – wenn sie sich in der vertrauten Situation von Verschleierung und Ablenkung befindet.

Wenn die Seele von ihren eigenen, inhärenten Fähigkeiten aus lebt – aus der wahren Natur –, braucht sie keine Führung für ihre Entwicklung. Dann geschieht die Entfaltung von allein, denn das ist es, was eine optimierende Kraft bedeutet. Sie ist eine Kraft in unserer Seele, die intelligent, zu antworten fähig und bewußt ist. Sie antwortet auf die Dinge genau, intelligent und angemessen, um die Seele auf die beste Weise zu entwickeln, auf die sie sich entwickeln kann. Und das ist es, was wir wollen, wenn wir irgendeine Form von Führung suchen – innere oder äußere. Innere Führung bedeutet das Lenken unser

Entfaltung, so daß die Entfaltung sich selbst bis hin zur Ganzheit optimiert. Innere Führung führt die Seele bei ihrer Entfaltung, damit sie sich in die richtige Richtung entfaltet, in Richtung von Maximierung und Optimierung ihres Lebens und ihrer Erfahrung.

Je tiefer wir uns auf unsere Entfaltung einlassen und je mehr wir uns mit ihr in Einklang bringen, um so mehr werden die Situationen unseres äußeren Lebens zu einem Teil dieser Entfaltung. Fragen wie, welche Freundin oder welchen Freund, welchen Beruf wir haben sollten oder wo und wie wir wohnen möchten, werden der Entfaltung untergeordnet. Das gilt nicht unbedingt zu Beginn der Reise, und es hängt von der Bedeutung der jeweiligen Situation für die Entfaltung der Seele im ganzen ab. Zum Beispiel ist die Entscheidung, welchen Job man annehmen soll, für die eigene Entfaltung manchmal von Bedeutung, aber manchmal auch nicht. Führung wird die Funktion haben, einem sehen zu helfen, welchen Job man nehmen soll, wenn diese Wahl für die eigene Entfaltung im ganzen wichtig ist. Alle praktischen Entscheidungen, die wir im Leben treffen müssen, können in der Reichweite innerer Führung sein, wenn wir sie aus der Perspektive dessen betrachten, was unsere Entwicklung im ganzen optimieren kann.

Anders gesagt: Ob Führung funktioniert oder nicht, wird nicht davon bestimmt, wofür man die Führung will, sondern von der Motivation. Wenn man beispielsweise in einer beruflichen Frage Führung haben möchte, weil man mehr Geld verdienen will, dann ist das für die Führung nicht wichtig. Wenn man Führung in einer beruflichen Frage haben möchte, weil man sehen will, welche Arbeit die Entwicklung der eigenen Seele verbessern kann, wird man wahrscheinlich Führung bekommen. Je mehr wir also mit unserer optimierenden Kraft – mit der unserer Seele eigenen evolutionären Bewegung – im Einklang und auf sie eingestimmt sind, um so mehr tritt die Führung in Erscheinung. Darum neigen Menschen, die außenorientiert sind, dazu, nicht in der Weise geführt zu werden, über die wir hier besprechen. Sie werden geführt, aber durch äußere Überlegungen.

Dieses Prinzip der Beziehung von Motivation zu Führung ist auch grundlegend in der Arbeit mit einem Lehrer. Der Lehrer fungiert im wesentlichen als Führung oder als Repräsentant der Führung. Das bedeutet, daß der Lehrer der Entwicklung und Entfaltung der Seele hilft, indem er im Bund mit der optimierenden Kraft tätig ist. Wenn man möchte, daß der Lehrer einem hilft, ein Problem zu lösen, weil es einem nicht gefällt, daß es einem schlecht geht, wird man wahrscheinlich von dem scheinbaren Mangel an Interesse des Lehrers an diesem Ziel frustriert sein. Wenn man aber den Wunsch hat, besser zu verstehen, was dieses Problem im Leben erzeugt und was es für die Entwicklung bedeutet, wird sich die Führung des Lehrers wahrscheinlich empfänglich und hilfsbereit zeigen.

Beim Diamond Approach ist der Grund dafür, daß man einen Lehrer braucht, daß man noch nicht auf die eigene innere Führung eingestimmt ist. Mit der Zeit lernt man vom seinem äußeren Lehrer, wie man sich auf die tiefere Entfaltung hin orientiert und sein eigener Führer wird. Auf diese Weise nimmt man mit der eigenen inneren Führung wieder Verbindung auf, was ganz einfach heißt, daß man erkennen kann, wie die optimierende Kraft im eigenen Leben funktioniert.

### Übung
### Ihre Beziehung zur inneren und äußeren Führung

Jetzt wäre ein guter Moment, Ihre Beziehung sowohl zur inneren als auch zur äußeren Führung anzuschauen. Sehen Sie Ihre eigene Erfahrung als eine potentielle Quelle von Führung? Glauben Sie, daß Führung von einer anderen Quelle als von Ihnen selbst kommen muß? Inwiefern ist die Führung, die Sie von einem Lehrer bekommen, falls Sie zur Zeit mit einem arbeiten, anders als Ihre eigene innere Führung oder dieselbe wie sie? Arbeiten beide zusammen? Scheinen sie manchmal gegensätzlich zu sein? Haben Sie an äußere Führung andere Erwartungen als an innere?

Wenn Sie zur Zeit nicht in einer Beziehung zu einem äußeren Führer oder Lehrer stehen: Suchen Sie nach Führung oder wünschen Sie sie sich? Wenn ja, wozu möchten Sie die Führung? Hatten Sie schon eine Erfahrung mit Ihrer eigenen Führung? Wenn ja, was scheint Sie zu anderen Zeiten von dieser Erfahrung abzuschneiden?

DIAMANTENE FÜHRUNG

## Wie sich Führung manifestiert

Führung manifestiert sich auf vielfache Weise und hat vielerlei Bedeutung. Aber was passiert wirklich, wenn wir sagen, daß wir Führung bekommen? Wir erkennen dabei die unterscheidende Intelligenz der optimierenden Kraft. Wir sehen, ob eine bestimmte Richtung zu größerer Optimierung führt, oder wenn es eine Entstellung gibt, welcher Art diese Entstellung ist. Die Botschaften der Führung, die wir bekommen, sind nichts anderes als das Begreifen der jeweiligen momentanen Erfahrung und der Bedeutung oder des Sinnes dieser Erfahrung. Man wird zum Beispiel im Hinblick darauf geführt, ob man in die richtige Richtung geht oder nicht, wie man vielleicht feststeckt, worin die Schwierigkeit besteht und wie man mit der Schwierigkeit umgehen kann.

Wenn man sich Führung als eine Stimme oder als einen Menschen vorstellt, der einem sagt, daß man dieses oder jenes tun soll, dann ist das ein Hinweis darauf, daß man mit der eigenen optimierenden Kraft nicht in Kontakt ist. Man identifiziert sich mit einem Kind, das die führende Hand der Eltern braucht, um Weisheit und Anleitung zu erhalten. Aber Realität unseres Seins ist, daß wir eine innere Kraft, ein inneres Leben haben, das sich ausdrücken und aktualisieren möchte. Und es tut das ständig – auf alle mögliche Weise, manchmal mit Erfolg, manchmal nicht. Bei Führung geht es dann darum zu erkennen, welche Wege erfolgreich sind und welche es nicht sind. Wir müssen wissen, wo unsere Entfaltung zum Stillstand gekomen ist und wie. Das bedeutet, daß wir wirklich hinhören und die Manifestationen der optimierenden Kraft in unserer Erfahrung annehmen müssen. Nur durch das Verstehen dieser Eindrücke können wir anfangen, die Botschaften der Führung zu erkennen – die Wegweiser unserer fortgesetzten Entwicklung.

Führung funktioniert auf vielfältige Weise, nicht immer nur dadurch, daß sie einem blitzartig Einsichten und Verständnis der eigenen Situation vermittelt. Wenn es für einen zum Beispiel notwendig ist, etwas darüber zu lernen, verletzlich zu sein, wird sie einen in eine Situation versetzen, die man als bedrohlich empfindet. Die Manifestation relevanter Situationen ist eine wirksame Methode der Führung. Wenn sich also, wie in diesem Beispiel, eine bedrohliche Situation einstellt und man glaubt, man müßte lernen, *nicht* verletzlich zu werden, dann liest man die Führung nicht richtig; man liest sie den eigenen Filtern und Schleiern entsprechend.

Führung kann dann für uns Barrieren erzeugen, damit wir aufmerksam sind und lernen. Aber in einem tieferen Sinn braucht sie keine Barrieren zu erzeugen, weil die Barrieren schon mit den Schleiern da sind, die unsere Wahrnehmungen behindern. Was wir Barrieren oder schwierige Erfahrungen und Situationen nennen, ist also nichts anderes als die optimierende Kraft, die durch unsere Filter dringt und sich als eine bestimmte Art von Erfahrung manifestiert, die wir schmerzlich finden und als eine Barriere erleben. Wenn wir aber die Bedeutung oder den Sinn dieser Erfahrung verstehen, haben wir die Führung erkannt.

Angenommen, die optimierende Kraft bringt Sie in Richtung der Qualität von Frieden. Stille und Frieden sind in diesem Fall die Dinge, die Sie als nächste lernen sollen. Aber Sie stoßen auf eine bestimmte Barriere, und diese ist eine tiefe Sehnsucht nach Ihrer Mutter. Das Zusammentreffen, die Verbindung von beidem – der Bewegung in Richtung von Frieden Schwarzer Essenz und der Sehnsucht nach Ihrer Mutter – kann als ein Muster in Erscheinung treten, das darin besteht, daß Sie sich in Menschen mit dunklen Merkmalen verlieben. Immer wieder finden Sie sich von Frauen mit schwarzen Haaren und dunklen Augen angezogen. Jedesmal, wenn Sie sich verlieben, ist es toll. Sie haben das Gefühl: „Jetzt habe ich es, jetzt wird meine Liebe friedlich sein. Jetzt werde ich bekommen, was ich will." Aber dann verlieren Sie Ihre Geliebten immer wieder, die Beziehungen halten nie. Sie erkennen etwas Wahres an der Friedlichkeit – daß sie mit dem Schwarz und der Dunkelheit zu tun hat. Aber es ist mit einem Bedürfnis vermischt, mit dem Sie noch nicht fertig sind: Sie wollen immer noch Ihre Mutter. Diese Kombination drückt sich also als Verlieben in jemanden aus, die wie Ihre Mutter ist: in eine Frau, die auch wie Frieden ist – dunkel.

Man könnte das eine Barriere nennen – man könnte sogar sagen, daß die optimierende Kraft diese Barriere erzeugt hat. Es kommt aber der Wahrheit näher, es als eine Manifestation der optimierenden Kraft zu sehen, wie sie mit Ihrem Verstand (mind) interagiert. Wenn Sie auf die Führung eingestimmt sind und sie wirklich aufmerksam beachten, könnten Sie vielleicht erkennen, daß Sie, während Sie über Ihre dunkelhaarige Geliebte phantasieren, dieses schwarze, glänzende Haar vor Augen haben. Das könnte Sie zu der Überlegung führen: „Warum dieses schwarze, glänzende Haar, warum immer schwarzes, glänzendes Haar? Was fühle ich dabei?" Sie könnten entdecken, daß es Ihnen ein Gefühl von Fülle, von Geheimnis gibt. Diese Richtung der Inquiry wird der Zugang zur Führung sein, die Sie zu dem führen wird, hinter dem Sie eigentlich her sind.

Unsere eigentliche Situation ist aber komplexer, denn da sind nicht bloß Sie allein in einem statischen Universum. Es gibt auch andere Menschen mit ihrer Entfaltung und ihren Prozessen und ständig Interaktionen zwischen allen. Dazu kommt die Evolution der Erde, der Menschheit und des ganzen Universums. All das ist geführt. Die Führung wirkt nicht allein in der Entfaltung der einzelnen Seele, es gibt eine ganze, universelle Entfaltung, die ihre eigene optimierende Kraft hat. Und diese Entfaltung erscheint in uns allen, in allen Menschen, wenn sie mit dem Denken jedes einzelnen Menschen interagiert. Die Botschaften, die in Ihrer Umgebung auftauchen, beziehen sich also auf Ihre eigene Entfaltung, auf die Entfaltung anderer Menschen und darüber hinaus auf die Entfaltung der ganzen Situation um Sie herum.

Diese Entfaltung bleibt aber sehr lange unsichtbar, weil es so schwer ist, unsere Vorstellungen von Führung von der frühen Prägung zu trennen, daß wir von weisen und gütigen Eltern durch das Leben geführt werden. Diese tiefe, unbewußte Assoziation macht uns für die befreiende Realität innerer Führung blind. Wahre Führung ist nichts anderes als das Bewußtsein von der Intelligenz in dem Dynamismus, der alle Erscheinungen durchdringt. Wie wir gesehen haben, folgt der Dynamismus des Seins einem organischen Weg der Entfaltung, wenn er alle Erscheinungen auf die Realisierung ihrer wahren Natur hin bewegt. Diese optimierende Kraft ist dem Dynamismus selbst eigen und daher jederzeit wirksam.

An der Oberfläche des Bewußtseins aber, wo unsere Seele mit äußerem Leben identifiziert worden ist, ist die optimierende Kraft im allgemeinen durch die äußeren Fixierungen der Seele verschleiert. Die unbewußte Sehnsucht nach Führung durch die Eltern beherrscht weiter die Reise der Seele durch das Leben. Auf dieser Ebene erscheint die Seele, wenn sie sich entwickelt, ungerichtet und unwissend und braucht daher

## Die Führung des Seins

Führung von außen. Solange unsere Orientierung nach außen gerichtet ist, um Sinn und Richtung zu finden, werden wir unfähig sein, die optimierende Kraft zu erkennen, die schon in uns wirksam ist. Wahre Führung erscheint nur, wenn wir bereit sind, unsere eigene Erfahrung so wertzuschätzen, wie sie ist, und uns auf diese Weise in die Zeichen und Botschaften der Optimierung einzustimmen, die im Feld unserer Erfahrung immer da sind.

# 13
# Wahre Führung für die Inquiry

## Das Bedürfnis nach Führung

Wir alle brauchen Führung. Wir brauchen sie, weil wir uns verirrt haben. Ohne Führung werden wir uns nur immer wieder aufs neue verlaufen. Viele von uns verlaufen sich noch mehr, während ihr Leben voranschreitet, selbst wenn sie meinen, sie wüßten, was geschieht. Das wurde seit Tausenden von Jahren von allen Menschen verstanden, die geführt wurden. Natürlich spreche ich von der spirituellen Reise; ich rede nicht davon, wenn man versucht, von dem eigenen Haus zu dem Haus von jemand anders zu gelangen, auch wenn wir in dieser Situation oft auch Führung und Hinweise brauchen.

Durch Ausprobieren kann man zum Haus eines Freundes hinfinden, auch wenn man keine Anweisungen hat – vorausgesetzt, man hat genug Zeit. Aber auf spirituellem Gebiet ist es nicht so einfach. Es geht nicht darum, diese oder jene Straße auszuprobieren, bis man schließlich die richtige gefunden hat; man weiß nicht einmal, was eine Straße ist und was keine Straße ist. Und selbst wenn man erkennen kann, was eine Straße ist, weiß man nicht, in welche Richtung man sie gehen muß. Das ganze Terrain ist eine neue Realität. Ausprobieren führt nicht notwendigerweise zum Erfolg, selbst wenn wir unbegrenzt viel Zeit hätten, was nicht der Fall ist. Unsere Zeit ist kostbar und muß klug genutzt werden. Wenn ein Mensch Führung findet, innere oder äußere, hat er also Glück und ist gesegnet. Und, allgemein gesagt, Menschen, die sich Führung gegenüber zynisch verhalten, verlieren sich bloß immer mehr und wissen nicht einmal, was ihnen fehlt.

Wir sind orientierungslos, weil alles, was wir haben, wenn wir die Reise beginnen, das ist, was in unserer Gesellschaft alle haben: ein Paket an Erfahrungen, Überzeugungen und Vorstellungen, die wir aus unserer Kultur und von unseren Eltern übernommen haben. All das ist Ausdruck der konventionellen Dimension, der gewöhnlichen und vorherrschenden kulturellen Weisheit. Diese Weisheit ist nicht schlecht, aber sie befaßt sich gewöhnlich nicht mit den tieferen Dimensionen und entstammt ihnen auch nicht. Und wir können uns selbst nicht führen, wenn wir die Art von Wissen benutzen, die aus dem Denken stammt, das das Produkt dieser konventionellen Dimension ist. Wenn die Führung aus derselben Dimension kommt, in der man sich bewegt, ist sie noch nicht wahre Führung – höchstens ist sie begrenzte Führung. Wahre Führung bedeutet Einsicht, Verstehen, Erkenntnis und Hinweise, die von einer Quelle stammen, die jenseits davon liegt, wo man jetzt ist, nämlich aus der Dimension, in die man sich in dem Maß bewegt, in dem sich die eigene spirituelle Erfahrung entwickelt.

Solange Führung nicht von dieser jenseitigen Quelle kommt, bewegen wir uns weiter von einem Ort in der konventionellen Dimension zu einem anderen Ort in derselben Dimension. Wir haben nicht die geringste Vorstellung davon, was uns erwartet, oder davon, was mit unserem Potential möglich ist. Wir kennen nicht das Ausmaß, die Tiefe, die unendlichen Möglichkeiten, die unter der Oberfläche liegen. Wir neigen also dazu, alles nach unserem Wissen, nach unseren inneren Haltungen und Gefühlen zu beurteilen, die von dieser Oberfläche kommen. Wir wissen nicht, daß wir uns, wenn wir dieses Wissen als endgültiges Wissen betrachten, mit genau den Barrieren identifizieren, die verhindern, daß die Tiefe sich meldet und uns führt. Darum ist die konventionelle Dimension ein Zustand spirituellen Schlafes, eine Dimension spiritueller Orientierungslosigkeit.

Wenn wir erkennen, daß wir orientierungslos sind und daß wir uns mit dem konventionellen Wissen, das wir haben, nicht aus unserer Orientierungslosigkeit herausbewegen können, werden wir uns des Schreckens unserer Situation bewußt. Wir erkennen, wie orientierungslos wir eigentlich sind und wieviel Angst das macht. Wir merken, daß wir uns bei allem, was wir zu tun versuchen – Bücher lesen, diese oder jene Technik praktizieren, dieses oder jenes Seminar besuchen, versuchen, selbst etwas herauszufinden – nicht weniger orientierungslos und verloren fühlen. Unsere Situation ist in Wirklichkeit viel schwieriger, viel hintergründiger, als wir uns lange Zeit zu sehen erlauben. Darum reden wir vom Schrecken der Situation – weil es so erschreckend ist, am Ende zu merken und uns einzugestehen, wie verloren wir sind und wie wir so vielen Elementen ausgeliefert sind, über die wir keine Kontrolle haben. Der Schrecken der Situation hat viel damit zu tun, wie sehr wir glauben, was wir zu wissen meinen, und mit wieviel wir von der Schwerkraft unseres Planeten konventioneller Realität erfaßt sind und ihn für das Zentrum des Universums halten – und manchmal für alles, was existiert. Gewöhnlich ist uns nicht klar, daß unsere Erfahrung der Realität sich nur ein klein wenig zu verschieben braucht, und alles verschwindet und versetzt uns in totalen Schrecken.

Unsere einzige Hoffnung ist eine Führung, eine Einsicht, ein Hinweis, der aus einem anderen, einem jenseitigen Bereich kommt. Es gibt keine andere Möglichkeit, es hat nie eine andere Möglichkeit gegeben. Was man weiß, kann einen nur weiter in das bringen, was man weiß. Das Denken kann einen nur zu anderen Komponenten seiner selbst bringen, es kann einen niemals über einen selbst hinaus bringen. Wenn wir uns nicht für die Führung öffnen – ob sie vom Außen kommt oder aus dem Inneren –, stecken wir notwendigerweise weiter fest. Wir sind dazu verurteilt, uns im Kreis zu bewegen, denselben Planeten immer wieder zu umkreisen, der Schwerkraft ausgeliefert.

Um zu einem anderen Planeten zu gelangen, brauchen wir ein Raumschiff, und die Art Raumschiff, die wir brauchen, existiert nicht auf diesem Planeten. Das Raumschiff, das wir brauchen, ist eine direkte Manifestation der Führung – das Zeichen, das Licht, das von jenseits dieser Realität durchdringt, um einem weitere Möglichkeiten zu zeigen, Möglichkeiten, die man sich niemals vorstellen könnte. Und wenn wir diese Führung erkennen, dieses Zeichen, diese Einsicht, diese Intuition, dieses Erkennen, das, was auf weitere Möglichkeiten hinweist, dann öffnen wir uns. An diesem Punkt beginnt unsere Erfahrung, sich zu entfalten. Sie vertieft sich und enthüllt diese weiteren Möglichkeiten.

## Die Rolle essentieller Führung

Wie wir im vorigen Kapitel besprochen haben, ist Führung ein besonderer Ausdruck der optimierenden Kraft unseres Seins. Der direkte Ausdruck der optimierenden Kraft ist die Entfaltung selbst, die Selbstenthüllung unseres Seins. Sie spiegelt sich in der Art und Weise, wie unsere Erfahrung von einer Tiefe zu einer größeren Tiefe, von einem Element zu einem tieferen Element, von einer Dimension zu einer erweiterten Dimension geht. Führung als ein spezifischer Ausdruck dieser optimierenden Kraft ermöglicht der Inquiry – als ein Hervorrufen dieser Kraft –, ihren Powerdrive, ihren Hyperdrive oder sogar ihren Superluminal Drive in Gang zu setzen. Sie ist die Intelligenz dieser evolutionären Kraft. Ohne Führung wird es Veränderungen in unserer Erfahrung geben, aber keine Optimierung. Die Führung führt den Dynamismus, so daß der Dynamismus anfängt, tiefer zu gehen, was bedeutet, daß unser Raumschiff die Erdumlaufbahn verlassen und zu anderen Planeten gelangen kann. Es kann vielleicht sogar das Planetensystem verlassen und zu einem anderen Sternsystem reisen.

Wenn der Dynamismus die Seele in neue Bereiche führt, offenbart unser Sein viele reine Qualitäten, die ich essentielle Aspekte genannt habe. Es zeigt die Qualität von Liebe, die Qualität von Klarheit, die Qualität von Stärke, die Qualität von Frieden, die Qualität von Wahrheit, die Qualität von Zufriedenheit, die Qualität von Raum, die Qualität von Existenz, die Qualität von Leidenschaft und so weiter. Diese Qualitäten sind Elemente von jenseits, aus der unsichtbaren Welt, und unsere konventionelle Weisheit kann sie nicht ergründen, kann nicht wirklich ihre Bedeutung, ihre Funktion oder ihre Nützlichkeit sehen oder erkennen.

Wie können wir nun erkennen, was diese essentiellen Qualitäten sind? Wir müssen erkennen, was sie bedeuten. Wir müssen verstehen, in welcher Beziehung sie zu unserer konventionellen Erfahrung stehen und wie sie unser Leben optimieren können. Dafür brauchen wir ein Fahrzeug des Verstehens – eine Quelle von Unterscheidungsfähigkeit und Wissen –, das aus derselben Dimension stammt wie die, aus der diese Qualitäten stammen, oder aus einer tieferen Dimension.

Die spezifische Führung, die das ermöglicht, ist das, was ich die Diamantene Führung (Diamond Guidance) nenne. Die Diamantene

Führung ist selbst eine reine Manifestation unseres Seins, die nötig ist, damit es uns in die essentielle Dimension führen kann. Unser Sein breitet nicht nur seinen Reichtum aus, es versieht uns auch mit der Fähigkeit, seinen Reichtum zu verstehen, wertzuschätzen und zu integrieren. Ohne diese Unterscheidungsfähigkeit können wir an diesen Reichtum nur herangehen wie an etwas Süßes, an eine Süßigkeit. Wir verstehen nicht die Bedeutung dieses Reichtums, der in Wirklichkeit Teil unserer inneren Natur ist, deshalb wollen wir einfach immer mehr von der Süßigkeit – von diesen Dingen, die süß und toll schmecken, aber getrennt davon sind, wer wir sind.

## Diamantene Präsenz

Essenz manifestiert sich in Form vieler Elemente, vieler Aspekte, aber sie manifestiert sich auch in vielen Dimensionen oder auf vielen Ebenen dieser Aspekte. Wenn man zum Beispiel die Stärke-Essenz erlebt – die Rote Essenz –, kann man sie auf vielen Ebenen von Verfeinerung, Subtilität oder Tiefe erfahren. Zu Beginn der essentiellen Enthüllung ist es nur die Rote Essenz. Man spürt das Rote, die Wärme und die Stärke, aber Verständnis und Wissen von diesem Aspekt sind nicht präzise. Das Verständnis kann weiter von konventionellem Wissen beeinflußt sein – von Reaktionen und Überzeugungen. In einer anderen Dimension von Essenz aber sind die Erfahrung des Aspektes selbst und das Begreifen, was er ist, nicht voneinander zu trennen. In dieser Dimension erscheinen die Erfahrung der Roten Essenz und das Verstehen davon, was sie ist, als dieselbe Erfahrung, daher ist unser Begreifen frei von dem Einfluß unserer mentalen Konzepte, frei von der konventionellen Dimension von Erfahrung. Die Einsicht in die Rote Essenz ist jetzt durch die neue Ebene der Manifestation des Aspekts geschützt. Das bedeutet, wenn die Rote Essenz erscheint, daß genau in dieser Erfahrung von ihr das präzise Wissen davon enthalten ist, was sie ist.

Diese Art Wissen ist in der konventionellen Dimension nicht zugänglich, es ist keine konventionelle Weisheit. In gewissem Sinn ist es eine magische Eigenschaft, weil es keine rationale Erklärung für sie gibt.

Also stammt dieses Wissen von der Roten Essenz nicht unserem Vorrat erworbenen Wissens, es erscheint unabhängig von unserem Denken. Es ist wirkliches Wissen, authentisches Wissen, weil man es nicht von irgend jemandem oder irgend etwas bekommen hat oder man durch logische Analyse oder Deduktion dahin gelangt ist. Es ist ein unmittelbares Wissen (knowingness), ein neues Grundwissen. Es ist eine Einsicht, die gerade aus den Tiefen der Roten Essenz selbst stammt. Die Rote Essenz sagt aus, was sie ist. Natürlich nicht durch ein Wort, einen Satz oder eine Einsicht, sondern durch eine ganze Gestalt von Verstehen. Und es gibt hier keine Frage der Genauigkeit des neuen Wissens; die einzige Barriere, die erscheint, ist der Schleier unseres konventionellen Wissens, das auf dieses neue Wissen reagiert und versucht, es zu verdrehen.

Wenn die Rote Essenz aber in dieser neuen Dimension erscheint, die ich die Diamantene Dimension (Diamond Dimension) nenne, dann wird alles konventionelle Wissen, das versucht, sich dem wahren, direkten Wissen des Aspektes aufzudrängen, entlarvt. Die Diamantene Führung zeigt sich an diesem Punkt, weil diese Fähigkeit, zu wissen, der Stumpfheit unseres konventionellen Wissens widerstehen sie transzendieren und die Wahrheit über die Rote Essenz manifestieren kann. Unabhängig von unserem subjektiven Denken kann sie uns zeigen, was objektiv ist und was nicht. Sie kann uns wissen lassen, was vollkommen präzise ist und was nicht. Darum sagen wir, daß der Aspekt auf der diamantenen Ebene erscheint: Er hat Klarheit, Präzision und Unzerstörbarkeit.

Auf der diamantenen Ebene erfahren wir die Rote Essenz wie gewöhnlich als eine rote Fülle, als einen roten Fluß oder als Feuer. Wenn sie auf diese Weise aufträte, wäre unser Wissen von der Roten Essenz unserem konventionellen Denken, dem, was wir glauben, und unseren Reaktionen unterworfen. Vielmehr erfahren wir einen roten Diamanten, einen facettierten Rubin. Da ist eine Präzision in der Erfahrung eines roten Diamanten, eine Genauigkeit und Bestimmtheit. Diese Charakteristika spiegeln einfach die Tatsache, daß wir den Aspekt auf eine Weise erfahren, daß seine Bedeutung von der unmittelbaren Erfahrung von ihm untrennbar ist. Wir wissen genau, was die Rote Essenz ist, weil wir den roten Diamanten erfahren, und das ist Erfahrung und Wissen in einem. Ohne die diamantene Ebene der Erfahrung gäbe es also keine Möglichkeit präzisen Wissens und deshalb auch keine Diamantene Führung.

Nur Menschen, die die diamantene Ebene erfahren haben, kennen ihre Realität. Menschen, die sie nicht erfahren haben, können sie nicht kennen. Das gilt für jede Form tiefen spirituellen Wissens, denn diese Art Wissen existiert in der konventionellen Dimension nicht. Das ist der Grund, weshalb man, wenn man *weiß*, sicher und bestimmt wirkt, denn man ist mit der Quelle in Kontakt, die das Wissen selbst ist. Nur dann kann jemand gut als Führer fungieren, nicht eher.

Wenn wir nicht mit dieser Kraft, mit dieser Erscheinungsweise, mit dieser diamantenen Ebene in Kontakt sind, dann sind wir also nicht mit der Diamantenen Führung in Kontakt. Führung bedeutet, daß Essenz in so einer Weise in Erscheinung tritt, daß sie ihre eigene Wahrheit, ihre eigene Bedeutung, ihre eigene Bedeutsamkeit, ihre eigene Wirkungsweise, ihre eigene Funktion, ihre eigene Wirkung enthüllt. Sie vermittelt unserer Seele und ihrem Intellekt die Fähigkeit, auf der essentiellen Ebene zu erkennen und zu urteilen. Und die Fähigkeit, auf der essentiellen Ebene zu erkennen, bedeutet die Fähigkeit, unabhängig von Wissen auf der konventionellen Ebene zu erkennen.

Das bedeutet nicht, daß wir die konventionelle Ebene nicht nutzen können. Wenn wir von dieser Diamantenen Dimension der Essenz aus handeln, benutzen wir die Worte und die Konzepte, die ihnen zugrundeliegen, um direktes Wissen zu übermitteln und zu enthüllen. Worte und Konzepte, die auf der konventionellen Ebene existieren, sind leere Gefäße, die etwas transportieren können, das über sie hinausgeht, aber sie sind nicht Wissen selbst. Sie sind Versuche, Wissen zu erhellen, um es zu kommunizieren. Das Wissen selbst wird erfahren, wird gespürt. Wenn die Aspekte auf der diamantenen Ebene erscheinen, wirken sie auf die Seele, indem sie sie so berühren, daß die Seele anfängt, spontane Einsichten über ihre Erfahrung zu haben. Die diamantene Qualität berührt die Substanz der Seele, die sich zu öffnen beginnt, und erlaubt dabei dem Wissen, das von diesem Aspekt kommt, in Erscheinung zu treten. Die Seele wird für ein Wissen empfänglich, das von jenseits, aus der unsichtbaren Welt kommt. Es ist enthülltes Wissen. Es ist nicht mehr nur die Erfahrung von Essenz, es ist essentielle Weisheit.

Inquiry kann uns für die Möglichkeit enthüllten Wissens öffnen. Obwohl Inquiry, Erforschung und Forschung an sich nicht zu Weisheit oder zu enthülltem Wissen führen, können sie uns helfen, unsere Barrieren zu sehen – was wir glauben und unsere Vorurteile –, damit wir uns öffnen und für die Enthüllung direkten Wissen empfänglich sein können. Inquiry lädt Sein ein, seine Geheimnisse zu manifestieren, und diese Manifestation ist enthülltes Wissen, neues Grundwissen, zeitlose Weisheit.

Wir beginnen die Diamantene Dimension selbst zu erkennen, wenn alle essentielle Aspekte von neuem, in der diamantenen Form erscheinen. Statt einer fließenden oder formlosen Präsenz erfahren wir jetzt zum Beispiel einen facettierten hellen Diamanten, einen Rubin oder einen Smaragd. In der Smaragd-Erfahrung spüren wir die liebevolle Güte und Wärme, die zu Mitgefühl (Compassion) gehört, aber mit einer Präzision, einer Bestimmtheit und einer Exaktheit, die in konventioneller Erfahrung unvertraut ist. Der Diamant strukturiert die Seele in einer Weise neu, daß ihre Erfahrung jetzt von Einsicht, von direktem Wissen untrennbar ist. Verstehen ist dann einfach der Strom der Strukturierung unserer Seele durch den Diamanten und das, was er vermittelt.

Enthüllung, Einsicht oder direktes Wissen sind nichts anderes als der Eindruck der essentiellen diamantenen Präsenz auf die Seele. Die Erfahrung der Seele wird eher von der diamantenen Präsenz beeinflußt und strukturiert als von alltäglichem Wissen geprägt. Die diamantene Präsenz vermittelt uns auch ein Gefühl von Präzision, Bestimmtheit und Objektivität, das wir Verstehen nennen, wenn wir es beschreiben. Das Verstehen selbst besteht nicht aus den Worten, vielmehr ist es die wirkliche neue Strukturierung der Seele. Mit anderen Worten, das Erscheinen von Essenz beeinflußt unser Bewußtsein dergestalt, daß eine essentielle Erfahrung erscheint, sich eine neue Entfaltung ereignet. Die Diamantheit der essentiellen Präsenz vermittelt uns die Erfahrung einer präzisen und scharfen Beschreibung, Darstellung, eines Wissens (knowingness), einer Erkenntnis dessen, was erscheint. Das ist wirkliches Verstehen.

Die meisten Menschen halten die Beschreibung einer Erfahrung für Verstehen. Wenn wir das Wort „Verstehen" benutzen, meinen wir aber den wirklichen Eindruck in der Seele, der durch den auftauchenden Aspekt erzeugt wird. Das ist eine gefühlte Erfahrung, ein geschmecktes, berührtes Wissen, mit einer direkten Unterscheidung verschiedener Muster, Aromen und Texturen. Das Erkennen des Musters – nicht die Beschreibung oder die kommunizierten Worte – ist das Verstehen. Kommunikation ist der Gebrauch von Worten, die aus der konventionellen Dimension genommen sind, um zu versuchen, das schon existierende Verstehen auszudrücken. Verstehen ist Erfahrung, aber Erfahrung mit Präzision und klarer Unterscheidungsfähigkeit.

Was ist in diesem Fall Bedeutung, und wie verhält sie sich zu Verstehen? Bedeutung ist nichts anderes als Erkennen der Struktur und des Musters unserer Erfahrung. Bedeutung ist nicht ein Wort, Bedeutung ist ein Erkennen dessen, was eine Erfahrung ist. Wenn Bedeutung Erfahrung durchdringt, transformiert, verwandelt sie sie in Verstehen.

In der Diamantenen Dimension erscheinen alle Aspekte in der diamantenen Form – Mitgefühl, Intelligenz, Wille, Wahrheit, Freude, Frieden, Identität und so weiter. Das bedeutet, daß jeder Aspekt von Essenz als Verstehen, oder genauer, als untrennbar von Verstehen erscheint. Wille zum Beispiel erscheint als ein neues Muster unserer Erfahrung, in der die Bedeutung von Wille in der Erfahrung selbst schon klar ist. So erscheint Wille als essentielle Weisheit.

## Diamantene Strukturen

Je nach Situation manifestiert sich die Diamantene Dimension als ein Feld, in dem die verschiedenen Aspekte als Diamanten wirksam sind, oder sie erscheint als eine einzige Präsenz, in der alle essentiellen Diamanten in eine einzige Struktur, in ein einziges wirksames Fahrzeug (vehicle) integriert sind. Anstatt jeweils nur einen Diamanten zu erfahren, erfahren wir alle Diamanten in einer bestimmten Struktur angeordnet, wie etwa als Kronleuchter oder Lüster, als Kathedrale oder als eine andere deutlich ausgeprägte Form. Es gibt viele dieser Fahrzeuge, und jedes einzelne ist eine integrierte Form der Diamantenen Dimension in einer anderen Gestalt oder Konfiguration. Das Sein manifestiert sich also nicht nur in Aspekten, sondern auch in Kombinationen von Aspekten, die wir Diamantene Dimensionen (Diamond Dimensions) oder Diamantene Fahrzeuge (Diamond Vehicles) nennen. Die Diamantene Führung ist, obwohl man sie gelegentlich als Aspekt erfährt, eigentlich eines dieser Fahrzeuge.

# Wahre Führung für die Inquiry

Die Diamantene Führung ist eine essentielle Präsenz, die aus Diamanten besteht, in der alle Aspekte sich als ein schönes, farbiges, leuchtendes Fahrzeug – einem Raumschiff nicht unähnlich – in einer präzisen, fest umrissenen Form zusammenfügen. Und da jeder Aspekt sich hier als Verstehen des Aspektes selbst manifestiert, wirkt die Struktur, die alle diese Diamanten in einer Präsenz vereinigt, als das Fahrzeug für Verstehen im allgemeinen. Dieses Fahrzeug fungiert dann als Führung auf der diamantenen Ebene. Das ist eine direkte Beschreibung dessen, was die Diamantene Führung ist, keine Metapher.

In der Inquiry lernen wir, wie wir uns für die Diamantene Führung öffnen, damit sie in unsere Seele herabkommen, sich in ihr niederlassen und sie führen kann. Das ist wirklich etwas Magisches, in dem Sinn, daß sie nicht Teil unserer gewöhnlichen Erfahrung ist. Und weil alle farbigen Diamanten in sie integriert sind, ermöglicht die Diamantene Führung der Seele, alle Aspekte, ihre Funktionen und ihre Wirkung auf die Seele zu verstehen. Sie ist das, was die Bedeutung und das Verständnis jedes Aspektes, jeder Dimension und jeder Manifestation von Sein auf allen Ebenen enthüllt. Es ist diese Manifestation – die Diamantene Führung –, die die wahre, spezifische Quelle des Diamond Approach ist.

Als die Quelle enthüllten Wissens erscheint Diamantene Führung auf eine Weise, die nicht unseren Regeln der Logik oder den Gesetzen von Ursache und Wirkung in unserer gewöhnlichen Erfahrung entspricht. Folglich kann enthülltes Wissen nicht im konventionellen Sinn bewiesen werden. Dasselbe gilt für spirituelles Wissen allgemein: Es kann entsprechend den Maßstäben der konventionellen Dimension nicht bewiesen werden. Aber es kann in der spirituellen Dimension bewiesen werden, weil die Regeln für einen Beweis auf dieser Ebene anders sind. Wenn wir versuchen, jemandem, der nichts von der essentiellen Dimension weiß, logisch zu beweisen, daß es zum Beispiel so etwas wie die Rote Essenz gibt, müssen wir scheitern. Man kann bestimmte Erfahrungen, die mit der Roten Essenz zu tun haben, beschreiben, und der andere ist vielleicht geneigt zu empfinden, daß es so etwas gibt, aber man kann nicht wirklich beweisen, daß sie existiert.

•

## Die Funktionen der Diamantenen Führung

Die Diamantene Führung funktioniert auf vielfache Weise und jede ist Ausdruck von Führung. Wie sie funktioniert, hängt von der Intensität des gegenwärtigen Bedürfnisses, von der Tiefe der Erfahrung, die sich manifestiert, und von der eigenen Empfänglichkeit ab. Mit Empfänglichkeit ist die Kapazität, der Grad der eigenen Entwicklung, die Offenheit, das Vertrauen, und die Aufrichtigkeit gemeint, die man hat.

Wir können das Funktionieren der Diamantenen Führung durch ihre Wirkung auf die Seele erkennen. Die Seele erfährt die Strukturierung, die durch Kontakt mit der Führung (Guidance)[10] herbeigeführt wird, als Vermittlung bestimmter Potentiale, die ihr damit gegeben werden. Die Diamantene Führung ist daher die Quelle verschiedener Fähigkeiten, die für die Entfaltung der Seele grundlegend sind. Je nach Grad an Bewußtheit und Realisierung, die man besitzt, kann die Führung als die Quelle dieser Fähigkeiten oder als das Wirken dieser Kapazitäten selbst gefühlt werden.

Hier werden wir die bedeutsamsten dieser Gaben, die der Seele durch die Anwesenheit der Diamantenen Führung verfügbar gemacht werden, anschauen: die Fähigkeiten für Einsicht, Abgrenzung und Unterscheidung, direktes Wissen, Verstehen, objektive Wahrnehmung und Artikulation. All diese Fähigkeiten wirken im Prozeß der Inquiry zusammen. Im nächsten Kapitel werden wir weiter die Weise untersuchen, wie die Diamantene Führung direkt auf die Seele einwirkt, um ihre Entfaltung zu leiten.

Die Diamantene Führung kann als eine Quelle von Intuition und Einsicht erscheinen – nicht als die Intuition oder die Einsicht selbst, sondern als ihre Quelle. Als die Quelle ist sie die Klarheit, das Licht und die Präsenz, die unsere Erfahrung berührt und Funken und Blitze zündet, die wir als Intuitionen und Einsichten erkennen. Daher ist die Diamantene Führung die magische Quelle von Wissen. Wenn sie in unsere Erfahrung hineinkommt, erhellt sie sie. Ihre Helligkeit kommt von ihr selbst, nicht von außerhalb ihrer selbst; sie ist inhärentes, intrinsisches Leuchten.

Die Diamantene Führung fungiert als eine Quelle reinen und realen Wissens, neuen Grundwissens, vollkommen frischer und wacher Unterscheidung. Weil sie aus Elementen besteht, die alle gnostisches oder unmittelbares Wissen von einem essentiellen Aspekt sind, wird die Diamantene Führung zu einer Quelle von Wissen über alles, was sie in unserer Erfahrung berührt. Reales Wissen ist nicht nur Grundwissen, sondern Grundwissen, das von gewöhnlichem Wissen frei ist und das seinen Ursprung in der Realität hat.

Die Diamantene Führung fungiert auch als eine Fähigkeit zu wahrer unterscheidender Erkenntnis. Weil jeder Aspekt jetzt objektiv und präzise unterschieden und erkannt wird, hat die Führung, die das Fahrzeug ist, das aus diesen Aspekten gebildet ist, eine tiefgreifende und präzise Fähigkeit für Unterscheidung. Sie kann das Falsche vom Wahren und ebenso verschiedene Schattierungen von Wahrheit unterscheiden.

Wir haben schon eine Fähigkeit für Unterscheidung in der konventionellen Dimension – wir nennen sie Intellekt. Die Fähigkeit zur Unterscheidung vertieft sich und wird viel schärfer, wenn die Diamantene Führung unser Bewußtsein beeinflußt. In einem sehr realen Sinn erscheint unsere gewöhnliche Fähigkeit für intellektuelle Unterscheidung aus der Diamantenen Führung. Der Grad, zu dem sich unsere unterscheidende Intelligenz entwickelt hat, hängt aber davon ab, wie wir mit dieser diamantenen Manifestation von Sein in Kontakt sind. Je weiter wir von ihr entfernt sind, um so weniger scharf ist unsere Fähigkeit zur Unterscheidung.

Intellektuelles Erkennen ist ein Ausdruck dieses inhärenten Unterscheidungsvermögens, aber die Fähigkeit für Unterscheidung, für die die Diamantene Führung sorgt, ist nicht nur auf der intellektuellen Ebene. Sie existiert ebenso auf den Ebenen des Gefühls, der Erfahrung, des Spürens und der Wahrnehmung. Die unterscheidende Fähigkeit der Diamantenen Führung kann man als den Prototyp der Fähigkeit für Unterscheidung auf allen Ebenen sehen und schätzen. Sie ist der essentielle Nous, der Ausdruck des universellen Nous in der Seele – die Weisheit der Unterscheidungsfähigkeit.

Um wirksam und vollständig aktiv zu sein und dabei die Diamantene Führung zu nutzen, müssen wir in der Lage sein, auf allen Ebenen von Unterscheidung zu funktionieren. Es ist zum Beispiel wichtig, intellektuelle Unterscheidungsfähigkeit zu haben, nicht weil wir primär intellektuell wären, sondern weil intellektuelles Unterscheiden notwendig ist, um ein Gefühl, eine empfundene oder eine wahrgenommene

Unterscheidung zu beschreiben. Es ist auch notwendig, emotionale und sensorische Unterscheidungsfähigkeit zu haben, um Subtiles in unserer gelebten Erfahrung wahrzunehmen und wertzuschätzen. Die Diamantene Führung vermittelt uns, mit dem Erscheinen von Grundwissen, die Unterscheidungsfähigkeit auf der essentiellen Ebene – der spirituellen Ebene –, aber sie schärft diese Fähigkeit auch auf allen anderen Ebenen, weil sie der Prototyp, die Platonische Form, die Fähigkeit für Unterscheidung im allgemeinen ist.

Wir haben schon besprochen, wie die Diamantene Führung uns die Fähigkeit für objektives Verstehen verleiht. Objektives Verstehen ist das Gefühl für das Muster von Bedeutung in unserer Erfahrung. Da unsere Erfahrung sich ständig entfaltet, ist Verstehen nicht etwas Statisches, sondern ein sich entfaltendes Muster von Sinn. Dieser Sinn kann in Begriffen und Worten ausgedrückt werden, die wir aus unserem gewöhnlichen Wissen nehmen. Dennoch ist er von gewöhnlichem Wissen unabhängig. Objektives Verstehen ist der Fluß oder der Strom wahren Wissens. Der Fluß neuer Erfahrung ist Entfaltung, aber Verstehen ist der Fluß der Bedeutung in dieser Entfaltung, der von der sich entfaltenden Erfahrung selbst nicht zu trennen ist. Objektives Verstehen ist ein diamantener Fluß.

Entfaltung kann es aber auch ohne Verstehen geben. Zum Beispiel kann es sein, daß ich einen Brunnen in meinem Brustkorb erfahre, der verschiedene Qualitäten und Farben manifestiert. Wir würden diese Wahrnehmung des spontanen Erscheinens unmittelbarer Erfahrung Entfaltung nennen. Aber ich könnte diese Erfahrung haben, ohne daß sie eine Bedeutung für mich hat, und sie einfach nur als ein ungewöhnliches, angenehmes Geschehen behandeln. Wenn die Qualitäten, die ich wahrnehme, auch ihre Bedeutung und ihren Sinn enthüllen, nennen wir das Verstehen: „Ich kann fühlen, daß der Brunnen, der in meinem Brustkorb erscheint, das Öffnen meines Herzens spiegelt und dessen wahre Natur als eine überströmende Fülle enthüllt. Jetzt verstehe ich, was vor sich geht."

Es ist diese Fähigkeit für wirksames Verstehen, die die Diamantene Führung zur Enthüllerin von Wahrheit in ihren verschiedenen Dimensionen macht. Indem sie uns die Fähigkeit verleiht, das Muster oder die Struktur unserer Erfahrung zu verstehen, enthüllt sie die Wahrheit unseres Seins.

## Wahre Führung für die Inquiry

Die Diamantene Führung bringt eine Klarheit und eine Präzision in unsere Beziehung mit unserer laufenden Erfahrung, was immer sie ist. Die diamantene Ebene des Bewußtseins wirkt sich auf uns aus und beeinflußt uns, indem sie unsere Wahrnehmung, unsere Artikulation und unsere Inquiry dessen, womit wir in jedem Moment in Kontakt sind, verbessert.

Wenn die Diamantene Führung da ist, vermittelt sie uns die Fähigkeit zu präziser, objektiver Wahrnehmung als Sehen, Hören, Spüren, Schmecken und Riechen sowie als emotionales Fühlen und inneres Spüren. Sie beeinflußt unsere Wahrnehmungsfähigkeit auf eine solche Weise, daß sie frisch und bestimmt, transparent und frei von der Stumpfheit angehäuften vergangenen Wissens wird. Sie macht unsere Wahrnehmung also klar und objektiv.

Die Diamantene Führung verbessert auch unsere Fähigkeit zur Artikulation. Der Artikulation von Erfahrung verlangt viele Fähigkeiten, von denen eine die Kenntnis von Worten, Syntax und Grammatik ist. Aber wir können unsere Erfahrung nicht artikulieren, wenn sie nicht zuvor in unserem Bewußtsein klar umrissen und unterschieden wurde. Wenn uns die Struktur unserer Erfahrung nicht klar ist, wie sollen wir sie dann artikulieren, auch wenn wir die richtigen Worte kennen und wissen, wie sie gebraucht werden? Wenn unsere Erfahrung vage ist, wird auch unsere Artikulation vage sein. Die Diamantene Führung bringt also nicht nur eine Schärfe und Präzision in unsere Erfahrung, sie hilft uns auch, in unserer Artikulation klar und präzise zu sein, indem sie unseren Ausdruck mit ihren eigenen Eigenschaften durchdringt: Präzision, Schärfe, Klarheit, Objektivität und Unterscheidungsfähigkeit.

Die Präsenz der Diamantenen Führung aktiviert, fördert und schärft unsere Fähigkeit für innere Untersuchung, inneres Erforschen und inneres Studium. Geführt von der objektiven unterscheidenden Intelligenz von Sein, kommt Inquiry jetzt voll zur Geltung, wie wir in den kommenden Kapiteln sehen werden. In dieser Phase sind wir mit dem Hyperdrive auf der zweiten Reise. Jetzt können wir zum Beispiel die Wirkungen unserer Vergangenheit auf unsere gegenwärtige Erfahrung und Haltungen mit immer größerer Tiefe unterscheiden. Und durch direktes Wissen, Einsicht und Verständnis kann sich unsere Inquiry mit größerer Effizienz und Dynamismus auf allen Ebenen entfalten.

Aufgrund all dieser Fähigkeiten fungiert die Diamantene Führung als Lehrer, Führer und auch als Freund. Sie ist der Prototyp des Freundes, der wirklich will, daß wir in die Heimat zu dem zurückkehren, was wir am meisten lieben. Sie ist der Prototyp des Lehrers, der uns objektives Wissen über Realität und unsere Beziehung zu ihr enthüllen kann. Und sie ist der Prototyp des Führers, der die Bedeutung und die Signifikanz, die Aussagekraft unserer Erfahrung erkennt, und wie sie sich in Richtung unserer wahren Heimat entfaltet.

# 14
# Führung als Geschenk an die Seele

Die Entfaltung der Seele ist ein wahrhaft geheimnisvoller Prozeß. Wenn wir versuchen, ihn zu analysieren, stellen wir fest, daß er sehr komplex ist, weil die daran beteiligten Elemente zahllos sind. Aber wir müssen nur bestimmte Faktoren, Konturen oder Muster erkennen – wir müssen nicht wirklich alle Elemente kennen –, damit es zu der Entfaltung kommen kann. Unser Sein besitzt eine unendliche Redundanz, das bedeutet, daß die Diamantene Führung auch erscheinen wird, selbst wenn wir nur einige der Muster erkennen.

Wenn wir also nur einige der Muster in unserer Erfahrung erkennen, beginnt sich unser Bewußtsein zu befreien und zu orientieren, um die Führung zu empfangen. Es ist so, als müßten unsere Atome durch einen Satz Magneten in eine bestimmte Richtung ausgerichtet werden, um den richtigen Raum zu schaffen, damit sich die Diamantene Führung niederlassen kann. Das ist die Funktion offener und unbegrenzter Inquiry – der Magnet zu sein, der unser Bewußtsein mit einer brennenden Frage orientiert.

Wenn Inquiry die Seele öffnet und sie in Richtung Empfänglichkeit für die Führung orientiert, kann es sein, daß man das Erscheinen der Führung als ein Herabkommen von Präsenz erlebt. Die Diamantene Führung kommt herab, und es ist so, als wäre eben ein Raumschiff gelandet. Die Mächtigkeit und Großartigkeit dieses Herabkommens ist dem nicht unähnlich, was am Ende des Films *Begegnungen der Dritten Art* gezeigt wird, wenn das Mutterschiff landet. Die Luft wird elektrisiert, alles ist still und pulsiert doch von einer Brillanz tanzender Farben und Qualitäten. Man kann das mächtige Summen der Motoren des Raumschiffs hören. Man kann eine Art Eleganz und Feinheit empfinden. Dann beginnt das Bewußtsein, eine Qualität von Präzision, von Brillanz und von exquisiter, scharfer Klarheit anzunehmen. Es ist nicht mehr das normale Bewußtsein, das etwas erforscht, sondern das Bewußtsein, das von dem reinen Licht der Diamantenen Führung durchdrungen und transformiert wird – die vielfältige, präzise, diamantgleiche Brillanz. Man kann sich eines Gefühls von Göttlichkeit und Reinheit, eines Gefühls von Jenseitigkeit bewußt werden, das in diese Welt gekommen ist.

Die Erfahrung der Präsenz der Diamantenen Führung ist ganz anders als unsere gewöhnlichen Gefühle und Emotionen. Es ist ein Gefühl anderer Art, eine Frische und Reinheit, die das Bewußtsein der ganzen Seele durchdringt. Es kann sein, daß wir uns von innen von einem Licht berührt fühlen, das nicht nur süß, liebevoll und gütig ist, sondern auch entrückend und rein. Diese ungewöhnliche Präsenz verändert unsere Erfahrung vollkommen. Es ist so, als würden die Atome unseres Bewußtseins mit arktischem Eis gereinigt, das nie berührt wurde, mit einer Empfindung von Präzision, die rein und frisch ist. Die Schärfe des diamantenen Bewußtseins ist wie die Schärfe eines Diamanten aus Eis: Er schmilzt immer an der Stelle, an der er das Bewußtsein der Seele berührt – aber er verliert nie seine präzise Schärfe.

Die essentiellen Qualitäten erscheinen jetzt als präzise geschnittene Diamanten verschiedener Farben und Qualitäten. Wir erleben zum Beispiel Stärke als eine belebende, starke Empfindung von Präzision, mit Lebendigkeit und Schönheit. Die Freude des Gelben Aspektes hat eine intensive Art von Süße, die fast überwältigend ist. Im Vergleich mit diesen essentiellen Qualitäten ist unsere gewöhnliche Erfahrung alt und schal. Sie hat nicht die Möglichkeit wahrer Lebendigkeit oder lebendigen Bewußtseins, wo sich jedes Atom anfühlt, als könnte es sich tausend Meilen weit öffnen und gleichzeitig mit einer köstlichen, kribbelnden Energie explodieren.

Die Erfahrung von Essenz auf der Ebene der Diamantenen Führung ist eine Art Bewußtsein, die daß Gedächtnis nicht festhalten kann. Man erfährt sie entweder jetzt oder man kennt sie nicht. Selbst wenn man sie die letzten zehn Jahre ständig erfahren hat, kann man sich an dem Tag, an dem man aufhört, sie zu erfahren, an ihre Qualität nicht mehr präzise erinnern. Sie muß so neu und unmittelbar sein, damit man sie kennen kann.

## Den Segen der diamantenen Führung einladen

In anderen Traditionen wird die Diamantene Führung manchmal der Engel der Offenbarung oder Heiliger Geist genannt, der das Wort oder die Botschaft von der Quelle bringt. Der Engel führt uns zum Sein (Beingness), das unser Grund, unser Wesen, unsere Quelle ist. Er ist der wahre Freund, der totale Freund, weil es die einzige Sorge der Führung ist, daß man als eine Seele zu seiner Quelle zurückgeht, um der oder das zu sein, was man sein kann, mit vollkommenem Annehmen, vollkommener Unterstützung, vollkommener Führung und vollkommener Güte.

Die Seele muß sich in die richtige innere Haltung bringen, damit sich diese Art Segen einstellen kann. Man muß daran arbeiten, sich selbst korrekt zu orientieren. Im wesentlichen heißt das, daß man sein Bewußtsein mit dem Modus von Präsenz und Wirkung der Führung in Einklang bringen muß. Das ist es, was wir untersuchen, wenn wir Inquiry besprechen – die richtige Orientierung, die richtige Haltung, die Art und Weise zu sein und zu handeln, die die Führung einladen. Wenn wir die richtigen Einstellungen der Inquiry lernen, ist es so, als würden wir die Plattform, das Flugdeck bauen, worauf unser Raumschiff landen kann. Dann wird unsere Inquiry erleuchtet und geführt. Sie ist von der wirklichen, sich entfaltenden Erfahrung, der eigentlichen Enthüllung, nicht zu trennen.

Damit das geschehen kann, müssen wir uns so orientieren, daß sich unsere Liebe auf die Wahrheit richtet, die letztlich unsere wahre Natur ist. Wir müssen reinen Herzens sein, das bedeutet, daß die ganze Welt mit all ihren Versuchungen und Versprechen zweitrangig sein muß. Unsere Liebe zur wahren Natur muß Vorrang haben. Damit die Diamantene Führung kommen kann, müssen wir fühlen, wenn auch nur für eine Sekunde, daß wir die Wahrheit wirklich um ihrer selbst willen wollen, unabhängig von allen anderen Überlegungen. Wenn sie wirklich kommt, erkennen wir, daß es nicht so ein großes Opfer war, die Welt aufzugeben. Was wir bekommen, ist unendlich kostbarer, unendlich erfüllender, schöner, herrlicher; wir erkennen, daß das, was wir bekommen, das Beste ist, was wir überhaupt bekommen können. Wir erkennen, daß die Welt und unser Leben in ihr nur ein Ort, ein Kontext, ein universelles Gefäß dafür ist, daß diese Kostbarkeit erscheinen kann. Wir sehen, daß die Welt nicht an und für sich wertvoll ist; sie existiert, damit die Kostbarkeit wahrer Natur in unser Leben kommen kann.

Bevor wir sagen können, daß wir spirituell sind, müssen wir erkennen, daß Geist vorrangig und die Welt nur der Ort, der Schauplatz ist, an dem die Erfahrung spiritueller Realisierung stattfinden kann. Ohne diese Dimension der Realisierung ist die Welt nicht nur ein Ort des Leidens, sie ist eine verlassene Welt. Sie ist eine leere Welt. Sie hat keine Nahrung im wahren Sinn, nur die Illusion von Nahrung.

Das ist ein wichtiger Grund dafür, weshalb unsere Inquiry offen sein muß und nicht auf ein vom Verstand gesetztes Ziel hin orientiert sein darf, denn unser Verstand ist so orientiert, daß er erreichen will, was die Welt verspricht. Mehr als alles andere ist die Verführung durch die Lockungen der Welt das, was unsere Offenheit einschränkt. Wenn wir wüßten, was für uns als Menschen möglich ist, wenn wir nur einen kleinen Vorgeschmack davon hätten, wie es ist, die Führung zu erblicken, dann würden wir keine Minute unseres Lebens damit verschwenden, den Versprechungen der Welt nachzujagen. Das Gefühl, das wir bekommen, wenn wir die Präsenz, die Anwesenheit der Führung empfinden, ist nicht nur wunderbar, nicht nur ein Segen. Es fühlt sich auch richtig an, es fühlt sich an, als wäre es das, was passieren sollte. Wir fangen an, unser menschliches Geburtsrecht zu erkennen. Wir fangen an zu verstehen, wozu wir hier sind – warum diese Welt existiert, warum wir leben.

## Die Erfahrung diamantener Führung

Wenn die Diamantene Führung erscheint, ist es wie die Erfahrung des Herabkommens eines diamantgleichen Fahrzeugs in die Stille, so graziös und fein, daß man sich das nur als einen Engel oder einen göttlichen Boten vorstellen kann. Nicht daß sie wie ein Engel mit Flügeln aussieht, aber zu ihr gehört eine Empfindung von Reinheit, Göttlichkeit, eine entrückende Bewußtseinsqualität, die jenseitig ist und doch diese Welt mit Licht und Güte erfüllt. Es sind vielleicht diese Qualitäten, die dazu geführt haben, daß sie im Kontext eines anderen Logos wie dem Christentum als Engel wahrgenommen wurde.

Eigentlich sieht sie eher wie ein Raumschiff aus als das, was wir einen Engel nennen. Sie ist eine gitterartige Struktur aus Myriaden Diamanten reinen Bewußtseins. Jeder Diamant ist eine spezifische Qualität und Farbe, und zusammen ergeben sie eine einzige einheitliche Struktur, die auf einer runden Plattform aus reinem massiven Silber ruht, die ihrerseits auf einer größeren runden Plattform aus reinem massivem Gold ruht. Gold ist die essentielle Wahrheit und Silber der Wille der Wahrheit, und zusammen fungieren sie als das Fundament für alle die Qualitäten, die in diamantener Form erscheinen.

Dieses Diamantene Fahrzeug kann jede Größe haben. Es kann herabkommen und landen und einen ganzen Raum oder ein ganzes Tal füllen. Es kann erfahren werden, wie es in der Seele aufsteigt. Man kann seine Wirkweise in der Inquiry an der Stirn als eine Erleuchtung, ein Pulsieren, ein Prickeln, ein Tanzen von Präsenz spüren. Aber die Diamantene Führung kann sich auch in das Herz oder in den Bauch niederlassen. Sie kann sehr winzig oder so groß wie eine Galaxie sein. Sie ist nicht an Raum gebunden. Es ist erstaunlich, daß es so eine Präsenz gibt.

Die Erfahrung der Diamantenen Führung selbst ist die einer Präsenz, einer Bewußtheit, die von der Empfindung von Hierheit (hereness) untrennbar ist. Da ist eine Subtilität und eine Feinheit in dieser Präsenz, eine Reinheit und eine Sanftheit. Sie ist sowohl voll als auch zart, mit einer Anmut in der Zartheit, einer fließenden Leichtigkeit, die von einer friedlichen Stille nicht zu trennen ist.

Die Unterscheidungsfähigkeit der Diamantenen Führung ist anders als die eines Kopfes voller Gedanken und Unrast. Hier ist das Verstehen ruhig, friedlich und gesetzt. Und diese Ruhe, diese Friedlichkeit, diese Gesetztheit, die von Präzision und Klarheit nicht zu trennen ist, fungiert als die Quelle von Einsicht und Verstehen. Einsicht erscheint mit Klarheit in der Umgebung von Frieden.

Die Präsenz der Diamantenen Führung ist eine Stille, die inhärent leuchtend und erleuchtend ist, als hätte die Präsenz Atome von Erleuchtung, von klarem Licht, die in verschiedenen, brillanten Farben erleuchten. Diese Farben berühren unser Herz mit Gefühlen von Wärme, Süße, Staunen und Freude und verleihen der Präsenz eine Empfindung von Heiligkeit.

Gewöhnlich ist die Diamantene Führung als eine Präsenz in der Mitte der Stirn wirksam. Wenn sie als Unterstützung für Unterscheidungsfähigkeit und Verstehen erscheint, werden wir uns einer Expansion bewußt, wenn sich Raum in der Stirn öffnet. Mit dieser Expansion kommt ein Gefühl von Frieden; der Schwarze Aspekt in der Mitte der Stirn öffnet sich, und wir empfinden Stille und Weite. Wenn die Diamantene Führung in dieser Friedlichkeit erscheint, empfinden wir eine zarte Präsenz, eine pulsierende Energie, zu der eine Empfindung von Klarheit und Transparenz, eine Intelligenz, eine Helligkeit gehören. Diese zarte, pulsierende, atmende Präsenz erscheint als Verstehen, als Einsicht, als Intuition. Wenn sich die Stirn öffnet, spüren wir die Diamantene Führung als ein Kribbeln, ein energetisches Pochen – aber sehr zart, sehr weich, sehr subtil. Wenn wir nicht eingestimmt sind, kann es vorkommen, daß wir sie als bloßes körperliches Zucken abtun. Oder wenn da eine Menge Blockierung ist, wie oft während der frühen Phasen unserer Entwicklung, kann sich der Diamant hart anfühlen. Aufgrund der Blockierung kann er nicht durchkommen, dann fühlt er sich fast wie ein Stein an. Aber wenn wir entspannt und offen sind, empfinden wir ihn als etwas Weiches, Zartes.

Diese Zartheit verleiht unserer Wahrnehmung eine Empfindung von Klarheit und Präzision, so daß alles, was immer wir erfahren, nicht nur offen und klar, sondern auch klar bestimmt ist. Farben sind lebendig, Sinneswahrnehmungen klar und unsere Gedanken langsam und luzide. Unsere Gedanken werden wie ein sanftes Fließen, das das Verstehen unserer Erfahrung ausdrückt.

Wir integrieren diese Präsenz – das heißt, wir werden dazu in der Lage, diesen zarten, friedlichen, klaren und offenen Zustand zu verstehen und zu untersuchen – in dem Maß, in dem wir Inquiry und Verstehen selbst verstehen. Wenn wir Verstehen und Inquiry erforschen und besser verstehen, was sie sind und was sie erfordern, integrieren wir Verstehen, was bedeutet, daß wir die Diamantene Führung integrieren. Aber zunächst müssen wir uns für sie öffnen. Wir müssen ihr erlauben, in unser Bewußtsein herabzukommen, bevor wir sie integrieren und mit ihr leben können.

## Innere Haltungen gegenüber der Führung

Die Diamantene Führung wird nicht herabkommen, wenn wir nicht für sie offen sind. Wir können sie blockieren, und wir können sie ablehnen. Wir können uns für sie unempfindlich machen, ihr und ihrem Wirken Widerstand entgegenbringen. Um für sie offen zu sein, müssen wir also für die Möglichkeit dieser Art von Führung offen sein. Inquiry selbst öffnet uns für unsere Erfahrung, aber wenn unsere Offenheit durch den Glauben eingeschränkt ist, daß es so etwas wie diese Präsenz nicht gibt, dann wird unsere Inquiry nicht offen genug sein. Dann können wir für die Führung nicht empfänglich sein. Wenn man glaubt, daß Unterscheidungsfähigkeit nur mental sein kann oder daß alles Wissen nur normales, konventionelles Wissen ist und daß es keine andere Art Wissen gibt – daß es nicht möglich ist, direktes, enthülltes Wissen zu haben –, dann wird man für das Wirken der Diamantenen Führung nicht offen sein, weder in sich selbst noch bei jemand anderem.

Wir müssen also unseren Standpunkt und unsere Haltung gegenüber so einer präzisen Führung anschauen. Wir müssen unsere Ansichten, unsere intellektuellen und emotionalen Befangenheiten und Vorlieben und unsere Ausrichtung gegenüber so einer eindeutigen, genauen, realen Führung anschauen und aufdecken. Wir brauchen uns nicht zu einem Glauben an sie zu entschließen, denn das wird nicht funktionieren, aber wir müssen für sie als Möglichkeit offen sein. Wir sind alle voller Annahmen, Vorstellungen und Reaktionen gegenüber Führung – ihre Möglichkeit, ihre Zuverlässigkeit, ihre Wirklichkeit, ihre Genauigkeit. Und wenn wir von diesen Voreingenommenheiten beeinflußt sind, sind wir für die Führung nicht offen. Wir werden uns nur immer wieder beweisen, daß es so etwas nicht gibt.

### Übung
#### Ihre Erfahrung von Führung

Was sind Ihre Überzeugungen, Hoffnungen, Ängste, Zweifel und Erwartungen in bezug auf wirkliche Führung? Sie haben diese Untersuchung in Kapitel 12 begonnen. Jetzt können Sie mit diesem erweiterten Bewußtsein davon, was Führung bieten kann und wie sie in Ihrer Seele wirkt, in Ihrer Untersuchung tiefer gehen und genauer sein. Haben Sie das Vertrauen, daß Führung sich Ihnen zeigen wird? Haben Sie das Vertrauen, daß Sie ihr folgen können und nicht in die Irre geführt werden?

Schauen Sie, um diese Fragen zu beantworten, auf Ihre persönliche Geschichte zurück, um Ihre Erfahrungen von Führung aufzusuchen. Können Sie Situationen erkennen, in denen Sie um Führung angefragt haben und enttäuscht waren, daß sie nicht erschien? Oder Zeiten, als Sie dem folgten, was sich für Sie als klare innere Führung anfühlte, und Sie sich von dem Ergebnis irgendwie betrogen fühlten? Welche Gefühle oder Gedanken tendieren dazu, in Ihnen aufzutauchen, wenn Sie den Impuls spüren, Führung aufzusuchen oder anzusprechen? In welcher Beziehung stehen diese Gefühle und Gedanken zu Ihren vergangenen Erfahrungen? In welchem Grad ist Ihre eigentliche Beziehung zu Führung entspannt und offen? Oder zynisch? Ängstlich? Blockiert? Wie hat Ihre persönliche Geschichte Ihr Gefühl für die spezifischen Weisen geformt, wie sich Führung in Ihrem Leben zeigen oder nicht zeigen und wie sie da wirken oder nicht wirken kann?

In gewissem Sinn ist also die erste Aufgabe der Führung, unsere Barrieren gegen sie aufzudecken. Wenn sie herabkommt, stößt sie gegen Teile unseres Verstandes und unserer Psyche, die sie leugnen, die nicht an sie glauben, die sie bezweifeln, und stellt sie in Frage. Und das sind die ersten Stellen, die wir aufdecken und verstehen müssen. Man muß selbst herausfinden, ob man an die Existenz oder an die Nichtexistenz, die Möglichkeit oder die Unmöglichkeit so einer Präsenz, dieser spezifischen, präzisen, artikulierten, zuverlässigen und objektiven Führung, an dieses führende Prinzip glaubt. Man muß seine eigenen Annahmen und Standpunkte und auch seine intellektuellen, emotionalen und historischen Voreingenommenheiten untersuchen. Wenn wir sagen, daß es so etwas wie eine Führung nicht gibt, aus welchem Grund auch immer– weil wir einmal durch irreleitende Führung getäuscht oder enttäuscht wurden, weil wir innere Führung noch nie erfahren haben, weil wir niemals das Gefühl hatten, daß jemand uns geholfen oder geführt hat, oder weil wir in solchen Dingen zynisch sind –, dann wird uns das so blockieren, daß wir uns für die Führung nicht öffnen können.

Es ist wahr, daß Führung eine Gnade, eine Segnung, ein Segen von jenseits, von der unsichtbaren Quelle ist; aber Segen stellt sich nicht ein, wenn wir nicht dafür offen sind. Ein Segen versucht nicht, sich in uns hineinzuschrauben wie ein Bohrer. Er ist sehr zart in seiner Wirkweise. Er kommt nicht zu uns, wenn wir in der Abwehr, im Zweifel oder im Widerstand sind und nicht an Führung glauben. Er kommt nur dann, wenn wir uns entspannen, uns öffnen und nicht Stellung gegen ihn beziehen. Das hat gerade mit der Natur davon zu tun, wie unser Bewußtsein funktioniert. Führung ist nicht etwas, was dahinten sitzt und sagt: „Hör auf mich – ich bin hier, um Dich zu führen." Es hat damit zu tun, daß sich unser inneres Sein öffnet und etwas von seinen Möglichkeiten enthüllt. Nur wenn wir uns öffnen, durch welche Mittel auch immer – aus Notwendigkeit, durch ein Unglück oder aus wahrer Aufrichtigkeit –, stellt sich der Segen tatsächlich ein und führt uns.

Selbst wenn man an so eine Führung glaubt, aber glaubt, daß sie in Gestalt eines Menschen mit einem langen Bart, als ein engelgleiches Wesen oder als ein diamantenes Raumschiff auftauchen muß, kann sie das auch blockieren. Sowohl negative Annahmen als auch positive werden zu Barrieren, wenn sie inkorrekt sind. Offenheit bedeutet also, daß man innerlich Raum für die Möglichkeit hat und sie zulassen kann, daß Führung existiert, daß sie in unvertrauten Formen auftreten kann und daß man daran interessiert ist herauszufinden, was wahr ist. Ich sage also nicht, daß man einen negativen Glauben durch einen positiven Glauben ersetzen sollte. Offenheit ist die Abwesenheit von Glauben.

## Vertrauen in Führung

Wenn sich unser Verstehen entfaltet, bringt uns die Diamantene Führung von Wissen zum Mysterium. Die Führung enthüllt uns die Wahrheit und den Reichtum unseres Seins, aber je mehr sie diese Dinge offenbart, um so mehr sind wir mit seinem Mysterium in Kontakt. Das ist eine paradoxe, seltsame und geheimnisvolle Situation. Mit der Zeit offenbart die Führung uns immer mehr von unserer wahren Natur, von der Realität und davon, was und wer wir sind. Je mehr Wissen und Verstehen wir aber durch diese Offenbarung gewinnen, um so mehr nähern wir uns der Tiefe, der Essenz unseres Seins, die das Mysterium ist. Zunahme und Vertiefung von Einsichten und Wissen führen uns also nicht zu einer befriedigenden Schlußfolgerung darüber, wer und was wir sind. Wir landen nicht bei einem statischen Bild von uns und der Realität. Je mehr Verstehen und Einsicht wir haben, um so mehr wird unsere Seele für das Mysterium transparent und um so mehr erkennen wir, daß unser Sein geheimnisvoll ist.

Verstehen erzeugt also nichts und fügt nichts hinzu, eigentlich entfernt es erst einmal, was da ist. Das ist der Grund, weshalb das Ego dazu neigt, objektives Verstehen und Führung als eine Art Verlust zu erleben. Das Ego verliert ständig seine Überzeugungen, Vorstellungen, Ansichten, Identifikationen und inneren Haltungen. Aber je mehr wir diesen Verlust fühlen, den wir als Verstehen erleben, um so mehr sind wir mit der Essenz unseres Seins in Kontakt und um so geheimnisvoller erscheint es uns.

Mit anderen Worten, Sein offenbart sein Mysterium durch Enthüllen seiner Wahrheit. Indem es uns mehr von dem zeigt, was es ist und wie es wirkt, zeigt es uns, wie wenig wir wissen und daß wir, je mehr wir wissen, um so mehr erkennen, wie wenig wir wissen. Das zeigt uns, daß das Wirken von Führung darin besteht, uns von einem Ort, wo wir das Gefühl haben, daß wir wissen, zu einem Ort, an dem wir nicht wissen, zu führen – zu einem Ort des Mysteriums. Die Führung bringt uns von einem Ort, wo wir wissen, wie man geht, an einen Ort, wo wir nicht wissen, wie man geht; von einem Ort, wo wir wissen, wie man weiß, an einen Ort, an dem wir nicht wissen, wie man weiß; von einem Ort, wo wir unsere Orientierung finden können, an einen ganz neuen Ort, wo wir uns desorientiert fühlen. Das ist der Grund, weshalb uns die Führung immer an den Abgrund bringt und weshalb, wenn wir der Führung folgen, das immer bedeutet, von der Kante zu springen. Sie bringt uns immer zu einem neuen Ort, mit dem wir nicht vertraut sind.

Der unvertraute Ort kann ein Aspekt unseres Unbewußten sein, ein vergessener Teil der Geschichte unserer Kindheit oder ein bestimmtes Element unserer Essenz oder Seele, das wir bisher noch nie erfahren haben. Genauso wie ein Kind nicht weiß, was das Heranwachsen am nächsten Tag bringen wird, wissen wir bei spiritueller Entwicklung nie, wie oder wo wir im nächsten Moment sein werden.

Das führt zu einer anderen Überlegung: Es ist nicht nur notwendig, daß wir für die Führung offen sind, wir müssen ihr auch vertrauen. Wir müssen ihrer Wirksamkeit und ihren Fähigkeiten vertrauen, sonst führt sie uns nicht. Oder wenn sie uns schon führt, werden wir nicht *wissen*, daß sie uns führt. Wir haben Vertrauen in unsere Führung, wenn wir das Vertrauen haben, daß sie uns an die Orte bringen wird, zu denen wir notwendigerweise gehen müssen. Vertrauen ist die Zuversicht und das Vertrauen, daß die Führung uns in die richtige Richtung schicken wird, daß sie uns nicht täuscht, daß sie uns nicht belügt und uns nicht in Situationen bringen wird, mit denen wir nicht umgehen können. Wenn wir nicht diese Art Vertrauen haben, ist unsere Offenheit für Führung begrenzt, und das wird die Möglichkeit der Führung begrenzen, uns zu helfen.

Es gibt keine Regel, die besagt, daß man der Führung vertrauen muß, damit sie wirksam sein kann. Das ist nur das Wesen der Realität. Die Tatsache, daß Führung einen immer tiefer in das Mysterium bringt, ist der Grund, weshalb man Vertrauen in sie haben muß, warum man ihr vertrauen muß, wohin sie einen bringt. Da man nicht weiß, wohin sie einen bringen wird, hat man keine andere Wahl, als ihr zu vertrauen und ihre Anstöße in gutem Glauben anzunehmen. Sich der Diamantenen Führung zu öffnen verlangt eine Menge Glauben, Zuversicht und Vertrauen, denn, wie gesagt, sich von Wissen zum Mysterium zu bewegen bedeutet, ständig in unbekannte Orte zu springen. So wie es den Raum für die Führung öffnen wird, wenn wir unsere Überzeugungen, Standpunkte, Vorstellungen und Vorurteile sehen, wird es die Friedlichkeit und die Stille öffnen, die dafür erforderlich sind, daß Führung wirken kann, wenn wir Vertrauen und Zuversicht in sie entwickeln.

Wenn wir vorgefaßte Meinungen und Vorurteile haben und glauben, wir wüßten, was passieren wird oder passieren sollte, gehen wir von der Annahme aus, daß unser Verstand unsere Führung sein kann, und blockieren so unsere Verbindung mit der Diamantenen Führung und unseren Zugang zu ihr. Wenn wir Vertrauen in die Führung haben, können wir ihre Weisung akzeptieren; wir können ihr folgen und uns auf sie verlassen. Diese Fähigkeit, die Führung zu akzeptieren, ihr zu folgen und uns auf sie zu verlassen, kann zu einer Lebensweise werden. Und es ist notwendig, daß sie zu unserer Lebensweise wird, wenn unsere Evolution wirklich geführt sein soll.

## Zweifel an der Führung

Eine subtile Ebene dieses Themas ist der Zweifel an der Führung. Angenommen, man ist sich der Führung bewußt, aber man hat Zweifel, ob sie das wirklich ist, eine Führung. Man bezweifelt ihre Realität, ihre Wahrheit und ihre Zuverlässigkeit. Dieser Zweifel hindert die Diamantene Führung daran, weiter wirksam zu sein. Wenn man zum Beispiel mit der Schwarzen Essenz gearbeitet hat, weiß man, daß ihr Zentrum – das, was die Sufis *khafi*, „das Verborgene", nennen – sich in der Mitte der Stirn befindet, genau dort, wo die Diamantene Führung aktiv ist. Der subjektive Zustand des Zweifels ist eine der Hauptbarrieren gegen den Frieden der Schwarzen Essenz. Zweifel jeder Art blockiert dieses Zentrum, weil Zweifel teilweise ein Ausdruck von Haß ist. Zweifel ist etwas anderes als authentisches Fragen oder Neugier.

Wir alle kennen Zweifel an allen möglichen Dingen, je nach unserer Unwissenheit oder unserer Lebensgeschichte: wie viele Male wir verletzt oder getäuscht, wie oft wir verraten, enttäuscht oder verlassen wurden und so weiter. Diese Erfahrungen führen zu Ambivalenz – einer Kombination aus Hoffnung auf das, was wir wollen, und Angst davor, daß wir es nicht bekommen. Aus dieser Ambivalenz entsteht Zweifel, und der Zweifel hat eine destruktive, von Haß gefärbte Qualität als Reaktion auf unsere Geschichte von Schmerz und Verrat. Als Ergebnis versucht der Zweifel, die Einsichten oder die Botschaften der Führung abzutun. Offenheit für die Führung kann leicht durch Zweifel zerstört werden. Normalerweise ist die Wahrheit, wenn sie gerade erst erscheint, sehr subtil und sehr zart; wenn wir sofort an ihr zweifeln, töten wir sie, bevor sie sich entwickeln kann.

Nicht zu zweifeln, bedeutet aber nicht, daß wir keine Fragen stellen. Fragen bedeutet Neugier und Offenheit, während Zweifel Skepsis und Angst ausdrückt. Neugier sagt beispielsweise: „Ich will es herausfinden.

Ich bin offen und neugierig, und es macht mir Spaß, der Frage wirklich auf den Grund zu gehen, ob es Führung gibt oder nicht." Der Zweifel sagt: „Ich weiß nicht, ob es so etwas gibt, und ich bin mißtrauisch und traue der Sache nicht."

Manche sagen, Zweifel sei gut, weil das ein wissenschaftlicher Ansatz sei. Das stimmt nicht. Der wissenschaftliche Ansatz besteht weder in Zweifel noch in Skepsis. Er ist Inquiry, Fragen und Infragestellen. Zweifel oder Skepsis ist eine negative Energie, ein entstellter Ausdruck unseres Seins, während Neugier und Inquiry eine positive Energie, ein Ausdruck der optimierenden Kraft ist. Wir brauchen Skepsis und Zweifel in der Wissenschaft nicht, was wir brauchen ist Fragen, Inquiry und eine Neugier, die Offenheit verkörpert.

Inquiry, die ein Fragen ist, das auf einer freudigen Neugier beruht, ist also nicht nur gut, sondern auch notwendig, um Führung herbeizurufen. Im Gegensatz dazu ist Zweifel oder Skepsis eine paranoide, aggressive Haltung, die Leben abschneidet, bevor es eine Chance hat zu wachsen. Zweifel ist eine direkte Manifestation und Ausdruck der Abwesenheit von Glauben an Führung. Aber manche Menschen haben das Gefühl, daß Zweifel notwendig ist, um zu vermeiden, hinters Licht geführt, nicht für voll genommen oder zu etwas verleitet zu werden, was sie später bereuen. Abwesenheit von Zweifel ist aber weder Fügsamkeit noch Abhängigkeit, sondern Neugier und Offenheit. Nur diese Qualitäten bringen ans Licht, was für die Entfaltung unserer Seele wirklich notwendig ist.

Fragen und Inquiry beschwören Führung durch eine einladende Haltung herauf und rufen sie an: „Ich habe keinen Standpunkt, ich brauche keinen Glauben und keine bestimmte Sichtweise zu schützen. Ich bin offen dafür herauszufinden, was wahr ist." Zweifel andererseits will schützen und abwehren: „Ich will mich dadurch schützen, daß ich die Wahrheit, die Realität oder die Existenz von Dingen in meiner Erfahrung, die ich nicht erklären kann, anzweifle." Zweifel ist also deutlich eine andere Energie als Neugier. Das Fragen, das aus Zweifel entsteht, drückt Aggressivität, Vorwurf, Negativität, Schroffheit und Ablehnung aus. Das ist der Grund, weshalb wir, um für die Führung und den Glauben, den man braucht, um dieser Führung zu folgen, offen zu sein, die Frage des Zweifels wirklich untersuchen müssen. Wir müssen Zweifel in Frage stellen, seine Anwesenheit untersuchen und untersuchen, wie er wirksam ist. Denn wenn wir unseren Zweifel nicht sehen, wird auf eine subtile Weise unsere Verbindung mit unserer Führung unterbrochen, ohne daß wir es auch nur wissen.

Ob aufgrund von Zweifel, Mangel an Vertrauen, von widersprüchlichen Ansichten, von unzureichender oder falscher elterlicher Führung, aus Angst vor Hingabe oder aus Hängen an weltlichem Gewinn: Die meisten von uns haben ihr Leben gelebt, ohne wahre Führung nutzen zu können. Das bedeutet, daß wir von der Tiefe unserer Seele abgeschnitten waren. Wir haben mit einem verminderten Potential für Unterscheidung und Erkenntnis, Wissen und Verstehen der Erfahrungen und Qualitäten in unserem Leben gelebt, die uns am tiefsten berühren. Wir haben in einer Welt ohne wahren Sinn gelebt und nur unseren Verstand gebraucht, um Zusammenhänge zu erkennen und Schlüsse darüber zu ziehen, wie wir am besten vorgehen sollen. Bewußt oder unbewußt haben wir im Außen nach Lehrern, Freunden und Führern gesucht, die uns dabei unterstützen, auf unserer Lebensreise den richtigen Kurs zu finden, ohne zu bemerken, daß die wahre Quelle für all diese Funktionen in unserer eigenen Natur liegt.

## Die Führung als Geliebter

Wenn man die Zweifel durchschaut hat, die den Glauben an die optimierende Kraft von Sein blockieren, entspannt und öffnet sich das Herz. Wenn die Erfahrung von Wahrheit im eigenen Leben tiefer wird, wird das Herz genährt. Wenn das Wissen (knowingness) von der Diamantenen Führung als der Enthüllerin der Wahrheit wächst, erwacht das Herz für das, was es am meisten schätzt. Die Diamantene Führung ist die Weisheit, die einen in die Heimat führt, dahin, wo das Herz seine größte Freude kennt. Das ist das Land der Wahrheit und der wahren Natur.

Die Führung ist nicht einfach nur ein Weg zu der Wahrheit, sie ist die Manifestation der Wahrheit, das Wissen (knowingness) der Wahrheit und eine verständige Intimität mit der Wahrheit. Die innere Haltung in der Seele, die diesen Segen der Wahrheit unmittelbar dazu einladen kann zu erscheinen, ist also die einer im Herzen gefühlten Liebe. Das ist nicht nur die Offenheit des Herzens, sondern ihre aktive Liebe und ihr Interesse am Wissen und an der Intimität mit der Wahrheit. Zu lieben, die Wahrheit zu wissen, bedeutet, das Wirken der Diamantenen Führung zu lieben. Und die Liebe zur Wahrheit um ihrer selbst willen zu fühlen, bedeutet auf der essentiellen Ebene: „Ich bin glücklich, mich der Diamantenen Führung hinzugeben." Das ist der Grund, weshalb diese Liebe eine Haltung ist, die mehr als jede andere die Diamantene Führung anruft, damit sie erscheint und wirksam ist.

Das Herz bekommt viel häufiger, was es sich wünscht, als wir denken. Was sich das Herz in seiner Tiefe wünscht, wird es schließlich auf irgendeine Weise bekommen. Wenn wir uns also das unmittelbare und intime Wissen (knowingness) der Wahrheit wünschen, wird genau das passieren. Diamantene Führung wird erscheinen und wirksam sein, indem sie die Wahrheit enthüllt. Die Liebe zur Wahrheit ist nicht das einzige notwendige Element, aber es ist ein grundlegendes und fundamentales. In kommenden Kapiteln werden wir andere notwendige Elemente untersuchen.

Der essentielle Aspekt der Liebe fungiert als die motivierende Energie von Inquiry. Sie ist der Impuls des Herzens, und durch sie und mit ihr ist das Herz an der Reise beteiligt. Anders gesagt, wenn man fühlt, daß man liebt, die Wahrheit herauszufinden, dann ruft man die Diamantene Führung an, denn sie ist die Enthüllerin der Wahrheit. Sie entspricht Gabriel, dem Engel der Offenbarung. Gabriel ist der Bote Gottes oder der Wahrheit, und Diamantene Führung ist eine essentielle Manifestation, deren Funktion es ist, die essentielle Wahrheit in unserer Erfahrung zu enthüllen. Wenn man also sagt: „Ich möchte die Wahrheit wissen", dann bedeutet das, daß das Herz möchte, daß die Wahrheit ans Licht kommt. Das ist eine Einladung an die Enthüllerin, herabzukommen und sich zu manifestieren. Das Herz lädt den Engel der Offenbarung, den Enthüller der Wahrheit, ein; es öffnet die Tür und sagt: „Ich will, daß Du kommst, und ich will mich Dir hingeben."

Wenn wir das alles sehen, dann erkennen wir, daß wir, wenn wir die Diamantene Führung benutzen, wenn wir mit dem Raumschiff *Inquiry* reisen, eine Liebesbeziehung eingehen. Wir haben eine Liebesbeziehung nicht nur mit der Wahrheit, sondern auch mit dem Enthüller der Wahrheit, dem Engel der Offenbarung. Wir lieben am Ende den Enthüller, weil er uns genau das gibt, was wir lieben.

Die Führung ist also ein Ausdruck der Wahrheit, sie ist nicht etwas von der Wahrheit Getrenntes. Sie ist die Facette der essentiellen Wahrheit, deren besondere Funktion darin besteht, diese Wahrheit zu enthüllen. Und die Diamantene Führung enthüllt besonders die grundlegende Wahrheit von Sein. Ihre Aufgabe besteht nicht genau darin, die Einzelheiten des täglichen Lebens zu offenbaren. Sie wirkt nicht, wenn man in den Supermarkt geht und dort etwas über den Inhalt bestimmter Dosen wissen will. Das ist nicht die Art von Wahrheit, die sie enthüllt, obwohl sie das auch kann, wenn das für die Entwicklung der Seele gebraucht wird. Was sie aber offenbart, ist unsere wahre Natur und das, was man braucht, damit sich diese Natur entfalten kann. Sie enthüllt, was in unserem Leben notwendig ist, welche inneren Haltungen und Richtungen man wählen muß und welche Unterstützung man braucht, damit das Sein seine Wahrheit enthüllen kann. Also wird sie die Wahrheit, die Barrieren gegen die Wahrheit und das aufdecken, was notwendig ist, damit die Wahrheit enthüllt werden kann.

Wertschätzung für die Art und Weise, wie Diamantene Führung uns mit wahrer Natur verbindet, öffnet eine Herzensverbindung mit der Führung selbst. Es ist die gleiche Herzensbeziehung, die man beim Diamond Approach oder in jeder anderen Schule zwischen sich und seinem Lehrer findet. Die Diamantene Führung ist der innere Lehrer. Also sagt man zu dem inneren Lehrer: „Ich bin interessiert. Ich hätte so gerne, wenn Du mein Lehrer wärst. Ich gebe mich der Lehre hin. Ich will ganz für sie da sein." Das gleiche würde man mit einem äußeren Lehrer tun. Es ist wahr, daß der Lehrer einem hilft, einen führt und einem die Wahrheit des Seins offenbart. Der Lehrer tut das aus Liebe zur Wahrheit des Seins. Aber in dem Prozeß muß man seinen Lehrer lieben und an der Führung, der Lehre interessiert sein und sich ihnen hingeben und öffnen. Dasselbe passiert auf der inneren Ebene, denn Diamantene Führung ist der wahre innere Lehrer, der Führer des Seins.

Die Diamantene Führung ist eines der größten Geschenke des Seins an die menschliche Seele. Wenn sie in unser Bewußtsein herabkommt, verschafft uns diese lebendige Präsenz Zugang zu der großartigen Tiefe und zum Reichtum des spirituellen Lebens. Sie führt unsere Reise inneren Erwachens. Sie enthüllt uns die wahre Bedeutung unserer Erfahrung. Sie bringt uns mit unserem Potential für Klarheit, Frieden, Freude und alle essentiellen Qualitäten des Seins in Einklang. Und wenn wir diese Weisheit der Diamantenen Führung integrieren, gelangen wir dahin, unsere wahre Heimat in der größeren Entfaltung der ganzen Schöpfung zu verstehen.

# 15
# Führung und Verstehen

## Das Verstehen verstehen

Wir integrieren die Diamantene Führung, wenn wir Verstehen verstehen. Das Wort „Verstehen" wird normalerweise in einem engeren Sinn gebraucht, als wir es beim Diamond Approach verwenden. Darum müssen wir Verstehen jetzt eingehender besprechen, als wir das in den bisherigen Kapiteln getan haben.

Die Vorstellung, daß Führung und spirituelle Realisierung durch das Verstehen unserer Erfahrung entdeckt werden können, ist eine Perspektive, die dem gewöhnlichen Denken ganz zugänglich ist, auch wenn sie in traditionellen Lehren nicht verbreitet ist. Mir gefällt dieser Ansatz, weil er keine esoterischen oder exotischen Vorstellungen, keinen Glauben bzw. keine Symbole verlangt, um die innere Arbeit tun zu können. Verstehen ist etwas, wozu wir direkt eine Beziehung haben. Unser alltägliches Leben und unsere gewöhnlichen Weisen, zu denken und zu erfahren, sind alles, was wir brauchen, um anfangen zu können, an uns zu arbeiten. Wenn wir die einfach vertiefen, gelangen wir zu wahrer Realisierung, ohne uns mit sonderbaren oder geheimnisvollen Begriffen oder Ritualen einlassen zu müssen.

Wie wir in den vorangegangenen Kapiteln besprochen haben, lädt Inquiry die Diamantene Führung ein, und die Führung wirkt ihrerseits, indem sie aktiv die optimierende Kraft dahin führt, die Erfahrung der Seele zu entfalten und zu entwickeln. Dies gibt unserer Erfahrung die Möglichkeit, sich zu vertiefen und zu erweitern, sich zu optimieren, statt sich bloß in den üblichen Mustern und Anliegen zu wiederholen. Die Diamantene Führung führt die Seele durch das präzise Verstehen von allem, was gerade in unserem Bewußtsein auftaucht und sich in unserer Erfahrung präsentiert.

Der Mangel an vollkommenem und präzisem Verstehen unserer Erfahrung perpetuiert sie in einem zyklischen, monotonen Muster. Wenn wir die Erfahrung präzise verstehen, öffnet sie sich daher auf natürliche Weise für tiefere Dimensionen. Wenn wir sie nicht verstehen, bleibt unsere Erfahrung auf derselben Ebene, aber in dem Moment, in dem wir sie verstehen, geht sie tiefer. Das ist ein natürliches Gesetz des inneren Lebens: daß das Verstehen einer Situation die Wahrnehmung von Elementen notwendig macht, die tiefer sind, als die Situation uns zunächst erschien.

Dieses präzise Verstehen ist nicht statisch, es ist an sich dynamisch. Zu ihm gehören Veränderung und Bewegung, und das bedeutet, daß das Element der Zeit zu ihm gehört. Das ist so, weil es beim Verstehen nicht darum geht, ein bewegungsloses Bild zu verstehen. Es ist eher wie das Verstehen eines Films. Eigentlich verlangt und impliziert Verstehen die Anerkennung von Veränderung und Transformation. Wenn man zum Beispiel nur eine einzige Sache wahrnimmt, gibt es kein Verstehen. Wenn man etwa nur Leere empfindet und absolut nichts anderes, ist kein Verstehen möglich. Man wird nur das Bewußtsein von der Leere haben. Aber wenn das Bewußtsein für andere Dinge entsteht und diese Dinge zu der Erfahrung von Leere in Beziehung treten, kann Verstehen entstehen.

Verstehen ist also seinem Wesen nach dynamisch. Und seine Kontinuität ist nichts als ein Vertiefen der Erfahrung, die die Enthüllung der verborgenen Potentiale unserer Seele ist. Diese Enthüllung vollzieht sich nicht in Form von Momentaufnahmen – obwohl wir uns oft an sie erinnern und versuchen, sie festzuhalten, als wäre es so –, sondern immer als ein stetiger Strom von Verstehen. Unsere Erfahrung im allgemeinen ist ein Strom, der sich ständig verändert, aber ohne Verstehen ist sie gewöhnlich monoton. Selten taucht etwas Neues auf.

Beim Verstehen geht es nicht darum, etwas in unsere Erfahrung zu bringen, und es geht nicht darum, etwas mit ihr zu machen. Es geht darum, die wahre Natur dessen zu sehen, was da ist. Und wenn wir unsere Erfahrung verstehen, wird sie tiefer werden und weitere Dimensionen eröffnen. Das ist das Wesen unserer Erfahrung: Wenn wir sie verstehen, öffnet sie sich. Und wenn wir sie nicht verstehen, bleibt sie verschlossen. Mit der Zeit wird sie dann dazu tendieren, dicht, defensiv und eintönig zu werden.

Um zu sehen, wie die Diamantene Führung wirksam ist, ist es nützlich, die Verbindungen zwischen dem Sichöffnen, Entfaltung, Verstehen, Enthüllung und der Führung selbst zu verstehen.

Die Diamantene Führung ist das Fahrzeug, das unsere Erfahrung öffnet, und dieses Öffnen startet unsere Entfaltung, wird zu der Entfaltung und ist auch ein wichtiger Aspekt der Entfaltung. Wir können dann sehen, daß dieser Prozeß zwei Seiten hat – Öffnen und Entfaltung. Und wenn wir die komplementäre Natur dieses Prozesses sehen, nennen wir ihn „Selbstenthüllung". Hier meinen wir Selbstenthüllung in dem Sinne, daß die Seele sich selbst enthüllt.

Aber Selbstenthüllung ist eigentlich Verstehen, weil Verstehen das Enthüllen der Wahrheit dessen ist, was auftaucht. Daher ist der ganze Prozeß des Öffnens – der die Entfaltung beginnt, sich als Teil der Entfaltung fortsetzt und zu Selbstenthüllung wird –, das, was wir Verstehen nennen. Anders gesagt, das Öffnen, die Entfaltung und die Selbstenthüllung zusammen sind das Verstehen. Verstehen bedeutet also sowohl das Aufsteigen neuer Elemente als auch die Verbreitung der Bedeutung dieser Elemente. Wenn die Diamantene Führung ungehindert funktioniert, ist Verstehen das Auftauchen neuer Elemente, das von der Erkenntnis ihrer Bedeutung *untrennbar* ist.

Wenn wir sagen, daß Entfaltung geführt ist, dann meinen wir damit, daß sie eine sich vertiefende Enthüllung unseres menschlichen Potentials ist. Wir nennen sie geführt, weil sie in Richtung Optimierung geht. Wir werden vom einem Zustand, in dem wir geschlossen sind, zu einem offenen geführt, und immer von einer gegenwärtigen Manifestation zu einer tieferen. Diese Führung geschieht durch das Öffnen von Verstehen. Anders gesagt: Führung ist die Förderung unserer natürlichen Entfaltung.

Diamantene Führung wirkt durch das Öffnen unserer Erfahrung, dadurch, daß sie sie aktiviert, damit sie mehr wird als nur Erfahrung; sie wird auch Verstehen. Unsere Erfahrung selbst verändert sich also zu Verstehen – sie verändert sich von eintöniger, alltäglicher Erfahrung zu dynamischem, sich entfaltendem Verstehen. Statt daß wir nur eine Erfahrung haben, wird uns also die Bedeutung als Teil der Erfahrung selbst zugänglich. Erfahrung gibt ihre Bedeutung preis – enthüllt ihren Sinn – durch den Prozeß des Verstehens. Sie ist dann leuchtende Erfahrung.

## Verstehen und Wissen

Wir müssen Verstehen von dem unterscheiden, was man Wissen (knowledge) nennt. Verstehen ist nicht dasselbe wie Wissen. Es umfaßt und nutzt Wissen im Sinne von knowing und knowledge – Wissen (knowledge) ist im Grunde ein integraler Teil von Verstehen –, aber Verstehen ist mehr als Wissen in beiderlei Hinsicht.

Angenommen, man erforscht seine Erfahrung und merkt, daß man sich hoffnungslos fühlt. Das ist Wissen (knowledge), es ist noch nicht Verstehen, denn obwohl man weiß, was man fühlt, versteht man es nicht. Aber zum Verstehen der Hoffnungslosigkeit gehört – es hängt im Grunde davon ab –, daß man weiß, daß man sich hoffnungslos fühlt. Das Verstehen aber geht weiter, weil es das Begreifen der Bedeutung der Hoffnungslosigkeit ist: Wie sie einen beeinflußt, was sie bedeutet, woher sie stammt, wie sie sich zur eigenen übrigen Erfahrung verhält und so weiter. Wenn sich Verstehen schließlich enthüllt, kann es zu Wissen werden. Man kann es als ein Stück Wissen, als Information in seinem Kopf speichern. Aber während das geschieht, *benutzt* Verstehen Wissen, doch ist es viel mehr als Wissen in den oben angeführten zwei Spielarten.

Die andere Unterscheidung, die wir machen müssen, ist zwischen Verstehen und mentalem Begreifen. Die meisten von uns haben gelernt, daß Verstehen ein mentaler Prozeß ist. Man assoziiert eine Sache mit einer anderen, man argumentiert so oder so, und man gelangt zu einem Erfassen, das man Verstehen nennt. Das Verstehen ist letztlich eine Vorstellung oder eine mentale Einsicht. Beim Diamond Approach beziehen wir Argumentieren und mentales Assoziieren ein, wenn wir das Wort „Verstehen" gebrauchen, aber das fundamentale Element von Verstehen ist unmittelbare Erfahrung oder Grundwissen. Das ist so, weil wir kein wirkliches Verstehen haben können, wenn wir nicht mit unserer gegenwärtigen Erfahrung in Kontakt sind, wenn wir unsere Erfahrung nicht voll und auf eine intime Weise fühlen.

Wenn ich sage, daß ich verstehen will, was geschieht, meine ich also nicht, daß ich vorhabe, darüber nachzudenken und zu einer logischen Schlußfolgerung zu gelangen. Ich meine, daß ich mich zuerst in der Erfahrung präsent sein, die Erfahrung fühlen, mit den Elementen der

Erfahrung ganz in Kontakt sein lassen will. Je mehr ich mit den Elementen meiner Erfahrung in Kontakt bin, um so klarer wird die Erfahrung ihre Muster und Bedeutungen enthüllen. Das ist so, weil Erfahrung eine Manifestation in unserem Bewußtsein ist, dessen Grund und Wesen wissendes Leuchten ist. Mit Erfahrung in Kontakt zu sein, bedeutet also, von diesem Grund von Wissen berührt zu sein. Diese Enthüllung der Muster als eine verkörperte Erfahrung ist Verstehen. Ich kann diese Unterscheidung in der Erfahrung dann mental in Begriffen und Worten formulieren.

Verstehen ist also eine Enthüllung oder eine Entfaltung von Grundwissen. Wenn Grundwissen sich öffnet und leuchtender, direkter und intimer wird, können wir sagen, daß wir verstehen. Eine andere Weise, das auszudrücken, ist, daß Verstehen das einsichtsvolle und in der Erfahrung stattfindende unterscheidende Erkennen der Entfaltung von Erfahrung ist.

Am unterscheidenden Erkennen der Entfaltung sind alle unsere Fähigkeiten der Wahrnehmung beteiligt. Wir spüren Druck, empfinden Hitze, hören Laute, sehen Bilder und sind uns der Gefühle, Empfindungen, Spannungen und der Energie bewußt. Verstehen ist aber nicht nur das Bewußtsein von diesen Phänomenen. Zuerst muß es ein präzises Unterscheiden dieser Erscheinungen geben. Man muß wirklich wissen, daß Druck Druck ist und Hitze Hitze. Wenn man sich ärgert, muß man wissen, daß es Ärger ist, und wenn man Liebe empfindet, muß man wissen, daß es Liebe ist. Und diese Unterscheidung muß direkt und in der Erfahrung da sein, nicht nur mental. Verstehen beginnt mit Erkennen der Unterscheidung, das heißt, daß man unabhängig vom Denken darüber mit dieser Unterscheidung in Kontakt ist, auch wenn man vielleicht Gedanken hat.

Die Terminologie, die Worte, die Bezeichnungen, die wir gebrauchen, um zu beschreiben, was wir unterscheiden, werden nun von unserem gewöhnlichen Wissen abhängen. Und wie wir bereits gesehen haben, ist unser direktes Wissen (knowingness) nicht immer unmittelbar. Das bedeutet, das unsere Unterscheidung gewöhnlich nicht rein ist, sie ist eine Mischung – das direkte Wissen (knowingness) ist mit Vorstellungen und Assoziationen vermischt. Mit der Zeit wird unser Verstehen aber unser direktes Wissen reinigen, es von gewöhnlichem Wissen befreien.

Dadurch, daß man die verschiedenen Elemente von Erfahrung klar unterscheidet und erkennt, kann man ihre individuelle Bedeutung und die Bedeutsamkeit ihrer Beziehungen untereinander sehen. Zum Beispiel könnte man in seiner Brust eine Schwere empfinden. Wenn man diese Empfindung klar erkennt, könnte man feststellen, daß man auch zittert oder daß einem im Magen ein wenig übel ist. Dann kann sich die Erkenntnis einstellen: „Ich habe ja Angst" – und man erkennt, daß das, was man gefühlt hat, die Energie von Angst ist. Die Bedeutung dieser drei miteinander verbundenen Erfahrungen – der Schwere, des Zitterns und der Übelkeit – taucht als Einsicht auf, aber diese Einsicht umfaßt das direkte Wissen (knowingness) von diesen drei Elementen. Aber diese Einsicht bringt ein viertes Element hinzu, und das ist die direkte Erkenntnis des Gefühls der Angst. Die Einsicht enthüllt die Anwesenheit von Angst. Es gibt also Unterscheidungsfähigkeit, Wissen (knowledge) und auch ein Begreifen oder Erkennen der Bedeutung und der Bedeutsamkeit der Gesamtheit der Erfahrung.

Wissen (knowledge) kann ein Wissen (knowingness) eines Elementes sein, also kann es ein statisches Bild sein, aber Verstehen ist nicht statisch, es ist immer dynamisch. Wenn man die Schwere, das Zittern und die Übelkeit spürt, interagieren sie und fangen an, sich zu verändern. Das Zittern könnte von den Armen zur Brust wandern, und das könnte das Gefühl von Schwere verringern. Vielleicht verbindet sich das Zittern mit der Übelkeit, und wenn das geschieht, wird man sich unmittelbarer und genauer der Angst bewußt. Das ganze Bild verändert sich ständig. Es ist ein dynamischer Fluß. Verstehen ist also der ganze dynamische Fluß des Begreifens des Wissens, das in der Erfahrung erkannt wird, und ist auch Teil dieser Erfahrung. Verstehen bedeutet, daß man sich vollkommen bewusst ist, daß man ganz bewußt ist. Man ist mit seiner Erfahrung in Kontakt und sich ihrer Bedeutung und Bedeutsamkeit vollkommen bewußt.

## Übung

### Ihre Erfahrung mit Verstehen

Um diese Bedeutung von Verstehen besser einschätzen zu können, möchten Sie sich nun vielleicht etwas Zeit nehmen, um über ein besonderes Beispiel dafür zu reflektieren, wie Sie erkannt haben, daß sich ein Verstehen wie dieses in Ihrer Erfahrung einstellte. Wie haben Sie sich gefühlt, als das geschah? Was haben Sie davon bemerkt, wie es auftrat? Schienen bestimmte Elemente in dem Prozeß, in dem Sie zu diesem Verstehen kamen, bedeutsam zu sein – wie Argumentieren, unmittelbare Einsicht, Unterscheidungsfähigkeit oder anderes? War da ein Gefühl von Unmittelbarkeit und persönlicher Relevanz? Hat das Verstehen, das Sie gewannen, die Bedeutung anderer Erfahrungen in Ihrem Leben geklärt? Schauen Sie an, wie Sie von diesem Verständnis vielleicht über eine längere Zeit beeinflußt wurden.

Wenn Sie diese Untersuchung beenden, bringen Sie die Frage mehr in die Gegenwart. Haben Sie während dieser Inquiry den Prozeß des Verstehens am Werk gefühlt? Achten Sie darauf, ob Sie den Dynamismus des Verstehens auftauchen fühlen können und wie er die Inquiry vorangebracht hat.

## Das Muster aufdecken

Angenommen, dieser vor mir liegende Teppich sei Ihre Seele, er sei, was Sie sind. Wenn Sie diesen Perserteppich anschauen, sehen Sie das Gewebe, den Stoff, die Wolle. Mit dem Stoff völlig in Kontakt zu sein würde bedeuten, daß Sie sich der Wolle überall bewußt sind, wo sie existiert, daß Sie mit jedem Atom des Stoffes in Kontakt sind. Zugleich sind Sie sich der verschiedenen Muster in ihm bewußt, wenn Sie die verschiedenen Farben sehen. Jede dieser Farben könnte eine Qualität der Erfahrung in der Seele repräsentieren. Eine Qualität ist Druck, eine andere ist Dichte, eine weitere Gewicht. Man kann sie alle unterscheiden, wenn man vollständig und intim genau mit dem Gewebe der Erfahrung in Kontakt ist. Wenn das Inkontaktsein (in-touchness) mit dem Gewebe hinreichend klar und präzise ist, wird das Muster seiner Qualitäten unterschieden. Verstehen ist jetzt nicht nur das Bewußtsein von den verschiedenen Mustern, sondern auch ein umfassendes Begreifen der Bedeutung der Muster, die zusammen das Gesamtbild bilden.

Gewöhnlich öffnet das Erkennen der Bedeutung und des Sinnes automatisch das Muster unserer Erfahrung. Wenn dieses Muster sich zu entfalten beginnt, öffnet es die tieferen Teile der Seele. Das ist deshalb so, weil die vollständige Bedeutung des Musters in den meisten Fällen nicht erkannt werden kann, ohne andere, tiefer liegende Elemente zu berücksichtigen, die in dem anfänglichen Muster nicht manifest waren.

Offenbar verlangt Verstehen eine intime Bewußtheit von Erfahrung. Es verlangt intimen Kontakt mit unserem eigenen Bewußtsein – eine tiefe Bewußtheit unserer Gedanken, Gefühle, Empfindungen und Handlungen, all der Farben und Eindrücke, die in unserer Erfahrung erscheinen. All das muß in unserem Bewußtsein präsent sein, nicht vage, sondern auf sehr klare, frische Weise. Wenn unsere Bewußtheit so frisch ist, nennen wir sie diamantgleich, denn sie ist eine sehr präzise, klare Unterscheidungsfähigkeit. Rot ist Rot, Blau ist Blau, Druck ist Druck, Leichtigkeit ist Leichtigkeit.

Wenn das Muster präzise und klar ist, enthüllt es automatisch seine Bedeutung: „Dieses Rot ist nicht nur rot, sondern fühlt sich stark an, es macht, daß ich mich stark fühle", und: „Ich fühle mich stark in meinem Oberkörper, aber hier unten in meinem Becken fühle ich mich schwach." Dieses Bewußtsein kann einen dahin führen, daß man versteht, warum man in einem Teil seines Körpers Stärke und Schwäche in einem anderen Teil spürt und wie das die Erfahrung von einem selbst beeinflußt.

Schlußfolgerndes Denken kann Teil dieses Prozesses sein. Es ist ein Vermögen, das von Verstehen, von der Diamantenen Führung genutzt wird. Die Führung benutzt rationale Verfahren auf die übliche Weise: Sie sieht Dichotomien, Sichtweisen und Ähnlichkeiten, und man kann das, was gleich ist und was ungleich ist, miteinander in Beziehung setzen. Man kann Synthesen bilden und analysieren. Aber man tut diese Dinge innerhalb der Erfahrung, nicht nur in seinem Denken. Das mentale Vermögen, das rationale Vermögen, wird der Totalität der Erfahrung untergeordnet; es wird als ein Element in ihr gebraucht. Vernunft hilft bei der Unterscheidung und Abgrenzung dadurch, daß sie sie noch schärfer macht. Rationalität und mentale Vorgänge allgemein greifen also auf frühere Erfahrung, auf gewöhnliches Wissen zurück. Wenn man sie auf intelligente Weise benutzt, kann die im eigenen Leben gewonnene Erfahrung – die konventionelle Weisheit – zum Verständnis der gegenwärtigen Erfahrung nützlich sein.

Wir können zusammenfassen, indem wir sagen, daß zu Verstehen drei Elemente gehören: ein enger Kontakt zum Gewebe der Erfahrung, die präzise Unterscheidung der verschiedenen Muster dieses Gewebes und das einsichtige Begreifen der Bedeutung und des Sinnes dieser Muster und ihrer Wechselbeziehungen.

## Verstehen und Entfaltung

Die Muster der Erfahrung sind, wie gesagt, dynamisch und in ständiger Entfaltung. Dieser Dynamismus und diese ständige Entfaltung werfen die Frage nach der Zeit auf. Das Verstehen kann eine Entfaltung von zehn Minuten oder von zehn Jahren zum Gegenstand haben. Das Element der Zeit expandiert und kontrahiert je nach dem, wie expandiert das Verstehen und wie groß das Muster ist, das man sieht. Man sieht jetzt vielleicht ein Muster, das einen an eine bestimmte Manifestation erinnert, die man letzte Woche erlebt hat – oder vor dreißig Jahren. Und das könnte andere Elemente des eigenen Lebens zum Vorschein bringen, die sich mit der gegenwärtigen Erfahrung verbinden, um einem zu helfen, ein größeres Muster zu sehen. Man wird sich der verschiedenen Elemente der gegenwärtigen Erfahrung bewußt, man weiß genau, was jedes einzelne ist, man ist sich der Beziehung dieser verschiedenen Elemente zueinander und seiner Beziehung zu anderen relevanten Elementen aus der Vergangenheit oder aus anderen Abschnitten des Lebens bewußt. Ein Teil dieser Bewußtheit ist mental, in dem Sinne, daß man das Gedächtnis braucht, um die gegenwärtige Erfahrung mit anderen Orten und Situationen zu verbinden.

Auch wenn Verstehen gegenwartsbezogen und die eigene Erfahrung im Moment das wichtigste Element ist, ist die Vergangenheit nicht ausgeschlossen. Verstehen schließt andere Zeiten und Orte nicht aus, alles kann als Komponenten der Information benutzt werden, was das Urteilsvermögen im Augenblick schärfen hilft. Die Diamantene Führung ist die Präsenz, die auf eine solche Weise wirkt, daß das möglich gemacht wird.

Die Wirkweise der Diamantenen Führung transformiert unsere gewöhnliche Erfahrung zu einer klaren, direkten Einsicht in die Sinnhaftigkeit alles dessen, was erscheint. Eine Möglichkeit, das zu beschreiben, ist die, daß Verstehen Intimität mit Wissen von und Einsicht in die Muster des Raum/Zeit-Gewebes von Erfahrung ist. Es ist so, als wären Raum und Zeit eine Mannigfaltigkeit, ein Gewebe, das sich ständig entfaltet und sich dabei sowohl im Raum als auch in der Zeit verändert und neues Grundwissen offenbart. Aber Verstehen selbst ist nicht auf die Muster in Raum und Zeit beschränkt, es kann uns weiterbringen, über Raum und Zeit hinaus.

Am Beginn der Reise des Verstehens bewegt sich unser Raumschiff innerhalb unserer individuellen Seele, unsere individuelle Erfahrung ist dieses sich entfaltende Gewebe. Wenn sich unsere Erfahrung vertieft und erweitert, verliert dieses Gewebe seine Grenzen, indem die zugrundeliegende Natur von durchgehender Verbreitung (pervasiveness) und Einheit unsere Erfahrung beeinflußt. Dann wird unsere gesamte Erfahrung – des ganzen Universums, nicht nur unsere individuelle innere Erfahrung – zu einem sich entfaltenden Gewebe von Manifestationen. Wir sind auf intime Weise mit dieser Entfaltung in Kontakt, verstehen sie mit Wissen, Klarheit und Einsicht. Das ganze Universum beginnt, uns sein Wesen zu enthüllen.

Unsere Erfahrung wird dann zur Erfahrung von Realisierung und die Integration dieser Realisierung durch die Kontinuität von Verstehen. Realisierung ist nicht nur eine Einsicht, sie ist die Kontinuität der Entfaltung aller Manifestation, mit vollständiger Klarheit, Intimität und Begreifen. Verstehen stellt sich also als das Leben permanenter Realisierung heraus – die Kontinuität der realisierten Erfahrung, die Kontinuität der voll bewußten, voll integrierten Erfahrung.

Natürlich können wir alles, was wir verstehen, in Worte fassen und aufschreiben, aber das ist Verstehen, das zu gewöhnlichem Wissen geworden ist. Dieses gewöhnliche Wissen ist nur dann nützlich, wenn es weitere Erfahrung und Verstehen fördert. Wenn wir unser Verstehen bloß in unserem Kopf bewahren und über es nachdenken, ist es nicht mehr nützlich. Es wird zu einem Teil gewöhnlichen Wissens, das unsere Verbindung mit unserer Erfahrung unterbrechen kann. Es ist nur nützlich, am Verstehen als Wissen festzuhalten, wenn es unser Verstehen im gegenwärtigen Augenblick öffnet. Auf diese Weise können uns unsere Weisheit und Erfahrung aus der Vergangenheit dazu dienen, unsere gegenwärtige Erfahrung noch weiter zu öffnen.

## Diamantene Führung

Wenn unsere Erfahrung sich weiter öffnet, treten neue Elemente und neue Dimensionen von Erfahrung in Erscheinung, Elemente und Dimensionen, an die wir vorher vielleicht nicht gedacht haben oder zu denen wir keinen Zugang hatten. Dann ist unsere Erfahrung nicht monoton, sie ist eine wahre Entfaltung. Inquiry durchdringt mit ihrer Offenheit, Intimität und Unterscheidungsfähigkeit das Gewebe der Erfahrung und lädt das Gewebe ein, sich zu entfalten.

Inquiry lädt also die Diamantene Führung ein, und diese Führung ist die Wirkkraft, die die Muster und ihre Bedeutung direkt erkennen kann. Die Führung ist eine Aktivität der Intelligenz, die Bewußtheit, Wissen, Klarheit, Gefühl, Gedächtnis und Verstand benutzt. Sie setzt all diese Fähigkeiten auf eine Weise ein, die Erfahrung dazu ermutigt und dazu bringt, sich zu klären und sich durch die Klärung ihrer selbst zu entfalten.

Während der ersten Reise, in den Anfangsphasen der Praxis der Inquiry, besteht das Gewebe der Erfahrung aus unseren Gedanken, Gefühlen, Emotionen, Sinneswahrnehmungen, Handlungen und all unseren Lebenssituationen. Später, auf der zweiten Reise, wird das Gewebe ständig durch Präsenz selbst gefärbt. Auf der dritten Reise gibt es nichts als das Gewebe von Präsenz. Dann ist alle Erfahrung Präsenz, die die verschiedenen Unterscheidungen enthält. Die Unmittelbarkeit von Erfahrung und die Intimität mit ihr sind also erst auf der dritten Reise vollständig. Auf der ersten Reise sehen wir nur isolierte Teile des Gewebes – ein Muster hier, ein Muster da, aber mit Lücken dazwischen. Auf der zweiten Reise erkennen wir, daß es da auch Präsenz gibt. Diese Präsenz ist inhärentes Bewußtsein, das Teil dieser Muster ist und sich als bedeutungsvollster innerer Faden durch sie hindurch bewegt. Auf der dritten Reise erkennen wir, daß Präsenz alle diese Muster durchdringt. Im Grunde erkennen wir, daß die Muster nichts anderes als Muster in der Präsenz selbst sind. Dann ist die Unmittelbarkeit vollständig. Dann sind wir das Verstehen unserer Erfahrung in jedem Augenblick.

# Teil 4

# Die essentiellen Aspekte in der Führung

# 16
# Inquiry und die essentiellen Aspekte

Wir entdecken eine wichtige Wahrheit, wenn wir anfangen, unsere Essenz oder wahre Natur zu erfahren. Wir finden heraus, daß Essenz sich in Form vieler verschiedener Qualitäten manifestiert – die wir essentielle Aspekte genannt haben. Mit anderen Worten, Essenz ist nicht nur die reine und authentische Präsenz unseres Seins, die ontologische Seiendheit (beingness) unserer Seele, sondern diese Präsenz manifestiert sich in Form verschiedener Qualitäten der Erfahrung, die klar erkennbar sind. So präsentiert sich Essenz zum Beispiel als die Süße der Liebe oder als die Wärme des Mitgefühls oder als das Feuer der Stärke oder als die Festigkeit des Willens oder die Stille des Friedens – je nach den Bedürfnissen der jeweiligen Situation.

In diesem vierten Teil von „Spacecruiser Inquiry" werden wir die essentiellen Aspekte untersuchen, die für die Praxis der Inquiry zentral sind. Diese Aspekte bilden, wie wir sehen werden, die essentiellen und zeitlosen Prototypen unter anderem für Neugier, Unterscheidungsfähigkeit, Entschlossenheit, Sensibilität, Klarheit, Wahrheit und Intelligenz – die fundamentalen Elemente und Fähigkeiten, die Inquiry möglich machen. Wir werden sehen, wie sie für die Unterstützung der Inquiry sorgen, daß sie die Führung unseres Seins, die Diamantene Führung einladen kann.

Wenn wir diese Aspekte in den folgenden Kapiteln einen nach dem anderen durchgehen, werden wir dahin kommen zu würdigen, wie jeder einzelne als Teil des integrierten Wirkens der Diamantenen Führung im Prozeß des Verstehens fungiert. Führung beruht auf sehr spezifische Weise auf jedem einzelnen dieser Aspekte, denn jeder versieht unseren Prozeß der Inquiry und des Verstehens mit einem oder mehreren einzigartigen und wichtigen Elementen. Diese Elemente wirken sowohl als Qualitäten, die die Offenheit unserer inneren Haltung unterstützen, als auch als Fähigkeiten, die unsere Inquiry intelligent und wirkungsvoll machen.

Das Verständnis des Diamond Approach von den essentiellen Aspekten – den verschiedenen Weisen, wie die Essenz erscheint – ähnelt der Sicht einiger der wichtigeren spirituellen Lehren, aber jede Lehre hat ihre eigene Weise, diese Qualitäten zu definieren und zu klassifizieren, je nach ihrem besonderen Logos oder metaphysischen System. Die essentiellen Aspekte stehen mit den Qualitäten in den verschiedenen Zuständen und Stationen des Sufismus und mit einigen der göttlichen Namen in Beziehung, mit den spirituellen Qualitäten der *Sefirot* in der Kabbala und mit den Buddha-Qualitäten im Mahayana-Buddhismus. Die Sicht, die wir von diesen verschiedenen Erscheinungsweisen des Seins entwickelt haben, ist aber nicht einer dieser uralten Lehren entnommen. Sie ist das Ergebnis eigenständiger Entdeckungen, die auf einem neuen Paradigma beruhen, das für den Diamond Approach grundlegend ist.

## Das Wesen essentieller Aspekte

Jede der verschiedenen Weisen, auf die die Essenz erscheint, hat erkennbare Eigenschaften und Charakteristika, die sie in der Erfahrung von den anderen Aspekten unterscheiden. Weil Essenz nicht eine materielle Substanz ist, nehmen wir ihre Anwesenheit nicht wirklich mit unseren physischen Sinnen wahr, sondern sie kann mittels subtiler innerer Fähigkeiten klar erkannt werden, die den physischen Sinnen entsprechen. (Kap. 21 untersucht die Natur dieser subtilen Sinne genauer.)

Subtile Wahrnehmung ist für manche Menschen leicht zugänglich und für andere nicht, aber sie ist in allen als Anlage vorhanden. Bei regelmäßiger Übung und sorgfältiger Aufmerksamkeit wird die Fähigkeit, die Charakteristika der Wahrnehmung innerer Erfahrung zu unterscheiden, zunehmend klar und präzise. Mit der Zeit können wir jeden essentiellen Aspekt unter anderem an seiner Konsistenz, seiner Farbe oder seinem Geschmack erkennen. Am wichtigsten ist, daß jeder Aspekt einen erkennbaren Gefühlston hat – einen spezifischen Affekt oder ein Aroma der Erfahrung. Der wird bestimmter und erkennbarer, je mehr wir in der Lage sind, die anderen Eigenschaften wie Farbe, Geschmack und Konsistenz wahrzunehmen.

Nehmen wir als Beispiel den essentiellen Aspekt der Liebe. Liebe ist die Erfahrung der Essenz dessen, wer wir als eine reine und authentische Präsenz sind. Sie hat den Gefühlston von Mögen, von Wertschätzung und ist ein angenehmer Affekt. Diese angenehme Wertschätzung wird mit mehr Bestimmtheit als Liebe erkannt, wenn wir die anderen Eigenschaften ihrer Präsenz erkennen: Wenn wir die exquisite Süße schmekken, die Teil der Erfahrung von Mögen oder von Wertschätzung ist; wenn wir die Weichheit, die Glätte und die Leichtigkeit der Präsenz spüren, wenn wir das schöne pinkfarbene Leuchten sehen können, das zu diesem Gefühl gehört. All diese Qualitäten der Wahrnehmung bilden eine einheitliche Gestalt, die wir als den essentiellen Aspekt der Liebe bezeichnen. Der Gefühlston ist aber das, was man konventionell eher als die Erfahrung von Liebe versteht, und das, was sie am deutlichsten von anderen Qualitäten unterscheidet. Die anderen Eigenschaften wie Geschmack, Farbe, Konsistenz und so weiter werden in der Alltagserfahrung kaum je bekannt oder klar unterschieden.

Unser Verständnis der essentiellen Aspekte enthüllt, daß sie die Elemente der authentischen Erfahrung sind, einfach und frei wir selbst zu sein. Sie sind der Reichtum der freien und kreativen Entfaltung des menschlichen Potentials unserer Seele. Ihre Anwesenheit ist ein Hinweis auf ein gewisses Maß an Freiheit in unserer Erfahrung und einen Grad an Offenheit für die Mysterien unseres Seins.

Die essentiellen Aspekte bilden auch den wahren und authentischen Grund für alle unsere subtilen Fähigkeiten. Diese, die manchmal die höheren Fähigkeiten genannt werden, sind Fähigkeiten der Seele für Wahrnehmen, Erfahren und innere Funktionen, die tiefer als gewöhnlich sind. Die Präsenz jedes Aspektes durchtränkt die Seele mit einer bestimmten Eigenschaft von Bewußtsein, die sie öffnet und ihr Potential entwickelt, indem sie sie mit einer spezifischen subtilen Kapazität oder Fähigkeit des Funktionierens versieht.

Beispielsweise besitzt der Aspekt der Wahrheit, den wir in Kapitel 23 genauer betrachten werden, einen spezifischen Affekt, der als Wahrheit erkennbar ist. Er versieht die Seele mit der Fähigkeit, unmittelbar Wahrheit von Falschheit unterscheiden zu können. Ohne diese Fähigkeit wäre Inquiry als ein Weg des Verstehens nicht möglich. Mit anderen Worten, die Erfahrung und die Realisierung des Aspektes der Wahrheit aktivieren in der Seele eine bestimmte Fähigkeit, die es ihr ermöglicht, Wahrheit zu erkennen, ohne auf schlußfolgerndes Denken oder Logik zurückgreifen zu müssen. Mit der Zeit wird sie zu der Fähigkeit, Wahrheit unmittelbar und mit Gewißheit erkennen zu können. Man vertraut darauf, daß die Fähigkeit, Wahrheit zu erkennen, funktioniert, weil man sich der Anwesenheit des essentiellen Aspektes der Wahrheit bewußt ist, den man unter anderem an seinem klar wahrnehmbaren Gefühlston erkennen kann. Er fühlt sich real, dicht, warm und glatt an, aber vor allem hat er etwas von einer Kostbarkeit an sich, die bewirkt, daß man das Gefühl hat, daß er unserem Herzen sehr nahe ist, als wäre er die Tiefe des Herzens selbst.

In den folgenden Kapiteln werden wir elf verschiedene Aspekte von Essenz untersuchen, wie sie im Fahrzeug der Diamantenen Führung erscheinen und den Prozeß der Inquiry aktivieren. Die ersten fünf Qualitäten – oder Aspekte – von Essenz sind als die *Lataif* bekannt. Die Lataif umfassen eine grundlegende Gruppe von Aspekten, die als explizite Manifestationen der Führung als Antwort auf Grundbedürfnisse in Erscheinung treten, denen jeder im Laufe der Praxis der Inquiry begegnet. Diese fünf Qualitäten sind Freude, Stärke, Wille, Mitgefühl und Frieden. Der Rest dieses Kapitels ist ein kurzer Überblick über die Lataif, bevor wir dann zu einer detaillierteren Besprechung jedes einzelnen dieser Aspekte in Kapitel 17 bis 21 kommen.

Die anderen sechs essentiellen Aspekte sind in der Inquiry auch wirksam, aber gewöhnlich eher implizit, und bilden die Qualitäten des ihr zugrundeliegenden Bodens. Diese Qualitäten – Wissen, Wahrheit, Klarheit, Fokus, die Qualität des Persönlichen (personalness) und Intelligenz – verfeinern und klären unser Verständnis des Wesens von Inquiry selbst. Sie werden ausführlich in den Kapiteln 22 bis 27 untersucht. Den Beitrag des Aspektes der Liebe haben wir schon in Kapitel neun besprochen.

## Die Lataif

Letztlich wünschen wir uns alle, einfach und authentisch zu sein. Dieser Wunsch, wir selbst zu sein, ist die wahre Motivation für Inquiry. Und dieser Impuls, diese Motivation, ist eigentlich ein Ausdruck einer der

Aspekte von Essenz – der Gelben Latifa. In dem Maß, in dem sie gebraucht werden, tauchen die anderen Lataif auf, um diese Bewegung in unserer Seele zu unterstützen. So braucht man zum Beispiel die Stärke und die Fähigkeit, sich aktiv auf die spirituelle Arbeit einzulassen (die Rote Latifa), den Willen, angesichts von Schwierigkeiten, Anhaftungen und Konditionierung durchzuhalten (die Weiße Latifa), die Erweiterung der Wahrnehmung, die nötig ist, um wahrzunehmen und zu verstehen, was man erfährt (die Schwarze Latifa), und die Sensibilität, um die eigene wahre Natur zu erkennen und sich in ihr niederzulassen (die Grüne Latifa). Diese fundamentalen Fähigkeiten der Seele, die man die fünf heiligen Impulse nennt – ich wünsche, ich kann, ich will, ich nehme wahr und ich bin –, stehen mit den Lataif in Verbindung.

Aus diesem Grund sind die Lataif die wichtigsten essentiellen Aspekte, denen man bei der Entwicklung der Seele begegnet. Dies gilt besonders für die Anfangsphasen spiritueller Arbeit, wenn sich das individuelle Bewußtsein (die Seele) für seine essentielle Natur öffnet. *Lataif* ist der Plural des arabischen Wortes *latifa*, das sich auf eine bestimmte Weise bezieht, wie wir unser Bewußtsein erfahren. *Latifa* oder *latif* (die maskuline Form des femininen *latifa*) bedeutet wörtlich „subtil, weich, leicht, zart, sanft, verfeinert, rein" – alles in einem einzigen Ausdruck.

Wir nennen diese Aspekte von Essenz die Lataif in Übereinstimmung mit der Tradition der Sufis, die ihnen einen besonderen Bereich ihrer Lehre widmen. Das bedeutet nicht, daß unsere Sicht und unser Verständnis der Lataif mit dem Verständnis der Sufis identisch ist. Unsere Sicht ist in gewisser Hinsicht ähnlich, weil die Wahrheit der inneren Natur der Seele objektiv ist und daher jeder fähige Forscher, der sie untersucht, zu ähnlichen Schlußfolgerungen kommen wird. Es gibt aber natürlich und notwendigerweise wichtige Unterschiede, weil die Sufi-Tradition ihr eigenes System und ihren eigenen Logos hat, die in alter Zeit entwickelt wurden. Unser Verständnis ist eigenständig und einzig das des Logos des Diamond Approach, der in unseren Tagen in Erscheinung getreten ist. Wir werden nur auf einige der Ähnlichkeiten hinweisen, weil unsere Vertrautheit mit der Sufi-Tradition nicht sehr weit reicht.

## Die fünf Zentren

Die meisten Sufi-Autoren stimmen darin überein, daß es fünf primäre Lataif oder Zentren der Wahrnehmung gibt (manche beschreiben auch sechs), und es gibt eine allgemeine Übereinstimmung in bezug auf die Farben, die mit ihnen in Verbindung gebracht werden und wo man sie am menschlichen Körper lokalisiert.

Die Latifa an der linken Seite des Körpers wird gewöhnlich *qalb* genannt, das bedeutet „Herz". Mit ihr wird die Farbe Gelb assoziiert. Beim Diamond Approach ist hier der Zustand des Bewußtseins wahres Genießen, in dem Essenz im Zustand unverfälschter Freude ist.

Die Latifa an der rechten Seite des Körpers wird gewöhnlich *ruh* genannt, das bedeutet „Geist" (spirit) oder „Seele". Die Farbe ist Rot und das Bewußtsein ist das wahrer oder realer Stärke. Es ist wie das Feuer von Essenz.

Die dritte Latifa ist am Solarplexus lokalisiert und zu ihr gehören die Farben Weiß und Silber. Der Name dieser Latifa ist *sirr*, das bedeutet „Geheimnis". Das Bewußtsein ist wahrer Wille, und der ist die Unterstützung für Essenz und ihr Leben.

Die vierte Latifa ist an der Stirn zwischen und ein wenig über den Augenbrauen. Es wird *khafi* genannt, was „verborgen " bedeutet, und die Farbe ist ein glänzendes Schwarz. Das Bewußtsein ist ein Zustand von Frieden und absoluter Stille.

Die fünfte Latifa ist im Zentrum der Brust und wird *akhfa* genannt, das bedeutet „verborgener", und die Farbe ist Smaragdgrün. Das Bewußtsein ist das von Sensibilität, von liebender Güte und von Mitgefühl.

Unsere Sicht erkennt, daß jede der Lataif verschiedene Ebenen oder Dimensionen spiritueller Wahrnehmung und Erfahrung besitzt. Das ist ein bedeutender Unterschied zu der sufistischen Lehre, die jede Latifa einer anderen Ebene von Entwicklung der Seele zuordnet. Beim Diamond Approach hängen diese verschiedenen Ebenen der Entwicklung der Seele von der Entwicklung aller Lataif ab, während man durch sich vertiefende Ebenen von Realisierung fortschreitet.

Beim Diamond Approach arbeiten wir eingehend mit jeder dieser Grundqualitäten unseres Bewußtseins, um die innere Reise zu aktivieren. Klärung des Unterschiedes zwischen diesen Aspekten – Freude (Joy), Stärke (Strength), Wille (Will), Mitgefühl (Compassion) und Frieden (Peace) – und ihrer vertrauten Gegenstücke (oder „falschen" Formen), die innerhalb der konventionellen Wirklichkeit des Egos existieren, hilft dabei, ein Bewußtsein von unserer essentiellen Präsenz zu kultivieren. Jede Latifa hat ein oder mehrere Persönlichkeitsthemen, die universelle Barrieren für die Anwesenheit, die Präsenz dieses Aspektes sind. Das bedeutet, daß das Arbeiten mit der jeweiligen Qualität und ihrer Beziehung zu unserer Erfahrung auch fundamentale Persönlichkeitsthemen – durch Verstehen – lösen wird, die normalerweise nicht als spirituelle Probleme verstanden werden.

## Aktivieren der Lataif

Die Sufis aktivieren die Lataif durch spirituelle Übungen, vor allem Konzentrationsübungen, darunter die Visualisierung von Farben, bestimmte Formen von Gesang, der *dhikr* genannt wird (Gedenken Gottes durch die Anrufung seiner Namen) und Konzentration auf bestimmte Stellen im Körper. All das wird unter der Führung des *shaykh*, des Scheich oder Sufi-Lehrers, getan. Die Lataif werden in einer bestimmten Reihenfolge aktiviert, mit einigen Variationen, je nach dem jeweiligen Sufi-Orden oder Lehrer. (Siehe Henry Corbin, The Man of Light in Iranian Sufism, Boulder: Shambala Publications, 1978.)

Idries Shah setzt die Arbeit einiger christlicher Alchemisten mit der Aktivierung der Lataif in Verbindung. Bei der Besprechung der Reihenfolge der Aktivierung sowohl durch die Sufis als auch durch die Alchemisten schreibt er: „Die alchemistischen Übungen zielen daher darauf, Farben in der Form zu aktivieren, in der man sich bekreuzigt (die Stellen = Lataif). Dies ist eine Adaptation der Sufi-Methode, die der Reihenfolge der Aktivierung nach folgende ist: Gelb-Rot-Weiß-Schwarz-Grün."[11]

In unserer Arbeit versuchen wir nicht, einer bestimmten Reihenfolge zu folgen. Vielmehr erlauben wir dem intrinsischen Dynamismus des Seins, die Lataif in der Reihenfolge zu aktivieren, die der jeweilige Mensch braucht. Wir finden, daß die innere Intelligenz des Seins die Lataif in jedem Menschen anders, und zwar seinen spezifischen Bedürfnissen und seiner jeweiligen Situation entsprechend, aktiviert. Unsere Arbeit folgt daher dem Prinzip spontanen und natürlichen Öffnens, das die Antwort des Dynamismus des Seins auf die spezifische Situation des jeweiligen Menschen ist.

Unser Ansatz betont nicht spirituelle Übungen und Konzentrationstechniken, auch wenn wir sie gelegentlich als Unterstützung für unsere primäre Methode benutzen: die offene und unbegrenzte Inquiry in das Wesen der Erfahrung. Der Prozeß der Inquiry aktiviert den inneren Dynamismus des Seins, enthüllt das innere Potential der Seele – einschließlich der Lataif – als gefühltes oder lebendiges Verstehen.

Oft nennt man die Lataif die Organe für Wahrnehmung und Handeln oder Zentren der Erfahrung und Erhellung. Das liegt zum Teil daran, daß die Lataif nicht nur verschiedene Formen des Bewußtseins (oder in unserer Terminologie Manifestationen oder Erscheinungsweisen von Essenz) sind, sondern auch subtile Zentren, an denen diese Qualitäten von Bewußtsein wirken. Mit anderen Worten – und das gilt besonders für das System der Sufis –, „Lataif" bezieht sich sowohl auf die subtilen Formen des Bewußtseins als auch auf die Zentren an den entsprechenden Stellen des Körpers, die ihnen zugeordnet sind.

Für den Diamond Approach ist diese Vorstellung von Zentren nicht vorrangig. Wir beobachten, daß jede Latifa durch die Qualität des Bewußtseins als von ihrem physischen Ort definiert ist. Die Verbindung mit den Stellen am Körper scheint vor allem bei der anfänglichen Aktivierung oder dem Öffnen dieser Qualitäten subtiler Erfahrung vorzukommen. Danach können die Lataif unabhängig von den physischen Zentren auftauchen. Das bedeutet, daß sie sich in jedem Teil des Körpers manifestieren oder den Körper und oder bestimmte Stellen sogar vollkommen transzendieren können. Idries Shah scheint dies im Sinn zu haben, wenn er schreibt: „Diese fünf Subtilitäten (*Lataif-i-Khamsa*) existieren nicht im buchstäblichen Sinn. Sie sind im Körper lokalisiert, weil die Haltungen, bei denen man Aufmerksamkeit auf diese Körperregionen richtet, eingenommen werden, um den Geist (mind) auf höheres Verstehen und Erleuchten hin zu orientieren." (Idries Shah, A Perfumed Scorpion, London: Octagon Press, 1978, p. 89.)

Unsere Beobachtungen weisen auch darauf hin, daß die Lataif selbst nach ihrer anfänglichen Aktivierung dahin tendieren, sich mehr an ihren jeweiligen Zentren zu manifestieren als in anderen Bereichen des Körpers. Zum Beispiel kann sich der Gelbe Aspekt in jedem Teil des Körpers manifestieren – auch im Kopf oder in den Beinen –, aber am häufigsten wird das in der linken Körperhälfte an der Stelle des physischen Herzens geschehen. Doch wenn spirituelle Entwicklung zu ihren tieferen Stufen heranreift, verliert der Körper seine Bedeutung als Ort der Erfahrung. Essentielle Erfahrung beginnt den Körper in dem Sinn zu transzendieren, daß die Präsenz von Essenz von den Grenzen des Körpers nicht definiert oder eingeschränkt ist.

## Höhere Fähigkeiten

Jede Latifa sensibilisiert die Seele auf eine besondere Weise, um sie zu befähigen, in einem neuen Modus oder mit neuen Möglichkeiten zu funktionieren. Mit anderen Worten, die Aktivierung und die Integration der Lataif macht bestimmte tiefe und subtile spirituelle Potentiale der Seele zugänglich und entfaltet sie.

Eine nützliche Weise, wie man die höheren Fähigkeiten sehen kann, die mit den Lataif in Verbindung stehen, ist durch die Vorstellung von den „Fünf Heiligen Impulsen", analog zu Gurdjieffs Vorstellung von den „Drei Heiligen Impulsen". Diese Tafel hebt nur einige der wichtigen höheren Qualitäten hervor. Die Fünf Heiligen Impulse reflektieren bestimmte Fähigkeiten, die der Seele als eine Wirkung der Präsenz der fünf Lataif zur Verfügung stehen. Diese sind:

| FARBE | GEFÜHLSTON | HEILIGER IMPULS |
|---|---|---|
| Gelb | Freude | Ich wünsche |
| Rot | Stärke | Ich kann |
| Weiß | Vertrauen | Ich will |
| Schwarz | Frieden | Ich nehme wahr |
| Grün | Liebende Güte | Ich bin |

So öffnet zum Beispiel die Aktivierung der Gelben Latifa eine der Fähigkeiten des Herzens, die darin besteht, zu wünschen, zu wollen oder sich nach etwas zu sehnen, was ihm fehlt. Der Wunsch richtet sich darauf, was die Seele, oder ihr Herz, von Natur aus und spontan liebt. Die Gelbe Latifa ist die Präsenz, die Anwesenheit reiner Freude und reinen Entzückens, aber sie bringt die Seele auch dazu, neugierig zu werden, und aktiviert ihren heiligen Impuls wahren und unschuldigen Wollens. Das bedeutet, je größer und tiefer die Realisierung der Gelben Latifa, um so tiefer die Wahrheit, die das eigene Herz liebt und schauen möchte.

Die Aktivierung der Roten Latifa verleiht der Seele die Stärke und die Fähigkeit zu erreichen und zu erkennen, was man liebt und womit man sich vereinigen möchte. Sie verleiht einem die Energie und das Feuer, die Initiative und den Mut, danach zu streben, was das Herz begehrt.

Die Aktivierung der Weißen Latifa macht die innere Entschlossenheit und solide Standfestigkeit der Seele zugänglich, die ihr die Fähigkeit verleiht, durchzuhalten und dranzubleiben und sich weder entmutigen zu lassen noch aufzugeben.

Die Aktivierung der Schwarzen Latifa öffnet die subtilen Fähigkeiten der Wahrnehmung der Seele: die Intuition, das Sehen und das spirituelle Verstehen.

Die Aktivierung der Grünen Latifa entwickelt die Fähigkeit der Seele, einfach nur zu sein und nicht zu tun – mit anderen Worten, für ihre essentielle Präsenz sensibel zu sein und bei ihr zu bleiben.

In diesem Buch liegt unser Fokus auf der Untersuchung davon, wie diese Fähigkeiten zu der Übung und der Praxis der Inquiry beitragen. Dies wird nur eine Weise reflektieren, wie die Lataif auf die Seele wirken und ihre spirituelle Entwicklung unterstützen. Nichtsdestoweniger können wir durch das Verstehen der Rolle, die jeder Aspekt bei der Förderung der Inquiry und der Selbstenthüllung unserer Seele spielt, wertschätzen, wie die essentiellen Aspekte die Intelligenz und die Präzision der Manifestation des Seins in unserem Leben reflektieren. Damit wir diese Weisheit entdecken, besteigen wir noch einmal unser Raumschiff *Inquiry*, um mit unserer neuen Freundin, der Diamantenen Führung, zu reisen, wenn wir ihre Diamantenen Facetten erforschen.

# 17
# Gelb

## *Freude am Entdecken*

Die Wirkweise wahrer Natur ist Selbstenthüllung. Inquiry ist unsere Weise, das zu tun, was wahre Natur tut. Aber wir tun es aus der Perspektive des Menschen und seiner sich selbst enthüllenden Seele – nicht des Absoluten. Damit wir uns auf Erleuchtung hin bewegen können, müssen wir von da ausgehen, wo wir sind.

Die Möglichkeiten von Kreativität und Tiefe in unserer Seele sind unbegrenzt. Und die treibende Kraft dieser Kreativität ist der Dynamismus unserer wahren Natur. Inquiry ist die äußerste oder eigentliche ästhetische Kreativität; was da geschaffen wird, ist Leben selbst. Je mehr unsere Inquiry und die Entfaltung unseres Verstehens zugelassen werden, um so mehr nähern wir uns der Schönheit von Gottes Offenbarung an und um so mehr schätzen und würdigen wir Gottes Antlitz. Wenn wir uns näher an die ursprüngliche Natur unserer Erfahrung heranbewegen, öffnet sich diese Erfahrung und enthüllt die Schönheit in allen Dingen.

Inquiry enthüllt nicht nur die ästhetische Schönheit aller Dinge, sondern auch die außerordentliche Bedeutsamkeit und Präzision von allem. Dieser Enthüllungsprozeß ist reine Kunst und reine Wissenschaft zugleich. Jede Erfahrung entfaltet sich wie eine Blume, die sich öffnet. Die Offenheit unserer Inquiry kommt der großen Weite wahrer Natur nahe, indem sie sich als die Liebe zum Wissen, die Liebe zu dem, was wahr ist, manifestiert.

Offenheit und Liebe zur Wahrheit um ihrer selbst willen sind nicht die einzigen Dinge, die dafür nötig sind, daß Inquiry beginnen kann. Wenn man einfach nur offen für Erfahrung ist, wird die Inquiry dazu tendieren, passiv und unfokussiert zu bleiben. Und wenn auch Liebe zur Wahrheit beginnt, den Prozeß der Inquiry zu aktivieren, ist doch eine engagiertere Qualität nötig, um die eindringenden und sondierenden Qualitäten von Inquiry in Erscheinung treten zu lassen. Was man braucht, ist eine aktive Offenheit dafür, die Wahrheit zu entdecken. Aktive Offenheit drückt sich in den essentiellen Aspekten, den reinen Qualitäten von Sein aus – und besonders in den fünf Aspekten der Lataif. In Beziehung zu Inquiry wird jede einzelne der Lataif ein Aspekt dynamischer Offenheit.

In diesem Kapitel werden wir die spezifischen Qualitäten untersuchen, die den Dynamismus von Inquiry durch den Ausdruck der Gelben Latifa, den Aspekt der Freude, aktivieren. Neugier, die eine Freude am Entdecken der Wahrheit ist, ist ein Ausdruck des Gelben Aspektes. Liebe ist der Treibstoff, die Nahrung der Inquiry, aber der Funke, der ihn zündet, ist Neugier. Wenn diese Qualität da ist, manifestiert Offenheit einen engagierten Dynamismus, der dann zu einer aktiven Inquiry werden kann. Neugier aktiviert die Offenheit, indem sie sie mit einer vibrierenden Energie tränkt und mehr persönliche Beteiligung in die Erfahrung bringt. Es ist so, als gäbe der Kapitän des Raumschiffs *Inquiry* den Befehl „Einschalten!" – und das Raumschiff wird in eine bestimmte Richtung oder in Richtung eines bestimmten Forschungsgebietes in Bewegung gesetzt.

Offenheit ist also die Basis der Inquiry, aber Liebe, die als Neugier ausgedrückt wird, lädt die Diamantene Führung besonders ein. Diese aktive Seite der Offenheit ist dafür notwendig, daß die Wahrheit enthüllt werden kann. Dann empfindet man Freude, Neugier und eine glückliche Erregung darüber, etwas herauszufinden. Das Nichtwissen wird zum Anfang von Abenteuer. Und weil man nicht weiß, ist es noch aufregender. Freude ist der ganze Prozeß, und die Begeisterung am Leben wird intensiver. Die Seele ist begeistert davon, das Mysterium zu erforschen, und Neugier ist es, die den Powerdrive des Raumschiffes einschaltet.

Neugier hat eine entspannte und spontane Qualität. Diese aktive Teilnahme an der Untersuchung hat eine spielerische Leichtigkeit, die die Liebe zur Wahrheit auf eine mehr selbstlose Weise ausgedehnter und weiter werden läßt. Das Spielerische weist auf eine Zweckfreiheit hin, auch wenn die Untersuchung engagiert sein kann. Inquiry ist daher ein Spiegel der Entfaltung des Seins, eines Prozesses, der keinem festgelegten Plan folgt – er ist spontane Kreativität.

Wenn man die Haltung spielerischen Abenteuers vergißt, tendiert Inquiry dazu, sich mehr auf das Ego-Selbst und seine Probleme zu richten – den Teil von einem, der die Schwere und den Schmerz enthält. Das bedeutet, daß man sich auf die Falschheit konzentrieren wird, statt zu der tieferen, essentiellen Wahrheit vorzudringen. Nach einer Weile sieht man nur die äußere Persönlichkeit und ihre schmerzhaften Manifestationen. Inquiry braucht die Qualität freudigen Abenteuers, damit sie auf eine tiefere Ebene gelangen kann. Man muß spielerisch sein, um sich für Dinge zu öffnen, die leicht und hell sind, für Dinge, die etwas von Süße und Erfüllung, Tiefe und Helligkeit haben.

## Neugier und die Liebe zur Wahrheit

Wie wir im Verlaufe dieses Buches oft bemerkt haben, beginnt Inquiry, wenn es ein aktives und dynamisches Interesse daran gibt, die Wahrheit zu wissen und sie zu erfahren. Wenn wir präsent und mit unserer Erfahrung in Kontakt sind, haben wir die Offenheit, um zu erkennen, was wir in ihr verstehen und was nicht. Wie paßt dazu nun Neugier? Neugier bedeutet: „Ich sehe, daß es hier etwas gibt, was ich nicht weiß, und ich möchte herausfinden, was das ist." Es ist nicht nur „Ich liebe die Wahrheit", sondern auch „Ich liebe es, die Wahrheit zu entdecken". „Ich möchte das hier wirklich untersuchen, diese Erfahrung auseinandernehmen und sie anschauen, mit ihr spielen und mit ihr experimentieren."

Oft ist uns etwas bewußt, was wir in unserer Erfahrung nicht verstehen, und doch reizt es nicht unsere Neugier. Zum Beispiel weiß jemand vielleicht, daß er rasch ärgerlich wird, aber er weiß nicht warum, und er ist auch nicht neugierig, herauszufinden, warum. Er sagt vielleicht: „Der Ärger ist eben einfach da, also muß ich mit ihm leben." Das aktive Einlassen auf Neugier ist notwendig, damit der Prozeß des Entdeckens der Wahrheit ausgelöst werden kann. Erst wenn wir an der Wahrheit interessiert sind, wollen wir der Sache nachgehen und sehen, warum wir dauernd ärgerlich werden.

Neugier ist ein sehr wichtiges Element unserer Seele, und eines, das für unsere Inquiry notwendig ist. Neugier ist ein besonderer Ausdruck der Seele, den wir oft mit kleinen Kindern assoziieren. In ihren frühen

Jahren sind Kinder neugierig auf alles. Wenn ein Kind etwa ein paar Monate alt ist, nimmt es alles, was ihm begegnet, in den Mund. Es will es nicht essen, es möchte es *wissen*. Das Kind ist wirklich neugierig: „Was ist das hier? Wie fühlt es sich an? Wie schmeckt das?"

Als Erwachsener erlebt man die gleiche Art tiefer Neugier, wenn man jemandem begegnet und sich verliebt. In dem Moment, in dem das passiert, möchte man alles über diesen Menschen wissen. „Was hast du all die Jahre gemacht? Was machst du an den Wochenenden? Was ißt du zum Frühstück? Was ist Dein Lieblingsfilm? Hast du schon einmal am Strand einen Drachen steigen lassen?" Es ist so, als wäre man wieder ein Kind. Und diese Neugier ist sehr spielerisch, glücklich, sehr leicht; sie ist nichts Schweres.

Ich denke, es ist deutlich, daß man sich nicht ausreichend engagiert oder nicht die Energie aufbringen wird, die nötig ist, um die Wahrheit herauszufinden, wenn man nicht neugierig ist oder wenn die Liebe zur Wahrheit eingeschränkt ist. Aber wenn man wirklich neugierig auf etwas in seiner Erfahrung ist, was man nicht versteht, dann wird die Liebe zur Wahrheit zu einem unstillbaren Hunger – dem Treibstoff für das Raumschiff *Inquiry*.

Neugier drückt diese leidenschaftliche Liebe zur Wahrheit aus, daher möchte sie total in die Erfahrung eingetaucht sein. Diese Kraft möchte die Situation durchdringen, sie öffnen, sie erleuchten, sie so umfassend und so vollständig wie möglich kennenlernen. Sie möchte nicht nur aus der Entfernung beobachten. Nun kann die Entfaltung manchmal so vonstatten gehen, wie wenn man einen intensiven, spannenden Kriminalfilm im Kino anschaut: Man ist völlig gefangen und kann kaum erwarten zu sehen, was passiert. Aber auch dann schaut man nicht nur passiv den Kriminalfilm an, denn das eigene Interesse und Engagement hat etwas mit dem zu tun, was geschieht. Wenn die Seele wissen will, wie es sich anfühlt – im Körper, in den Emotionen und in der Erfahrung –, dann ist man wirklich neugierig, dann fängt man wirklich an, zu erforschen.

## Eine unbeschwerte Verspieltheit

Die frühen Stadien der Praxis von Inquiry sind nicht leicht. Wir stoßen auf alle möglichen Arten von Widerständen, Abwehrmechanismen und Blockaden. Außerdem kann, wenn sich die Dinge öffnen, eine Menge an Schmerz, Konflikt, Angst, Wut, Aggression, schmerzhaften Erinnerungen und schwierigen Zuständen auftauchen. Identifikation mit diesem Inhalt oder Identifikation mit dem Wunsch, etwas zum Positiven zu verändern, kann sich so auswirken, daß sich die Inquiry zäh, langweilig und ernst anfühlt.

Nach einer Weile will man sie nicht mehr machen. Warum Inquiry, wenn man es einem dann so schlecht geht? Es fühlt sich nicht wie ein spannendes Abenteuer an, das man genießen kann; es ist eher wie eine Art Folter. Daher können Menschen, die auf viele Schwierigkeiten oder Schmerz aus ihrer Vergangenheit stoßen, zu der Auffassung gelangen, daß das Wesen von Inquiry darin besteht, schwer und ernst zu sein. Und andere haben vielleicht das Gefühl, daß Inquiry mühsam ist, weil sie sie machen müssen, um irgendwohin zu gelangen, daß sie etwas ist, was gut für sie ist. Man hat dann vielleicht das Gefühl, daß man sie machen muß, weil das eigene spirituelle Wachstum davon abhängt. Das ist etwa so, wie man sich vielleicht fühlt, wenn man darum kämpft, in der Schule gute Noten in den Tests zu bekommen, damit man auf ein gutes College gehen kann.

Aber Inquiry ist kein Test. Es geht nicht darum, zu bestehen oder durchzufallen. Es geht darum, etwas herauszufinden. Angenommen, Ihnen fällt auf, daß Sie viel weinen. Wenn Sie gegenüber der Frage, was Ihnen das über Sie selbst sagt, keine feste Meinung haben, dann werden Sie nach einer Weile von sich aus anfangen zu denken: „Das ist sehr interessant. Ich muß dem nachgehen und herausfinden, woher all dieses Weinen kommt." Nicht weil Sie es beenden wollen, sondern einfach weil Sie neugierig sind. Sie sehen andere Menschen, und anscheinend weinen die nicht die ganze Zeit. Sie wollen also wissen, was in Ihnen das auslöst. Sie untersuchen das nicht, um erleuchtet zu werden. Sie können einfach nicht anders als wissen wollen, was wirklich passiert.

Wenn Sie diese innere Haltung haben, dann gibt es keine Angst vor Versagen, keine Angst davor, etwas falsch zu machen – weil Sie keine

Vorstellung oder Meinungen davon haben, was richtig und was falsch ist. Sie wissen nicht, was das Ergebnis Ihrer Untersuchung sein wird. Mit einer spielerischen Haltung hat man also keine Angst davor, Fehler zu machen. Aber es ist interessant, wenn wir da auf diese leichte Art herangehen, wenn wir spielerisch sind, dann läuft dieser ganze Prozeß nicht nur leichter ab, sondern die Dinge öffnen sich auch effektiver und wir beginnen, die Wahrheit präziser zu sehen. Unsere Erfahrung wird optimiert, maximiert.

Wenn wir verstehen, daß Inquiry der Leichtigkeit und Offenheit freudiger Neugier entspringt, dann beginnen wir zu sehen, daß die Schwere und der Ernst für Inquiry an sich nicht charakteristisch sind. Das sind nur Eigenschaften eines Teils des Inhalts, der in der Inquiry auftaucht, und dessen, was wir von diesem Inhalt glauben. Der Inhalt kann also sehr positiv oder sehr schmerzhaft sein, aber die Haltung der Inquiry selbst muß nicht von dem Inhalt beeinflußt sein. Die Inquiry selbst ist ein Ausdruck von Offenheit, Leichtigkeit, Neugier und Liebe. Wenn sie nicht von dem Gefühl getragen ist, wirklich wissen zu wollen – so gespannt zu sein, daß man es nicht abwarten kann, es herauszufinden –, dann kommt die Inquiry nicht aus dieser Offenheit. Sie geht dann mehr von einer festen Position aus, mit einer bestimmten Absicht oder einem bestimmten Ziel. Aber man könnte das untersuchen. Anstatt zu sagen „Das ist alles so schwer – ich will aufhören" oder „Ich will das nicht mehr", kann man eine Inquiry in diese innere Haltung von Schwere machen: „Woher kommt die eigentlich?"

Schwere kann nicht eigentlich zur Inquiry gehören, weil sie mit Neugier beginnt, und die ist eine Freude an der Untersuchung – und diese wiederum ist ein Ausdruck von Liebe. Neugier bringt eine Verspieltheit in die Inquiry, ein frohes Interesse, eine spontane, freie innere Beteiligung an der Situation, um herauszufinden, was real, was wahr ist. Dann wird die Untersuchung als ganze spielerisch. Wir wissen, daß Inquiry geschieht und daß sie in vollem Sinn geschieht, wenn wir eine Verspieltheit und eine freudige Qualität, eine spontane und leichte Qualität erkennen, auch wenn da vielleicht auch Schmerz und Leiden ist.

Verspieltheit heißt nicht nur, daß man Humor in bezug auf Schwierigkeiten hat, obwohl das ein Teil davon sein kann. Es bedeutet, daß man an der Inquiry an sich interessiert ist, nicht daran, wohin sie führt.

Wenn man vor allem daran interessiert ist, wohin man geht, dann wird es wahrscheinlich schwer, wenn Schmerz da ist. Die Offenheit wird verschlossen, und die Entfaltung kommt unvermeidlich zum Stillstand. Wenn man aber wirklich an der Inquiry an sich interessiert ist – an der Bewegung der Untersuchung –, dann wird es interessant, auch wenn etwas Schwieriges auftaucht: „Ich wußte nicht, daß Menschen so viel Schmerz erleben können." Oder: „Ich kann doch nicht *so* deprimiert sein, ich frage mich, wie mein Nervensystem eine solche Intensität aushalten kann." Wenn man diese Haltung gegenüber Inquiry hat, dann verliert sogar der schwere Inhalt seine Macht und beginnt sich zu öffnen.

Wenn ich von Verspieltheit spreche, meine ich nicht, daß das, was man untersucht, für das Leben unwichtig ist. Wenn ich davon spreche, leichten Herzens zu sein, meine ich nicht, daß man die Dinge leicht nehmen sollte – sie können im Hinblick auf ihre Wichtigkeit todernst sein. Aber das heißt nicht, daß man ihretwegen deprimiert sein muß, es heißt nicht, daß man schwer und düster sein muß. Man stelle sich etwas Ernstes wie eine Ehescheidung vor, die bevorsteht. Wird es besser, wenn man deshalb deprimiert ist? So denken wir normalerweise: „Also etwas Schreckliches ist dabei zu passieren – morgen werde ich mich scheiden lassen. Mich elend fühlen ist das Angemessene." Wenn man sich deshalb deprimiert fühlt, ist das nur zum eigenen Schaden. Wenn man sich offen und leicht dabei fühlt, findet man vielleicht wirklich Wege, bereichert daraus hervorzugehen.

Ich meine nicht, daß man sich verurteilen soll, wenn man sich deprimiert oder schwer fühlt. Man sollte nur wissen, daß Inquiry nicht deprimierend oder schwer sein muß. Es ist notwendig, daß wir wertschätzen, daß es da eine Verspieltheit geben kann, auch wenn die Schwere auftaucht, auch wenn etwas Ernstes und Wichtiges in unserem Leben geschieht. Diese glückliche, leichte und spielerische Qualität macht unseren Ansatz hinsichtlich der Erfahrung viel effektiver, viel mächtiger. Sie öffnet die Erfahrung, auch wenn es schwierig ist, und sie kann sogar etwas in ihr ans Licht bringen, das leicht, nährend und schön ist.

Und wenn wir die Wahrheit lieben, wenn wir die Wahrheit herausfinden wollen, dann werden Leichtigkeit und Glück da sein, ganz gleich, was die Erfahrung ist. Auch wenn man zum Beispiel mitten im Schmerz steckt oder unter Ablehnung oder Verlassenheit gelitten hat – wenn man etwas über die eigene Situation herausfindet, das wahr ist, dann kommt mit diesem Erkennen, mit dieser Einsicht eine Leichtigkeit. Dies zeigt uns, daß große Weisheit in unserem Sein ist. Es zeigt, daß die Befreiung unseres spirituellen Wesens nicht durch Beseitigung von Leiden geschieht, sondern durch den Zustand der Leichtigkeit, der mit unserer inneren Haltung gegenüber der Erfahrung kommt – mit unserer Wertschätzung der Wahrheit!

## Ein experimenteller Ansatz

Spielerisch zu sein bedeutet auch, daß man eine innere Haltung des Experimentierens einnimmt. Was wir tun, ist experimentell; wir müssen uns nicht auf irgendeine bestimmte Methode beschränken. Angenommen, Sie untersuchen die Tatsache, daß Sie sich in bestimmten Momenten zu sehr aufregen, daß Sie sich mehr aufregen, als Sie bewältigen können. Sie können diese Situation auf alle mögliche Art und Weise untersuchen. Eine Möglichkeit ist die, über die Aufregung selbst zu reflektieren und zu versuchen zu sehen, was das ans Licht bringt. Aber niemand hat gesagt, daß es nur eine Möglichkeit gibt, wie man das tun kann. Sie können zum Beispiel auf Situationen achten, in denen Sie aufgeregter als sonst werden, und anschauen, was Sie an diesen Situationen so aufregt. Sie könnten Bücher über Erregung lesen, mit Leuten sprechen, die ähnliche Erfahrungen haben, oder auch absichtlich etwas tun, um sich selbst aufzuregen, und dann schauen, was passiert.

Wenn wir sagen, daß Inquiry etwas Natürliches ist, dann meinen wir also nicht, daß man darauf warten muß, daß etwas geschieht, bevor man es untersuchen kann. Man kann in seiner Inquiry engagiert und aktiv werden. Man kann eine experimentelle Haltung haben und verschiedene Dinge ausprobieren. Sie können etwa Bewegung oder Visualisierung benutzen, mit Ihren Spannungsmustern arbeiten oder Körperarbeit machen. Sie können sich einen Film anschauen, um bestimmte Gefühle in sich auszulösen. Oder Sie können mit jemandem sprechen, von dem Sie wissen, daß er eine bestimmte Wirkung auf Sie hat, und diese Erfahrung dann untersuchen.

Niemand hat gesagt, daß man auf einem Stuhl sitzen muß, um eine Inquiry zu machen, niemand hat gesagt, daß man jemandem seine Erfahrung erzählen muß, um sie zu untersuchen. Man kann treten und schlagen, und das könnte ein Teil der Inquiry sein. Man kann schreien und brüllen, und auch das kann ein Teil der Inquiry sein. Mit anderen Worten, es gibt keine besonderen Techniken, an die man sich halten muß, um im wahren Sinn eine Inquiry zu machen. Was bestimmt, ob die Inquiry wahr ist oder nicht, ist der Grund, aus dem man die Techniken benutzt: Benutzen Sie sie, um irgendwohin zu gelangen, um sich in eine bestimmte Richtung zu bewegen? Oder benutzen Sie sie, um herauszufinden, was vor sich geht?

Wenn man irgendwelche Techniken, welche auch immer, als eine Möglichkeit benutzt, die eigene Realität zu erforschen, dann öffnet das ein ganzes Feld von spielerischem Experimentieren, und dieses Spielerische ist nicht begrenzt. Wenn dieses Spielerische aus Offenheit entsteht, gibt es kein Problem damit, welche Methode man benutzt, denn was immer man tut, man tut es, um die Inquiry zu fördern.

Dieses Spielerische bringt nicht nur eine Leichtigkeit mit sich; es bringt die Dinge auch in Bewegung, bringt sie in Fluß, bewahrt die Dinge davor, zu erstarren, und das ist nötig, wenn man vermeiden will, in Fixierungen steckenzubleiben. Spielen heißt, mit einem leichten Herz experimentieren. Und Experimentieren ist nichts anderes als eine disziplinierte Form von Spiel. Experimentieren ist also – wie Probeläufe oder eins nach dem anderen auszuprobieren – ein gültiger Ansatz zur Inquiry. Wenn man etwas erfährt und man weiß nicht, was es ist, dann ist es in Ordnung, sich eine Hypothese oder eine Theorie auszudenken und sie dann zu überprüfen, um herauszufinden, ob sie die Wahrheit beschreibt. So machen Wissenschaftler Inquirys.

Spekulationen, Phantasien, Hypothesen und Annahmen sind für die Inquiry alle von Nutzen und gültig. Auf jeden Fall muß man eine offene innere Haltung haben. Man nimmt nicht eine Hypothese und versucht zu beweisen, daß sie wahr ist; man nimmt eine Hypothese und versucht herauszufinden, *ob* sie wahr ist. Wenn diese experimentelle, vorurteilslose innere Haltung vorhanden ist, dann gibt da auch eine freudige Erregung; aber diese Gespanntheit und Freude am Entdecken hat jetzt auch eine objektive Qualität, die Klarheit, Transparenz und Präzision enthüllt.

## Spielerische Kreativität

Dies ist dann die Wirkung der Gelben Latifa in der Diamantenen Führung: Sie ist neugierig, sie ist wißbegierig, sie ist experimentierfreudig – alles auf eine spielerische Weise. Und dieses Spielerische an Inquiry spiegelt das Spielerische des kreativen Dynamismus wahrer Natur. Wir haben besprochen, wie der kreative Dynamismus für das Auftauchen der verschiedenen Formen und Muster in unserer Erfahrung der ganzen Welt verantwortlich ist und daß dieser kreative Dynamismus das Wirken der Liebe ist. Es ist auch eine Manifestation von Feier, eine Manifestation von Freude.

Das ist der Grund, warum in der indischen Tradition diese Manifestation als Spiel (Sanskrit *lila*) bezeichnet wird. Die hinduistischen Lehren sagen, daß Gott spielt, hier etwas versucht, da etwas versucht: „Oh, dies klingt nach Spaß – machen wir mal hier einen Berg. Schauen wir mal, also ... Wie wärs da mit einer Supernova? Aufregend, wenn ich eine Supernova bin ... . Ich frage mich, was passiert, wenn man sie noch ganz mit Planeten umgibt ... . Das ist interessant, mir wird schwindlig ... gut, jetzt mal etwas, das sich ein bißchen subtiler anfühlt – erschaffen wir mal Leben auf dem Planeten da hinten." Das ist die innere Haltung oder Tendenz von Kreativität in unserem Sein – spielerisch und zweckfrei. Sein manifestiert nicht etwas, weil Sein irgendwohin gelangen möchte. Der Göttliche Plan ist nicht ein abgeschlossener oder endgültiger Plan; er ist eine natürliche, leichte Kreativität, die permanent geschieht.

Alle sagen: „Gott weiß." Aber Gott hat kein Gedächtnis und macht auch keine Pläne, wie Menschen das tun. Gott ist spontane Kreativität. In gewissem Sinn gibt es also keinen Sinn, kein Ziel. Die Intelligenz der Realität zeigt und manifestiert sich einfach nur immer mehr und mehr, und zwar auf eine sehr experimentelle Weise. Zum Beispiel das Entstehen von Leben auf der Erde: Wenn man die Evolution studiert, dann sieht man, daß sie sehr experimentell ist. Eine Spezies entsteht hier, kommt nicht sehr weit – und noch bevor man sie kennt, ist sie weg. Eine andere Spezies kommt anscheinend viel weiter. So ist also alles ein Experiment – was besser funktioniert, was sich mehr entwickelt. Die menschliche Rasse neigt dazu zu glauben, daß es nicht nur ein Experiment ist; wir glauben, wir wären der Sinn und Zweck der

Schöpfung. Wir bringen uns und das meiste andere Leben auf der Erde vielleicht um, weil wir uns selbst so ernst nehmen, in dem Glauben, dies sei wahr. Aber wir sind nur ein Teil des Spiels, das permanent entsteht und sich verändert.

Dieses Konzept der Schöpfung als etwas Spielerisches zeigt sich in der Inquiry als eine spielerische Haltung, die dieselbe Qualität in die Entfaltung bringt. Dieses Spielerische bringt Freude und Genuß, Neugier und Feier oder Festlichkeit mit sich. Das ist die Weise, wie wir an der göttlichen Freude teilhaben. Natürlich können wir uns alle möglichen Zwecke ausdenken. Das ist Teil des Spielerischen: Sie denken sich für ein oder zwei Jahre einen Sinn aus und glauben, das sei der Sinn Ihres Lebens. Wunderbar! Zwei Jahre später tauschen Sie ihn gegen einen anderen aus – warum nicht? Eigentlich machen Menschen das andauernd, oder? Es geht Ihnen nicht schlecht damit, daß Sie die ersten 21 Jahre Ihres Lebens einen Lebenssinn hatten, den Sie jetzt nicht mehr haben. Sie sagen nicht: „Ich habe mein Leben vertan." Nein, Sie sagen: „Jetzt habe ich einen anderen Sinn." Wer weiß, was nächstes Jahr passiert?

Die Abwesenheit von Sinn oder Ziel drückt hier nur die Offenheit, den offenen Charakter unserer Inquiry aus. Wenn wir ein Ziel haben, orientieren wir unsere Inquiry ganz subtil auf eine bestimmte Weise: Unsere Aufmerksamkeit ist dann auf ein bestimmtes Ergebnis hin orientiert, diesem Sinn oder Ziel entsprechend. Und dann sehen wir vielleicht nicht, was eigentlich vor sich geht. Unsere Offenheit wird dadurch beschränkt, daß wir glauben, wir müßten an unserem Ziel festhalten. Abwesenheit von Ziel- oder Zweckorientiertheit ist also die Essenz des Spielerischen und der Leichtigkeit unserer Inquiry.

## Übung

### Die Präsenz von Neugier und Freude am Spielerischen

Wir werden jetzt mit diesen verschiedenen Qualitäten im Prozeß der Durchführung einer Inquiry experimentieren. Nehmen Sie einen Bereich Ihrer Erfahrung, den Sie nicht verstehen, der unklar oder Ihnen nicht vollkommen klar ist. Das bedeutet, daß es etwas gibt, worüber Sie nichts wissen, deshalb wollen Sie es jetzt weiter untersuchen. Es kann etwas Persönliches sein – eine innere Erfahrung, eine Begegnung, eine Blockierung, die Sie jemandem gegenüber oder in einer bestimmten Situation empfinden.

Nach etwa zwanzig Minuten reflektieren Sie über Ihre Inquiry und schauen die Anwesenheit oder die Abwesenheit von Neugier an, wie auch die sich verändernde Qualität von Neugier. Wann war Neugier da? Wann schien sie begrenzt zu sein? Was haben Sie jeweils gefühlt? Wenn sich Schmerz oder Angst einstellten, wie haben sie sich auf Ihre Neugier ausgewirkt?

Achten Sie besonders auf die Qualität von Leichtigkeit. Wie spielerisch war Ihre Inquiry? Wurde sie an bestimmten Stellen schwer? Wann und wie oft kam es zu einem Wechsel von Leichtigkeit und Schwere? Was hat Sie schwer gemacht und vergessen lassen, spielerisch zu sein? Ist Ihnen aufgefallen, ob es bestimmte Inhalte waren, die dazu tendierten, die Inquiry ernst zu machen?

## Die Leichtigkeit des inneren Weges

Bei spiritueller Transformation geht es darum, schließlich davon überzeugt zu sein, daß die wirklichen Schätze in uns liegen – daß unser Bewußtsein, unsere Seele all die wunderbaren Dinge enthält, die wir erleben wollen. Wir brauchen nur für unser Sein offen zu sein und es einzuladen, sich zu zeigen.

Das bedeutet, daß unsere wahre Natur – mit all ihrer Schönheit und all den Erfahrungen von ihr, nach denen Menschen hungern – nicht etwas ist, was wir erzeugen oder leisten müssen. Wir müssen nicht hart arbeiten, um diese schönen Erfahrungen zu bekommen; sie sind schon da. Wir müssen nur entspannt dabei sein. Wir müssen innerlich locker sein. Dann wird unsere wahre Natur anfangen, nach außen zu strömen und aufzusprudeln, und wir entdecken, daß alles, wonach wir so angestrengt im Außen gesucht haben, in uns ist.

Das ist für Menschen eine sehr schwierige Lektion, weil die ganze Gesellschaft und ein Großteil unserer Erfahrung uns sagen, es sei andersherum: Wenn man mehr Geld hat, wird es besser. Wenn mehr Menschen einen lieben, ist man glücklicher. Wenn das Wetter schöner ist, kann man mehr Spaß haben. Wir glauben, daß es immer etwas Äußeres ist, das die Dinge besser macht.

Aber die Tatsache, daß Gefühle von Glück, Freude, Zuversicht, Stärke, Macht, Frieden, Erfüllung, Klarheit und Freiheit Möglichkeiten und Potentiale unserer Seele sind, bedeutet, daß wir uns nicht zu sehr sorgen müssen. Es ist so, wie Meher Baba immer sagte: „Don't worry, be happy." Das war eine seiner spirituellen Unterweisungen. Wenn man sich wirklich keine Sorgen macht, ist alles, wonach man strebt, schon da. Wir sind schon diese wahre Natur. Wir haben schon alle Schätze in uns.

Je mehr wir also erkennen, daß wir die Quelle dessen sind, was wir brauchen, um so mehr sind wir entspannt und leicht in bezug auf unseren inneren Weg. Dann muß er nicht mehr ein Weg des Kampfes, ein mühsamer Weg sein, wo wir versuchen, etwas geschehen zu machen, als ginge es bei innerer Arbeit um Leistung. Wenn einem klar wird, daß die Quelle in einem selbst ist, dann merkt man, daß man nur entspannt, offen und offenen Geistes sein und die Dinge von allein geschehen lassen muß. Man muß nichts dabei tun. Wenn wir diese Lockerheit erkennen und zulassen können, dann wird die Entfaltung unserer Seele zu etwas Natürlichem und Spontanem. Und dann wird Inquiry zu einem leichten und spielerischen Teilnehmen an der Reise der Seele.

Wie man sieht, hängen also alle Elemente, die wir in diesem Kapitel besprochen haben, miteinander zusammen. Liebe zur Wahrheit – die die Inquiry antreibt – wird sich als eine Offenheit zeigen, die spontan eine Neugier entstehen läßt. Die Neugier bringt eine leichte Freude am Spielen, eine Lockerheit und ein Fließen, ein zweckfreies Teilnehmen am Leben mit sich. Diese spielerische Qualität lädt ein Gefühl von Abenteuerlust und Experimentierfreude in den Prozeß der Untersuchung und des Entdeckens des Wesens der Realität ein. Und alle diese Qualitäten sind natürlicher Ausdruck des Gelben Aspektes, der Freude und Lust des Herzens daran, am kreativen Dynamismus der Entfaltung der Seele teilzunehmen.

# 18
# Rot

## *Mut und Abenteuer*

Die Diamantene Führung ist ein wahres und objektives Fahrzeug oder eine Struktur unserer wahren Natur, die aus allen Qualitäten, allen essentiellen Aspekten besteht, einschließlich der Lataif in reiner und vollkommener Form. Das bedeutet, daß sie immer zu hundert Prozent vollkommen funktioniert. Wenn wir diese Vollkommenheit nicht erleben, dann bedeutet das, daß unser Können in Inquiry immer noch unvollkommen ist. Wenn wir lernen, wie man etwas erforscht, entdecken wir, wie man diese Qualitäten und ihre Funktionen und Wirkungsweisen integriert, so daß wir allmählich die Wirkung der Führung integrieren können.

Wenn wir soweit sind, daß wir wissen, wie man etwas effektiv erforscht, kooperieren wir so reibungslos mit der Diamantenen Führung, daß schwer zu unterscheiden sein wird, wer die Inquiry eigentlich macht – sind wir es selbst oder ist es die Diamantene Führung, die unsere Inquiry führt? Wenn sie selbst es ist, die führt, wird unsere Inquiry am kraftvollsten, weil sie dann zur permanenten Enthüllung der Wahrheit wird.

Im letzten Kapitel haben wir die Gelbe Latifa untersucht, die die Qualität des Spielerischen, der Neugier und der Freude in die Untersuchung unserer Erfahrung bringt. Aber wir wissen alle, daß es manchmal schwierig ist, sich an dem Prozeß der Inquiry zu freuen, weil Abwehr und Widerstand, schmerzliche Gefühle und Emotionen und ein Mangel an Verstehen die Reise mühsam und anstrengend machen können. Solche Herausforderungen lassen uns oft unsere Offenheit und Liebe zur Wahrheit verlieren. Diese Situation wäre unmöglich zu transformieren, gäbe es nicht die Offenheit unserer wahren Natur, die ein unendliches Potential dafür zeigt, auf das zu antworten, was auftaucht. Vor allem in diesem Potential liegt die Intelligenz, die für genau das sorgen kann, was in jeder Situation gebraucht wird. Unser Sein kann in Form der verschiedenen essentiellen Diamanten jede Qualität manifestieren, die wir in unserem Leben wie auch in der Übung der Inquiry brauchen.

## Stärke und die Rote Latifa

In der Praxis von Inquiry sind die Charakteristika der Gelben Latifa – Neugier und das Spielerische – etwas sehr Zartes. Als Ausdruck einer zarten Unschuld, die nicht viel Power oder Fähigkeit hat, sich Schwierigkeiten und Barrieren entgegenzustellen, werden sie ohne Unterstützung leicht nachgeben. Freude braucht eine andere Eigenschaft, um diese subtile Lust am Spielen auszubalancieren: eine Energie, eine Stärke, eine expansive Kraft. Inquiry muß nicht nur spielerisch und neugierig sein, sondern diese Neugier muß auch von einer starken Energie unterstützt und ausgeglichen sein, die unserer Seele – und damit unserer Inquiry – die Fähigkeit verleiht, einer Menge Druck zu widerstehen. Inquiry braucht eine Energie und eine Stärke, die sie davor schützt, leicht verhindert zu werden – eine Qualität von Eindringlichkeit und Intensität, von Energie, Expansivität und Fähigkeit. Eine feurige Qualität.

Wenn es also hart auf hart geht und wir anfangen zu denken: „Ich weiß nicht, ob ich diese Inquiry weitermachen kann, es ist zu schwer", dann kann unsere wahre Natur das manifestieren, was gebraucht wird. In diesem Fall ist es die Qualität unserer wahren Natur, die wir die Rote Latifa nennen. Sie vermittelt uns das Gefühl des „Ja, ich kann das, ich habe, was es braucht", so daß wir uns nicht überwältigt fühlen und aufgeben. Die Rote Essenz ist die Qualität, die unsere Inquiry davor bewahrt, in sich zusammenzufallen.

Sie haben wahrscheinlich bemerkt, daß es Energie braucht, auch wenn Sie in Ihrer Inquiry nicht mit Blockaden oder anderen Schwierigkeiten konfrontiert sind, einfach damit Sie sich auf diesen subtilen Prozeß einlassen können, die eigene Erfahrung zu beobachten und zu untersuchen. Wenn Sie müde sind, wird es schwer sein, den Prozeß effektiv anzugehen. Was Sie dann höchstens tun können, ist, sich dessen, was Sie erfahren, bewußt zu sein. Man braucht Energie, um über diese Grundbewußtheit hinauszugehen – die Wahrheit zu verstehen, die in unserer Erfahrung verborgen ist.

Inquiry braucht viel mehr Energie, als wenn man seinem Beruf nachgeht, weil sie einen ganz, weil sie alle Kapazitäten der Psyche in Anspruch nimmt. Auch wenn man nicht müde ist und schwierige Themen nicht vermeidet, braucht man immer noch Energie, um die Inquiry zu machen. Man braucht Energie, um so offen und interessiert zu sein, daß man in einem so subtilen Prozeß engagiert bleibt und einer so subtilen Fähigkeit wie unserer inneren Führung erlauben kann zu funktionieren. Das ist der Grund, weshalb es wichtig ist, Inquiry zu praktizieren, wenn man sich energiegeladen und kraftvoll fühlt, wenn man Vitalität hat. Das ist auch der Grund, weshalb man so leben muß, daß man ausreichend Energie für Inquiry hat, so wie man sie auch brauchen würde, um irgendeine andere innere Übung zu machen. Wenn man es also wirklich ernst damit meint, sich auf diese Arbeit einzulassen, muß man seine Energie bewahren und sein Leben im Gleichgewicht haben, damit man in seiner Inquiry effektiv sein kann.

Die Qualität von Essenz, die einem diese Energie verleiht, gibt einem auch ein Gefühl von Größe, die Fähigkeit zu expandieren, die der Inquiry stärkere, robustere und gesündere Muskeln verleiht, um etwas zu untersuchen. Die Rote Latifa ist die Präsenz von Fülle, die nicht von der Präsenz von Stärke zu trennen ist. Es ist so, als wäre der ganze Körper voller gesunden Blutes und von einer pulsierenden, lebendigen, dynamischen Qualität durchdrungen. Man hat ein Gefühl, als enthielte das Blut eine Menge Hämoglobin, eine Menge reinen Sauerstoff, und man fühlt sich lebendig, vital und fähig.

Die Rote und die Gelbe Latifa kann man als die zwei Flügel unseres Raumschiffs sehen. Man braucht beide Qualitäten, um im Gleichgewicht zu bleiben. Diese zwei Lataif sind dafür grundlegend, daß man beginnen kann, sich auf den Prozeß der Inquiry einzulassen, und wenn wir fortfahren, werden wir sehen, daß auch noch andere Fähigkeiten gebraucht werden.

## Unterscheidungsfähigkeit und Inquiry

An diesem Punkt ist es nützlich, sich noch einmal anzuschauen, wie die Diamantene Führung im Prozeß der Inquiry die Wahrheit einer Situation aufdeckt. Von da aus, wo wir uns jetzt auf unserer Reise mit dem Raumschiff *Inquiry* befinden, wollen wir schauen, ob wir auf eine frische Weise sehen können, was Wahrheit bedeutet. Das wird uns dabei helfen, mehr von dem spezifischen Beitrag der Roten Latifa zur Inquiry kennenzulernen und zu würdigen.

Wenn wir unsere Erfahrung in irgendeinem beliebigen Moment betrachten, ist das Erste und Deutlichste, was uns auffällt, daß sie nicht homogen ist. Das heißt, unsere Erfahrung enthält viele Elemente, die sich voneinander unterscheiden: Farben, Formen, Töne, Strukturen, Sinneswahrnehmungen, Gefühle und Gedanken, alle in der Erfahrung kombiniert, aber differenziert. Wenn unsere Erfahrung nur aus einem einzigen Element und sonst nichts bestünde, hätten wir keine Erfahrung.

Die Tatsache, daß es Erfahrung gibt, bedeutet also, daß mehr als ein Eindruck da ist. Wir drücken das technisch so aus, daß wir sagen, daß das Feld der Erfahrung immer differenziert ist. Mit anderen Worten, die Elemente der Erfahrung sind voneinander differenziert. Vielleicht existieren Unterschiede, damit wir in der Lage sind, Wahrnehmung und Erfahrung zu haben.

Das Interessante an Wahrnehmung, und an Erfahrung im allgemeinen, ist nicht nur, daß sie differenziert ist, sondern daß die Unterschiede identifizierbar sind. Sie haben die Tendenz und bieten sich sozusagen an, gewußt zu werden. Wenn ich mich umschaue und verschiedene Farben von Hemden oder verschiedene Frisuren bemerke, dann weiß ich also nicht nur, daß sie verschieden sind, ich weiß auch, worin diese Unterschiede bestehen. Ich weiß also nicht nur, daß dieses Hemd eine andere Farbe als das da hat, sondern ich weiß auch, daß dieses Hemd grün und jenes Hemd blau ist.

Wenn ich nur Unterschiede sehe, dann gibt es kein Wissen, nur Wahrnehmung. Differenzierung ist für Wahrnehmung notwendig, aber meine Wahrnehmung hat solange keine Bedeutung, wie ich nicht anfange zu erkennen, was diese Unterschiede sind. Zum Beispiel empfinde ich vielleicht manchmal ein Gefühl von Liebe und ein anderes Mal ein Gefühl von Freude. Das sind nicht einfach nur verschiedene Gefühle. Wenn ich sie als bestimmte unterschiedene Gefühle mit spezifischen Merkmalen erlebe, kann ich eine Menge an meiner Erfahrung verstehen. Wir sehen also, daß Unterschiede identifizierbare Qualitäten haben, und daß das menschliche Bewußtsein in der Lage ist, diese identifizierbaren Qualitäten zu erkennen.

Wie wir in Kapitel 3 sehen konnten, haben wir, wann immer wir eine Erfahrung machen, Grundwahrnehmung – oft spiegelähnliche gleiche Bewußtheit genannt – und das ist die Fähigkeit, Dinge einfach so wahrzunehmen, wie sie sind, ohne zu wissen, was sie sind. Und wir erfahren auch Wissen (knowingness), oft unterscheidende Bewußtheit genannt, die die Fähigkeit ist, zu sagen, was die Unterschiede bedeuten, zu wissen, was etwas ist. Diese zwei Ebenen von Bewußtheit sind in unserer Erfahrung immer implizit.

In der Inquiry machen wir sie mehr explizit. Erst differenzieren wir den Inhalt unserer Wahrnehmung, und dann erkennen wir, worin diese Unterschiede bestehen. Angenommen, ich empfinde eine Art Leere, einen offenen Raum, und innerhalb dieses Raumes ist eine zarte Atmosphäre von Wärme. Da ist also eine Leere und eine subtile Präsenz, die sich warm anfühlt. Wenn ich sagen kann, daß da eine Leere oder ein Raum, eine Weite ist, ich diese aber nicht von der durchdringenden Wärme trennen kann, werde ich nicht in der Lage sein, die Wahrheit meiner Erfahrung zu wissen, sie ganz zu unterscheiden. Und wenn die Wärme eine Art Traurigkeit oder Schmerz enthält, werde ich ohne Fähigkeit zur Unterscheidung nicht wissen, daß es da einen Schmerz getrennt von der Empfindung der Wärme gibt. Ich werde alles als eine einzige Sache erfahren.

Oder ich kann vielleicht sehen, daß es Unterschiede zwischen Elementen meiner Erfahrung gibt, aber ich weiß nicht, worin diese Unterschiede bestehen. Wieder habe ich keine Möglichkeit, die Wahrheit meiner Erfahrung zu entdecken. Wenn ich aber weiß, daß es da Raum gibt und daß dieser Raum eine Wärme enthält, und die Wärme um eine Art Schmerz wie herumgewickelt ist, dann bin ich mir dreierlei unterschiedener Elemente bewußt und kann jedes einzelne als das sehen, was es ist.

Wenn ich mir weiter dieser drei Elemente bewußt bin, die ich unterschieden und erkannt habe – mit anderen Worten, wenn ich diese Inquiry fortsetze –, fange ich an zu sehen, wie sie zusammenhängen. Die Erfahrung dieses Schmerzes, ohne daß ich etwas mit ihm mache, läßt eine Leere erscheinen. Die wird zu dem Raum, in dem eine Wärme erscheinen kann, eine Wärme, die sich wie Freundlichkeit oder Güte anfühlt. Ich beginne zu sehen, wenn ich den Schmerz nicht bekämpfe, dann entsteht Güte, um den Schmerz zu heilen. Das ist eine Einsicht. Das ist Verstehen.

In diesem Beispiel habe ich eine Art Wahrheit erkannt, aber wie habe ich sie erkannt? Indem ich dadurch unterschied, was geschah, daß ich schon die existierenden Unterscheidungen erkannte. Mit anderen Worten, unsere Erfahrung enthält immer Differenzierung und Unterscheidung. Sie enthält immer Unterschiede. Und wenn ich die Unterscheidungen als das erkenne, was sie sind, bin ich mir nicht nur bewußt, daß ich, als das wissende Bewußtsein, hier bin, sondern daß es Inhalt zu erfahren gibt und daß ich weiß, was die Einzelheiten dieses Inhalts sind.

Wenn ich die Einzelheiten des Inhalts erkenne, fange ich an, die Beziehung zwischen diesen Einzelheiten zu erkennen. Wenn das geschieht, fange ich an zu verstehen, was ich erfahre, und dieses Verstehen enthüllt die Wahrheit. Was ist die Wahrheit? Sie ist nichts als das Erkennen der Unterscheidung als das, was sie ist. In diesem Prozeß möchte ich der auftauchenden Unterscheidung nichts hinzufügen, oder eine Vorstellung davon haben, was sie ist. Ich möchte nur die Unterscheidung sehen, die in meiner Erfahrung auftaucht. Ich möchte sie als das kennen oder wissen, was sie ist. Das ist es, was die Wahrheit enthüllt.

Angenommen, ich fühle Güte in mir aufsteigen und ich denke, das ist deshalb so, weil ich mir bewußt bin, daß jemand weint. Aber dann merke ich, daß die Güte da ist, weil ich einen Schmerz empfinde. Das ist eine Einsicht. Wenn ich sage: „Ich empfinde Güte, weil jemand anders verletzt ist", sehe ich noch nicht die Wahrheit. Ich bringe meine eigene Vorstellung davon, was geschieht, in den Vordergrund, statt die Unterscheidung als das anzuerkennen, was sie ist. Was die Diamantene Führung also tut, ist, die Situation erhellen, um uns klar – ohne unser subjektives Vorurteil, ohne unsere Reaktion – die eigentliche Wahrheit der Unterscheidung zu zeigen. Was ist es, das von selbst auftaucht?

Das ist der Grund, weshalb die Diamantene Führung objektiv, präzise und exakt ist. „Präzise" bedeutet in diesem Fall: „Nein, dies ist nicht Traurigkeit, dies ist Güte. Und die Güte ist in einer Art Weite oder Raum, und die Weite fühlt sich leer an. Und ferner ist diese Leere nichts Schlechtes; es ist einfach die Natur der Situation, daß Güte immer in einer Art Weite erscheint."

Wenn wir die subtilen, präzisen Unterschiede erkennen, die die Führung uns zeigt, dann sehen wir, daß wir zur Wahrheit gelangen. Aber die Wahrheit ist nicht eine besondere Schlußfolgerung wie eine Antwort, die wir gesucht haben. Die Wahrheit erkennen bedeutet, daß wir die Unterscheidung in unserer Erfahrung genau sehen, daß unsere Seele sich genauso entfaltet, wie sie ist. Und wenn das passiert, sagen wir, daß wir unsere Erfahrung verstehen.

Unser Bewußtsein besitzt auch die Fähigkeit, die Einzelheiten der Unterscheidung zu benennen. Aber die Unterscheidung selbst geht dem Benennen voraus. Wenn wir den Einzelheiten Namen geben, wird es leicht, sich an sie zu erinnern; wir können sie aufschreiben und als Wissen speichern. Aber die Erfahrung selbst kommt zuerst, dann die Differenzierung, und dann die Unterscheidung, gefolgt vom Benennen. Natürlich vollziehen sich diese Schritte meistens so schnell, daß sie gleichzeitig zu passieren scheinen. Deshalb können wir sie nicht auseinander halten.

## Unterscheidungsfähigkeit und die Diamantene Führung

Wenn wir Unterscheidungsfähigkeit so verstehen, zeigt uns das mehr von der Funktion der Diamantenen Führung. Die Diamantene Führung ist eine Manifestation oder eine Reflexion der unterscheidenden Bewußtheit. Unterscheidende Bewußtheit bedeutet die schon existierende Wahrheit von Erfahrung, die ihre eigene inhärente objektive Unterscheidung hat. Wenn man sich zum Beispiel in dem Raum umschaut, in dem man gerade ist, dann sieht man vielleicht Stühle und Lampen. Nun erschaffen wir die Lampen und Stühle nicht mit unserem Verstand. Die Tatsache, daß sie da sind, ist die Weise, wie Realität sich manifestiert. Sie sind schon existierende Unterscheidungen. Unser Verstand kann sie dann erkennen und ihnen Namen geben.

Unterscheidende Bewußtheit bedeutet also, daß das Feld der Erfahrung immer mit ihrer eigenen Unterscheidung erscheint. Wenn diese Unterscheidung in unserem Bewußtsein vollständig aus wahrer Natur erscheint, machen wir nicht die Erfahrung, daß uns Reaktionen oder Schichten eines Selbstbildes in den Weg kommen. Wir haben eine reine Erfahrung von Unterscheidung. Das ist das, was gewöhnlich mit der unterscheidenden Bewußtheit gemeint ist. Diese reine Unterscheidungsfähigkeit ist der Grund, der all unserer Erfahrung zugrundeliegt.

Diese Reinheit der Unterscheidung aller Realität ist in unserer Seele überall als die Präsenz der Diamantenen Führung widergespiegelt. Die Diamantene Führung ist eine Funktion, sie ist die Aktivität der unterscheidenden Bewußtheit in unserer Seele. Wenn man unterscheidende Bewußtheit mit dem Sehen des Spiegelbildes des Mondes in einer Schale Wasser vergleicht, dann ist die unterscheidende Bewußtheit der Mond, die Schale Wasser ist die Seele und das Spiegelbild des Mondes in der Schale Wasser ist die Diamantene Führung.

Jede Seele hat also ihre eigene Diamantene Führung, aber sie ist nur ein Spiegelbild der unterscheidenden Bewußtheit von Sein selbst. Und weil sie eine direkte Spiegelung der unterscheidenden Bewußtheit ist, besitzt sie die Fähigkeit, die ganze Unterscheidung in unserer Erfahrung zu enthüllen, so wie sie ist. Sie ist in der Lage, die Wahrheit unserer Erfahrung zu enthüllen.

## Unterscheidungsfähigkeit und Ablösung

Aber schauen wir uns noch näher an, was Unterscheidung bedeutet. Oft unterscheiden wir ein Ding vom anderen, um in der Lage zu sein, sie zu trennen und zu sehen, wie sich eins vom anderen unterscheidet. Um also Dinge zu trennen, müssen wir in der Lage sein, sie zu unterscheiden und voneinander abzugrenzen.

Wenn ein Kind in der frühen Kindheit beginnt, sich von seiner Mutter zu differenzieren, muß es zu unterscheiden lernen, bevor es sich trennen kann. Die Fähigkeit zu sagen: „Das ist meine Mutter, und dies bin ich", ist ein Ausdruck der Fähigkeit zur Unterscheidung. Wenn das Kind den Unterschied zwischen sich selbst und seiner Mutter oder zwischen sich und seinem Bett kennenlernt, fängt es an, sich als das zu kennen, was es ist. Es fängt an, sich aus der Umwelt heraus, in der es ist, zu unterscheiden, besonders von seiner Mutter. In dem Moment, in dem wir erkennen, wie wir uns von unserer Umwelt und den Menschen in ihr unterscheiden, können wir uns getrennt fühlen. Wir fangen an, uns zu trennen, uns abzulösen.

Natürlich führt das zu all den Themen oder Problemen, mit denen schwer umzugehen ist – den Ängsten und den Konflikten um die Ablösung. Aber die menschliche Seele muß sich ablösen, um sich selbst zu kennen, was auf eine fundamentale Weise bedeutet, daß sie ein unterschiedenes Selbst entwickeln muß. Sie muß wissen, daß sie anders ist und wie sie anders als andere Dinge und andere Menschen ist. Sonst gibt es kein Selbst-Wissen, keine Individuation. Zusätzlich zur Unterscheidungsfähigkeit brauchen wir aber, um uns ablösen zu können, Stärke; wir müssen uns stark genug fühlen, allein stehen zu können. Wenn ich mich nicht stark genug fühle, um auf meinen eigenen Füßen zu stehen, werde ich mich nicht getrennt fühlen wollen. Ich möchte verbunden bleiben, um von dieser Verbindung Unterstützung und Nahrung zu bekommen.

Es gibt also eine sehr intime Beziehung zwischen Unterscheidungsfähigkeit und Stärke. Um in der Lage zu sein, mich zu trennen, mich abzulösen, muß ich stark sein. Aber Trennung beruht auf Unterscheidung. Wenn ich daher nicht stark genug bin, werde ich nicht in der Lage sein zu unterscheiden. Ich werde nicht in der Lage sein – und ich werde es nicht wollen –, zu wissen, wie ich mich von einem anderen Menschen unterscheide. Dann wird es zu keiner Trennung kommen.

Oft neigen wir dazu, in unserer Erfahrung verschwommen und undifferenziert zu sein – uns vage und mit Allgemeinheiten ihr gegenüber zu verhalten. Wir können eins nicht vom anderen unterscheiden. Wenn es keine Genauigkeit gibt, bedeutet das, daß es keine Klarheit gibt, und dann ist es nicht möglich, die Wahrheit als das zu wissen, was sie ist. Das bringt uns zur Funktion der Roten Latifa zurück. Die Stärke-Essenz ist für die Inquiry nützlich, weil sie uns die Stärke vermittelt, anzufangen zu unterscheiden. Je aktiver die Rote Essenz ist, um so mächtiger, genauer und realer wird unsere Unterscheidungsfähigkeit. Je mehr wir unterscheiden, um so mehr trennen wir uns von unseren Reaktionen und Selbstbildern und um so mehr kennen wir uns als die, die wir sind, was uns dann ermöglicht, uns für die wahre Natur zu öffnen. Unterscheidung ist genau das Herz der Inquiry, das Herz der Enthüllung der Wahrheit.

Wir sehen jetzt also Wechselbeziehungen zwischen der Inquiry, der Diamantenen Führung und der Roten Essenz. Wir verstehen, wie die Rote Latifa in der Führung funktioniert und dadurch unsere Inquiry unterstützt. An diesem Punkt möchten Sie vielleicht selbst mit diesen Beziehungen experimentieren.

## Übung
### Unterscheidendes Erkennen (Discrimination) in Ihrer unmittelbaren Erfahrung

Die wahre Übung der Inquiry dient nicht nur dem Zweck, besondere Themen zu erforschen. Wir machen eine Inquiry auch, um Unterscheidung zu erkennen, wie sie in unserer Erfahrung vorkommt, von Augenblick zu Augenblick. Unsere Erfahrung von Moment zu Moment als das zu kennen, was sie ist – auf eine Weise, die klar unterschieden ist –, ist unser natürlicher Zustand. Unsere Erfahrung ist immer transparent, immer klar und ist immer dabei, sich zu entfalten und von einem zum anderen zu verändern. Letztlich wird Inquiry ganz zu diesem Entfaltungsprozeß selbst, was dann zum Fließen von Verstehen wird.

Wählen Sie also in dieser Übung nicht ein bestimmtes Thema oder einen bestimmten Fokus, sondern untersuchen Sie Ihre Erfahrung in diesem Moment. Versuchen Sie, in Ihrer Erfahrung zu unterscheiden und zu erkennen, wie sie sich von Moment zu Moment verändert. Was präsentiert Ihnen Ihre Seele? Was für eine Erfahrung manifestiert sie? Machen sie die Inquiry etwa fünfzehn Minuten weiter, um zu sehen, wie sich Ihre Erfahrung entfaltet.

Reflektieren Sie dann über Ihre Inquiry, um die Rolle von Unterscheidung in ihr zu sehen. Das wird Ihnen helfen, mehr von Ihrer Fähigkeit zur Inquiry zu verstehen. Wann war ihre Unterscheidungsfähigkeit präzise, direkt und mutig? Wann war sie verschwommen, schwach oder zurückhaltend? Was passierte in diesen Momenten? Was gab Ihnen die Stärke oder den Mut, die sie brauchten, um aus Phasen von Unklarheit und Vagheit herauszukommen?

## Konfrontation und die Rote Latifa

Inquiry bedeutet auch, unsere Sichtweisen, unsere gewohnten Muster, unsere Annahmen, unsere Vorstellungen und Meinungen und Gewohnheiten in Frage zu stellen. Inquiry ist immer eine Herausforderung für altes Wissen. Die Stärke unserer Inquiry kann sich nicht nur als Unterscheidungsfähigkeit, sondern auch beim Stellen von Fragen als Form von Herausforderung manifestieren. Ich meine nicht „Herausforderung" im Sinn von Feindseligkeit oder einer feindlichen Haltung wie in „Ich glaube Dir nicht, Du hast Unrecht" oder „Mach was Du willst – Du wirst mich nicht überreden". Es ist mehr wie: „Ich möchte herausfinden, ob das wahr ist. Ich bin nicht überzeugt und möchte es wirklich sein – also zeig es mir." Wir nennen diese Art Herausforderung Konfrontation, und sie fügt dem Prozeß der Inquiry eine andere Dimension hinzu. Konfrontation wird jede Tendenz in Frage stellen, in unserer eigenen Inquiry Unsinn zu reden.

Zum Beispiel merkt man vielleicht, daß man sich einer Sache bewußt ist, aber man beachtet es nicht, das heißt, daß man den Sinn und die Bedeutung dessen, was man weiß, nicht ganz anerkennt. Man ist nicht ganz ehrlich mit sich. Dies ist eine Laxheit in der Inquiry, die die Abwesenheit der Stärke-Essenz spiegelt. Die Anwesenheit von Stärke in dieser Situation würde als eine Konfrontation der Situation erscheinen, die einem erlaubt, die Wahrheit zu sehen, wie sie ist. Mit anderen Worten: Sich selbst konfrontieren bedeutet, daß man entschieden mit sich selbst, mit der eigenen Erfahrung und mit seinem Wissen umgeht. Es bedeutet, der Wahrheit gerade ins Gesicht zu sehen, sie sich vor Augen zu halten und zu sagen: „Schau Dir das an! Was bedeutet das, und was soll ich damit machen?"

Konfrontation ist auch eine Unterstützung für die Unterscheidungsfähigkeit. Wenn wir nicht unsere Sichtweisen konfrontieren, wird unsere Erfahrung oft vage, unklar und unbestimmt bleiben, und wir werden die Bedeutung dessen, was geschieht, nicht erfassen. Konfrontation bedeutet, daß wir innerlich dazu entschlossen sind, Dinge genau so zu sehen, wie sie sind, und die Dinge beim Namen zu nennen. Infragestellen, Konfrontation und Differenzierung und Abgrenzung der Unterschiede gehören also zusammen; sie wirken in der Inquiry zusammen als eine einheitliche Funktion der Roten Essenz.

Wir neigen dazu, Konfrontation und Herausforderung im Zusammenhang von Standhalten in Konflikten zu verstehen, aber man kann auch sich selbst konfrontieren, man kann sich selbst und die eigenen Annahmen in Frage stellen. Angenommen, Sie haben entdeckt, daß Sie immer wieder Angst haben, weil Ihr Vater Sie stets geschlagen hat. Nachdem Sie das drei Jahre lang fest geglaubt haben, fangen Sie vielleicht an, sich selbst in Frage zu stellen: „Moment mal – was soll denn das? Ich habe Angst, weil mein Vater mich geschlagen hat? Das war vor vierzig Jahren! Seit vierzig Jahren hat mich niemand geschlagen, warum sage ich dann immer wieder, ich hätte Angst, weil mein Vater mich geschlagen hat?"

Das ist eine Konfrontation; sie bringt Sie dazu, Ihre eigenen Annahmen näher anzuschauen: „Ich verstehe, was eigentlich los ist, ist, daß ich immer noch glaube, daß ich die Person bin, die mein Vater geschlagen hat." Vielleicht können Sie sogar noch weiter gehen und erkennen, daß Ihre Angst damit zusammenhängt, daß Sie sich mit einem bestimmten Selbstbild identifizieren: „Ich verstehe – der Grund, weshalb ich weiter Angst habe, ist, daß ich weiter an dieser Opferrolle festhalte, weil ich will, daß mir dieses Selbstbild ein Gefühl von Identität gibt. Wie werde ich ich sein, wenn ich keine Angst habe?"

Konfrontation kann man als die Stärke sehen, für die eigene Erfahrung offen zu bleiben, was bedeutet, die Haltungen, Überzeugungen und Annahmen der Vergangenheit in Frage zu stellen. Aber diese Herausforderung der Offenheit muß sich nicht nur auf die eigene Erfahrung beziehen, man kann alles in seinem Leben in Frage stellen. Dazu kann alles gehören, was einem beispielsweise beim Lesen von Büchern oder der Zeitung, beim Fernsehen oder wenn man anderen Menschen zuhört oder sie beobachtet, begegnet. Wenn Stärke (Strength) da ist, wird man nicht alles für bare Münze nehmen, weil man die Wahrheit wissen will und weil man stark genug ist, mit der Wahrheit umzugehen, genau so, wie sie ist.

## Rot und das Über-Ich

Es ist relativ leicht zu sehen, daß viel von unserer Unklarheit, viel von unserem Mangel an Offenheit, viel von unserer Stagnation an den Attacken durch das Über-Ich liegt – durch unser eigenes und durch das anderer Menschen. Das sind die Kritik, das Runtermachen, die Vergleiche, die Werturteile, die Abwertungen, das Beschuldigen, das Beschämen, die Ablehnung und der Haß, die das Über-Ich in allen möglichen Situationen gegen einen richtet. Hier kann die Rote Latifa besonders im Dienst der Inquiry benutzt werden, indem sie uns die Stärke vermittelt, uns gegen das Über-Ich zu verteidigen.

Anfangs müssen wir uns gegen diese Angriffe verteidigen, indem wir sie direkt konfrontieren. Das kann dadurch geschehen, daß wir die Autorität des Über-Ichs in Frage stellen – dadurch, daß wir ihm sagen, es solle verschwinden. So eine innere Konfrontation verlangt große Stärke und Intelligenz. Später, wenn die Rote Essenz leichter verfügbar ist, wird es möglich, sich von der Selbstentwertung einfach dadurch zu befreien, daß man sie als das unterscheidet und erkennt, was sie ist, und ihr nicht nachgibt. Lösen vom Über-Ich ist im wesentlichen eine Ablösung von den Eltern – den Eltern, die man vor langer Zeit internalisiert hat und mit denen man seitdem immer im Geiste zusammenlebt. Diese Ablösung erlaubt einem, klarer zu sehen, was in der Erfahrung da ist, denn wenn man in diese Angriffe verstrickt ist, weiß man nicht einmal, was los ist oder was die Über-Ich-Attacke überhaupt ausgelöst hat.

Angenommen, man merkt, daß man in einer Sackgasse und handlungsunfähig ist, und plötzlich greift das Über-Ich einen an: „Du bist unmöglich ... Du taugst gar nichts ... Du machst alles falsch." Man verteidigt sich gegen den Angriff, indem man dem Über-Ich sagt: „Sei still, hau ab – Ich will nichts mehr von Dir hören." Wenn die störende Stimme weg ist, hat man den Raum dafür, die Erfahrung anzuschauen und sie als das zu sehen, was sie ist. Man merkt, daß das, was man erfährt, dieses Gefühl ist: „Ich weiß nicht, was ich tun soll." Man sieht auch, daß das Über-Ich meinte, man wäre schlecht, weil man das fühlt, deshalb griff es einen an, um das Gefühl zu beenden.

Wenn man den inneren Raum dafür hat, dieses Gefühl von „Ich weiß nicht, was ich tun soll" ohne die Attacken und Werturteile anzuschauen, erkennt man: „Niemand weiß eigentlich, was zu tun ist – nur Gott weiß das." Das ist eine göttliche Einsicht. Aber das Über-Ich hat das Gefühl als ein Zeichen von Mangel gewertet, daher hat man es nicht als Ausdruck der Wahrheit erkannt. Die Bewertungen und Attacken haben es einem unmöglich gemacht zu sehen, was in der Erfahrung da war: daß die Einsicht – „Ich weiß nicht, was ich tun soll" – aus einer sehr tiefen Ebene von Sein auftauchte, wo es klar ist, daß Handeln immer ein Handeln der Einheit von Sein ist, und nicht das irgendeines getrennten Wesens. Das Sicheinlassen auf die Attacke hat einen davon abgehalten zu sehen, daß an dem Gefühl mehr ist, als aus konventioneller Sicht anerkannt wird.

## Mut und Inquiry

Inquiry ist ein Prozeß des Anschmiegens an Gottes Brust, des Sichvertiefens in die Geheimnisse der Existenz. Verkrustungen des Egos beginnen aufzubrechen, wenn wir anfangen, Bilder als Bilder, Strukturen als Strukturen, Muster als Muster und Projektionen als Projektionen zu sehen. Diese werden alle von unserem Glauben erzeugt und zusammengehalten, sie seien Realität. Je mehr man sie als das sieht, was sie in Wahrheit sind, um so weniger glaubt man an sie und um so mehr beginnen sie, aufzubrechen und sich aufzulösen.

Das an sich führt zu neuen Herausforderungen. Wir fangen vielleicht an, das Gefühl zu haben, daß Realität sich unter unseren Füßen verschiebt. Unerwartete Dinge beginnen zu passieren. Inquiry enthüllt, daß unsere Erfahrung in Formen kommt, denen zu begegnen wir nicht erwartet hatten. Das kann uns leicht aus dem Gleichgewicht bringen, weil wir, auch wenn wir schon vorher Löcher in unserem Bild der Realität gesehen haben, immer noch an ihre Form im großen und ganzen glauben. Es ist so, als bohrte man Löcher ins Eis am Nordpol, um Fische zu fangen. Plötzlich merkt man, daß die Schichten von Eis unter einem aufzubrechen anfangen. Das war nicht das, was man sich vorgestellt hat. Man merkt, daß man wahrscheinlich gleich in das Eiswasser fallen wird.

So eine Situation führt im allgemeinen zu Angst, Unsicherheit, Furcht und oft Schrecken. Man bekommt Angst, daß die Dinge sich zu sehr verändern, daß die Welt, wie man sie kennt, verschwinden könnte. Man könnte überwältigt werden, man weiß nicht, ob man damit umgehen kann, man fühlt sich unzulänglich.

Natürlich hat man all diese Gefühle, weil man nicht weiß, daß man wirklich unter Wasser leben kann. Man glaubt, man sei nur ein Landtier, aber in Wirklichkeit ist man eine Amphibie, die dahin gekommen ist, fast nur auf dem Land zu leben. Wir sind gewohnt, uns als Landwesen zu sehen, die nur ab und zu schwimmen gehen. Wir wissen nicht, daß wir ursprünglich Meeresbewohner sind, daß wir in wahrer Natur schwimmen können – in unserer flüssigen wahren Natur – und daß da der Ort ist, wo wir wahrhaft aufblühen können. Weil wir das nicht wissen, glauben wir, daß wir ertrinken, daß wir sterben, wenn das Land sich auflöst und wir im Wasser landen. Wir bekommen einen Schrecken.

An diesem Wendepunkt unserer Entfaltung brauchen wir noch mehr Stärke, um vorwärts zu gehen. Hier erscheint Stärke einer anderen Form, die für unsere Inquiry nötig ist. Wenn man Angst hat, ist die Qualität, die man braucht, Furchtlosigkeit. Furchtlosigkeit bedeutet nicht vollkommene Abwesenheit von Angstreaktionen, sie bedeutet, daß Angst einen nicht von unserer Inquiry abschreckt – man macht trotzdem weiter. In solchen Momenten braucht man Mut, um weiter die Wahrheit anzuschauen, auch wenn sie einen erschreckt – sich der Tatsache zu stellen, daß man sich unsicher fühlt, wenn man weiter ins Unbekannte geht. Es braucht eine wagemutige Haltung, um diese Schwelle zu überschreiten.

Mit anderen Worten, damit wir unsere Inquiry fortsetzen, wenn wir Angst haben, müssen wir mutig sein, brauchen wir ein starkes Herz, brauchen wir ein Löwenherz. Aber das, wofür wir ein Löwenherz brauchen, ist die Wahrheit. Alle möglichen Dinge können passieren – Brüche, Notsituationen, Hindernisse, Ängste und Unzulänglichkeiten. Es kann sein, daß man sich vielleicht ein paar Tage lang oder ein paar Jahre lang hilflos fühlt. Manche Menschen können auf dem spirituellen

Weg den Verstand verlieren, und manche bringen sich sogar um. Diese Schwierigkeiten der inneren Reise sind wohlbekannt und auch im Laufe der Geschichte dokumentiert worden.

Es gibt also Gefahren, und es kann einem Angst machen. Aber es kann auch fast berauschend sein. Das Raumschiff gelangt in ein Territorium, das man noch nie gesehen hat. Man weiß nicht, was für Geschöpfen man begegnen wird; man weiß nicht, was für Wahrnehmungen sich einstellen oder wie sie den Verstand beeinflussen werden. Man weiß nicht, ob man sich selbst anders erleben wird oder ob sich das Leben für immer verändern wird. Die Reise ist aufregend, sie ist schön, sie ist kreativ, aber sie bewegt sich immer am Rande der Angst. Wenn die Inquiry wirklich im Gang ist, dann bewegt man sich immer an diesem Rand. An jeder Kurve der Straße ist man voller Schrecken oder äußerst gespannt. Man verläßt das Alte und Vertraute und geht zum Neuen und Unerwarteten. Ob es ein Schritt im Dunkeln oder ein Sprung in den Abgrund ist, das Unbekannte wartet.

## Mutig direkte Offenheit

Dies ist der Moment, wenn wir ungeheuren Mut, ungeheure Stärke und eine abenteuerlustige Haltung brauchen. Für den wahren Forscher, den furchtlosen Reisenden, ist Risiko immer ein Teil des Abenteuers. Wenn man also wirklich und wahrhaftig an den fernsten Gegenden der Realität interessiert ist und die Inquiry ein loderndes Feuer in einem ist, dann wird man auch selbst diese Furchtlosigkeit empfinden. Wenn das Herz offen ist, zeigt sich diese Offenheit als Mut. Sie wird zu einer mutigen, furchtlosen Offenheit, einer wagemutigen Offenheit. Man kann sogar so mutig werden, daß man die Realität herausfordert: „Zeigs mir! Laß mich dein Geheimnis sehen!"

Wir haben gesehen, daß Offenheit als Liebe und als Neugier erscheint; mit der Roten Latifa erscheint sie als Mut und Wagemut, als eine abenteuerlustige Haltung. Ohne diese Qualität wird man dazu neigen, bei dem zu bleiben, was man über die Realität schon weiß oder glaubt. Dann wird Offenheit Einschränkungen und Grenzen haben. „Ja, ich bin offen, aber nur, wenn das, was passiert, das bestätigt, was ich schon weiß." So empfindet man vielleicht besonders dann, wenn man ins Meer gefallen ist und das Gefühl hat zu ertrinken – es kann schwer sein, offen zu bleiben, um zu sehen, was wahr ist. Man denkt: „Ich werde sterben, ich werde verschwinden. Ich habe schreckliche Angst!" Aber wenn man dann losläßt und sich verschwinden läßt, entdeckt man vielleicht: „Ich bin ja gar nicht gestorben, ich bin Wasser – erstaunlich!" So in dem Moment aufzugeben, wenn wir schreckliche Angst haben, verlangt Mut – nicht nur Liebe und Vertrauen.

Als Teil des Prozesses der Inquiry ist es nötig, die Schwierigkeiten des frühen Lebens, den emotionalen Schmerz und die Entbehrungen der Kindheit, das Unbewußte der Persönlichkeit aufzuarbeiten. Viele traditionelle Lehren befassen sich nicht direkt mit dieser Ebene der Psyche. Aber unser Verständnis weist mit Nachdruck auf die Wichtigkeit dieser Aufgabe hin, der man sich stellen muß, damit sich spirituelle Offenheit einstellen kann. Darum müssen wir uns zuerst kümmern. Und um das zu tun, brauchen wir natürlich Mut, und wir brauchen Furchtlosigkeit, Direktheit ohne Furcht. Mit diesem Mut sind wir dann in der Lage, alle möglichen Arten von Schmerz und Angst, Ablehnung und Kränkungen zu ertragen. Aber über unsere vertraute Geschichte hinauszugehen, über das, was wir für Realität halten, verlangt Mut, der auf einer ursprünglichen Offenheit beruht – einer Offenheit, die neue Formen von Erfahrung, neue Formen von Wahrnehmung zulassen kann. Sonst wird Realität nicht eingeladen, sich selbst zu offenbaren.

Manche Menschen sind so daran gewöhnt, Schmerz, Angst und Depression zu empfinden, daß sie sich wohl damit fühlen. Sie beklagen sich jeden Tag darüber, wie unsicher das Leben ist, aber was sie wirklich erschreckt, ist, etwas Leichtes und Offenes zu empfinden, das weder mit Schmerz noch mit Schwere verbunden ist. Was ihnen fehlt, ist der Mut, den vertrauten Boden loszulassen, der ihre Erfahrung der Welt definiert.

Inquiry ist in gewissem Sinn eine Einladung an unser Sein, unsere Erfahrung zu transformieren, unser Leben zu verändern. Wenn unsere Einladung beschränkt ist, wird auch die Enthüllung unseres Seins eingeschränkt sein. Wenn unsere Einladung aber vollkommen offen ist, wird Sein willkommen geheißen, die Fülle seiner Möglichkeiten zu offenbaren.

So eine furchtlose und mutige Haltung kommt aber nicht daher, daß man sich dazu drängt. Es ist nicht so, daß man die Zähne zusammenbeißt, hart auftritt und aufhört, etwas zu fühlen. Es ist eher so, daß man so mutig ist zu fühlen, daß man so furchtlos direkt ist, verletzlich zu sein, und so wagemutig, vollkommen offen zu sein. Die Offenheit an sich hat eine Furchtlosigkeit; sie duckt sich nicht, wenn man Angst oder Schrecken empfindet. Sie verkörpert eine Furchtlosigkeit, die die Eigenschaft hat, unabhängig von der Angst da sein zu können. Wir zittern vielleicht, aber wir bleiben weiter am Ruder.

Ferner bedeutet, mutig zu sein, nicht, daß man leichtsinnig ist – ohne Sinn und Verstand in die Gefahr hineinzuspringen. Der Mut, von dem wir sprechen, ist der Mut, die Situation als das zu erkennen, was sie ist, und bereit zu sein, die Wahrheit zu sehen, wie sie ist, unabhängig davon, wieviel Angst sie einem vielleicht macht. Das ist der Mut der Unterscheidungsfähigkeit, zur genauen Wahrnehmung und Unterscheidung. Man kann es auch so sagen: Ein Risiko eingehen ist nicht dasselbe wie etwas Riskantes tun. Bei dem Mut, den wir für Inquiry brauchen, geht es nicht darum, sich kontraphobisch zu verhalten, wo man in die Situation einfach hineinspringt, ohne die eigene Angst ernstzunehmen. Das ist dumm, nicht mutig.

Der Mut der Roten Latifa ist das, was wir in allen diesen Situationen brauchen. Die Bereitschaft, unsere Angst zu fühlen und unsere Inquiry fortzusetzen, erscheint als eine natürliche Flexibilität – nichts Fremdes oder Ungewöhnliches, nur als ein natürliches Empfinden dafür, wie wir uns selbst erfahren können. Diese Stärke, die wir in unserem Herzen empfinden, erfüllt die Seele mit einer Furchtlosigkeit, einer mutigen Direktheit, die ihr erlaubt, offen dafür zu sein, Dinge zu sehen, die sie noch nie gesehen hat – auch Dinge, die sie für bedrohlich oder erschreckend hält.

Aus dieser Perspektive kann man sehen, daß Selbstverwirklichung oder spirituelle Reife nichts für Zimperliche und nichts für Dilettanten ist. Man muß es mit der Reise in dem Sinn ernst meinen, daß man bereit ist, sein Leben dafür zu riskieren. Wenn man sich jedesmal beklagt oder zurückzieht, wenn einem auf dem Weg etwas Schwieriges begegnet, dann ist man an etwas Anderem interessiert; man ist kein wahrer spiritueller Forscher. Der Weg der Inquiry ist ein Weg der Herausforderung und des Abenteuers, der uns immer ins Unbekannte führt.

## Rot: Mut und Abenteuer

Die Fülle der Roten Essenz ist so beschaffen, daß sie gleichsam in vielen Aromen erscheint, um die Offenheit unserer Inquiry zu unterstützen: Stärke, Energie, Expansion und die Fähigkeiten, unsere Erfahrung zu unterscheiden und zu konfrontieren, in dem Maß, in dem und während wir entdecken, was wahr ist. Wenn diese Fülle an Aromen unser Herz erfüllt, verleiht sie uns den Mut, willkommen zu heißen, was immer uns das Abenteuer des Lebens bringt.

# 19
# Weiß

## *Durchhalten*

Wenn wir Inquiry besprechen und uns anschauen, wie sie unsere wahre Natur einlädt, ihre inhärenten Möglichkeiten sichtbar werden zu lassen, sprechen wir von einer magischen Reise. Es ist eine Reise, die von Geheimnis, Schönheit, Köstlichkeit und Bedeutsamkeit erfüllt ist. Die meisten von uns verbringen ihr Leben in einer dünnen Schicht von Realität und sind sich der tieferen Bereiche unseres Bewußtseins nicht bewußt. Was wir emotionale Realität nennen – die Schicht, in der für die meisten Menschen menschlicher Reichtum liegt –, ist nur zwiebelhäutchendünn, verglichen mit der Totalität der Realität. Unter dieser dünnen Schicht von Emotionen und Gedanken liegen unbeschreibliche Schönheit und Freiheit. Viele Menschen wandern ewig in dieser Zwiebelhautschicht umher, aber im Prozeß der Inquiry ist es eine Schicht, durch die wir hindurchgehen müssen und nicht steckenbleiben dürfen. Bei der Unterstützung dieser Bewegung in und durch unsere Emotionen, Reaktionen und Überzeugungen spielt die nächste Latifa – die Weiße oder Willens-Essenz – eine wichtige Rolle.

## Die Notwendigkeit von Ausdauer

Unsere Neugier, Offenheit, Fähigkeit und unser Mut machen uns an einem bestimmten Punkt bewußt, daß die Reise Zeit braucht. Unabhängig davon, wie effektiv und tief jede einzelne Inquiry ist, diese eine Untersuchung allein wird uns nicht zur Erleuchtung oder zum Ende des Weges bringen, denn bei Inquiry geht es darum, sich auf einen ständigen Prozeß einzulassen. Sie ist nicht eine einzelne Erfahrung, sie ist keine Momentaufnahme. Es ist nicht so, als nähme man einen Trank zu sich, der mit einem Mal unsere Augen öffnete. Inquiry ist ein organischer Prozeß von Wachstum und Reifen, der seinen eigenen Rhythmus hat, seine eigene Zeit braucht und seine eigenen Jahreszeiten kennt.

Während der frühen Stadien der Reise, wenn man die emotional-psychologische Schicht durcharbeitet, kann es sich ermüdend anfühlen, daß der Prozeß so langsam ist. Man möchte, daß er schneller geht. Nach ein paar Monaten oder ein paar Jahren von Angst, Schmerz, Scham und Zorn verliert man vielleicht den Mut oder fühlt sich sogar niedergeschlagen. Und die Erfahrungen von Licht, die von Zeit zu Zeit durchdringen, können die Situation sogar noch frustrierender machen: Auf eine Stunde glücklicher Erfahrung können zwei oder drei Monate Elend folgen. Manche Menschen haben dann vielleicht das Gefühl: „Ich weiß nicht, ob diese Arbeit etwas für mich ist. Ich weiß nicht, ob ich damit umgehen kann – es ist zu viel, es ist zu schwer und es dauert zu lange." Oder sie werden einfach hoffnungslos: „Befreiung wird es für mich niemals geben. Ich werde es nie schaffen. Freiheit gibt es nur für ganz besondere Menschen."

Am Anfang, vor allem, wenn wir mit den emotionalen und physischen Bereichen beschäftigt sind – die voller Abhängigkeiten und Anhaftungen, Begierden und Konflikten aus der Vergangenheit sind –, fühlt sich Inquiry aufgrund des Schmerzes und des Leidens, die wir erleben, sehr schwierig an. Das ist ganz natürlich, denn Menschen möchten keinen Schmerz und kein Leiden erleben. Sie möchten sich eher gutfühlen und glücklich sein. Und doch, die Tatsache, daß wir wollen, daß der Prozeß leichter ist, die Tatsache, daß wir die Hoffnung verlieren, verzweifeln, mutlos, faul oder zynisch werden und dann am liebsten aufgeben möchten – all das weist auf eine Reaktion des Egos hin.

Es weist auch daraufhin, daß unsere Offenheit begrenzt ist. Wir haben schon ein Ziel im Kopf. Wir sind nicht an der Inquiry an sich interessiert, wir sind nicht an der Wahrheit interessiert. Nicht nur wollen wir uns gutfühlen, wir wollen auch irgendwohin gelangen. Vielleicht wollen wir erleuchtet werden, vielleicht wollen wir das andere Ufer erreichen. Diese Ziele sind verständlich, aber die innere Haltung der Inquiry ist anders. Inquiry kennt an sich kein Bedürfnis, schneller oder langsamer zu gehen oder irgendwohin zu gelangen. Bei Inquiry geht es nur darum, sich dessen bewußt zu werden, was jetzt gerade geschieht, einfach die Bedeutung der Wahrheit zu erkennen, die von Moment zu Moment auftaucht.

Weil wir weiter mit der Falschheit des Egos identifiziert sind, ist unsere Offenheit aber begrenzt. Und genauso sind es unser Mut und unsere Neugier. An diesem Punkt kann Sein eine andere Qualität manifestieren, eine, die in dieser bestimmten Situation gebraucht wird – es ist der Aspekt, der uns ermöglicht, durchzuhalten und nicht aufzugeben. Diese neue Qualität erscheint in unserer Erfahrung als ein Gefühl von Entschlossenheit: als eine unbeirrbare Hingabe, mit der Inquiry fortzufahren und durchzuhalten, eine Entschlossenheit, uns immer weiter für unsere Erfahrung zu öffnen, wie sie ist. Unsere Reise der Inquiry braucht diese Qualität, um immer weiterzumachen, um auf lange Sicht durchzuhalten, um zu reifen und Frucht zu tragen – denn der Weg ist lang und reich an Schwierigkeiten.

Um zu sehen, was in unserer Erfahrung da ist, und um die Wahrheit ganz und genau zu erkennen, braucht es Zeit, Energie und eine starke Hingabe an unseren inneren Prozeß. Was wir dazu brauchen, ist die essentielle Qualität des Willens. Und wenn wir Vertrauen in die Intelligenz des Seins haben, wird sich diese Qualität in unserer Offenheit manifestieren. Wie wir in diesem Kapitel sehen werden, erscheint die Weiße Essenz als eine Präsenz in unserer Seele, die man an vielen miteinander in Beziehung stehenden Fähigkeiten erkennen kann. Die erste, die wir betrachten werden, ist Hingabe und innere Verpflichtung (commitment).

## Innere Verpflichtung

Essentieller Wille vermittelt uns die Entschlossenheit, unserem inneren Faden unbeirrt zu folgen, welcher auch immer es sei, und uns nicht ablenken zu lassen. Diese Entschlossenheit zeigt sich auf verschiedene Weise. Eine Möglichkeit, sie zu erfahren, ist als Hingabe und innere Verpflichtung an die Übung. Das ist nicht nur für Inquiry wichtig, sondern für jede Übung. Eigentlich verlangt alles, was man im Leben tut und was ein Prozeß ist, Hingabe, innere Verpflichtung und Ausdauer. Alle unsere Aufgaben und Vorhaben werden um so effektiver und reibungsloser erledigt, je fokussierter wir sind und je mehr wir uns diesem Fokus verpflichtet fühlen.

Was bedeutet innere Verpflichtung also auf der Reise der Inquiry? Innere Verpflichtung bedeutet, daß man, wenn man wirklich einsteigt, dann die Absicht hat weiterzumachen. Das ist notwendig, um den Prozeß zu beginnen, und je weiter wir reisen, um so mehr erkennen wir, daß unsere innere Verpflichtung sich vertiefen und erweitern muß, damit die Reise weitergehen kann. Sie muß stetiger und stabiler werden, damit man mit den verschiedenen Schwierigkeiten, Barrieren und Ablenkungen umgehen kann, denen man unterwegs begegnet. Diese Ablenkungen, die ihren Ursprung in unseren Gedanken und Emotionen haben, in Menschen um uns herum und in Umständen unseres Lebens in der Welt, können uns vom Kurs abbringen.

Wenn man ein bestimmtes Ziel hat, wird einen das eher motivieren. Daher ist es in diesem Fall leichter, sich dem Prozeß hinzugeben. Wenn aber das Ziel darin besteht, die Wahrheit zu suchen, ohne vorher zu entscheiden, was diese Wahrheit sein sollte, dann ist diese Hingabe schwieriger. Hingabe an die Inquiry zeigt sich als Entschlossenheit und Ausdauer in der Offenheit, die einen dabei unterstützt, die Wahrheit so umfassend und genau wie möglich zu erforschen und zu erkennen. Diese Hingabe an die Wahrheit bedeutet also, daß man nicht aufgeben wird. Man wird nicht aussteigen, wenn es schwierig wird.

Die innere Verpflichtung gegenüber der Inquiry – die Entschlossenheit, nicht aufzugeben oder sich ablenken zu lassen –, ist auch eine Hingabe an die Qualität der eigenen Erfahrung. Es ist nicht eine Hingabe an ein Ideal, ein guter Mensch zu sein. Es ist eine innere Verpflichtung dazu, sich selbst und die Realität im Hier und Jetzt und unabhängig davon, ob man das mag, was da ist oder nicht, zu erfahren. Es ist eine innere Verpflichtung dazu, die Qualität der Erfahrung in jedem Moment dadurch zu maximieren und zu optimieren, daß man real, authentisch und auf die Wahrheit fokussiert ist.

Die Herausforderung besteht darin, daß unsere Hingabe frei von jeder Zielorientierung sein soll. Willen ist das, was der eigenen Entschlossenheit und Hingabe zugrundeliegt. Und essentieller Wille, als ein Ausdruck von Sein, hat kein Ziel, keine Richtung, kennt keine Anstrengung und hat daher keine Absicht. Doch sind wir für lange Zeit mit unserem Ego-Selbst identifiziert – unabhängig von der Präsenz von Sein und seinen Manifestationen. Wir werden also dazu neigen, unseren essentiellen Willen und unsere innere Verpflichtung als eine Intentionalität zu erleben: als die Absicht, Inquiry zu beginnen, und als die Absicht, dabei zu bleiben. Intentionalität ist die Grundlage für die innere Verpflichtung des Ego-Selbst, die sich als eine Art Sturheit und Dickköpfigkeit manifestiert.

Innere Verpflichtung impliziert also Absicht, aber sie spiegelt auch, was man wertschätzt. Hingabe an die Wahrheit bedeutet, daß die Inquiry für einen wichtiger ist als die Ablenkungen, die sich einstellen können. Sie bedeutet, daß die unbegrenzte Offenheit von Inquiry wichtiger als jedes besondere Ziel oder Ergebnis ist. Sie bedeutet, daß man die Wahrheit allem anderen vorzieht und daß man sie mehr liebt als bloßes Wohlfühlen oder Erleichterung von Schwierigkeiten.

Unsere innere Verpflichtung entsteht also aus der Offenheit für die Wahrheit und sie drückt die Liebe zur Wahrheit aus. Weshalb würden wir uns ohne diese Liebe, ohne diese Wertschätzung der Wahrheit und ihrer Enthüllung verbindlich einlassen? Und doch, auch wenn wir die Wahrheit lieben und neugierig, stark und mutig sind, ist das keine Garantie dafür, daß wir die innere Verpflichtung und die Entschlossenheit besitzen, die uns angesichts all der Ablenkungen des Alltagslebens standfest und zentriert halten. Der Weiße Aspekt selbst muß verfügbar sein, weil er den inhärenten Willen unserer fundamentalen Offenheit ausdrückt. Dann ist unsere Offenheit für die Wahrheit eine verbindliche Offenheit.

Es ist interessant, daß die Farbe der Willens-Essenz weiß ist, denn die Art Hingabe und Entschlossenheit, von der wir sprechen, impliziert Reinheit. Wenn man Ablenkungen, Bedürfnissen und Begierden folgt, statt der Liebe zur Wahrheit, dann bewirkt das Unreinheit in der Seele. Verbindlichkeit ist ein Ausdruck der Reinheit der Seele, weil man nicht zuläßt, daß man sich mit den Ablenkungen identifiziert.

## Entschlossenheit

Die Reinheit in der Offenheit der forschenden Haltung manifestiert sich als innere Verpflichtung. Und diese innere Verpflichtung, diese Hingabe, übersetzt sich in eine Entschlossenheit und Ausdauer. Wir geben nicht auf, auch wenn wir uns hoffnungslos oder sogar verzweifelt fühlen. Diese Gefühle werden einfach zu einem Teil des Inhalts, den wir untersuchen. Warum sollten wir mit der Inquiry aufhören, wenn wir hoffnungslos sind? Manche Menschen denken vielleicht: „Wenn ich Angst habe, werde ich das erforschen, aber nicht, wenn ich hoffnungslos bin." Warum das? Warum sollten wir der Hoffnungslosigkeit mehr nachgeben als der Angst? Beide sind Emotionen.

Die Anwesenheit des Willenselements macht unsere Inquiry unaufhaltbar, macht es unmöglich, sie zu verführen, denn Ablenkungen sind alle Verführungen. Sie sind Versprechen, daß sich unsere Situation verbessern wird, wenn wir ihnen folgen. Diese verführerischen Ablenkungen werden in manchen Religionen Teufel genannt: der Versucher, der einem immer sagt: „Gut, wenn Du nur ein bißchen phantasierst, geht es Dir besser." Oder „wenn Du einfach an Morgen denkst und planst, dann ist das eine effektivere Verwendung Deiner Zeit." Oder „Nimm das Telephon und sprich mit einem Freund – der wird dir helfen, daß es dir besser geht." Der Verstand versucht einen immer davon wegzulocken, präsent und für die Wahrheit offen zu bleiben, und verspricht einem etwas Besseres oder Leichteres. Darum hat die Reinheit der inneren Verpflichtung sehr viel mit dem Zugang zu essentiellem Willen zu tun. Und je mehr Willen man hat, um so weniger Macht hat der „Teufel" über einen und um so mehr wird Inquiry in der Lage sein, in ihrem eigenen Rhythmus weiterzumachen. Das ist der Grund, weshalb der Buddha auf seinem Sterbebett sagte: „Macht einfach weiter, arbeitet einfach weiter." Wenn man das tut, dann bedeutet das, daß der eigene Wille aktualisiert ist. Mit der Zeit wird die Inquiry flüssig und mühelos sein. Man wird durch die Schichten von Schleiern sausen. Auf diese Weise beschleunigt Grounding im Willen die Inquiry und den Entfaltungsprozeß.

Natürlich ist niemand von uns zu hundert Prozent rein. So wie wir Stärke, Freude oder Mut nicht vollständig realisiert haben, hat keiner von uns seinen Willen ganz realisiert. Aber all diese Qualitäten können wir von unserem Sein bekommen. Wenn also eine von ihnen fehlt oder unzureichend ist, meldet sich eine andere. Geführte Inquiry hat viele Arme, so wie eine tausendarmige Gottheit auf einem tibetischen „thangka". Jeder Arm besitzt eine andere Fähigkeit.

Diese Fähigkeiten anzuerkennen, sie hervorzurufen, sie zu ermutigen, zu unterstützen, sie zu nähren und wertzuschätzen – das ist unsere Arbeit. Aber das bedeutet nicht, daß unsere Inquiry immer vollkommen erfolgreich sein muß. Wir haben alle Grenzen. Wenn man keine Grenzen hätte, würde man diese Dinge nicht erst lernen müssen. Niemand hier kann Inquiry perfekt durchführen. Wenn das so wäre, gäbe es keine Inquiry mehr – sondern nur reinen kreativen Dynamismus. Wir müssen also nachsichtig mit uns sein, wenn wir sehen, daß wir es schwer haben. Vielleicht ist unsere Stärke ein bißchen wacklig, oder unsere Neugier scheint sich zu verbergen. Das ist der Moment, wo wir geduldig und freundlich mit uns sein und trotzdem weitermachen müssen, statt aufzugeben.

## Standhaftigkeit

Die Entschlossenheit, die für die Inquiry wichtig ist, gleicht nicht einem Bulldozer, der sich unabhängig von der Situation einfach Bahn bricht. Das nennen wir einen „eisernen Willen", und der ist ein falscher, reaktiver Ersatz für wahren Willen. Unser Ego benutzt eisernen oder falschen Willen, um zu machen, daß Dinge geschehen, wenn es mit dem wahren Willen der Wahrheit nicht in Kontakt ist. Die Entschlossenheit andererseits, die bei der Inquiry gebraucht wird, ist empfindsam und von einer Empfindung von Angemessenheit und Subtilität begleitet. Als Ausdruck des Weißen oder Silbernen Diamanten von Essenz ist sie präzise und intelligent. Sie ist auch flexibel und manifestiert sich im Einklang mit den Erfordernissen der Situation. Die Entschlossenheit essentiellen Willens kann fest, dicht und stabil werden, und sie kann flüssig und flexibel sein. Manchmal ist sie kraftvoll, dann wieder zart und leicht.

Es besteht keine Notwendigkeit, mit dem Inhalt der Inquiry zu kämpfen, indem man Druck auf ihn ausübt oder durch etwas hindurch will. Die wahre Funktion des Willens (Will) besteht darin, uns dabei zu helfen, standhaft zu werden, damit wir nicht von der Richtung abkommen oder von der Inquiry abgelenkt oder weggelockt werden. Wir forschen weiter, unabhängig davon, was passiert. Weitermachen bedeutet nicht, daß man Druck machen muß. Manchmal kann es sehr sanft und zart zugehen. Bei Standhaftigkeit geht es zum größten Teil darum, einfach mit der eigenen Erfahrung da zu sein, sich dessen bewußt zu sein, was vor sich geht, an der Wahrheit interessiert zu bleiben und weiter zu untersuchen, was immer die Offenheit einschränkt.

Diese Standhaftigkeit ist ohne Liebe zur Wahrheit nicht möglich. Eigentlich kann es wahre Verbindlichkeit ohne Liebe nicht geben. Wille drückt unsere Liebe zur Wahrheit und unsere Offenheit für sie aus. Wille ist nicht dasselbe wie Liebe, aber man wird nicht daran interessiert sein, einen standhaften Willen zu manifestieren, wenn man das Vorhaben nicht liebt. Liebe liegt allen Qualitäten zugrunde, die wir in bezug auf Inquiry besprochen haben. Wenn man beispielsweise die Wahrheit nicht liebt, wird man nicht auf sie neugierig sein. Und wenn man die Wahrheit nicht liebt, warum sollte man dann in seiner Suche nach ihr mutig sein?

Man könnte dann sagen, daß die Offenheit unserer wahren Natur sich als die Liebe dazu manifestiert, die Wahrheit zu zeigen, und daß Liebe dann in den verschiedenen Qualitäten erscheint – zum Beispiel als Neugier, als Mut und als Entschlossenheit. So ist die Liebe zur Wahrheit das, was wahrer Standhaftigkeit zugrundeliegt. Im Gegensatz dazu drückt die Standhaftigkeit der Persönlichkeit – die Art Sturheit des eisernen Willens – eine Sichtweise aus, mit der wir identifiziert sind und die wir aufrechterhalten oder verteidigen wollen. Sie ist kein Ausdruck von Wertschätzung der Realität, wie sie ist.

Die verbindliche Hingabe an die Wahrheit, die als Entschlossenheit erscheint, manifestiert sich als Standhaftigkeit in allen Prinzipien der Inquiry. Wir verpflichten uns innerlich dazu, offen zu bleiben und die Wahrheit zu finden. Und wir sind in der Weise zu dieser Offenheit innerlich verpflichtet, daß wir an den Prozeß ohne Vorurteile, ohne eine bestimmte Meinung, ohne eine Vorliebe im Hinblick auf die Wahrheit herangehen, die sich zeigt. Diese Haltung schützt uns vor der Tendenz, unsere Erfahrung zu manipulieren, um uns an ein vorgegebenes Ziel anzupassen. Wir sind also nicht nur in dem Sinn standhaft, daß wir weiter forschen, sondern wir sind auch in unserer Untersuchung weiter interessiert und offen. Auch wenn unsere Erfahrung manchmal vielleicht schwierig ist und die Wahrheit sich nur langsam enthüllt, bleiben wir bei der Inquiry. Wir halten vielleicht an und machen eine

Pause, aber wir kehren aus einer anderen Richtung wieder zu ihr zurück und sind bereit zu experimentieren und neugierig auf das, was wir finden.

Standhaftigkeit erscheint äußerlich als Geduld. Je mehr man die Weiße Qualität verkörpert, um so geduldiger ist man. Aber Geduld bedeutet nicht, daß man etwas einfach aushält. Die meisten Menschen glauben, daß geduldig sein bedeute, daß man eine Situation nicht mag und trotzdem da bleibt und frustriert ist. Das ist nicht Geduld. Geduld bedeutet innere Verpflichtung. Es bedeutet, daß man durchhält. Es bedeutet, daß man wirklich daran interessiert ist, weiter da zu sein, unabhängig von den Gefühlen, die sich vielleicht einstellen.

Wenn man wirklich geduldig ist, dann hat man nicht das Gefühl, daß man Geduld hat. Man weiß nur, daß man tut, was man tut. Wenn man das Gefühl hat, daß man geduldig ist, dann hält man sehr wahrscheinlich die Situation nur aus und wartet darauf, daß sie besser wird. Obwohl der üblichen Auffassung nach Geduld die Bereitschaft ist, hundert Jahre weiter zu warten, ohne zu klagen, ist diese Art Geduld dennoch begrenzt, weil sie von einer bestimmten Haltung gegenüber der Situation abhängig ist: daß das Ergebnis eine Art von Veränderung sein sollte.

Das ist die Geduld des Egos, nicht essentielle Geduld. Wirkliche Geduld impliziert Offenheit für die Situation und Vertrauen in den Prozeß. Es ist keine Haltung des Abwartens – denn Abwarten impliziert einen Wunsch nach einer bestimmten Art von Veränderung. Viele Menschen glauben, daß ich sehr geduldig bin, aber eigentlich empfinde ich mich nie als geduldig. Ich bleibe einfach bei der Aufgabe – so einfach ist das.

Standhaftigkeit muß nicht notwendigerweise als eine gradlinige Bewegung erscheinen. Sie kann sich als eine mäandernde Bewegung oder als ein Herumwandern zeigen, wenn man experimentiert. Der Punkt ist, wirksam die Wahrheit der Situation zu enthüllen; es geht nicht darum zu beweisen, daß man einen starken Willen hat und daß man etwas bewirken kann. Wir versuchen nicht, etwas zu beweisen; wir arbeiten einfach daran, die Wahrheit zu sehen. Bei der Inquiry weiß man also nicht, wohin man geht, sondern man macht solange weiter, bis man die Wahrheit der eigenen Situation entdeckt. In diesem Sinn ist Standhaftigkeit eine Entschlossenheit dazu, im Moment zu bleiben.

Wie wir in früheren Kapiteln besprochen haben, besitzt der Dynamismus unseres Seins eine optimierende Kraft, eine evolutionäre Intelligenz, die dazu tendiert, unsere Erfahrung näher an die Reinheit wahrer Natur zu bringen. Sie wird das permanent tun, immer wieder, unabhängig von unseren Widerständen, unabhängig von unseren Konflikten und unserer Unwissenheit und trotz aller Schwierigkeiten. Der universelle Wille der optimierenden Kraft erscheint in unserer Erfahrung als unser eigener Wille – als unsere innere Verbindlichkeit und Standhaftigkeit im Prozeß. Wenn wir also sagen, daß die Standhaftigkeit die optimierende Tendenz des Dynamismus des Seins ausdrückt, dann meinen wir damit, daß auch in dunklen oder schwierigen Zeiten oder wenn man sich blockiert fühlt, der Dynamismus in Form unserer Entschlossenheit weiter lebendig ist. Der Dynamismus des Seins übt weiter seinen Willen und seine Kraft aus.

Wahrer Wille zeigt eine intelligente Empfänglichkeit für die Wahrheit unserer Situation, einschließlich unserer Einschränkungen, im Umgang mit dem, was in unserer Erfahrung auftaucht. Weil Menschen an sich Grenzen haben, ist die Enthüllung menschlichen Potentials ein fortdauernder Prozeß. Und als solcher verlangt er Geduld und Standhaftigkeit. Diese Standhaftigkeit ist aber ein intelligenter Ausdruck der Weißen Essenz. Wie stabil, wie weich, wie hart oder wie flexibel dieser Ausdruck ist, hängt von der jeweiligen Situation ab. Manchmal muß man viele Stunden lang intensiv aufmerksam sein, um die Erfahrung zu untersuchen. Dazu kann gehören, daß man mit Leuten spricht, Bücher liest, die eigene Geschichte, seine Perspektiven und Verhaltensmuster erforscht – daß man alles tut, was man kann, um seine gegenwärtige Situation zu untersuchen. Aber nach all dieser Aktivität kann der Prozeß verlangen, daß man sich entspannt und seinen Verstand zur Ruhe kommen läßt. Das muß nicht heißen, daß man mit der Untersuchung aufhört. Ruhen oder eine Weile Pausieren ist nur ein anderer Teil des Prozesses. Man hat sich verbindlich darauf eingelassen herauszufinden, was immer man kann, und im Moment weiß man alles, was man wissen kann. Jetzt ist es an der Zeit, still zu sein und zu schauen und zu sehen, was in der Erfahrung auftaucht. Das ist häufig der Moment, wenn sich neue Einsichten einstellen.

## Innere Unterstützung

Wir werden in der Inquiry einer scheinbar endlosen Zahl von Barrieren und Schwierigkeiten begegnen, deshalb brauchen wir Standhaftigkeit. Aber wir können nicht standhaft sein, indem wir eine Entscheidung in unserem Kopf treffen. Diese Standhaftigkeit hängt davon ab, daß wir die innere Unterstützung dafür haben, auf unseren eigenen Beinen zu stehen. Letztlich ist es die innere Unterstützung, die es uns ermöglicht, offen zu bleiben und weiter an der Wahrheit interessiert zu sein. Ohne sie mangelt es uns an der Festigkeit, der Erdung und dem inneren Zentrum, die uns standhaft machen. Der Wille (Will) manifestiert sich als Unterstützung, wenn man eine Unerschütterlichkeit und Festigkeit in sich spürt, als wäre man ein massiver Berg, den nichts bewegen kann. Diese innere Festigkeit, diese innere Verwurzelung und Erdung ist es, die es uns ermöglicht, uns auf die Inquiry einzulassen, uns ihr ganz zu verpflichten und durchzuhalten.

Am Beginn der Reise ist die innere Unterstützung begrenzt oder nichtexistent, daher braucht man äußere Hilfsmittel, um einen Halt zu haben. Eine Schule, eine Gruppe oder ein Lehrer können einen immer wieder herausfordern und konfrontieren, können einen immer wieder inspirieren, damit man seine Inquiry fortsetzt. Aber Schritt für Schritt wird man, wenn die Inquiry die eigene Erfahrung vertieft und erweitert, mit den eigenen inneren Ressourcen, mit der eigenen Unterstützung mehr in Kontakt kommen. Das bedeutet vor allem eins, daß es nämlich nötig wird, daß man bewußter und verantwortlicher im Hinblick darauf wird, wie man seine Lebensumstände so einrichtet, daß sie die innere Reise unterstützen können.

Innere Unterstützung impliziert, daß wir mit unserer Erfahrung in Kontakt sein müssen. Inquiry ist nicht eine mentale Übung, die von der gewöhnlichen Realität losgelöst ist. Wir müssen in unserer alltäglichen persönlichen Erfahrung verwurzelt und mit unseren eigenen Gedanken, Gefühlen, mit unserem Körper und mit unserem Verhalten in Kontakt sein. Inquiry verlangt nicht, daß wir unseren Körper verlassen oder versuchen, ungewöhnliche, transzendierende Höhen von Wahrnehmung zu erreichen – und wir werden unsere innere Unterstützung auch nicht spüren, wenn wir das tun. Vielmehr müssen wir konkreter, bodenständiger werden, indem wir uns in unsere Alltagserfahrung vertiefen. Die verkörperte Seele ist der Zugang zu allen Schätzen des Seins.

Wenn man eine Inquiry macht, ist es wichtig, daß man seinen Körper weiter spürt – daß man mit seinen Bewegungen und Sinneswahrnehmungen in unmittelbarem Kontakt bleibt. Dazu gehören auch die Taubheit, die Dumpfheit oder die Spannungen, die man vielleicht empfindet. Es ist wichtig, daß man seine Bewußtheit in der körperlichen Erfahrung erdet, weil die essentiellen Qualitäten an derselben Stelle auftauchen werden, wo man seine Gefühle, Emotionen und Reaktionen spürt. Sie werden nicht über dem Kopf erscheinen, sie werden in einem selbst auftauchen. Der Körper ist also wirklich der Eingang in das Mysterium.

Wir sagen, daß die unterscheidende Bewußtheit ein Feld ist, das seine eigenen Muster hat, aber wo ist dieses Feld von Bewußtsein? Es schwebt nicht irgendwo im Raum, es ist hier im ganzen Körper. Und durch den Körper kann sich das Feld öffnen und unendlich ausdehnen. Der Körper ist die Tür zum Abenteuer des Seins. Die Inquiry muß also damit beginnen, den Körper zu aktivieren und zu beleben. Je aktiver und lebendiger der ganze Körper ist, um so vitaler ist unsere Inquiry und um so lebendiger unsere Entfaltung. Unsere Erfahrung ist robuster, energetischer und dynamischer. Wir dürfen nicht vergessen, daß die Aktivierung der Lataif verlangt, daß ihre Zentren oder physischen Orte energetisiert werden.

## Innere Zuversicht

Innere essentielle Unterstützung wird also als gute Erdung und als Verwurzelung erlebt, was bedeutet, daß wir durch unseren physischen Körper in unserer eigenen persönlichen Erfahrung geerdet sind. Je mehr wir unsere eigene innere Unterstützung haben, um so mehr Zuversicht haben wir, daß wir einfach offen sein können. Dann können wir sehen, daß Inquiry alles ist, was nötig ist. Sein, das unsere wahre Natur ist, macht den Rest. Wir können uns einfach öffnen und unser Sein einladen, und es wird antworten und seinen Reichtum ausbreiten. Es ist eine Kooperation, wie eine Feedbackschleife, bei der Inquiry einlädt und Sein enthüllt. Die Enthüllung erweitert die Inquiry, die ihrerseits die Enthüllung beschleunigt.

Innere Unterstützung vermittelt uns ein Gefühl von Zuversicht in diese Kooperation. Warum ist das so? Weil das Gefühl von Erdung, das eine Funktion der Verkörperung des Willens (Willl) ist, ein Ausdruck des universalen Willens in der Seele ist. Der universale Wille ist die optimierende Kraft des Dynamismus' des Seins, die Kraft, die die Enthüllung aktualisiert, die unser Herz ersehnt – die Realisierung dessen, wer wir in Wahrheit sind. Je mehr wir unsere eigene innere Festigkeit, Erdung und Unterstützung haben, um so mehr Vertrauen haben wir in unsere Inquiry, denn diese Zuversicht ist ein Ausdruck des universalen Willens, der die Kraft des optimierenden Dynamismus ist. Mit anderen Worten, wenn wir unsere eigene innere Unterstützung haben, macht uns dies das Funktionieren des wahren Dynamismus' bewußt und läßt uns wissen, daß dieser Dynamismus die Funktion hat, Erfahrung zu optimieren.

Wenn wir uns aber nicht mit unserer inneren ZUversicht und unserer inneren Unterstützung verbunden fühlen, bedeutet das nicht, daß wir keine Inquiry machen können. Es bedeutet nur, daß Inquiry schwieriger sein wird. Wir können beispielsweise immer noch unseren Mut oder unsere Liebe haben, und wir können uns auf diese Qualitäten stützen, bis wir uns mit unserer inneren Unterstützung verbunden fühlen. Wenn wir aber unsere innere Zuversicht haben, wird das den Prozeß dabei unterstützen, schneller vonstatten zu gehen. Dann gleicht die Inquiry einer gut geölten Maschine, die mühelos und natürlich, wie von selbst funktioniert.

Die Weiße Latifa vermittelt uns Zuversicht in die natürlichen Fähigkeiten, die in der Inquiry auftauchen, sowie in die Inquiry selbst. Zum Beispiel vermittelt sie uns Vertrauen in unser Urteilsvermögen und in unsere Wahrnehmung feiner Unterschiede, die wir in unserer Erfahrung erkennen. Das bedeutet, daß wir damit aufhören, unser Erfahrungswissen anzuzweifeln, daß wir aufhören, unsere inhärente Unterscheidungsfähigkeit zu verleugnen oder zu verwerfen. Und während wir dieser Unterscheidungsfähigkeit immer mehr vertrauen, entwickeln wir auf der anderen Seite mehr Zuversicht und ein stärkeres Gefühl innerer Unterstützung.

## Abgestimmte Entfaltung

Weil der Prozeß der Inquiry intelligent ist und auf die jeweilige Situation antwortet und reagiert, ist sie eine der am wenigsten gefährlichen und problematischen spirituellen Methoden. Wir haben schon einige der Widrigkeiten und Gefahren der spirituellen Reise besprochen. Allein die Tatsache, daß man sich selbst in der Tiefe konfrontiert, kann Schwierigkeiten, Schmerzen und Schrecken mit sich bringen, die die meisten Menschen nicht fühlen oder derer sie sich nicht bewußt sind.

Ferner können einige spirituelle Methoden bei denen, die sie praktizieren, unbeabsichtigt Probleme verursachen. Konzentrations- und Visualisierungsübungen, Atemtechniken, Arbeit mit Bewegung und Körperhaltungen und andere Disziplinen, die versuchen, besondere Erfahrungen und Wahrnehmungen zu bewirken, können mächtige Durchbrüche auslösen, aber sie können auch physischen oder psychischen Streß oder einen Zusammenbruch verursachen. Manche Menschen können sogar zeitweilig oder dauerhaft handlungsunfähig werden.

Der Prozeß der Inquiry ist andererseits eine der sichersten Methoden spirituellen Aufdeckens. Was die innere Bewegung bestimmt, ist die eigene Offenheit, der Einsatz des Willens und die Tatsache, daß man nicht versucht, irgendwohin zu gelangen. Da man einfach zu sehen versucht, wo man ist, antwortet die Inquiry auf die eigenen Bedürfnisse im jeweiligen Moment und berücksichtigt von Natur aus die eigenen Fähigkeiten und Grenzen. Inquiry ist eine allmähliche, geführte Annäherung, die jeder Mensch in seinem eigenen Tempo vollzieht. Und weil die Führung auf einen persönlich abgestimmt ist, wird das, was auftaucht, und wieviel die wahre Natur einem in jedem einzelnen Moment enthüllt, von der eigenen Kapazität und von der Situation abhängen. Niemand drängt einen dazu, etwas Bestimmtes zu erfahren. Und man versucht auch nicht, die eigene Erfahrung zu manipulieren, um sie in die eine oder andere Richtung zu lenken. Dies sind die Sicherungen, die Methoden wie die Inquiry implizieren, die nicht auf ein bestimmtes Ziel hin orientiert sind und die auf Veränderungen in der persönlichen Erfahrung von Minute zu Minute reagieren.

## Reifung und Mühelosigkeit

Wir haben die Verbindungen zwischen innerer Verpflichtung, Entschlossenheit und Standhaftigkeit und dem Gefühl innerer Unterstützung und von Zuversicht gesehen. Sie sind alle Ausdruck derselben Latifa: des Willens-Aspektes. Es ist klar, daß die Qualität von Willen sich sehr stark von der Qualität der Stärke unterscheidet. Die Stärke-Essenz ist eine feurige Präsenz von Erregung und Energie, während der Wille bodenständiger, stetiger und stabiler ist. Man fühlt sich gelassener. So kann er in die Inquiry mehr Tiefe und Subtilität bringen. Wille weist auf Ausdauer hin: Man kann länger bei Elementen der Erfahrung bleiben, und man ist geduldiger. Als Ergebnis kann man in allem, was man untersucht, mehr Differenzierung, mehr Subtilität und mehr Tiefe sehen.

Wenn unser Wille ganz dabei ist, kann unser Raumschiff sehr weit kommen – bis zu den entferntesten Gegenden des Universums der Erfahrung. Mit der Roten Essenz allein beginnt man die Reise vielleicht voller Begeisterung und Energie, aber wahrscheinlich kommt man nicht sehr weit, weil das Energieniveau schwankt und der Motor des Raumschiffes ungleichmäßig läuft. Man wird merken, daß man oft anhält und wieder startet. Die schwere Arbeit der Inquiry fängt an, wenn man schon eine Weile unterwegs ist. Es ist also die Weiße Essenz, die einem die Stetigkeit und das Stehvermögen vermittelt, die man braucht, um fokussiert und offen zu bleiben, wenn man die weiten Entfernungen zurücklegt, indem man die Tiefen seiner Erfahrung auslotet. Sie verhilft einem zu der Reife und einem Gefühl von Verantwortung, die einen dabei unterstützen, ein Thema gründlich zu verfolgen und nicht vom einen zum anderen zu springen.

Ab und zu ist es in Ordnung – manchmal auch notwendig –, aufgeregt zu sein, wenn man von einem zum anderen springt, angefeuert vom Rot, aber wenn der ganze Prozeß der Inquiry so ist, dann gibt es keine wirkliche Tiefe, keine Integration, keine Reifung. Das ist wie ein Muster, eine Beziehung nach sechs Monaten zu beenden und sich sofort wieder in jemand anderen zu verlieben. Jedesmal wenn das passiert, gibt es eine Menge Aufregung, aber die Beziehungen werden niemals tief oder reich. In diesem Fall könnte man auf die Idee kommen, daß der

Sinn der Beziehung in dem anfänglichen Rausch von Glück und Begeisterung liegt. So findet man aber nie heraus, was eine reife Beziehung sein kann.

Inquiry stellt eine ähnliche Herausforderung dar. Wir brauchen eine Menge Unterstützung, um bei der Sache zu bleiben, wenn wir uns auf unsere eigene Reifung und Erfüllung hin bewegen. Ob wir diese Unterstützung innen oder außen bekommen, spielt während der frühen Stadien der Reise keine Rolle. Hier in den Lernsituationen unserer Schule haben wir eine Menge Unterstützung. Aber schließlich wird man allein fliegen müssen, wozu gehört, daß man seine eigene innere Festigkeit und Unterstützung haben muß. Wenn wir den Prozeß der Inquiry untersuchen, lernen wir also, geschickte, erfahrene Piloten zu werden, die lange Strecken fliegen und, wenn nötig, allein operieren können. Auch wenn man Schwierigkeiten hat und Fehler macht, kann man wieder auf die Beine kommen, aus diesen Fehlern lernen und mit seinem Willen als Unterstützung weitermachen.

### Übung
Ihre Fähigkeit, bei Ihrer Erfahrung zu bleiben

Nehmen Sie sich jetzt etwas Zeit, um etwas Persönliches zu untersuchen, ein Thema, das Sie beschäftigt, oder etwas, das Sie berührt. Benutzen Sie alle Fähigkeiten, alle Hingabe und Entschlossenheit, die Sie haben, um tief in Ihr gewähltes Thema einzudringen. Nach etwa zwanzig Minuten hören Sie auf und schauen sich an, welche Elemente Sie während der Untersuchung unterstützt haben. Haben Sie bei Ihrer Inquiry Entschlossenheit und innere Verpflichtung erlebt? Wie offen haben Sie sich gegenüber Ihrer Erfahrung gefühlt? Konnten Sie für das aufmerksam bleiben, was im Moment auftauchte, oder haben Sie gemerkt, daß Sie darauf warten, daß etwas passiert? Wenn Sie an einem bestimmten Punkt mutlos oder abgelenkt worden sind, was ist aufgetaucht und hat Ihnen geholfen durchzuhalten? Achten Sie auf die An- oder Abwesenheit innerer Unterstützung und Zuversicht, und wie sie begrenzt war und wann sie erschien und wann sie verschwand. Wieviel Anstrengung mußten Sie aufwenden, um weiterzumachen? Hat sich der Prozeß natürlich oder angestrengt angefühlt?

## Fragen und Antworten

*Schüler:* Es sieht so aus, als stammten für mich bei der Inquiry eine starke Motivation und innere Verpflichtung aus dem starken Wunsch, Schmerz, Leiden und inneren Konflikt zu lösen. Jedesmal, wenn ich merke, daß Schmerz meine Fähigkeit und Bereitschaft zur Inquiry motiviert, mache ich mich selbst fertig.
*Almaas:* Es ist natürlich und normal, daß Du keinen Schmerz willst. Jeder möchte sich von Schmerz befreien. Das ist nicht nur menschlich, es ist eine animalische Tendenz. Aber warum sollst Du Dich dafür fertigmachen? Würdest Du Dich jedesmal dafür fertigmachen, wenn Du Hunger bekommst und nichts zu essen hast?

*Schüler:* Ich glaube, ich habe ein Vorurteil, daß es besser ist, wenn ich von meiner Essenz komme.
*Almaas:* Es ist wahr, daß es besser ist, wenn Deine Motivation von der Liebe zur Wahrheit kommt, aber warum heißt das, daß Du Dich fertigmachen mußt? Muß Du immer der Beste sein? Ich bin bereit, der Zweitbeste zu sein. Vielleicht ist das der Grund, weshalb Dein Über-Ich etwas gegen Dich hat – weil Du glaubst, daß Du immer der Beste sein mußt. Bei der Inquiry darf der Wunsch, Lust zu steigern und Schmerz zu vermeiden, kein Problem sein. Wir berücksichtigen das und nehmen es in unser Feld der Inquiry hinein. Nicht daß diese Motivationen schlecht wären, es ist nur so, daß andere Motivationen tiefer, weiter sind.
Nirgendwo sagt die innere Arbeit, daß Ihr nicht versuchen solltet, etwas dafür zu tun, daß Ihr Euch besser fühlt. Ihr könnt euch massieren lassen, heiße Bäder nehmen, ins Kino gehen – alle hier machen solche Dinge. Wenn Ihr Schmerz empfindet, wollt Ihr also etwas dagegen tun. Zur Inquiry gehört, daß wir uns dabei zu helfen versuchen, daß es uns besser geht. Sie sieht die Anstrengung und erkennt, wie diese dazu tendiert, sie in eine bestimmte Richtung zu bewegen. Wenn wir uns selbst

nicht bewerten, können wir erkennen, daß der Versuch, den Schmerz zu beseitigen, bewirkt, daß es uns kurzfristig besser geht, aber nichts dafür tut, unseren fundamentalen Schmerz zu erleichtern.

Ihr müßt weiter Eure Ziele und Vorhaben erkennen, welche auch immer das sind, um Eure Inquiry zu öffnen. Wenn Ihr Euch nicht erlaubt, sie zu sehen, wird Eure Inquiry und Eure Offenheit begrenzt sein, ohne daß Ihr es wißt. Jeder hat Ziele, wenn er mit der Inquiry anfängt, denn solange es Identifikation mit dem Ego gibt, gibt es Wünsche und Vorlieben. Das ist normal.

In der Inquiry erforscht man nicht nur ein Thema, man erforscht auch den Forscher. Der Pfeil der Aufmerksamkeit zeigt in zwei Richtungen. Man schaut auf das Thema und zugleich auf die Haltung, die man ihm gegenüber einnimmt. Wenn man seine Haltung anschaut, wird man die Vorlieben, Werturteile, Tendenzen, Ziele und die Anstrengung erkennen, die man in die Inquiry mitbringt. Auch wenn man all diese Dinge erkennt, überdauern sie manchmal ziemlich lange, denn sie haben sehr tiefe Wurzeln.

Es ist nützlich, uns daran zu erinnern, daß wir mit der Inquiry eine erstaunliche und facettenreiche Fertigkeit erlernen. Ein Teil des Lernens besteht darin, Fehler zu machen, nicht mehr weiterzukommen und sich zu verlieren. Denken Sie daran: Das Raumschiff, das wir fliegen lernen, ist eines der schwierigsten und komplexesten. Wenn man das Schalpult vor sich anschaut, sieht man keine Knöpfe. Da ist nur eine glatte, transparente Oberfläche über funkelnden Lichtern, die sich ständig verändern. Man muß bestimmte Lichter genau im richtigen Moment und in der richtigen Reihenfolge berühren. Um das zu tun, braucht man Schnelligkeit, Geschicklichkeit und Umsicht. Diese Kapazitäten zu entwickeln braucht Zeit und Entschlossenheit, aber nach einer Weile wird man wie Commander Data in *Star Trek: Die nächste Generation* – man kann nicht sehen, wie sich die eigenen Hände bewegen, weil sie so schnell sind.

Bei der Inquiry lernen wir, wie wir natürlich sein können, wie wir aufhören, uns einzumischen, und zulassen, daß unsere natürliche Intelligenz funktioniert. Das ist das Interessante an der Inquiry. Grundsätzlich besteht die Übung darin, einfach aufzuhören und sein zu lassen. Dann passiert eine Menge. Es gibt keine Notwendigkeit, zu drängen und zu zerren. Einfach natürlich sein wird zur vollen Realisierung des Willens (Will). Und das tiefste Verständnis von Willen ist Mühelosigkeit, die wir realisieren, wenn wir unsere innere Unterstützung vollständig integriert haben. Inquiry wird dann spontan und Entfaltung geschieht von selbst, sie ist natürlich.

Von Anfang an muß Inquiry ein gewisses Maß dieser Mühelosigkeit verkörpern, sonst ist sie zielorientiert und ihre Offenheit eingeschränkt. Weil die Offenheit dem Sein erlaubt, mittels seiner verschiedenen Qualitäten intelligent zu funktionieren, müssen wir um so weniger tun, je mehr Offenheit da ist. Das bedeutet, daß auch von den frühesten Stufen der Inquiry an, wenn wir Momente von Offenheit realisieren, Mühelosigkeit in unserer Inquiry da sein wird. Wenn unsere Inquiry vollkommen mühelos ist, dann ist sie spontan, und Offenheit hat all ihre Einschränkungen überwunden. Das ist Freiheit.

# 20
# Grün

*Eingestimmte Führung*

## Empathisches Einstimmen

Wir benutzen viele Worte - Klarheit, Präzision, Stärke, Neugier, Liebe, Mitgefühl und so weiter –, um zu versuchen, etwas über Diamantene Führung zu sagen. Aber diese Worte sind nichts, verglichen mit ihrer unmittelbaren Präsenz, dem Geschmack und dem Aroma, wenn man sie wirklich erlebt. Worte sind vollkommen unzulänglich, um die Führung zu beschreiben, aber sie sind nützlich, wenn sie etwas in uns aktivieren.

Wir haben gesehen, daß Inquiry unsere Seele darauf einstimmt, für die besondere Erscheinungsweise unseres Seins empfänglich zu sein, die wir die Diamantene Führung nennen. Das Umgekehrte ist auch wahr: Je mehr diese Präsenz unsere Seele führt, um so eingestimmter ist unsere Inquiry. Aber die Inquiry muß für unsere unmittelbare Erfahrung und unsere spezifische Situation sensibel werden, um wahres Verstehen erfolgreich einladen zu können. Die Diamantene Führung sorgt für diese vollständige Sensibilität.

Die innere Haltung der Inquiry muß eine Eingestimmtheit und eine Empfindsamkeit haben, damit sie die wahre Eingestimmtheit der Führung reflektieren kann, die absolut ist. Die Diamantene Führung ist absolut auf unsere wahre Natur und auf den notwendigen Weg abgestimmt, den unsere Seele reisen muß, um für diese wahre Natur offen zu sein. Sie ist auch absolut darauf eingestimmt, wo wir in jedem Moment sind, damit sie uns diesen Weg entlang bringen kann. Führung bedeutet, einen von dem Platz, an dem man ist, zu dem Platz zu bringen, zu dem man unterwegs ist. Man kann jemanden nicht führen, wenn man ihn nicht da abholt, wo er ist. Wenn zum Beispiel jemand nicht mit seinen Gefühlen in Kontakt ist und man ihn dahin bringen will, sie klar auszudrücken, dann fängt man nicht damit an, ihm Techniken für Selbstausdruck beizubringen. Man fängt damit an, daß man ihm hilft, seine Gefühle zu erkennen. Dann erst kann man ihm dabei helfen zu lernen, wie er sie ausdrücken kann. Das ist Einstimmung.

Nicht nur leitet die Führung unsere Untersuchung, sondern ihre Eingestimmtheit mäßigt auch den Prozeß der Inquiry, so daß er kein Drängeln, keine Anstrengung und nichts Aufgezwungenes ist und nicht von Vorstellungen davon, was sein sollte, oder von Werturteilen motiviert ist. Das ist ein Hinweis darauf, daß die Diamantene Führung, mit ihrer Präzision und Klarheit in der Inquiry, die Güte und Sanftheit ausdrückt, die nötig ist, damit unsere Seele vertrauen, sich entspannen und öffnen kann. Ohne diese Eingestimmtheit wird die Seele nicht dazu in der Lage sein, das zu tun. Sie hat keinen Grund dafür. Die Inquiry muß eingestimmt sein, damit die Seele wissen kann, daß Inquiry sie nicht zu irgend etwas drängt oder erwartet, daß sie irgendwohin geht. Inquiry ist eine empfindsame, sensible und eingestimmte Tätigkeit, die ein echtes Interesse an der Erfahrung der Seele im Moment der Inquiry ausdrückt und auf diese Erfahrung empathisch antwortet.

Empathie mit einem selbst bedeutet, daß man weiß, wo man ist, und dafür sensibel ist, und nicht nach einem Plan handelt oder an einem Ziel bzw. Ideal davon orientiert ist, was geschehen sollte. Wenn wir eine Methode benutzen, um irgendwohin zu gelangen oder etwas zu tun, bedeutet das, daß wir nicht genau darauf eingestimmt sind, wo wir gerade sind. Das ist so, weil eine Methode ein standardisierter Ansatz ist, an den sich das Individuum anpaßt. Eine wahre Führung, eine intelligente Führung, eine Führung, die absolut für einen sorgt, wird zuerst genau sehen müssen, was mit einem exakt in diesem Moment vor sich geht, und dann im Einklang damit antworten. Wie soll der Leiter sonst wissen, welche die jeweiligen besonderen Bedürfnisse sind?

Unsere Seele öffnet sich am bereitwilligsten, wenn Inquiry unsere Erfahrung im jeweiligen Moment anspricht. Dies ist bei der Inquiry die Funktion der Grünen Latifa – des essentiellen Mitgefühl-Diamanten –, denn sie vermittelt uns die Fähigkeit, präzise und sensibel für das zu sein, was wirklich in der Seele passiert. Die Inquiry enthüllt uns also nicht nur klar und präzise Elemente unserer Erfahrung, sondern die Präzision selbst ist nichts anderes als das genaue Erkennen davon, wo sich unser Bewußtsein gerade befindet.

Gewöhnlich geschehen in unserem Leben zu jedem beliebigen Moment viele Dinge gleichzeitig. Es gibt aber einen Ort, wo unsere Erfahrung lokalisiert ist, wo das, was uns im Moment am meisten beschäftigt, von allen anderen Dingen, die passieren, unterschieden ist. Ein Beispiel: „Ich erlebe, daß ich krank bin, daß ich heirate und daß ich mich um meine fällige Steuererklärung kümmern muß, aber womit ich am meisten in Kontakt bin und was für mich in diesem Moment relevant ist, ist, daß ich den Wunsch empfinde, meinen Vater zu sehen." Unsere Inquiry muß dieses Gefühl angehen, nicht die Tatsache, daß eine Hochzeit bevorsteht, daß man Leberkrebs hat und daß man mit seiner Buchhaltung im Rückstand ist. Wo unser Herz ist, ist das, was die Inquiry ansprechen muß.

Inquiry muß also von allem in unserer Erfahrung ein Bewußtsein haben und alles berücksichtigen, aber sie wird unmittelbar das ansprechen müssen, was für einen im Moment wirklich wichtig ist. Sonst hat man nicht das Gefühl, daß die Inquiry sich an einen selbst richtet – sie richtet sich dann an irgendeine Vorstellung davon, was passieren sollte oder was wichtig ist. Diese Abstimmung ist die Funktion von Güte oder Mitgefühl in der Inquiry. Sie vermittelt unserer Inquiry eine eingestimmte Sensibilität, eine empathische Präzision. Inquiry ist dann auf den Schmerz der Seele eingestimmt, auf ihr Leiden und ihre Bedürfnisse und auf ihre Interessen und Lieben. Wenn Inquiry genau den Ort anspricht, wo unser Herz ist, antwortet das Herz. Wenn es gesehen und beachtet wird, wird es sich öffnen.

Dies ist ein wichtiger Grund, weshalb die Führung kein Drängen, kein Versuch, zu manipulieren, und nichts Angestrengtes sein kann, Dinge geschehen zu machen, denn all das ist von Idealen, Werturteilen, Meinungen und Sichtweisen bestimmt. In diesen Fällen wird man sich an einem gewissen Punkt fragen, ob man der ist, um den es geht, denn man wird in seinem Herzen fühlen, daß man sich an eine fremde Meinung über das, was zu geschehen hat, anpassen muß.

## Güte und Mitgefühl

Güte vermittelt der Inquiry die Fähigkeit, unserer Erfahrung zuzuhören und für die Mitteilungen unserer Seele empfänglich zu sein. Das erlaubt der Seele, für Enthüllung und Entfaltung weit offen zu sein. Wenn unsere Inquiry von Güte uns selbst gegenüber charakterisiert ist, sind wir nicht daran interessiert zu werten oder zu beurteilen. Unser Interesse geht dann dahin, wahrhaft zu verstehen, wer wir sind, und nicht, uns zu verändern oder einem Modell oder einer Form anzupassen. Güte vermittelt unserer Inquiry eine Art Intelligenz, die auf die aktuelle Situation und auf die präzisen Nuancen unserer Erfahrung antworten kann. Sie drückt auf eine vollkommen selbstlose Weise die Offenheit unseres Seins aus. Diese selbstlose Offenheit ist für das Wirken der Diamantenen Führung grundlegend. Daher muß unsere innere Haltung diesem selbstlosen Dienst, den uns die Führung bietet, entsprechen und ihn reflektieren.

Wir erforschen hier die Qualität von Mitgefühl oder Liebender Güte (Loving-kindness), die sich als Sensibilität, Empathie und Eingestimmtheit manifestiert, die für Inquiry notwendig sind. Die Eingestimmtheit des Grünen Diamanten der Diamantenen Führung ist so vollkommen selbstlos, daß sie eine unbegrenzte Kapazität dafür hat, uns genau da zu sehen, wo wir sind. Damit bekommt unsere Unterscheidungsfähigkeit Präzision. Es gibt aber einen Unterschied, wie das Ego Eingestimmtheit sieht und wie das Sein dies tut. Gewöhnlich gilt als Eingestimmtheit, daß man sieht, wo ein Mensch ist, und man ihm dann gibt, was er zu wollen meint. Was die Seele wirklich braucht, ist ein eingestimmtes Verstehen, eines, das nicht nur sieht, wo sie im Moment ist, sondern auch erkennt, wo sie in Beziehung zu ihrer wahren Natur ist. Die Eingestimmtheit der Diamantenen Führung sorgt für dieses Verständnis und führt dann die Seele zu ihrer wahren Natur, denn das ist es, was sie in Wahrheit will.

Wenn man sieht, daß Menschen leiden und sie unterstützen möchte, dann klopft man ihnen also nicht auf die Schulter oder sagt ihnen ein paar aufmunternde Worte. Nein, man tut etwas, um ihnen zu helfen, tieferzugehen. Die vorherrschende Auffassung von empathischer Einstimmung ist, daß man dafür sorgen sollte, daß jemand sich sicher fühlt oder daß man jemandem versichert, daß keine Gefahr besteht. Aber bei wahrer Unterstützung geht es nicht darum, jemandem das Gefühl zu vermitteln, daß er sicher ist. Es geht darum, präzise zu sehen und zu erkennen, wo der Mensch ist, damit er vertrauen kann – nicht weil keine Gefahr besteht, sondern weil es ein wahres Verständnis gibt.

Wenn beispielsweise jemand wiederholt von seiner Mutter verletzt wurde, kann man zu diesem Menschen freundlich sein und ihm dabei helfen zu fühlen, daß es in Ordnung ist, verletzt zu sein, und daß es auch in Ordnung ist, auf die Mutter wütend zu sein und sie zu hassen. Aber das ist nur ein Teil der Geschichte. Emotionale Einstimmung erkennt an, daß es da einen Haß gibt, weil die Seele verletzt worden ist, und Verletzung natürlicherweise Haß erzeugt, wenn man sich ohnmächtig fühlt, das, was die Verletzung verursacht, daran zu hindern, es weiter zu tun. Die wahre Einstimmung der Grünen Essenz ist sich aber bewußt, daß der reale Grund, aus dem der Mensch leidet, der ist, daß er den Kontakt mit seiner wahren Natur verloren hat. Er leidet nicht wirklich, weil seine Mutter ihn verletzt hat, sondern weil diese Verletzung seine Verbindung mit dem unterbrochen hat, was das Kostbarste in ihm ist.

Wir sehen hier, daß aus der Perspektive der Diamantenen Führung der Impuls, zu diesem Menschen freundlich zu sein, weil seine Mutter ihn verletzt hat, nur der Anfang wahren Mitgefühls ist. Das Mitgefühl unserer wahren Natur antwortet aus dem Wissen heraus, daß das zentrale Element im Leiden unserer Seele, auch wenn Verletzung, Schmerz, Mißbrauch und Trauma in der Kindheit vorkommen, darin besteht, daß diese Erfahrungen unsere Verbindung mit wahrer Natur unterbrechen. Wenn ein Leiter nicht diese Perspektive hat, dann ist dieser Mensch noch kein wahrer spiritueller Führer. So ein Führer kann einem vielleicht helfen, mit dem Schmerz umzugehen und sich besser zu fühlen. Aber ein spiritueller Führer wird bei diesem Schmerz und dieser Unterbrechung oder diesem Bruch beginnen – weil es das ist, was sich für einen jetzt wahr anfühlt – und einen von da aus auf die Reise zu seiner wahren Natur bringen. Dies ist ein sehr empfindliches Vorhaben und verlangt die unbegrenzte Offenheit des Seins.

Eingestimmtheit und Mitgefühl dieser Art verlangen offensichtlich eine Vision, die ein tiefes Verständnis wahrer Natur reflektiert, ein Verständnis dessen, was ein Mensch ist, woraus der Weg besteht und so weiter. Aber die Fähigkeit oder das Element, von dem wir hier sprechen, ist sensible Eingestimmtheit. Sie ist ein Ausdruck objektiven und essentiellen Mitgefühls, des Grünen Diamanten der Diamantenen Führung, das eine Wärme und ein Annehmen an sich hat, die von der Präzision und der Schärfe nicht zu trennen sind. Es geht nicht nur darum, die eigene Situation zu sehen und zu fühlen: „Das ist schrecklich. Ich werde es ändern." Es geht darum, die Situation zu sehen und zu akzeptieren, daß dies der Ort ist, an dem man ist. Man nimmt die innere Haltung ein: „Ich will genau wissen, wie es sich anfühlt, hier zu sein."

Wenn man einem Freund zuhört, hilft man ihm wirklich, wenn man da ist und sich in ihn hineinversetzt und so genau wie möglich weiß, wie es sich anfühlt, wenn man die Erfahrung macht, die er beschreibt. Genauso ist es, wenn man seine eigene Erfahrung untersucht: Man will einfach wissen, wie es sich anfühlt, genau an dem Ort zu sein, an dem man ist. Man will sich wirklich selbst verstehen, weil es einem wichtig ist.

Die meisten von uns glauben, daß es wenig oder keine anteilnehmende Einfühlung für uns gibt. Wir haben nicht das Gefühl, daß Menschen wirklich den Wunsch haben, uns zu verstehen. Also legen wir uns Abwehrmechanismen zu, um uns zu schützen. Wir verschließen uns, weil andere Menschen etwas von uns wollen oder möchten, daß wir so oder anders sind. Es ist schwer, in so einer Umgebung offen zu sein. In ähnlicher Weise können wir unser Bedürfnis nach Selbstschutz nur dann loslassen, wenn wir erkennen, daß unsere Inquiry von einem wahren Wunsch motiviert ist zu sehen, wo wir sind.

### Fragen und Antworten

*Schüler:* Ich habe etwas herausgefunden: Wenn meine Inquiry real ist, dann ist sie automatisch eingestimmt und sensibel. In solchen Momenten bin ich von meinem Über-Ich und seinen Attacken freier.

*Almaas:* Sehr gut. Wenn Ihr wirklich daran interessiert seid, herauszufinden, wo Ihr seid, dann werdet Ihr keine Normen annehmen, nach denen Ihr Euch beurteilt. In gewissem Sinn versetzt Inquiry das Über-Ich in einen Schlafzustand. Wenn man den tiefen Wunsch hat, seine Erfahrung zu untersuchen, bedeutet das, daß man sich selbst verstehen will, und das ist die mitfühlendste Orientierung, die man sich selbst gegenüber haben kann. Das ist der Grund, weshalb das Über-Ich sich in solchen Augenblicken nicht meldet – es ist keine mitfühlende Instanz. Das Über-Ich ist nicht daran interessiert, Euch zu verstehen, es will nur, daß Ihr konform seid. Inquiry bedeutet, daß Ihr wirklich wissen wollt, was los ist, ohne Euch um Ergebnisse oder Konsequenzen zu kümmern. Die Inquiry selbst bringt also mit Sicherheit Mitgefühl mit sich.

*Schüler:* Ich fand eines überraschend: wenn Inquiry tief und echt wird, fange ich an, viel Dankbarkeit zu empfinden.
*Almaas:* Das ist das Interessante, das passiert, wenn wir eine Inquiry machen: Unser Sein entfaltet sich nicht nur, sondern in dieser Entfaltung verschafft es uns, was wir brauchen. Inquiry ist eine intelligente Entfaltung, die antwortet und auf uns reagiert. Wenn Ihr merkt, daß das, was sich entfaltet, genau das ist, was Ihr braucht, steigt Dankbarkeit im Herzen auf. Wie Ihr gesehen habt, ist es nicht nur die Führung, die eingestimmt ist. Die Entfaltung selbst wird eingestimmt. Das meinen wir, wenn wir sie eine geführte Entfaltung nennen.

*Schüler:* Ich habe in meiner Inquiry bemerkt, daß die Führung (Guidance) nicht immer da ist. Warum ist das so?
*Almaas:* Die Führung kommt und geht in Abhängigkeit von zwei Dingen: von dem objektiven Bedürfnis der Situation und davon, wie offen Ihr für die Wahrheit seid. Je offener Ihr für die Wahrheit seid, um so mehr erscheint die Diamantene Führung. Wenn Euch die Wahrheit egal ist, verschwindet die Führung für eine Weile. Diamantene Führung enthüllt die Wahrheit. Warum sollte sie also bleiben, wenn Ihr an der Wahrheit nicht interessiert seid? Ihre Funktion und ihr Wirken ist in solchen Momenten nicht eingeladen. Sie ist immer daran interessiert, uns zu führen, sie ist immer da und bereit, sich zu zeigen. Aber wenn wir sie nicht einladen, werden wir nicht sehen, daß sie da ist, und wir werden nicht die Offenheit mitbringen, die sie für ihr Wirken braucht. Wir müssen uns ihr also zuwenden.

Die Führung führt uns permanent. Sehr oft wollen wir sie nicht hören und wollen sie nicht erkennen oder auf sie hören. Wir sind mit allen möglichen anderen Dingen beschäftigt, die wir für wichtiger halten. Das ist der Grund, weshalb wir die Führung um so mehr an allen Orten sehen, je mehr wir uns selbst einstimmen, je offener wir sind und je mehr wir an der Wahrheit interessiert sind.

Führung erscheint überall in der ganzen Welt. Alles, was geschieht, enthält eine Art Führung. Wir müssen uns daran erinnern, daß die Diamantene Führung der essentielle Nous, der Mikrokosmos des universellen Nous ist. Sie ist nichts anderes als der Ausdruck des inhärenten wahren, unterscheidenden Wissens von Sein in unserer Seele – was ich den Verstand Gottes (God's mind) genannt habe. Wenn wir uns seiner Führung öffnen, führt er uns also zu diesem universellen Wissen, und dann ist Führung überall, wo wir hinschauen.

## Leiden, Sensibilität und Wahrheit

Wenn wir die Qualität der Einstimmung und der Empathie mit der entsprechenden Offenheit untersuchen, ist es unvermeidlich, daß bei den meisten von uns sehr viel Schmerz und Verletzung hochkommen. Das bedeutet mehrerlei. Erstens, daß wir dadurch, daß wir darauf eingestimmt sind, wo wir sind, vollständiger und genauer erkennen, was wir wirklich erleben. Das Auftauchen von Schmerz bedeutet, daß es in unserer menschlichen Erfahrung viel Leiden gibt. Wenn wir mit einer eingestimmten, präzisen Optik hinschauen, sehen wir dieses Leiden. Im Grunde ist ein wichtiger Grund, weshalb unsere Erfahrung gewöhnlich so begrenzt ist, daß wir einen Widerstand dagegen haben, das Ausmaß unseres Schmerzes und unseres Leidens zu sehen. Die Seele verschließt sich, um zu vermeiden, Verletzung, Schmerz, Leiden und Schwierigkeiten zu fühlen, die in menschlicher Erfahrung normal sind. Etwas anderes, was diese Beobachtung anzeigt, ist, daß Schmerz und Leiden in menschlicher Erfahrung die Anwesenheit von Liebender Güte verlangen – die Sensibilität, Sanftheit und heilende Qualität der Grünen Essenz. Sie zeigt auch, daß unsere Inquiry nicht nur verkörpern muß, was sich gut und toll anfühlt, sondern auch eine wahre Offenheit, die unseren Schmerz und unser Leiden willkommen heißt.

Wenn unsere Inquiry für unseren Schmerz offen ist, wird er sich öffnen und der heilenden Kraft Liebender Güte aussetzen. Ferner werden sich unser Schmerz und unser Leiden öffnen und die Wahrheit enthüllen, die verborgen ist, wenn wir den Schmerz verschließen. Wenn unsere Inquiry sich nicht für unseren Schmerz öffnet, kann sie nicht sehr weit kommen, weil der Weg zu unserer eigenen Wahrheit von unseren Meinungen und unserer Abwehr blockiert ist, die uns vor dem Schmerz schützen, den wir haben – den Schmerz, den Menschen natürlicherweise erfahren.

Manchmal können wir dadurch Schmerz vermeiden, daß wir unsere Empfindsamkeit reduzieren, und manchmal ist Schmerz einfach unvermeidlich. Wir können nicht anders, als ihn zu fühlen. Aber essentielles Mitgefühl antwortet auf alle Formen von Schmerz und heißt ihn willkommen – sei er mental, physisch, emotional oder spirituell, offen oder verborgen. In dem Moment, in dem die Grüne Latifa in unserer Inquiry da ist, nehmen Empfindsamkeit und Offenheit zu und vertiefen sich von allen Seiten. Inquiry ist offener und empfindsamer, und die Offenheit wird eingestimmter und empathischer. Das bedeutet, daß die Seele jetzt offener dafür ist, ihr Leiden und ihre Verletzlichkeit zu offenbaren.

Wenn wir mit unserer wahren Natur nicht in Kontakt sind, kann der emotionale Schmerz unseres Alltagslebens anfangen, sich unerträglich anzufühlen. Aber je mehr wir uns als unsere wahre Natur erkennen, um so weniger bedeutsam wird unser emotionaler Schmerz. Unabhängig davon, wie tief der emotionale Schmerz geht, unsere wahre Natur ist unendlich tiefer. Aber ohne Zugang zu der Tiefe dessen, wer und was wir sind, fühlt sich intensiver Schmerz überwältigend an. Er bedroht unser Gefühl davon, wer wir sind, folglich verschließen wir uns. Mit der Zeit blockieren wir den Schmerz, indem wir uns abstumpfen, indem wir uns unempfindlich, dickfellig und grob machen. Ohne die weiche, strahlende Wärme Liebender Güte werden wir nicht genug Vertrauen haben, uns zu öffnen. Unser Erfahrungsfeld braucht diese Sensibilität, weil wir unempfindlich geworden sind.

Wenn unsere Inquiry also Offenheit in unsere Erfahrung einladen soll, muß sie für die Möglichkeit offen sein, den Schmerz, die Verletzung und das Leiden zu fühlen. Sie muß nicht nur in dem Sinn offen sein, daß man zuläßt, daß das Leiden an die Oberfläche des Bewußtseins gelangt, sondern die Offenheit muß Sanftheit, Zartheit, Sensibilität, Weichheit und Rücksicht verkörpern. Nur das wird die Seele wirklich einladen, ihren Schmerz zu öffnen.

Einfach gesagt, Inquiry verlangt die Anwesenheit von Liebender Güte. Unsere Klarheit und Präzision müssen die Sensibilität der Güte verkörpern, um genau darauf zu antworten, wo wir sind. Mit Mitgefühl betrachtet Inquiry angemessen – auf eine sehr sanfte, zarte, selbstlose Weise –, wie verletzlich wir sind und wie wir leiden. Unsere Inquiry muß also mutig, neugierig und standhaft sein, aber auch rücksichtsvoll gegenüber dem Schmerz und empfindsam für unsere Verletzlichkeit. Auf diese Weise wird unsere Seele bereit und daran interessiert sein, sich zu öffnen und ihren verborgenen Schmerz zu enthüllen. Diese Anwesenheit präziser und eingestimmter Güte erlaubt unserer Seele auch, von dem heilenden Element berührt zu werden, das die Präsenz Liebender Güte ist – der Grünen Essenz.

Das Heilen bestimmten Schmerzes ist aber nicht das Hauptanliegen von Inquiry. Die Hauptaufgabe der Inquiry ist es, der Seele zu helfen, sich zu öffnen und ihre Schätze zu enthüllen, damit sie ein Fenster für unser Sein werden kann. Mit anderen Worten, bei wahrem Heilen geht es nicht nur darum, bestimmte Schmerzen zu heilen, es heilt den Riß zwischen der Seele und ihrem Sein. Das Ziel oder der Gegenstand essentiellen Mitgefühls, des Grünen Diamanten der Führung, ist es also, diese Unterbrechung der Verbindung oder die Entfremdung zwischen der Seele und ihrer wahren Natur zu heilen. Das ist es, was die menschliche Seele wahrhaft und endgültig heilen wird.

Ein gewisser Schmerz aus unserer Vergangenheit kann unsere Erfahrung in der Gegenwart bestimmen und einschränken, weil wir nicht mit dem verbunden sind, was wir in Wahrheit sind. Wenn man mit seiner wahren Natur verbunden ist, macht es einem nichts aus, von anderen abgelehnt oder verletzt zu werden. Man ist nur traurig über sie. Man erkennt die Wunde, die bewirkt, daß sie sich so verhalten, wie sie es tun. Aber wenn die Verbindung mit der eigenen wahren Natur unterbrochen ist, dann wird man selbst verwundet.

Die Inquiry muß also unsere besonderen Wunden ansprechen, aber die Güte der Führung antwortet von einer weiteren Perspektive aus, die das Wesen wahren Heilens kennt. Spezifische Schmerzen werden angesprochen, weil das die einzige Möglichkeit ist, wie die tiefere Wahrheit aufgedeckt werden kann. Aber die Führung heilt einen bestimmten Schmerz nicht immer sofort. Sie hält die Wunde vielleicht offen, damit man nicht vergißt, daß eine größere Verbundenheit möglich ist. Das hält einen davon ab, mit seinem Schmerz und seinem Leiden so umzugehen, daß es einem nur besser gehen soll und man dann segeln gehen, sich wieder seiner Arbeit zuwenden oder sein vertrautes Leben wieder aufnehmen kann. Die Führung wartet also vielleicht, bis man sich der Wahrheit ganz verpflichtet fühlt, bevor sie das Heilen zuläßt. Sonst würde sie nicht im Einklang mit ihrem wahren Zweck wirksam sein. Die Führung ist dennoch absolut mitfühlend. Wenn sie die Wunde offen hält, bedeutet das nicht, daß sie den Schmerz zuläßt, um wehzutun. Der Zweck ist immer, die Fähigkeit der Seele zur Selbsteinstimmung zu vertiefen, und das bedeutet, sie zu ihrer Essenz zu bringen.

Wir brauchen die Güte der Führung, um bei dem Leiden der Seele bleiben zu können. Ohne sie ist es zu schmerzhaft, die Schwierigkeiten in unserer Erfahrung zu ertragen, und Inquiry wäre unmöglich. Oft verschließen wir etwa unser Herz mit unserer Wut und unserem Zorn. Um uns für den Schmerz zu öffnen, der da ist, müssen wir durch den Zorn und die Wut hindurchgehen. Um das zu tun, ist Sensibilität nötig, damit wir erkennen können, daß die Wut unsere Wut über den Schmerz ist. Wenn wir untersuchen, worum es bei der Wut geht, wird das also die Verletzung enthüllen. Sonst wird sie verborgen bleiben. Das Erleben der Verletzung wird die darunterliegende Wahrheit enthüllen und auch unser Herz für die essentielle Qualität des Mitgefühls, die Grüne Latifa, öffnen.

Die Intelligenz des Mitgefühls erlaubt eine Güte, die nicht versucht, Leiden zu beseitigen, sondern eine Offenheit für alles erzeugt, was auch passiert, damit die Wahrheit die Möglichkeit bekommt, sich zu enthüllen. So wirkt Inquiry den Tendenzen des Egos entgegen. Das Ego will keinen Schmerz. Es will sich vor Schmerz schützen, Führung will den Schmerz öffnen. Sie möchte, daß wir den Schmerz so tief wie möglich erleben, denn ohne diese Bereitschaft, alles zu fühlen, was da ist, werden wir nicht für uns selbst oder unsere Erfahrung offen sein.

Das ist der Grund, warum wir unseren Schmerz und unsere Verletztheit empfinden müssen, um mit unserem Mitgefühl in Kontakt kommen zu können – weil es unser Schmerz ist, der das Mitgefühl einlädt. Mitgefühl meldet sich als eine Antwort auf Schmerz. Zugleich brauchen wir das Mitgefühl, um auf unsere Erfahrung eingestimmt zu sein, damit unsere Inquiry wirksam sein kann.

Ohne unseren Schmerz wäre unsere Güte eingeschränkt, was unsere Eingestimmtheit einschränken würde, was dann wiederum unsere Inquiry einschränken würde. Menschen sind daran gewöhnt zu glauben, daß emotionaler Schmerz schlecht ist, aber emotionaler Schmerz ist vor allem eine Einladung an Mitgefühl, eine Einladung an Sensibilität. So lernen Menschen, sensibel zu sein – wir werden gekocht, und wenn wir gekocht werden, werden wir weich. Wir werden zart und sensibel.

Natürlich müssen wir mit dem Schmerz richtig umgehen, denn Erfahrung von Schmerz an sich entwickelt noch nicht unsere Sensibilität. Sie kann uns auch hart machen oder unsere Wahrnehmungen entstellen, wenn wir keine Unterstützung durch unsere tiefere Natur haben. Mithilfe von Verstehen können wir aber sehen, daß unser Mitgefühl und unsere Sensibilität mehr Gelegenheit bekommen, sich zu entwickeln, wenn viel Schmerz da ist.

Menschen Schmerz zuzufügen, ist nicht mitfühlend. Menschen müssen ohnehin schon mehr Schmerz erleiden, als sie bewältigen können. Es ist nur dann mitfühlend, Schmerz hervorzurufen, wenn der Mensch sich für den Schmerz öffnen und wenn er von dem Schmerz mehr profitieren kann, als davon, wenn er ihn nicht hätte. Wer kann schon sagen, ob das der Fall ist? Unter bestimmten Umständen fügen manche Lehrer, wenn sie sich sicher sind, ihren Schülern Schmerzen zu, um eine bestimmte Veränderung zu provozieren. Aber im allgemeinen gibt es schon mehr als genug Leid, und die meisten Menschen sind nicht einmal bereit, sich dem Schmerz zu öffnen, den sie schon haben. Warum also noch mehr verursachen?

## Übung
### Ihre Beziehung zu schwierigen Erfahrungen

Wählen Sie ein Thema oder ein Element Ihrer Erfahrung, bei dem Sie schwer stehenbleiben können oder das für Sie schwer anzuschauen ist. Vielleicht ist es eine konfliktreiche Beziehung oder die Erfahrung, daß jemand Sie nicht beachtet. Vielleicht ist es ein bestimmtes Gefühl, das Sie bewerten, oder etwas an sich selbst, das Sie enttäuschend finden. Nehmen Sie sich fünfzehn

Minuten Zeit, um diesen Teil Ihrer Erfahrung zu untersuchen. Wenn nötig, beginnen Sie damit, daß Sie fühlen und untersuchen, was es so schwer macht, diesen Bereich anzuschauen. Wenn Sie in der Lage sind, sich auf eine nicht wertende Weise dafür zu öffnen, bleiben Sie einfach bei den Gefühlen und Wahrnehmungen, ohne zu versuchen, irgendwohin zu gelangen, indem Sie sie „lösen". Seien Sie sich der gewohnten Weisen bewußt, wie Sie sich in bezug auf diesen Aspekt Ihrer Erfahrung orientiert haben. Achten Sie darauf, was in Ihrer Erfahrung auftaucht, und beschreiben Sie es so einfach und unmittelbar wie möglich.

Wenn Sie die Inquiry beendet haben, betrachten Sie Ihre Erfahrung in Beziehung zu diesem schmerzhaften Thema. Wie fanden Sie Ihre Beziehung zu dem, was Sie erfahren haben? Wie sehr war es Ihnen möglich, für das offen zu bleiben, was geschah? Waren Sie sich in Ihrer Inquiry der Anwesenheit der Grünen Essenz bewußt? Wenn sie da war, was geschah dann? Können Sie irgendwelche besonderen Qualitäten von Mitgefühl identifizieren, die Sie erfahren haben, wie Güte, Eingestimmtheit, Wärme, Sanftheit, zarte Offenheit? Was war Ihre Erfahrung, wenn Güte oder Eingestimmtheit nicht da waren? Wenn es schwer war, Kontakt zu Ihrer eigenen mitfühlenden Präsenz zu bekommen, können Sie erkennen, was sie blockiert hat?

## Die Sensibilität des Bewußtseins

Zusammenfassend gesagt, die Diamantene Führung ist ein Ausdruck der Güte unseres Seins. Wenn die Inquiry eingestimmt und für die Diamantene Führung empfänglich ist – oder wenn ihr Funktionieren der Wirkung der Führung nahekommt –, dann bringt die Führung die Fähigkeit zum Mitgefühl (Compassion) mit sich. Dieses Mitgefühl manifestiert sich als eine Offenheit für den Schmerz, die ihm erlaubt, sich zu öffnen und seine Wahrheit zu enthüllen. Es sorgt auch für die Fähigkeit einer präzisen, empathischen Eingestimmtheit, die die mächtigste Weise wird, Erfahrung zu erlauben sich zu entfalten.

Aber woher kommt diese Eingestimmtheit, die das Entfalten von Schmerz und Leiden einlädt? Was ist es an der Grünen Latifa, der Liebenden Güte, das die Antwort auf Schmerz möglich macht? Um das zu verstehen, müssen wir die Latifa des Mitgefühls aus einer eher transzendenten Perspektive betrachten, aus der Perspektive von Sein. Anders gesagt, wie erscheint Mitgefühl in den Augen Gottes, unabhängig von den Bedürfnissen der menschlichen Seele?

Aus dieser transzendenten Perspektive gesehen, repräsentiert die Weiße Latifa, oder der Wille (Will), die kreative Kraft von Sein. Die Rote Latifa, oder die Stärke (Strength), repräsentiert die ästhetische Schönheit dieser Kreativität, wie sie im Reichtum und der Farbigkeit des ihr eigenen unterscheidenden Erkennens zum Ausdruck kommt. Die Gelbe Latifa, oder die Freude (Joy), repräsentiert das Spielerische und die Feier dieser schönen Schöpfung. Die Feier, die Schönheit und die Kreativität existieren, ob Menschen sie brauchen oder nicht, ob es Leiden gibt oder nicht. Was repräsentiert also die Grüne Latifa? Was ist die Qualität von Grün, unabhängig von unseren menschlichen Bedürfnissen, das für die spezifischen Fähigkeiten sorgt, die wir in diesem Kapitel besprochen haben?

Wir können diese Frage angehen, wenn wir anerkennen, daß man mit dem Grün, das in unserer Erfahrung entsteht, auf eine sanfte und sensible Weise präsent und für die Situation offen wird. Man fühlt den Inhalt der Erfahrung der Seele unmittelbar. Man erschließt nicht mental, was passiert – man weiß es auf eine intime Weise, indem man es durch verletzliche und sensible Offenheit empfindet. Grün versieht die Offenheit von Sein mit einer transparenten Verletzlichkeit. Diese verletzliche Bewußtheit weist auf die Qualität hin, die die Grüne Essenz für unser Sein darstellt – eine Empfindsamkeit des Bewußtseins.

Bewußtsein verlangt Empfindsamkeit, damit es sich selbst fühlen, erfahren und mit sich in Kontakt sein kann. Die Grüne Latifa sorgt für eine Empfindsamkeit des Herzens, die nicht nur Bewußtheit oder Bewußtsein ist. Unser Bewußtsein wird zart, geschmeidig, weich und sehr genau bedacht in bezug auf das, was geschieht. Es bekommt eine verfeinerte, besondere Bewußtheit, die wir als eine Sensibilität empfinden. Es ist so, als wäre jedes Atom unserer Seele zu einem Fühler, zu einer Nervenfaser geworden, die auf eine sehr zarte, subtile und verfeinerte Weise spüren und fühlen kann. Diese Sensibilität durchdringt das ganze Feld der Erfahrung, die ganze Seele, wenn der Grüne Aspekt von Mitgefühl vorherrscht. Sie ermöglicht uns, daß wir die unserer Erfahrung eigene Unterscheidungsfähigkeit durch Gefühl, durch Intimität und durch Kontakt erkennen.

Die Gelbe Latifa ist schön, hell und leicht. Die Weiße Latifa ist rein und unberührt. Die Rote Latifa ist brillant, glänzend und prächtig. Die Grüne Latifa kann auch sehr strahlend sein – ein Smaragdgrün, das Leuchten und Sensibilität zugleich sein kann. Es ist nicht die Art Sensibilität eines Mikroskops oder eines Teleskops. Es ist eine Sensibilität des Herzens, der Seele selbst. Diese Sensibilität ist der Grund dafür, Mitgefühl zu entwickeln, ein Grund, der größer und tiefer ist als der Wunsch, unseren Schmerz zu heilen. Wenn man das Wesen der Grünen Essenz vollständiger versteht, wird sie für unsere Seele verfügbarer, um sie für Einstimmung und Inquiry zu nutzen. Es ist evident, daß wir Sensibilität brauchen, um uns genau auf das einzustimmen, was geschieht. Mit anderen Worten, Eingestimmtheit ist wie Empathie ein besonderer Ausdruck dieser Sensibilität.

Sensibilität ist in unserer Inquiry offensichtlich sehr wichtig. Sensibilität macht den Inhalt von Erfahrung ganz und wahrhaft zugänglich. Ohne diesen äußerst präsenten und zugänglichen Inhalt tendiert unsere Inquiry dazu, intellektuell und abgetrennt zu sein, und entfaltet die Seele nicht. Je mehr wir diese Sensibilität, diese Weichheit besitzen, um so unmittelbarer werden wir uns unserer Erfahrung bewußt – indem wir sie von innen berühren.

Wenn Gott die Welt erschafft, um sie zu erfahren, wie sollte Gott das ohne diese Sensibilität tun? Was manche spirituelle Traditionen als Zeugen-Bewußtheit (witness awareness) bezeichnen, nimmt die Dinge aus einem Abstand wahr; es ist eine unbeteiligte Bewußtheit. Aber mit dem Smaragdgrün Liebender Güte wird Bewußtsein zu einer Bewußtheit, die berührt und fühlt, die durch Intimität weiß. Das dem Sein eigene Wissen hat jetzt eine zusätzliche Dimension, eine neue Art Tiefe und Fülle, die die unterscheidende Bewußtheit mit Lebendigkeit und Zärtlichkeit erfüllt.

Die Sensibilität des Grünen Aspektes bringt eine Verletzlichkeit und Offenheit mit sich, die für das Leben an sich charakteristisch ist. Sie erzeugt ein Gefühl zarter, jungfräulicher Lebendigkeit. All unsere Gefühle und Empfindungen erscheinen so, als wären sie Blätter, die eben geboren wurden – sehr zart, sehr weich, aber sehr lebendig und sehr frisch. Es ist kein Zufall, daß Blätter grün sind. Das Herz der Seele ist wach und spürt auf intime Weise die Entfaltung seiner eigenen Natur.

# 21
# Schwarz
## *Die Kraft zum Durchschneiden*

### Die subtilen Organe der Wahrnehmung

Sensibilität ist das, was der Inquiry die verschiedenen Erfahrungen, Gefühle und Zustände, die wir untersuchen, zugänglich macht. Je empfindsamer wir sind, um so greifbarer, konkreter, lebendiger, genauer und zugänglicher wird der Inhalt unserer Erfahrung. Wenn wir mit unserer Erfahrung mehr in Kontakt sind, sind wir in der Lage, unsere Zustände tiefer und vollständiger zu kennen, wenn sie erscheinen, was bedeutet, daß unser Verständnis sich vertieft. Es ist nicht nur so, daß eine größere Sensibilität der Inquiry hilft, indem sie ihr die Daten liefert, die wir brauchen; die Sensibilität ist vielmehr schon ein Teil dessen, was die Inquiry sucht – die klare, in Erfahrung begründete Unterscheidung dessen, was geschieht, die Wahrheit unserer Erfahrung.

Diese Sensibilität, wie Bewußtsein und Bewußtheit im allgemeinen, manifestiert sich in den verschiedenen Organen der Wahrnehmung. Unser Sehen, Hören, Berühren, Schmecken und Riechen sind Erweiterungen unseres Bewußtseins, die uns erlauben, für Erfahrung generll sensibel zu sein. Je mehr diese Sinne geklärt sind, um so lebendiger ist unsere Erfahrung, was sowohl Inquiry fördert, als auch das Verstehen aktualisiert, das die Inquiry ermöglicht.

Da wir aber die Art von Inquiry lernen, die uns in die Tiefen unserer wahren Natur bringt, reichen diese Organe der Wahrnehmung allein nicht aus, denn sie sind begrenzte Fähigkeiten. Besonders sind sie durch unsere Weltsicht und unsere Annahmen über die Realität eingeschränkt. Wir wissen es vielleicht nicht, aber unser Gesichts-, Gehör-, Tast-, Geschmacks- und Geruchsinn und unser kinästhetischer Sinn operieren alle durch subtile Schleier hindurch. Diese Schleier bestehen aus unserem Selbstbild und aus unserer Wahrnehmung der Welt – die auf angesammelten Ablagerungen aus unserer Geschichte beruhen.

Wenn sich also unsere Inquiry vertieft und kraftvoller wird, wird die Folge sein, daß unsere Fähigkeit, unsere Erfahrung zu empfinden, subtiler, tiefer und durchdringender werden muß. Nicht nur müssen unsere physischen Sinne wirklich lebendiger und intensiver werden, wir müssen auch subtilere Sinne hinzunehmen. Wir müssen unseren Körper und unsere inneren Wahrnehmungen tiefer und klarer spüren. Wir müssen auch das Herz-Zentrum öffnen, damit wir unsere Emotionen und unsere Gefühlszustände intimer und lebendiger fühlen können. Und wir müssen größere Klarheit, inneren Raum und Stille in unserem Denken haben, um Gedanken und ihre Prozesse wahrnehmen zu können.

Diese Verfeinerung unseres Bewußtseins ist eine natürliche Entwicklung in den frühen Stadien der Übung, präsent zu sein, und der Inquiry. Wenn unsere Inquiry sich vertieft, geht sie weiter und fängt an, die Diamantene Führung einzuladen. Unsere Inquiry beginnt dann, von dieser Präsenz erfüllt und von ihr geleitet zu werden. Die Führung öffnet sich und entwickelt neue Fähigkeiten der Wahrnehmung, die nicht physisch sind. Ich nenne diese die subtilen Fähigkeiten der Wahrnehmung – andere betrachten sie vielleicht als intuitive Fähigkeiten. Das wiederum intensiviert unsere Inquiry und verleiht ihr mehr Kraft. So intensivieren sich unsere Kräfte der Wahrnehmung nicht nur, sie vervielfachen sich auch.

Zu dieser Entwicklung der subtilen Fähigkeiten kommt es besonders durch die Aktivierung der Schwarzen Latifa, in der Mitte der Stirn. Wenn dieser essentielle Aspekt erscheint, bedeutet das, daß sich dieses Zentrum öffnet, das wir als die Essenz des Friedens erleben – eine stille und ruhige Präsenz, seidenweich und leuchtend schwarz. Es ist die Präsenz von Bewußtsein als Stille. Unser Denken wird ruhiger und manchmal vollkommen still und rein. Die Totalität unseres Bewußtseins – das ganze Erfahrungsfeld der Seele – wird zur Ruhe gebracht. Das ist die Erfahrung von Frieden, wie er in unsere innere Welt herabkommt.

Das Herabkommen von Frieden bringt eine neue Qualität von Essenz mit all ihren Eigenschaften und Fähigkeiten mit sich, die unsere

Inquiry unterstützen, aber sie aktiviert auch die subtilen Zentren, die subtilen Fähigkeiten der Wahrnehmung. Das primäre Wahrnehmungszentrum ist die Schwarze Latifa in der Mitte der Stirn. Sie ist auch das Zentrum der Wirkung der Diamantenen Führung selbst. Während der Inquiry tendiert die Führung dazu, als eine Präsenz in der Mitte der Stirn zu wirken. Das ist der Grund, weshalb man in seinem Kopf klar und frisch wird, wenn man etwas versteht.

Wenn diese subtilen Wahrnehmungen aktiviert werden, bedeutet Intuition, daß die Erfahrung von Wissen durch einen stillen Verstand kommt, und das zeigt an, daß das Schwarze Zentrum offen ist. Man wird für Einsichten, Ideen und Wahrheiten empfänglich, aber man weiß nicht genau, woher sie kommen. Man wird intuitiver, in der üblichen Bedeutung des Wortes – das heißt, man wird auf eine Weise für Wissen offen, die man nicht versteht oder direkt wahrnimmt. Das bedeutet aber, daß diese Quelle, obwohl man Wissen in Form von Einsichten aus einer wahren inneren Quelle von Unterscheidung empfängt – die wir die Diamantene Führung nennen –, noch nicht in der unmittelbaren Erfahrung präsent ist. Ihr Zentrum und ihr Kanal sind offen, aber man empfängt Botschaften oder Einsichten indirekt.

Zur direkten Bewußtheit der Wirkung der Diamantenen Führung kommt es erst, wenn die subtilen Fähigkeiten der Wahrnehmung zu funktionieren anfangen. Diese Fähigkeiten kann man so verstehen, daß sie auf einer subtilen Ebene den physischen Sinnen entsprechen. Sie nehmen den inneren Bereich wahr, die Unterscheidungen in unserem Feld der Wahrnehmung, die sich nicht physisch manifestieren. Zum Beispiel können wir mit der inneren subtilen Fähigkeit der Berührung, dem subtilen Tastsinn, unsere Essenz spüren, als würden wir sie mit unseren Nerven berühren. Wir können ihre Konsistenz, ihre Dichte, ihre Viskosität spüren. Es ist so, als würde man seine essentielle Präsenz mit seinen Fingerspitzen berühren. Diese innere Berührung ist offensichtlich nicht physisch, weil man die Konsistenz eines Bewußtseinszustandes erkennt und nicht einen Zustand im physischen Körper spürt. Wir können diese Unterscheidung machen, weil es möglich ist, sowohl einen Bewußtseinszustand als auch einen körperlichen Zustand zugleich an derselben Stelle zu erfahren, was darauf hinweist, daß sie auf verschiedenen Ebenen von Manifestation existieren.

## Die essentiellen Aspekte in der Führung

Diese besondere subtile Fähigkeit muß aktiviert werden, damit wir uns unserer Seele als Präsenz bewußt werden können und um in der Lage zu sein, die essentiellen Aspekte zu unterscheiden und zu erkennen. Wenn wir unsere physischen Sinne benutzen, sind wir uns nur der Wirkungen von Essenz bewußt, aber nicht direkt der Essenz selbst. Wir können nicht physisch die Anwesenheit unseres eigenen Bewußtseins wahrnehmen. In Gegenwart von Essenz fühlen wir uns nur klarer und tiefer, vielleicht glücklicher und leichter, aber wir fühlen nicht wirklich, was diese Wirkungen in uns verursacht.

Im Gegensatz dazu beginnt man, die wirkliche berührbare Essenz zu erfahren, wenn der innere Tastsinn offen und aktiv ist. Man wird sie als Präsenz erkennen – ein bewußtes Medium, fast eine bewußte Substanz. Je nachdem, welcher Aspekt sich manifestiert, empfindet der innere Tastsinn sie beispielsweise als Wasser oder Gold oder Öl oder Quecksilber.

Jeder der subtilen Sinne versieht unsere Erfahrung im allgemeinen und Inquiry im besonderen mit einer Unterscheidungsfähigkeit, die bis dahin nicht zugänglich war, eine Unterscheidungsfähigkeit, die notwendig ist, damit unser Verstehen über die physischen und emotionalen Bereiche hinausgehen kann. Wie kann unsere Inquiry den essentiellen Bereich durchdringen, wenn wir nicht die Fähigkeit besitzen, diesen Bereich wahrzunehmen und seine Charakteristika zu unterscheiden und zu erkennen? Mit dem inneren Tastsinn kann man jeden Aspekt erkennen und ihn von anderen unterscheiden. Man kann auch jede einzelne Dimension von Sein von den anderen Dimensionen unterscheiden, wenn man diese Fähigkeit benutzt, um essentielle Sinneswahrnehmung (essential sensation) zu unterscheiden.

Der innere Tastsinn ist auch für die Verkörperung von Essenz notwendig. Wenn man die anderen Fähigkeiten innerer Wahrnehmung benutzt, aber nicht den inneren Tastsinn, wird man Essenz nicht verkörpern. Man wird sie mehr psychisch erfahren – vielleicht als ein Bild, Ton oder Geruch –, auf eine entkörperte Weise. Das weist auf die Tatsache hin, daß essentielle Präsenz, und die Präsenz der Seele selbst, eine Konsistenz besitzt. Wir sagen, daß sich die Seele manchmal wie strömendes Plasma anfühlt. Plasma ist physisch, es hat Substanz und Konsistenz. Wenn die Seele durch einen essentiellen Zustand transformiert wird, kann diese Konsistenz der Präsenz bis zu vollkommener Verflüssigung feiner werden, so daß sie sich genau wie Quecksilber anfühlt. Ein anderes Mal reinigt sie einen ganz und gar und fühlt sich wie ein zartes, reines Öl an – das ist die essentielle Salbung der Seele.

Der innere Tastsinn kann in seiner Unterscheidung dieser Konsistenzen in der Seele sehr präzise werden. Beispielsweise kann man die Wasser-Essenz – die Qualität menschlicher Verletzlichkeit – als einen kristallklaren Strom von Wasser spüren, der einen von innen wäscht. Aber man kann sie auf der subtilen Latifa-Ebene auch als Wasserdampf, auf einer tieferen Ebene in der volleren Form gewöhnlichen Wassers oder auf der Diamant-Ebene in verfestigter Form als einen Eiskristall spüren. Man kann all diese Erfahrungen unterscheiden, indem man einfach die verschiedenen Konsistenzen mit dem inneren Tastsinn erspürt.

Damit dieser subtile Sinn erwacht, muß unsere gewöhnliche Wahrnehmung unseres physischen Körpers aber erst sehr verfeinert werden. Das bedeutet, daß man nicht nur die Sensibilität unserer Haut steigert, sondern auch die Empfindsamkeit von allem, was in unserem Körper ist – der Muskeln, Organe und so weiter. Wenn diese subtile Sensibilität hochentwickelt ist, kann man die ganze Reise machen und nur den inneren Tastsinn benutzen, weil man mit ihm sehr genaue Unterscheidungen vornehmen kann.

Eine andere wichtige subtile Sensibilität ist der Sinn für inneren Geschmack. Wenn man seinen inneren Geschmackssinn erlebt, ist es so, als hätte die Seele eine Zunge. Sie kann die Zustände der Persönlichkeit schmecken. Widerstand schmeckt zum Beispiel wie bitteres Gummi. Wenn man den Zustand des falschen Egos erlebt – was ich die falsche Perle nenne –, schmeckt er oft wie Rotz. Jeder weiß, wie Rotz ist – man braucht ein Taschentuch, um ihn loszuwerden. Zustände der Ego-Persönlichkeit existieren in unserem Bewußtsein als Abfallprodukte, an denen wir festhalten. Wenn ein Mensch etwa das Gefühl hat, daß er voller Scheiße ist, kann er mit subtiler Wahrnehmung wirklich die Konsistenz, den Geschmack und den Geruch seines eigenen Zustandes wahrnehmen: reine Scheiße. Es ist nicht nur eine Metapher.

Aber man kann die Qualitäten von Essenz (Essence) auch schmecken. Man kann die Süße der Liebe (Love) schmecken, die minzartige, kühle Qualität von Mitgefühl (Compassion), die metallische, warme, goldene Qualität von Wahrheit (Truth), die lakritzartige Qualität der Schwarzen Essenz. Differenzieren der Qualitäten mit dem Geschmackssinn bereichert die Seele um einen weiteren Zauber – Geschmack intensiviert die Erfahrung anders als Konsistenz.

Außer einer Konsistenz und einem Geschmack haben essentielle Aspekte auch einen Geruch. Man kann anfangen, den inneren Zustand zu riechen. Manche Menschen sagen, sie können Angst riechen. Wir besitzen wirklich eine Fähigkeit, Emotionen zu riechen. Nicht nur kann man Angst riechen, man kann auch Liebe riechen. Liebe hat den Duft von Rosen oder manchmal von Jasmin. Wenn man die Grüne Essenz riecht, duftet sie wie Pfefferminz. Man kann Frische riechen, man kann Abgestandenheit, man kann Fäulnis riechen und Depression. Man kann die Qualität von Gehemmtheit schmecken, riechen und ertasten, die ähnlich wie Leder ist. Man kann dasselbe mit dem Zustand der Trägheit machen, die sich wie Blei anfühlt, oder mit dem Zustand von „Totheit" in der Seele, die sich wie Holz anfühlt.

Wie wir sehen, haben all diese vertrauten Zustände des Egos eine Konsistenz, einen Geschmack und einen Geruch, genau so wie auch äußere, materielle, physische Gegenstände. Und verschiedene Menschen haben verschiedene Fähigkeiten entwickelt, um diese Zustände sinnlich wahrzunehmen. Manche Menschen nutzen hauptsächlich ihren inneren Tastsinn. Manche Menschen können leicht Geschmack wahrnehmen, aber haben ihren Geruchssinn nicht sehr entwickelt. Andere entwickeln ihren Geruchssinn zu einem ungewöhnlichen Grad. Aber die Entwicklung einer bestimmten subtilen Fähigkeit steht in direkter Beziehung zu der entsprechenden physischen Fähigkeit. Menschen zum Beispiel, die einen feinen Sinn für verschiedene Arten von Nahrung und eine Empfindsamkeit für ihre subtilen Unterschiede ausgebildet haben, können den inneren Geschmackssinn leichter entwickeln als andere subtile Fähigkeiten und eher als Menschen, die weniger auf ihre Geschmacksknospen eingestimmt sind. Dasselbe gilt für den Geruchssinn und den Tastsinn. Aber das ist nicht in jedem Fall so. Manche Menschen zum Beispiel, die große Kenner von Speisen und Wein sind, entwickeln niemals die Fähigkeit für den inneren Geschmack.

Die subtile Fähigkeit inneren Sehens ist in der Stirn lokalisiert und kennt viele Formen und Grade. Wenn sie die Ebene der Entwicklung der Diamantenen Führung ausdrückt, realisiert man das, was ich das Diamantene Auge nenne – objektives Sehen. So wie unsere physische Fähigkeit, zu sehen, eine große Bandbreite hat, so auch unser inneres Sehen. Die Bandbreite inneren Sehens kann so groß sein, daß man seinen eigenen inneren Zustand oder den eines anderen Menschen sehen kann. So fühlt man etwa die Stärke der Roten Essenz und kann dann auch Feuerrot oder eine Flamme oder flüssiges Feuer oder Lava sehen. Wenn die Grüne Latifa anwesend ist, kann man Smaragdgrün oder einen wirklichen Smaragd sehen – einen geformten, facettierten, schönen Smaragd des Bewußtseins.

Diese Sehfähigkeit kann auf verschiedenen Ebenen wirksam sein, so wie die anderen subtilen Sinne auch. Man kann nicht nur die Präsenz essentieller Zustände sehen, sondern auch Manifestationen emotionaler Zustände. Beispielsweise kann man erkennen, ob jemand lügt oder die Wahrheit sagt, weil man die Bilder und Gedanken des Menschen sehen kann. Wir sehen doch auch unsere eigenen Bilder. Auf die gleiche Weise kann man die Bilder eines anderen Menschen sehen – nicht nur die Energie von Gedanken, sondern auch ihren Inhalt. Das ist deshalb so, weil Gedanken verschiedene Bilder und verschiedene Farben haben. Und wenn man das Diamantene Auge in seiner Inquiry realisiert hat und das Denken beginnt, den wahren Zustand dessen, was auftaucht, zu reflektieren, kann man sich der Gedanken als diamantene Gedanken bewußt werden. Das bedeutet, daß sie objektiv sind und ihre eigene Präsenz haben, die essentielle Qualitäten reflektieren kann.

Mit dem inneren Gesichtssinn kann man auch das Unbewußte und die Vergangenheit sehen. Unsere Erinnerung an das Vergangene ist eigentlich eine Spiegelung dieser Fähigkeit zu innerem Sehen. Man kann auch den physischen Körper von innen sehen. Man kann die Spannungen und Blockaden sehen, man kann die Organe und Zellen, man kann die DNA und sogar Moleküle und Atome sehen. Die Diamantene Führung besitzt viele Optiken, jede mit ihrer speziellen Funktion. Man kann zum Beispiel die Optik wechseln, um sein Augenmerk auf die Zellen, statt auf die Organe zu richten. Man kann zu einer anderen Optik wechseln und die Atome sehen. So kann man alle physischen Ebenen und alle essentiellen Ebenen allein dadurch sehen, daß man den Fokus verändert.

Dann gibt es subtiles oder inneres Hören. Innere Zustände haben Töne und Vibrationen, so wie sie Formen und Farben haben. Wir können rauschende Winde, fließendes Wasser, Krachen und Knistern hören und so weiter. Essentielle Zustände haben ihre eigenen charakteristischen Töne, wie das sanfte Geräusch strömenden Wassers, das zarte Klirren von Juwelen, das Tönen von Glocken, Flötenklang und das Summen von Bienen, um nur ein paar zu nennen. Wir können innere Musik hören und erhebende Töne. Unsere Erfahrung wird vergrößert und erreicht neue Ebenen von Lebendigkeit.

Die tiefste subtile Fähigkeit ist die Fähigkeit zu unmittelbarem Wissen, die eine Funktion der Diamantenen Führung selbst ist. Man macht da keinen Prozeß durch, man nimmt nicht einmal etwas wahr – man *weiß* einfach mit Gewißheit. Wir alle erleben das manchmal, aber man kann diese Fähigkeit erweitern und entwickeln.

Wir fangen an zu schätzen, wie weit die Möglichkeit der Inquiry gehen kann. Jemand, der diese Fähigkeiten besitzt, kann auf dem Gebiet der Medizin, der Philosophie, der Physik oder der menschlichen Beziehungen – auf jedem Gebiet – Inquiry praktizieren und eine gewaltige Kapazität für Forschung zu seiner Verfügung haben. Wenn man aber nicht die innere Arbeit macht, die nötig ist, um diese subtilen Sinne zu klären, werden sie für keinen Zweck verfügbar oder zuverlässig sein.

Das bedeutet aber nicht, daß wir alle jeden einzelnen dieser inneren Sinne entwickeln müssen, um tief forschen zu können. Wir können uns glücklich nennen, wenn auch nur einer entwickelt ist. Daß jemand alle entwickelt, ist selten. Die meisten Menschen entwickeln einen einzigen Sinn recht gut und einen zweiten zum Teil. Aber je mehr subtile Fähigkeiten wir entwickeln, um so besser, weil sie unsere Empfindsamkeit tiefer, präziser und vollständiger machen. Und unser Feld der Erfahrung wird dann für unsere Seele und für die Inquiry besser verfügbar.

## Das Öffnen des Schwarzen Aspekts

Alle inneren Fähigkeiten, die wir bisher besprochen haben, werden aktiv und fangen an sich zu entwickeln, wenn sich das Schwarze Zentrum öffnet. Das Öffnen des Schwarzen Zentrums bringt die Schwarze Latifa, die schwarze Subtilität, in den Vordergrund. Was macht die Schwarze Latifa? Sie beruhigt unser Bewußtsein. Sie bringt ihm Frieden. Das Bewußtsein muß still und friedlich werden, ohne mentale Aktivität oder emotionale Reaktion, damit sich diese Möglichkeiten überhaupt erst öffnen und wahrgenommen werden können. Das ist deshalb so, weil sie zunächst sehr subtil sind. Sie können der Aufmerksamkeit entgehen, wenn man mit Denken beschäftigt, in Emotionen vertieft oder in Reaktionen befangen ist.

Daher werden wir für Wahrnehmung in den subtilen Dimensionen um so offener, je mehr wir uns an innere Stille und an inneren Frieden gewöhnen. Das kann unsere Inquiry in tiefere Bereiche, zu einer neuen Art Wissen, zu einer anderen Art Erfahrung bringen. Unser Raumschiff kann jetzt zu anderen Galaxien von Erfahrung reisen, wo Wahrnehmung anders und unvertraut ist.

Es ist erstaunlich, wenn man in der Lage ist, auf solchen subtilen Ebenen wahrzunehmen, einen Zustand zu fühlen und ihn zu sehen und zu schmecken, alles zugleich. Manchmal kann man nicht sagen, ob man sieht, hört, schmeckt oder mit dem Tastsinn spürt – in diesen subtilen Tiefen ist alles eine einzige Aktivität. Dann steht die ganze Seele in Flammen. Es ist so, als wäre jedes einzelne Atom der Seele zu all diesen Wahrnehmungsweisen fähig. Denn obwohl diese Fähigkeiten anfangs durch besondere Zentren wirksam sind, wie die Lataif, sind sie letztlich nicht auf bestimmte Stellen am Körper oder besondere Organe beschränkt. Die ganze Seele wird zu einem Organ der Wahrnehmung, und alle Fähigkeiten können in jedem Teil des Körpers wirken.

Ich bin sicher, daß viele von uns schon die eine oder andere Fähigkeit benutzen, sie sich aber vielleicht nicht so vorgestellt haben. Zum Beispiel hat man vielleicht beobachtet und untersucht und plötzlich gefühlt, daß man heiß und rot war, ohne zu merken, daß man wirklich die Farbe Rot sah. Oder man sagt vielleicht: „Wenn ich Raum entstehen spüre, ist er wirklich klar und offen." Was meint man in Wirklichkeit mit „klar und offen"? Oder man sagt vielleicht zu jemandem: „Der Raum geht immer weiter." Woher weiß man das? Vielleicht sieht man ihn. Die Wahrnehmung kann schon da sein, ohne daß man ihrer gewahr ist.

Diese Fähigkeiten der Wahrnehmung entwickeln sich anfangs, damit wir unsere innere Erfahrung unterscheiden können, aber mit der Zeit, wenn unsere Seele sich öffnet und klar werden läßt, daß die ganze Welt eine Manifestation von Bewußtsein ist, erscheint die Wahrnehmung der ganzen Welt in Formen der subtilen Fähigkeiten. Die Welt beginnt, Farben, Gerüche und Konsistenzen zu haben, die wir bisher nicht wahrgenommen haben. Beispielsweise merkt man eines Tages vielleicht, daß man mittags die Nacht sieht. Es ist Tag, die Sonne scheint, aber hinter allem kann man die Nacht sehen. Das nennt man die Mitternachtssonne der subtilen Bereiche.

Das Sehen, von dem ich hier spreche, besteht nicht notwendigerweise aus Bildern, die im Kopf entstehen. Es ist nicht das, was man Visionen nennt, denn Visionen sind eher wie Phantasien – Manifestationen im mentalen Bereich. Menschen, die visueller als andere sind, haben manchmal Visionen, aber das bedeutet nicht, daß sie notwendigerweise ihren inneren Zustand sehen können. Sie sehen vielleicht, daß etwas passiert – eine Präsenz, eine Form oder ein Ereignis, und das kann eine spirituelle Erfahrung sein –, aber das ist etwas anderes, als wenn man direkt sieht, wo man ist. Das Sehen, von dem wir sprechen, bedeutet, wirklich seinen Zustand wahrzunehmen. Wenn also die Schwarze Essenz erscheint, sieht man Schwärze. Man sieht leuchtende Schwärze, die glänzt, fast wie ein schwarzer Seidenvorhang, der sich leicht im Wind bewegt. Das ist das reine Sehen der Schwarzen Essenz, nicht eine Vision.

Aber manchmal präsentieren sich die inneren Zustände wirklich in Bildern, die eine symbolische Bedeutung haben. Zum Beispiel haben manche Menschen Schwierigkeiten, die Grüne Essenz so zu sehen, wie sie ist – einfach eine rein smaragdgrüne Präsenz –, deshalb sehen sie ein grünes Tal in ihrem Herz. Aber wir können die Bilder hinter uns lassen und nur den reinen Zustand sehen. In jedem Fall ist es nützlich, in der Lage zu sein, etwa zwischen einem Bild zu unterscheiden, das im Bewußtsein erscheint, und etwas, was man sieht, das wirklich im Herzen oder im Bauch da ist.

Die Fähigkeit für inneres Sehen macht im Laufe ihrer Entwicklung einen Prozeß der Klärung durch. Ob man Visionen oder in der Erfahrung gegebene Zustände sieht, inneres Sehen kann verunreinigt oder entstellt sein, wie das auch unsere normale Sehfähigkeit sein kann. Projektionen und Überzeugungen können uns etwas anderes sehen lassen als das, was in unserer Erfahrung eigentlich da ist. Oder sie können uns dazu veranlassen, ihre Bedeutung unseren subjektiven Vorlieben oder Meinungen entsprechend zu interpretieren. Im Grunde müssen all diese inneren subtilen Fähigkeiten den Prozeß der Klärung durchmachen, damit man sich nicht selbst täuscht.

Die Tatsache, daß subtile Fähigkeiten existieren, weist darauf hin, daß Wahrnehmung sich nach innen auf subtilere Dimensionen erstrecken kann, und das ist nötig, damit unsere Inquiry über die konventionellen Dimensionen von Erfahrung hinausgehen kann. Der innere Bereich hat viele Arten erstaunlicher Dimensionen, und die Inquiry ist eine Abenteuerreise in diese neuen Dimensionen und Universen hinein. Dies ist ein Teil dessen, was die Reise so spannend macht, und diese Begeisterung ist legitim, denn sie ist unser Leben und unser Potential.

## Übung
Fähigkeiten innerer Wahrnehmung in unserer Inquiry

Jetzt wäre ein guter Moment, um zu sehen, wie die verschiedenen Fähigkeiten der Wahrnehmung in unserer eigenen Inquiry funktionieren. Erforschen Sie fünfzehn Minuten lang einen inneren Faden, dessen Sie sich vielleicht in Ihrer Erfahrung bewußt sind. Dann reflektieren Sie über Ihre Inquiry und schauen, welche Fähigkeit, welchen Sinn Sie benutzt haben.

Wurde der innere Tastsinn, der innere Geschmackssinn oder das innere Sehen aktiviert? Haben Sie manchmal die Zustände, die Sie wahrgenommen haben, gehört oder gerochen? Es ist auch nützlich, darauf zu achten, welcher Ihrer physischen Sinne ins Spiel kam. Welche Entsprechungen haben Sie zwischen Ihren physischen Sinnen und den subtilen Sinnen bemerkt? Welcher der Sinne schien zu dominieren? Gab es welche, die sich überhaupt nicht gezeigt haben? Überlegen Sie, ob es schwerer war, Ihren Körper zu spüren oder Ihre emotionalen Zustände zu fühlen.

Es ist auch interessant, die Beziehung zwischen dem festzustellen, was Sie in dieser Inquiry entdeckt haben, und dem, was Sie vielleicht über Ihre Fähigkeiten der Wahrnehmung aus Ihrem Alltag kennen. Wenn Sie dann den Rest des Tages Ihren Aufgaben nachgehen, achten Sie auf Momente, wenn entweder Ihre physischen oder Ihre subtilen Sinne schärfer zu sein scheinen.

## Subtiles Verstehen

Wir begannen die Reise unseres Raumschiffes, indem wir Inquiry als eine dynamische Aktivität der Seele untersuchten, die die Charakteristika unserer wahren Natur ausdrückt. Und wir haben gesehen, wie unsere wahre Natur ein weiträumiges Durchscheinen ist, das ständig die Welt darbietet und ausbreitet, einschließlich unserer Erfahrung. Inquiry ist ein besonderer Ansatz, um die Wahrheit dieser Darbietung oder im Dargebotenen zu erkennen. Sie lädt die Wirklichkeit ein, sich in ihrer Fülle zu manifestieren, und das ist gleichdeutend mit ihrer Offenheit. Dieses offene Durchscheinen besitzt einen Dynamismus, eine Kreativität, der in totaler Offenheit, Freiheit und Spontaneität wurzelt. Dieser Dynamismus ist in seiner Reinheit eine unbehinderte, unkonditionierte, unbelastete, ungebundene, festliche Darbietung von allem, was erfahrbar ist.

Aber wenn sich unser Ego entwickelt, wird diese Realität kodifiziert und zu der statischen Welt verfestigt, die wir kennen und bewohnen, zu der Welt, der auch unser vertrautes und gewohntes Selbstgefühl gehört. Diese Sicht der Realität, die in der Erfahrung der konventionellen Welt zum Ausdruck kommt, verkehrt den freien Dynamismus unseres Seins zu einer manipulativen Aktivität, die auf Meinungen und Vorlieben und bestimmten Zielen und Absichten beruht. Er wird zu der Aktivität eines Wesens, das versucht, irgendwohin zu gelangen. Das ist das, was wir Ego-Aktivität nennen, die eine Manipulation unserer Erfahrung ist, die auf der konventionellen Sicht von Gut und Schlecht, auf dem Glauben beruht, daß manche Dinge besser als andere sind und daß wir durch Ablehnen, Vorziehen, Bewerten und durch Anstrengung irgendwohin gelangen können, wo es besser ist.

Wir haben gesehen, daß Inquiry darauf beruht, daß wir offen und ohne festen Standpunkt bleiben. Sie wird von dem wahren Wissen (knowingness) davon geleitet, was in unserer Erfahrung geschieht, und sie ist nicht zielorientiert. Ihr einziges Interesse ist die Enthüllung der Wahrheit. Man könnte sagen, daß Inquiry die ästhetische Wertschätzung dessen ist, was unser Sein enthüllt. Wenn wir lernen, wie man eine Inquiry macht, beanspruchen wir also in gewissem Sinn wieder unseren freien Dynamismus. Eigentlich ist Inquiry ein Ausdruck dieses Dynamismus'. Er fällt mit der wahren Entfaltung unseres Seins zusammen, das wir Verstehen nennen.

Wenn wir die offene Haltung der Inquiry lernen, wirkt das unserer Tendenz entgegen, den freien Dynamismus einzuschränken und zu untergraben. Mit Übung wird Inquiry zu einem Modus inneren Lebens, der die innere Manipulation der Ego-Aktivität ersetzt. Anstatt also beispielsweise zu versuchen, etwas an einem bestimmten Zustand oder Gefühl zu ändern, öffnen wir uns, um den Zustand oder das Gefühl zu untersuchen und zu verstehen. Das verändert die ganze Orientierung unserer Psyche, weil Ego-Aktivität dazu tendiert, wahre Offenheit einzuschränken. Eigentlich blockiert Ego-Aktivität den Dynamismus in seiner natürlichen Freiheit und Spontaneität, weil sie auf dem beruht, was wir für wahr halten.

Bei der Ego-Aktivität setzen wir das Wissen, das wir angesammelt haben, voraus, ohne es in Frage zu stellen. Wir halten das, was wir lernen und gelernt haben, für schlüssig, während Inquiry auf dem Erkennen dessen beruht, was möglich ist, und darauf, nichts als endgültig zu betrachten. Das ist so, weil ihr Kern, der eine Frage ist, Offenheit ist, eine Offenheit, die etwas herausfinden möchte. Wir entscheiden uns dafür, Sein einzuladen, seinen Reichtum frei auszubreiten. Wenn Inquiry also in unserem Leben zentral und synergistisch mit der Wirkung der Diamantenen Führung wird, dann erfüllt und durchströmt die Führung unser Alltagsleben so wie unsere Inquiry.

Bei ernsthafter und fleißiger Übung können wir Momente in der Meditation oder der Inquiry erleben, in denen wir uns tief in uns selbst bewegen, wenn wir über die gewohnten Bilder und Emotionen und den ganzen Inhalt unserer persönlichen Geschichte hinausgehen. Dann wird es möglich, die Grundlage der Ego-Aktivität selbst zu erkennen – das, was einen Großteil unserer Erfahrung bestimmt. Wir fangen an, direkt und explizit die Tendenz zu sehen, eine Position einzunehmen und zu versuchen, irgendwohin zu gelangen. Wir fangen an, die Überzeugungen und Annahmen, die wir haben, zu sehen, die subtilen inneren Haltungen, die unsere Erfahrung orientieren. Auch wenn einige dieser Überzeugungen auf realen Erfahrungen beruhen, blockieren sie unsere natürliche Entfaltung, weil sie zu Schlußfolgerungen erstarren.

Schließlich bewegt sich Inquiry zu einer tieferen Ebene, wo sie sehr subtil und sehr zart wird, wo wir die ursprünglichen Manifestationen des Egos und seiner Aktivitäten sehen können. Statt nur den Inhalt zu sehen, verstehen wir auch, wie das Ego funktioniert. Das bedeutet, daß unser Raumschiff zu einem parallelen Universum gewechselt hat, als hätte es eine Phasenverschiebung vollzogen. Das ist der Moment, wenn der Spacecruiser *Inquiry* anfängt, den Hyperdrive, statt seines Powerdrives zu benutzen. Mittlerweile haben wir im allgemeinen mehr Frieden, Ruhe und Raum in unserer inneren Erfahrung, daher wird es leichter, diese subtilen Unterscheidungen zu sehen. Diese anfänglichen Regungen des Egos sind sehr subtil und liegen all seinen Erfahrungen, Identifikationen und Reaktionen zugrunde.

Wir können ein paar Möglichkeiten nennen, wie die Inquiry auf so einer subtilen Ebene in Erscheinung treten kann. Sie sind vielleicht am deutlichsten bei schweigender Meditation (silent meditation). Die erste ist, daß man nichts mit irgend etwas tut. Was immer wir erfahren, was immer erscheint, wir machen nichts damit. Wenn man Haß empfindet, macht man nichts damit. Wenn man Liebe empfindet, macht man nichts damit. Man betrachtet Erfahrung nicht aus irgendeiner Perspektive oder Dimension oder von irgendeinem Standpunkt aus. Auf dieser subtilen Ebene gehen wir nicht von irgendeiner Sichtweise aus. Jeder betrachtet Erfahrung gewöhnlich aus einer bestimmten Perspektive, sei es aus der Perspektive des Individuums, der Perspektive des Egos, der Perspektive des Menschen, der Perspektive des Körpers – oder sogar aus der Perspektive von Essenz, des Absoluten oder von Freiheit selbst. Aber an diesem tiefen, stillen Platz gibt es keine Perspektive. Man erkennt, erfährt und betrachtet nur ganz rein, was immer erscheint. Die Inquiry kommt nicht von irgendeinem Standpunkt. Sie ist vollkommen frei.

Wahrnehmung, Intelligenz und Verstehen wirken auf eine einfache und natürliche Weise, um intentionales, zielgerichtetes Handeln oder konzeptuelle Haltungen und Meinungen zu durchschauen. Inquiry beginnt spontan, das intentionale Handeln, wenn es erscheint, oder die konzeptuelle Haltung, die wir wahrnehmen, wie wir sie einnehmen, oder die Meinungen, die wir erkennen, wie wir sie festzuhalten versuchen, einfach nur zu verstehen. Sie sieht einfach diese Ego-Manifestationen und versteht ihre Bedeutung. Da ist Bewußtheit und Wissen (knowingness) ohne irgendein von einem Konzept bestimmtes Interesse an irgendeinem Zustand oder einer bestimmten Befindlichkeit. Weil wir keinen Standpunkt haben, ist kein Zustand besser und deshalb vorzuziehen. Kein Zustand ist als erstrebenswert vorausgesetzt. Das Ergebnis ist, daß unsere Bewußtheit von keiner dieser Konzeptualisierungen gelenkt ist. Es gibt keine intentionale, absichtliche Bewegung auf etwas zu oder von etwas weg. Man ist einfach da – ruhig, entspannt, ohne Vorstellungen davon, was „da sein" bedeutet.

Dies ist wahres Nicht-Tun, zu dem es nur dann kommen kann, wenn wir kein Interesse an irgendeinem Tun haben, weil wir nicht irgendeinen Zustand anstreben. Von diesem Ort aus gibt es Freiheit von allen Lehren, Freiheit vom Begehren bestimmter Zustände, Freiheit von Vorstellungen und Perspektiven – sogar von der eigenen Perspektive. Denn es ist implizit klar, daß jede Perspektive oder Lehre eine Überlagerung dessen ist, was rein in Erscheinung tritt. Vielmehr erkennen wir einfach die subtile Bewegung der Psyche auf Ziele zu, und dieses Verständnis löst auf natürliche Weise die Bewegung auf und befreit unsere ungekünstelte und ungezwungene Natürlichkeit. Die reine Wahrnehmung und das reine Verstehen dessen, was wirklich in unserer Erfahrung da ist, lösen die subtile Bewegung der Psyche auf. Die Diamantene Führung ist als eine natürliche und spontane Funktion von Intelligenz und Bewußtheit präsent und wirksam. Das Ergebnis ist ein unterscheidendes Verstehen dessen, was erscheint, das dabei die Darbietung von Sein von unseren Meinungen befreit.

Dieses unterscheidende Verstehen erscheint in Form blitzartiger Einsichten, die von unserer Intimität mit den Qualitäten von Erfahrung untrennbar sind. Wir erkennen hier die Wirksamkeit der Diamantenen Führung als spontane Neugier, Liebe zur Wahrheit und Standhaftigkeit, die zusammen im spontanen Enthüllen von Wahrheit resultieren, sowohl als Entfaltung als auch als Einsicht. Wenn das weitergeht, geht das Enthüllen schließlich in einen nicht-dualen Zustand über – in die natürliche Vollkommenheit, die die Luzidität ist, die Erfahrung darbietet und ausbreitet. An diesem Punkt sind Luzidität und Verstehen nicht voneinander zu trennen und vollkommen eins geworden. Präsenz und unterscheidende Bewußtheit sind eins: ein Fließen und eine Entfaltung, die geführt und dynamisch ist.

Wann immer in diesem natürlichen Zustand gerade eine bestimmte Sichtweise auftritt, besteht die Übung der Inquiry nur im Anerkennen dieser Sichtweise. Das einfache Wahrnehmen und Begreifen der subtilen Bewegung des Einnehmens eines Standpunktes vernichtet ihn. Mit anderen Worten, Verstehen selbst macht die Barriere sichtbar und beseitigt sie. Es gibt keine Notwendigkeit, irgend etwas zu tun, weil unsere Natur von sich aus dazu tendiert, Dinge klar zu zeigen und spontan die Wahrheit zu enthüllen. Wir brauchen sie nicht erst dazu zu bringen. Allein dadurch, daß wir unsere Standpunkte und unsere Versuche sehen, irgendwohin zu gelangen, hören wir auf und lassen es sein. Wir hören auf, uns mir dieser Aktivität zu identifizieren, ohne absichtlich zu versuchen, mit dem Identifizieren aufzuhören – weil wir in dem Moment, in dem wir versuchen, damit aufzuhören, uns mit etwas zu identifizieren, wieder aktiv sind.

Auf dieser Ebene von Einsicht wird die Inquiry subtil, was bedeutet, daß die Diamantene Führung auf eine sehr subtile Weise wirksam sein muß. Das macht es nötig, daß der Schwarze Diamant ins Spiel kommt. Der Schwarze Diamant ist die Präsenz des Aspektes von Frieden in der Inquiry, als eine Manifestation der Führung. Das bringt eine andere Fähigkeit dazu, die in der Inquiry und beim Verstehen schon immer da gewesen ist, die aber jetzt deutlicher wird. Die Schwarze Latifa verleiht der Führung – und unserer Inquiry – das Element von Kraft.

## Die Kraft des Verstehens

Kraft ist eine der Möglichkeiten, wie man die Schwarze Essenz erfahren kann. Die Schwarze Essenz hat zwei Seiten – die friedliche Seite und die zornige Seite. Die friedliche Seite ist die Stille, das Mysterium und der Zauber – Qualitäten der Nacht. „Zornig" wird hier im Sinn der Tibetischen Tradition gebraucht, im Dienste der Wahrheit wild und vernichtend zu sein. Die zornige Seite ist die Qualität der Kraft. Was ist Kraft? In der Sprache der Differentialrechnung wird die Definition von Kraft als DE/DT formuliert, womit das Maß der Veränderung von Energie im Verhältnis zur Zeit beschrieben ist. Kraft bezieht sich also auf das Maß an freigesetzter Energie, nicht nur auf die Menge von Energie, die zur Verfügung steht. Je mehr Energie man pro Zeiteinheit freisetzt, um so mehr Kraft wird erzeugt. Das ist der Grund, weshalb ein stärkerer Motor größere Mengen von Energie schnell genug erzeugen kann, um eine größere Kapazität für Bewegung oder Funktionieren zu erzeugen.

Kraft verleiht allen essentiellen Qualitäten eine zusätzliche Intensität, Wirksamkeit und Schnelligkeit. Aber was ist eigentlich die Kraft des Seins? Die Kraft des Seins ist einfach eine aktive Manifestation von Frieden, eine dynamische Anwendung von Stille. Sie ist kein Drängen, und sie ist keine Destruktivität. Wenn Frieden die Seele berührt, macht sie sie einfach still. All ihre Aktivitäten, Rastlosigkeit und ihre Reaktionen lösen sich einfach in dem Moment auf, in dem die Präsenz der Stille sie berührt. Sie werden ausgelöscht. Das ist die Kraft der Stille, des Friedensaspekt von Essenz. Die Kraft unseres Seins ist also eine auslöschende Kraft, die Haltungen und Standpunkte des Egos auslöscht, indem sie offenbar macht, daß sie nicht wirklich existieren. Die Kraft von Frieden bringt alles zu seiner ursprünglichen Quelle zurück, und die ist totale Stille.

Alle Qualitäten von Essenz färben das Feld der Seele und machen es sich selbst ähnlich, wenn sie es berühren. Im Grunde transformiert sich die Seele genau zu der Qualität, die sie berührt. Wenn Schwarze Essenz die Manifestationen der Seele berührt, bringt sie sie also zu ihrer eigenen Natur zurück, und diese ist Friedlichkeit, und die Friedlichkeit wahrer Natur ist eine Empfindung von Stille, in der sich nichts rührt. Es ist totale Stille, die sich, wenn sie genau verstanden wird, als vollkommene Auslöschung herausstellt. Es ist eine intensive Empfindsamkeit, aber die Empfindsamkeit ist so intensiv geworden, daß sie absolut ist, denn absolut nichts rührt sich.

## Frage und Antwort

*Schüler:* Ich merke, daß ich Angst habe, mich kraftvoll zu fühlen, weil ich denke, das ist dann destruktiv. In welcher Beziehung steht Kraft zu Destruktivität und Haß?
*Almaas:* Haß ist Scheinkraft. Sie ist schwarz, aber eine dumpfe, dichte Schwärze. Haß entsteht, wenn wir die wahre Kraft der Schwarzen Essenz nicht verwirklicht haben. Er geht auf Frustration angesichts von Schwierigkeiten zurück. Haß entsteht, wenn man sich ohnmächtig fühlt, denn er ist ein Versuch, die Frustration zu beseitigen, indem man sie auslöscht. Man möchte auslöschen, was immer man als Problem hat, was immer einem im Weg ist, ganz gleich, ob es innere oder äußere Frustration ist. Man möchte sie verschwinden machen. Wahre Schwarze Kraft tut das auch, aber durch Verstehen und nicht durch Aggression. Aggression erzeugt nur mehr Frustration.

Aber wenn man den Haß selbst untersucht, verwandelt er sich in Kraft. Genauso, wie man irgend etwas anderes untersuchen würde, muß man den Haß fühlen, offen für ihn sein, ihn willkommen heißen und sehen, worum es bei ihm geht. Woher ist er gekommen? Was versucht er zu bewirken? Fühle ihn ganz – ohne Widerstand, ohne ihn zu bewerten und ohne ihn auszuagieren. Das an sich entfaltet ihn schon, um dann die Wahrheit zu enthüllen, die in ihm liegt, und die ist wahre Kraft.

Die Fähigkeit wahrer Kraft erscheint im Schwarzen Diamanten der Führung als Schärfe. Er ist ihre Schneide. Was immer man sieht, die Schneide unterscheidet es so präzise, daß es seine absolute Beziehung zu unserer tiefsten Natur zeigt. Indem sie das tut, löscht sie es aus, weil unsere tiefste Natur absolute Stille ist. Die geringste Abweichung von unserer wahren Natur löst sich also in Frieden (Peace) auf. Der Schwarze Diamant repräsentiert die präzise und scharfe Klarheit, die durch die Kraft seines Schweigens auslöscht, was immer ihr an Falschheit begegnet. Die Präzision des Schwarzen Diamanten verleiht Einsicht und Verstehen eine ungeheure transformative Kraft.

Um es noch präziser auszudrücken: Wenn der Schwarze Diamant die Wirkung der Diamantenen Führung beherrscht, verkörpert er die Kraft zum Durchschneiden. Alle Diamanten haben die Qualität, durch Lügen und Konzepte hindurchzuschneiden. Diese Qualität erreicht aber ihre volle Kraft mit dem Schwarzen Diamanten. Seine Schärfe ist die einer Auslöschung: Die Schneiden des Diamanten sind so scharf, daß sie wirklich in Abwesenheit verschwinden – sie hören wirklich auf zu existieren. Wenn der Schwarze Diamant also etwas berührt, bewirkt er, daß das, was er berührt, nicht existiert. Er schneidet nicht wirklich, er eliminiert einfach, was er berührt, weil die scharfe Schneide des Diamanten so scharf ist, daß man sie nicht mehr eine Schneide nennen kann.

## Auslöschung und die Offenheit wahrer Natur

Dies ist die Wirkung der Tiefe wahrer Natur, und diese ist absolute Nichtexistenz, absolute Auslöschung – die die Essenz von Frieden ist, die in Wirklichkeit die Essenz von Offenheit ist. Offenheit entsteht aus dieser geheimnisvollen Abwesenheit und totalen Luzidität, denn nichts ist da. Man stelle sich einen Diamanten vor, dessen Kante gleichsam bis zur Unsichtbarkeit geschärft wurde, die jenseits von Materie und Raum ist. Diese Art Diamant schneidet durch alle Materie und allen Raum, indem sie sie verschwinden läßt. Das ist der Grund, weshalb Verstehen so vollkommen sein kann. In dem Moment, in dem die scharfe Kante mit etwas in Kontakt kommt, ist alles Falsche einfach verschwunden. Das ist der Grund, weshalb wir nichts zu tun brauchen, damit es zum Verstehen kommt.

Ein Teil dieser Kraft zum Durchschneiden kommt von dem besonderen Verständnis von Wissen, das der Schwarze Diamant vermittelt. Das Wissen, das für Identifikationen und Konzepte charakteristisch ist, existiert auf keine fundamentale oder letztlich gültige Weise. Wenn wir von der scharfen Kante als schneidend sprechen, dann ist dieses Schneiden also nur dieses Verstehen: „Was ich für Wahrheit gehalten habe, ist nur ein Konzept, ein Erzeugnis meines Verstandes. Ich habe mich mit etwas identifiziert, was nicht real ist." Es ist nicht so, daß jemand kommt und durch etwas hindurchschneidet. Auslöschung bedeutet nicht, daß etwas, das da ist, aufhört da zu sein. Es ist genauer, wenn man sagt, daß das, was da ist, in seiner wahren Natur gesehen wird. Unsere mentalen Konstrukte werden als solche entlarvt, und wahre Manifestationen der Realität werden in ihrer eigentlichen Natur gesehen, als weder existierend noch nicht existierend. Sie erscheinen, aber sie existieren niemals wirklich. Das bedeutet, daß Dinge, wenn sie in Erscheinung treten und ausgebreitet werden, niemals verfestigt werden. Sie werden einfach weiter gezeigt, ohne jemals wirklich zu existieren.

Die Einsicht ist also der scharfe Schnitt, aber sie ist jetzt zu Einsicht in eigentliche Realität geworden, die jenseits von Existenz und Nichtexistenz ist. Auf diese Weise bringt die auslöschende Qualität der Schwarzen Essenz alles zur Realität zurück.

Auslöschung ist das erste Charakteristikum unserer wahren Natur in ihrer totalen Offenheit und Freiheit. In dieser Offenheit und Freiheit gibt es keine Festigkeit und keinen Inhalt. Sie ist so offen, so frei und so leicht, daß sie leer ist. Alles verschwindet in dieser Stille. Das ist der Grund, weshalb Stille und Frieden mit Auslöschung verbunden sind.

Der Schwarze Diamant vermittelt der Diamantenen Führung, wenn er als Teil von ihr fungiert, also die Fähigkeit, ganz bis zum Absoluten durchzuschneiden. Dann ist unser Bewußtsein diese Stille und dieses Schweigen, das klar, objektiv und auf exquisite Weise präzise und scharf ist. Da ist eine Empfindung von schweigendem Wissen und geheimnisvoller Kraft, eine gelassene Genügsamkeit und eine unaussprechliche Zufriedenheit. Dieser Diamant erinnert uns an das Absolute selbst, als wäre das Absolute verdichtet und hätte sich selbst zu einem Diamanten geformt. Die Schwärze ist so schwarz, daß sie schimmert und glänzt. Da ist eine Empfindung von Majestät, Ehrfurcht und Mysterium. Es ist ein exquisites Bewußtsein von Schweigen, das alles Gerede zum Schweigen bringt und es in seine eigene schöne Stille hinein beruhigt.

Mit diesem Diamanten in der Diamantenen Führung wird Inquiry so scharf, so effektiv und so kraftvoll, daß sie anfängt, die ersten Regungen des Ego-Bewußtseins freizulegen – den Hintergrund aller inneren Einstellungen und Meinungen. Wir werden fähig, die anfänglichen Bewegungen des Egos wahrzunehmen – die Tendenz, irgendwohin zu gehen, den Impuls zu begehren, den Impuls abzulehnen, den Impuls zu

## Schwarz: Die Kraft zum Durchschneiden

hoffen. Und genau die klare Einsicht in die Anwesenheit und Wirkung dieser Impulse löscht das Ego aus, denn mittlerweile sind wir sehr nahe an der Durchsichtigkeit unserer wahren Natur.

Diese Wirkung der Schwarzen Essenz ist in unserer Inquiry von Anfang an als die Schärfe von Einsicht, als die Präzision von Verstehen da. Sie ist das, was dem Verstehen immer seine befreiende Qualität gegeben hat. Wenn diese Qualität von Freiheit für unsere Inquiry aber zentral ist, steht der Schwarze Diamant im Vordergrund. Wir sehen ihn als eine spezifische Manifestation und Funktion der Diamantenen Führung.

Auf dieser Stufe von Inquiry macht unsere Erfahrung eine radikale Transformation durch. Aufgrund der Auflösung der inneren Ego-Regungen der Seele, die sie dazu bringen, ihre Heimat zu verlassen, läßt sich unsere Seele nieder und wird mit ihrer schönen und erhabenen Natur eins. Unsere innere Atmosphäre nimmt an dieser Luzidität und dem Schweigen, an dieser seidigen Glätte, in der die Auslöschung des Bildes oder der inneren Aktivität des Ego-Selbst als ein segensreiches Aufhören, ein Sterben in vollkommener Ekstase erfahren wird, teil. Unsere Seele fühlt sich ausgeruht und endlich zu Hause. Da ist Präzision, Schärfe und Wahrnehmung, aber auch vollkommene Stille, als hätte die Stille selbst eine Schärfe und eine unterscheidende Qualität, die facettierte Kanten entwickelt hat. Man erlebt sich selbst als Teil dieses sehr zarten, vollkommen schwarzen, facettierten Diamanten. Und die ganze Welt erscheint als das leuchtende Schimmern dieser Facetten.

Wenn wir zu schätzen lernen, nicht anzukommen, kommen wir also an, denn bei wahrem Ankommen geht es darum, nicht wegzugehen und nicht zu verlassen. Gewöhnlich verlassen wir uns ständig, gehen ständig von uns weg und glauben, daß wir irgendwohin gehen. Wenn wir versuchen, irgendwohin zu gehen, ist alles, was wir schließlich erreichen, daß wir uns von unserer wahren Natur trennen. Wir versuchen ständig, unsere wahre Natur zu finden, indem wir von ihr weggehen. Inquiry bringt uns also an den Punkt, wo wir einfach erkennen, wie wir weggehen – und die Vorstellungen und Überzeugungen sehen, die uns fühlen lassen, daß wir gehen sollten. Wenn Inquiry wahrhaft ihren fundamentalen Boden enthüllt, lehrt sie uns, nicht irgendwohin zu gehen – weil es nirgendwohin zu gehen gilt.

# 22
# Wissen im Verstehen

Nachdem wir besprochen haben, wie sich unsere Reise durch die fünf Aspekte der Lataif bewegt, reisen wir jetzt zu anderen essentiellen Bereichen, die auch Teil der Diamantenen Führung sind. Unser Raumschiff wird von der leuchtenden Präsenz der Führung bei der Erforschung ihrer eigenen facettierten Natur geleitet. Und unser Verständnis von Inquiry vertieft sich weiter.

Aus unserer bisherigen Diskussion ist deutlich, daß sowohl für die Inquiry als auch für das Verstehen das Element des Wissens (knowing) grundlegend ist. Wissen (knowingness) ist in diesem Prozeß der Selbstenthüllung immer implizit. Verstehen ist mehr als Wissen, aber Wissen ist notwendig. Ohne Wissen gibt es keine Erfahrung und daher kein Verstehen. Mit Wissen meinen wir jedoch eine bestimmte Art von Wissen: das fundamentale Wissen von Grundwissen (basic knowledge). Genauer, dieses notwendige Element von Verstehen ist die Fähigkeit, zu wissen.

## Wissen durch Intimität

Wir haben in Kapitel 15 gesehen, daß Verstehen eine Differenzierung in der Erfahrung impliziert. Sein präsentiert sich selbst, oder unsere Erfahrung, in einer differenzierten Form. Es präsentiert sich uns normalerweise nicht mit undifferenzierter Erfahrung. Es gibt uns Einzelheiten: Wut, Traurigkeit, Krankheit, Gesundheit, Leere, Fülle und so weiter. Wissen bedeutet nicht nur die Fähigkeit, diese Elemente zu differenzieren, sondern auch die Fähigkeit, sie in der Erfahrung als das zu erkennen, was sie sind. Diese Art Wissen ist in der Erfahrung immer implizit. Mit anderen Worten, wirkliches Verstehen impliziert die Möglichkeit, durch Intimität zu wissen, und nicht nur durch mentale und begriffliche Operationen.

Man kann seinen Körper, seine Gefühle und seinen inneren Zustand dadurch kennen, daß man mit ihnen intim vertraut ist. Intimität bedeutet, daß keine Barriere zwischen einem selbst und dem existiert, was man weiß, was immer das ist. Es ist ein direktes In-Kontakt-Sein (in-touch-ness), ein unmittelbarer Kontakt. Mehr noch, es ist ein Mischen des eigenen Bewußtseins mit dem, was man weiß, was immer das ist. Es gibt keine Barrieren, keine Mauern zwischen einem selbst und dem, was man weiß.

Das hat man traditionell Wissen durch Identität genannt, das heißt Wissen dadurch, daß man ist, was man weiß. Man hat es auch Gnosis genannt (*jnana* in Sanskrit, *yeshe* auf Tibetisch, ma'rifa auf Arabisch). Zum Beispiel kennt man Wut dadurch, daß man Wut ist, dadurch daß man sie als Teil von sich erlebt, wenn die eigene Bewußtheit und das Bewußtsein das Erleben der Wut durchdringen. Das Wesen der Seele ist derart, daß wir, wenn ein Gefühl erscheint, dieses Gefühl aus dem Inneren des Gefühls erfahren können. Wir können unser Bewußtsein auf intime Weise mit den Einzelheiten unserer Erfahrung mischen und unmittelbar erkennen, was die Erfahrung ist. Das ist der Boden von Wissen (knowingness), das ist direktes Wissen, und es ist im Prozeß des Verstehens notwendig. Ohne diese Art Wissen, ohne diese Gnosis, gibt es keine Möglichkeit wirklichen Verstehens. Verstehen bleibt dann eine mentale Aktivität, die etwa in der Mathematik gute Dienste leistet, aber für spirituelle Transformation nicht ausreicht.

Woher weiß man, wenn man Liebe empfindet, daß man Liebe empfindet? Man weiß es einfach. Aber wie weiß man es? Durch Intimität mit ihr, dadurch, daß man sie im Herzen als Teil des Herzens fühlt. Alles, was wir wissen, wissen wir aus Erfahrung. Es gibt keine Erfahrung, die nicht Wissen enthält. Wir haben gesehen: kein Wissen in der Erfahrung, keine Erfahrung. So einfach ist das. Auch wenn man Nichtwissen erfährt, ist es Wissen. Man weiß, daß man nicht weiß. Man weiß, man kennt die Erfahrung des Nichtwissens.

Wann immer es Erfahrung gibt – ob mentale, emotionale, physische oder spirituelle Erfahrung –, Wissen ist ihr Grund. Sowohl gewöhnliches Wissen als auch Grundwissen sind für Verstehen notwendig. Aber das direkte, intime Wissen von Grundwissen ist nötig, damit man sich entwickeln und entfalten kann. Wir müssen uns dieser Art Wissen (knowingness) bewußt werden, um die Fähigkeit für Verstehen entwickeln zu können.

## Übung
### Ihre Beziehung zu direktem Wissen

Weil direktes Wissen für die Inquiry so grundlegend ist, wird das Erforschen Ihrer Beziehung zu direktem Wissen dabei hilfreich sein, Ihren Prozeß zu vertiefen. Auf welche Weise spielt direktes Wissen eine Rolle in Ihrem Leben? Wie ist es für Sie, ein intimes, unmittelbares Bewußtsein von Ihrer Erfahrung zu haben? Sind Sie sich irgendwelcher Überzeugungen oder innerer Einstellungen gegenüber dieser Art von Wissen im Gegensatz zu mentalem oder indirektem Wissen bewußt?

Betrachten Sie etwas Einfaches wie Ihre Erfahrung Ihrer dominierenden Hand. Machen Sie eine Routinetätigkeit wie Abwaschen oder Staubsaugen und achten Sie dabei darauf, wie unmittelbar Sie diese Hand und ihre Handlungen wahrnehmen können. In welchem Grad wird Ihre unmittelbare Erfahrung Ihrer Hand durch Ihre Vorstellungen davon gefiltert, was Hände sind und tun? Oder durch Ihre Haltung gegenüber vergangenen Erfahrungen mit dieser bestimmten Tätigkeit? Oder durch Werturteile, die Sie vielleicht in bezug darauf haben, wie gut Sie die Aufgabe erledigen? Welche Haltungen unterstützen Sie dabei, daß Sie ein direktes Wissen von Ihrer Hand haben können? Wie wirkt sich die relative Direktheit oder Indirektheit Ihrer Wahrnehmungen auf Ihren Gesamtzustand aus?

## Der Blaue Aspekt

Wissen – die Fähigkeit, durch direkten Kontakt mit einem Element unserer Erfahrung zu wissen – steht zu einem bestimmten essentiellen Aspekt in Beziehung. Es hat mit der Wirkung des Blauen Diamanten zu tun, und das ist die Blaue Essenz in ihrer diamantenen Präsenz. Die Blaue Essenz wird gewöhnlich der Aspekt reinen Bewußtseins genannt, aber sie ist auch der Aspekt von Wissen. Auch intellektuelles Wissen beruht auf dieser Fähigkeit. Ohne ihr inhärentes direktes und intimes Wissen wäre gewöhnliches Wissen nicht möglich. Direktes Wissen (knowingness) ist das, was uns die Daten vermittelt, die unser Verstand braucht, um denken und sein Wissen ausspinnen zu können. Ohne direktes Wissen haben wir keine Daten.

Wissen (knowingness) ist mehr als nur Wahrnehmung, denn Wahrnehmung allein zeigt nur die Tatsache an, daß man Differenzierung sieht. Um die Differenzierung zu erkennen – damit Differenzierung zu Unterscheiden werden kann –, braucht man Wissen (knowingness). Dieses Wissen geht dem Benennen voraus. Beispielsweise weiß ein Kleinkind, daß es sich unwohl fühlt, ohne daß es das Wort oder auch nur einen Begriff für Unwohlsein kennt. Es fängt einfach an zu zappeln. Sein Körper erkennt, daß etwas unbequem ist. Später, wenn wir Sprache entwickeln, nennen wir es Unwohlsein.

Diese Fähigkeit für Wissen ist also präverbal, früher als Benennen. Benennen ist der nächste Schritt. In der Erfahrung ist zuerst Differenzierung da, das heißt Bewußtsein davon, daß es verschiedene Elemente und Muster im Bewußtsein gibt. Diese Bewußtheit funktioniert auf dieselbe Weise, wie ein Spiegel reflektiert – sie enthüllt die Formen und Muster unserer Erfahrung, aber liefert kein Wissen davon, was reflektiert wird. Der nächste Schritt ist unterscheidendes Erkennen oder Unterscheidung: Erkennen, was diese Elemente und Muster sind. Wissen impliziert sowohl ihre Differenzierung als auch Unterscheidung. Der dritte Schritt ist das Benennen, mit dem jedes bekannte Element ein Etikett bekommt. Denken setzt alle diese drei Schritte voraus, um vorangehen zu können.

Das Wissen, das für Verstehen notwendig ist, geschieht beim zweiten Schritt: die Unterscheidung von Erfahrung. Zum Benennen kann es kommen – es kann da sein oder nicht. Wenn es da ist, dient es als Werkzeug zum Artikulieren des Verstehens, es sei denn wir benutzen die Bezeichnungen, die Etiketten, als Ersatz für das direkte Wissen. In dem Fall landen wir bei rein mentalem Wissen.

Dieses direkte Wissen ist am deutlichsten, wenn wir Essenz und ihre Aspekte erleben. Wenn etwa die schwarze Qualität von Frieden erscheint und wir uns selbst in ihr absorbieren, wissen wir, daß es Frieden ist, wir wissen, es ist Stille. Wir brauchen niemanden, der uns sagt, daß es Frieden ist. Auch wenn wir dieser Qualität der Erfahrung nicht den Namen „Frieden" geben, erkennt etwas in uns, daß sie eine spezifische

Qualität ist, die anders als andere Qualitäten ist, und weiß, wie anders sie ist. Für diese unserer Seele eigene Qualität sorgt der Blaue Aspekt. Der Blaue Aspekt verleiht unserer Psyche die Fähigkeit, durch Eintauchen, durch Identität, durch Intimität, durch Kontakt, durch Gnosis zu wissen. Diese Fähigkeit ist sehr elementar und absolut grundlegend für unsere ganze Erfahrung.

Diese Qualität des Wissens kann unrein, verschleiert und eingeschränkt sein oder aber sehr rein, voll, verfeinert und klar. Wenn sie verfeinert und klar ist, erfahren wir sie als essentielle Präsenz. Wenn sie es nicht ist, wenn dieses Wissen unvollständig ist, erfahren wir es als unser normales Wissen von Gedanken, Emotionen und Sinneswahrnehmungen.

## Die Essenz von Bewußtsein

Der Aspekt von Wissen ist, wie gesagt, derselbe wie der Aspekt des Bewußtseins. Es ist wichtig zu verstehen, was wir damit meinen, um die Basis dieses direkten und grundlegenden Wissens zu verstehen. Der Blaue Aspekt ist eine Qualität von Präsenz, eine Weise, wie sich die Präsenz von Essenz manifestiert. Er ist ein Aspekt, der etwas Bedeutsames über unsere wahre Natur ausdrückt und enthüllt. Aber es ist eine sehr grundlegende Qualität, in dem Sinn, daß alle anderen Qualitäten von ihr abhängen. Wenn wir verstehen, was wir mit Bewußtsein meinen, können wir auch vollständiger verstehen, was Präsenz ist.

Essenz ist immer eine Präsenz eines Feldes, das an sich sensibel ist. Sie ist – sie existiert –, aber sie ist auch ihrer selbst bewußt. Sie ist ihrer Istheit (isness) bewußt. Jede Qualität von Essenz ist das seiner selbst bewußte Feld, das sich auch der besonderen Qualität des Aspektes bewußt ist. Wenn es der Aspekt der Liebe ist, dann gibt es da die Präsenz eines Feldes von Empfindsamkeit, die sich ihrer Istheit, aber auch der Qualität von Liebe bewußt ist. Die Liebe und die Istheit sind hier nicht getrennt; da ist einfach die Präsenz von Liebe, die sich ihrer selbst als der Präsenz von Liebe bewußt ist.

Mit dem Blauen Aspekt gibt es Bewußtheit von Istheit (isness), von Präsenz, aber die Qualität des Blauen Aspektes ist sehr subtil, denn sie ist in allen anderen Aspekten implizit und doch bedeutsam. Die Erfahrung ist einfach die einer Präsenz von Bewußtsein, das sich bewußt ist, daß es Bewußtsein ist. Es ist einfach die Erkenntnis, daß da Erkenntnis ist. Genauer gesagt: Die Anwesenheit der Qualität von Bewußtsein ist einfach die Anwesenheit von Bewußtsein und nicht mehr. Dieses Bewußtsein ist sich nicht irgendeines Objektes außerhalb seiner selbst bewußt. Aber da es Bewußtsein ist, ist es Bewußtsein von sich selbst. Es ist ein Feld, das seiner selbst bewußt, seiner selbst gewahr ist.

Es ist seiner selbst bewußt, indem es es selbst ist, nicht indem es auf sich selbst reflektiert. Es ist wie ein Medium eines subtilen Gases, in dem jedes Atom für seine eigene Existenz sensibel ist. Da ist also ein Feld von Sensibilität für sich selbst. Die Qualität, die in diesem Aspekt betont wird, ist einfach die, eine bewußte Präsenz zu sein. Das gilt für alle Aspekte, mit der Ausnahme, daß die anderen Aspekte auch andere Qualitäten einschließen, etwa die von Liebe oder Willen. Eigentlich ist es noch subtiler als das. Bei vollkommener Identifikation mit dieser Präsenz, bei ihrer vollen Realisierung ist einfach Bewußtsein da, daß sich bewußt ist, daß es bewußt ist.

Dies ist es, was es wissend macht. Sich der Tatsache bewußt sein, sich bewußt zu sein – oder sich der Tatsache gewahr sein –, gewahr zu sein, bedeutet zu wissen, daß man bewußt ist. Es bedeutet, wirklich zu wissen, daß es Wissen gibt. Es ist die Präsenz von Wissen ohne ein Objekt. Die Präsenz weiß einfach, daß sie weiß. Und was sie weiß, ist Wissen. Sie weiß nichts außerhalb ihrer selbst, sie ist pures Wissen.

Wir sehen, daß die Eigenschaft der Präsenz, sich bewußt zu sein, daß sie bewußt ist, impliziert, daß sie weiß und weiß, daß sie weiß. Zu wissen und dieses Wissen zu wissen, ist die genaue Erfahrung des Blauen Aspektes von Essenz. Und das bedeutet es, wenn wir sagen, daß Essenz sich ihrer selbst als Präsenz bewußt ist. Essenz ist Präsenz, die sich selbst als Präsenz weiß oder kennt. Wenn wir diese subtile Analyse fortsetzen, können wir sehen, daß auf diese Weise, zu wissen, zu sein bedeutet, weil Wissen und Sein untrennbar sind. Das Wissen von Präsenz ist Präsenz. Aber diese Untrennbarkeit von Wissen und Sein ist die fundamentale epistemologische Wahrheit in bezug auf Essenz.

## Wissend sein (being knowing)

Der Aspekt von Wissen (Knowing) erscheint, wenn man weiß, daß gerade das eigene Sein, die eigene Seiendheit (beingness), von Wissen untrennbar ist: daß man wissend ist (being knowing), und daher diese Präsenz vollkommen eins mit sich selbst ist. Es gibt keine Trennung zwischen Subjekt und Objekt, absolut keine Dualität im Wissen. Also ist es Grundwissen. Aber da es Präsenz ist, ist es nicht eine *Aktivität* von Wissen. Es ist die *Präsenz* der Qualität von Wissen.

Weil der Aspekt fundamentalen Wissens (Knowing) eine vollkommene Identität von Wissen und Sein impliziert, ist die Erfahrung dieses Aspektes die eines tiefen Bleibens oder Verweilens, eines vollkommenen Niederlassens in einem selbst, von vollkommener Ruhe in der eigenen Präsenz. Jede Rastlosigkeit, jede Bewegung weg von einem selbst, wird dazu tendieren, die Verbindung mit ihr zu unterbrechen. Er ist vollkommene innere Ruhe, was in Sanskrit als *sahaja-samadhi* bezeichnet wird. Da ist keine Unrast im Feld des Bewußtseins. Da ist vollkommene Ruhe in Präsenz, indem man die Präsenz so vollständig ist, daß wir nur wissen, daß wir durch Erfahrung unserer selbst als ein *Feld* von Wissen (Knowing) wissen.

Der Blaue Aspekt ist für die meisten Menschen gewöhnlich schwer zugänglich, weil ihr Verstand so aktiv und ihr inneres Bewußtsein so rastlos ist. Dinge wie Sorgen, Schuldgefühle und unruhiges Begehren tendieren alle dazu, eine derartige Ruhe zu zerstreuen und uns von unserem Sein abzubringen. Was uns bleibt, ist eine Art Wissen, das auf der Trennung von Subjekt und Objekt beruht, vor allem des mental-konzeptuellen Typs. Doch dieses dem Blauen Aspekt eigene Grundwissen ist das Fundament allen Wissens, denn es ist das einfache und ursprüngliche Element von Wissen – das Element, auf dem jede andere Art Wissen beruht.

Wir sehen hier die Einheit von Epistemologie und Ontologie, denn dieser Aspekt ist eine Präsenz, in der Sein, die Seiendheit selbst, Wissen ist. Wenn Wissen sich von Sein abspaltet, landen wir bei gewöhnlichem Wissen, einem Wissen, das nicht hinreichend ist, uns wieder mit unserem Sein zu verbinden, ganz gleich, wie nützlich es in der praktischen Welt ist.

So ein Verstehen enthüllt die Notwendigkeit für Stille, Schweigen, Langsamkeit und Alleinsein während der Anfangsphasen jedes inneren Weges. Sonst wird es für uns schwer sein, uns niederzulassen, und für unseren Geist, in seinem ursprünglichen Sein zu bleiben. Und ohne dieses Bleiben bei und in uns selbst haben wir keine Möglichkeit, uns wirklich zu kennen.

Der Blaue Aspekt ist die Qualität unserer wahren Natur, die für direktes, unmittelbares Wissen verantwortlich ist. Diese Fähigkeit ist in der Inquiry dafür wesentlich, uns mit der Wahrheit unserer Erfahrung im Moment in Kontakt zu bringen. Obwohl wir in unserer persönlichen Inquiry nicht notwendigerweise die Blaue Essenz erfahren, behalten wir daher ihren Beitrag als eine fundamentale implizite Fähigkeit. In jedem Moment, in dem wir unsere Erfahrung direkt wissen oder kennen, fühlen wir die Wirkung des Blauen Diamanten der Führung.

## Direktes Wissen

Das Einstimmen mit direktem Wissen, mit inhärenter unterscheidender Bewußtheit, ist eines der wenigen fundamentalen Prinzipien, auf denen der Diamond Approach beruht. Der Diamond Approach ist in hohem Grad auf dem Konzept essentieller Aspekte errichtet – objektiv universellen Qualitäten von Präsenz. „Universell" bedeutet, daß jeder sie von sich aus erkennen kann. Und diese Fähigkeit für direktes Erkennen ist die Funktion der Blauen Essenz, der Essenz von Wissen (knowingness).

Das ist wichtig, weil unsere Bildungseinrichtungen und verschiedenen Wissenssysteme auf diese Qualität von Wissen kein Gewicht legen. Sie fokussieren auf diesen Bruchteil von Wissen, der unser mentales Wissen ist. Die Art Wissen, die wir hier besprechen, ist nicht Gegenstand moderner wissenschaftlicher Theorie – und nicht einmal psychologischer Theorie. Es ist eine Art Wissen, das nur in spiritueller Erfahrung deutlich wird, denn spirituelle Erfahrung existiert nur in der Unmittelbarkeit von Erfahrung. Je unmittelbarer unsere Erfahrung, um so spiritueller ist sie.

# Die essentiellen Aspekte in der Führung

Je mehr wir also diese Fähigkeit für direktes Wissen erkennen, um so mehr entstehen in uns ein Vertrauen und ein Glaube, daß wir wissen können, daß wir direktes, unvermitteltes Wissen erfahren können. Wenn wir nicht von dieser Art Wissen (knowingness) wissen, oder wenn wir nicht an es glauben, dann neigen wir dazu, kein Vertrauen in Verstehen zu haben. Dann meinen wir: „Was wird Verstehen schon bewirken? Es wird mir nur die Vorstellungen anderer Leute vermitteln." Wenn man von diesem Wissen nichts weiß, sagt man: „Gut, ich werde einfach die Vorstellungen von Verstehen von jemand anders anwenden, und ich werde wahrscheinlich sein Wissen bekommen." Man hat nicht das Vertrauen, daß man sein eigenes unabhängiges Wissen haben kann. Aber in dem Moment, in dem man erkennt, daß man innerlich diese Fähigkeit von Wissen besitzt, wird man dazu neigen, Verstehen mehr zu vertrauen. Man wird wissen, daß man mittels seiner eigenen Erfahrung Gewißheit erlangen kann, nicht nur weil jemand anders etwas gesagt hat.

So ein Wissen ist autonomes Wissen, wahrhaft unser eigenes. Wir benutzen nichts Vermittelndes. Eigentlich ist das die einzige Weise, wie man autonomes Wissen haben kann. Wir finden so eine vollkommene Autonomie im Wissen vielleicht unerträglich. Sie kann uns Angst machen, weil sie uns unser Alleinsein fühlen läßt. Unmittelbares Wissen kann in seiner Reinheit auch erschreckend sein, weil wir keinen Zugang mehr zu unserem gewöhnlichen Wissen haben. Die Abwesenheit von gewöhnlichem Wissen löscht die Grundlage unseres gewöhnlichen Selbstgefühls aus, denn dieses Selbstgefühl beruht auf mentalen Konstrukten, die Gedächtnisspuren aus der Vergangenheit benutzen.

Mit anderen Worten, ohne gewöhnliches Wissen haben wir keine vertraute Identität. Wenn wir nur reines Grundwissen benutzen, kann das Selbst sich nicht aufrechterhalten. Es muß aufgegeben werden, es muß schmelzen. Daher ist der Blaue Aspekt ein besonders selbstloser Aspekt. Er ist in gewissem Sinn der undefinierteste und formloseste aller Aspekte.

Der Blaue Aspekt erscheint im Zentrum des Kopfes, so wie der Grüne Aspekt im Zentrum der Brust entsteht. Daraus können wir auch ersehen, daß, so wie das Grüne die Empfindsamkeit ist, die die Essenz des Herzens bildet, das Blaue das Bewußtsein ist, das die Essenz des

Denkens oder des Geistes bildet. Das ist wahrscheinlich der Grund, weshalb manche Sufis der Auffassung sind, das Blaue sei mit dem Grün verbunden, als bildeten sie die zwei Seiten einer einzigen Latifa.

Betrachten wir dieses Phänomen direkten Wissens in der Erfahrung. Wenn man in diesem Moment auf sich selbst aufmerksam ist, wird man sehen, daß man sich nicht nur seiner Körperwahrnehmungen bewußt ist, sondern daß man sie auch erkennt. Man kann erkennen, wenn man Schmerz oder Lust empfindet, man kann erkennen, wenn es da eine Entspannung oder eine Spannung gibt. Und man weiß, ob einem das, was man wahrnimmt, gefällt oder nicht. Was nimmt man also wahr, wenn man mit Aufmerksamkeit bei sich selbst ist? Wissen. Es ist alles Wissen – im Sinne von knowledge wie von knowing.

Je genauer unser Unterscheidungsvermögen ist, um so mehr ist es uns möglich zu wissen. Der Grad, zu dem wir jedes unterschiedene Element in unserer Erfahrung wissen können, hängt von unserer Entwicklung der Blauen essentiellen Qualität ab. Die Integration dieser Qualität vermittelt uns die Fähigkeit, uns in jede einzelne Erfahrung zu versenken, unser Bewußtsein so sehr in sie zu absorbieren, daß wir mit ihr in allen ihren Nuancen intim in Kontakt sind. Wir können unser Bewußtsein mit ihr so sehr mischen, daß wir ihre Atome, die fundamentalen Partikel wissen, die die Erfahrung ausmachen.

Und je mehr wir diese Fähigkeit erkennen, um so genauer wird sie, um so mehr entwickelt und integriert sie sich, und unsere Erfahrung wird mehr von dieser Art Wissen durchdrungen. Wenn es also heißt: „Erkenne Dich selbst", dann ist damit gemeint – kenne dich selbst auf intime und direkte Weise, weil die Abstraktionen, die aus direktem Wissen entstehen und gewöhnliches Wissen bilden, einen nicht zu wahrer Selbstkenntnis führen.

Direktes Wissen (knowingness) gehört allgemein zu unserer Wahrnehmung. Es durchdringt all unsere Sinne und geschieht dauernd. Ohne es würden wir keine Erfahrung haben. Dieses Wissen ist nicht so geheimnisvoll. Aber wir erkennen direktes Wissen nicht als die wahre Quelle dessen, was wir unsere Erfahrung nennen, weil es gewöhnlich mit allen möglichen Arten anderen Wissens gemischt ist. Selten erkennen wir uns als ein Feld von Wissen, wo das Feld selbst nichts als ein Erkennen seiner Muster ist. Doch das ist unsere Natur, und es ist wichtig zu verstehen, daß dieses direkte Wissen dauernd geschieht. Es informiert unsere ganze Erfahrung und liegt ihr zugrunde – es ist ihr Fundament.

Je präziser, spezifischer und klarer im Unterscheiden unsere Fähigkeit für direktes Wissen wird, um so eher integrieren wir den Aspekt in seiner diamantenen Form. Unser Wissen wird dann leuchtender und lebendiger. Aber am wichtigsten ist, daß unser Wissen objektiv wird, das heißt frei von unseren Assoziationen und Vorlieben. Wissen in der Diamantenen Dimension bringt mehr Präzision und Klarheit – und daher Gewißheit – in unser Wissen. Wir sind eher in der Lage, Dinge korrekt so zu erkennen und zu wissen, wie sie wirklich sind. Wie sonst können wir Wahrheit erkennen?

# 23
# Wahrheit im Verstehen

## Objektive Wahrheit

Wenn wir das Phänomen, das wir Verstehen nennen, begrifflich als Erkennen von Mustern in Erfahrung und ihrer Bedeutung fassen, impliziert das die Präsenz von etwas, das gewußt, wahrgenommen, erfahren und erkannt werden kann. Besonders impliziert es, daß es in jeder beliebigen Erfahrung, die erkannt werden kann, einen Inhalt gibt, einen Inhalt, der nicht von unserem begrifflich erfassenden Verstand erzeugt wird. Aber ist da wirklich etwas in der Erfahrung da und kann es wirklich als das erkannt werden, was es ist? Oder ist alles, was wir erfahren, ein Produkt unseres Verstandes, unserer Subjektivität? Ist es vielleicht eine Mischung? Und wenn unser Denken etwas zu einer Erfahrung hinzufügt, können wir wirklich sagen, daß wir das Muster dieser Erfahrung erkennen? Diese Fragen verweisen alle auf das Thema objektiver Wahrheit. Wir müssen in Betracht ziehen, daß Verstehen weder reale Bedeutung noch wahren Wert hat, wenn es in unserer Erfahrung nicht etwas gibt, das verstanden werden kann, etwas, das unabhängig von unserem Denken und unseren Meinungen objektiv wahr ist.

Verstehen findet statt, wenn Inquiry zu einer Erkenntnis des Musters in der Erfahrung führt, die die Bedeutung der Situation klar macht. Unsere Fähigkeit, das Muster zu erkennen, impliziert, daß es in unserer Erfahrung ein objektiv wahres Muster gibt. Ähnlich impliziert die Tatsache, daß wir die Bedeutung dieses Musters erkennen können, daß es so etwas wie eine wahre und objektive Bedeutung gibt. Das ist gemeint, wenn wir sagen, daß wir durch Inquiry die Wahrheit unserer Erfahrung finden. Dies bedeutet, daß es etwas in unserer Erfahrung gibt, das wir Wahrheit nennen, und diese Wahrheit ist an der Oberfläche nicht notwendigerweise offensichtlich. So eine Perspektive geht von der Annahme aus, daß unsere Erfahrung Wahrheit enthält und daß Inquiry zu dieser Wahrheit gelangt, indem sie durchschaut, was sie verschleiert.

Wahrheit ist daher nicht etwas, das wir in unserem Denken herstellen, sondern etwas, das schon da ist, um entdeckt zu werden. Das ist eigentlich eine strittige Behauptung. Wenn wir Philosophen, Dialektiker und Wissenschaftstheoretiker hören, finden wir in diesem Punkt keinen allgemeinen Konsens. Nicht jeder stimmt dem zu, daß in der Erfahrung etwas gegeben ist, das man Wahrheit nennt. Es ist leicht zu sehen, warum unsere Behauptung kontrovers oder fragwürdig ist: Wie können wir wissen, daß das, was wir Wahrheit nennen, nicht unsere eigene subjektive Spiegelung oder Reflexion ist? Wie können wir sicher sein, daß es nicht eine Meinung, eine Ideologie oder ein Ergebnis einer Ideologie ist?

Die Sicht des Diamond Approach ist die, daß es in unserer Erfahrung Wahrheit gibt, die von dem begrifflich erfassenden Verstand der Person, die die Untersuchung durchführt, unabhängig ist. Wissenschaft akzeptiert, daß die Aussagen einer Theorie hinsichtlich der physischen Welt bewiesen oder widerlegt werden können und daß das Ergebnis allgemein akzeptiert wird. Wir sagen dasselbe von der menschlichen Erfahrung. Wenn verschiedene Menschen forschen, untersuchen und experimentieren – mit anderen Worten eine direkte Inquiry machen, wie wir in diesem Buch beschrieben haben –, dann werden alle zu denselben Wahrheiten über Erfahrung gelangen. Das bedeutet, daß unsere Arbeit mit Inquiry und Verstehen wissenschaftliche Arbeit werden kann. Wir können herausfinden, was in menschlicher Erfahrung unabhängig von unserer inneren Haltung und unseren psychologischen, philosophischen oder ideologischen Sichtweisen objektiv wahr ist. Und diese Entdeckung wird Gegenstand allgemeiner Übereinstimmung sein.

Dies ist für unsere Arbeit mit Inquiry und Verstehen eine wichtige Überlegung. Wenn man davon überzeugt ist, daß man eine objektive Wahrheit dadurch erkennen kann, daß man seine direkte Erfahrung untersucht, wird man motivierter sein, die Mühe aufzubringen, die nötig ist, um herauszufinden, was diese Wahrheit ist. Wenn man aber auf dem Standpunkt steht, daß jeder die Dinge anders sieht und alles innere Wissen daher relativ ist, dann wird die Motivation darunter leiden. Man wird seine Erfahrung nur als ein isoliertes Ereignis wahrnehmen, dessen Wahrheit für niemand anders relevant ist und für keine andere Situation als diese. Aber wenn wir glauben, daß es eine objektive Wahrheit – eine erkennbare Bedeutung – in unserer Erfahrung gibt, dann können wir etwas Wertvolleres darin sehen, wenn wir unsere innere Realität erforschen. Dann hat unsere innere Erfahrung Bedeutung und kann als eine Unterstützung, als ein Grundstein von Realität fungieren. Die Anwesenheit objektiver Wahrheit in unserer Erfahrung kann uns dabei helfen, unser Grundvertrauen, unsere Verbindlichkeit gegenüber der Arbeit, unsere Aufrichtigkeit und unsere Offenheit zu entwickeln.

Wir können diese Frage aus verschiedenen Blickwinkeln untersuchen – aus einem epistemologischen, einem philosophischen oder einem theologischen Blickwinkel. Wie wir die Frage beantworten ist aber, unabhängig von unserem Ansatz, für die Entscheidung sehr wichtig, wie wir zu unserer persönlichen Erfahrung stehen, wieviel Überzeugung und Gewißheit wir in bezug auf unsere Erfahrung haben, und letztlich, welche Beziehung wir zu unserem Handeln und unserem Leben im allgemeinen haben.

Unsere Antwort auf diese Frage hat auch für die spirituelle Arbeit wichtige Implikationen. Wenn wir den Standpunkt einnehmen, daß in unserer persönlichen Erfahrung alles relativ ist, dann können wir keine Lehre haben. Das ist deshalb so, weil eine spirituelle Lehre auf einer Anzahl universeller Wahrheiten über das menschliche Bewußtsein beruht.

## Übung
### Ihre eigene Ansicht von objektiver Wahrheit

An diesem Punkt möchten Sie vielleicht Ihre eigene Sicht oder Ihren Standpunkt im Hinblick auf diese Frage untersuchen. Glauben Sie, daß es so etwas wie objektive Wahrheit gibt – etwas außer gelerntem Wissen, einer Meinung oder einer subjektiven Sichtweise –, das in einer Situation wirklich da ist? Vielleicht haben Sie noch nie über diese Frage nachgedacht. Wenn nicht, dann haben Sie wahrscheinlich implizit einen Standpunkt eingenommen, um funktionieren zu können. Vielleicht haben Sie aber sehr viel über diese Frage nachgedacht. In jedem Fall kann es sehr nützlich sein, wenn Sie Ihre Position gegenüber objektiver Wahrheit untersuchen, um die Annahmen besser zu verstehen, die Ihrem eigenen Prozeß der Inquiry zugrundeliegen.

Glauben Sie, daß Bedeutung und Sinn von Erfahrung nur relativ sind? Mit anderen Worten, glauben Sie, daß die Wahrheit einer Situation vollkommen von Ihrem Standpunkt abhängt? Oder sind einige Ansichten wahrer als andere? Gibt es nur eine richtige Sicht und sind alle anderen falsch, ganzb gleich, wie logisch oder sinnvoll sie vielleicht sind? Gibt es eine einzige Wahrheit, die unmöglich zu wissen ist und die alle Ansichten einfach zu Annäherungen oder Vermutungen macht? Wäre in diesem Fall die Wahrheit die Sicht, die die besten Elemente aller verschiedenen Perspektiven kombiniert? Vielleicht glauben Sie, daß die Wahrheit eine Art Konsens ist – eine allgemeine Übereinkunft, die auf dem beruht, was die meisten Menschen für wahr halten.

Wie ist es mit Wahrheit in Ihrer eigenen Erfahrung? Gibt es so etwas wie eine objektive Wahrheit, die Sie direkt erfassen können? Es gibt so viele verschiedene mögliche Positionen zu dieser Frage, daß es hilfreich sein wird, herauszufinden, welche Sie selbst einnehmen. Können Sie sehen, wie diese Position Ihre Motivation und Ihr Handeln im Leben beeinflußt? Wie geschieht das?

## Relative Wahrheit

Allgemein gesprochen, nehmen spirituelle Traditionen und Lehren die Position ein, daß es so etwas wie objektive Wahrheit gibt. Eigentlich ist eine spirituelle Lehre nichts anderes als eine Weise, zu dieser objektiven Wahrheit zu gelangen. Die verschiedenen Traditionen haben aber verschiedene Vorstellungen davon, worin diese objektive Wahrheit besteht. Die theistischen Religionen glauben an die Existenz Gottes. Die hinduistischen Systeme haben andere letzte Wahrheiten: Atman, Brahman oder Schiwa. Der Buddhismus spricht von *shunyata* (Leere) oder Buddha-Natur. Aber sie alle glauben, daß wir eine gewisse letzte Wahrheit in der Erfahrung finden können.

Der Diamond Approach beruht auch auf der Erkenntnis, daß so etwas wie objektive Wahrheit unabhängig vom Verstand des Menschen existiert, der sie erfährt. Was wir aber mit „Wahrheit" meinen, ist nicht nur die letzte Wahrheit der Realität. Wir benutzen dieses Wort, um ein bestimmtes Element in jeder Erfahrung zu bezeichnen: die Wahrheit der Erfahrung (oder der Situation), die von mehreren unabhängigen Beobachtern bestätigt werden kann. Diese objektive Wahrheit, die von den eigenen subjektiven Positionen unabhängig ist, ist weder statisch noch ein Objekt. Es ist nicht so, als schaute man in seine Erfahrung und fände die Wahrheit, und diese Wahrheit bliebe für immer und ewig die Wahrheit. In jedem Moment entsteht Wahrheit in unserer Erfahrung neu. Im nächsten Moment kann die Wahrheit in unserer Erfahrung von der Wahrheit, die wir als letzte entdeckt haben, verschieden sein. Die Wahrheit ist also dynamisch und verschibt, verändert und transformiert sich ständig. Und Inquiry ist der dynamische Prozeß, der zunehmend an Grad und Tiefe diese Wahrheit enthüllt.

Wahrheit bezieht sich aber immer auf etwas, was wirklich da ist – wie etwas im Moment objektiv ist –, auch wenn sich diese Wahrheit verändert. In jedem Moment gibt es eine einzige Wahrheit, auch wenn sie aus verschiedenen Perspektiven, mit verschiedenen Haltungen oder von verschiedenen Standpunkten aus betrachtet werden kann. Wenn man sie von einer dieser verschiedenen Positionen aus sieht, wird das die Wahrnehmung der Wahrheit mit Sicherheit färben, ohne damit die Tatsache zu verneinen, daß ein objektives Element von Wahrheit da ist.

Nehmen wir ein Beispiel. Angenommen, man ist traurig. Das Gefühl von Traurigkeit ist eine objektive Tatsache. Wenn man sagt: „Ich bin traurig", dann ist das in dem Moment die Wahrheit. Wir können dieses Phänomen aber auf verschiedene Weise sehen und erklären, je nach unserer Perspektive oder unserem Standpunkt. Und diese Perspektive beeinflußt sehr wahrscheinlich die Erfahrung der Traurigkeit. Aber die Traurigkeit als ein Element der Erfahrung ist dennoch eine unbestreitbare Wahrheit.

Das bedeutet, daß wir, wenn wir unseren Zustand visuell wahrnehmen, statt ihn emotional zu erleben, die Traurigkeit vielleicht als ein Muster von Lichtern und Farben sehen. Oder wir sehen sie vielleicht als einen elektromagnetischen, elektrochemischen Prozeß. Aus einer anderen Perspektive sehen wir sie vielleicht als ein psychisches Geschehen oder als eine mentale Reaktion. Wenn wir Buddhisten sind, können wir sie als eine bestimmte Unreinheit sehen, die in der Psyche auftaucht.

Und doch ist es wahr, daß Traurigkeit da ist. Aber die Wahrheit besteht nicht in den Worten, die wir benutzen, um sie zu beschreiben. Wir können sie ein Gefühl, ein elektromagnetisches Phänomen, eine elektrochemische Reaktion, ein Muster aus Licht und Farben oder ein psychisches Geschehen nennen. Das bezieht sich alles auf dasselbe Ereignis. Aber die Wahrheit ist das, worauf sich all diese Beschreibungen beziehen, auch wenn sie vielleicht verschiedene Arten von Wahrnehmung reflektieren. Die Erfahrung wird auch anders sein, wenn wir sie von einer grenzenlosen Dimension aus betrachten, wo Realität nicht in der Form getrennter, unterschiedlicher Objekte erscheint und wo wir dieses Phänomen von Traurigkeit als ein Ereignis auftauchen sehen, als fände es im Geist Gottes statt. Die Traurigkeit wird sich anders anfühlen und anders aussehen, und doch ist es immer noch dasselbe Phänomen. Die Wahrheit, die jeder einzelne beobachtet, ist dieselbe, wenn auch unterschiedlich erfahren.

Das Phänomen selbst ist in der gegenwärtigen Erfahrung eine unbestreitbare Wahrheit. Wenn all diese Beobachter diskutieren sollten, was sie wahrnehmen, dann könnten sie zu der Erkenntnis kommen, daß sie alle über dieselbe Sache sprechen – sie benutzen nur verschiedene Sprachen und nehmen diesem Phänomen gegenüber verschiedene Perspektiven und innere Haltungen ein. Doch gibt ein spezifisches Phänomen, das nicht vollkommen relativ zu der Person ist, die es erlebt. Die Relativität besteht nur in den Details der Wahrnehmung – der Optik, durch die es gesehen wird –, aber nicht in der eigentlichen Präsenz des bestimmten Phänomens. Die Tatsache, daß es da Traurigkeit gibt, ist also eine objektive Wahrheit.

Die Art objektiver Wahrheit, die ich eben beschrieben habe, ist nicht das, was in den meisten spirituellen Traditionen gewöhnlich letzte Wahrheit genannt wird. Bei unserem Ansatz aber schließen wir, wenn wir über das Finden der Wahrheit sprechen, diese Art Wahrheit ein. Ich nenne sie relative Wahrheit. Mit relativ meine ich nicht, daß verschiedene Menschen dasselbe Phänomen verschieden erleben. Was ich beispielsweise als Traurigkeit empfinde, empfindet ein anderer Mensch nicht als Haß; wenn ein anderer Mensch fühlt, was ich fühle, ist er traurig wie ich.

Es ist relative Wahrheit, weil ihr Auftauchen von der eigenen Geschichte und der gegenwärtigen Situation abhängt und eine Antwort auf sie ist. Es ist die Wahrheit, die wir in der konventionellen Dimension der Erfahrung finden. In dem vorigen Beispiel ist die Traurigkeit also ein objektives Phänomen, aber sie hängt von meiner gegenwärtigen Erfahrung ab, in dem Sinn, daß sie als Antwort auf die spezifischen Bedingungen dieses Zeitpunktes und dieses Ortes entsteht. Wenn diese Bedingungen sich ändern, ändert sich die Wahrheit, und das macht sie relativ. Ferner wird ein anderer Mensch unter ähnlichen Umständen wahrscheinlich ein anderes Phänomen oder Gefühl erleben, weil die Erfahrung jedes Menschen von persönlichen Dispositionen und seiner Geschichte bestimmt ist.

Dies ist leicht zu sehen, wenn wir Wahrnehmungen wie Traurigkeit, Wut oder Liebe betrachten. Diese einfachen Inhalte treten immer in bestimmte Umstände eingebettet auf, und eine Übereinkunft darüber, daß sie objektive Wahrheit sind, ist leicht zu erzielen. Dasselbe gilt für Handlungen, Reaktionen und Verhaltensweisen. Es ist zum Beispiel leicht zu sehen, was eine wütende Reaktion oder was eine liebevolle Antwort ist. Jetzt nehmen wir mal ein komplexeres relatives Phänomen: eine Einsicht.

Angenommen, man findet heraus, daß man nicht nur traurig ist, sondern auch, daß man traurig ist, weil man sich selbst vermißt hat. Woher können wir wissen, ob das die Wahrheit ist oder nicht? Können wir sagen, daß dies die objektive Wahrheit ist, oder ist es nur unsere Meinung, Perspektive oder spirituelle Ideologie? Diese Behauptung kann eine objektive Wahrheit in dem Sinn sein, daß sie die einzigartige Bedeutung des Musters dieser Erfahrung in dem Moment ist. Das heißt, wenn man die Wechselbeziehungen zwischen verschiedenen Elementen der Erfahrung sieht – in diesem Fall die Beziehung zwischen Traurigkeit und anderen bedeutsamen Teilen der eigenen Erfahrung –, dann wird man bei nur einer einzigen bestimmten Bedeutung gelangen, und das ist die, daß man traurig ist, weil man sich selbst vermißt. Man wird nicht in der Lage sein, sagen zu können, daß man traurig ist, weil man hungrig ist oder weil jemand einen nicht geliebt hat – diese Möglichkeiten werden definitiv ausgeschlossen worden sein. Wenn man solche Dinge anführen könnte, dann könnte man keine Einsicht haben, und das bedeutet, es gäbe keine Möglichkeit, Einsicht in die wahre Bedeutung einer Erfahrung zu haben.

Aber die Frage ist noch subtiler. Es kann sein, daß man erkennt, daß man traurig ist, weil man sich selbst vermißt, aber diese Tatsache kann einen berühren oder sie kann einem gleichgültig sein. Sie bewegt einen vielleicht, oder sie bewegt einen nicht, man wird vielleicht neugierig oder auch nicht. Das hängt von der inneren Haltung und der eigenen Perspektive ab. Aber die Einsicht, „Ich bin traurig, weil ich mich vermisse", kann es wirklich geben und als das erkannt werden, was genau reflektiert, was geschieht.

Man kann diese Erkenntnis oder Einsicht auf andere Weise ausdrükken, wenn man einen anderen Begriff oder eine andere Metapher oder Worte benutzt, die eine andere Perspektive wiedergeben. Man könnte sie vielleicht so ausdrücken: „Ich fühle meine Tiefe nicht", weil man vielleicht der Ansicht ist, daß es ein Selbst gibt, das man vermissen kann. Oder man könnte die Traurigkeit vielleicht als eine Entfremdung davon erleben, was man in Wahrheit ist. Das ist etwas anderes, als wenn man sagt: „Ich vermisse mich selbst", aber es ist derselbe Zustand, nur mit anderen Worten ausgedrückt. Oder man könnte sie vielleicht als eine Distanz von der eigenen Essenz oder als die Abwesenheit von Selbstrealisierung erleben. Man könnte sie vielleicht so erleben, daß man das Gefühl hat, oberflächlich oder unwirklich zu sein.

Wenn man Anhänger bestimmter spiritueller Systeme ist, wird man nicht sagen: „Ich fühle, daß ich mich selbst vermisse", man sagt dann: „Ich erkenne die Täuschung, die in dem Glauben liegt, daß ich von der wahren Realität getrennt bin". Diese Aussage ist dasselbe, wie wenn man sagt „Ich vermisse mich selbst". Sie beschreibt dieselbe Empfindung, dieselbe Erscheinung, aber von einer anderen Weltsicht aus gesehen. Je nach unserer Sicht, Ideologie oder unserem System, können wir unsere Erfahrung anders beschreiben, aber das bedeutet nicht, daß wir andere Dinge beschreiben. Es bedeutet nicht, daß wir unterschiedlicher Auffassung sind. Objektive Wahrheit bedeutet einfach, daß etwas erkennbar Wahres in der Erfahrung auftaucht.

Wir sehen, daß alle diese Formulierungen gleichwertige Versuche sind, dieselben Wahrnehmungen zu beschreiben, aber von verschiedenen Positionen aus und aus verschiedenen Perspektiven. Aber manche Perspektiven sind tiefer und fundamentaler als andere. Wenn man etwa sagt: „Ich bin oberflächlich oder unecht", dann ist das keine so tiefe Perspektive wie die, die sich als die Täuschung ausdrückt, daß man dualistisch von seiner tiefsten Realität getrennt sei. Die letztere ist fundamentaler und in gewissem Sinn genauer. Beide Ausdrucksweisen beziehen sich aber auf dasselbe. Man beschreibt es nur aus einer weiteren, fundamentaleren Perspektive. Aber das bedeutet nicht, daß die erste Fassung falsch ist.

Ich meine nicht das wissenschaftliche Denken. Ich spreche einige der traditionellen spirituellen Systeme an, die den Standpunkt vertreten, daß man entweder diese Erfahrung der Traurigkeit als die Täuschung getrennter Realität sieht oder daß man sich in der Subjektivität befindet – und daher nicht mit objektiver Wahrheit in Kontakt ist. Ich sage, es ist wahr, daß man sich in der Subjektivität befindet, aber ich sage auch, daß es in dieser Subjektivität eine gewisse Wahrheit gibt. Es ist dieselbe Wahrheit, wie die, die durch die nicht-duale Sichtweise ausgedrückt wird, aber anders ausgedrückt – dualistisch. Unsere jeweilige Subjektivität wird sich natürlich unterscheiden, je nach dem, von wo man kommt. Aber was man erfährt, ist dasselbe.

## Sich vertiefende Ebenen der Wahrheit

Wenn man sieht, daß dasselbe Phänomen aus verschiedenen Perspektiven erfahren werden kann und daß einige dieser Perspektiven weiser, umfassender oder fundamentaler als andere sein können, gibt uns das eine bestimmte Methode an die Hand. Es weist auf eine Weise hin, sich der Wahrheit zu vergewissern, eine verläßliche Methode, uns zu helfen, mehr Wahrheit zu enthüllen. Es ist eine Methode nicht nur für das Untersuchen und Entdecken von Wahrheit, sondern auch für das Verstehen unserer inneren Haltungen oder Perspektiven – mit anderen Worten für das Verstehen davon, wie wir diese Wahrheit sehen.

Wir können unsere Weltsicht erforschen, und wenn wir erkennen, was für eine das ist, kann sie das verändern und vertiefen. Sogar die Erfahrung selbst kann sich ausdehnen und mehr von ihrer Wahrheit enthüllen. Das Gefühl von Traurigkeit könnte sich zum Beispiel vielleicht verändern, wenn sich unsere Sicht transformiert. Man erlebt dann die Traurigkeit vielleicht als kleine Wellen oder ein Kräuseln in der Seele, mit einer bestimmten Vibration oder Schwingung. Die Erfahrung ist dieselbe Traurigkeit, aber jetzt erfährt man sie mit einer zusätzlichen Dimension. Diese neue Dimension ist aufgetaucht, weil wir die Annahmen erforscht und verstanden haben, die unserer Sicht der Erfahrung zugrundeliegen. Das hat einer tieferen Perspektive erlaubt aufzutauchen. Unsere ursprüngliche Perspektive, die dadurch eingeschränkt war, daß wir uns für einen physischen Körper mit Gefühlen hielten, hat sich jetzt zu einer Perspektive erweitert, die besagt, daß es ein Bewußtsein gibt, das Manifestationen in sich hat.

Im Grunde geht es bei dem Verstehen, das wir hier besprechen, darum, sich der Wahrheit zu vergewissern, wie wir sie aus unserer gegenwärtigen Perspektive sehen, die sich dann entfalten wird, um tiefere Aspekte der Wahrheit zu enthüllen. Wir untersuchen sowohl die Wahrheit in der Erfahrung als auch das untersuchende Bewußtsein, das der Erfahrung erlaubt, sich zu entfalten und mehr Wahrheit zu enthüllen. Wie ich oben gesagt habe, ist Wahrheit dynamisch, sie verändert sich ständig. Es kann beispielsweise sein, daß man, wenn man weiter untersucht, findet: „Ich bin traurig, weil jemand nicht gesehen hat, wer ich bin." Wenn man weiter forscht, erkennt man eine größere Wahrheit: „Ich bin nicht nur traurig, weil jemand nicht gesehen hat, wer ich bin, sondern auch, weil ich nicht sicher bin, daß ich *weiß*, wer ich bin. Und weil ich nicht sicher bin, wer ich bin, macht es mich traurig, daß jemand nicht gesehen hat, wer ich bin. Denn wenn jemand sieht, wer ich bin, macht mich das sicher."

Bedeutet das, daß die Wahrheit, daß man traurig war, weil einen jemand nicht gesehen hat, falsch ist? Nein, denn innerhalb ihrer eigenen Perspektive war das Wahrheit. Jetzt hat man eine weitere Perspektive, die die Wahrheit erweitert. Und diese Expansion kann immer weiter gehen. Wenn man weiter forscht, erkennt man vielleicht: „Jetzt sehe ich, daß der, der ich bin, wirklich mehr ist, als ich zu sein glaubte. Ich war traurig, weil ich nicht ganz ich selbst war, ich habe mich selbst wirklich vermißt." Je mehr man sich selbst kennt und je mehr sich die eigene Sicht erweitert, um so mehr entfaltet sich die Wahrheit, enthüllt mehr Dimensionen, mehr Tiefen in ihr. So funktioniert der Prozeß des Verstehens.

Relative Wahrheit bedeutet, daß sie relativ zu unserer Geschichte ist – die spezifischen Manifestationen relativer Wahrheit reflektieren auf einzigartige Weise unsere persönliche Situation und Hintergrunderfahrung. Wenn die objektive Wahrheit von unserer jeweiligen Geschichte und Situation unabhängig ist – das heißt, wenn jeder unabhängig von der persönlichen Situation oder dem Hintergrund dieselbe Wahrheit erfährt –, dann nenne ich sie essentielle Wahrheit. Dann fangen wir an, Essenz und ihre verschiedenen Aspekte zu erfahren. Essentielle Wahrheit taucht gewöhnlich auf, wenn wir eine bestimmte relative Wahrheit bis zu dem Punkt erforschen, wo sie von unserer persönlichen Geschichte befreit wird. Was dann auftaucht, hat nichts mit unserer Kindheit, mit unserer Geschichte zu tun, sondern spiegelt die Grundlagen der menschlichen Seele. Die Wahrheit ist in diesem Fall eine Manifestation von Essenz, essentieller Präsenz. Das kann zum Beispiel die Präsenz von Mitgefühl (Compassion), von Liebe (Love) oder von Freude (Joy), Frieden (Peace), Klarheit (Clarity), Wille (Will), Stärke (Strength), Wahrheit (Truth), Intelligenz (Intelligence) sein.

Es ist objektive Wahrheit, aber sie kann nicht auf der konventionellen Ebene von Erfahrung gefunden werden, nur auf der essentiellen Ebene. Und wenn die objektive Wahrheit, die jetzt essentiell ist, nicht nur von unserer persönlichen Geschichte und unserem Hintergrund, sondern auch von allem Denken und seinen Konzeptualisierungen, seinen Begriffsbildungen unabhängig ist, nennen wir sie nichtkonzeptuelle Wahrheit (nonconceptual truth). Nichtkonzeptuelle Wahrheit ist von den Begriffen von Liebe, Haß, Stärke und Brillanz – von allen Begriffen unabhängig.

Der Prozeß des Findens der Wahrheit geht weiter: Auf der letzten Ebene ist objektive Wahrheit von der Existenz als ganzer, von aller Manifestation, von allen Erscheinungsweisen unabhängig. Sie ist dann das, was wir absolute Wahrheit nennen. Das bedeutet, sie ist unabhängig von dem, was sich manifestiert – vom Universum selbst. Diese Enthüllung absoluter Wahrheit, die für den Verstand schwer zu fassen ist, ist die Erkenntnis einer Wahrheit, die jenseits von Sein oder Nicht-Sein (non-Being) ist.

Ich fasse zusammen: Ich habe objektive Wahrheit in vier Arten unterteilt, nach zunehmender Tiefe und Subtilität: die relative, die essentielle, die nichtkonzeptuelle und die absolute. Man kann die Arten von Wahrheit auf andere Weisen differenzieren, aber dies ist eine nützliche Weise, das zu tun. Und wir können sagen, daß Wahrheit sich je nach unserer Situation und Perspektive verändert. Jede Perspektive enthält Wahrheit, gleich wie begrenzt. Und das bedeutet, daß es möglich ist, eine Methode der Untersuchung anzuwenden, die schrittweise mehr Wahrheit, tiefere Wahrheit, fundamentalere Wahrheit enthüllt, während die Untersuchung voranschreitet.

Wie wir gesehen haben, lädt die Inquiry den optimierenden Dynamismus von Sein und seine Führung ein, die ihre unterscheidend erkennende Intelligenz ist. Die optimierende Kraft transformiert Erfahrung von einer Ebene zur nächsten, und die Intelligenz erkennt die quantische Bewegung von Wahrheit durch diese vier Ebenen hindurch. Wenn wir der Wahrheit folgen, wird die optimierende Kraft also das Verstehen zu tieferen Dimensionen von Wahrheit bewegen. Sie wird im allgemeinen vom Relativen zum Essentiellen gehen, dann zum Fundamentalen oder Nichtkonzeptuellen und schließlich zum Absoluten.

## Der essentielle Aspekt der Wahrheit

Wir erforschen den Platz von Wahrheit in die Inquiry und im Verstehen als ein Element in der Diamantenen Führung. Zu wissen, daß es so etwas wie objektive Wahrheit gibt, ist für unseren Prozeß der Inquiry und des Verstehens fundamental. Es ist auch wichtig, die Rolle der essentiellen Aspekte in der Inquiry, in Verstehen und Führung anzuschauen. Wir haben gesehen, daß das Vermögen direkten Wissens mit dem Blauen Aspekt verbunden ist, dem Aspekt von Bewußtsein und Wissen. Im Hinblick auf die vier Ebenen von Wahrheit bedeutet essentielle Wahrheit, sich selbst oder Bewußtsein auf der Ebene von Essenz zu erfahren, und zwar in allen ihren Aspekten oder Manifestationen. Erforschung besonderer Konstellationen konventioneller Erfahrungen, was dasselbe ist wie das Verstehen bestimmter Themen oder Probleme, führt zum Erscheinen von Essenz als die eine oder andere Qualität.

Alle essentiellen Qualitäten sind Wahrheit, in dem Sinn, daß sie objektiv in dieser Dimension präsent sind. Wir finden aber auch einen besonderen essentiellen Aspekt, der der Aspekt der Wahrheit selbst ist. Eine Inquiry in diese essentielle Präsenz zeigt uns, daß sie der Aspekt ist, der uns ermöglicht, Wahrheit als Wahrheit zu erkennen.

Die spezifischen Fähigkeiten unserer Psyche sind gewöhnlich Spiegelungen bestimmter essentieller Qualitäten, die unsere Seele besitzt. Wir können also nur klug und schlau sein, weil es einen Aspekt in unserer Seele gibt, der die reine Präsenz von Intelligenz ist. Und je mehr dieser Aspekt in unsere Psyche – in unsere Seele – integriert ist, um so intelligenter sind unser Verstehen und unsere Handlungen. Wir können auch Dinge im allgemeinen wissen, weil reines Wissen auf der essentiellen Ebene als der Blaue Aspekt existiert.

Dasselbe gilt für die Wahrheit. Wir sind in der Lage, Wahrheit als Wahrheit zu erkennen – wir können wissen, was in unserer Erfahrung wahr ist und was nicht –, weil unserer Seele eine Qualität eigen ist, die einfach Wahrheit (Truth) ist. Nicht eine bestimmte Wahrheit, sondern die Präsenz von Bewußtsein, die als die Präsenz von Wahrheit erfahren wird. Mit anderen Worten, wir können Wahrheit in Erfahrung allgemein erkennen, weil ein reines Element unserer Seele Wahrheit an sich ist. Wir können Wahrheit erkennen, weil reine Wahrheit eine Facette unserer Natur ist. Die Präsenz von Wahrheit in der Seele macht es uns möglich, sie in der Alltagserfahrung – ob in einer bestimmten Situation oder in wiederkehrenden Mustern – und auf jeder Ebene von Erfahrung zu erkennen.

Je nachdem wie vollständig wir diesen besonderen essentiellen Aspekt integriert haben – wie transparent wir für ihn sind, wie sehr wir ihn realisiert haben, wie nahe er unserer bewußten Erfahrung ist –, wird unsere Fähigkeit, Wahrheit zu erkennen, also mehr oder weniger entwickelt sein. Wenn wir unser Bewußtsein *als* Wahrheit erfahren, bekommt es eine Qualität wie massives Gold. Das ist deshalb so, weil Wahrheit der Gold-Aspekt ist. Und wenn unsere Präsenz sich wie massives Gold anfühlt, erfahren wir die Präsenz von Wahrheit. Ähnlich ist unser Bewußtsein zur Präsenz von Wissen geworden, wenn wir es als eine zarte Blaue Präsenz erleben.

Wahrheit (Truth) ist also eine goldene Präsenz, ein massives, eindeutiges, glänzendes metallisches Gold. Sie hat eine Lebendigkeit, ein Bewußtsein und eine Bewußtheit in sich, weil sie ein Element des Bewußtseins ist. Die Präsenz von Wahrheit (Truth) fühlt sich real, dicht, kompakt, warm und ebenmäßig an. Sie ist mit einer Empfindung von Kostbarkeit verbunden, die sie unserem Herz sehr nahe sein läßt, als wäre sie die Tiefe des Herzens selbst.

Weil es so etwas wie einen Wahrheits-Aspekt gibt, ist es möglich, gründlich und im Detail zu untersuchen, was Wahrheit ist, und zwar im Hinblick auf Dimensionen, Ebenen, Situationen, was immer. Wahrheit (Truth) wird zu etwas, das genau und präzise erforscht werden kann. Und Verstehen vertieft sich nur dann, wenn wir uns zu immer tieferen Dimensionen von Wahrheit bewegen.

## Das Leben für die Wahrheit wertschätzen

Wir bewegen uns nur dann zu tieferen Dimensionen von Wahrheit, wenn sich unser Verstehen erweitert und vertieft. Und damit die Wahrheit tiefer gehen kann, damit Verstehen die bedeutenderen Dimensionen von Wahrheit enthüllen kann, muß die Wahrheit, die wir entdekken, in unser übriges Leben integriert werden. Wir müssen anfangen, die Wahrheit zu leben, die wir finden. Wir können sie nicht nur entdecken, sie erfahren, sie verstehen und dann unser Leben weiter leben, als wäre unsere Entdeckung eine isolierte Erfahrung. Wenn wir das tun, enthüllt Wahrheit sich nicht weiter.

Mit anderen Worten, wenn wir die Wahrheit, die wir mittels unseres Verstehens gefunden haben, nicht mit einbeziehen – wenn wir sie nicht in unser Handeln und unsere Entscheidungen integrieren –, wird der Prozeß sich vertiefender Enthüllung aufhören. Warum? Es ist ganz klar. Wenn wir handeln und Entscheidungen treffen, ohne die Wahrheit zu berücksichtigen, die wir entdeckt haben, dann halten wir an den Verschleierungen fest, die diese Wahrheit blockiert haben. Es bedeutet, daß wir an diese Unwissenheit mehr als an die Wahrheit glauben, was auf dasselbe hinausläuft, wie die Wahrheit nicht als die Wahrheit zu erkennen. Dann leben wir ein Leben der Lügen, obwohl wir die Wahrheit schon wissen.

Und wie soll die Wahrheit mehr von sich enthüllen, wenn wir uns der Wahrheit entledigen und sie verleugnen, die wir entdeckt haben? Wie soll sich die Wahrheit zu immer tieferen Dimensionen ausdehnen? Das tut sie nicht. Unser Bewußtsein geht zur Oberfläche zurück, zu der Stelle, an der es war, bevor wir diese Wahrheit entdeckten. Wenn wir mit dem Prozeß der Enthüllung der Wahrheit zusammengehen wollen, müssen wir also die Wahrheit leben, die wir wissen.

Jedesmal, wenn wir Wahrheit entdecken, müssen wir sie in Handeln umsetzen. Wir müssen unser Leben dieser Wahrheit gemäß verändern. Wir müssen unser Verhalten ändern, damit es diese Wahrheit berücksichtigt. Sonst handeln wir von einem Ort aus, der mißachtet, was wir entdeckt haben. Wir können keine Stubenhocker sein. Unsere Reise mit dem Raumschiff verlangt totalen Einsatz und totale Entschlossenheit und vollkommene Hingabe an die Wahrheit, die letztlich unsere wahre Natur und die Natur der Realität widerspiegelt.

Man entdeckt zum Beispiel, daß man nicht wirklich diese unmögliche Person ist, für die man sich gehalten hat. Man entdeckt, daß man in Wirklichkeit reine Liebe ist. Wie lebt man jetzt sein Leben? Wie verhält man sich anderen Menschen gegenüber? Wird man durch das Leben als reine Liebe gehen oder als diese alte unmögliche Person? Wenn man weiter als dieser unmögliche Mensch handelt, ist es so, als wäre diese Entdeckung nie passiert. Und diese reine Liebe wird sich nicht zu einer tieferen Dimension bewegen. Im Grunde wird sie wieder blockiert. Wenn man aber nicht vergißt und wenn man anfängt, sein Bestes zu tun, um diese Einsicht, daß man reine Liebe ist, in sein Leben zu integrieren, dann wird das den Prozeß der Inquiry dabei unterstützen, tiefer zu gehen und mehr Wahrheit zu enthüllen. Das kann bedeuten, daß man die Implikationen dieser Einsicht dazu benutzt, um die Überzeugungen in Frage zu stellen, die die alte Identität unterstützen. So eine Inquiry wird die Trägheit der alten Identifikation damit, daß man nicht liebenswert ist, konfrontieren.

Was bedeutet es also, wenn man sein Leben lebt, als wäre man reine Liebe? Das ist etwas, was man selbst wird herausfinden müssen, weil es keine bestimmten Regeln gibt, denen man folgen kann. Natürlich wird man in dem Moment, in dem man diese Frage untersucht, auf verschiedene Barrieren stoßen – entweder um Liebe selbst oder im Zusammenhang mit den Wurzeln der Identifikation damit, ein unmöglicher Mensch zu sein. Man findet vielleicht heraus, daß man sich nicht der Wahrheit entsprechend verhält, die man kennt, weil die Handlungen von etwas Unbewußtem bestimmt sind. Ein Verstehen dieser neuen Elemente macht es einem vielleicht nicht sofort möglich, sich als reine Liebe zu verhalten, aber wenigstens wird es einen in die richtige Richtung bringen. Man kann also weiter in die Richtung arbeiten, die einem dabei helfen wird, diese Qualität mehr in das Leben zu integrieren. Auf diese Weise wird Einsicht zu Weisheit, und Weisheit ist Einsicht in Aktion.

Wahrheit ist ein Element all unserer Erfahrung; sie durchdringt alle Teile unseres Lebens, in allen Situationen. Sie besteht in viel mehr, als nur darin, die Wahrheit zu sagen. Es geht darum, die Wahrheit zu leben und letztlich die Wahrheit zu sein. Zum Leben der Wahrheit gehört oft, daß man die Wahrheit sagt, aber manchmal steht es einem Leben der Wahrheit auch entgegen. Die Wahrheit ist viel größer als nur eine wahre Aussage. Ein Leben der Wahrheit ist also viel mehr, als nur aufrichtig zu sein oder die Wahrheit zu sagen. Wahrhaftig *sein* bedeutet, gegenüber sich selbst, gegenüber dem, was man weiß, und dem, wer oder was man ist, ehrlich zu sein.

Das Leben der Wahrheit zu leben bedeutet zuerst, die Wahrheit und das Wissen der Wahrheit wertzuschätzen. Es bedeutet auch, die Wahrheit so wertzuschätzen, daß man sie zum Zentrum seines Lebens macht, das heißt, daß man lernt, echt, authentisch und aufrichtig zu sein. Im Kern geht es beim Leben der Wahrheit um Integrität und Respekt – für einen selbst, für andere und für die Wahrheit selbst.

Je mehr unser Leben die Wahrheit, die wir wissen, respektiert und spiegelt, um so eher wird es uns zu tieferen Dimensionen von Wahrheit, von wahrer Natur bringen. Es gibt eine Interaktion, eine wechselseitige Beziehung und eine Untrennbarkeit zwischen dem Verstehen der Wahrheit und dem Leben des Lebens. Man kann die beiden nicht trennen. Wir können nicht Philosophen im Elfenbeinturm sein und erwarten, die Wahrheit zu entdecken. So geht es nicht, denn Inquiry ist eine Reise, bei der es darum geht, Wahrheit zu finden, und die das Einssein von Sein und Leben enthüllt. Unsere spirituelle Philosophie muß eine Philosophie des Tuns (action philosophy) werden. Wir müssen unsere Seele zu einer Manifestation jeder einzelnen Wahrheit werden lassen, die wir entdecken.

## Die Zitadelle der Wahrheit

Die Orientierung auf das Leben der Wahrheit hin, die wir kennen, verbindet uns mit einer anderen Diamantenen Dimension, die Zitadelle (Citadel) genannt wird. Wie die Diamantene Führung besitzt diese Manifestation von Sein spezialisierte Funktionen, die in der persönlichen Entwicklung und im Leben im allgemeinen genutzt werden können. Als ein integrierter Ausdruck unserer wahren Natur fungiert die Zitadelle als eine Einheit – als ein Diamantenes Fahrzeug –, bei der alle Aspekte von Essenz als eine Struktur erscheinen, die auf eine einheitliche Weise wirkt. Während die Diamantene Führung die innere Entfaltung der Seele zur wahren Natur hinführt, ist die Zitadelle ein Fahrzeug im Dienste von Verstehen und Führung für ein Leben in der Welt, das mit der Wahrheit in Einklang ist. Seine Präsenz sorgt für eine spezifische Unterstützung dafür, wie wir unser Leben leben, wie wir mit unserer Situation in Beziehung sein und wie wir unsere Angelegenheiten gemäß der Weisheit unserer wahren Natur gestalten können. Das bedeutet letztlich, daß wir unsere Umgebung so gestalten und einrichten, daß sie uns dabei hilft, so zu leben, wie es der Wahrheit, die wir wissen, entspricht.

In dem Maß, in dem die Zitadelle realisiert wird, versieht sie die Seele mit allen essentiellen Aspekten als spezifische Unterstützung für das Leben eines Lebens der Wahrheit. Wir nennen dieses Fahrzeug die Zitadelle, weil sie sich als eine enorme, solide Präsenz manifestieren kann – wie eine mächtige Festung –, die die Wahrheit in dem Maß, in dem sie sich in unserem Leben zeigt, unterstützt und schützt. Die verschiedenen defensiven Ichfunktionen, die uns dabei geholfen haben, ohne den Boden unserer wahren Natur zu leben, werden durch diese immense und mächtige Unterstützung durch das Sein selbst ersetzt. Je mehr wir lernen, unser Bewußtsein von Wahrheit in die Aktivitäten unseres Lebens zu bringen, um so eher gewinnen wir Zugang zu der essentiellen Erdung, zur Führung und zum Schutz der Zitadelle.

Um diese neue Dimension zu aktivieren, muß sich der Prozeß der Inquiry auf alle Bereiche unseres Lebens ausdehnen. Wir fangen an, unsere Arbeit, unsere Beziehungen und unser Verhalten im Hinblick darauf zu erforschen, ob sie Wahrheit reflektieren oder nicht. Dieser Prozeß führt zu einer Integrität, einem Selbstrespekt und einer Wertschätzung der Wahrheit – und alles das lädt die Dimension der Zitadelle dazu ein, in Erscheinung zu treten.

Unser Fokus liegt in diesem Buch auf der Diamantenen Führung und der Übung und Praxis der Inquiry, daher erwähnen wir die Zitadelle nur, um auf den außerordentlichen Reichtum der Weisheit von Sein und die wechselseitigen Verbindungen zwischen seinen vielen Facetten hinzuweisen. Die Zitadelle ist einer der Bereiche, zu denen uns das Raumschiff *Inquiry* bringen wird – ein ganzes Sternsystem von diamantenem Wissen für sich.[12]

Wir sehen, daß die ganze Reise der Inquiry ein Prozeß des Enthüllens der Wahrheit ist, den man nicht von der Integration dieser Wahrheit in unser Leben trennen kann. Wenn wir uns wirklich innerlich verbindlich darauf einlassen, mit dem Dynamismus des Seins in Kontakt zu kommen, wird er uns nicht nur Einsicht und Realisierung, er wird uns auch Veränderung und Transformation in unserem Leben wie in unserer Seele bringen.

# 24
# Diamantene Klarheit

### Das Wesen der Objektivität

Einer der Ecksteine der Quantentheorie ist die Heisenbergsche Unbestimmtheitsrelation, die impliziert, daß die Tatsache der Beobachtung das verändert, was beobachtet wird. Wir können nicht objektiv wissen, was wir beobachten, wir können es nicht so sehen, wie es ist, weil der Versuch, es zu wissen, es schon verändert. Immer wenn wir etwas beobachten und immer wenn wir experimentieren, mischen wir uns also zwangsläufig ein. Die Quantenmechanik zieht mit Wahrscheinlichkeit Schlüsse auf die Realität, denn Gewißheit ist nicht möglich.

Da objektives Wissen im physischen Bereich so schwer zu erlangen ist, ist die Quantentheorie das beste Werkzeug, das wir haben. Innere Erfahrung sagt uns aber, daß es so etwas wie objektives Verstehen von Erfahrung gibt – sogar bis zu dem Punkt totaler Objektivität –, obwohl nicht leicht dahin zu gelangen ist. Das bedeutet nicht ein Transzendieren der Heisenbergschen Unbestimmtheitsrelation – nicht genau. Aber es ist etwas dazu Analoges, auf einem Gebiet, das von Heisenberg nicht ins Auge gefaßt wurde. Am besten kann man persönliche Erfahrung dadurch objektiv verstehen, daß man nicht nur das Objekt der Inquiry erforscht, sondern auch ihr Subjekt. Der Physiker schließt seine eigene Wirkung auf Ergebnisse nicht mit ein, wenn er ein Experiment beobachtet. Er versucht nur, es so wenig wie möglich zu beeinflussen, und arbeitet daran, seine Instrumente zu verbessern. Wenn wir aber unsere persönliche Erfahrung untersuchen, versuchen wir nicht, eine Beeinflussung zu vermeiden, wir nehmen unseren Einfluß einfach als ein Teil dessen, was wir beobachten.

Unsere Untersuchungen richten sich nicht nur auf die Natur oder das Wesen unserer Erfahrung oder unseres Zustandes, sondern auch auf die Totalität dessen, wer wir sind, einschließlich der Natur des Teils von uns, der beobachtet oder erforscht. All das muß Gegenstand von Studium und Inquiry werden. Das bedeutet, daß wir, um in bezug auf eine Situation objektiv zu sein, als die Untersuchenden objektiv – frei von subjektivem Einfluß – werden müssen. Denn wenn wir untersuchen, was unser Verstehen daran hindert, objektiv zu sein, finden wir, daß es die Tatsache ist, daß wir unsere Subjektivität in unsere Erfahrung bringen.

Die Wahrheit taucht als die Wahrheit auf, aber aufgrund unserer eigenen Unklarheit, unserer Sichtweise, Vorurteile, Identifikationen, Begrenztheiten, Vorlieben und Ziele – deren Gesamtheit wir Subjektivität nennen – sehen wir sie nicht so, wie sie ist. Wenn wir aber die Wahrheit wirklich um ihrer selbst willen lieben, werden wir sie so sehen wollen, wie sie ist, wir werden die objektive Wahrheit anschauen wollen. Dies wird sich als der Wunsch und die Leidenschaft bemerkbar machen, alle unsere subjektiven Sichtweisen, die eine objektive Wahrnehmung verhindern, erkennen zu wollen. Daher merke ich nicht nur: „Ich bin wütend", sondern ich beobachte und erkenne auch, wie ich mich in Reaktion darauf fühle, daß ich meine Wut sehe. Bewerte ich sie? Glaube ich, daß es in Ordnung ist, wütend zu sein, oder glaube ich, daß es nicht in Ordnung ist, wütend zu sein? Was für Meinungen und Vorurteile habe ich in bezug auf Wut? Ich erforsche alles, was ich in die Erfahrung von Wut hineinbringe. Mit anderen Worten, wir müssen uns immer unserer subjektiven Reaktion auf unsere Erfahrung bewußt sein, um sehen zu können, wie wir uns in sie einmischen.

Objektivität in bezug auf eine Erfahrung oder Situation schließt ein, daß wir unsere inneren Haltungen ihr gegenüber und unsere Reaktionen auf sie erkennen und verstehen. Wir müssen unser untersuchendes Bewußtsein untersuchen, bis es unparteiisch, ausgewogen, vorurteilslos, interesselos, motivlos, absichtslos, frisch und vollkommen offen dafür ist, herauszufinden, was immer da ist. Nur wenn unser Bewußtsein so an Erfahrung herangeht, kann es objektiv wahrnehmen.

Gegenüber einer Erfahrung objektiv sein bedeutet, daß ich offen für sie bin. Ich versuche nicht, sie in die eine oder andere Richtung zu lenken. Und das nicht deshalb, weil ich glaube, daß ich so an sie herangehen sollte, sondern weil ich kein persönliches Interesse daran habe, daß Dinge auf eine bestimmte Weise geschehen. Ich versuche nicht, etwas zu bekommen, ich bin einfach neugierig, ich liebe es, herauszufinden, was ist – das ist alles. Begleitet wird diese offene und unbegrenzte forschende innere Haltung von einer Unparteilichkeit, einer Ausgewogenheit, einer frischen Haltung und Orientierung und einem objektiven, forschenden Geist. Wenn ich an Erfahrung mit einem Ziel oder mit einem Plan herangehe, muß das alles beeinflussen, was ich erforsche. Ich werde es nicht objektiv kennen, denn was ich erfahren werde, wird immer mit meiner eigenen Subjektivität vermischt und von ihr entstellt sein. Wenn wir in bezug auf unsere Erfahrung objektiv – oder uns wenigstens unserer Subjektivität im Prozeß unserer Inquiry bewußt – sein können, ist es möglich, daß wir Dinge so sehen, wie sie wirklich sind. Wenn man lernt, eine Inquiry zu machen, gehört daher auch dazu, daß man lernt, objektiv zu sein.

Das Herz ist anfangs nicht objektiv, aber wenn es die Wahrheit auf eine interesselose Weise liebt, ist es bereit, Dinge objektiv zu erfahren. Wirkliche Liebe ist in diesem Sinn objektiv: Sie hat keine Überzeugungen und keine Vorlieben, sie nimmt nicht durch Strukturen und Optiken hindurch wahr, sie hat keine Vorstellungen davon, wie etwas sein sollte.

Diese Sichtweise ist das Gegenteil der konventionellen Vorstellung von Objektivität. Wir haben gelernt, daß ein objektiver Wissenschaftler einer ist, der Handschuhe trägt. Er ist ein emotional distanziertes Individuum mit einem antiseptischen Äußeren, der eher einer Maschine gleicht als einem Menschen. Bei dem Versuch, das Experiment nicht zu beeinflussen, wird er unmenschlich und herzlos. Das ist der Grund, weshalb wir gewöhnlich glauben, daß Herz und Objektivität nicht zusammengehen. Aber es ist nicht so, daß Objektivität sich nicht mit dem Herzen verträgt, vielmehr verträgt sich unser gewohntes Verständnis von Objektivität nicht mit dem Herzen. Unser gewohntes Verständnis von Objektivität ist nicht wirkliche Objektivität, es ist schizoide Isolation. Es beschreibt das Ergebnis des Versuches, durch schizoiden Rückzug zu Objektivität zu gelangen. Weil wir nicht wissen, wie wir mit unserer Subjektivität umgehen sollen, schließen wir sie aus. Das ist der akzeptierte Ansatz der Wissenschaft, und manche Menschen haben diesen Ansatz sogar für die Psychologie und Spiritualität vertreten.

Anstatt zu versuchen, so sorgfältig und steril wie möglich zu sein – Handschuhe anzuziehen und hinter Glas zu operieren –, können wir objektiver sein, wenn wir anerkennen, daß man Subjektivität nicht aus der Gleichung eliminieren kann. Wirkliche Objektivität bedeutet nicht, daß es kein Herz gibt. Im Grunde verträgt sich Objektivität mit dem Herzen, mit Liebe. Weil wir die Wahrheit lieben, können wir objektiv sein, denn die Wahrheit, die wir lieben, ist objektive Wahrheit. Und man kann zu objektiver Wahrheit nicht gelangen, wenn man zugleich subjektiv ist.

Weil unser Herz mit objektiver Wahrheit so wenig vertraut und von emotionaler Reaktivität und Voreingenommenheit erfüllt ist, ist es nicht leicht, objektiv zu sein oder auch nur zu verstehen, was Objektivität ist. Folglich sind die Menschen, die wir gewöhnlich für objektiv halten, die mentalen, besonders die schizoiden Menschen, die in ihrem Denken leben und ohne Kontakt mit ihren Gefühlen sind. Diese Menschen sind aber von Objektivität weit entfernt, denn sie tragen an ihre Erfahrung Ideen, Überzeugungen und Begriffe heran, die von unbewußten Emotionen motiviert sind. Diese Menschen sind sehr subjektiv, sie sind sich dessen nur nicht bewußt.

Zusammenfassend können wir sagen, daß Subjektivität bedeutet, daß unser Ansatz von Sichtweisen, Gefühlen, Reaktionen, Vorlieben und Werturteilen unserer Persönlichkeit beherrscht oder beeinflußt wird. Objektivität bedeutet die Abwesenheit solcher innerer, zwingender Einflüsse und die Anwesenheit einer Offenheit, die Liebe, Sensibilität und alle essentiellen Qualitäten verkörpert, die die Diamantene Führung bilden.

## Objektivität in der Inquiry

Wir haben gesehen, daß wir in der Inquiry sowohl den Gegenstand der Inquiry als zugleich auch den Erforscher erforschen müssen. Auf diese Weise bringen wir Objektivität in unsere Inquiry, und diese Objektivität nimmt zu und breitet sich aus, wenn wir unsere Erfahrung auf immer tieferen Ebenen verstehen. Was bedeutet das?

Angenommen, jemand findet, daß es die objektive Wahrheit ist, daß er wütend auf jemanden ist, weil der ihn an seine Mutter erinnert. Im Prozeß der Erforschung der Situation und seiner selbst entdeckt er vielleicht eine andere Ebene von Subjektivität: die Auffassung, daß er ein Selbst ist, das eine Mutter hat. Diese Ebene von Subjektivität war anfangs für seine Inquiry nicht relevant, aber wenn er weiter forscht, stößt er auf die Wahrheit, daß er ein Thema um Ablösung und Trennung hat. Wir haben jetzt also zwei Ebenen von Subjektivität und zwei entsprechende Ebenen von Objektivität. Wenn sich seine Objektivität entwickelt, ist die objektive Wahrheit, die er findet, eher etwa: „Es ist nicht bloß so, daß ich wütend auf dich bin, weil du mich an meine Mutter erinnerst. Was in einem tieferen Sinn passiert, ist, daß ich glaube, daß es ein Du und ein Ich gibt und daß es eine Trennung zwischen uns gibt, die damit zusammenhängt, daß ich wütend bin. Und jetzt sehe ich, daß ich gelernt habe, mich von meiner Mutter dadurch zu trennen, daß ich Wut empfinde."

Wenn er die Trennung erforscht, kann es sein, daß er die Rote Essenz erlebt und schätzt, die Präsenz einer persönlichen Stärke, die notwendig ist, damit man wirklich eigenständig und autonom, damit man eine eigenständige Person sein kann. Wenn er dann das nächste Mal, wenn er wütend auf diesen anderen Menschen wird, noch tiefer forscht, erkennt er, daß sein bisheriges Verständnis von Trennung nicht ganz objektiv war. Er versteht jetzt, daß Trennung nicht Getrenntheit bedeutet, daß es dort nicht einen anderen Menschen und hier ihn selbst gibt, wie zwei Inseln. Er erkennt, daß Trennung einfach Unterschied bedeutet und daß sie beide einfach zwei Wellen desselben Ozeans sind und nicht ein einziger undifferenzierter Ozean oder zwei Selbst-Inseln. Er sieht, daß es wahr ist, daß es zwei Wellen gibt, aber daß er nicht in dem Sinn getrennt ist, daß er isoliert wäre. So realisiert er eine andere Ebene von Objektivität.

Absolute Objektivität gibt es nicht außer auf der Ebene des Absoluten. Genau in dem Moment, in dem wir diese Ebene erreichen, transzendieren wir die Unbestimmtheitsrelation. Das ist deshalb so, weil wir sehen, daß der Erkennende und das, was erkannt wird, eins sind, nicht zwei. Es gibt keinen Beobachter und nichts Beobachtetes, keinen Erforscher und nicht etwas, was erforscht wird – nur eine einzige objektive Existenz. Die ganze Basis der Unbestimmtheitsrelation – die Dualität von Beobachter und Beobachtetem – ist verschwunden. Nur auf dieser Ebene von Nichtdualität kann Objektivität vollkommen sein.

Verstehen vertieft sich also immer weiter, wenn wir uns durch Grade von Objektivität bewegen. Präziser: Damit sich das Verstehen vertiefen kann, müssen wir objektiver, genauer und präziser werden. Wir sehen die Dinge dann mehr, wie sie sind. Wir gelangen wieder zu der Einsicht über Wahrheit, die im Kapitel 23, „Wahrheit im Verstehen", formuliert wurde, daß Wahrheit ein sich bewegender Punkt ist.

Eine andere Weise, das zu sagen, ist die, daß es in jedem Kontext eine objektive Wahrheit gibt. Der Kontext, in dem man sich selbst und andere für Personen hält, hat seine eigene Objektivität. Wenn man sagt, um bei unserem Beispiel zu bleiben, daß jemand wütend auf einen ist, weil er wütend auf seine Mutter ist, kann man das innerhalb dieser Weltsicht also als objektive Wahrheit sehen. Diese Aussage besitzt Wahrheitswert. Wenn man aber einige der Parameter dieser Weltsicht in Frage stellt, verändert sich die objektive Wahrheit.

Eine tiefere Ebene von Objektivität bedeutet einfach, daß wir einige der Parameter dieser Welt entfernt haben, wie etwa die Realität der Tatsache, daß es voneinander getrennte Personen gibt. Dann sehen wir, daß es nicht so ist, daß er auf jemanden wütend ist, weil der ihn an seine Mutter erinnert, und ihn daher nicht so sieht, wie er ist. Es ist eher so, daß die Bewußtheit des Universums (ausgedrückt im Bewußtsein seiner Seele im gegenwärtigen Moment) nicht die bestimmte Energie wahrnimmt, die das Universum als diesen anderen manifestiert. Mit anderen Worten, die inhärente Unterscheidungsfähigkeit, die für reine Bewußtheit charakteristisch ist, kann der jeweiligen Ebene von Konzeptualisierung entsprechend interpretiert werden, auf der man funktioniert oder lebt. Wenn man getrennte Menschen konzeptualisiert, wird man eine bestimmte Unterscheidung objektiver Wahrheit erkennen. Wenn man etwas anderes konzeptualisiert, erkennt man eine andere Unterscheidung. Jede ist eine Welt für sich, eine ganze Weltsicht mit ihrem eigenen Maßstab für Wahrheit und Objektivität. Wäre das nicht so, gäbe es keine Basis für Wissen und Handeln in der konventionellen Welt.

Mit dieser Diskussion führen wir ein anderes Element ein, das für Inquiry neben Liebe zur Wahrheit notwendig ist. Liebe zur Wahrheit weist eigentlich auf dieses Element hin: die Notwendigkeit von Objektivität. In der Inquiry werden Wahrnehmung und Verstehen an einem bestimmten Punkt objektiv, und das bedeutet, daß sie zur Wahrnehmung und zum Verstehen der Tatsachen der Sache werden – dessen, was eigentlich ist. Dann nehmen wir wahr, was wirklich in der Situation auftaucht, und unser Verstehen ist die Erkenntnis der Wahrheit dessen, was auftaucht oder sich entfaltet. Dann ist weder unser Verstehen noch unsere Wahrnehmung von unserer Subjektivität gefärbt.

Wir denken gewöhnlich, daß objektiv sein bedeutet, kalt und herzlos zu sein, aber wenn wir wahre Objektivität verstehen, dann sehen wir, daß es die mitfühlendste und liebevollste Haltung ist. Wenn man gegenüber jemandem wirklich objektiv ist, bedeutet es, daß man ihm erlaubt, seine Wahrheit so zu enthüllen, wie sie ist, statt sich bei ihr einzumischen, indem man möchte, daß sie so oder anders ist. Wahre Objektivität ist die mitfühlendste, liebevollste Haltung, weil sie für die Wahrheit total offen ist. Diese Wahrheit ist nicht nur der Retter, sie ist auch der Geliebte.

## Klarheit

Wie gelangen wir zu der Objektivität, die man braucht, um zu verstehen, was wahr ist? Diese Objektivität ist nicht etwas, was wir einmal erlangen und was dann ohne Unterbrechung weiter voll und ganz da bleibt. So funktioniert es nicht. Objektivität vertieft und entfaltet sich genauso, wie die Wahrheit das tut. Außerdem verlangt ein objektives Verstehen einer Situation oder einer Erfahrung mehr als nur unsere Objektivität.

Objektivität ist nur eines von mehreren Elementen, die man für objektives Verstehen braucht, wie wir sehen werden, wenn wir den Prozeß der Inquiry betrachten. Zuerst sind wir uns einer Erfahrung, einer Wahrnehmung oder einer Situation bewußt. Verstehen beginnt, wenn wir merken, daß wir etwas daran nicht verstehen. Da wir es lieben, die Wahrheit zu sehen, beginnt diese Abwesenheit oder Unvollständigkeit unseres Wissens (knowingness) der objektiven Wahrheit der Situation den Prozeß der Inquiry und des Verstehens.

An diesem Punkt spiegelt der Mangel oder die Unvollständigkeit unseres Verstehens gewöhnlich unseren Mangel an Objektivität. Unsere Liebe zum Finden der Wahrheit beginnt also den Prozeß, in dem wir in unserer Haltung immer objektiver werden. Um immer mehr Objektivität im Hinblick auf die Situation zu erzielen, müssen wir unsere Erfahrung klären, sowohl hinsichtlich unserer inneren Haltung als auch des Gegenstandes der Inquiry. Dieses Klären ist ein Prozeß, bei dem man Schleier durchtrennt – unter anderem durch die Wolken von Vorurteilen, Meinungen, Reaktionen und Abwehr.

Wir erleben also den Mangel oder die Unvollständigkeit von Verstehen als Unklarheit im Hinblick auf die Situation. Die Bewegung hin zu Klärung ist der Prozeß der Inquiry. Wir stellen vielleicht Fragen, erforschen oder untersuchen bestimmte Dinge. Wir beobachten vielleicht mehr und setzen unsere Beobachtungen miteinander in Beziehung. All das ist von der Bewegung in Richtung auf ein Klären der Situation geleitet. Mit anderen Worten: Verstehen beginnt, wenn die Unklarheit der Erfahrung – die verschiedenen Ebenen von Schleiern und Unklarheiten – durch Inquiry aufgelöst wird.

Was bewirkt Inquiry? Sie bringt die Wahrheit ans Licht. Die Wahrheit ist schon in der Erfahrung, wir sehen sie nur nicht. Im Prozeß des Auftauchens der Wahrheit und während wir sie unterscheiden wird die Erfahrung klarer. Oder wir können sagen, daß wir in bezug auf unsere Erfahrung klarer werden. Wenn also jemand, wie in dem oben besprochenen Beispiel, erkennt, daß der Grund, warum er auf mich wütend ist, darin besteht, daß ich ihn an seine Mutter erinnere, auf die er wütend ist, dann wird er in bezug auf seine Beziehung zu mir klarer. Zu der neuen Unterscheidung gelangt er durch einen Klärungsprozeß. Bis dahin fühlt er sich unklar. Da ist Dumpfheit, Schwerfälligkeit und Verschwommenheit. Da ist Nichtwissen und Unbewußtheit. Dann ist er klar, die Situation ist transparent und seine Erfahrung ist luzider.

Mit anderen Worten, bei Verstehen geht es darum, daß Klarheit durch die verschiedenen Manifestationen hindurchscheint und Verschleierungen klärt und auflöst und die Wahrheit erhellt. Wenn wir etwas klären, kommt es zu einer Zunahme an Klarheit. Worin besteht diese Zunahme an Klarheit? Das ganze Feld der Erfahrung, die ganze Seele, beginnt klarer zu werden. Wir werden uns der Widerstände und Blockierungen bewußt, der falschen Annahmen und fixierten Voreingenommenheiten, die so eine Verschleierung, Dumpfheit und Unklarheit verursachen. Und wenn wir sie sehen, wird uns klar, was sie sind und worum es bei ihnen geht. Und in dem Maß, in dem sie uns klar werden, verstehen wir sie und sie lösen sich auf. Schleier lösen sich auf wie Wolken, wenn Klarheit durch sie hindurchscheint. Wir entdecken immer mehr von der Wahrheit, und Erfahrung wird erhellt. Die Wahrheit beginnt, sich abzuheben und manifest zu werden. Dies ist der Prozeß, den wir durchmachen, wenn wir etwas untersuchen, wenn wir eine Inquiry machen.

Wenn wir die Erfahrung dadurch verstehen, daß wir ihre Wahrheit sehen, gelangen wir ihr gegenüber zu einer Objektivität. Wir gelangen dadurch zu dieser Objektivität, daß wir unsere innere Haltung gegenüber der Erfahrung klären, indem wir klären, worin die Erfahrung besteht. Dieser Prozeß des Erkennens der Wahrheit fällt damit zusammen, daß die Seele selbst, das Bewußtsein, klarer, transparenter und leuchtender wird. Wir erleben das vielleicht nicht direkt als Leuchten, sondern als eine größere Intensität oder Genauigkeit darin, was die Erfahrung ist. Unser Bewußtsein von ihr ist jetzt intensiver, reiner, klarer und luzider.

## Fragen und Antworten

*Schüler:* Mir scheint, daß es auch eine emotionale Komponente gibt, wenn man diese Klarheit besitzt, ein Gefühl von Befriedigung oder Vollständigkeit.

*Almaas:* Ja, natürlich, verschiedene Dinge passieren, die ich hier nicht erwähne. Neben dem Wissen (knowingness), das wir besprochen haben, sind da die Liebe und die Neugier und die Freude beim Erforschen. Und da sind die Befriedigung, die Wahrheit zu erkennen, so wie die Wertschätzung der Qualität der Wahrheit selbst. All das passiert, aber ich sage, daß man den ganzen Prozeß als einen Prozeß zunehmender Klarheit sehen kann.

*Schüler:* Wenn sich die Seele erhellt, gibt es da eine körperliche Wahrnehmung oder vielleicht ein Bündel von Wahrnehmungen, die man neben denen der Seele spürt?

*Almaas:* Das ist das, was ich meine, wenn ich sage, daß die Seele klarer wird. Die Seele selbst beginnt, die Qualität von Klarheit und Transparenz zu empfinden. Natürlich wird das unsere physische Erfahrung beeinflussen. Du wirst dich leichter, klarer, reiner und luzider fühlen. Da ist mehr Raum und weniger Verschleierung, weniger Schwere und Dichte, weniger Unklarheit, weniger Vagheit, weniger Unbewußtheit, weniger Schläfrigkeit. Da ist eine zunehmende Qualität, wach und auf dem Posten zu sein, eine Helligkeit und Klarheit. Klarheit ist eigentlich nichts anderes als das Leuchten unseres Bewußtseins, die Transparenz von Bewußtheit.

Wenn wir im Prozeß des Verstehens klarer werden, enthüllt unser Bewußtsein also sein ihm eigenes Leuchten, sein ihm zugrundeliegendes Wesen. Anders gesagt, wenn wir daran gehen, unsere Erfahrung durch Inquiry zu klären, laden wir das transparente Leuchten unserer essentiellen Natur ein und bringen es zur Wirkung. Dies klärt die Einzelheiten unserer Erfahrung, indem es sie transparent macht. Das bedeutet, daß wir sie so erkennen, wie sie sind, aber auch, daß sie buchstäblich transparent werden, nicht nur bildlich gesprochen. Wenn wir zum Beispiel physische Realität ganz verstehen, wird sie transparent, buchstäblich.

*Schüler:* Würde man eine gewisse Distanz zu der Erfahrung brauchen, um das passieren zu sehen? Das klingt für mich wie Objektivität.

*Almaas:* Ja. Manche Menschen nennen es Distanz. Ich glaube, es ist besser, es Desidentifikation zu nennen. Distanz bedeutet, daß man mit der Erfahrung nicht in intimem Kontakt ist. Bei der Inquiry ist man mit der Erfahrung in diesem intimen Kontakt, aber man identifiziert sich nicht mit ihr. Objektivität stellt sich nicht ein, wenn man sich mit der Situation identifiziert. Manche Menschen distanzieren sich, um objektiv zu sein, aber wie gesagt, das wird leicht zu einem schizoiden Distanzieren. Und dem fehlt der Kontakt, die Intimität mit Erfahrung, die einem die Daten liefert, die man für Verstehen braucht. Dann kann man nur theoretisieren. Wir diskutieren nicht Theorie oder logisches Denken. Inquiry bedeutet, mit der Erfahrung in Kontakt zu sein und sich über sie klar zu werden, was bedeutet, daß die Erfahrung selbst klar wird.

Die Klarheit und die Objektivität sind zwei Manifestationen derselben Sache. Total objektiv zu sein bedeutet, total klar zu sein, und klar zu sein heißt, objektiv zu sein. Man kann nicht klar sein, wenn man nicht objektiv ist, und man kann nicht objektiv sein, wenn man nicht klar ist.

Mit anderen Worten, Verschleierung ist wie eine Trübung in unserem Bewußtsein. Diese Unklarheit wird dadurch aufgelöst oder geklärt, daß unser Bewußtsein transparent wird. Was ist diese Unklarheit? Das sind einfach die Widerstände, die Abwehrmechanismen, die Voreingenommenheiten und Annahmen, die Identifikationen und die verschiedenen anderen Dinge, die unsere Unwissenheit davon ausmachen, was die Situation in Wahrheit ist.

*Schüler:* Wenn der Prozeß weitergeht und wir mehr Transparenz und Objektivität haben, dann stoßen wir anscheinend auf Undurchsichtiges in irgendeinem anderen Teil unserer Persönlichkeit. Begegnen wir da etwas Tieferem und stärker Abgewehrtem als vorher, oder fühlt es sich bloß so an, weil wir empfindsamer werden?

*Almaas:* Es kann das eine oder das andere und es kann beides sein. Klarer werden bedeutet ganz sicher nicht, daß man nie auf Undurchsichtiges stößt. Undurchsichtigkeit oder Unklarheit kann an jeder Stelle auftauchen und einen dazu bringen, weniger klar zu sein, aber der Prozeß der Inquiry geht trotzdem weiter. Manchmal stoßen wir zum Beispiel auf einen Bereich, mit dem wir noch nie zu tun hatten. Seine offensichtliche Undurchsichtigkeit oder Dichte hat vielleicht mit dem Zustand von Klarheit zu tun, in dem wir vor kurzem waren. Wir haben uns vielleicht klar und hell gefühlt, und im Gegensatz dazu fühlt sich dieser unerforschte Bereich viel undurchsichtiger an.

Das transparente Leuchten, das die grundlegende Eigenschaft unserer wahren Natur ist, enthüllt sowohl die relative Wahrheit der Situation als auch, wenn es tiefer dringt, die essentielle Wahrheit. Wenn wir uns über unsere Erfahrung klarer werden, bringt das gewöhnlich die darunter liegenden essentiellen Qualitäten an die Oberfläche. Im allgemeinen sehen wir zuerst die relative Wahrheit, dann sehen wir die essentielle Wahrheit. Letztlich macht diese zunehmende Klarheit die absolute Transparenz sichtbar, die unsere eigentliche wahre Natur ist. Im Grunde ist die Klarheit, die wir von Anfang an erfahren, nichts anderes als die essentielle Klarheit unserer wahren und absoluten Natur, die ganz bis zur relativen Ebene hindurchscheint. Sie ist das, was uns hilft, in bezug auf die relative Ebene klar zu sein.

Die essentiellen Aspekte in der Führung

## Klarheit und die Diamantene Führung

Wenn wir klarer werden, geht Inquiry also tiefer. Klären führt zum Verstehen unserer relativen Wahrheit – der Themen und Situationen unseres Lebens. Dann führt es zum Verstehen unserer essentiellen Wahrheit – all der essentiellen Qualitäten und reinen Aspekte, die als Ergebnis dieses Verstehens auftauchen. Und auf einer noch tieferen Ebene enthüllt die zunehmende Klarheit unsere absolute wahre Natur, die der Grund von Leuchten ist. Dieser Grund ist sowohl eine Transparenz als auch ein Leuchten. Und Klarheit ist nichts anderes als transparentes Leuchten.

Die Klarheit, die wir besprechen, ist ein spezifisches Element im Prozeß des Verstehens. Diese Klarheit ist von Objektivität nicht zu unterscheiden. Und Objektivität und Klarheit sind die Qualitäten des Klaren Diamanten der Diamantenen Führung. Beide Qualitäten sind für die Führung wichtig und kennzeichnend, und der klare Diamant bringt sie in die Wirkung der Führung. Oder man kann sagen, daß die Wirkung der Diamantenen Führung eine objektive Wirkung von Klarheit im Prozeß des Erforschens der Wahrheit ist. In ihrer Wirkung, in ihrer Führung macht sie unsere Situation klar. Sie durchdringt oder durchschneidet unsere Meinungen, unsere Überzeugungen und unsere Unwissenheit. Durchschneiden bedeutet verstehen oder klar werden. Wir sind in der Lage, auf eine sehr bestimmte und präzise Weise zu unterscheiden. Und wenn es einen Prozeß gibt, der für Inquiry zentral ist, dann ist es der Prozeß der Klärung.

Ich bringe diese Klarheit mit unserer wahren Natur in Verbindung, weil unsere wahre Natur, mit all ihren essentiellen Aspekten, die Präsenz von Leuchten ist. Was ist Essenz? Kondensiertes Licht. Das eigentliche Wesen aller Aspekte ist diese Empfindung von Leuchten, diese Empfindung von Klarheit, von Abwesenheit von Schleiern. Doch auch wenn alle essentiellen Aspekte frei von Verschleierung sind, hat jeder einzelne eine besondere Qualität neben seinem ihm eigenen, allen gemeinsamen Leuchten. Der Klare Diamant ist frei von Schleiern, so wie alle anderen Aspekte, aber seine essentielle, dominierende Qualität ist Klarheit – eine Empfindung von Frische, von Durchsichtigkeit und Luzidität.

In der Erfahrung des Aspektes der Wahrheit gibt es eine Bestimmtheit, Konkretheit, Echtheit und Wärme, während es in der Erfahrung des Aspektes der Klarheit Transparenz und Kühle gibt. Aber beide sind im Prozeß des Verstehens da. Wahrheit ist mehr eine Herz-Qualität, während Klarheit mehr eine Kopf-Qualität ist, aber beide sind Erscheinungsweisen von Essenz. Wahrheit bringt Klarheit, Klarheit enthüllt Wahrheit. Und wenn Kopf und Herz in Harmonie zusammenwirken, nennen wir das Verstehen.

Wenn wir klar werden, werden wir objektiver. Wenn wir vollkommen klar sind, sind wir vollkommen objektiv. Vollkommen klar bedeutet auch, daß wir vollkommen transparent sind. Wenn wir vollkommen transparent sind, gibt es keine Ego-Identität, keine Voreingenommenheit für irgendeinen Standpunkt, denn jede Identifikation mit dem Ego ist eine Art Schleier, eine Dumpfheit. Klarheit bringt also Objektivität. Eigentlich sind Klarheit und Objektivität zwei Möglichkeiten, dieselbe Qualität zu sehen. Objektivität bedeutet, daß es keine subjektive Voreingenommenheit gibt, während Klarheit bedeutet, daß kein Schleier da ist. Subjektivität und Schleier sind verwandte Begriffe, aber sie sind nicht genau dasselbe.

Diese Klarheit ist sowohl für die Inquiry als auch für das Verstehen zentral, weil zu beiden der Prozeß allmählicher Klärung gehört. In gewissem Sinn ist es so, daß unsere Wahrheit allmählich die Manifestationen der Seele klärt, wenn sie sich der Oberfläche nähert, die unsere bewußte Erfahrung ist. Ihr Licht durchdringt unser Bewußtsein immer mehr, bis wir die Quelle des Lichts erkennen.

Inquiry ist die Einladung an unser Sein, seine Wahrheit zu enthüllen, und diese Enthüllung ist das Verstehen. Inquiry lädt Verstehen ein, indem sie die Diamantene Führung anspricht und aktiviert, deren Wirkung ein Prozeß der Klärung ist. Sie ist nichts anderes als die intelligente Wirkung der Klarheit unserer Natur, das intelligente Funktionieren der Leuchtkraft unserer wahren Natur. Im Prozeß der Inquiry werden wir immer objektiver und zugleich präsenter, echter, authentischer und liebevoller und mitfühlender, denn alle diese Qualitäten sind unsere wahre Natur.

Klarheit, die leuchtende Transparenz, ist das Herz von Objektivität, die Essenz von Objektivität. Sie ist auch die Essenz und der Kern der Diamantenen Führung. Die klare, transparente Präsenz ist das Gewebe der Führung, ihre Substanz. Die Führung ist im wesentlichen eine Klarheit, die verschiedene Farben annimmt. Sie ist eine Transparenz, die mit verschiedenen Qualitäten leuchtet, während ihre zentrale Natur Enthüllung und Führung ist.

Sein ist in seiner Absolutheit ein Mysterium, das jenseits jeder Beschreibung ist. Es bringt seinen potentiellen Reichtum zur Erscheinung, indem es sich in Dimensionen und Qualitäten differenziert. Die Qualitäten von Sein sind seine ihm eigenen impliziten Vollkommenheiten, die sich jetzt als essentielle Aspekte manifestieren. Diese Aspekte erscheinen auch in Gestalt Diamantener Dimensionen (Diamond Dimensions), wobei jede Dimension eine besondere Synthese aller Aspekte ist, die als ein Fahrzeug mit spezifischen Funktionen wirkt und wirksam ist. Die Diamantene Führung ist eine dieser Diamantenen Dimensionen, und ihre Funktion ist Führung durch unterscheidendes Erkennen, Wissen und Verstehen. Wir haben die Rolle oder den Beitrag jedes einzelnen dieser Aspekte untersucht, während wir lernen, wie Sein als Führung funktioniert. Die Dimension der Diamantenen Führung als ganze ist die eines funktionierenden Fahrzeugs, das als Führung oder Verstehen wirksam ist. Aber jede einzelne der Vollkommenheiten von Sein – der essentiellen Aspekte – trägt auf ihre Weise zur Führung bei.

## Präzision

In diesem Kapitel haben wir die Funktion des Klarheits-Aspektes von Essenz, des Klaren Diamanten, erforscht und integriert. Wir haben gesehen, wie dieser Aspekt von Essenz die Perspektive von Objektivität beiträgt und wie wir zu Objektivität gelangen, indem wir uns über unsere innere Haltung klar werden, wodurch geklärt wird, was immer wir untersuchen.

Wir haben gesehen, daß wir, je klarer wir uns darüber sind, woher wir kommen und was eigentlich geschieht, um so mehr die objektive Wahrheit sehen. Das führt zu der Frage: Wie werden wir klar? Oder: was ist oder worin besteht der Prozeß der Klärung? Um das zu verstehen, müssen wir den Beitrag des Klaren Diamanten genauer untersuchen. Der Klare Diamant trägt die Fähigkeiten zu Objektivität und

Klarheit bei, aber seine spezifischste und charakteristischste Eigenschaft ist die Schärfe seiner Facetten, die die Eigenschaft der Präzision mit sich bringt. Genauer: Die Objektivität und Klarheit des Diamanten sind von seiner Präzision und Schärfe, die Wahrnehmung und Erfahrung mit präziser Unterscheidungsfähigkeit und mit genauem Wissen versehen, nicht zu trennen. Mit anderen Worten, zu dem Klärungsprozeß kommt es bei der Wirkung der Diamantenen Führung dadurch, daß unser Grundwissen genau, spezifisch, präzise und scharf wird. Inquiry bewegt unsere Erfahrung nicht nur in Richtung Objektivität und Klarheit, sondern auch zu präzisen, genauen und scharfen Unterscheidungen. Wenn wir in bezug auf eine Sache genau und präzise geworden sind, sind wir zu objektivem Verstehen gelangt.

Wir beseitigen Unklarheit und Verschleierung dadurch, daß wir präzise werden. Mit Präzision ist eine spezifische, exakte und scharfe Abgrenzung gemeint. Es ist notwendig, daß diese scharfe Abgrenzung nicht nur im denkenden Geist stattfindet, sondern vor allem in der unmittelbaren Erfahrung. Wir wissen zum Beispiel, wenn wir Hitze oder Wut empfinden. Wir empfinden nicht nur eine Art Energie oder eine vage heiße Emotion. Die Erforschung vager Gefühle ist der Anfang von Verstehen, aber das Verstehen ist noch nicht vollständig, noch nicht objektiv, weil es noch nicht präzise ist. So kann es sein, daß wir uns irgendwie reizbar fühlen oder daß wir ärgerlich oder wütend sind, aber wir sind uns noch nicht ganz sicher. Inquiry verlangt nach mehr Präzision: „Bin ich ärgerlich oder wütend oder reizbar?" Wenn wir erkennen, daß wir eher reizbar als ärgerlich sind, werden wir präziser. Durch das Fragen wird eine gewisse Dumpfheit und Unklarheit aufgelöst.

Die Inquiry geht in ihrer Suche nach mehr Präzision weiter:
„Wie fühlt es sich an, wenn man reizbar ist?"
„Irgendwie energetisch, irgendwie lebendig."
„Was meinst du mit 'energetisch und lebendig'?"
„Das Gefühl der Anwesenheit lebendiger Energie."
„Was meinst du mit 'Anwesenheit lebendiger Energie?"
„Da ist diese Präsenz, ein Gefühl zu sein, das macht, daß ich mich lebendig, energetisch und stark fühle. Ich kann auch fühlen, daß mir warm ist. Ich dachte, ich wäre ärgerlich, aber ich erlebe einfach eine Präsenz von Stärke."

Man merkt schließlich, daß man die Rote Essenz erlebt, den Aspekt der Stärke. Jetzt ist es klar, daß Wärme dabei ist, Stärke, Energie, eine Lebendigkeit, und es ist eine spürbare Anwesenheit von Fülle.

Wie sind wir nun von einer vagen Empfindung von Energie, die wir für Ärger hielten, dahin gekommen, die Rote Essenz zu erfahren? Einfach dadurch, daß wir in bezug auf das Wesen der Erfahrung präzise geworden sind. Wir sagen jetzt, daß wir Klarheit darüber gewonnen haben, was die Erfahrung ist, und daß das dadurch kam, daß wir beim Verstehen der Erfahrung auf mehr Präzision hingearbeitet haben. Wenn wir bei unserem ursprünglichen Gefühl davon geblieben wären, was geschah, hätte sich unser Verständnis nicht entwickelt und eine mögliche Entfaltung wäre aus Mangel an Erkennen abgebrochen worden. Wenn wir uns mit einer allgemeinen Auffassung von Erfahrung zufrieden geben, bekommen wir kein genaues Verständnis. Der Prozeß der Inquiry wird also von der Bewegung zu größerer Präzision geleitet, und Präzision bedeutet, daß wir in bezug darauf genauer sein wollen, was die Erfahrung ist. Und wir wollen genau sein, weil wir es lieben, die Wahrheit so zu sehen, wie sie ist, das heißt vollständig.

Wenn wir unsere Erfahrung nicht untersuchen, bleiben wir einfach bei den Allgemeinheiten konventioneller Sprache. Dann sind wir nicht nur in unserer Artikulation ungenau, wir kennen nicht einmal vollständig unsere Erfahrung. Und wenn wir nicht wissen, was unsere Erfahrung ist, und sie nicht vollständig erfahren, verstehen wir sie nicht. Bei dem Prozeß der Inquiry geht es also darum, jede Unklarheit in unserem Denken und in unserer Erfahrung zu untersuchen und zu durchdringen. Die Führung (Guidance) zu verkörpern bedeutet zu lernen, die Klarheit, die Präzision, das Verstehen und das direkte Wissen unserer Erfahrung in ihrer Fülle wertzuschätzen. Das ist letztlich das, was Realisierung ist. Ein Mensch, der realisiert ist, ist jemand, dessen Erfahrung immer vollkommen klar ist. Dieser Mensch besitzt volle Bewußtheit, indem er seine Erfahrung auf intime Weise und mit präziser und scharfer Abgrenzung ihres Grundwissens erlebt.

Inquiry ist also ein Prozeß der Klärung jeglicher Stumpfheit oder unscharfen Kontur in unserer Erfahrung. Wir machen diese Klärung, indem wir Dinge auf eine präzisere und genauere Weise sehen und erfahren. Klarheit in Einzelheiten, Details und Mustern bedeutet Präzision. Wenn die Unterscheidung präzise und exakt ist, wird die Klarheit der Muster und der Bedeutung in diesen Mustern zu Verstehen. Im Grunde ist diese Präzision und Genauigkeit der Erfahrung selbst das Erkennen objektiver Wahrheit. Mit anderen Worten, Verstehen ist die intime unterscheidende Erkenntnis von Erfahrung, und unterscheidendes Erkennen ist nichts anderes als Klarheit und Präzision. Verstehen ist also nichts anderes als klares, genaues und präzises direktes Wissen der Dynamik der Situation.

Der Trieb oder die Tendenz in Richtung Präzision und Klarheit ist die Wirkung des Klaren Diamanten. Erfahrung wird vollkommen klar, wenn der Klare Diamant sich manifestiert und die Wolken von Verschleierung mit dem Schwert der Präzision durchschneidet. Die scharfen Kanten des Diamanten werden wirksam, indem sie die Stumpfheit und Vagheit unserer verschleierten Erfahrung durchschneiden. Der Diamant hat sehr scharfe Facetten. Wenn diese Facetten unsere Erfahrung berühren, lassen sie sie uns auf eine sehr klare, präzise und scharfe Weise sehen. Die scharfe Schneide des Diamanten-Szepters ist die klare, präzise und genaue Wahrnehmung oder das klare, präzise und genaue Verstehen. Diese Präzision kann ziemlich tief gehen, mit zunehmender Subtilität. In gewissem Sinn wird die Subtilität selbst zu einer Sache größerer Präzision. Je präziser unsere Erfahrung, um so subtiler wird sie. Wahrnehmung wird feiner, subtiler, zarter. Daraus ersehen wir, daß Inquiry dadurch vorankommt, daß wir neugierig sind und Fragen stellen, und dieses Stellen von Fragen wird dadurch geführt, daß wir immer präziser werden. Das steigert die Klarheit, die Objektivität, die Schärfe, die Subtilität, die Verfeinerung, bis wir heimkommen, beim Absoluten, bei den fernsten Bereichen der Realität.

Das ist der Grund, weshalb eine der Beschreibungen absoluter Wahrheit sie die Rasierklinge nennt, die an jedem Punkt des Raumes schneidet. Man kann sich schwer etwas vorstellen, das an jedem unendlich kleinen Punkt scharf ist, wo Präzision zu sengender Schärfe wird. Man stelle sich die Verfeinerung vor, wenn diese Schärfe an jedem einzelnen Punkt anwesend ist – so eine Verfeinerung ist absolut. Dann gibt es nichts mehr zu finden. Sie ist vollständige, einhundertprozentige Transparenz. Wenn auch nur ein einziges Atom übrig ist, bedeutet das, daß dieser Punkt nicht geschnitten worden ist. Es bedeutet, daß wir bei unserer Untersuchung nicht absolut präzise gewesen sind.

## Übung
### Ihre Fähigkeit zur Klarheit und Präzision bei der Inquiry

Sie möchten jetzt vielleicht Ihre eigene Fähigkeit zu Klarheit und Präzision im Prozeß der Inquiry untersuchen. Bedenken Sie die Tatsache, daß unsere Erfahrung von Natur aus scharf, klar und präzise ist, wenn wir sie nicht manipulieren – wenn wir objektiv sind und nicht reagieren und so unsere Erfahrung verschleiern. Aus dieser Perspektive können wir sehen, daß der Mangel an Klarheit und Präzision in unserer Erfahrung ein Ergebnis davon ist, daß wir diese Erfahrung auf irgendeine Weise stören oder sie verschleiern.

Ihre Untersuchung besteht dann darin, zwei Fragen nachzugehen: Auf welche Weisen stören Sie die natürliche Klarheit, Schärfe und Präzision Ihrer eigenen Erfahrung? Das ist die erste Frage. Die zweite lautet: Was ist richtig daran, in Ihrer Erfahrung Ihrer selbst nicht präzise zu sein? Mit anderen Worten, welche Gründe geben Sie sich selbst dafür, daß Sie in Ihrer Erfahrung Ihrer selbst nicht präzise sind? Hier sollen Sie Ihre eigentlichen unbewußten Motive dafür erforschen, daß Sie unpräzise und unklar bleiben.

Wenn Sie ein paar Beobachtungen hinsichtlich dieser zwei Fragen gemacht haben, beginnen Sie eine auf diesen Punkt gerichtete spezielle Inquiry. Achten Sie darauf, während Sie mit dieser Inquiry voranschreiten, ob die Weise, wie Sie in ihr engagiert sind, in irgendeiner Hinsicht Ihren gewohnten Grad an Schärfe, Klarheit oder Präzision verändert hat. Was taucht womöglich auf, das Ihre Erfahrung stumpf zu machen oder zu verschleiern scheint?

## Die Transparenz wahrer Natur

Die Grundeinsicht des Logos des Diamond Approach ist die, daß unsere wahre Natur Wahrheit ist. Zweitens, daß wahre Natur selbstenthüllend ist, das heißt die Tendenz hat, sich selbst zu enthüllen. Sie hat automatisch, spontan und von Natur aus eine Tendenz, ihre Wahrheit zu enthüllen. Und sie enthüllt diese Wahrheit in allen Situationen, zu jeder Zeit und auf jede Weise in allem, was wir erfahren.

Da unsere Natur Wahrheit ist, die sich selbst enthüllt, liegt der Grund dafür, daß wir unsere wahre Natur nicht sehen oder sind, darin, daß wir in dem befangen sind, was wir zu wissen glauben. Wir meinen, wir verstünden, wenn wir in Wirklichkeit nicht verstehen. Wir glauben, daß wir die Wahrheit sehen, wenn wir die Wahrheit nicht sehen. Dieses Nichtsehen der Wahrheit und der Glaube, wir sähen sie, ist die unbewußte Unklarheit, die unbewußte Verschleierung, die allgegenwärtige Stumpfheit der Ego-Persönlichkeit. Das Ego-Selbst sagt sich ständig selbst vor: „Wahrheit ist, was ich gerade denke, was immer das ist." Inquiry ist eine Weise, diese bequeme Annehmlichkeit, die darin besteht, daß wir glauben, daß das, was wir erfahren und wissen, die Wahrheit ist, aktiv in Frage zu stellen. Indem sie das tut, öffnet sie einen Raum, in dem Sein auf natürliche Weise seine Wahrheit enthüllen kann.

Wir können versuchen, die Wahrheit zu sehen, indem wir eine Yogaübung machen, wie etwa eine Konzentrationstechnik, weil scharfe Konzentration zur Wahrheit vordringen kann. Aber diese Methode beruht nicht auf dem Verständnis, daß die Wahrheit sich in allem enthüllt, was in unserer Erfahrung passiert, ganz gleich, was das ist. Wir müssen nichts Besonderes machen, um die letzte Wahrheit zu erreichen. Es ist nicht nötig, irgendeine besondere Technik zu praktizieren, die uns von unserem täglichen Leben entfernt oder es transzendiert. Wir brauchen nur die Wahrheit in unserer laufenden Erfahrung zu erkennen. Inquiry ist der Weg der Einsicht in die Wahrheit, die schon in jeder Wahrnehmung oder Erfahrung da ist.

Inquiry bedeutet nicht notwendigerweise, daß man immer über Dinge nachdenkt oder in seinem Kopf Fragen formuliert. Man ist einfach achtsam und neugierig. Man liebt es, die Realität voll und klar zu wissen oder zu kennen und zu fühlen. Man freut sich, wenn man die Realität so tief und präzise wie möglich kennt. Wenn Erfahrung nicht klar ist, dann ist man einfach neugierig. Offenheit für Erfahrung wird dynamisch, indem sie sie dazu herausfordert, ihre Wahrheit zu enthüllen. Ab und zu kann diese Neugier die Form einer bestimmten Frage annehmen. Man erkennt, daß man etwas nicht versteht, und aus Liebe wünscht man sich, daß man es versteht. Fragen tauchen also, wenn nötig, von selbst auf. Die permanente Übung ist daher mehr ein

Bewußtsein und eine Bewußtheit der eigenen Erfahrung, eine Erkenntnis davon, wann man transparent ist und wann man unklar ist. Das Interesse ist beim Verstehen, und Klarheit führt von sich aus zu der Diamantenen Führung, die die Wahrheit der Erfahrung ans Licht bringen wird.

## Klarheit und Inquiry

Wir können die Inquiry der Diamantenen Führung auf jedem Forschungsgebiet anwenden, sie muß nicht auf unsere persönliche Erfahrung beschränkt sein. Die Führung kann unseren Untersuchungen in Physik, Chemie, Biologie, Soziologie und in anderen Disziplinen helfen, indem sie unsere Fähigkeit schärft und verbessert, Wahrheit zu entdecken. Ihre Funktion ist es, die Wahrheit zu enthüllen, und die Wahrheit kann als soziale, politische oder wissenschaftliche Wahrheit ebenso erscheinen wie als persönliche Wahrheit.

Diese Fähigkeit ist die wahre untersuchende und erforschende Eigenschaft der Seele, ein Potential in allen Menschen, das aber nur von wenigen entwickelt ist. Ich sehe dies aber als ein sicheres Potential für den wissenschaftlichen Geist. Die großen Forscher und wissenschaftlichen Entdecker haben diese Fähigkeit entwickelt und angewandt, aber gewöhnlich nur teilweise, weil sie ihre eigene innere Erfahrung nicht in gleichem Maß geklärt haben. Ich glaube, es wäre sehr interessant und spannend zu sehen, wie die volle und bewußte Anwendung der Diamantenen Führung vielleicht die Forschung auf anderen Gebieten beeinflussen würde.

Die Wahrheit enthüllt sich in allen unseren persönlichen Situationen, in der Welt, in allem. Jede Wahrnehmung, jede Erfahrung enthält Wahrheit. Wenn wir also einfach und aufrichtig unsere Erfahrung untersuchen, werden wir unser Leben klären, und wir werden die Welt für uns klären. Aber wir werden nicht nur klären, was unsere innere Natur ist, wir werden alles klären, denn die ganze Welt ist die Offenbarung dieser Wahrheit. Wenn wir die Welt erkennen, wie sie ist, dann erkennen wir, daß sie in Wirklichkeit nichts als Sein selbst ist, das in verschiedenen Formen in Erscheinung tritt.

Aber gewöhnlich sehen wir die Welt nicht, wie sie ist. Wir sehen sie durch das hindurch, was wir zu wissen glauben. Wir glauben, daß wir wissen, was wir sind, daß wir wissen, wer und was die anderen Menschen sind, daß wir wissen, was wir tun. Wir glauben, wir wüßten, was wir wollen, was wir nicht wollen und was wir tun werden. All diese Überzeugungen verfestigen die Welt und frieren sie zu einer bestimmten Form, zu einer bestimmten Wahrnehmung ein, die wir für die Wahrheit halten. Aber in dem Maß, wie wir diese Verschleierung durchschauen – diese Überzeugungen, Vorstellungen und Meinungen –, wird die Welt auf dieselbe Weise transparent wie unsere innere Erfahrung. Dann erkennen wir, daß alles eigentlich die Offenbarung der Wahrheit ist. Und da die Natur dieser Wahrheit selbstenthüllend, selbstoffenbarend ist, sehen wir, daß ein möglicher realistischer Modus operandi der ist, diese Selbstenthüllung anzusprechen und anzuregen und zu beleben. Dieser Modus operandi ist Inquiry, und die Selbstenthüllung ist Verstehen.

# 25
# Fokussierte Inquiry

## Das Wesentliche verstehen

Wir haben die Tatsache besprochen, daß es beim Diamond Approach bei Verstehen nicht darum geht, mental Begriffe miteinander zu verbinden. Es geht vielmehr darum, in bezug darauf klar zu sein, was in unserer Erfahrung passiert, indem wir intim mit ihr in Kontakt sind. Verstehen ist mit anderen Worten der Prozeß wahren Lebens. Es ist realisiertes Leben. Reales Leben ist die Entfaltung von Verstehen, und Inquiry ist die Weise, wie diese Entfaltung geschieht. Wenn wir etwas erforschen, manifestiert, entwickelt, erweitert und vertieft sich das Verstehen.

Verstehen ist letztlich eine präzise, klare, objektive Bewußtheit von unserer wahren Natur, denn wenn wir uns selbst verstehen, entfaltet und manifestiert unsere Seele immer weiter ihre verborgenen Potentiale, bis wir nur unsere wahre Natur, unser reales Selbst sind. Letztlich fällt Verstehen mit der vollständigen Realisierung unserer wahren Natur zusammen. Mit anderen Worten, Verstehen ist das Fahrzeug für die Integration der Seele – das heißt unseres normalen Bewußtseins – mit ihrer Quelle und Natur jenseits von Raum und Zeit.

Im Prozeß von Inquiry und Verstehen wirft die Seele zuerst ihr altes Gewand ab – die ganzen angesammelten Bilder, Muster und Selbstbilder. Das ist ein Prozeß der Reinigung, ein Teil des Gesamtprozesses der Enthüllung, in dem die Inquiry die verborgenen Potentiale unserer Seele enthüllt. An einem bestimmten Punkt wird die gereinigte Seele – die Seele, die durch den Prozeß der Klärung gegangen ist – zu transparenter Bewußtheit. Was wir wahre Natur nennen, wird zur Identität der Seele. Selbstrealisierung und Bewußtheit fallen als Koemergenz von Seele und Identität zusammen. Unsere Erfahrung setzt sich als eine Entfaltung fort, in der die Identität dieselbe bleibt und sich nur der Inhalt, der sich unserem Bewußtsein präsentiert, verändert.

Dieser Prozeß der Seele, die sich immer mehr durch Inquiry enthüllt, wird auch Lesen oder Sich-selbst-Lesen genannt. Es gibt eine interessante Geschichte über das Lesen in diesem Sinn. Es ist die Geschichte, wie Gabriel, der Engel der Offenbarung, Mohammed zum ersten Mal erschien. Jahrelang, bevor er wußte, daß er ein Prophet war, pflegte Mohammed zu einer Höhle zu gehen und da jede Nacht stundenlang allein in Kontemplation zu sitzen. Eines Nachts erhellt sich die ganze Höhle und Gabriel erscheint. Das Erste, was er Mohammed sagt, ist: „Lies". Das ist das Erste, was Gabriel dem Propheten offenbarte. Mohammed sagte: „Ich kann nicht lesen. Ich kann weder lesen noch schreiben." Der Erzengel wiederholte: „Lies, lies im Namen Deines Herrn, der mit der Feder gelehrt hat, der die Menschheit lehrte, was sie nicht wußte." Das war der Anfang der Islamischen Offenbarung, und es weist auf die Wichtigkeit des Lesens in Beziehung zum Koran hin und impliziert, daß die Offenbarung der Wahrheit dem Lesen eines Buches gleicht. Moslems glauben, daß der Koran alle Geheimnisse des Universums enthält. Sie glauben, daß er der Schöpfung als ganzer entspricht. Die Schöpfung ist das Wort Gottes und das ist auch der Koran.

Die Seele liest die Wahrheit, wenn und in dem Maß wie Wahrheit enthüllt wird. Sehen und Erfahren eigener Entfaltung ist wie Lesen der Realität, Lesen der Wahrheit. Selbstenthüllung ist ähnlich wie Lesen, was auf dem Bildschirm eines Computers erscheint, wenn man scrollt: Während man liest, erscheint die Schrift und verschwindet wieder. So zu lesen ist dasselbe wie die Entfaltung von Verstehen. Was macht man, wenn man liest? Damit das Lesen ein wirkliches Lesen ist, muß man die Bedeutung dessen verstehen, was man liest. Sonst erfüllt das Lesen nicht seinen Zweck. Genauso ist es mit der Inquiry: Es geht darum, die Bedeutung zu verstehen. Aber in diesem Fall ist es nicht eine intellektuelle Bedeutung, die man der Erfahrung gibt. Es ist eine inhärente Bedeutung dessen, was man erfährt. Es ist eine gelebte Bedeutung. Es geht darum, die Bedeutung der Erfahrung zu verstehen, direkt die Bedeutung dessen zu erfahren, was geschieht. Aus dieser Perspektive ist die Entfaltung der dem Leben inhärenten Bedeutung ein natürlicher Teil wirklichen Lebens.

Linguistisch bezieht sich das Wort „meaning" (Bedeutung) auf das Innere der Dinge, die Essenz der Dinge. Statt davon zu sprechen, daß man zu der Bedeutung dessen gelangt, was geschieht, kann man auch sagen, daß man zu dem Herzen der Sache gelangt. Das geschieht, wenn wir eine Einsicht haben und die ganze Erfahrung auf eine bestimmte Weise integriert und einheitlich oder eins wird. Alle Elemente bilden einen Wandteppich, der sinnvoll ist, der eine Bedeutung hat. Verstehen ist erst da, wenn wir zu der Bedeutung, zum Herzen der Sache gelangen und wenn wir verstanden haben, was geschieht.

Es ist interessant, daß der essentielle Aspekt der Identität, den wir manchmal die Essentielle Identität nennen, als ein Punkt von Licht und Präsenz in Erscheinung tritt.[13] Das hat weitreichende Implikationen, die anfangs schwer zu erfassen sind. Am Anfang unserer Reise fragen wir uns, warum die Essentielle Identität ein Punkt ist. Was bedeutet das? Was hat das mit unserer Erfahrung zu tun, und was macht das *mit* unserer Erfahrung? Wie spiegelt sich die Tatsache, daß unsere wahre Identität ein Punkt ist, in unserer Erfahrung und in unserer Wahrnehmung, in der Inquiry und in unserem Verstehen?

Die Essentielle Identität bedeutet Identität mit Essenz, die Identität mit Sein. Sie ist das wahre Identitätsgefühl. Wenn wir die Essentielle Identität empfinden, wenn wir sie sind, fühlen wir, daß wir wahrhaft und authentisch wir selbst sind. Und da ist ein Gefühl von Identität, ein einzigartiges Gefühl von „Ich", das ganz entschieden und auf einzigartige Weise selbst-existierend ist. Man ist da und als man selbst präsent, ohne daß dieses „Ich" von irgendeinem konstruierten Konzept definiert wäre. Da ist ein „Ich", und man weiß, da ist ein „Ich", weil man als „Ich" da ist. Der Punkt ist Identität, ein direktes Gefühl von Erkennen der eigenen Identität ohne Geschichte oder Denken. Und weil die Essentielle Identität der Prototyp von Identität ist, repräsentiert sie die Fähigkeit der Seele, ihre wahre Natur, ihre essentielle Natur zu sein. Sie repräsentiert diese Fähigkeit, die essentielle Natur zu sein, auf jeder Ebene.

Wenn wir die Essentielle Identität sind, dann ist da Mühelosigkeit, Leichtigkeit, Einfachheit und fraglose Kostbarkeit. Sie ist die Einfachheit der Tatsache und der Erkenntnis: „Ja, das ist es, was und wer ich bin. Ich bin hier." Dies ist das Essentielle Ich (Essential I) als ein Aspekt für sich, als eine Erfahrungs-Kategorie innerhalb der essentiellen Dimension von Sein. Aber genau wie im Fall aller anderen essentiellen Aspekte hat er in Verbindung mit der Diamantenen Führung eine spezifische Funktion. Diese Funktion besteht darin, uns unsere Erfahrung dadurch verständlich zu machen, daß wir verstehen, was passiert.

Diese spezifische Funktion hat eine Menge mit der Tatsache zu tun, daß die Essentielle Identität sowohl essentielle Identität als auch, in phänomenologischem Sinne, ein Punkt ist. Ihre Existenz als Identität und als ein Punkt von Präsenz sind zwei Facetten desselben Phänomens, und diese zweifacettige Natur beeinflußt unsere Erfahrung auf eine besondere Weise.

Je mehr wir die Essentielle Identität realisiert haben, um so leichter ist es für uns, direkt zum Punkt zu gelangen, zu dem, was das Herz der Sache ist, also die Bedeutung dessen, was geschieht. Es ist wahr, daß in jedem Moment alles Mögliche vor sich geht, aber unsere Erfahrung ist nicht beliebig oder chaotisch. Nein, die Totalität der Erfahrung hat ein Muster, und das Muster hat eine Bedeutung. Es hat einen Punkt. Es hat eine Bedeutung, die etwas damit zu tun hat, wer und was wir sind, und die etwas mit unserer Beziehung zu unserem Leben, zu unserer wahren Natur und zu unserer Evolution zu tun hat, und damit, wo wir im Strom des Lebens sind. All das zusammen bildet ein einheitliches Ganzes. Wenn wir die Einsicht in das Muster der Bedeutung bekommen, haben wir das Gefühl: „Aha, ich habe verstanden (I got the point.)." Wenn wir Schwierigkeiten damit haben, unser wahres Selbst zu erleben, wird es sehr schwer sein, den Kern zu verstehen (to get the point). In der Lage zu sein, den essentiellen Punkt (essential Point) zu erfahren, macht es also leichter für uns, zum Wesentlichen (the point) überhaupt jeder Situation oder Erfahrung zu gelangen.

## Tiefer gehen

Dies ist also eine der Grundfunktionen der Essentiellen Identität, wenn es um die Diamantene Führung geht. Sie führt die Inquiry zu dem Punkt (Point), indem sie uns dahin führt, das Wesentliche (the point) aller und jeder Erfahrung zu sehen. Das ist leicht zu verstehen, wenn wir uns daran erinnern, daß der Punkt wahre Identität ist. Was ist unsere Identität? Sie ist das, wer und was wir sind. Und was sind wir außer unserer wahren Natur, die immer tiefer und tiefer geht, bis sie zur letzten, eigentlichen Identität gelangt, die das Absolute ist? Das bedeutet, daß zum Wesentlichen (the point) einer Situation zu gelangen, dasselbe ist wie tiefer einzudringen. In dem Moment, in dem wir zum Kern (point) einer Situation gelangen, gehen wir tiefer. Warum? Weil der Kern (point) der Situation immer mit dem Punkt (Point) zu tun hat, und der hat mit Identität zu tun – und Identität ist Tiefe, ist Vordringen nach innen in uns selbst. Die letzte, eigentliche Identität ist reine Tiefe, deshalb ist das Absolute Tiefe an sich.

Bei der Inquiry bemerken wir, daß sie, wenn wir ganz verstehen, was wir erfahren, von Natur aus nach innen sinkt, tiefer geht und fundamentaler wird. Warum geschieht das? Haben wir uns einmal gefragt, warum unser Verstehen, wenn wir etwas verstehen, nicht oberflächlicher und diffuser, sondern eher fokussierter und tiefer wird? Der Grund dafür ist, daß Verstehen bedeutet, zum Kern (point) zu kommen. Zum Kern zu gelangen bedeutet, uns auf den essentiellen Punkt hin zu orientieren. Und uns auf den Punkt hin zu orientieren, bedeutet, unserer wahren Identität näher zu kommen. Weil unsere Identität letztlich Tiefe ist, entsteht, wenn wir zu dieser Tiefe gelangen, Intimität. Das Absolute ist sowohl Tiefe als auch Intimität.

Eine andere Weise, das auszudrücken, ist, daß alle Manifestationen – dazu gehören alle Erfahrungen – letztlich Manifestationen aus dem Absoluten sind. Alles ist das Absolute, das mit uns kommuniziert und das etwas von seinen Möglichkeiten und seinem Potential enthüllt. Und bei der Inquiry geht es darum, diese Kommunikation zu lesen und zu verstehen. In seiner Kommunikation führt uns das Absolute immer zu sich selbst und zieht uns damit zu sich hin. Es tut das durch seinen Abgesandten, seinen Repräsentanten in unserer persönlichen Erfahrung, und das ist der Punkt. In der Wirkung der Diamantenen Führung beeinflußt dieser Punkt unser Bewußtsein, indem er uns immer auf den zentralen Punkt der Situation, auf die Bedeutung der Erfahrung, auf das Herz der Sache hin orientiert. Bei geführter Inquiry werden wir immer tiefer hineingezogen.

Der Punkt, die Essentielle Identität, ist nötig, damit wir unsere Erfahrung erfassen – um sie als ein einheitliches Ganzes sehen zu können –, weil der Punkt das organisierende Zentrum unseres Erfahrungskreises ist. Er ist das Zentrum unseres persönlichen Mandalas. Er ist auch die Richtung letzten, eigentlichen Verstehens. Mit anderen Worten, die Funktion des Punktes (Point), als Teil der Diamantenen Führung, ist es, unser Verstehen ständig zu vertiefen. Wie? Indem er es auf unsere eigentliche Natur, auf unsere eigentliche Identität hin einstellt.

Der Punkt hat also nicht nur damit zu tun, das Wesentliche (the point) zu erfassen, sondern auch damit, auf etwas zu zeigen (pointing). Die Präsenz des Punktes zeigt auf die Tiefe, damit unsere Bewußtheit und unser Wissen direkt zur Tiefe unseres Seins vordringen können. Vor dem Hintergrund der Tatsache, daß „Punkt" in unserer Alltagssprache in Beziehung auf Bedeutung und Verstehen gebraucht wird, ist es interessant, daß die Essentielle Identität ein Punkt ist. In diesem Fall enthält unsere Sprache viel Weisheit. Man denke an unsere Verwendung des Ausdrucks „auf den Punkt, auf das Wesentliche kommen". So trägt die Essentielle Identität, der Punkt, zur Funktion der Führung bei.

Wenn wir sagen, daß der Punkt auf etwas hinweist, zeigt (points), bedeutet das nicht, daß er irgend etwas tut. Er zeigt allein durch seine Anwesenheit. Wenn Liebe da ist, beeinflußt sie unser Bewußtsein auf eine bestimmte Weise. Sie macht uns großzügig, sie läßt uns geben und wertschätzen, sie läßt uns wunderbare Sachen machen. Ähnlich beeinflußt der Punkt, wenn er da ist, unser Bewußtsein auf eine bestimmte Weise. Er bringt uns auf den Punkt, und er weist durch seine eigene Natur auf das Wesentliche hin. Er zeigt nicht wirklich mit dem Finger.

Wenn es den Punkt nicht gäbe, würde innere Führung auf derselben Ebene bleiben. Die Natur des Punktes bringt Inquiry dazu, einzudringen, tiefer zu gehen, weil er Identität bis hin zum Absoluten repräsentiert. Der Punkt ist eigentlich nichts anderes als die Reflexion des Absoluten in der Seele. Er führt Bewußtsein und Inquiry wie durch Magnetismus zu sich selbst.

Wir verstehen hier ein für den Prozeß der Inquiry und für das Verstehen essentielles Element. Bei der Inquiry geht es nicht nur darum, etwas zu erforschen und sich allem und jedem zuzuwenden. Jedesmal, wenn wir eine Erfahrung oder einen Prozeß haben, gibt es dabei einen zentralen Punkt und eine Bedeutung, da ist ein Sinn, der das Ganze vereint. Es gibt eine Gesamtbedeutung, die das Absolute mit seiner Bewegung zu enthüllen sucht. Das Absolute ermahnt uns andauernd: „Lies". In jedem Moment ist unser Leben ein Buch, das gelesen und begriffen werden kann.

## Ausrichtung auf einen Punkt

Der Punkt versieht die Inquiry mit der Kunst des Fokussierens, nicht abgelenkt zu sein, sich nicht ablenken zu lassen. Fokussierte Inquiry ist die Kunst, sich in Richtung der Bedeutung einer Situation bewegen zu lassen, sich in Richtung auf den zentralen Punkt hin zu bewegen, statt sich zerstreuen, sich ablenken und von diesem oder jenem begeistern zu lassen. Es ist eine besondere Kunst. Bei einigen von uns ist diese Fähigkeit mehr entwickelt als bei anderen. Manche von uns können sich schwer dagegen wehren, zerstreut zu werden, andere gehen genau auf den Punkt zu und bekommen die Einsicht.

Aber worin besteht der Prozeß, in dem man den Kern, das Wesentliche (point) findet? Wir haben besprochen, wie der Punkt (Point) uns die Fähigkeit verleiht, zum Kern zu kommen, das Herz der Sache zu begreifen und ihre Bedeutung zu finden. Was sind die eigentlichen Bestandteile der Kunst des Fokussierens? Zwei Hauptfähigkeiten sind nötig: Eine liefert der Punkt, die andere liefert ein anderer Aspekt, Brillanz (Brilliancy). Der essentielle Aspekt der Brillanz sorgt für die Fähigkeit, das Ganze einer Situation zu sehen, mit einer weiten Perspektive zu schauen, die ganze Erfahrung im Blick zu behalten. Der Punkt andererseits liefert die Fähigkeit, etwas zuzuspitzen, zu fokussieren, genau auf den Punkt zu kommen. Diese zwei miteinander interagierenden Fähigkeiten müssen gleichzeitig wirken, damit wir zu der Bedeutung dessen gelangen können, was geschieht.

Der Punkt ist ein Punkt von Präsenz, und wenn er im Bewußtsein ist, fokussiert er unsere Aufmerksamkeit. In dem Moment, in dem sich der Punkt manifestiert, ist unsere Aufmerksamkeit spontan auf eine sehr mächtige Weise fokussiert. Der Punkt ist ein Punkt einzigartiger Präsenz und Brillanz, daher fokussiert seine Anwesenheit in unserer

Erfahrung auf natürliche Weise unsere Seele. Er tut das, indem er die Fähigkeit liefert, auf allen Ebenen der Funktionen der Seele zu fokussieren – Wahrnehmung, Denken, Fühlen und Handeln. Weiter unten werden wir in diesem Kapitel ein paar Möglichkeiten besprechen, wie dieses Fokussieren in der Inquiry in Erscheinung tritt.

Wenn wir eine Inquiry machen, berücksichtigen wir die ganze Erfahrung und sind doch auch in der Lage, uns auf Einzelheiten zu konzentrieren. Das geschieht, indem wir alle relevanten Daten sehen, die in unserer Erfahrung enthalten sind. Das kann unsere Erfahrung in dem Moment oder während einer ganzen Woche, eines Monats oder eines ganzen Jahres sein. An einem gewissen Punkt erkennen wir, daß es einen besonderen Faden gibt, der unsere ganze Erfahrung verbindet. Der Faden ist eine Abfolge von Punkten, eine Reihe spezifischer Bedeutsamkeiten. Angenommen, es geschieht in einem bestimmten Moment etwas, zwei Minuten später passiert etwas anderes und so weiter. Wenn wir die Beziehung zwischen diesen Punkten sehen, finden wir einen sinnvollen Faden. Und dieser Faden ist eine Kontinuität, denn die Punkte, die eine Bedeutung haben, sind nicht isoliert oder unverbunden. Bedeutung ist ein kontinuierlicher Prozeß.

## Fokussieren, um dem Faden zu folgen

Der Punkt verleiht uns die Fähigkeit, den Faden zu finden und ihm zu folgen, wie wir in Kapitel 10, „Der Persönliche Faden", besprochen haben. Das ist es, was Fokus bedeutet: An einem bestimmten Punkt können wir sehen, was in unserer Erfahrung passiert, und uns darauf fokussieren und ihm folgen. Um einem Faden zu folgen, brauchen wir die Fähigkeit, uns auf die spezifische Bedeutung dessen zu fokussieren, was geschieht. Und das ist immer eine sich entfaltende Bedeutung, es ist nicht nur eine Momentaufnahme. Der Prozeß der Inquiry bedeutet, daß wir anschauen, was unser Bewußtsein ist, und Fragen stellen. Manche Dinge sehen wir, andere Dinge können wir nicht sehen. Manches wissen wir, anderes wissen wir nicht. Allmählich bekommen wir aber ein Bild, das uns eine bestimmte Bedeutung zeigt, und dann folgen wir dieser Bedeutung. Wir nennen das: dem Faden folgen. Wir lassen diese Bedeutung nicht einfach hinter uns und gehen mit etwas anderem. Wenn wir das tun, geht der Faden verloren, und nach einer Weile müssen wir wieder von vorn anfangen.

Ich gebe ein Beispiel: Angenommen, Sie lesen einen Zeitungsartikel über ein Problem mit der Wirtschaft. Ein paar Wochen später merken Sie, daß Ihre Firma in Schwierigkeiten ist und Sie vielleicht Ihren Job verlieren, weil Leute entlassen werden sollen. Sie merken etwa zur selben Zeit, daß Sie, wenn Sie mit Ihren Freunden sprechen, eine Angst empfinden, die Sie früher nicht gefühlt haben: Sie fragen sich dauernd, was sie von Ihnen denken. Wenn Sie sich Ihre Erfahrung anschauen, bemerken Sie auch, daß Sie, wenn Sie mit Ihrem Ehemann sprechen, sich zu fragen beginnen: „Bin ich für ihn attraktiv genug? Denkt er, daß ich gut genug für ihn bin?" Sie bemerken vielleicht auch ab und zu, daß Sie sich ein bißchen deprimiert fühlen, daß Sie nicht daran interessiert sind, etwas in Ihrem Leben zu unternehmen.

Anfangs sieht es so aus, als wären alle diese Dinge, der Sie sich bewußt sind, ohne Zusammenhang. Wenn Sie sie aber untersuchen, erkennen Sie allmählich, daß sie alle miteinander zusammenhängen. Im Grunde beginnen sie, in den Vordergrund Ihrer Erfahrung zu treten, sich aus der Fülle Ihrer Eindrücke herauszuheben, die Sie jeden Tag haben, einfach, weil Sie erkennen, daß da etwas ist, was Sie nicht verstehen und das Ihre Neugier erregt. Zuerst waren Sie besorgt, Ihr Ehemann könnte denken, Sie seien für ihn nicht attraktiv genug, um weiter mit Ihnen zusammensein zu wollen. Jetzt fragen Sie sich: „Warum denke ich sowas? In unserer Ehe ist nichts Schlimmes passiert. Was ist los?" Dann setzen Sie das vielleicht mit der Sorge darüber in Verbindung, was Ihre Freunde über Sie denken – ob sie Sie als Person und als Freundin wertschätzen.

Wenn Sie fragen, warum Sie das beschäftigt, merken Sie, daß Sie darüber besorgt sind, daß Sie einer der ersten Menschen sein könnten, die an Ihrer Arbeitsstelle entlassen werden. Auch wenn Sie sich selbst einzureden versuchen, daß Sie zu den besten und am meisten geschätzten Leuten gehören, nützt es nichts. Sie machen sich weiter Sorgen. Wenn Sie sich fragen: „Warum denke ich das?", merken Sie tief in Ihrem Inneren, daß Sie sich wertlos fühlen.

Der ganze Faden begann also mit Ihrer Sorge über die Wirtschaft, die sich später als das Problem herausstellte, ob Sie Ihren eigenen Wert haben. Das begann sich in verschiedenen Bereichen zu zeigen – in Ihrer Ehe, Ihren Freundschaften und bei Ihrer Arbeit. Von daher verstehen Sie, daß es um das Thema Wert geht: „Ich bin nicht sicher, ob ich wertvoll bin oder nicht." Sie fangen jetzt an, den Faden zu sehen.

Dem Faden zu folgen bedeutet, daß Sie diesem bestimmten Thema weiter folgen, während das Leben Tag für Tag weitergeht. Das heißt, daß Sie nicht nur erkennen, daß Sie Selbstwert erforschen, um dann im nächsten Moment einem neuen Einfall nachzugehen und in einer Inquiry zu untersuchen: „Bin ich stark genug?" oder „Bin ich intelligent genug?" Der Faden ist die Frage nach dem Wert. Wenn Sie also zu der Frage nach der Intelligenz oder Schönheit oder Fähigkeit weitergehen, kann jede einzelne dieser Fragen nützlich sein, aber keine von ihnen wird die Bedeutung dessen ans Licht bringen, was vor sich geht, denn der Punkt ist die Frage nach dem Wert.

Wenn man sich mit der Frage nach dem Selbstwert beschäftigt, kann das ein Gefühl des Mangels an Wert in den Vordergrund bringen – daß man sich wertlos oder unwichtig fühlt. Oder es kann die Psychodynamik von Selbstwert ins Bewußtsein bringen: Daß man sieht, was in der Kindheit passiert ist, das einem das Gefühl gegeben hat, daß man nicht wertvoll ist. Das heißt dem Faden folgen. Und man bekommt nicht notwendigerweise alles auf einmal, diese Art von Inquiry braucht Zeit. Wenn man bei dem Faden bleibt, wird sich das Thema Wert entwickeln. Sie wachen vielleicht am nächsten Tag auf und spüren ein großes Loch in Ihrer Brust. Wenn Sie in das Loch hineinschauen, merken Sie vielleicht, daß es genau das Gefühl ist, keinen Wert zu haben, das Gefühl von Wertlosigkeit.

Neben dem zentralen Faden des Themas Wert können andere Dinge auftauchen. Das Gefühl der Wertlosigkeit kann Wut und Zorn darüber in den Vordergrund bringen, daß Leute einen nicht wertschätzen. Wenn Sie nicht fokussiert sind, könnten Sie sich von Wut ablenken lassen und anfangen, über alle möglichen anderen Dinge nachzudenken, über die Sie wütend sind. Es ist wichtig, die Wut zu untersuchen, aber es ist besser, bei der Wut zu bleiben, die mit dem Thema Wert zu tun hat, statt über etwas beliebig anderes wütend zu sein. Das heißt bei dem

Faden bleiben. Es hat beispielsweise keinen Sinn, einfach dazu überzugehen, Ihre ganze Wut auf Ihren Ehemann anzuschauen. „Warum bin ich wütend? Also, ich erinnere mich daran, daß er vor fünf Jahren eine Affäre hatte. Worüber bin ich sonst wütend? Davor ließ er mich nicht das Haus kaufen, das ich wirklich wollte, also mußten wir einen Kompromiß machen, und jetzt habe ich nicht einmal einen Platz für meine Nähmaschine!" Sie können diese ganze Wut auf ihn ausgraben, aber das geht am Thema vorbei. Was wirklich hochkommt, ist die Frage nach dem Wert.

## Der Faden des Bewußtseins

Bei dem Faden zu bleiben bedeutet also, einen Faden des Fokus beizubehalten. Aber es ist nicht ein mentaler Fokus, es ist ein Fokus des Bewußtseins der Seele selbst, wo die Seele auf den Punkt fokussiert ist: „Was ist die Bedeutung von dem, was geschieht?" Was passiert ist, ist, daß der Punkt (Point) durch die sich entfaltende Erfahrung hindurchgeht und enthüllt, was geschieht. Und dieses Hindurchgehen, diesen Pfad von Bedeutsamem in der Erfahrung, nennen wir den Faden.

Diese Fähigkeit zu fokussieren kommt von der Präsenz der Essentiellen Identität – dem Punkt (Point) – in unserer Erfahrung, als Teil der Diamantenen Führung. Ich sehe es so, daß die Diamantene Führung eine Struktur aus vielen verschiedenen farbigen diamantenen Qualitäten ist, in deren Zentrum der Punkt ist. Der Punkt geht durch das Bewußtsein, und die diamantene Struktur fokussiert darauf. Es ist nicht so, daß man dem Punkt folgt; vielmehr geht der Punkt durch das, was geschieht, hindurch und enthüllt es. Unser Bewußtsein ist also auf das fokussiert, was enthüllt wird. Das ist eigentlich das, was geschieht, auch wenn wir es nicht immer so sehen, wenn wir etwas erforschen.

Es ist wie ein Lichtpunkt, der etwas erhellt, während er durch es hindurchgeht. Dieses Erhellen der verschiedenen Erfahrungen beginnt, einen Faden zu bilden. Wenn man dem Faden eine Zeitlang folgt, wird das Bild ganz bis zum essentiellen Aspekt von Wert enthüllt. Erfahrung wird zu der Erfahrung von Wert selbst. Das ist der essentielle Kern (point), das heißt die Bedeutung auf der essentiellen Ebene.

Wir können dem Faden weiter folgen, wenn wir nicht bei der Erfahrung von Wert aufhören. Wert wird uns zu Präsenz bringen, und Präsenz kann als der zentrale Faden weitergehen. Das bedeutet, daß wir jetzt auf der zweiten Reise sind. Wenn wir dem essentiellen Faden weiter folgen, der ein leuchtender Faden ist, wird uns das schließlich zu einer Erkenntnis des essentiellen Leuchtens bringen, das alles durchdringt und allem zugrundeliegt. Das ist die dritte Reise.

Was wir hier sehen, ist also ein Beitrag des Punktes zur Inquiry, nicht nur im Sinne von Hinweisen oder Zeigen auf etwas oder von Enthüllen des wesentlichen zentralen Punktes der Situation, sondern auch im Sinn von Fokus, Ausrichtung auf einen Punkt (one-pointedness). Wenn man etwas erforscht, muß man auf den großen Zusammenhang achten, aber man muß auch ganz bestimmte konkrete Dinge ins Visier nehmen und auf sie fokussieren. Außerdem muß man die Fähigkeit besitzen, diesen Fokus als einen Faden, als einen Prozeß fortzusetzen.

### Fragen und Antworten

*Schüler:* Gibt es normalerweise nur einen einzigen Faden zu erforschen?

*Almaas:* Es kann mehrere Fäden geben. Aber wenn man erkennt, welche das sind, wird man sehen, daß sie eigentlich einen einzigen Faden bilden. Jeder einzelne Faden besteht aus mehreren Unterfäden, und diese bestehen auch wieder aus Unterfäden. Man sieht also vielleicht mehrere Fäden, aber das bedeutet nicht, daß es keinen zentralen gibt, der alle miteinander vereint. Den gibt es, und das ist der Punkt.

*Schüler:* Ich merke, daß ich dazu neige, auf ein großes Hindernis zu stoßen, wenn ich versuche, meinen äußeren Fokus zu einem inneren Fokus zu verschieben.

*Almaas:* Das macht Sinn, denn der äußere Fokus liegt in der entgegengesetzten Richtung zum Punkt. Der Punkt bringt Dich tiefer nach innen. Du merkst, daß ich in unserer Diskussion über den Fokus manchmal sage, daß er nach innen, daß er tiefer geht. Und manchmal spreche ich von Fokus als dem Faden folgen. Das sind zwei verschiedene Arten von Fokus. Beide sind die Wirkung des Punktes (Point). Wenn man dem Faden folgt, ist das in dem Sinn ein Fokus, als man auf einen Punkt ausgerichtet ist. Man muß auf einen Punkt ausgerichtet sein, um bei einem Gegenstand der Inquiry bleiben zu können. Aber dieser Gegenstand ist ein Gegenstand, der sich bewegt. Wenn man bei ihm bleibt, wird er also zu einem Faden.

## Zielen

Eine andere Art Fokus hat damit zu tun, daß man etwas Konkretes anzielt. Wenn man etwas in dem Sinn anzielt, geht es nicht darum, bei demselben Gegenstand zu bleiben, sondern darum, den Fokus kleiner und präziser zu machen, damit man die Einzelheiten genau sehen kann. Wenn man das Objektiv eines Mikroskops scharf einstellt, kann man die Einzelheiten des Gegenstandes, den man sich anschaut, klarer sehen. Der Fokus, der sich ergibt, wenn man in dem Sinn auf etwas zielt, ist auch für die Inquiry sehr wichtig, denn wenn man nicht so zum Ziel macht, was geschieht, neigt man dazu, die Einzelheiten nicht zu sehen. Man sieht nur Allgemeinheiten. Es ist nötig, das Ziel genau ins Auge zu fassen, damit wir tiefer eindringen können. Wenn man etwas anzielt, kommt man immer näher an den Gegenstand der Inquiry, und wenn das passiert, enthüllt er sich mehr. Das ist die Bewegung nach innen, das Tiefergehen.

Wie gesagt, der Fokus darauf, dem Faden zu folgen, hat also mit der Ausrichtung auf einen Punkt zu tun. Womit hat der Fokus beim Zielen auf etwas zu tun? Wie zielt man etwas an? Man stelle sich ein Objektiv, ein Zoom-Objektiv vor. Was macht ein Zoom-Objektiv? Es vergrößert. Und wenn es vergrößert, was sieht man dann? Man sieht, daß alles andere wegfällt, und das Wegfallen ist diese Ausrichtung auf einen Punkt. Aber warum will man überhaupt ein Zoom-Objektiv benutzen? Um mehr Einzelheiten zu sehen. Es geht darum, genauer zu werden. Je näher man heranzoomt, um so genauer sieht man, was im Einzelnen passiert.

In unserer Inquiry zielen wir auf etwas, um mehr Einzelheiten unserer Erfahrung sehen zu können. Wir gehen vom Allgemeinen zum Besonderen. Das ist ein dynamischer, kontinuierlicher Prozeß, der der Fähigkeit zum Eindringen entspricht. Dazu kommt es, wenn wir in der Lage sind, mehr Einzelheiten zu unterscheiden.

## Fokussierte Inquiry

Angenommen, jemand sagt eines Tages zu mir: „Mir geht es nicht gut." Ich würde ihn dann fragen: „Was meinst du damit, dir geht es nicht gut?" Er sagt vielleicht: „Ich bin schlecht gelaunt". Das ist genauer.

Aber dann würde ich sagen: „Was meinst du mit ‚schlecht gelaunt'? Sei genauer."

Er schaut sich das eine Weile an. „Ich glaube, ich bin ein bißchen gereizt."

„Sei genauer."

„Ich glaube, ich bin wirklich wütend."

„Gut, sei genauer."

„Ich bin über etwas wütend, was gestern passiert ist."

„Gut, sei genauer."

„Ich erinnere mich jetzt an ein Gespräch, das ich gestern mit meinem Freund am Telephon hatte – da fing es an."

„Sei genauer."

„Er hat was über mich gesagt, und das hat mich wirklich getroffen. Ich bin wütend auf ihn, weil er das gesagt hat."

Er nimmt jetzt unter die Lupe, worum es geht, indem er konkret wird. Jetzt wird das Gefühl der Wut, und worauf sie gerichtet ist, in seinem Körper für ihn sehr genau umrissen und erkennbar. Auf diese Weise kommen wir zum Kern der Sache (point). Bei dem Prozeß geht es zum Teil darum, immer genauer zu werden.

Dasselbe geschieht, wenn wir in unserer essentiellen Realisierung tiefer gehen. Zu Beginn sagt jemand: „Also, ich fühle mich präsent."

„Gut, was meinst du damit, daß du dich präsent fühlst?"

„Also, ich hab das Gefühl, ich bin hier."

„Gut, du bist hier. Was bedeutet das?"

„Wenn ich hier bin, fühlt es sich an, wie daß etwas hier ist."

„Und was ist dieses Etwas, das hier ist?"

„Es fühlt sich wie Ich an, und dieses Ich und die Hierheit (hereness) sind dasselbe."

„Das ist interessant, sei genauer. Was meinst du damit: 'Ich und die Hierheit sind dasselbe'?"

„Also, es scheint, als wären ich und die Tatsache des Existierens dasselbe. Ich und die Tatsache des Existierens sind also untrennbar."

„Sei genau.

„Oh, ich bin Existenz."

In diesem Beispiel haben wir tiefer in die Erfahrung geschaut. Wir gingen von einem Ort, an dem sich jemand einfach präsent fühlt, zum Erkennen wahrer Natur in einem bestimmten Aspekt, der reine Existenz ist. Wie ist es dazu gekommen? Dadurch, daß wir sehr genau waren.

### Übung
#### Genauigkeit in Ihrer Inquiry

Dies ist ein guter Zeitpunkt, um Ihre eigene Beziehung zu dieser Fähigkeit zu untersuchen. Wenn Sie etwas untersuchen, schauen Sie dann die Einzelheiten an? Sind Sie bereit, ganz nahe heranzugehen und ganz genau zu beobachten, was von Moment zu Moment in Ihrer Erfahrung passiert? Welche Wirkung hat es auf Ihre Erfahrung, wenn Sie sich auf diese Weise konzentrieren, anstatt im Hinblick auf das, was geschieht, allgemeiner zu bleiben? Bemerken Sie Widerstand oder Bedenken, wenn Sie in Ihrer Inquiry so detailliert sind?

Wenn Sie diesen Fragen nachgegangen sind, schließen Sie die Augen und spüren Sie hin, wie es Ihnen in diesem Moment geht. Formulieren Sie laut eine kurze Aussage, die dieses Gefühl beschreibt. Benutzen Sie als Modell den oben wiedergegebenen Dialog, und beginnen Sie eine Sequenz von laut ausgesprochenen Fragen an sich selbst, und zwar danach, was jede einzelne Aussage bedeutet. Während Sie weiter antworten, gehen Sie ganz nah an Ihre Erfahrung heran, und schauen Sie, wie genau Sie werden können. Achten Sie darauf, an welchen Stellen Sie versucht sind zu sagen: „Das reicht." Was hält Sie davon ab, genauer zu werden?

## Genauigkeit versus Präzision

Wir sollten nicht Genauigkeit mit Präzision verwechseln. Das ist nicht dasselbe. Präzision ist eine Funktion der Klaren Essenz, des Klaren Diamanten. Genauigkeit ist eine Funktion des Punktes. Der Punkt ist die genaueste essentielle Präsenz, die es gibt. Wenn man den Punkt erfährt, ist man etwas Singuläres, Einmaliges, dann ist man so genau, wie man nur sein kann. Es gibt keine genauere, spezifischere Erfahrung von Essenz als den Punkt – eine auf einen Punkt ausgerichtete, singuläre, konzentrierte Empfindung von Identität und Präsenz. Er ist die genaueste Weise, wie man sich selbst erfahren kann. Das ist der Grund, weshalb wir sagen, daß er die Einfachheit selbst ist. Er hat keine Teile – er ist ein Ding, sehr einfach, sehr genau. Und weil er die genaueste Qualität ist, hilft er uns dabei, in bezug auf alles genau sein zu können. Bei Präzision aber geht es um Exaktheit, um das Unterscheiden einer Sache von einer anderen.

Ich gebe ein detaillierteres Beispiel. Man schaut in die Ferne und sieht am Horizont dieses dunkle Ding, eine dunkle Erhebung oder Form weit weg. Wenn man näher kommt, kann man präziser und genauer werden. Angenommen, zwei Leute nähern sich diesem Ding. Einer der beiden sagt: „Sieht aus wie ein Tier." Der andere sagt: „Sieht aus wie ein Gebäude." Wenn sie näher kommen, erkennen sie, daß es ein Gebäude ist. Also war der eine, der sagte, es wäre ein Gebäude, präziser, nicht genauer. Wenn sie noch näher kommen, sehen sie, daß es ein zweistöckiges Gebäude ist. Das ist Genauigkeit. Wenn sie es als ein zweistöckiges Haus im Südstaaten-Stil identifizieren können, dann sind sie noch genauer. Sie werden nicht präziser, sie werden immer genauer – sie sehen mehr Einzelheiten des Gegenstands. Die Präzision hatte die Funktion, die Wahrnehmung zu differenzieren, um zu entscheiden, ob es ein Elefant oder ein Haus war, während Genauigkeit unterscheidende Elemente dieses bestimmten Hauses identifizierte. Klären des fundamentalen Unterschiedes zwischen verschiedenen Formen ist nicht Sache von Genauigkeit, es ist eine Sache von Präzision.

Wenn man präzise wird, faßt man nicht notwendigerweise etwas als Ziel ins Auge, man wird einfach klarer, schärfer. Um genauer zu werden, muß man mehr Einzelheiten sehen. Bei Präzision sieht man also die Abgrenzung, den schärferen Kontrast – um zu wissen, daß das, was man anschaut, dieses und nicht jenes ist –, während Genauigkeit bedeutet, daß man Dinge in größerem Detail sieht. Beide sind notwendige Fähigkeiten oder Fertigkeiten, die wir brauchen, um unsere Erfahrung zu verstehen. Und wie Präzision ist Genauigkeit eine Fähigkeit, die in uns mehr oder weniger entwickelt sein kann. Einige von uns wissen nicht, wie sie genauer werden können, während andere von uns bis zu den winzigsten Einzelheiten genau sein können. Einige von uns können fortwährend ihre Objektive wechseln, so daß sie für ihr inneres Auge einen Zoom-Mechanismus zur Verfügung haben. Manche von uns haben kein Zoom-Objektiv, daher kompensieren sie das mit anderen Fähigkeiten.

Wir haben jetzt also zwei Arten von Fokus betrachtet: einen Fokus, der auf einen Punkt ausgerichtet ist, so daß man dem Faden folgen kann, und einen Fokus, der etwas anzielt, indem er genau ist. Und diese beiden Qualitäten – die Ausrichtung auf einen Punkt und die Genauigkeit – haben mit der Essentiellen Identität zu tun. Ausrichtung auf einen Punkt kommt von der Tatsache, daß die Essentielle Identität ein Punkt ist, und Genauigkeit ist davon abgeleitet, daß sie die genaueste Präsenz ist, die möglich ist. Es ist interessant, wie die geometrischen und die affektiven Seiten des Punktes miteinander verbunden sind und wie beide unser Bewußtsein und unsere Fähigkeit beeinflussen. Geometrisch betrachtet ist die Essentielle Identität ein Punkt, aber im Hinblick auf das Gefühl ist sie die spezifischste, genaueste Art von Gefühl – das Gefühl der Identität.

Der Punkt (Point) ist der leuchtende Stern, der Lichtpunkt, der die Wirkung der Diamantenen Führung in dem Maß fokussiert, in dem sie unsere Erfahrung entfaltet. Durch sein Licht werden wir zum Kern, zum zentralen Punkt (point) unserer Erfahrung hingezogen, und durch seinen Fokus entwirren wir den ständig tiefer führenden Faden von Bedeutung, der zu unserer wahren Natur führt. Unsere Essentielle Identität ist wirklich der einzige Sinn, der zentrale Punkt (point), der Existenz.

# 26
# Persönliche Inquiry

## Führung für die Heimreise

Die Diamantene Führung bringt unsere Haltung bei der Inquiry auf eine dynamische Weise ins Gleichgewicht, indem jeder Aspekt so intensiviert wird, wie er gebraucht wird, um die jeweilige Situation anzugehen. Wenn die Führung sich als Präsenz zeigt, bringt jeder Aspekt, der in Erscheinung tritt – welcher auch immer –, das Bild ein bißchen mehr ins Gleichgewicht. Er bringt eine andere notwendige Facette, ein anderes Element, das die Fähigkeit für optimale Inquiry und Entfaltung steigert. Das ist der Grund, weshalb die Diamantene Führung eine Diamantene Dimension ist, das heißt eine integrierte Struktur. Alle essentiellen Aspekte sind in eine Fähigkeit, in eine Funktion integriert, deren Wirksamkeit darin besteht, die Wahrheit der Realität zu enthüllen.

Wenn wir mit nur einem der Aspekte operieren, fliegen wir zwar weiter unser Raumschiff, aber es ist eher wie das Fliegen einer Raumfähre, während es mit der ganzen Diamantenen Führung so ist, als landete das Mutterschiff. Wenn man den Film *Begegnungen der dritten Art* kennt, erinnert man sich vielleicht daran, daß erst die kleinen Schiffe herangezoomt kamen, und dann in einer Symphonie von Farben und Tönen das Mutterschiff landete – das war seine Art zu kommunizieren. So ähnlich funktioniert die Diamantene Führung: Sie besitzt alle Qualitäten als farbige Diamanten bewußter Präsenz, und einige von ihnen werden brillanter und leuchten intensiver, wenn sie als Antwort auf die objektiven Bedürfnisse der Erfahrung gebraucht werden.

Wenn wir die verschiedenen Qualitäten und Aspekte unabhängig voneinander besprechen, bedeutet das also nicht, daß sie alle voneinander getrennt sind und für sich funktionieren. Sie funktionieren alle als

Organe innerhalb desselben Organismus' – als ein integriertes Ganzes. Sie können alle zugleich im gleichen Moment oder wechselnd in verschiedenen Kombinationen wirksam sein. Geführte Inquiry besitzt die Fähigkeit, alle Aspekte auf eine integrierte Weise zu benutzen, um uns beim Entdecken der verschiedenen Dimensionen von Erfahrung zu unterstützen. Durch Enthüllen der Wahrheit besitzt sie die Fähigkeit, zu allen Ebenen der Realität vorzudringen. Wenn wir ihr folgen, kann die Führung uns ganz bis zu der Quelle aller Manifestationen führen, bis zur letzten Wahrheit, die unsere Heimat ist.

Wenn wir die Reise mit der Diamantenen Führung machen, wird die Seele an einem bestimmten Punkt selbst zur Führung, die die absolute Natur von allem erkennt. Während der dritten Reise ist die Diamantene Führung von der permanenten, ununterbrochenen Präsenz der Seele nicht zu trennen und glänzt in ihrer exquisiten Präzision, Zartheit, Feinheit, Intimität und unbeschreiblichen Schönheit und Frische. Wir sind dann Süße, Freude, Wärme, Wertschätzung und Kostbarkeit. Wir erleben uns auf dieser Stufe als alle diese Qualitäten in einer Präsenz, die das Absolute berührt – nehmen es wahr und werden eins mit ihm.

Mit anderen Worten, wenn unser Raumschiff uns zum Absoluten bringt, wird unser Bewußtsein verfeinert, bis es sich in die geheimnisvolle Weite des Absoluten auflöst. Aber es löst sich durch diese farbige, vielfältige und klare Diamantheit auf. Diese wird zu einer spezifischen Weise, das Absolute zu begreifen, wobei die Diamantene Führung für die Seele die verbindende Optik ist. Der nächste Schritt ist die Selbstrealisierung des Absoluten. Wir werden zum Absoluten, das durch die Diamantene Führung die Welt als Zeuge betrachtet. Die Diamantene Führung wird das wahrnehmende Organ des Absoluten – sein facettenreiches, präzises Auge. Wir nehmen die Welt als eine Manifestation voller Schönheit und Wissen wahr, aber diese Schönheit und dieses Wissen erscheinen mit einer Ursprünglichkeit, einer Zartheit und einer feinen, scharfen Präzision. Alles erscheint diamantgleich, es ist nicht nur schön, es ist es selbst, präzise und genau.

## Persönliches Engagement

Wir werden daher unsere Untersuchung der Diamanten der Diamantenen Führung damit fortsetzen, daß wir einen anderen Aspekt betrachten, der dafür gebraucht wird, die Ausgewogenheit unserer Inquiry herzustellen. Das ist die essentielle Perle, der Prototyp von Integration und die Qualität, die jedem einzelnen von uns erlaubt, sich in der Fülle genau dessen zu manifestieren, der er ist.

Aufgrund der abstrakten Elemente, die wir eben besprochen haben – wie Wissen (knowingness), Wahrheit, Klarheit, Ausrichtung auf einen Punkt, Fokus und so weiter –, ist man vielleicht versucht zu denken, daß Inquiry eine Art körperloser Prozeß ist, der von unserer wirklichen Erfahrung entfernt ist. Manche Menschen reagieren auf Diskussionen über Wahrheit, Wissen und Objektivität mit dem Gefühl, daß Inquiry ein abstrakter oder philosophischer Prozeß sein muß. Und andere glauben, daß wir, um klar, objektiv und auf die Wahrheit fokussiert zu sein, uns von ihr distanzieren müssen, um dafür zu sorgen, daß unsere eigene persönliche Erfahrung die Wahrheit nicht entstellt.

Wie wir in Kapitel 24 besprochen haben, wird Forschung gewöhnlich so betrieben, besonders in den Naturwissenschaften. Man hält eine sehr klare Trennung von dem Experiment ein, so daß es einen nicht berührt. Daher denken manche vielleicht, wenn wir über Untersuchung, Erforschung, Inquiry und Entdeckung diskutieren, daß diese Aktivitäten so antiseptisch wie die wissenschaftliche Forschung sein müssen. Diskussionen über Zeugesein, über innere Distanz, Nicht-Reaktivität und Desidentifikation – die alle im Prozeß von Inquiry wichtig sind – können auch zu so einer inneren Haltung führen.

Der Glaube, daß man außerhalb der eigenen Erfahrung sein muß, ist auf das Dilemma zurückzuführen, in dem sich die meisten Menschen gefangen fühlen. Sie wissen nicht, wie man objektiv und nicht identifiziert zugleich sein kann, ohne von der Erfahrung distanziert zu sein. Wenn wir uns aber von der Erfahrung distanzieren, können wir unsere Seele nicht erforschen und nicht lesen. Damit es zu einer Inquiry kommen und sie von der Führung des Seins geführt werden kann, müssen wir mit unserer Erfahrung in intimem Kontakt sein. Wir müssen mit unseren Gefühlen, Empfindungen, Gedanken, Impulsen, Reaktionen,

Handlungen und Vorstellungen in intimem Kontakt sein. Wir müssen nicht nur wissen, daß sie da sind, sondern auch ihre Konsistenz spüren. Wir müssen soviel Input wie möglich haben, und das bedeutet, daß wir derart vollständig in die Erfahrung eingetaucht sein müssen, daß wir sie durch und durch erfahren und fühlen. Wir müssen vollkommen darin sein, damit wir alle ihre Nuancen fühlen können.

Angenommen, ich erforsche ein Gefühl von Begeisterung, das ich nicht verstehe. Erforschen bedeutet nicht, daß es hier die Begeisterung gibt und ich sie von einem anderen Ort aus beobachte. Wenn ich wissen möchte, was es mit dieser Begeisterung auf sich hat, muß ich mitten in sie hineinspringen und sie so vollständig wie möglich fühlen. Ich muß sie sich ganz entfalten lassen, ohne daß sie übermächtig wird. Im Grunde sorgt gerade der Prozeß der Erforschung dafür, daß die Erfahrung nicht ganz von einem Besitz ergreift. Wenn wir unsere Erfahrung einfach nur so hinnehmen und sie nicht erforschen, ist das keine Inquiry – dann ist es nur eine Erfahrung. Inquiry bedeutet aber, mitten in der eigenen Erfahrung zu sein und alles in ihr mit allen Sinnen, mit allen Nerven zu fühlen. Wir müssen die Konsistenz, die Temperatur, die Affekte, die Sinneswahrnehmungen, die kinästhetischen Empfindungen und die Nuancen des Drucks spüren – alles. Mit anderen Worten, ein wichtiger Teil der Inquiry ist ein vollkommener persönlicher Kontakt, ein vollkommenes Sicheinlassen auf die Erfahrung und auf den Prozeß selbst.

Inneren Kontakt mit der Totalität unserer Erfahrung zu haben bedeutet, daß wir nicht vermeiden können, mit der Welt, mit anderen Menschen und mit unserem Leben in seiner Ganzheit in Kontakt zu sein. Dieser umfassende Kontakt muß da sein, damit Inquiry vollständig und bedeutsam sein kann. Wenn wir uns zum Beispiel unserer Gefühle dem Leben gegenüber nicht bewußt sind, was sollen wir dann untersuchen? Mit anderen Worten, wenn wir nur unsere Gedanken oder unsere Handlungen untersuchen, dann stellen wir in der Untersuchung eine Distanz her. Auch wenn das immer noch eine Inquiry ist, ist sie nicht so kraftvoll, nicht so wirksam, wie wenn wir unsere Emotionen und Reaktionen mit einschließen. Die Inquiry ist nur dann kraftvoll, wenn so viel Input und Information da sind, daß die Untersuchung persönlich sein kann. Und das passiert nur bei einem direkten Kontakt mit Erfahrung.

Dieser direkte Kontakt mit Erfahrung weist auf eine bestimmte innere Haltung hin – eine Haltung des persönlichen Interesses, eine Haltung einer Liebe zum Prozeß, weil er uns persönlich berührt. Zu dem kommt es, wenn wir so interessiert, so gespannt, so begeistert sind, daß wir in ihn hineinspringen, ohne uns im geringsten zurückzuhalten. Wenn wir auf der anderen Seite etwas nur erforschen wollen, um ein Problem loszuwerden oder ein bestimmtes Ziel zu erreichen, dann sind wir nicht daran interessiert, mit allen unseren Nerven, mit unserer ganzen Sensibilität in die Erfahrung einzutauchen. Wir sind dann nur insofern interessiert, als wir das Problem loswerden oder lösen wollen.

Inquiry verlangt also, daß wir in die Erfahrung eintauchen, aber weiter bewußt und präsent bleiben, während wir mitten in ihr sind. Und die Diamantene Führung verleiht uns diese Fähigkeit, mitten in allem präsent und objektiv zu sein. Wir können emotional oder zynisch sein oder alle möglichen körperlichen Reaktionen haben, aber genau im Zentrum kann es eine Objektivität, ein Bewußtsein, eine Präsenz und Neugier auf die Situation geben. Die Anwesenheit der Diamantenen Führung sorgt in der Inquiry für alle diese Elemente. Aber damit sie erscheinen kann, muß ein persönliches Engagement, ein persönliches Interesse und eine persönliche Leidenschaft da sein. Wir brauchen eine persönliche Liebe zu dem Prozeß, für die Erforschung, für die Wahrheit, für unsere Seele und für die Realität. Sonst zeigt sich die Führung nicht.

Wir können nicht nur distanzierte Beobachter sein, wir können uns die Erfahrung nicht einfach nur anschauen, als wäre sie ein Film. Viele spirituelle Erfahrungen von Transzendenz oder Einssein sind so ähnlich, wie wenn man einen Film anschaut. Aber das ist noch nicht Inquiry, dann ist man ein unpersönlicher Zeuge. Für eine persönliche Inquiry muß man mitten in der Erfahrung Zeuge sein – in Kontakt mit ihr – nicht außerhalb von ihr. Wir beobachten weiter, aber wir sind mitten in ihr. Unser Beobachten ist verkörpert.

Warum sollte die Seele sich entblößen, ihre Schönheit und ihren Reichtum zur Schau stellen, wenn wir nicht vollständig und persönlich daran interessiert sind, daß sie ihre volle Wahrheit enthüllt, oder wenn wir mit einem Vorurteil oder einem Ziel im Kopf etwas untersuchen? Wirkliche Inquiry geht mit einem leidenschaftlichen Einsatz für den eigenen Prozeß, für die eigene Realisierung, für das eigene Leben einher. Auf diese Weise wird sie zum Kern, der durch unser Leben geht. Unser ganzes Leben geht dann in sie ein und ist ein Ausdruck von ihr.

## Persönliche Autonomie

Das führt uns zum Thema Autonomie. Im Kontext der Diamantenen Führung bedeutet Autonomie Erkennen und Entwickeln dieses Gefühls für den persönlichen Einsatz, dieser persönlichen Leidenschaft in der Inquiry. Autonomie bedeutet, daß wir unsere Arbeit der Inquiry nicht machen, weil jemand uns gesagt hat, daß wir das tun sollten – nicht weil wir darüber in einem Buch gelesen haben, nicht weil wir gut oder erleuchtet sein wollen, sondern weil wir persönlich davon begeistert sind. Wenn wir unsere eigene Begeisterung für den Prozeß haben, sind wir autonom. Wenn unsere Begeisterung für die Inquiry davon abhängt, ob ein Lehrer oder jemand anders uns mitreißt oder uns inspiriert, dann sind wir weiterhin von anderen oder von den Umständen abhängig.

Viele Menschen denken, daß Autonomie bedeutet: „Ich habe meine eigenen Vorstellungen und meine eigene Wahrnehmung", aber diese Definition ist oberflächlich. Das ist nicht essentielle Autonomie. Jeder hat seine eigenen Ideen und Wahrnehmungen, aber die eigene Leidenschaft, das eigene Engagement, das eigene Interesse, die eigene Begeisterung für die Wahrheit und den Prozeß der Untersuchung zu haben – das ist Autonomie der Inquiry. Diese Autonomie ist das, was die Führung des Seins einlädt.

Es ist in Ordnung, eine Zeitlang von einer Schule, einer Situation, einer Lehre oder einem Lehrer abhängig zu sein. Aber unser Prozeß wird nicht sehr weit kommen, wenn wir nicht in der Lage sind, uns ab einem gewissen Punkt selbst zu aktivieren. Wieviel kann unser Lehrer mit uns arbeiten? Höchstens ein paar Stunden die Woche. Was machen wir den Rest der Woche? Wenn wir unsere eigene Begeisterung haben, dann können wir einen 24-Stunden-Prozeß der Entfaltung haben. Wir müssen uns also auf unsere eigene reine Liebe, Begeisterung und unseren leidenschaftlichen Einsatz beim Entdecken der Wahrheit verlassen. Unser Prozeß wird sich ohne diese Liebe zur Wahrheit, diese Lust, die

Wahrheit in uns selbst zu entdecken, nicht vertiefen oder weiter entfalten. An einem gewissen Punkt müssen wir selbst herausfinden wollen, was Realität ist, weil es für uns persönlich wichtig ist.

Und wahrhaft autonom zu sein bedeutet, daß wir nicht nur forschen, weil wir daran interessiert sind, Probleme loszuwerden. In dem Fall ist Autonomie nicht echt – sie ist dann davon motiviert, ob es uns gut oder schlecht geht. Wahre Autonomie bedeutet, daß die Entfaltung selbst uns begeistert. Das ist der Grund, weshalb es, wenn jemand wahre Autonomie in der Inquiry besitzt, keine Rolle spielt, ob die Erfahrung schmerzhaft oder angenehm ist. Sie ist in jedem Fall interessant, und zwar immer. Es gibt immer Dinge zu lernen, die uns begeistern können. Und das menschliche Bewußtsein funktioniert auf dieselbe Weise, ob wir intensiven Schmerz oder intensive Lust erleben, nur der Affekt und unsere Reaktionen sind verschieden. Das bedeutet nicht, daß wir die schmerzhaften Erfahrungen so sehr mögen müssen wie die angenehmen. Es geht uns nicht darum, unsere Erfahrungen zu lieben, es geht darum, die Forschung selbst zu lieben – die Untersuchung, die Inquiry, die Wahrheit.

Wir sehen hier, daß Autonomie und der persönliche Charakter zusammengehen. Das ist ein Hinweis auf die Rolle der Persönlichen Essenz – des Aspektes der Perle – bei der Wirkung der Diamantenen Führung. Persönlicher Einsatz, Autonomie und Kontakt sind alles Qualitäten der Persönlichen Essenz.[14] Mit anderen Worten, die Wirkung des Perlartigen Diamanten (Pearly diamond) der Diamantenen Führung besteht darin, mit unserer inneren und äußeren Erfahrung Kontakt und eine persönliche innere Beteiligung an ihr herzustellen. Und das wird dann in der Inquiry zu persönlicher Autonomie.

Die Diamantene Führung führt die Seele und ihren Prozeß der Reifung und Individuation. Dieser Prozeß ist derselbe wie der, in dem sich die Seele auf die Realisierung der Persönlichen Essenz zu bewegt, und die Diamantene Führung wird von Natur aus erscheinen, um diese Entwicklung zu begleiten. Wenn wir aber keine intime und unabhängige persönliche innere Haltung gegenüber unserer Erfahrung haben, wird die Diamantene Führung sich nicht in unsere Inquiry herablassen, um ihre Aufgabe zu erfüllen. Nur wenn dieses persönliche Engagement und diese Leidenschaft da sind, sagt die Diamantene Führung: „Da ist der

Ruf. Ich komme. Ich tue gern, was ich zu tun habe." Sonst wird die Diamantene Führung – ganz gleich, was wir fühlen, was wir tun, wonach wir uns sehnen – es nicht hören, weil es nicht ihr Ruf ist, es ist der Ruf nach etwas anderem.

Es ist also in Ordnung, sich auf Lehrer und ihre Ermutigung und Inspiration zu stützen, besonders zu Beginn und ab und zu auf dem Weg, weil wir auf der Reise oft entmutigt und kleinmütig werden. Aber Schritt für Schritt müssen wir unsere Autonomie entwickeln. Schließlich muß das Feuer von innen kommen, als eine aus dem Herzen rührende Leidenschaft dafür, uns selbst und die Realität zu verstehen.

Das ist so ähnlich wie etwa bei der Begeisterung fürs Angeln. Wie zeigt sich diese? Man will alles darüber wissen. Es geht nicht nur darum, Angeln zu lernen, damit man einen Fisch fangen und dann essen kann. Weil man sich leidenschaftlich dafür interessiert, möchte man alles über Haken, über Schnüre, über Blei, über Köder lernen. Man spricht mit Angelfans, liest Bücher darüber, gibt Geld für die Angelausrüstung aus. Es ist eine Liebesgeschichte. Wenn wir uns wirklich für innere Inquiry engagieren, ist es dieselbe Art Liebesgeschichte.

## Übung
### Ihr persönliches Engagement in Ihrer eigenen Inquiry

Sie wollen vielleicht jetzt einen Blick auf Ihre innere Beteiligung an Ihrem eigenen Prozeß werfen. Eine gute Weise, das zu tun, ist, die folgenden Aspekte Ihrer Inquiry zu untersuchen. Beginnen Sie damit, daß Sie anschauen, auf welche Weisen Sie nicht persönlich an Ihrem eigenen Prozeß beteiligt sind. Gibt es Aspekte Ihrer Selbsterforschung, die sich nicht persönlich oder mit dem Herz verbunden anfühlen? Betrachten Sie Ihre Themen und Sehnsüchte auf eine Weise, die distanziert, verallgemeinernd oder wertend ist? Konzentrieren Sie sich immer auf das, was vertraut ist?

Der zweite Bereich, der untersucht werden soll, ist das, was Sie davon abhält, sich persönlich in Ihrem eigenen Prozeß zu engagieren. Gibt es Bedenken dagegen, direkt mit Ihrer Erfahrung in Kontakt zu kommen? Löst die Wendung hin zu direktem Kontakt mit Ihrer Erfahrung Angst, Erwartung von Schmerz oder Bewertung, Hoffnungslosigkeit oder Wünsche aus? Bedenken Sie, daß Emotionen nicht notwendigerweise darauf hinweisen, daß man persönlich engagiert ist. Vielleicht möchten Sie auch anschauen, warum es schwierig sein könnte, Frische und Offenheit in jeden Moment Ihres Prozesses zu bringen.

Die dritte Aufgabe besteht darin, anzuschauen, wie Sie persönlich in Ihrem eigenen Prozeß engagiert *sind*. Wann fühlen Sie sich in Ihrer eigenen Inquiry aktiv engagiert? Was ist es, das Sie jetzt in diesem Moment berührt und anspricht?

Bleiben Sie eine Weile bei jeder dieser Fragen in dieser Reihenfolge, und Sie werden Ihr Bewußtsein von Ihrem persönlichen Engagement in Ihrer Inquiry vertiefen. Achten Sie dann darauf, wie dieses Verständnis relevant ist, wenn Sie ein Thema, mit dem Sie konfrontiert sind, oder etwas anderes untersuchen, was Sie gerade erleben. Fühlen Sie sich jetzt, da Sie Ihre eigenen Tendenzen bei der Inquiry ein Stück weit erforscht haben, persönlicher engagiert? Wie geht es Ihnen damit? Können Sie sehen, was es ist, das dazu tendiert, intimen Kontakt mit Ihrer Erfahrung einzuschränken?

### Frage und Antwort

*Schüler:* Ich habe eine Frage nach der Beziehung von Selbstdisziplin und Liebe zur Wahrheit. Es scheint, als gäbe es ein Kontinuum, wo Selbstdisziplin die Motivation für den Prozeß der Inquiry ist, und dann übernimmt an einem bestimmten Punkt die Liebe zum Prozeß die Aufgabe, zur Wahrheit zu gelangen.

*Almaas:* Meine Erfahrung ist andersherum. Es ist Liebe zur Wahrheit, die mich dazu motiviert, mich zu disziplinieren. Warum sollte ich mich sonst disziplinieren wollen? Was sollte mich dazu motivieren, das zu tun? Liebe ist die Quelle wahrer Disziplin. Angenommen, Du bist wirklich an dem Thema interessiert, das Du untersuchst. Dann entdeckst Du an einem bestimmten Punkt, daß Du gewisse Grenzen hast. Wegen dieser Einschränkungen braucht man Disziplin. Disziplin ist eine Weise, mit den eigenen persönlichen Grenzen umzugehen. Wenn man Disziplin in anderen Situationen benutzt, bedeutet das, daß man sie zum Über-Ich macht. Das ist der Grund, weshalb Kinder immer ein Über-Ich entwikkeln: Ihre Eltern versuchen, sie zu disziplinieren, aber die Kinder verstehen den Sinn nicht. Sie sehen die Disziplin nicht als etwas, was ihre Bedürfnisse oder Grenzen betrifft. So wird sie zu einer Über-Ich-Sache, die unvermeidlich ist. Aber als Übergang ist das in Ordnung.

## Selbstorganisation und persönliche Realisierung

Der Aspekt der Perle ist der essentielle Prototyp von Integration und Organisation, besonders von Selbstintegration und Selbstorganisation. Diese Fähigkeit, oder dieser Prozeß, gehört zum Leben im allgemeinen, zum Bewußtsein generell. Die Naturwissenschaften haben entdeckt, daß Selbstorganisation auch physischer Materie inhärent ist. Man kann sie in der ganzen natürlichen Welt beobachten. Sogar auf den einfachsten biologischen Ebenen ist Leben selbstorganisierend und selbstaktivierend. Wir sehen das bei einer Amöbe genauso wie bei einer einzelnen Zelle im menschlichen Körper und sogar bei einem Stern oder einem Planeten.

Diese Integration und Organisation existiert im Menschen auf allen Ebenen: der Körper, Denken und Verstand und die Seele sind alle selbstorganisierend. Ähnlich sind Gruppen von Menschen wie Familien, Stämme und Stadtviertel selbstorganisierend. Dasselbe gilt für Städte und Länder, so wie für Ökosysteme und planetarische Wettermuster. Der Begriff Gaia bezieht sich auf dasselbe Prinzip, das auf der Erde als ganzer wirksam ist. Je mehr wir schauen, um so mehr sehen wir, daß das ganze Universum selbstorganisierend, selbstaktivierend und selbsthandelnd ist.

Selbstorganisation existiert auf allen Ebenen der Evolution. Auf der Ebene der Seele tritt sie auf, wenn die Perle realisiert ist, und an dem Punkt wird Selbstorganisation als der Höhepunkt der Entwicklung der Seele von den frühesten Stufen primitiver Formlosigkeit an spezifisch und klar. Die Tatsache, daß das Universum als ganzes selbstorganisierend ist, bedeutet, daß sich auch das Universum auf Individuation und Integration zu bewegt, dahin, die universelle Perle zu sein. Auf der universellen Ebene wird vollständige Selbstorganisation manchmal als Gott bezeichnet.

Vielleicht am interessantesten ist, daß der essentielle Aspekt, der als der Prototyp für Selbstorganisation fungiert – die Perle oder die Persönliche Essenz –, zufälligerweise auch der Aspekt ist, der die Grundlage für Kontakt, für die Qualität des Persönlichen und für Engagement ist. Das ist ein Hinweis darauf, daß diese zwei Elemente – Selbstorganisation und persönlicher Kontakt/persönliches Engagement – irgendwie innerlich miteinander zu tun haben, wenn sie nicht sogar koemergent sind: Als könnte das eine nicht ohne das andere vorkommen. Vielleicht ist das der Grund, weshalb manche theistischen Religionen sich Gott als einen persönlichen Gott vorstellen.

Da die evolutionäre Bewegung der Seele auf größere Organisation, Selbstintegration und Ganzheit hin gerichtet ist, wird die Fähigkeit, die die Persönliche Essenz mitbringt, für die Inquiry gebraucht. Inquiry ist ein Ausdruck dieser Evolution, da die Entfaltung der Seele eine Bewegung in Richtung Individuation ist. Wenn die Potentiale der Seele sich entfalten, werden sie in unser Gefühl davon, wer wir sind, organisiert und integriert. Offensichtlich ist dieser Prozeß der Integration ein wichtiges Element in der Führung der Entfaltung, in der Führung, die sich in unserer Inquiry ausdrückt. In diesem Kontext ist es interessant, die Weisen zu sehen, auf die ein Mensch ein Ausdruck des Universums ist.

## Persönliches Feld

Der Aspekt der Persönlichen Essenz trägt eine andere wichtige Fähigkeit und Qualität zu unserer Inquiry und zu unserem Verstehen bei. Ich meine die Fähigkeit, sich selbst in die Inquiry als ein Gegenstand der Inquiry einzubringen, und nicht nur als der Untersucher. Mit anderen Worten, eine Inquiry – sogar eine Inquiry, die von persönlicher Leidenschaft motiviert ist – kann alles zum Gegenstand haben. Wir können beispielsweise eine persönliche Leidenschaft dafür haben, Gentechnik zu untersuchen oder Angeln. Das ist eine legitime und nützliche Anwendung von Inquiry, aber das ist nicht unsere Arbeit. Die innere Reise ist eine leidenschaftliche Inquiry in unsere eigene Seele, in unser eigenes persönliches Feld der Erfahrung. Es reicht nicht aus, wenn wir leidenschaftlich in einem Thema oder Vorhaben engagiert sind, über das wir mehr erfahren wollen. Wir müssen leidenschaftlich an unserem eigenen Prozeß interessiert sein. Wir müssen unseren eigenen Zustand, unsere eigene Seele untersuchen und studieren. Unsere Inquiry muß das zum Gegenstand haben, was für uns persönlich von Bedeutung ist.

Möglicherweise ist die Situation dann nicht ganz einfach. Angenommen, wir sind wirklich von Gentechnik begeistert und wollen alles darüber wissen. Es gibt da ganz bestimmt etwas Persönliches, das uns bewegt. Wenn Gentechnik der eigene Beruf ist, dann ist es noch persönlicher und relevanter. Aber ist so eine Inquiry Teil der inneren Reise oder nicht? Wenn wir davon begeistert sind, Gentechnik zu studieren und sie für uns persönlich relevant ist, bewirkt das eine Öffnung für eine wunderbare Inquiry. Damit sie aber unsere innere Arbeit unterstützen kann, muß sie unser eigenes inneres Interesse an Gentechnik ansprechen. Das heißt, sie muß unsere persönliche Erfahrung mit Gentechnik untersuchen und wie es für uns ist, mit ihr zu tun zu haben. Wir müssen bedenken, was und wie sie mit unserer inneren Erfahrung, mit unserer eigenen Entfaltung, mit der Evolution unserer Seele zu tun hat – dann wird sie in der Weise persönlich relevant für uns, wie wir das hier meinen.

Wie wir sehen, müssen also, damit das Raumschiff *Inquiry* uns zu den fernsten Bereichen der Realität bringen kann, alle Inquirys in andere, besondere Themen in die zentrale Inquiry unserer eigenen Entwicklung, unseres eigenen Wesens eingeleitet, einbezogen werden. Das widerspricht nicht notwendigerweise unserem Interesse an Gentechnik – sogar Angeln kann bei der Untersuchung unserer eigenen Seele von Nutzen sein. Wenn ich meine eigene Erfahrung beim Fischen untersuche, kann das zu meiner Entfaltung führen. Aber wenn ich nur etwas über Fische, Haken und Schnüre lerne, bringt das nicht notwendigerweise meine persönliche Inquiry weiter. Natürlich drückt sich unsere persönliche Erfahrung in den verschiedenen Situationen unseres Lebens aus, so wie in unserer Arbeit, in unseren Beziehungen, unseren Philosophien, in unserer Weltanschauung und so weiter. Wir können die praktischen, theoretischen oder äußeren Aspekte dieser Situationen untersuchen, und wir können unsere persönliche Beteiligung an ihnen und unsere Beziehung zu ihnen untersuchen. Was direkt die Entfaltung aktivieren wird, ist letzteres. Die Erforschung irgendeines Themas oder Interessengebietes führt nicht zu persönlicher Entfaltung, wenn man die eigene Erfahrung nicht mit einschließt.

Wenn wir das anerkennen, konfrontieren wir damit unsere zahlreichen Widerstände dagegen, uns auf eine Inquiry einzulassen, die wirklich persönlich ist. Wenn wir irgendein Gebiet der Natur- oder Geisteswissenschaften studieren wollen, ist es viel leichter, persönlichen Themen aus dem Weg zu gehen. Die Schwierigkeiten, denen wir in jenen Inquirys begegnen, beziehen sich gewöhnlich auf Begriffe, Information, Zeit, Energie und ähnliche Dinge. Manchmal besteht die Schwierigkeit vielleicht in persönlichen Themen, die in Beziehung zur Durchführung einer entsprechenden Inquiry stehen, aber diese sind viel begrenzter als das, auf das wir stoßen, wenn wir die Totalität der Erfahrung der Seele untersuchen.

Das verweist auf den Grund, weshalb unsere eigene Inquiry auf viele persönliche Widerstände stößt: Wenn wir uns selbst auf eine intime und bedeutsame Weise erforschen wollen, sind wir mit der ganzen Palette persönlicher Widerstände konfrontiert – mit Angst, Schmerz, Kummer, Ablehnung, Haß, Hoffnungslosigkeit, Schwächen sowie liebgewonnenen Überzeugungen, inneren Haltungen und Meinungen –, die einem Kontakt mit dem, was wir wirklich sind, und seiner Realisierung im Wege stehen. Das sind die Barrieren, von denen wir glauben, daß sie zu dem gehören, was wir sind, und die uns deshalb in vertrauten und eingeschränkten Erfahrungen des Selbst festhalten. Aber sie gehören nur zu unserer Persönlichkeit, zu unserem historischen Selbst. Wirklich persönlich zu sein bedeutet, offen und erreichbar für den Kontakt mit unserer unmittelbaren Erfahrung zu sein, wie sie jetzt ist, und nicht alten Überzeugungen entsprechend. Wenn wir irgendeinen dieser Widerstände durcharbeiten, bewegt uns das in persönlicherer Weise als die Lektüre von tausend Büchern über Gentechnik oder Angeln, weil es unsere Fähigkeit berührt, mit unserem Leben in Kontakt zu kommen.

Wir untersuchen auf der Reise der Inquiry unser Herz, unser Denken und unsere Seele, um uns selbst und die Realität zu verstehen, in der wir leben. Wir lernen also nicht nur Inquiry, wir lernen persönliche Inquiry, auch wenn einige der Prinzipien für die Inquiry im allgemeinen gelten. Damit die Inquiry die Diamantene Führung so einladen kann, wie wir besprochen haben, muß diese Inquiry sich auf unsere eigene persönliche Erfahrung richten.

Der Perlartige Diamant (Pearly diamond) im Fahrzeug der Diamantenen Führung erdet unsere Inquiry in der Realität des Lebens, das wir leben. Diese Qualität der Führung ist es, die uns auf so eine Weise anspricht, daß wir ständig von unserem Leben und von dem Verstehen seiner Wahrheit berührt sind. Und dieses Gefühl persönlichen Kontaktes und persönlicher Bedeutung ist es, das zur Integration unserer Realisierung führt. Persönlich in der Inquiry engagiert zu sein und die Wahrheit von diesem persönlichen Ort aus wissen zu wollen, bedeutet, daß die Entfaltung unserer Seele unausweichlich transformiert, wer wir sind und wie wir unser Leben leben.

Es ist wichtig zu erkennen, daß die Qualität des Persönlichen nicht nur im Hinblick auf einen äußeren Fokus der Inquiry existiert. Hier stellen wir die unpersönliche Haltung in Frage, die es in spirituellen Lehren oft gibt, vor allem in den östlichen Traditionen. Viele ihrer Traditionen sehen die innere Reise als eine Bewegung hin zu unpersönlicher Transzendenz. Sie sehen nicht, daß ein persönliches Leben und eine persönliche Leidenschaft spirituell sein können. Für sie bedeutet Spiritualität, über persönliches Leben hinauszugehen. Beim Diamond Approach ist die Inquiry offen und hat ein offenes Ende. Wir legen so eine Auffassung nicht von vornherein fest, wir erlauben der Führung (Guidance) zu enthüllen, was die Wahrheit ist.

Eins sehen wir: daß nämlich die letzte Wahrheit unpersönlich und transzendent ist – und das bedeutet, daß sie jenseits des Bereiches existiert, wo das Persönliche relevant ist –, aber sie kann sich auf persönliche Weisen auf verschiedenen Ebenen manifestieren und ausdrücken, einschließlich der Ebene der Seele. Diese Möglichkeit weist auf eine andere Art Vollständigkeit hin, die dennoch vollkommen real ist.

# 27
# Brillante Inquiry

### Brillanz des Seins

Realisierung und Befreiung verlangen viele Dinge: Entschlossenheit und innere Verpflichtung, Liebe und Hingabe, Bewußtheit und Sensibilität. Aber mehr als alles andere verlangen sie Verstehen. Verstehen ist das zentrale Vermögen, das für die Befreiung gebraucht wird, besonders wenn wir in unserer Erfahrung sehr tief gehen und zu subtilen Stellen gelangen. Das ist so, weil das, was übrig ist, wenn wir die Subtilität unserer wahren Natur – die wirkliche Tiefe – erreichen, unser Verstehen ist. Alles andere ist dann in gewissem Sinn weggefallen. Alles, was übrig bleibt, ist unsere subtile Fähigkeit für das unterscheidende Erkennen dessen, was sich manifestiert, was wahr ist und was falsch ist.

Alle spirituellen Traditionen haben gewußt, daß man für Realisierung und Befreiung Verstehen braucht. Das zeigt sich in der indischen Tradition der verschiedenen Yogas in der Erkenntnis, daß *prajna* (unterscheidende Einsicht) und *jnana* (unterscheidende Bewußtheit) die Fähigkeiten sind, die für die Befreiung gebraucht werden. In den buddhistischen Traditionen ist man der Auffassung, daß unterscheidende Weisheit die Funktion spiritueller Führung ist, die man in den tieferen Zuständen der Realisierung braucht. Die sufistische Tradition glaubt, daß das, was die Seele befreit, der höhere Intellekt ist. Die Kabbalah ist der Auffassung, daß der höhere Geist (mind), *hochmah* und *binah*, das ist, was die Seele befreit. Die Griechen hatten für dieselbe Funktion den Begriff des Nous.

Es wurde also von allen spirituellen Traditionen anerkannt und verstanden, daß das, was die Seele letztlich befreit, darin besteht, das Falsche als das Falsche und das Wahre als das Wahre zu sehen. Das hat einen einfachen Grund: Unsere Seele ist von Grund auf der Wahrheit treu.

Wahrheit ist der fundamentale Grund unserer Seele, daher ist die Seele der Wahrheit von Grund aus treu. Sie lebt und lebt immer aus, was sie für wahr hält. Wir handeln zwar oft auf der Grundlage von Lügen und Falschheiten, aber das ist deshalb so, weil die Seele sie für wahr hält. Wenn man beispielsweise so lebt, als wäre man ein kleines, schwaches Kind, dann deshalb, weil die Seele glaubt, sie sei ein kleines, schwaches Kind. Wenn wir aus Wut handeln, glauben wir wirklich, daß die Wahrheit ist, daß wir die Wut leben sollten. Die Schwierigkeit besteht nicht darin, daß die Seele Falschheit liebt oder mag, sondern daß sie etwas Falsches für Wahrheit hält und das getreu auslebt. Zum Beispiel läßt die Seele die Identifikation mit dem Ego nicht los, weil sie total davon überzeugt ist, daß sie genau das ist. Die Seele ist davon überzeugt, daß sie der Körper ist, daß sie dieser Mensch ist, und deshalb wird sie das bis zum Tod leben, ausleben und verteidigen. Die Seele ist, mit einem Wort, unwissend.

Das ist der Grund, weshalb es an einem bestimmten Punkt für die Seele das Wichtigste ist, daß sie sieht, was die Wahrheit wirklich ist: daß sie sieht, wer sie ist und was sie ist, und daß sie die Wahrheit über sich, die Seele, und über die Realität als ganze weiß. Nur wenn die Seele die Wahrheit erkennt und ihrer sicher ist, verändert sie sich. Bis dahin verhält sie sich weiter dem entsprechend, was sie für die Wahrheit hält.

Natürlich kann diese Situation ziemlich subtil und komplex werden, weil wir vielleicht eine Erfahrung von wahrer Natur haben und erkennen: „Das bin ich", und uns dann fragen: „Warum lebe ich dann nicht dementsprechend?" Der Grund ist, daß wir mehr von anderen Dingen überzeugt sind, von denen einige vielleicht unbewußt gehalten werden. Zum Beispiel glauben wir vielleicht immer noch, daß wir eher dieses kleine Kind oder daß wir unsere historische Identität sind.

Viele tiefe Überzeugungen davon, was wir für wahr halten, sind in der Seele kristallisiert und nie in Frage gestellt worden. Daher befreien uns unsere gelegentlichen Einsichten oder Erfahrungen davon, was wahre Realität ist, nicht. Wir haben es immer noch vor uns, uns in Beziehung zu dieser Realität zu verstehen, um von den Falschheiten befreit zu werden, die wir für wahr halten. Und natürlich ist es notwendig, daß wir sehen, was Wahrheit selbst ist. Das ist der Grund, weshalb die Rolle des Verstehens immer als die zentrale und eigentlich befreiende Fähigkeit erkannt wurde.

Wenn jemand etwa mit einem bestimmten Selbstbild identifiziert ist, wird er es nicht loslassen, bevor er erkennt, daß es nur ein Bild ist. Es spielt keine Rolle, was ihm irgend jemand über dieses Bild erzählt; solange er glaubt, daß das Bild wirklich er ist, wird es sich nicht auflösen. Er wird nicht loslassen, nur weil jemand ihn liebt oder weil er mit sich selbst im Einklang ist, und nicht einmal, weil er eine Erfahrung seiner wahren Natur gehabt hat. Er läßt nur los, wenn er versteht: „Ich identifiziere mich hiermit. Aber das bin nicht ich, es ist nur ein Bild in meinem Kopf."

Viele Methoden benutzen Verstehen oder Inquiry nicht direkt, wie beispielsweise jene, die auf Handeln oder Verehrung und Hingabe basieren, aber alle Methoden führen an einem bestimmten Punkt zu Verstehen. Wenn sie das nicht tun, befreien sie uns nicht. Wenn wir an einem bestimmten Punkt durch Hingabe und leidenschaftliche Liebe nicht erkennen und verstehen, daß wir Teil des Geliebten (Beloved) sind, wie sollen wir dann befreit werden? Es spielt keine Rolle, wie sehr wir den Geliebten lieben. Wir werden solange getrennt sein, wie wir unsere uns eigene, zu uns gehörende Einheit mit dem, was wir lieben, nicht klar erkennen.

Verstehen ist unsere natürliche, inhärente Fähigkeit. Wir sehen, daß das alles ist, was wir haben, wenn wir endlich uns selbst überlassen sind. Wenn wir alle Methoden und Techniken hinter uns lassen, wenn wir nur ruhen und da sind, dann ist nur unser eigenes Erkennen dessen übrig, was wahr ist. Wenn wir unsere wahre Natur erkennen, dann verstehen wir von dieser Stelle aus, wer und was wir sind. Und wenn wir überzeugt sind – mit Gewißheit und ohne Frage –, daß diese Wahrheit wirklich unsere Natur ist, dann verändern wir uns. Befreiung ist also eigentlich eine Veränderung des Denkens (mind). An einem gewissen Punkt verändern wir fundamental unser Denken darüber, was Realität ist.

Die Diamantene Führung ist die Fähigkeit in unserer Seele, die es möglich macht, daß unsere Inquiry zu Verstehen gelangt. Wie wir gesehen haben, hat jeder essentielle Aspekt bei dem Wirken der Diamantenen Führung eine Funktion, die für Inquiry und Verstehen gebraucht wird. Und alle Elemente der Diamantenen Führung zusammen ermöglichen es unserer Inquiry, so präzise zu werden, daß sie zu objektivem

Verstehen gelangt. In diesem Kapitel werden wir eine andere Vollkommenheit unserer wahren Natur erforschen, die für Inquiry und Verstehen notwendig ist. Wir werden untersuchen, wie Intelligenz zur Reise beiträgt.

Wie können wir Intelligenz in der essentiellen Dimension als eine Manifestation von Sein verstehen? Wir gehen zuerst zum Absoluten, der Essenz unseres Seins. Die absolute Essenz von Sein ist in jeder Hinsicht vollständig, in all ihren Möglichkeiten vollkommen. Sie ist auf eine totale Weise Vollständigkeit und Vollkommenheit. Sie enthält implizit alle essentiellen Aspekte, alle Vollkommenheiten. Dies sind die Vollkommenheiten des Absoluten, die Erklärungen aller Vollkommenheiten, die zu unserer tiefsten Natur gehören, die unsere absolute Identität ist. Alle diese Vollkommenheiten, alle essentiellen Aspekte sind im Absoluten enthalten. Sie sind nicht nur implizit und unmanifest, sondern auch nicht differenziert. Das Absolute ist also Vollständigkeit und in einem unmanifesten, impliziten und nicht differenzierten Zustand in jeder Hinsicht vollkommen.

In diesem Kontext bedeutet „nicht differenziert" oder „undifferenziert", daß die Qualitäten von Sein nicht voneinander getrennt sind. Auf dieser Ebene von Erfahrung können wir sie nicht voneinander trennen oder differenzieren, auch wenn alle da sind. Nicht nur sind sie nicht differenziert, sie sind auch nicht manifest. Mit anderen Worten, wir können sie nicht in einem positiven Sinn erfahren, wir können nur wissen, daß sie da sind, weil es in der Erfahrung des Absoluten keinen Mangel und kein Bedürfnis gibt. Das Absolute ist vollständig, wenn wir es als qualitätslos erfahren. Es ist qualitätslos, denn obwohl es implizit alle vollkommenen Qualitäten besitzt, sind sie doch alle unmanifest. Das ist der Grund, weshalb wir es das Mysterium nennen. Wir kennen die Vollkommenheiten des Absoluten explizit nur, wenn es manifest ist.

Auf einer der Stufen seiner Manifestation präsentiert sich das Absolute als explizite Vollkommenheit. Hier sind Vollkommenheit und Vollständigkeit explizit, wobei alle verschiedenen Vollkommenheiten da sind – aber auf dieser Stufe sind die Qualitäten immer noch undifferenziert. Wir können nicht eine von der anderen trennen. Wir können beispielsweise Liebe (Love) in dieser Manifestation kennen und erkennen, aber wir können sie nicht von Willen (Will) unterscheiden. Und wir können Willen nicht von Klarheit (Clarity), Klarheit nicht von Stärke (Strenght), Stärke nicht von Erfüllung (Fullfillment) und Erfüllung nicht von Freude (Joy) unterscheiden. Alle Qualitäten sind explizit und manifest, aber nicht differenziert.

Wir nennen diese Manifestation Brillanz (Brilliancy). Wenn wir Brillanz erleben, erleben wir Vollkommenheit und Vollständigkeit explizit, weil unsere wahre Natur sich uns in einer Form manifestiert, die von Vollkommenheit und Vollständigkeit charakterisiert ist. Wenn wir Brillanz in einer Inquiry erforschen, erkennen wir sie als Intelligenz. Sie ist die Präsenz reinen Strahlens, reiner Brillanz. Die Brillanz, das Strahlen, ist wie weißes Licht, das alle Farben des Spektrums enthält. Klares Licht manifestiert nicht die prismatischen Farben, und auch schwarzes Licht tut das nicht. Genauer gesagt, die Klarheit und die Schwärze enthalten alle Farben auf eine implizite Weise, nicht explizit. In Brillanz sind sie explizit, aber noch nicht differenziert, nicht unterschieden. Das ist der Grund, weshalb wir Manifestation immer, wenn wir sie direkt aus dem Absoluten erfahren, als Strahlen, als Brillanz, als Erhellung sehen.

Brillanz ist in dem Sinn eine Vollkommenheit, als sie vollkommen unberührte wahre Natur ist, so wie das Absolute. Wir erfahren und erkennen diese Vollkommenheit direkt, in einem positiven Sinn, nicht in einem indirekten oder negativen Sinn. Weil es qualitätslos ist, ist das Absolute vollkommen, aber ohne daß die Empfindung oder die Vorstellung von Vollkommenheit da ist. Bei der Brillanz ist Vollkommenheit eine unterschiedene, spezifische Qualität des Absoluten. Das ist der Grund, weshalb wir Brillanz als einen der Aspekte von Essenz ansehen. Die Präsenz von Brillanz ist so fein, so zart und so subtil, daß sie wie eine Substanz äußerster Verfeinerung, äußerster Zartheit, äußerster Glätte und Flüssigkeit ist. Sie ist wie eine Substanz, die aus Brillanz an sich gemacht ist.

Brillanz kann man nicht selbst eine Farbe nennen, Brillanz ist immer eine Qualität einer Farbe. Die Erfahrung, die brillantem Licht in der Natur am nächsten kommt, ist die, die wir machen, wenn wir nachts die Sterne anschauen oder wenn wir einen Blick auf die helle Sonne werfen. Das Licht, das von diesen Körpern ausgeht, ist eigentlich aus vielen Farben zusammengesetzt, aber es ist so intensiv, daß unsere Augen die Farben nicht unterscheiden und erkennen können. Bei brillantem Licht aber können wir die Farben, obwohl sie alle explizit präsent sind, nicht unterscheiden, weil sie nicht differenziert sind. Daher existiert der Aspekt der Brillanz in der physischen Welt nicht. Und auch nicht klares Licht. Wir sehen niemals klares Licht. Wir sehen niemals schwarzes Licht. Schwarzes Licht, klares Licht und brillantes Licht existieren in der Natur nicht. Aber sie alle sind spezifische Dimensionen unserer wahren Natur, die sich von sich aus manifestieren können, ohne dabei etwas anderes zu charakterisieren.

Wenn wir Brillanz als die Essenz von Intelligenz erkennen können, können wir anfangen, die grundlegenden Elemente von Intelligenz zu verstehen. Wir beginnen etwa zu sehen, daß wir, wenn wir sagen, eine Handlung sei intelligent, meinen, daß sie vollständig und vollkommen ist – sie ist die beste Weise, mit etwas umzugehen. Wir interpretieren ihre Vollständigkeit und Vollkommenheit als Intelligenz. Eine intelligente Handlung ist eine effektive Handlung, ganz gleich, ob sie mental, emotional oder physisch ist. Warum wollen wir, daß eine Handlung intelligent ist? Weil sie dann am wirksamsten, am ökonomischsten, am zweckmäßigsten ist. Sie ist das, was auf vollkommene Weise optimiert. Und wenn Brillanz da ist, dann sehen wir, daß unsere Fähigkeiten anfangen, vollkommen und vollständig – das heißt intelligenter – zu funktionieren.

Intelligenz spiegelt also Vollständigkeit, und Brillanz ist das Vollständige, weil sie alle Vollkommenheiten und Aspekte in sich hat, undifferenziert. Wenn wir Brillanz erfahren, empfinden wir sie als Liebe, Wille, Klarheit, Frieden, Freude und Wahrheit zugleich. Wir empfinden sie als Vollständigkeit. Immer wenn ein Loch in unserer Seele ist, bedeutet das, daß ein Aspekt fehlt. Bei Brillanz fehlt nichts, weil alle Aspekte da sind, es gibt keine Löcher. Wir können den besonderen Affekt der Vollständigkeit wirklich fühlen.

Und weil Brillanz vollständig ist, führt sie zum vollkommenen Handeln. Es ist das vollkommene in dem Sinn, daß es das optimierende ist, nämlich das, das uns am effektivsten näher zu unserer wahren Natur zieht. Die optimale Richtung für die Erfahrung der Seele ist die eine, die sie so nah wie möglich zu ihrer Heimat führt.

Intelligenz ist ein Begriff, der sehr schwer zu analysieren ist, weil er viele Elemente, viele Facetten umfaßt. Wir müssen zuerst erkennen, daß die Intelligenz von Brillanz nicht nur mentale Intelligenz ist, sie ist Intelligenz in jeder Dimension, in allem Handeln. Wir können Intelligenz in der Reaktion auf eine Situation besitzen und in der Weise, wie wir unser Leben leben, in der Weise, wie wir denken, in der Weise, wie wir etwas untersuchen, in der Weise, wie wir miteinander umgehen und wie wir kommunizieren. Diese Intelligenz ist organisch und liegt der wirklichen Erfahrung unseres Bewußtseins zugrunde. Brillanz ist die Intelligenz, die zu unserem Sein gehört. Je mehr wir mit ihr in Kontakt sind, um so mehr dringt sie in unser Leben, unsere Wahrnehmung, unsere Erfahrung und unsere Handlungen ein und erfüllt sie.

## Diamantene Führung und Brillanz

Jedes der Diamantenen Fahrzeuge (Diamond Vehicles) ist eine besondere Kombination aller Vollkommenheiten. Sie erscheinen in einem bestimmten Muster, in einer bestimmten Anordnung zueinander, die jeder einzelnen von ihnen eine besondere intelligente Funktion verleiht. Die Diamantene Führung ist also eine besondere gemusterte Struktur aus den verschiedenen Vollkommenheiten. Anders als die undifferenzierten Vollkommenheiten von Brillanz wirken die Vollkommenheiten der Diamantenen Führung aber alle auf eine manifeste, explizite und differenzierte Weise. Sie sind alle explizit differenziert, aber sie funktionieren zusammen als eine Einheit, die Verstehen aktiviert.

Das bedeutet, daß die Diamantene Führung selbst ein Ausdruck von Brillanz, von Intelligenz ist. Sie ist das brillante Licht, das differenziert und dann in eine spezifische Funktion integriert wurde – die des Verstehens. Das ist eine Weise, wie man die Funktion von Intelligenz in der Führung sehen kann, was uns dazu veranlaßt hat, die Diamantene Führung manchmal die unterscheidende Intelligenz von Sein zu nennen. Wir können aber sehen, daß die Führung vor allem auf drei Weisen intelligent funktioniert. Wir haben die erste besprochen – nämlich, daß das ganze Fahrzeug eine Manifestation intelligenten Handelns in der Sphäre von Verstehen oder Erkennen der Wahrheit ist.

Eine zweite Weise, wie die Führung (Guidance) mit Intelligenz handelt, besteht darin, daß sie ihre Brillanz je nach Situation moduliert. Ihre verschiedenen Farben – Schwarz, Rot, Blau und so weiter – können klarer, transparenter, intensiver oder brillanter werden. Wenn das geschieht, ist mehr Intelligenz am Werk, und die Führung verwendet dann bei ihrem Wirken mehr Intelligenz und Brillanz. Im Grunde wird das intensive Leuchten, wenn die Führung selbst brillanter wird, mehr im Vordergrund spürbar sein als eine bestimmte Farbe. Mit anderen Worten, wenn die Führung brillanter leuchtet, wird der Aspekt der Intelligenz gegenüber anderen Qualitäten dominant. Wenn sie sehr hell wird, kann es sein, daß wir nicht einmal mehr eine Farbe sehen, nur Brillanz. Dann ist die ganze Diamantene Führung brillant, dann ist sie Brillanz.

Auch gibt es Grade von Brillanz und Farbdifferenzierung. Je mehr die Inquiry das vollkommene Funktionieren von Brillanz braucht – die Vollkommenheit und Vollständigkeit –, um so brillanter wird die Führung. Dadurch daß sie brillanter wird, gewinnt unsere Inquiry an Intelligenz, bis zu dem Grad, daß sie zu Brillanz selbst wird.

Jede Farbe – in diesem Fall meinen wir jeden essentiellen Aspekt – kann mehr oder weniger brillant werden. Wenn sie einen bestimmten Grad, eine bestimmte Intensität an Brillanz erreicht, wird sie zur reinen Präsenz von Brillanz. Das differenzierte Licht geht zu seinem Ursprung zurück, und der ist undifferenzierte Brillanz. Mit anderen Worten, durch die Wirkung von Brillanz in der Führung kann unsere Inquiry in ihrem Funktionieren brillanter, leuchtender, erhellender, durchdringender, vollständig, umfassend und vollkommen werden.

## Intelligenz in der Inquiry

Wir wollen in diesem Kapitel die dritte Möglichkeit betonen, wie Intelligenz in der Diamantenen Führung funktioniert: als eine der selbstexistierenden Komponenten der Führung. Die Diamantene Führung ist – so wie jedes andere Diamantene Fahrzeug – eine Kombination aller Aspekte in ihrer objektiven oder diamantenen Form, und einer dieser Aspekte ist der Brillanz-Diamant. Mit anderen Worten, Intelligenz fungiert in der Diamantenen Führung als Präsenz des Brillanz-Diamanten.

Wenn wir den Brillanz-Diamanten erforschen, werden wir objektiv und präzise wissen, was Intelligenz ist und wie sie beim Verstehen funktioniert. Wie wir besprochen haben, ist Brillanz als ein Aspekt eine sehr klare, sehr explizite Empfindung von Präsenz. Ihre Substanz ist so rein, so sehr mit wahrer Natur verdichtet, daß ihre Präsenz greifbar ist. Sie ist auf eine exquisite Weise fein. Wir können sie als eine fließende, leuchtende Präsenz empfinden, mit einer Dichte, die der des Quecksilbers ähnelt, aber unendlich ebenmäßiger und feiner ist. Wenn wir die Reflexion von Sonnenlicht in einem Spiegel sehen und uns dann vorstellen, daß wir es verflüssigen, bekommen wir eine Vorstellung von der Wirkung von Brillanz. Sie ist so intensiv, daß sie fast wie eine kontinuierliche Explosion von Licht aussieht.

Wenn wir diese schöne Brillanz sehen, dann verstehen wir, warum und wie Sein intelligent ist. Es ist nicht nur intelligent, wenn es sich in Gedanken manifestiert, sondern auch als intrinsische und organische Brillanz, die in jedem Bereich des Handelns die tragende Intelligenz ist. Sie vermittelt unseren Fähigkeiten zu Inquiry und Verstehen eine innere Intelligenz, so daß Unterscheidungen subtil, Verknüpfungen reich an Einsichten, die Analyse hell abgegrenzt und die Artikulation luzide und vollkommen sind. Brillanz ist so vollkommen unmittelbar, so vollständig, fein, flüssig und frei, daß ihre Wirkung Lockerheit, Vollkommenheit, Luzidität und Klarheit in alles Handeln bringt, unabhängig davon, ob die Handlung Kommunikation oder Denken, Interaktion oder Analyse ist.

Die Intelligenz von Sein funktioniert nicht mechanisch wie ein Computer – durch Aneinanderreihen von Wahrnehmungen und Erinnerungen. Sie ist anders als künstliche Intelligenz, weshalb künstliche Intelligenz niemals wirkliche Intelligenz werden wird. Beim Wirken von Brillanz gibt es eine eigene Kreativität. Intelligente Inquiry besitzt einen organischen, intuitiven Zauber in der Weise, wie sie zu Einsichten gelangt. Als Ergebnis gibt es in der Erfahrung immer etwas Neues, und immer eine Effizienz in unserer Art von Verstehen. Die Inquiry verkörpert eine Luzidität, eine Flüssigkeit und ein Strahlen, die die Erfahrung erhellen und uns ermöglichen, unmittelbarer zu sehen. Bewußtsein wird so leuchtend, daß es nicht anders kann, als stärker das Wesentliche zu sehen, hin zum Kern der Sache, und immer auf eine sehr glatte, leichte und luzide Weise, ohne Anstrengung oder Methode.

Je mehr diese Brillanz da ist, um so mehr sehen wir direkt, ohne eine Reihe von Verknüpfungen durchlaufen zu müssen. Wir sind in der Lage, bei unserem Verstehen von Erfahrung große Lücken zu überbrücken, ohne erschöpfende, methodische Analyse und detailliertes Korrelieren. Wir können aufgrund der Intensität, der Flüssigkeit und der Glätte oder Schmiegsamkeit, die durch unser Bewußtsein geht, von einer Stelle zur anderen springen. Es ist so, als würde die Brillanz selbst durch unseren Neokortex fließen und über unsere Synapsen springen.

Außerdem ist unser Bewußtsein nicht nur durch die Klarheit von Essenz klar und transparent, sondern ein Strahlen von innen erhellt die verschiedenen Assoziationen und Verknüpfungen und hebt sie hervor. Verknüpfungen fallen aufgrund des intensiven Lichts, das durch sie hindurchscheint, eher ins Auge.

## Analytische Intelligenz

Zu ihrer Wirkung benutzt die Diamantene Führung auf eine organisch kombinierte Weise zwei primäre Vermögen, zwei Funktionen: Analyse und Synthese. Sie kombiniert in einer einheitlichen Aktivität von Verstehen die Funktionen der rechten und der linken Hemisphäre des Gehirns.

Um etwas zu verstehen, müssen wir es oft erst analysieren. Mit anderen Worten, wir müssen die verschiedenen Bestandteile anschauen, die bedeutsamen Elemente differenzieren und sie auf subtilere und genauere Weisen unterscheiden. Daher steht die Fähigkeit zur Analyse mit Trennen und Unterscheiden in Beziehung, die letztlich von der Roten Essenz vermittelt wird.

Diese Fähigkeit zeigt sich im allgemeinen in der Diamantenen Führung in ihrer Diamantheit – ihrer klaren, objektiven Natur. Die Diamantheit der Führung – die Tatsache, daß sie scharfkantige Facetten besitzt –, ist das, was ihr eine präzise Fähigkeit zu Unterscheidung und Analyse verleiht. Ganz gleich, welche Qualität gerade wirksam ist, sie hat immer eine Diamantheit (diamondness) an sich – das Grüne, das Rote, die Brillanz oder das Schwarze besitzen immer eine Diamantheit. Dies verleiht der gesamten Diamant-Struktur die Eigenschaft, präzise und scharf zu unterscheiden, die dann zur Fähigkeit der Analyse wird.

## Synthetische Intelligenz

Synthese hat damit zu tun, etwas zusammenzusetzen: das Ganze zu sehen und es als eine einheitliche Wahrheit zu erfassen. Wir nehmen die analysierte Erfahrung – Erfahrung in Komponenten zerlegt – und sehen die Elemente dann in einer neuen Kombination. Wir beginnen eine Inquiry also mit disparaten Elementen von Erfahrung: Erinnerungen und Eindrücken, Beobachtungen und Reaktionen. Verstehen stellt sich nur ein, wenn es zu einer Integration kommt – wenn man alle Elemente so zusammen sieht, daß das Ganze eine bestimmte Bedeutung ergibt. Diese Bedeutung des Ganzen ist das, was wir eine Synthese nennen.

Natürlich muß es für diese Fähigkeit, eine Synthese zu bilden, einen Prototyp, eine zugrundeliegende Basis geben. Was ist dieser Prototyp? Weil Brillanz (Brilliancy) die ursprüngliche Synthese aller Qualitäten ist, ist sie der Prototyp und Archetyp der Synthese auf der essentiellen Ebene. Und weil sie eine inhärente Synthese, eine schon vorhandene Einheit ist, ermöglicht uns ihre Präsenz, ihre Anwesenheit, die zugrundeliegende Synthese in den verschiedenen Elementen zu sehen, die wir analysiert haben. Brillanz fungiert in jeder Dimension als die Fähigkeit zur Synthese, so wie die Rote Essenz in jeder Dimension als die Fähigkeit zur Unterscheidung fungiert. Die Dimension, die wir hier besprechen, ist Verstehen.

Analyse steht also zu der Roten oder Stärke-Essenz in Beziehung, Synthese zu Brillanz. Analyse beruht auf Trennen von Elementen in einer Situation oder bei einer Erfahrung – das heißt auf dem Unterscheiden von Teilen und Einzelheiten, was zu Klarheit, Präzision und Wissen führt. Die Präsenz oder Anwesenheit von Brillanz als Prototyp von Synthese aber verleiht der Seele die zusätzliche Fähigkeit, zugrundeliegende Einheiten zu sehen. Diese Fähigkeit erscheint in Form synthetischer Einsichten, die ein Verstehen von immer größeren und umfassenderen Segmenten der Realität bewirken.

Die Wirkung und Funktion der Führung in der Inquiry ist vor allem ein Zusammenspiel von Analyse und Synthese. Manchmal dominiert die Analyse, manchmal die Synthese. Aber sie können auch zusammenwirken. Wir zerlegen einen Gegenstand der Inquiry in Komponenten und kombinieren bestimmte Teile wieder, dann analysieren wir andere Teile und bilden andere Kombinationen, bis an einem bestimmten Punkt eine abschließende Gesamtsynthese erscheint. Wir nennen das eine Einsicht oder Realisierung, und das ist das Verstehen der ganzen Sache, die wir untersuchen.

## Intelligente Führung

Was ist nun der Unterschied zwischen der Synthese von Brillanz und der Synthese der Führung (Guidance)? Brillanz kann uns zu einer intelligenten Einsicht führen, denn wenn sie in ihrer flüssigen Form da ist und durch unsere Venen und unser Nervensystem strömt, erfahren wir eine Intelligenz und Schnelligkeit im Sehen von Gesamtgestalten. Da wir auch mit Brillanz allein operieren und zugrundeliegende Einheiten ohne die Anwesenheit der Diamantenen Führung sehen können, stellt sich die Frage, wie sich Synthese verändert, wenn die Führung da ist? Der Unterschied ist fein, aber bedeutsam, auch überschneiden sich beide.

Brillanz ermöglicht uns, die schon existierende, zugrundeliegende und inhärente Synthese wahrzunehmen, die Einheit, die die Grundlage von Einsicht ist. Dabei geht es nicht darum, daß man Dinge miteinander kombiniert, um zu einem Verstehen zu gelangen. Die Synthese ist schon da, wir sehen sie bloß nicht. Wenn Brillanz in Erscheinung tritt, fangen wir an, die Synthese zu sehen, die schon da ist. Sie erscheint als die Entdeckung einer Einheit, die unserer Erfahrung schon zugrundeliegt. Wir entdecken diese Einheit mithilfe der Einheit der Seele, und das ist die Brillanz.

Die Einsicht der Diamantenen Führung entstammt also einer Synthese. Dennoch sind die Aspekte, anders als bei Brillanz, in der Diamantenen Führung differenziert. Deshalb kommt es dadurch zur Synthese der Führung, daß wir die verschiedenen Elemente einer Situation miteinander in Beziehung setzen. Es geht so, daß die Elemente erst analysiert, getrennt gesehen werden. In einer bestimmten Situation gibt es beispielsweise Wut, Traurigkeit, eine Kontraktion hier, eine Erinnerung da, diese Handlung und jene Abwehr. Dies sind alles unterschiedene Muster. Die Führung sieht alle diese Elemente und setzt sie dann zueinander in Beziehung, um die Verbindungen zwischen ihnen und zwischen den verschiedenen Gruppierungen von Elementen zu finden. Sie erkennt ihre Beziehungen und Interaktionen auf eine präzise und detaillierte Weise. Sie sieht, wie sie miteinander verbunden sind, wie sie sich gegenseitig beeinflussen und wie eins zum anderen führt: Wie Traurigkeit zu Wut und wie Wut zu Angst führt und wie die Angst mit der Kontraktion in Beziehung steht, wie das Ganze in Beziehung zu dem steht, was die Mutter getan hat, wie das, was die Mutter getan hat, dazu geführt hat, daß man diese oder jene Person geheiratet hat, wie die Heirat dieser Person dazu geführt hat, daß man diesen bestimmten Beruf hat, was dann wiederum das gegenwärtige finanzielle Problem erklärt. Das ist der Prozeß, der abläuft, wenn man eine Inquiry mit der Führung macht.

Dies ist gewöhnlich ein organisierter, geordneter und klarer Prozeß, ein präzises Sehen von Wechselbeziehungen und Interaktionen. Dieser Prozeß enthüllt letztlich die Einheit, die ihnen allen zugrundeliegt. So benutzt die Diamantene Führung Synthese in ihrer Gesamtwirkung. Warum? Weil die Diamantene Führung aus den verschiedenen differenzierten Aspekten zusammengesetzt ist, und weil diese Aspekte differenziert und in einer bestimmten Kombination angeordnet sind. Führung funktioniert und wirkt also dadurch, daß sie die verschiedenen Elemente von Erfahrung in Kombination sieht, bis sie an einem bestimmten Punkt eine zusammenhängende Gestalt bilden. Dann scheint Einsicht durch.

Im Gegensatz dazu gelangt Brillanz auf einmal zu einer Einsicht, mit einem Blick, wie intuitiv. Sie braucht die verschiedenen Korrelationen nicht. Sie ist schnell und atemberaubend. Sie sieht aber nicht die Details von Interaktionen und die Beziehungen zwischen den verschiedenen Elementen der Situation. Wir kommen zu einer Einsicht, aber meistens wissen wir nicht, wie wir dahin gekommen sind. Es gibt nicht so viel Wahrnehmung, Verstehen oder Wissen in dem Prozeß, in dem man zu der Einsicht gelangt, was es oft schwer macht, sie anderen zu vermitteln.

Da Brillanz ein Aspekt der Diamantenen Führung ist, kann sie dennoch die Fähigkeit zu direkter Erhellung nutzen, indem sie einfach die Gestalt sieht, auch ohne zu sehen, wie es zu der Erhellung kam. Dieses direkte Vordringen zur Einsicht ist möglich und manchmal notwendig. Aber oft ist das Verständnis der Interaktionen und Beziehungen nötig, die zu der Einsicht geführt haben. Das ist besonders der Fall, wenn man versucht, viele Einsichten zum selben Thema miteinander in Beziehung zu setzen. Um eine übergreifende Einsicht zu erreichen, die das Wissen aus verschiedenen Einsichten in eine Synthese bringt, brauchen wir oft ein Verständnis davon, wie wir zu ihnen gelangt sind. Ein umfassenderes Wissen von den verschiedenen Prozessen und Beziehungen ist für solche Super-Einsichten entscheidend, wie die, die man braucht, um einen Vorrat an Wissen anzusammeln und systematisch zu entwickeln.

Die Eigenart dieses Prozesses ist im Bereich wissenschaftlicher Entdeckungen evident. Gewöhnlich geht einer bedeutenderen brillanten Einsicht systematische Forschung voraus, und systematische Forschung folgt ihr auch. Wenn man die Einheit in der Vielfalt der verfügbaren Daten sieht, und das ist die bedeutende Einsicht, ist das der Durchbruch. Dieser Einsicht, diesem Durchbruch, gehen die synthetischen und analytischen Funktionen der Führung voraus. Sie ist die unterscheidende Intelligenz im Prozeß der Forschung, die die verschiedenen Elemente, Tatsachen, Wechselbeziehungen und Interaktionen ans Licht bringt, die nötig sind, damit es zur abschließenden Schlußfolgerung kommen kann. So gelangt der Prozeß von Synthese und Analyse zu vielen Einsichten, indem die Wechselbeziehungen von Fakten und Daten gesehen werden. Wenn dieser Prozeß eine Schwelle hinreichender Vollständigkeit erreicht hat, ist der Boden für den Sprung der Intelligenz, für die brillante synthetische Einsicht bereit, die die Funktion von Brillanz ist.

Wenn zum Beispiel ein Wissenschaftler etwas erforscht, ist es also nicht so, daß er nichts tut und plötzlich eine brillante Einsicht hat. Der Forscher muß sich vielmehr mit einer Fülle an Daten abmühen, wenn er versucht, die vielfältigen Korrelationen und Verbindungen zu sehen. Das kann jahrelang so gehen. An einem bestimmten Punkt sieht er genug Wechselbeziehungen und hat genug Analyse erarbeitet, daß er die Schwelle erreicht, die er erreichen muß, damit sich die wahre Vollständigkeit manifestieren kann. Das ist die Ankunft von Brillanz, die die brillante Vision herbeiführt.

Aber auch dieser Punkt ist nicht das Ende, wie wir von dem Prozeß wissenschaftlicher Entdeckung wissen. Die vereinende Vision muß dann in einem Prozeß erforscht werden, der die Details und relevanten Elemente klärt. Außerdem muß das Wissen, das auf dem Gebiet schon verfügbar ist, in die Einsicht, die den Durchbruch darstellt, integriert werden, damit die vereinende Vision dann auf eine Weise artikuliert werden kann, die sie kommunizierbar und nutzbar macht.

Mit anderen Worten, wir müssen eine Menge Forschung betreiben, bevor wir zu der vereinenden Vision kommen. Eine vereinende Vision allein ist aber oft nutzlos. Viele Menschen haben vereinende Visionen, bei denen nichts herauskommt, weil sie nicht das Wissen und das Können haben, um ihre Vision in etwas Kommunizierbares zu übersetzen, in etwas, das benutzt und angewandt werden kann. Das ist der Punkt, wo der ausgebildete Wissenschaftler sein ganzes Wissen, seine Ausbildung und sein Können braucht. Ohne die Fähigkeit, die vereinende Vision zu artikulieren und zu erklären, ist der Durchbruch nutzlos und geht höchstwahrscheinlich verloren.

Noch einmal, das sind die Funktionen der Totalität der Diamantenen Führung, der Diamantenen Führung als ganzer. Intelligenz ist in der Führung wirksam, und zwar sowohl in ihrer Gesamtfunktion als die Fähigkeit, die die Elemente in einer Synthese aufeinander bezieht, als auch in den brillanten vereinenden Visionen und übergreifenden Einsichten, die wie Blitze erscheinen. Dann muß die unterscheidende Fähigkeit wieder dazukommen, um zu analysieren und Synthesen zu bilden, um alle Elemente auf eine Weise miteinander in Beziehung zu bringen, die die Einsicht nicht nur kommunizierbar, sondern auch nutzbar macht.

Die Diamantene Führung benutzt beide Fähigkeiten zur Synthese (die der Korrelation und Prozeß-Orientierung und die intuitiver Ausbrüche) in ihrer Wirksamkeit im ganzen, und besonders mit ihrem Brillanz-Diamanten. Manchmal sind präzise Unterscheidung und präzise Analyse notwendig, um die Einzelheiten und ihre Wechselbeziehungen zu sehen. Das ist der Moment, wenn die Führung transparenter, klarer und feiner wird. Die Diamanten werden ganz scharf. In einem anderen Fall wird mehr Leuchten, mehr Brillanz gebraucht. Dann werden alle Diamanten intensiver, brillanter. Der Prozeß ist organisch, wobei eine Funktionsweise oft den Vorrang hat.

Aber manchmal intensivieren sich die beiden gegenseitig. Dann besitzt die Diamantheit eine intensive Schärfe mit einer Brillanz. Die Schärfe ist so schneidend, daß sie auf brillante Weise glänzt. Die schneidende Kante unterscheidet nicht nur, sie unterscheidet auch auf eine intelligente Weise. Das ist das spezifische Erscheinen der Diamantenen Führung in der Form des Brillanz-Diamanten.

Das Erkennen der Wechselbeziehungen von Analyse und Synthese und der verschiedenen Ebenen von Synthese kann uns verstehen helfen, warum zu wichtigen wissenschaftlichen Entdeckungen normalerweise Forscher gelangen, die ein großes Wissen haben und das Gebiet schon ausgiebig erforscht haben. Bedeutendere wissenschaftliche Entdeckungen werden selten von gewöhnlichen Menschen gemacht, wenn auch das gelegentlich vorkommen kann. Wir müssen sehr viel Unterscheidungsfähigkeit und Verständnis entwickeln, bevor wir uns der zugrundeliegenden Einheit nähern können. Und nur dann, wenn wir uns dieser Einheit der Situation nähern, die erforscht wird, erscheint die essentielle Einheit, und das ist die Brillanz. Dann durchdringt brillantes Licht die verschiedenen Elemente der ganzen Situation, sie werden alle in großer Deutlichkeit geklärt und als zu einem einzigen Zentrum vereint gesehen. Das ist die vereinende Einsicht.

Dies ist eigentlich eine Beschreibung dessen, wie Inquiry zu Einsicht gelangt. Sie funktioniert immer auf diese Art und Weise, nicht nur gelegentlich einer plötzlichen, umwälzenden Einsicht. Der Prozeß des Verstehens setzt sich durch Analyse und Synthese fort und erreicht dabei stetig größere Einheit. Auf der Grundlage dieses Verständnisses können wir sehen, daß es bei spiritueller Entwicklung um eine immer größere Vereinigung, eine immer umfassendere Synthese geht, bis wir schließlich zu der wahren Synthese, der wahren Einheit, der Quelle von Brillanz selbst gelangen – zu unserer wahren Natur.

## Übung

### Analyse und Synthese in Ihrer Inquiry

Das Verständnis davon, wie Analyse und Synthese sich in Ihrem Prozeß der Inquiry manifestieren, wird Ihnen helfen, sich der Wirkung des Brillanz-Diamanten zu öffnen. Eine Möglichkeit, wie Sie beginnen können, ist durch eine schriftliche Inquiry einer brennenden Frage – von etwas in Ihrer Erfahrung, das Sie sehr neugierig macht und Sie sehr gern verstehen möchten. Erforschen Sie fünfzehn Minuten lang Ihre Frage so eingehend und vollständig, wie Sie können. Dann untersuchen Sie den Text, den Sie gerade geschrieben haben: Überlegen Sie, wie Sie die Analyse und wie Sie die Synthese benutzt haben. Da das die Hauptprozesse der Inquiry sind, wird es für Sie nützlich sein, wenn Sie erkennen, wann und wie Sie sie benutzen und in welcher Beziehung beide zueinander stehen, damit Sie Ihren eigenen Ansatz besser verstehen können. Haben Sie in Ihrer Inquiry vor allem Analyse und Ihre Unterscheidungsfähigkeit benutzt? Oder lag Ihr Schwerpunkt mehr bei der Synthese? Wie ausgewogen war Ihr Prozeß im Hinblick auf diese beiden Fähigkeiten?

## Der Brillanz-Diamant

Der Brillanz-Diamant als Aspekt in der Diamantenen Führung ist eine wunderbare, feine Präsenz mit Leuchten und Kostbarkeit, untrennbar von Klarheit, Schärfe, Genauigkeit und Präzision. Wenn dieser Diamant in unserer Seele da ist, erfüllt er alle unsere Fähigkeiten mit demselben Leuchten und derselben Präzision. Unsere Inquiry und unser Verstehen bekommen diese Qualitäten von Brillanz und Präzision als eine einzige Eigenschaft. Was bedeutet das?

Eine Bedeutung hat mit Synthese und Analyse, mit der vereinten Wahrnehmung und der Fähigkeit zur Unterscheidung zu tun. Synthese und Unterscheidung geschehen gleichzeitig, wenn der Brillanz-Diamant da ist. Sie sind beide im selben Akt da. Wir sehen die Einzelheiten der Situation und ihre Wechselbeziehungen in demselben Moment, in dem wir die Einheit sehen, die ihnen zugrundeliegt. Es ist die Synthese der Brillanz, die diese Einheit unmittelbar sieht. Zugleich mit dieser Bewußtheit sehen wir auch präzise, wie sich die Einheit in den verschiedenen Elementen, in den verschiedenen Wahrnehmungen und Erfahrungen manifestiert.

Betrachten Sie das folgende Beispiel: Sie beginnen den essentiellen Aspekt des Willens (Will) zu erleben, die Weiße Präsenz. Sie sind in der Lage, ihn als Willen zu erkennen. Sie können da anhalten – „Aha, das ist „Wille" –, oder Sie fangen an, verschiedene seiner Charakteristika zu unterscheiden, wie etwa das Gefühl der Entschlossenheit, die Empfindung von Zuversicht, die innere Festigkeit einer Unterstützung, die Standhaftigkeit, die der Wille der Seele verleiht, und noch andere. Das ist Analyse, Unterscheidung. „Ich verstehe. Wenn ich mich so entschlossen fühle, erkenne ich darin ein Gefühl von Zuversicht." Wenn Sie dann Selbstvertrauen empfinden: „Ich verstehe, diese Zuversicht ist dasselbe wie das, was mich standhaft macht. Und ich erkenne, wenn ich standhaft bin, dann deshalb, weil dieser Wille eine Empfindung von innerer Unterstützung ist." Sie fangen an, die Qualitäten zu unterscheiden, die dem Willen eigen sind.

Wenn man also eine Fähigkeit zur Unterscheidung besitzt, kann man analysieren, man kann mehr Details sehen, mehr Einzelheiten in derselben Erfahrung erkennen. Wenn diese Fähigkeit nicht entwickelt ist, wenn die Schärfe des Diamanten nicht da ist, wird es schwer für einen sein, die verschiedenen Qualitäten zu erkennen, die den Aspekt bilden.

In diesem Prozeß erfährt man nicht nur Analyse, man erfährt zugleich Synthese – und man versteht dabei, wie alle Qualitäten Erscheinungsweisen desselben Aspektes sind. Da ist Zuversicht, da ist Unterstützung, da ist Standhaftigkeit, da ist Entschlossenheit, da ist eine Mühelosigkeit und eine Empfindung von Reinheit, da ist ein Empfinden von Ursprünglichkeit und Bestimmtheit. Genau in dem Moment, in dem man die Unterschiede dieser Qualitäten sieht, erkennt man, daß sie alle dasselbe sind. Sie sind nur leichte Differenzierungen derselben Präsenz.

Wenn wir nur die unterscheidende Fähigkeit ohne die synthetische haben, dann empfinden wir vielleicht manchmal Willen, manchmal Zuversicht, manchmal Entschlossenheit, aber wir würden schwerlich wissen, daß sie alle zur selben Qualität, zum selben Aspekt gehören. In Abwesenheit der synthetischen Fähigkeit könnten wir sie sogar als verschiedene Aspekte konzeptualisieren, die keine ihnen zugrundeliegende Einheit teilen. Aber wenn die synthetische Fähigkeit da ist, sehen wir die darunterliegende Einheit. Wir sehen, daß alle diese Eigenschaften denselben Aspekt charakterisieren – das heißt dieselbe Präsenz, denselben Willen.

Als Hilfe dabei, diese Fähigkeit in einem weiteren Kontext zu sehen, kann ich das Beispiel meiner beginnenden Erfahrung von essentieller Präsenz anführen. Als ich zum ersten Mal anfing, Präsenz bewußt wahrzunehmen, hatte ich ein Gefühl von Fülle, Lebendigkeit und Geerdetsein. Zu jener Zeit war es für mich einfach Präsenz. Das war das Äußerste, was ich differenzieren konnte: Essenz ist Präsenz. Das war das, dessen ich mir bewußt war, und niemand hatte mir davor etwas anderes gesagt. Ich hatte niemals irgendwo gelesen, daß Präsenz auf verschiedene Weise in Erscheinung treten kann. Essenz, so fand ich heraus, war also Präsenz – eine Fülle, eine Lebendigkeit, ein Da-Sein (thereness), eine Ich-bin-heit (I-am-ness). Nach einer Weile spürte ich dann, wie sich die Erfahrung der Präsenz veränderte. Es ist wahr, daß es Präsenz war, aber ab und zu fühlte es sich irgendwie anders an. An einem Tag fühlte sich die Präsenz stark und fest an, am nächsten Tag vielleicht weich, süß und schmelzend. Das war der Beginn von unterscheidendem Erkennen.

Und die Erkenntnis dessen, was dieser Unterschied bedeutete, brachte ruckartig eine Einsicht: „Essenz erscheint also in verschiedenen Aspekten." Das war der brillante Durchbruch. Es war für mich eine große Überraschung, eine ziemliche „Erleuchtung". Das wurde ein Grundpfeiler des Diamond Approach: Essenz ist nicht nur Präsenz, sondern Präsenz, die sich in verschiedenen Qualitäten, sozusagen in verschiedenen Aromen präsentiert. Bei der Einsicht, daß Präsenz in verschiedenen Aspekten erscheint, hätte ich einfach bleiben können. Die Erforschung ging aber weiter. An einem gewissen Punkt merkte ich, daß Präsenz nicht nur Qualitäten und Aspekte hat, sondern auch, daß diese zu bestimmten Zeiten erscheinen und bestimmte Ego-Manifestationen in Frage zu stellen scheinen und mit bestimmten Themen zu tun haben.

Die Rote Essenz schien beispielsweise mit Stärke und Schwäche und dem Thema Trennungsangst in Beziehung zu stehen. In einem Kontext, in dem das psychologische Feld und die essentiellen Dimensionen als eins gesehen werden – in eine Synthese gebracht werden –, gibt es also mehr Unterscheidung. Daher gehen Synthese und Analyse Hand in Hand. Das Ergebnis ist der Schatz an Wissen, den wir jetzt den Diamond Approach nennen.

Die Analyse ging weiter, und immer wieder gab es eine wichtige vereinende Einsicht. Aber eine wichtige vereinende Einsicht allein ist nutzlos, wenn man nicht weiter forscht. Wenn Synthese und Analyse

Hand in Hand arbeiten, ist das, was dann entsteht, eine große Menge an Wissen, denn die Einzelheiten und die Verknüpfungen werden zu dem, was wir Wissen nennen.

Aber die Präsenz des Brillanz-Diamanten bewirkt mehr, als uns zu ermöglichen, Unterschiede zu machen und zugleich Synthesen zu bilden. Sie verleiht auch unserer Brillanz Präzision und unserer Präzision Brillanz. Das bedeutet, daß die Synthese Schärfe und Präzision besitzt. Sie besitzt Exaktheit. Die Diamantheit verleiht Klarheit, Präzision und Objektivität. Was in Synthesen gebracht wird, sind objektive Fakten, objektive Manifestationen.

Ginge es nicht um Präzision und Objektivität, könnte unsere Synthese aus einem geringen Vorurteil, einem Anteil Reaktion, einem Element von Wahrheit und einem Touch von essentieller Erfahrung bestehen, all das kombiniert zu einer Art seltsamer Theorie. Diese Art Synthese, der Objektivität fehlt, gibt es oft, besonders im spirituellen Bereich.

Wir brauchen bei unseren objektiven Fakten Präzision, und wir brauchen Präzision bei den Beziehungen zwischen ihnen. Präzision, wenn sie mit der Fähigkeit zur Synthese kombiniert ist, erlaubt uns, in einer objektiven und klaren Weise Synthesen zu bilden. Dies ist die Funktion des Brillanz-Diamanten. Es ist dann für unser Verstehen möglich, mit Schärfe, Präzision, Klarheit und Objektivität zu operieren, sowohl in der raschen, vereinenden Vision als auch im Prozeß detaillierter Beschreibung und Erklärung. Der Prozeß der Erforschung und die Höhenflüge des Genies können zugleich auftreten – als die Wirkung desselben Aspektes, derselben Präsenz.

Die Objektivität, die ein essentieller Aspekt besitzt, wenn er die diamantene Form annimmt, erlaubt uns, unsere subjektive, persönliche Voreingenommenheit von dem zu trennen, was in der Erfahrung eigentlich da ist. Dann wird die Synthese von dieser Unterscheidung informiert und geprägt. Das ist eine Weise, wie die Diamantheit der Brillanz etwas hinzufügt. Wenn der Brillanz-Diamant aber aktiv ist und seine Wirkung ausübt, wird dieses Unterscheidungsvermögen selbst brillant, wenn es größeres Leuchten und größere Klarheit, und mehr Luzidität und Schnelligkeit verkörpert, wenn es diese Unterscheidungen macht und die Verbindungen zwischen ihnen sieht.

Wenn wir diese Fähigkeit entwickeln, in einem einzigen Akt oder Vorgang zu unterscheiden und eine Synthese zu bilden, kann das unsere Realisierung von Präsenz vertiefen, sogar die Realisierung nicht-dualer Präsenz. Bei nicht-dualer Realisierung sind alle Manifestationen Manifestationen derselben Präsenz. Aber es gibt viele Stufen der Realisierung nicht-dualer Präsenz. Auf einer Stufe kann nicht-duale Präsenz selbst die Form eines Diamanten annehmen, und alle Manifestationen besitzen dann Schärfe, Klarheit und Präzision. Was wir dann überall sehen, ist eine einheitliche Präsenz, die unterscheidet und präzise klar ist.

Viele von uns erleben den Zustand des Einsseins, wenigstens flüchtig. Diese Erfahrung ist, obwohl tief, meistens zweidimensional, insofern als dieses Sehen einer anderen Person eher wie das Sehen einer Zelle eines Organismus ist, wo alle Zellen eher gleich aussehen. Alles ist eins. Die dominierende Erfahrung ist die eines einheitlichen Feldes von Nichtgetrenntheit. Wenn das Einssein aber die Präzision des Diamanten hat, ist das, was sich manifestiert, eine zusätzliche Dimension. Alles präsentiert sich in viel größerer Deutlichkeit, jedes Element des Einsseins wird mehr es selbst. Es ist wahr, daß da ein Einssein ist – eine Nicht-Dualität -, aber die Einzigartigkeit erscheint sehr präzise und sehr klar. In diesem Zustand ist der andere Mensch eine besondere Person mit seiner eigenen Qualität, und zugleich ist er Teil der Einheit, des Einsseins von allem. Mit der Präzision der Diamantheit ist Einzigartigkeit klar, mit der Brillanz im Diamanten ist das Einssein unbestreitbar. Sowohl Unterscheidungsvermögen als auch Synthese sind in diesem Diamantenen Einssein wirksam. Es ist alles ein einheitliches Feld, aber alles ist präzise es selbst, klar umrissen, ohne getrennt zu sein. Dies ist die Perspektive des Brillanz-Diamanten, wenn sie auf eine tiefere Erfahrung von Realisierung, der von Nicht-Dualität, angewendet wird.

## Die zugrundeliegende Einheit erkennen

Wir haben Synthese als die fundamentale Wirkung von Intelligenz in der Brillanz besprochen. Einsichten scheinen mühelos hervorzuspringen, Verknüpfungen brauchen nicht viel Überlegung und die Prozesse laufen so leicht wie Quecksilber ab. Wenn diese Qualitäten bei jemandem im Funktionieren alle da sind, sagen wir, daß er brillant ist. Es gibt jedoch eine andere Qualität von Intelligenz, die für Erforschen, Verstehen und Synthese bedeutsam und notwendig ist. Diese hat mehr mit der Vollständigkeit der Intelligenz als mit ihrer Brillanz zu tun.

Um in der Lage zu sein, zu unterscheiden und zu korrelieren, Dinge immer wieder abzugleichen und Synthesen zu bilden, muß die Diamantene Führung die verschiedenen Elemente, die untersucht werden sollen, im Bewußtsein zusammenhalten. Mit anderen Worten, wir haben all diese Daten – Wahrnehmungen, Sinneseindrücke, Gefühle, Erinnerungen, Handlungen, Präsenz und so weiter. Wir wollen sie untersuchen, indem wir sie analysieren, befragen, Synthesen bilden, Verbindungen sehen. Um das tun zu können, brauchen wir die Fähigkeit, alle diese Elemente zusammenzuhalten. Wenn wir nur ein oder zwei Elemente für sich betrachten und die anderen beiseite lassen, gelangen wir nie zu einem Verstehen. Wir brauchen eine Möglichkeit, wie wir in unserem Bewußtsein mit all diesen Elementen zugleich zusammen sein können. Wenn wir nur einige von ihnen betrachten, kann es sein, daß uns das vielleicht nicht zu der Schwelle bringt, die für synthetische Einsicht nötig ist.

Wir müssen nicht nur die vielfältigen Elemente im Bewußtsein bewahren, die wir untersuchen, wir müssen auch die richtigen Elemente der Erfahrung bewahren. Unsere Erfahrung ist voller Dinge – Millionen Bits von Daten –, aber wir brauchen in unserem Bewußtsein nur die besonderen Elemente, die spezifischen Daten zu berücksichtigen, die für unsere Inquiry relevant sind. Wir wählen also bestimmte Elemente aus – bestimmte Gefühle, Sinneswahrnehmungen, Erfahrungen, Erinnerungen, Handlungen und Situationen – und halten nur diese fest, der Rest bleibt im Hintergrund. Wir behalten sie, damit wir sie erforschen, bedeutsame Entsprechungen, Bezüge und Wechselbeziehungen entdecken und die Einheit finden können, die ihnen zugrundeliegt.

Aber woher wissen wir, welche Elemente in eine Synthese gebracht werden und welche Elemente wir daher im Bewußtsein beibehalten müssen? Da wir sie noch nicht in eine Synthese gebracht haben, können wir ihre zugrundeliegende Einheit nicht sehen. Woher wissen wir also, daß es gerade diese sind, die in die Synthese eingehen sollen? Wie können wir erkennen, welche es unter der Menge der Wahrnehmungen und Tatsachen, die unserer Erfahrung zur Verfügung stehen, sind? Wir nehmen diese Auswahl normalerweise implizit vor, aber haben wir uns je gefragt, wie das passiert?

Schauen wir uns ein konkretes Beispiel an: Sie sitzen an einem Tisch einer Freundin gegenüber, trinken Tee und hören ihr zu, wie sie redet. Sie merkt, daß Sie vor Wut kochen. Sie könnten ihr den Schädel einschlagen. Sie sind wütend und ein bißchen traurig. Sie fragen sich: „Worüber bin ich wütend? Sie redet wie immer. Sie ist immer von sich eingenommen – das ist nicht neu –, warum bin ich also gerade jetzt wütend auf sie?"

Wenn Sie diese Erfahrung anschauen – darauf hören, was sie sagt, die Situation sehen und darauf achten, was Sie fühlen –, fangen Sie an, sich zu erinnern, daß Sie vor zwei Nächten, als Sie mit Ihrem Partner geschlafen haben, mitten drin ein bißchen gereizt, ein bißchen verletzt waren. Es war keine große Sache, aber es hat Sie so berührt, daß Sie danach nicht zum Höhepunkt gekommen sind. Sie haben damals nicht darüber nachgedacht, weil das manchmal vorkommt. Aber jetzt merken Sie etwas Neues dabei. Wenn Sie jetzt Ihrer Freundin zuhören und wütend auf sie sind, erinnert sie das irgendwie an Ihren Mann. Und wenn Sie alle diese Elemente zusammen betrachten, erinnern Sie sich, daß ein paar Tage vor diesem Abend mit Ihrem Partner Ihr Kind Ihnen einen Ball zum Fangen zugeworfen hat, als Sie gerade beim Malen waren. Ihnen wird bewußt, daß Sie es in dem Moment beinahe geschlagen hätten. Sie wissen, daß das eine ungewöhnliche Reaktion auf Ihr Kind war, denn ab und zu spielen Sie Ball mit ihm. Was war also so schlimm daran?

Sie fangen an zu fühlen, daß alle diese Elemente irgendwie miteinander zusammenhängen. Während Sie Ihrer Freundin weiter zuhören, betrachtet Ihr Verstand jetzt die Szene der sexuellen Begegnung mit Ihrem Mann und die Malszene mit Ihrer Tochter. Während Sie das tun, fangen Sie an, sich leer zu fühlen, und mit dieser Leere kommt eine Erinnerung daran, wie Sie als Kind in Ihrem Elternhaus waren. Es ist eine Erinnerung daran, wie Ihre Mutter mit Kochen beschäftigt war und Ihr Vater eine Zeitung las und Sie sich irgendwie verletzt fühlten, ein wenig ärgerlich und auch ein wenig leer. Sie haben nie viel darüber nachgedacht, aber es scheint irgendeine Beziehung zu dem zu geben, was in der sexuellen Begegnung mit Ihrem Partner passierte.

Inmitten von alldem fällt Ihnen dann Ihre letzte Sitzung mit Ihrem Lehrer ein und wie sie damit endete, daß Sie ihm gegenüber Dankbarkeit empfunden haben. In dem Moment haben Sie nicht darüber nachgedacht, aber jetzt fragen Sie sich, warum Sie ihm so dankbar waren. Es gibt anscheinend einen Zusammenhang zwischen all diesen Elementen, aber Sie wissen nicht, warum Sie sich an all diese erinnern.

Während Sie Ihrer Freundin weiter zuhören, merken Sie, daß etwas an der Art, wie sie so von sich eingenommen ist, Sie aufregt. Warum macht Sie das wütend auf sie? Dann fällt Ihnen ein, daß Ihr Mann an dem Abend, als Sie mit ihm geschlafen haben, Sorgen um seinen Job hatte. Er war irgendwie mit sich beschäftigt, selbstbezogen. Und wenn Sie das sehen, erkennen Sie, daß Sie Ihrer Meinung nach auch mit sich beschäftigt und selbstbezogen sind. In Ihrer Kindheit, als Sie sich leer gefühlt haben, da waren Sie aber nicht mit sich beschäftigt, aber Ihre Eltern waren es – Ihr Vater las dauernd seine Zeitung und Ihre Mutter kochte dauernd und wechselte die Windeln.

„Was hat das mit meinem Gefühl der Dankbarkeit für meinen Lehrer zu tun? Etwas an meinem Lehrer hat sich positiv angefühlt, und etwas mit all diesen anderen Menschen schmerzhaft. Was ist die Verbindung? Was ist in dieser Sitzung mit meinem Lehrer passiert?" Sie treiben zwischen all diesen Stücken, während Sie weiter Ihrer Freundin zuhören. Die Erinnerungen scheinen zu brodeln, während Sie sie alle zugleich in Ihrem Bewußtsein halten. Dann erinnern Sie sich, daß Ihr Lehrer in der Sitzung, als Sie ein klares Gefühl von „Ich bin" in Ihrem Herzen empfunden haben, sagte: „Das bist du." Und Sie hatten nicht einmal etwas von Ihrer Erfahrung erzählt.

Sofort explodieren die Einsichten in Ihrem Bewußtsein: „Mein Lehrer hat mich als genau das gesehen, was ich in dem Moment war! Meine Freundin sieht mich nicht, sie ist voll von sich selbst, total von sich eingenommen. Meine Tochter hat nicht gesehen, wie selbstversunken ich beim Malen war, als sie den Ball nach mir warf. Als ich noch ein Kind war, wußte niemand in meiner Familie, wo ich war, alle waren ganz mit sich selbst beschäftigt, völlig von sich und ihren Aktivitäten eingenommen. Sie sahen nicht, was ich fühlte, und reagierten oder antworteten mir nicht so, wie ich es brauchte. Das ist das, was mir mit meinem Mann passiert ist. Er fing gleich an, mich an meinem Geschlecht zu berühren, er hatte kein

Gefühl dafür, wo ich war. Ich wollte, daß er mit der rechten Brustwarze anfängt." Ihre Verletzung die darin besteht, daß Sie nicht die richtige Einfühlung bekommen haben, öffnet sich. All diese Situationen sind durch diese tiefe Wunde miteinander verbunden und in dem Sinn eins.

Was hat Ihnen nun die Fähigkeit vermittelt, diese besonderen Elemente auszuwählen und im Bewußtsein zu halten? Sie haben sich auch nicht an die anderen Male erinnert, als Sie auf Ihren Partner oder auf Ihr Kind wütend waren, oder an andere Verletzungen. Sie haben sich nur an diese bestimmten Situationen erinnert. Sie haben eine Ihnen eigene Fähigkeit erfahren, die genau diejenigen Elemente erhellen kann, die eine darunterliegende Einheit verbindet, ohne von der Existenz dieser Einheit vorher bewußt oder ausdrücklich zu wissen.

Wenn wir tief in unser Bewußtsein schauen, erkennen wir, daß die Seele alle bedeutenden Elemente bewahrt. Aber können wir auch sehen, daß es ein Licht, eine Brillanz gibt, die unserem Bewußtsein zugrundeliegt und die durch diese spezifischen Elemente, die in eine Synthese gebracht und verstanden werden müssen, hindurchscheint und die sie dann in unserem Bewußtsein erhellt? Diese Brillanz ist die zugrundeliegende Einheit, und sie enthüllt die Einheit in unserer Erfahrung, sogar noch bevor wir sie in unserem Verstehen erkennen.

Es ist Brillanz (Brilliancy), die der Diamantenen Führung die Fähigkeit vermittelt, die richtigen Elemente, genau jene Elemente, die eine darunterliegende Einheit haben, zu unterscheiden. Besonders ist es der Brillanz-Diamant, weil er sowohl die Brillanz hat – das ist die Einheit – als auch die Diamantheit, die die Unterscheidungsfähigkeit ist. Wir brauchen also sowohl Einheit als auch Unterscheidung. Zusammen bilden sie einen einheitlichen Akt des Wissens.

Bei dem oben beschriebenen Beispiel ging es um Einfühlung und Gesehenwerden. Ein weiteres Mal kann es etwas anderes sein – der Inhalt ist immer verschieden. Wir haben ein emotionales Thema betrachtet, aber dieselbe Fähigkeit braucht man für die Erforschung jedes Themas. Brillanz scheint durch alle Elemente hindurch, die für die jeweilige Inquiry relevant sind, und erhellt sie in unserem Bewußtsein. So hebt sie sie für unser Erkennen hervor. Dann kann die Diamantene Führung unser früher erworbenes Wissen, unsere Erinnerungen und ihre Fähigkeiten zum Korrelieren, Reflektieren und zur Analyse nutzen. So kann die Inquiry die zugrundeliegende Einheit aufdecken, die schon durch diese besonderen Elemente in unserem Bewußtsein hindurchzuscheinen beginnt.

Diese Fähigkeit zur Synthese ermöglicht es der Diamantenen Führung, eine Situation zu erforschen, indem die Wechselbeziehungen der Elemente in einem Prozeß angeschaut werden – manche werden analysiert, andere in eine Synthese gebracht –, der aufdeckt, wie sie miteinander verknüpft sind. Die Kombination, die sich daraus ergibt, führt zu Einsicht, zu der Erfahrung von Realisierung, die die zugrundeliegende Einheit der Situation enthüllt, die Gegenstand der Inquiry ist.

Der Prozeß der Einsicht ist ein kontinuierlicher Prozeß. So beginnt er in dem oben angeführten Beispiel, wenn Sie merken: „Aha, ich habe hier ein Problem mit Einfühlung. Jemand geht nicht einfühlsam mit mir um." Das führt zu mehr Fragen: „Warum bin ich im Moment so empfindlich, wenn jemand nicht einfühlsam mit mir umgeht? Was ist neu daran? Diese Menschen waren noch nie einfühlsam zu mir."

Ihnen fällt dann auf, daß Sie in den vergangenen paar Sitzungen mit Ihrem Lehrer an Narzißmus und an Ihrem Gefühl, wer Sie sind, an Ihrem Identitätsgefühl und an Ihrem Gefühl gearbeitet haben, gesehen und unterstützt zu werden. Kein Wunder, daß Sie Ihrem Lehrer so dankbar sind, denn Ihr Lehrer ist der, der einfühlsam zu Ihnen war, der Ihnen geholfen hat und der Sie unterstützt hat, Sie selbst zu sein.

Und indem Sie das erkennen, erfahren Sie nicht nur den Punkt (Point) – die zeitlose Selbsterkenntnis von „Das bin ich" –, wie in Ihrer letzten Sitzung, sondern Sie fangen auch an, die innere Unterstützung, die Festigkeit zu empfinden, die in Ihnen ist. Das ist wieder eine Einsicht: „Ich kann meine eigene Unterstützung haben, und das ist es, was ich brauche. Wenn also keine Einfühlung da ist, ist das nicht schlimm. Ich sehe, daß andere Menschen keinen Schimmer davon haben, wer ich bin, da sie so mit sich selbst beschäftigt sind, weil sie offenbar keinen Schimmer davon haben, wer *sie* sind. Was ist daran so neu?"

Jetzt sind Sie nicht nur in der Lage, sich von all dem freizumachen, sondern Sie können sich in den anderen Menschen einfühlen und wirklich sehen, was in ihm vor sich geht. Sie können Ihrer Freundin fragen: „Was willst du mir eigentlich sagen? Anscheinend beschäftigt dich irgend etwas." Und jetzt könnte vielleicht deutlich werden, warum Ihre Freundin immer weiter redet, ohne Sie auch nur zu beachten. Wie Sie sehen, geht das Verstehen weiter und kann die Quelle von effektivem Handeln werden. Und der andere kann von Ihrem Verständnis berührt werden.

Weil die Realisierung von Brillanz in unserer Inquiry gewöhnlich nicht vollständig ist, funktioniert die Fähigkeit, relevante Erfahrungen gleichzeitig im Bewußtsein zu halten, nicht immer perfekt. Je mehr wir den Brillanz-Aspekt – den Aspekt der Vollständigkeit – in der Diamantenen Führung realisiert und integriert haben, um so mehr können wir die relevanten Erfahrungen auf verschiedenen Ebenen, vergangenen und gegenwärtigen, halten und erkennen. Wenn man nicht die Fähigkeit besitzt zu entscheiden, welche Erfahrungen relevant sind, braucht die Inquiry länger. Das ist einer der Gründe, weshalb es bei der Inquiry hilfreich ist, wenn man einen Lehrer hat. Ein Lehrer kann aufgrund seines Wissens und seiner Sensibilität, die er für einen hat, sehen, welche Erfahrungen miteinander in Beziehung stehen. Mit der Zeit wird man lernen müssen, selbst in der Lage zu sein, seine Erfahrungen zu betrachten und den Faden zu sehen, der sie miteinander verbindet.

Diese Fähigkeit, alles relevante Material zu berücksichtigen, ist der entgegengesetzte Pol zu der Kapazität des essentiellen Punktes, auf ein besonderes Element zu fokussieren. Der Punkt verleiht uns die Fähigkeit, etwas Bestimmtes anzuvisieren und es genau zu betrachten, es mit Konzentration zu erfahren und zu analysieren. Aber wir müssen auch die Fähigkeit besitzen, zurückzutreten und alle miteinander in Beziehung stehenden Elemente zu bedenken. Wir brauchen beide Fähigkeiten – den Fokus und das allgemeine Berücksichtigung aller relevanten Erfahrungen. Häufig muß Inquiry zwischen dem Fokus und dem weiteren Feld hin und her gehen.

## Fragen und Antworten

*Schüler:* Ich bin mir bewußt, daß meine Persönlichkeit sich verzweifelt gegen Inquiry wehrt und den Prozeß so sehr wie möglich verschleiern möchte. Es gibt da eine feste Hierarchie in der Persönlichkeit. Nummer eins: Das Schlimmste ist, eine Inquiry zu machen. Das Zweitschlimmste ist, ein relevantes Element zu erkennen, und als nächstes auf der Prioritätenliste kommt: eine Menge Dinge gleichzeitig berücksichtigen. (Lachen im Saal.)

*Almaas:* Deine Persönlichkeit mag also keine Inquiry.
*Schüler:* Sie mag die Inquiry überhaupt nicht.
*Almaas:* Deine Persönlichkeit möchte ganz allgemein nicht bloßgestellt werden. Aber Du mußt selbst untersuchen, ob etwas in deiner Geschichte Dir das Gefühl gegeben hat, daß es nicht in Ordnung ist, etwas herauszufinden oder zu wissen. Es gibt da vielleicht etwas Bestimmtes.

*Schüler:* Mir scheint, wenn man seine Inquiry macht und das Gefühl hat, daß man alle Fakten hat, dann muß man wirklich mutig sein, wenn es nicht sofort zur Synthese kommt. Es ist schwer, sich nicht zu attakkieren. Man muß sich wirklich wehren, wenn man da sitzt und all das Zeug fühlt und nichts passiert.
*Almaas:* Das ist wahr. Wenn Du alle Elemente siehst und die brillante Einsicht kommt nicht durchgeschossen, mußt Du also mutig sein und Dich gegen das Über-Ich wehren können, wie Du gesagt hast. Beides deutet auf das Bedürfnis nach der Stärke-Essenz bei der Inquiry hin. Wenn wir uns unsere Erfahrung vor Augen führen, müssen wir Schmerz, Wut, Angst, Konflikte und andere Elemente aushalten können. Vielleicht verlangt jedes dieser Elemente eine besondere Qualität. Das ist der Grund, weshalb Brillanz sie alle umfassen kann. Sie besitzt alle Qualitäten. Wenn wir nur eine Sache berücksichtigen müssen, wie zum Beispiel Angst oder Schmerz, dann reicht Stärke oder Mitgefühl allein. Aber Brillanz verleiht uns die Fähigkeit, all die vielen Elemente zugleich zu berücksichtigen.

*Schüler:* Ich merke in meinem Prozeß, daß ich einfach weggehe, wenn die Inquiry beginnt, sich der Stelle in meiner Seele zu nähern, wo ich die größte Kontraktion und den größten Schmerz habe. Ich dränge es weg: „Tu's nicht. Das sehe ich mir nicht an. Lieber alles andere, als hierhin schauen."
*Almaas:* Du meinst, wenn die Inquiry Dir nahekommt, möchtest Du sie vermeiden?
*Schüler:* Ja, wenn sie nah an die Stelle kommt, wo die größte Verletzung und Kontraktion ist. Mir ist auch bewußt, daß es eine bestimmte Weise gibt, wie diese Stellen in meiner Seele sozusagen meine Aufmerk-

samkeit anziehen. Da ist also diese Spannung zwischen der Anziehung, genau anzuschauen, was so sehr wehtut, und es absolut nicht anschauen zu wollen, und das drängt mich weg.

*Almaas:* Ja, ich kann sehen, daß diese Bereiche die Inquiry wegdrängen wollen, weil sie voller Spannung oder Schmerz sind. Aber Deine Situation hat doch auch mit Brillanz (Brilliancy) zu tun, weil Brillanz eine andere Fähigkeit verleiht, die Du brauchst – die Fähigkeit zur Ausgewogenheit. Brillanz besitzt alle Qualitäten in gleichem Maß, daher hat sie eine ausgleichende Wirkung, wenn sie in unserem Bewußtsein anwesend ist. Die Wirkung ist, daß wir nicht eine Sache einer anderen vorziehen. Da ist eine Ausgeglichenheit in der Weise, wie wir die verschiedenen Elemente unserer Erfahrung anschauen. Da ist vielleicht Schmerz hier, Wut dort, Angst hier, Liebe dort. Ausgewogenheit bedeutet, daß wir sie alle auf eine unparteiliche Weise anschauen, statt nur das eine oder das andere anschauen zu wollen.

Wenn wir Brillanz erfahren, erleben wir uns selbst als vollständig und ausgewogen. Da ist ein Gefühl von innerem Gleichgewicht, das sich im äußeren Leben als Ausgewogenheit zeigt. Wir gleichen die Emotionen mit dem Intellekt, den Intellekt mit dem Körper, das Äußere mit dem Inneren und Ruhe mit Aktivität aus.

*Schüler:* Benutzt Du das Wort „Ausgewogenheit" (balance) im Sinn von „Integration"?

*Almaas:* Ich meine es im Sinn von Gleichheit: Eine Sache hat nicht mehr Gewicht als eine andere. Alles hat die gleiche Wichtigkeit. Und Ausgewogenheit ist anders als Gleichmut (equanimity). Gleichmut bezieht sich auf einen inneren Zustand, in dem man nicht auf jemanden oder auf etwas reagiert, weil man in Frieden ist – nicht für Störungen anfällig. Gleichmut bezieht sich nicht auf eine Beziehung zwischen Elementen. Ausgewogenheit andererseits bedeutet, daß es verschiedene Elemente gibt und daß es ein Gleichgewicht oder eine angemessene Beziehung zwischen ihnen gibt. Diese Ausgewogenheit erlaubt es dann, daß sich unsere Entwicklung auf eine optimierende Weise bewegt. Wenn ich merke, daß Menschen keine Ausgewogenheit in ihrem Leben haben, ist das der Grund, weshalb es ein Hinweis darauf ist, daß sie Schwierigkeiten mit dem Aspekt Brillanz haben.

Im Grunde ist ein Hinweis auf das Fehlen von Ausgewogenheit, wenn jemand seltsam oder eigenartig ist.

*Schüler:* Ist das nicht eher ein subjektiver Gesichtspunkt?

*Almaas:* Seltsamkeit oder Eigenartigkeit können subjektiv sein, aber wenn Menschen sagen, jemand sei seltsam oder eigenartig, ist in meiner Wahrnehmung das, was sie meinen, oft ein Fehlen von Ausgewogenheit, die Übertreibung bestimmter Dinge, während andere nicht beachtet werden.

*Schüler:* Ich weiß seit langem, daß ich Angst vor Dir habe. Ich hatte Angst vor der inneren Arbeit und ich hatte Angst vor Inquiry und Analyse. Heute verstehe ich, daß der Grund, weshalb ich vor Dir Angst habe, und der Grund, weshalb ich Widerstand gegen die innere Arbeit habe, derselbe ist, daß ich nämlich eine Schwierigkeit damit habe, alle Elemente zusammen im Bewußtsein zu halten und eine Synthese zu bilden. Es ist das Gefühl, wenn ich alles tue, was die Inquiry verlangt, dann bedeutet das, daß ich meine Mutter aufgeben muß. Wenn ich das täte, würde ich nicht wissen, wo ich bin. Es ist also leichter für mich, wenn ich sage: „Meistens verstehe ich nicht, was Du sagst." Es ist leichter für mich zu sagen: „Die innere Arbeit ist nicht für mich."

Ich komme immer wieder zu demselben Punkt, wo ich diesen Widerstand habe, Fakten über mein Leben in eine Synthese zu bringen, um zu einem gewissen Verständnis von meinem Leben zu gelangen und weiterzugehen. Ich bin mir dessen bewußt, und an diesem Punkt weiß ich nicht, was ich damit machen soll, außer zu sagen, daß mir bewußt ist, daß ich eine schwierige Zeit durchmache.

*Almaas:* Klingt gut. Das ist eine interessante Einsicht: Wenn Du wirklich die Wahrheit siehst, dann verlierst Du Deine Mutter, und wenn Du Deine Mutter verlierst, verlierst Du das Gefühl von Dir selbst, Deine Identität. Du weißt nicht mehr, wo Du bist. Das ist wirklich wahr. Wenn Du die Wahrheit siehst, *wirst* Du Deine Mutter verlieren, und schließlich wirst Du deine Identität verlieren. Deine Angst ist also berechtigt. Du mußt das einfach nur sehen und abwägen, ob das etwas Erstrebenswertes in der Gesamtperspektive dessen ist, was Du in Deinem Leben willst. Aber insofern es darum geht, ob Wahrheit das mit Dir macht – das ist ganz sicher das, was Wahrheit macht.

Es ist interessant, was das bedeutet. Es bedeutet, daß es falsch sein muß, seine Mutter zu haben und seine Identität zu haben. Es muß eine Art Falschheit sein, warum würde die Wahrheit sie sonst verschwinden lassen? Du sagst, wenn Du die Wahrheit siehst, wird sie Dich Deine Mutter verlieren lassen. Aber Wahrheit kann nur Falschheit zerstören. Daher ist etwas an Deiner Beziehung mit Deiner Mutter falsch und nicht wahr. Was daran, daß Du Deine Mutter hast, am offensichtlichsten falsch ist, ist, daß Du sie in Wirklichkeit gar nicht hast.

Es ist falsch zu glauben, daß Du Deine Mutter hast. In deinem Denken hast Du das Gefühl, daß Du an einem Bild von ihr hängst, daher hast Du das Gefühl, daß Du sie hast. Der Grund, weshalb die Wahrheit dieses Bild auflöst, ist, daß es nicht wahr ist. Es ist nur eine Art Glaube, ein mentaler Standpunkt. Aber diese Art Glaube ist eine mächtige Sache. Was wir glauben hat damit zu tun, wer und was wir zu sein glauben, oder was unser Leben antreibt, daher macht es viel Angst, wenn das in Frage gestellt wird.

Ich bin froh, das Du das ansprichst. Ich bin sicher, viele Menschen erleben diese Art Angst, direkt oder indirekt. Es ist klar, daß es hinter einigen der Fragen heute Angst gibt, und manchmal Wut oder Ärger. Ich denke, was ich vortrage, ist für bestimmte Teile tief in uns eine ziemliche Herausforderung. Ich finde es toll, daß Du Deinen Widerstand siehst und daß Du erkennst, daß das Deine Schwierigkeit ist, statt zu sagen: „Vielleicht ist diese innere Arbeit nicht gut für mich" oder „Dieser Typ spinnt. Heute ist er nicht klar" oder „Laßt mich das mal sagen, ich sage, wie es ist". Das sind wirksame Möglichkeiten, uns selbst zu schützen, wenn wir eine innere Gefahr spüren. Ich bin froh, daß Du heute objektiver damit umgehst.

## Durchdringende Intelligenz

Die letzte Frage drang weiter zur Wahrheit vor, und das bringt uns zum nächsten Thema. Ich habe beschrieben, wie Brillanz ein intensives Leuchten hat und auch eine exquisite Ebenmäßigkeit und Flüssigkeit. Ihre Präsenz hat eine feine, ebenmäßige Konsistenz. Diese zwei Eigenschaften – die intensive Brillanz oder das Leuchten und die exquisite

Ebenmäßigkeit – geben dem Verstehen seine durchdringende Fähigkeit. Dann können wir tief eindringen, wie ein Chirurg, der einen feinen Laserstrahl benutzt.

Wenn wir eine Inquiry machen, halten wir den Inhalt – die verschiedenen Facetten der Erfahrung – im Bewußtsein und setzen diese Elemente dann miteinander in Beziehung, sehen Beziehungen und analysieren und bilden Synthesen. Aber unser Bewußtsein hält nicht nur das ganze Feld wechselseitiger Beziehungen, es sieht auch durch Dinge hindurch. Es sieht durch Schleier, Abwehr und Widerstände hindurch auf darunterliegende Bedeutungen, auf darunterliegende Teile unserer Erfahrung. Wir bemerken, daß unsere Wahrnehmung nicht nur ein größeres Blickfeld hat, sondern auch, daß sie eine durchdringende Qualität haben kann. Diese durchdringende Qualität geht durch brillantes Erhellen, das eindringt, wenn es erhellt, direkt zur Essenz der Sache. Unser Bewußtsein ist so fein, daß es durch kleine Risse zu winzigen, subtilen Stellen dringen kann. Brillanz (Brilliancy) kann in diese kleinen, subtilen Ritzen sickern und in sie eindringen und unserem Bewußtsein erlauben, Dinge zu sehen, die wir normalerweise nicht sehen würden.

Diese durchdringende Fähigkeit ist etwas anderes als Fokussieren. Die Fähigkeit zum Fokussieren bringt unsere Aufmerksamkeit zu einem einzelnen Punkt. Sie erlaubt uns, nur ein einzelnes Element anzuschauen, und läßt alles andere zum Hintergrund werden. Wir bleiben konzentriert, auf einen Punkt gerichtet. Wir können mehr Einzelheiten sehen. Das ist ein Fokus. Beim Eindringen oder Durchdringen geht man nach innen: Man dringt wie eine Akupunkturnadel tief ein, man sickert ein wie feines Öl oder durchtrennt wie das Skalpell eines Chirurgen. Wir werden nicht an der Oberfläche, bei dem, was sich gegenwärtig zeigt, angehalten; wir sehen an dem, was bewußt ist, vorbei und in das, was verborgen oder verschüttet ist. Offensichtlich ist diese Fähigkeit für das Verstehen unserer Erfahrung wichtig, besonders wenn wir versuchen, eine darunterliegende Bedeutung und die darunterliegende Einheit zu sehen, denn um das zu tun, müssen wir durch viele Schleier hindurchgehen. Gewöhnlich tun wir das dadurch, daß wir Beziehungen sehen, indem wir Analyse und Synthese anwenden. In solchen Fällen verleiht Brillanz uns die Fähigkeit, mit einem Blick eine zugrundeliegende Einheit zu sehen.

Manchmal aber bringt Brillanz uns durch eindringende Einsicht, Wahrnehmung oder Untersuchung zu einer zugrundeliegenden Einheit. Sogar ein Ausdruck kann eindringend sein – man kann jemandem etwas sagen, man kann jemandem ein Feedback geben, das eindringt und durch eine Menge Material hindurch schneidet und auf den Punkt kommt. Aufgrund ihrer äußersten Verfeinerung und Ebenmäßigkeit kann Brillanz hineingelangen, ohne Widerstand, Hintergrundrauschen oder Einmischung oder eine Störung auszulösen, wenn sie unser Bewußtsein durchdringt. Weil sie so brillant ist, kann sie wie das schärfste Skalpell oder wie der feinste Laserstrahl wirken. Man erzeugt einen Laserstrahl ja mit sehr intensivem und kohärentem Licht einer bestimmten Wellenlänge, die dem Strahl die durchdringende Eigenschaft verleiht. Und je intensiver das Licht, um so feiner der Strahl. Wenn wir Formulierungen wie „ein durchdringender Geist" oder „ein durchdringender Blick" gebrauchen, meinen wir diese Eigenschaft, die besonders auf Brillanz zurückgeht.

Jetzt füge man dieser durchdringenden Fähigkeit die Schärfe und Präzision eines Diamanten hinzu, und wir haben eine Fähigkeit für Inquiry, die Vollkommenheit nahe kommt. Nicht nur haben wir wirklich die Glätte und Ebenmäßigkeit, die das Eindringen wirkungsvoll macht, sondern diese Glätte besitzt jetzt auch die Schärfe und die Exaktheit der Schneide eines Diamanten, die diesem Eindringen Präzision verleihen. Man kann nicht nur tief bohren, man kann es auch präzise tun, an der richtigen Stelle und mit genau dem richtigen Maß an Kraft. Dies ist ein anderer Ausdruck der Vollkommenheit und der Vollständigkeit dieses essentiellen Aspektes.

Brillanz ist das Intensivste, was ein essentieller Aspekt im Hinblick auf Bewußtheit sein kann – das Konzentrierteste, Unmittelbarste und Umfassendste. Die Intensität verleiht ihr also die durchdringende Qualität, aber die Tatsache ihrer Vollständigkeit kann ihr die größere Kapazität für das Halten der verschiedenen Inhalte im Bewußtsein verleihen, die für die Synthese gebraucht wird. Auf diese Weise vermittelt Brillanz uns die komplementären Eigenschaften: die Kapazitäten für das Halten der relevanten Elemente, die erforscht werden sollen, und die Kapazität für das Durchdringen der Schleier, um zu enthüllen, was verborgen ist. Beide sind nötig, um tiefer zu gehen.

Wir benutzen unsere Intelligenz andauernd, aber wir machen normalerweise nicht die Erfahrung, daß sie von Natur aus aus der Vollständigkeit und Vollkommenheit dessen entsteht, wer wir sind, aus der Brillanz des Seins. Heute haben wir die verschiedenen vertrauten Qualitäten von Intelligenz unterschieden und beschrieben, wie den Blitz der Enthüllung, das Eindringen der Einsicht, die Schau des Ganzen und das Strahlen der Erhellung. Die Erkenntnis der Tatsache, daß Brillanz die Quelle dieser Fähigkeiten ist, vermittelt uns ein tieferes Verständnis ihres Wesens und ihrer Wirkweise. Zusammen vermitteln uns all diese Qualitäten ein gewisses Gefühl von der Wirkweise des Brillanz-Diamanten der Diamantenen Führung. Vielleicht können wir jetzt sehen, wie essentiell Brillanz für unseren Prozeß der Inquiry und für die effektive Entfaltung unserer inneren Realisierung ist.

# Epilog

Inquiry ist nichts Besonderes oder Ungewöhnliches – sie ist keine esoterische Technik und kein seltsames Ritual. Wenn man Inquiry wie in diesem Buch beschrieben praktiziert, bedeutet das, daß man eine Fähigkeit schärft, die Menschen schon haben. Wir können sie uns als eine Methode, als eine Übung denken, aber in Wirklichkeit ist sie die Entwicklung einer natürlichen Fähigkeit, die unser Bewußtsein schon von sich aus besitzt. Und Inquiry verlangt keinen besonderen Ort, keinen besonderen Zeitpunkt und keine bestimmte Körperhaltung. Man kann sie machen, wenn man still oder wenn man aktiv ist, während man geht oder sitzt, im Liegen oder beim Baden. Inquiry ist ein natürlicher Prozeß, den unser Bewußtsein durchmacht.

Wenn wir uns zur Übung der Inquiry innerlich verpflichten, wird sie schließlich zu einer Funktion werden, die von selbst geschieht und ihrem eigenen Schwung und ihrer eigenen Dynamik folgt. Die Fragen werden von allein auftauchen, die Inquiry wird spontan vorangehen, die Entfaltung immer weitergehen. Alle Aspekte unseres Lebens können von dieser natürlichen Erforschung durchdrungen werden – mit der inneren Haltung von Offenheit und Willkommen für unser Sein, damit es seinen Reichtum, seine Möglichkeiten und sein Potential offenbaren kann.

Inquiry ist eine spielerische, festliche Art Engagement, doch ihre Konsequenzen können ziemlich gewichtig und bedeutsam sein. Das ist das Schöne an dieser Inquiry und an der Entfaltung und dem Verstehen, das sie mit sich bringt. Sie macht Spaß und ist ihrem Wesen nach Entdeckung, sie ist ein Abenteuer. Zugleich macht sie unser übriges Leben reicher und hilft uns, effektiver und fähiger zu werden. Je mehr wir uns selbst verstehen, um so freier sind wir und um so mehr werden unsere Liebe, unsere Intelligenz und unsere Fähigkeiten befreit, um die Fülle dessen auszudrücken, wer wir sind.

Wenn unsere Entfaltung spontan ist und ihren eigenen Schwung hat – was ich einen „runaway unfoldment" (einen unkontrollierten Entfaltungsprozeß) nenne –, passiert etwas Interessantes: Was mit uns in der Welt geschieht, auch wenn es vielleicht schön und interessant ist, beginnt im Vergleich mit der Erfahrung innerer Entfaltung zu verblassen. Die innere Dynamik ist das, womit Sie in Kontakt sind, sie ist das, was Sie fühlen, sie ist Ihre eigene Erfahrung. Was Sie im Außen tun und wo Sie sind, wird also weniger wichtig als die Natur und die Qualität dieses inneren Lebens. Die Aktivitäten des Lebens werden gegenüber der Atmosphäre von Präsenz sekundär.

Sie fangen an zu merken, daß die innere Erfahrung sich nicht so sehr verändert, ob Sie in Paris oder Boulder, Kathmandu oder Berkeley sind, ob Sie zu Abend essen, einen Film sehen oder der erste Mensch sind, der auf dem Mars landet. Das Empfinden Ihrer selbst wird so profund, so tief, so substantiell, so bedeutsam, daß die ganze äußere Situation – die Umwelt und was in ihr passiert – sich irgendwie nebensächlich anfühlt. Äußere Veränderungen erscheinen jetzt wie Kleinigkeiten, die die innere Entfaltung beeinflussen oder auch nicht. Sie sind vielleicht interessant oder aufregend, dramatisch oder herausfordernd, aber das Interesse und die Begeisterung, die die Entfaltung der Seele begleiten, stellen alle Gefühle in den Schatten, die die äußere Realität für sich allein hervorrufen kann. Die Empfindung von Präsenz und Zufriedenheit mit ihren unbegrenzten Möglichkeiten ist so viel schöner, so viel lebendiger, so viel interessanter und aufregender als das Erlebnis der exotischsten Plätze der Erde oder der Erfolg bei den anspruchsvollsten Aufgaben.

Das bedeutet, daß Lebensereignisse dazu tendieren, einen nicht allzu sehr zu enttäuschen, weil sie nicht das sind, was die Seele wirklich nährt. Sie entdecken, daß Sie sich weniger oft auf bestimmte Situationen freuen und daß Sie seltener von dem, was geschieht, enttäuscht sind. Auch wenn Sie die köstlichsten Speisen essen, ist das, was Sie in Ihrem Inneren empfinden, hundertmal interessanter – es ist die reichhaltigste Nahrung, die es gibt.

Inquiry ist die Übung, die uns ständig auf das hin neu orientiert, was das Wahrste in unserer momentanen Erfahrung ist, und uns dann in den unermeßlichen geheimnisvollen Raum dieser Wahrheit einlädt. Wenn wir diese Wahrheit als unsere eigene Präsenz – die Substanz von Sein und das Wesen von allem – kennenlernen, dann sind wir in der Lage, die Realität zusehends so zu betrachten, wie sie wirklich ist. Wir wissen, was am realsten und am wichtigsten ist, und das ist es, was unser Leben führt. Inquiry macht dann Platz für einfaches, natürliches Leben. Wir realisieren die Quelle aller Manifestation, und im Wissen davon ist es unvermeidlich, daß wir die Vielfalt der Manifestationen in Beziehung zu dieser Quelle sehen. Es ist klar, daß alles sich entfaltet, daß alles leuchtend ist.

Der Reichtum, der die Welt ist, erscheint nur, wenn diese Welt ihr Wesen als Sein widerspiegelt, wenn sie für ihren Grund, ihre Quelle, ihre Wahrheit transparent ist. Es ist das helle, klare Strahlen wahrer Natur, die unserem Leben seine Kraft gibt, uns zu erfreuen. Wieviel mehr kann sich unsere Seele erfreuen, wenn sie dieses Strahlen unmittelbar als das sehen kann, was es ist! Aus der tiefsten Perspektive von Sein gibt es keine äußere Realität von Ereignissen, Aktivitäten und Menschen. Es gibt keine physische Welt: Alles ist ein Spiel von Licht und Farbe und Feinheit. Dies ist der Tanz der Freude, die wahre Entfaltung von Sein und das Abenteuer der Entdeckung, die Inquiry der Seele zugänglich macht.

# Danksagung

Dieses Buch und sämtliche Erfahrungen und Einsichten, die in es eingegangen sind, wären ohne den Beitrag vieler Menschen, Epochen und Traditionen nicht möglich gewesen. Ich habe sehr viel durch die Arbeit und das Beispiel dieser Menschen gelernt, die mir vielfältige Möglichkeiten gezeigt haben, wie die innere Führung des Seins - was ich in diesem Buch Diamantene Führung nenne - sich manifestieren und funktionieren kann. Ich nenne nur einige dieser Menschen: Sokrates, Shakyamuni Buddha, Albert Einstein, Idries Shah, Tarthang Tulku Rinpoche und den Vierzehnten Dalai Lama, Tenzin Gyatso.

„Spacecruiser Inquiry" begann als Transkription von Lehrvorträgen, die ich vor zehn Jahren hielt und die ich dann bearbeitet und als Material für dieses Buch zusammengestellt habe. Es war aber die unermüdliche Arbeit und Hingabe meiner Herausgeber Byron Brown und Elianne Obadia und ihre Liebe zu dem Thema, die es in eine schöne und lesbare Darstellung verwandelten. Ich möchte auch Charles Miedzinski, Loie Rosenkrantz und Sherry Anderson für ihre Anregungen während der herausgeberischen Arbeit danken. Schließlich bin ich für die Sorgfalt und Unterstützung durch den Shambhala Verlag bei der Arbeit dankbar, die notwendig war, um das fertige Buch zu produzieren, das Sie in Händen halten.

# Anmerkungen

1 Traditionellerweise wird die Seele oft als weiblich bezeichnet. Das liegt zum Teil daran, daß die Seele eine Manifestation der schöpferischen und fruchtbaren Dimension der Natur ist, des Logos. Auch steht die Seele Essenz rezeptiv gegenüber, was als weibliche Eigenschaft gilt (Anmerkung des Herausgebers).
2 Eine weitere Besprechung von Essenz und ihren erfahrbaren Eigenschaften siehe Almaas, Essenz, Arbor Verlag, Freiamt
3 Der im Original häufig verwendete Begriff „discrimination" (mit dem Verb „to discriminate") stammt aus der Wahrnehmungspsychologie und bezieht sich auf einen unmittelbaren Erkenntnis- und Wahrnehmungsakt, mit dem Akzent auf inhaltlicher Unterscheidung oder Abgrenzung, dabei kann je nach Kontext mehr das Unterscheiden oder das Unterscheidungsvermögen oder die Erkenntnisseite betont sein. Entsprechend wird dieser Begriff in der Regel mit „Unterscheidung", mit „Unterscheidungsvermögen" oder mit „unterscheidendem Erkennen" übersetzt. Wo der Kontext nicht für Eindeutigkeit sorgt, steht der englische Begriff in Klammern. (Anm. d. Übers.)
4 Im englischen Text werden „knowledge", „knowing" und „knowingness" unterschieden, in der Regel aber im Deutschen mit ‚Wissen' wiedergegeben. Dabei bedeutet „knowledge" erworbenes und erinnertes oder erinnerbares Wissen, „knowing" bezieht sich auf den Akt des Wissens und „knowingness" auf die Eigenschaft oder die Fähigkeit zu unmittelbarem, direktem Wissen, ohne Rekurs auf vorhandenes, früher erworbenes Wissen. Wo sich die Bedeutung nicht aus dem Kontext ergibt, steht das englische Wort in Klammern. Analog beziehen sich ‚unknowingness' und ‚unknowing' auf eine Eigenschaft oder einen Zustand unmittelbaren dynamischen Nichtwissens, „not-knowing" eher auf faktisches Nichtwissen. (Anm. d. Übers.)
5 Im Original sind Begriffe wie „guidance", „joy", „compassion" oder „strength" durch Großschreibung hervorgehoben, wenn wenn von ihnen in ihrer essentiellen oder diamantenen Form die Rede ist. Da die Auszeichnung mittels Großschreibung in der deutschen Übersetzung nicht möglich ist (die Begriffe werden in der üblichen Nutzung bereits groß geschrieben) haben

wir uns in dem vorliegenden Text für eine andere Form der Kennzeichnung entschieden. In den Fällen, in denen es um die essentielle odder diamantene Form der Begriffe geht und der Textzusammenhang nicht für Eindeutigkeit sorgt, wird dies jeweils hinter dem deutschen Begriff durch die groß geschriebene englische Übersetzung in Klammern angezeigt – so zum Beispiel bei Freude (Joy), Mitgefühl (Compassion) oder Stärke (Strength). (Anm. d. Übers.)

6 Siehe Almaas, The Point of Existence (Berkeley,1996; Boston und Boulder, 2000), Kap. 8.

7 Siehe Almaas, Facets of Unity: The Enneagram of Holy Ideas, Berkeley 1998; Boston, 2000), Kap. 4.

8 Eine detaillierte Darstellung des Punktes und seiner Beziehung zu den Themen um Narzißmus und Selbstrealisierung siehe Almaas, The Point of Existence.

9 Eine Objektbeziehung ist eine psychische Struktur, die aus einem Selbstbild, einem Bild des Anderen und dem Gefühl besteht, das sie miteinander verbindet. Diese Einheiten, die früh im Leben gebildet werden, sind die Bausteine des Egos und die psychischen Determinanten der meisten Persönlichkeitsmuster.

10 Im Original werden Qualitäten wie Mut, Mitgefühl, Liebe oder Führung, wenn von ihnen in ihrer essentiellen oder diamantenen Form die Rede ist, durch Großschreibung hervorgehoben. In diesen Fällen steht in der Übersetzung das englische Wort in Großschreibung in Klammern.

11 Siehe Idries Shah, *The Sufis*, New York 1964, p. 380.

12 Siehe Almaas, The Pearl Beyond Price, Berkeley 1988; Boston, 2000.

13 Siehe Almaas, The Point of Existence, a.a.O.

14 Siehe Almaas, The Pearl Beyond Price, Buch Eins.

# Weitere Literatur aus dem Arbor Verlag

*A.H. Almaas*
## Essenz

„Essenz" ist in seiner Synthese westlicher und östlicher Ansätze zu psychologischer und spiritueller Entwicklung ein revolutionäres Buch. Almaas scheint von unmittelbarer persönlicher Erfahrung aus zu schreiben, und seine Sprache hat wie jeder Ausdruck unvergänglicher Weisheit die einfache Kraft und den tiefen Klang der Wahrheit.

**Yoga Journal**

ISBN 978-3-924195-39-7

*A.H. Almaas*
## Das wirkliche Leben beginnt jetzt

Wir leben in einer Welt voller Geheimnisse, Wunder und Schönheit. Doch eingenommen von Ärger, Leiden oder Bedeutungslosigkeit nehmen die meisten von uns nur selten an dieser Welt teil.
Wir schöpfen unser menschliches Potenzial nicht voll aus. Ein Potenzial, das durch die Realisierung und Entfaltung der menschlichen Essenz erschlossen wird – jener uns innewohnenden Kraft, die uns erlaubt, an der wirklichen Welt teilzunehmen.
*Das wirkliche Leben beginnt jetzt* ist ein zeitloses und forderndes Werk konzentrierter Weite und berührt das äußere und innere Wesen menschlicher Existenz.

A. H. Almaas ist der Autorenname von Hameed Ali, dem Begründer des Diamond Approach und der Ridhwan-Schule. Seit mehr als 25 Jahren vermittelt er seine Arbeit in den USA und in Europa.

ISBN 978-3-936855-88-7

*A.H. Almaas*

**Essentielle Verwirklichung**
**Essentielle Befreiung**
**Essentielles Sein**
**Das wirkliche Leben beginnt jetzt**

Band 1 – 4 der Reihe: Der diamantene Weg des Herzens

In dieser Buchreihe beschreibt A.H. Almaas auf anschauliche Weise die Grundlagen des diamantenen Wegs der inneren Arbeit. Er widmet sich Fragen wie: Erwachsenwerden, Vertrauen, Wahrheit und Mitgefühl und vermittelt auf eindrückliche Weise seine Theorie der Löcher, deren Verständnis der erste Schritt zu unserer essentiellen Verwirklichung ist.

Die Befreiung aus den Fesseln unserer Konditionierung und die Realisierung unserer ursprünglichen, essentiellen Natur in erfreulich klarer und unmittelbarer Weise beleuchtet. Eine Buchreihe, das Ihr Leben verändern kann.

ISBN 978-3-924195-41-0
ISBN 978-3-924195-42-7
ISBN 978-3-924195-56-4
ISBN 978-3-936855-22-7

Gerne informieren wir Sie über unsere weiteren Veröffentlichungen. Schreiben Sie uns oder besuchen Sie uns im Internet unter:

**www.arbor-verlag.de**

Hier finden Sie umfangreiche Leseproben, aktuelle Informationen zu unseren Büchern und Veranstaltungen, Links und unseren Buchshop.

Arbor Verlag • D-79348 Freiamt
Tel: 0761. 401 409 30 • info@arbor-verlag.de